感谢中南财经政法大学法学院对本刊的资助！

Legal Traditions of the West and China

中西法律传统

·第14卷·

主　编　陈景良　郑祝君

执行主编　李　栋

中国政法大学出版社

2018·北京

图书在版编目（ＣＩＰ）数据

中西法律传统. 第14卷/陈景良，郑祝君主编. —北京：中国政法大学出版社，2018.8
ISBN 978-7-5620-8266-8

Ⅰ.①中…　Ⅱ.①陈…　②郑…　Ⅲ.①法律－思想史－对比研究－中国、西方国家
Ⅳ.①D909.2②D909.5

中国版本图书馆CIP数据核字(2018)第081471号

出 版 者	中国政法大学出版社
地　　址	北京市海淀区西土城路 25 号
邮寄地址	北京 100088 信箱 8034 分箱　邮编 100088
网　　址	http://www.cuplpress.com（网络实名：中国政法大学出版社）
电　　话	010-58908289（编辑部）　58908334（邮购部）
承　　印	固安华明印业有限公司
开　　本	720mm×960mm　1/16
印　　张	32
字　　数	510 千字
版　　次	2018 年 8 月第 1 版
印　　次	2018 年 8 月第 1 次印刷
定　　价	76.00 元

目录

"司法文化"主题论文

唐律中引法断狱原则研究

——兼论唐代律令格式的关系问题*

于洪涛**

　　"引法断狱"原则是中国历代保障法律实施的重要原则之一，其核心价值在于尊崇法律地位，依照法律规定内容处理案件，使之做到有法必依和违法必究。晋人刘颂对此总结最为精辟："法欲必奉，故令主者守文；理有穷塞，故使大臣释滞；事有时宜，故人主权断。"其中的"令主者守文"说的就是司法主管官吏必须依照法律条文办事，才能保障国家法律的正确实施。所以唐代尤为注重这一原则，严格限制司法官吏在案件判罚中的自主裁量权，并且建立了一套断狱引述条文的规则，是中国古代"引法断狱"完全制度化的开端。虽然唐代前期与中后期法律条文地位发生变化，但是这一原则的思想主旨仍然保留了下来。

　　学界对于这一原则的研究也比较早。王立民先生就曾对唐律中的法律思想进行研究，总结提出了唐代依法断狱的思想，并认为这是从唐代统治阶级利益和社会法制建设中形成的一种法律思想。[1]张晋藩先生对历代断罪引律的情况进行梳理，并认为"断罪引律令的出发点，是维护司法的公平、公正与合法。同时，它也是对官吏司法权的一种约束。"[2]张中秋先生还对唐代司法审判的法律依据进行梳理，提出了三个层次的法律依据理

　　* 本文系吉林大学科学前沿与交叉学科创新项目"唐律中的罪名：立法语言、核心与宗旨"（2017QY025）、吉林大学廉政建设专项研究课题"唐代的官吏犯赃极其刑法规制"的阶段性成果。
　　** 历史学博士。吉林大学古籍研究所助理研究员，吉林大学文学院博士后流动站工作人员。
　　〔1〕 王立民：《唐律新探》，北京大学出版社1993年版，第8页。
　　〔2〕 张晋藩：《断罪引律令：中国古代司法文明的亮点》，载《南海法学》2017年第1期。

论，并以此认为唐律中的诉讼制度和立法技术，虽不算完美但已臻于完善。[3]另外，这一问题的研究还涉及律令格式的性质、司法审判过程中相关制度、唐律立法中的罪名等其他内容，研究成果也更为丰富，如钱大群、郑显文、戴建国、刘晓林等诸位先生的学术成果，因为文章篇幅也就不再一一进行介绍了。本文拟从"引法断狱"原则规范内容和具体条文引述的规则入手，进一步对唐代如何将这则司法原则制度化的过程展开讨论，从而希望能够为这一问题的研究带来启发，敬请学界专家指正。

一、"引法断狱"产生原因

"引法断狱"是唐律中法律实施的重要原则之一。虽然是对前代司法原则的继承，但是较前代更为严格和具体，甚至建立起一套办法来保证其实施。唐律中明确规定了任何案件的断罪都需要引法律的正文。《唐律疏议·断狱》中"断罪引律令格式"条规定："诸断罪皆须具引律令格式正文，违者笞三十。若数事共条，止引所犯罪者，听。"[4]从律文来看，如果违反此条规定断案的负责官吏，就会受到"笞三十"的处罚。虽然官吏可以依照《名例律》中"犯流罪以下，听赎"的规定，而免除皮肉之苦，但是这却作为行政考核的内容之一被记录在案，并且直接影响其官职的升降。钱大群先生就指出："唐代官吏在进行考核时，对受刑罚的劣迹要记载'负殿'。依法律'考核之日，负殿悉皆附状'，即写进考核的内容。"[5]所以说，官吏的这种行为已经不是行政上违规那么简单，甚至可能会直接影响到其仕途升迁。由此看来，"引法断狱"不仅是一项司法实施过程中遵循的原则，而且是在此基础上建立起来的一整套与司法官吏考核有关的制度，从而可以保证《断狱律》此条在实际生活中具有相应的法律效力。

"引法断狱"司法原则主要为了规范司法官吏在实践过程中的两项错误行为，即"有法不引"和"无法擅推"，从而能够保证司法结果的公正性。"有法不引"是指司法官吏在断狱时没有引述法律条文而私自进行判

---

〔3〕 张中秋、金眉：《论唐朝司法审判的法律依据》，载《史林》1987 年第 4 期。张中秋：《为什么说〈唐律疏议〉是一部优秀的法典》，载《政法论坛》2013 年第 3 期。

〔4〕 （唐）长孙无忌等撰：《唐律疏议》，岳纯之等点校，上海古籍出版社 2013 年版，第 476页。

〔5〕 钱大群：《唐律与唐代法制考辨》，社会科学文献出版社 2013 年版，第 208 页。

罚的情况。《断狱律》中明确规定了"诸断罪皆须具引律令格式正文",就是为了防止官吏擅自断狱的行为出现。《疏议》进一步解释道:"犯罪之人,皆有条制,断狱之法,须凭正文,若不具引,或致乖谬。"所以这在一定程度上维护了唐代法律的正常实施,在提高司法效率的同时也能够保证司法结果的公正。对于特殊情况的出现,唐律也规定官吏可以少引或者不引某些法律条文,如《断狱律》中的《疏议》规定了"数事共条"情况的处理办法,即只要引述其所犯重罪条文,其他条文可省略不引。《卫禁律》"烽候不警"条的《疏议》云:"放烽多少,具在式文,其事隐秘,不可具引。如有犯者,临时据式科断。"也就是说如果涉及与保密事项有关的法律条文,在断狱时可以不全部引述相应内容,如果犯有这类罪行者,临时依照相应的法律条文断之即可。

"无法擅推"是指法律条文中没有明确的罪行规定,不能擅自推断或判罚。从唐律来看,主要是为了防止律条无法全部限定犯罪情况的出现,并采用"举重以明轻"和援引"比附"的方式来处理。《断狱律》云:"诸不应得为而为之者,笞四十;谓律、令无条,理不可为者。事理重者,杖八十。"也就是说,法条中明确规定禁止内容,官吏判罚时却有意违反,或者律令中无正条,官吏却任意推断的,都需要受到相应处罚。《疏议》解释道:"杂犯轻罪,触类弘多,金科玉条,包罗难尽。其有在律在令无有正条,若不轻重相明,无文可以比附……情轻者,笞四十;事理重者,杖八十。"无论采用何种方式来处理这类"无法"的情况,都应当以现有法律文本或成例作为法律依据,"依情而断""临时处断"的情况在唐律中被明令禁止。《疏议》云:"临时处断,量情为罪,庶补遗阙,故立此条。"这也说明唐律中严格限定了司法官吏的自由量裁权力,并且不允许擅自推论或者不依托法条的状况出现。另外,涉及赦书定罪者原已被轻判,官吏不能擅自引述律、比附内容来加重其罪责,即"赦书定罪名,合从轻者,又不得引律比附入重,违者各以故、失论"。

二、"律""令""式"的引述原则

唐律中还对"引法断狱"所引之法的先后顺序有明确的规定。官吏断案时所引律、令、格、式主要遵循"律为先,令式为后""格为先,令式为后""一断于律"的引述原则。《唐律疏议·职制》"事应奏不奏"条

《疏议》云："应奏而不奏者，谓依律、令及式，事应合奏而不奏；或格、令、式无合奏之文及事理不须闻奏者，是'不应奏而奏'：并合杖八十。"[6] 从这条"议"文中也能看出"律令式"和"格令式"是两种不同形式。唐律要求如果所断案之罪在律文中有明确清晰规定的，都需要将律文俱引。但是在实际生活中，有限的律文并不能将所有罪名情况全部包括在内，所以这就会使司法官吏在断案时，仅仅依托律文，无法确定有些刑罪，从而导致官吏私自量刑情况的出现。王立民先生就指出："唐律补充条款的功能是为了完善律条的内容，弥补其中的缺失。"[7] 因此，唐代法律中对于所断罪行在律文界定不明的情况下，司法官吏使用其他形式法律条文先后顺序也作了严格的规定。律文限定不详这类情况，在实际的司法实践中一般分为补充性引述和解释性引述两类来处理。以下按照上述分类进行论述。

补充性引述就是令式的内容用来补充律文，或者限定某些法律概念，在司法实践中主要应用在律文对某项行为有部分规定，但所犯罪行从律文中无法得到明确判罚的情况。一般就会由其他法律形式来进行补充说明，《唐律疏议》中某些律文下所附问答可以反映唐代司法过程中的具体实施情况。[8] 从唐律来看，司法实践中的引述主要分为指向性补充引述和限定性补充引述，如《唐律疏议·名例》"以官当徒"条中"先以高者当（若去官未叙，亦准此）"，"问曰：律云：'若去官未叙，亦准此。'或有去官未叙之人而有事发，或罪应官当以上，或不至官当，别敕令解，其官当叙法若为处分？"[9] 在回答这一问题时，首先分为了"官当罪以上""未至官当罪"和"从见任解者""先已去任"两类情况。至于"官当罪以上"和"未至官当罪"引述了别条律文"以理去官与见任同"来进行判罚，并依照"以官当徒之法"来进行处理。而"从见任解者""先已去任，奉敕解官者"这类情况，前者叙法依照《狱官令》，而后者叙法依照《刑部式》。

---

[6] （唐）长孙无忌等撰：《唐律疏议》，岳纯之点校，上海古籍出版社 2013 年版，第 167 页。

[7] 王立民：《论唐律的补充条款》，载《现代法学》2011 年第 1 期。

[8] 钱大群先生已经指出："从内容看，'议'与'问答'在同等地位上解释律文，前者以议论阐发之形式重于解释律的本义，而后者侧重于以实例来解释法律运用中的问题。"（《唐律与唐代法制考辨》，社会科学文献出版社 2013 年版，第 38 页。）所以通过《唐律疏议》中的问答可以使我们更清楚的了解，唐代司法实践过程中引用律令格式的具体状况。

[9] （唐）长孙无忌等撰：《唐律疏议》，岳纯之点校，上海古籍出版社 2013 年版，第 32 页。

这实际上是让司法官吏依照相应令式内容，来补充判罚标准。从上述问答来看，本条和其他律文皆可对这类犯罪行为进行界定，但是具体官叙处罚的标准，需要根据其他令、式的内容来进行处理，所以这就是一种指向性的补充说明，反映了日常司法过程中所需要引述法律文本的实际情况。

限定性补充引述就是律文已经有明确罪行界定和判罚的，但是令或式中的内容规定的更加细致，在这种情况下，需要将令、式内容按照律文内容进行限定，以防止出现司法官吏法律理解上的歧义。如《唐律疏议·职制》"文书应遣驿"条中："诸文书应遣驿而不遣驿，及不应遣驿而遣驿者，杖一百。若依式应须遣使诣阙而不遣者，罪亦如之。"[10] 律文中明确规定，文书应当送交驿站而未交，以及不应当遣送驿站而送者，都需要受到一百杖的处罚。后面律文中还规定，依照式应当遣使送报文书而不遣送的，也依照上述规定进行处罚。从这一点来看，式的内容实际上是补充和限定了某一违法行为，在实际断案中司法官吏需要根据律、式内容进行判别。所以，此条《律疏》中为了更加明确限定的范围和情况，又引述《公式令》《仪制令》来进一步进行解释。虽然这些内容在实际的法律活动未必引述，但是这也说明令、式内容在某些律文中具有补充、限定罪行的作用。又如《唐律疏议·卫禁》"宿卫上番不到"条规定了卫人上番违期的处罚情况，《疏议》中解释最终判罚以"三十四日罪止"，其下有一问答云："应上不到，因假而违者，并罪止得徒二年。若准三十四日罪止，便是月番之外。今解下番之日不坐，恐理未尽？"这也就是说对"三十四日罪止"的规定产生疑问，律文限定的条件不是很清晰，所以下面的答文引述了一条式文，即"三卫去京二千里外，六十日上；岭南为季上"，并解释是因为有些地方番上的路途遥远，律文才如此规定。所以"式"文在一定程度上也限制或者补充了律文的某些法律概念。

限制性引述还体现在律文对于令、式文中所规定特殊情况的限定上。《唐律疏议·名例》"无官犯罪"条有一"问答"引述令文云："内外官敕令摄他司事者，皆为检校。若比司，即为摄判"，并询问这类身份者未审而犯公坐，其去官是否也可免罪。其答文云："律云'在官犯罪，去官事

〔10〕（唐）长孙无忌等撰：《唐律疏议》，岳纯之点校，上海古籍出版社 2013 年版，第 173 页。

发；或事发去官：犯公罪流以下各勿论'，但检校、摄判之处，即是监临，若有愆违，罪无减降。"[11] 从这一点来看，律令之间所规定情况产生模糊时，一般会按照律文解释，也就是令文中"检校""摄判""敕符差遣"虽不为本职，但是依然按照在官坐罪来进行处理，这在一定程度上限定、规范了令文中的内容。如果令文与律文规定抵触者，一般不可破律从令。《唐律疏议·名例》"称日者以百刻"条中有一问答云："令为课役生文，律以定刑立制。惟刑是恤，貌即奸生。课役稍轻，故得临时貌定；刑名事重，止可依据籍书。律、令义殊，不可破律从令。"[12] 所以这基本可以说明，"令""律"之间的性质问题，"律"是刑法，刑名只可依据律而断之，其他"令""式"如果与"律"相抵牾者，均采取律文的解释。这在实际司法过程，不仅限定了所引法条的解释问题，而且也限制了官吏依托"令""式"来擅推律文的可能。[13]

唐律中还存在一种用令式来补充律文的解释性引述。这主要是指律文中的部分内容，又引述令文来进行解释，这种情况大多数出现在"议"中，如《唐律疏议·名例》"十恶"条："疏议曰：府主者，依令'职事官五品以上，带勋官三品以上，得亲事、帐内'，于所事之主，名为'府主'。"[14]《唐律疏议·名例》"八议"条："疏议曰：依令：'有执掌者为职事官，无执掌者为散官。'"[15]《唐律疏议·名例》"流配人在道会赦"条："疏议曰：故谓病患、死亡及请粮之类。准令：'临时应给假者及前有阻难，不可得行，听除假。'故不入程限。故云'不用此律'。"[16] 由上述几条来看，"议"中所引令文皆是解释律文中的某些名称或者某些特定的法律概念，是注释律的一种方式，未必会在日常断案中使用得到。钱大群先生就指出："唐律疏文把对律及注的意义用议论的方式分析阐发的部分称为

---

[11] （唐）长孙无忌等撰：《唐律疏议》，岳纯之点校，上海古籍出版社2013年版，第30页。

[12] （唐）长孙无忌等撰：《唐律疏议》，岳纯之点校，上海古籍出版社2013年版，第115页。

[13] 巩富文：《中国古代法官违法断罪的责任制度》，载《许昌师专学报》1993年第4期，巩富文先生也讨论了"律令义殊"的情况，并认为格式也是依此行式。但是从《唐律疏议》的内容来看，"格"的使用明显与此条规定不合，另外"问答"中规定的情况仅仅限于"律""令"之间，并未明确说明其他法律条文是否适用。

[14] （唐）长孙无忌等撰：《唐律疏议》，岳纯之点校，上海古籍出版社2013年版，第15页。

[15] （唐）长孙无忌等撰：《唐律疏议》，岳纯之点校，上海古籍出版社2013年版，第18页。

[16] （唐）长孙无忌等撰：《唐律疏议》，岳纯之点校，上海古籍出版社2013年版，第52页。

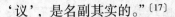

'议'，是名副其实的。"〔17〕

《律疏》"议"中的解释性引述和"问答"中出现的指向性引述有着本质区别。唐律中出现的这类解释性引述只是《律疏》用来明确律文内容的手段，并不能作为司法实践中令式内容补充律文的一类情况。实际上，《唐律疏议》中令、式作为补充条款，大多数都是解释性引述。在理解和解释律文内容上，这些补充引述的条文具有一定意义，但是在实际司法活动中，这种方式与官吏断狱引法的情况，还是有所区别。不过王立民先生也指出，唐律中补充条款的功能主要是补充刑法典中主体、主观、客体、客观等方面的内容。〔18〕所以，从唐律来看，无论是补充性引述还是解释性引述都具有上述的法律功能。

司法官吏在断狱时，如果遇到律文没有明确规定的情况，就需要按照《唐律疏议·名例》"断罪无正条"条中"举轻以明重"原则来进行处理和引述。这实际上是"依律而断"的权宜办法。钱大群先生称为"类举"之法，并指出："类举在相举作比时，是否相'类'的准绳是《律疏》中已明文规定的内容，不是法内的明文则不能随意树立为之为类举的准绳。"〔19〕但是这种方法仅仅限定了特定的情况出现，而且需要有很严格的条件才可适用。《名例律》云："诸断罪而无正条，其应出罪者，则举重以明轻，其应入罪者，则举轻以明重。"《疏议》云："断罪无正条者，一部律内，犯无罪名。"〔20〕这一原则的特点主要有两点：

第一是适用范围限定，即将"断罪无正条"的情况限定在一部律文之内，而且需要依类举其律，然后才能定罪量刑。钱大群先生指出："作为类举前提的类比的标的，一定是《律》中的成文事例。"〔21〕从根本上说，这一条文的制定是为了防止官吏在律文规定罪行不全的情况下，而在断狱过程中擅推法律条文的情况出现。在实际的司法实践中，这种情况也只是其中的一类。正如刘晓林先生所指出："'无罪名'就是没有明文规定，具体

〔17〕　钱大群：《唐律与唐代法制考辨》，社会科学文献出版社2013年版，第36页。

〔18〕　王立民：《论唐律的补充条款》，载《现代法学》2011年第1期。

〔19〕　钱大群：《唐律与唐代法制考辨》，社会科学文献出版社2013年版，第110页。

〔20〕　（唐）长孙无忌等撰：《唐律疏议》，岳纯之点校，上海古籍出版社2013年版，第108页。

〔21〕　钱大群：《唐律与唐代法制考辨》，社会科学文献出版社2013年版，第110页。

包含两种情况：一是律内虽然没有规定，但令格式等其他法律形式有相关规定；二是所见各种法律形式均没有任何规定。"〔22〕此种方法主要适用于上述的第二种情况。而第一种情况还是依照其他有关"格令式"的条文进行判罚，这类情况会在本文的第三部分中详细论述。

第二是罪名轻重限定，即"其应出罪者，则举重以明轻，其应入罪者，则举轻以明重"，也就是说其所犯罪名一条律文中无法包含，需要举其规定相类的律文进行比较，并产生罪行上的轻重关系，然后再依照上引《律疏》中的办法进行处理。钱大群先生指出："在进行相比相明的过程中，类举除要求相比的两面确实相类外，而且要求作出比较的两事之间存在'轻重'差异，作为司法判断成立的条件。"〔23〕在实际的司法过程中，官吏如果使用此法也必须要将律文全部都引述上，并比较所犯之罪与相类律文规定罪行之间的轻重关系，然后作为其量刑的依据。所以，若要使用此法断狱，必然需要同时满足以上两个条件，虽然可以解决部分律文无明文规定的情况，但是并不能完全使"律无罪名"这一问题最终得到解决。

三、"格""令""式"的引述原则

唐律对于律文没有明确规定某类罪行，或某些特殊规定罪名情况出现的，大多数采用"引格断狱"并以令、式内容为辅助的方式来处理，即"余条有别格见行破律者，并准此"。在引述上则为"格为先，令式为后"的形式。《唐律疏议·卫禁》"越度缘边关塞"条中的《律疏》云："若私与禁兵器及为婚姻，律无别文，得罪并同'越度''私与禁兵器''共为婚姻'之罪。又，准别格：'诸蕃人所娶得汉妇女为妻妾，并不得将还蕃内。'又准主客式：'蕃客入朝，于在路不得与客交杂，亦不得令客与人言语。州、县官人若无事，亦不得与客相见。'即是国内官人、百姓，不得与客交关。私作婚姻，同上法。如是蕃人入朝听住之者，得娶妻妾，若将还蕃内，以违敕科之。"〔24〕这其中"私与禁兵器及为婚姻"行为在律文中

---

〔22〕 刘晓林：《唐律中的"罪名"：立法的语言、核心与宗旨》，载《法学家》2017 年第 5 期。

〔23〕 钱大群：《唐律与唐代法制考辨》，社会科学文献出版社 2013 年版，第 111 页。

〔24〕 （唐）长孙无忌等撰：《唐律疏议》，岳纯之点校，上海古籍出版社 2013 年版，第 145 页。

没有明确的界定，但是从律文来看这类行为与"越度""私与禁兵器""共为婚姻"等罪行类似。《律疏》中的解释，又依照《主客式》对犯罪主体身份进行界定，即分为国内官人、百姓和藩人两类，并且所获判罚也不相同。如果犯罪主体身份为国内官人、百姓，私自与客交婚者，罪行依照律文断之。如果犯罪者身份为藩人，则按照敕格进行断之，而上述引文中的《主客式》也界定和补充了格中的内容。由此看来，格文在一定程度上补充了律文中没有规定或界定的行为或罪行。王立民先生指出："在实际司法中，依格断狱的情况从未间断过。这与格自身的条件有直接关系。与令、式不同，有些格条由罪名和法定刑两大部分组成，完全可以单独适用。"[25]郑显文先生也指出："律和格不同于令、式，律和格斗有相应的罚责，而令和式没有，律是国家刑法典，格应是对律令体系下出现的立法遗漏所作的补充或扩展。"[26]

　　由于唐格内容来源和其本身的复杂性，导致了并非所有的格都可以用来断狱。皇帝制敕是唐格的直接来源，唐代武德年间采用以格代律的法律手段而颁行了"武德格"，所以格的内容基本与律文差别不大，皆作为刑法来使用。贞观年间对格进行改造，即因"格式既多，官人不能尽记，更生好诈，若欲出罪即引轻条，若欲入罪即引重条"[27]。进而才出现了"留司格"和"散颁格"的形式，前者基本作为本司常务之用，后者则颁行天下，永徽年间则确为定制。马小红先生曾指出："散颁格显然不同于贞观时期的格，它与北魏末至北齐初的麟趾格及全部入于律的武德格是一脉相承而义有所变异的。"[28]所以，司法官吏断狱时所引述的格文基本来源于这类"散颁格"，而且只是其中和刑罚相关的内容。钱大群先生也指出："唐代修改补充《律》的格条，基本都在《刑部格》中，而《刑部格》只是二十四中的一篇。"[29]至于唐代中后期"格"的演化，与本文所论唐律中

〔25〕　王立民：《唐律新探》，北京大学出版社 2007 年版，第 188 页。

〔26〕　郑显文：《唐代律令制研究》，北京大学出版社 2004 年版，第 39 页。

〔27〕　（唐）吴兢撰：《贞观政要集校》，谢保成集校，中华书局 2009 年版，第 450 页。

〔28〕　马小红：《"格"的演变及其意义》，载《北京大学学报》（哲学社会科学版）1987 年第 3 期。

〔29〕　钱大群：《唐律与唐代法制考辨》，社会科学文献出版社 2013 年版，第 18 页。

内容关系较少，这里也就不再展开论述。[30]

官吏使用唐格来断狱，也需要注意其内容颁布的先后和轻重，这也与唐格内容的来源密不可分。《唐律疏议·名例》"犯时未老疾"条引一条《狱官令》，即"犯罪逢格改者，若格轻，听从轻"。《唐律疏议·断狱》"赦前断罪不当"条也引了这样一条令文，即"犯罪未断决，逢格改者，格重，听依犯时；格轻，听从轻法。"从内容上来看，应当是上一条的完整版，故此条令文也是《狱官令》中的一条。比较来看，《断狱律》中的内容界定了法条内容的特殊条件，即"犯罪未断决"和"逢格改者"同时发生，才能依照格改订后罪责轻于原来规定的，依修改后格文来断和改订后重于原格文规定的，依改前格文来断的原则进行判罚。这也说明律文较格文更加稳定，一般不会被随意进行修改，如果需要被修改也应详细说明律条不合时宜的具体情况，并上报到尚书省进行集议，然后方可进行内容修订。《唐律疏议·职制》"称律令式"条云："诸称律令式不便者，皆需申尚书省议定奏闻。若不申议辄奏改行者，徒二年。"《疏议》云："皆须辩明不便之状，具申尚书省，集京官七品以上于都座议定，以应改张之议奏闻。"[31] 而格文一般是由皇帝制敕转化而来，较律文随意很多，如果皇帝新颁布的制敕为永格后，就会取代原来内容相似的格文，这就会造成格文的修改。黄源盛先生指出："格与律令式同步修纂，而这种修纂是以重新刊布法律文本为结果，律令条文的修改，也有以格的外在形式予以修订，而不直接改动律令条文。"[32] 另外，上引《狱官令》的出现也为了防止格文前后矛盾而无所适从的情况出现。所以，司法官吏在断案时需要注意格文颁布的时间以及所规定内容轻重的变化，从而防止断案失当的情况出现。

---

〔30〕 马小红先生文中还谈到唐代中后期格的演化过程，"留司格"内容逐渐缩减，而"散颁格"体例逐渐增加，唐睿宗以后两者合二为一。"格""律"之间地位的变化，尤其是唐玄宗以后，出现了"格后敕"的法律形式，并且"格"的刑法化程度越来越高。在断案中逐渐形成了，"格后敕优于格，而格优于律"的法律原则。我们再从《唐律疏议》的内容来看，虽然律、格都作为刑法依据，但是从优先性上来看，律显然高于格，所以这也体现了《唐律疏议》主体内容为唐初期，尤其是太宗、高宗时期的特点。

〔31〕 （唐）长孙无忌等撰：《唐律疏议》，岳纯之点校，上海古籍出版社 2013 年版，第 191 页。

〔32〕 （台）戴建国：《唐宋时期法律形式的传承与演变》，载《中研院审判史研读会讲稿》，（台北）"中研院史语所"2004 年。

制敕也可以作为临时处分案件的依据，不过一般都作为特例存在，如果制敕为永格者，才可以将其作为一般性的法律规定，而作为断案依据加以引述。《唐律疏议·断狱》"制敕断罪"条云："诸制敕断罪，临时处分，不为永格者，不得引为后比。若辄引，致罪有出入者，以故失论。"[33] 张中秋先生考察过唐代的法律来源，认为有三种不同层次，即第一层为"律令格式"，第二层为"制敕""习俗"，第三层为"比附""法理理解"。[34] 就上引这条律文来看，"制敕断狱"具有临时性，只是适用某些特定的案例，而且不能反复适用，只有纳入律令格式体系中的内容后，才可按照法律条文进行引述。另外，唐律本身就限制官吏的司法裁量权力，所以基本会压缩律文之间没有规定的空间，像"比附""法理理解"这类内容，使用的情况也就更加有限。张先生所说的这三个层次的法律来源，后两者基本都是特例，而第一层"律令格式"才是一般司法情况下适用的，即"引法断狱"中的"法"。

通过对唐律中所见"引法断狱"内容进行梳理，可以使我们了解唐代司法实践活动中，官吏断狱所引法内容的先后顺序，以及律令格式四类法律文本之间关系。唐代官吏断狱基本采用"律令式"或"格令式"的引述顺序，而其他形式的规范，如制敕、比附、判例、习俗等基本不作为案件判罚的主要依据。从《唐律疏议》来看，这些内容有的被约束规范，像制敕和比附，有的则基本没有被提及，像判例和习俗。这也从侧面反映，唐代严格执行了"引法断狱"的原则，所谓"一决于法"的"法"仅限于"律令格式"的范围之内。同时，在此基础上还限制了司法官吏在断狱期间的自由量裁权力，并且和官吏的考核制度直接关联，从而在制度上基本达到了"令主者守文"的效果。由此看来，唐代法律的使用尤为严格，直接影响了宋代以后的司法规范，是"依法断案"的制度化开端。

〔33〕 （唐）长孙无忌等撰：《唐律疏议》，岳纯之点校，上海古籍出版社 2013 年版，第 477 页。

〔34〕 张中秋：《为什么说〈唐律疏议〉是一部优秀的法典》，载《政法论坛》2013 年第 3 期。

循吏司法中的"失出"现象初探

赵进华*

失出，是法官失刑的一种类型，是指司法官员出于疏忽将有罪判为无罪或将重罪判为轻罪。作为一个罪名，"失出"从秦汉律法上的"失刑"演变分化而来，最终定型于唐律，[1]此后历代沿袭不改。失出罪名乃为督促法官尽职尽责、严格依法断罪，不使有罪之人侥幸而设，其积极意义毋庸置疑。法官失出，无论是将有罪判为无罪还是将重罪判为轻罪，都是司法不严谨的一种表现，有违司法正义。然而考诸史册，触犯这一罪名的却多是治绩卓著、政声颇佳的名吏、循吏，不少人因此而遭贬黜，下场凄凉，以致有人发出"从无良吏避公罪，未有名臣免谪迁"[2]的喟叹。

失出竟成循吏之殇，此中缘由为何？其对当代法制实践有何启示？本文拟就这一问题做初步的探讨，以就教于方家。

一、循吏失出案例和类型

自司马迁首创为循吏作传的史法，循吏作为一类群体遂进入历代史家

---

* 法学博士，东北大学文法学院讲师。本文系教育部基科研业务费项目"传统中国治狱文化机理研究"的阶段性成果（项目批号 N151402005）

〔1〕 考虑到隋律是唐律的蓝本，"失出"罪名可能在隋律中就已经确立。

〔2〕（清）吉同钧：《乐素堂文集》卷一《谪官十首》，载闫晓君、陈涛主编：《乐素堂文集》，法律出版社 2014 年版，第 222～223 页。转引自张田田：《末世刑章细羽毛：吉同钧"朝审失出"事考——从陕派律学家事迹看晚清司法》（一），载霍存福主编：《法律文化论坛》（第 5 辑），知识产权出版社 2016 年版。

的关注视野。在太史公笔下，"循吏"乃指"奉法循理"之吏，其后其含义发生了一些微妙曲折的变化。本文所称"循吏"，并不严格以历代正史《循吏传》所载人物为限，而是泛指能践行儒家德治理念、不专恃刑罚的官吏。

循吏失出案为数众多，不胜枚举。今举其较为典型者，依年代列表如下，以便省览讨论：

编号	人物	职务	失出案例	结果	出处
1	徐有功	左肃政台侍御史	窦孝谌妻庞为其奴怖以妖祟，教为夜解，因告以厌诅。给事中薛季昶鞫之，庞当死。子希瑊讼冤，有功明其枉。季昶劾有功党恶逆，当弃市。有功方视事，令史泣以告。有功曰："岂吾独死，而诸人长不死邪？"安步去。后召诘曰："公比断狱多失出，何耶？"对曰："失出，臣小过；好生，陛下大德。"后默然。庞得减死。	免为民	《新唐书》卷一百二十六《徐有功列传》
2	程仁霸	录事参军	眉山尉有得盗芦菔根者，实窃，而所持刃误中主人。尉幸赏，以劫闻。狱掾受赇，掠成之。太守将虑囚，囚坐庑下泣涕，衣尽湿。公适过之，知其冤，咋谓盗曰："汝冤，盍自言，吾为汝直之。"盗果称冤，移狱，公既直其事，而尉、掾争不已，复移狱，竟杀盗。	坐逸囚罢归	《东坡全集》卷九十三

续表

编号	人物	职务	失出案例	结果	出　处
3	杨察	知开封府	坐前在府失出笞罪。	虽去官，犹罢知信州	《宋史》卷二百九十五《杨察传》
4	苏颂	知开封府	祥符令孙纯有罪，颂坐失出。	贬秘书监知濠州	《东都事略》卷八十九
5	袁百之	逢州掾	逢州递卒盗贷所护钱，当死。君为掾，谳之曰："钱委穷卒，实诲之盗，乃与寇同，抵罪死，非法意。"州不听。固争，且曰："终不以一官易七人者命。"竟论减死。其后，君坐失出，免官，而囚已决，不复改。	免官	(宋)刘跂：《学易集》卷七《陈郡袁府君墓志铭》
6	张汝霖	御史大夫	坐失出大兴推官高公美罪。	谪授棣州防御使	《金史》卷八十三
7	汪希道	海北海南道廉访司照磨	沿檄鞫洞蛮狱，察注陷贼党者千七百余人，直其枉，悉纵之。	几以失出获谴，阻仕进余十年	(元)陈栎：《定宇集》卷十六
8	刘韶	刑部侍郎	坐失出人罪。	左迁两淮盐运判	《明名臣琬琰录》卷二十
9	杨守随	大理卿	坐覆谳失出。	逮赴京系狱，罚米千石输塞上	《明史》卷一百八十六《杨守随传》

编号	人物	职务	失出案例	结果	出处
10	徐石麒	时任刑部尚书	中官王裕民坐刘元斌党，元斌纵军淫掠，伏诛，裕民以欺隐不举下狱。帝欲杀之，初令三法司同鞫，后专付刑部，石麒议戍烟瘴。奏成，署院寺名以进。帝怒其失出，召诘都御史刘宗周，对曰："此狱非臣谳。"徐曰："臣虽不与闻，然阅谳同，已曲尽情事。刑官所执者法耳。法如是止，石麒非私裕民也。"帝曰："此奴欺罔实甚，卿等焉知?"令石麒改谳词，弃之市。	被谴	《明史》卷二百七十五
11	李森先	监察御史	巡按苏松，寻以失出逮狱，民焚香诣阙，讼其冤，事白，复其原官。		《山东通志》卷二十八之四
12	萧家芝	刑部郎中	阅囚多所平反，坐失出。	降调	《河南通志》卷五十八《人物二》
13	秦某	江西按察使	会有奸民诈称旗兵以舟过村，聚取人财。新例诈财与盗同罪，舟人徐岊实不得财，公据律免死，竟坐失出，遂左降以去。	左降	汪琬《尧峰文钞》卷十一

续表

编号	人物	职务	失出案例	结果	出处
14	王士禛	刑部尚书	王五故工部匠役，捐纳通判；（吴）谦太医院官，坐索债殴毙负债者。下刑部，拟王五流徙，谦免议，士禛谓轻重悬殊，改王五但夺官。复下三法司严鞫，王五及谦并论死，又发谦嘱讬刑部主事马世泰状。	夺官	《清史稿》卷二百六十六
15	何裕城	河南巡抚	秋审多失出。	降三品顶戴，停支养廉	《清史稿》列传一百一十二
16	顾光旭		秋审失出。	罢职，留治粮饷	《清史稿》列传一百二十三
17	吉同钧	秋审处提调	朝审李氏殴毙养女案失出。	受严议降调	《乐素堂诗存》卷十

　　上表中的主人公，上起于唐，下迄于晚清，无一不为循吏，其中不乏名公巨卿。如徐有功为有唐一代循吏之典范，其操守之正、风骨之坚，天下无出其右者，史家赞其"不以唐、周贰其心，惟一于法，身蹈死以救人之死，故能处武后、酷吏之间，以恕自将，内挫虐焰，不使天下残于燎，可谓仁人也哉！"[3]北宋仁宗时的杨察，"由进士高等，不数年致位侍从，立朝謇謇，无所附丽，为一时名臣"，不仅文才出众，而且"遇事明决，勤于吏职，虽多益喜不厌。"[4]苏颂为北宋名相，时人称其"天性仁厚"，[5]

---

〔3〕《新唐书》卷一百二十六《徐有功列传》。
〔4〕《宋史》卷二百九十五《列传第五十四·杨察传》。
〔5〕《东都事略》卷八十九。

"所施为主于宽恕，故天下推为钜人。"[6] 刘韶，历仕明洪武、永乐间，官至刑部侍郎，"尤恳恳重民命""理刑一以求生为务"。[7] 弘治、正德时历两京大理卿的杨守随，执法刚正不阿，"中官李兴擅伐陵木论死，令家人以银四十万两求变其狱。守随持之坚，狱不得解。"[8] 王士祯，清康熙朝一代文宗，官至刑部尚书。其初仕为江南扬州推官，"严反坐，宽无辜，所全活甚多。"[9] 官副都御史时，争杨成狱得减等。官户部侍郎时，争太平王训、聊城於相元、齐河房得亮狱皆得减等。及长刑部，"遇秋审朝审，平反矜慎，民赖以不冤。"[10] 河南阎焕山、山西郭振羽、广西窦子章皆以救父杀人论重辟，士祯论曰："此当论其救父与否，不当以梃刃定轻重。"最终案件改为缓决。[11] 吉同钧，清末知名律学家，长期任职西曹，娴于律例，为时论所推重。然而先是"因失囚降一级"，后又因朝审失出，"由主事降为光禄寺署正。"[12]

这些人虽官位有大小高低之不同，或为专门之法曹，或为一方之守宰，或为上官之僚佐，然均不同程度地参与到司法审判中去，也因此背负了"失出"的罪名。而失出之结果，重者免官，次者贬谪，轻者被谴。

有些循吏运气好一些，与失出擦肩而过，算是有惊无险。元朝至元年间萧宗大[13] 为邵武县尹，便一度与失出之祸擦肩而过。

> 有上官者祖孙居，孙不可祖意，乃复立其甥而诉其孙不养。未
> 几，祖遇盗死，其孙既诬服，狱证具。公自外归，讯狱，囚称冤，验

〔6〕（宋）杜大珪编：《名臣碑传琬琰集》卷三十《苏丞相颂墓志铭》。

〔7〕《明名臣琬琰录》卷二十。

〔8〕《明史》卷一百八十六《杨守随传》。

〔9〕《清史稿》列传五十三。

〔10〕（清）宋荦：《西陂类稿》卷三十一。

〔11〕《清史稿》列传五十三。

〔12〕（清）吉同钧：《乐素堂文集》卷一《谪官十首》，载闫晓君、陈涛主编：《乐素堂文集》，法律出版社2014年版，第222~223页。转引自张田田：《末世刑章细羽毛：吉同钧"朝审失出"事考——从陕派律学家事迹看晚清司法》（一），载霍存福主编：《法律文化论坛》（第5辑），知识产权出版社2016年版。

〔13〕萧宗大（1240—1297年），字如翰，吉州吉水文昌乡虎溪人，举能治剧授将仕郎广州香山盐司副提举，改授邵武县令，升同知赣州宁都州事。"妇人孺子称其廉，吏民走卒谅其诚，无贤不肖知其公，至邵武之人遇江西行者，问其起处，犹咨嗟叹息曰好长官也。"参见（元）刘将孙：《养吾斋集》卷二十八。

考信，立出之。盗久不获，咸谓乘快失出。宪府按治，疑亦谓必得真盗乃可。已乃有囚缘他事系，间私许狱卒贿，俾索诸一彭氏。卒诣彭，不见与，恚，掠囚急。囚怒骂彭曰："是尝邀我杀上官者。"遂质囚，囚如言。逮彭，彭服，盖实与知状，悉致之法，则一府欢服。[14]

循吏失出起因多端，形式各异，大略言之，可以分为三种类型：有名无实、无名有实、有名有实。

（一）有名无实的失出

上文列表例 10 中徐石麟依法议狱，却因不如主上之意而蒙"失出"之谴，不过是专制皇权强奸司法之一例。例 11 中李森先巡按苏松，以失出逮狱，幸赖百姓焚香诣阙，才得以洗刷罪名，官复原职。清朝初年，吴颖受帝命恤刑福建，凡五月不刑一人。曰："吾以恤来也。"爰书末减者千余人。御史李某以多失出疏论，覆视，无他，得不坐。[15]此数案具体情况有别，失出之并无实迹则同，此类失出实为虚有其名。

此类空有其名并无其实的失出案，能够反映出循吏断狱的一个特点，即不徇私情，不畏强权，一断于法。依法断狱本为正道，然而在酷吏遍地、宁重毋轻的时代氛围中，如此执法就显得过于宽和，甚至有宽纵罪人的嫌疑了。史载唐代的徐有功"常持平守正，以执据冤罔"，"酷吏为少衰，然疾之如仇矣。"以致遭到武后的诘责："公比断狱多失出，何耶？"武后口中所指的"失出"未必是真的失出，多半只是酷吏、虐后眼中的"失出"，所谓"持平者多拂上意，从重者皆当圣心"[16]。这种现象的出现在专制社会里有其必然性，诚如周永坤教授所言，"专制制度产生法官'喜入罪''畏出罪'的'自然倾向'。"[17]循吏依法断狱、直道而行却因此获罪，不过是专制皇权重压之下司法体制内"劣币驱逐良币"的演绎。

元大德年间，王安贞任永嘉县令，[18]"或诬张明一为盗，逮三十余人，

〔14〕（元）刘将孙：《养吾斋集》卷二十八。

〔15〕（清）施闰章：《学余堂文集》卷二十。

〔16〕《明史》卷二百六十六。

〔17〕周永坤：《"出入人罪"的司法导向意义——基于汉、唐、宋、明四代的比较研究》，载《法律科学》2015 年第 3 期。

〔18〕《浙江通志》卷一百五十六引万历《温州府志》："大德七年为永嘉县尹，莅政明察，善折狱。"

狱具，察其冤，释之。同官固争，公曰：'理冤，令职也。苟失出，令自坐。'未几，得真盗。"[19] 王安贞不惧失出风险，勇于平反冤狱，体现了一种难能可贵的职业担当，这正是循吏的精神。此处可以设想一下，如果真盗始终不得，安贞恐怕难逃"失出"的命运，不过这种失出恰恰是有名无实的失出。这种"失出"虽无法验证，但想来应该不在少数。

失出与故出差别只在于断案者主观上为过失还是故意，实践中二者的界限常常不甚分明。武后质问徐有功"公比断狱多失出"，"失出"的说法不妨被看作一种饰词，在皇帝的心目中徐有功的断狱表现恐怕更接近于故出，因为偶尔一两次的重罪轻判可以用过失来解释，习惯性的"失出"就很难说是过失了。然而就其实质而言，徐有功之类循吏持平断狱，拒绝深文周纳，既够不上失出，更算不上故出。

（二）无名有实的失出

真实的失出未必皆导致官员获罪，可能由于种种原因为人所忽略，因而当事官员未蒙"失出"之名。有些失出案在案发当时人们并不认为是失出，事后来看，却是不折不扣的失出。最典型的就是《齐东野语》所载的"张定叟失出"一案：

> 建康、溧阳市民同日杀人，皆系狱，狱具，以囚上府，亦同日就道。二囚时相与语，监者不虞也。夕宿邸舍，甲谓乙曰："吾二人事已至此，死固其分，顾事适同日，计亦有可为者。我有老母，贫不能自活，君到府，第称冤，悉以诿我，我当兼任之，等死耳。幸而脱君，家素温，为我养母，终其身，则吾死为不徒死矣。"乙欣然许之。时张定叟以尚书知府事，号称严明。囚既至，皆呼，使前问之，及乙，则曰："某实不杀某人，杀之者亦甲也。"张骇异，使竟其说，曰："甲已杀某人，既逸出其家，不知为甲所杀也。平日与某有隙，遂以闻于官，已而甲又杀某人，乃就捕。某非不自明，官闇而吏赇，故冤不得直也。"张以问甲，甲对如乙言，立破械纵之，一县大惊。甲既论死，官吏皆坐失入抵罪，而张终不悟。[20]

〔19〕（元）许有壬：《至正集》卷五十七。

〔20〕（宋）周密撰：《齐东野语》卷一。

张定叟是南宋初年名臣张浚之子张构，其人颇有治名，为时所重，"久任理官，不畏强御，极有执守。"[21]知袁州时，就曾平反冤狱。"尉获盗上之州，构察知其枉，纵去，莫不怪之，未几，果获真盗。"[22]饶是精明如此，也难免不受人蒙蔽。在建康案中，案犯串通蒙骗官人，张构掉进局中而不自知，一个失出案却以"官吏皆坐失入抵罪"收场。应该说，这样一个失出案有其特殊性和偶然性，因为它是案犯精心设计的结果。不过对于张构这样一个对平反冤狱充满职业偏好的官吏来说，失出的发生又有一定程度的必然性。

循吏以平反冤狱为天职，在出人于罪的职业生涯中，又怎能保证百分之百的正确无误呢？

（三）有名有实的失出

有名有实的失出其具体情形亦不一而足。有证据显示，有些"失出"可能出于徇私。循吏并非由特殊材料制成，他可能抵制住金钱的诱惑，却不能自绝于人情世故之外，因而很难做到时时处处公平公正。例4中苏颂因孙纯案失出而贬官，当时就有御史弹劾他与孙纯有姻亲关系，因而"不可以失论"[23]。苏颂和孙纯的姻亲关系应该不是杜撰出来的，因而不排除苏颂在该案中有徇私的成分。进而言之，既是有意徇私，便已构成故出，而不为失出。碑传史书之所以如此书写，多半是出于为贤者讳的考虑。[24]不过我们必须要承认，这种情况应该是少数。循吏之所以为循吏，在于他们有基本的职业操守和道德底线，他们不会让自己的公务行为一味屈从于私情私利的考量。因此，因徇私而失出的情形在循吏失出中的比重和影响应该是比较微小的。

与徇私失出不同，其实大多数的循吏失出案应该是一种"无心之失"。也就是说排除了徇私的因素，官员在无意识的情况下失出罪人。这种失出

---

[21]《宋史全文》卷十九上。

[22]《宋史》卷三百六十一。

[23]《名臣碑传琬琰集》中卷三十。

[24] 在"罪疑从轻"的司法传统下，相信有不少故出案最终被定性为"失出"。宋光宗时任中书舍人的陈傅良所撰制中有一篇为："文林郎阶州将利县令兰森改初验因伤身死人杜十四作冻饿身死，失出，犯公罪笞，该赦，取旨特降一资。"（《止斋集》卷十二）一个名叫兰森的县令将被害人"因伤身死"的初验改为"冻饿身死"，已很难以疏忽大意解释，究其性质应当构成故出，不过官家给他仍然只定了一个"失出"的罪名。

的发生可能是由于法律规定的不够明确,[25]或者案件事实不清、证据不足导致有罪无罪疑似、刑罚可重可轻。而追根穷源,这种情况下失出的发生,应该和循吏所秉持的司法理念有着最为密切的联系。

二、循吏司法观之一:宁失出毋失入

循吏为何多失出?一言以蔽之,由其"宁失出毋失入"的司法观所决定。

"宁失出毋失入"这一说法至迟到清朝前期正式形成,[26]不过其所包含的观念很早就流行了,《尚书·大禹谟》中皋陶论用刑之法"与其杀不辜,宁失不经"应该是这种观念的前身。从观念史和思想史的角度来看,这种司法观的形成主要归因于以下几方面的因素:

首先,在循吏的法律视角中,失出事小,而失入则关系重大。

徐有功"失出,人臣小过"的御前答语反映出失出在循吏心目中的地位。另外,循吏对入人于罪(包括失入)则抱有一种发自本能的反感和抵制。元代郑千龄[27]为江宁巡检时,在合阳寺财物失窃案中,尽管疑犯已经招供,然而千龄怀疑其并非真盗,遂有意释放该人,并手指自己的儿子对该人说:"吾惟此一息所欲故,入人于罪者如曦日。"[28]

南宋嘉定年间,元璹任澧州司法参军,摄县令事。澧阳有里正以溺死妇诬陷附近的乡民,勘验无实,元璹认为应当反坐里正。里正怙恶不悛,一再上诉。提刑司指派差人下郡聚检,差人索贿不得,竟诬溺者有伤。事件上闻,刑寺归罪于元璹,璹笑言:"吾纵得罪,犹是失出,决不能入人罪

---

〔25〕 吴颖为刑部郎中时曾上疏云:"刑狱至重,律无正条者,毋得刻深,以意傅法。"吴颖反对官吏在律无正条的情况下一味刻深、以意傅法,可以想见他所代表的循吏在这种情况下应该是反其道而行之的。

〔26〕 笔者通过电子版四库全书系统搜索所得结果显示,明确提出"宁失出毋失入"的几条文献均为清代的文献,见于李光地《榕村语录》、于成龙《于清端公政书》,亦见于《圣祖仁皇帝圣训》和成书于康熙十九年(1680年)的《日讲书经解义》。

〔27〕 郑千龄(?—1331年),字耆卿,徽州歙县人。历弦歌、延陵、美化、江宁四镇巡检,升淳安、祁门两县尉,官至休宁县尹,"所至有惠政"。参见(元)郑玉:《师山集》卷八;(清)赵吉士:《徽州府志》。

〔28〕 (元)郑玉:《师山集》卷八。南宋欧阳守道云:"君子重入人罪,不敢欺天。"(宋)欧阳守道:《巽斋文集》卷三,其义与之相近。

以梯荣也。"[29] 可见在循吏心目中，失出和失入绝不可同日而语。

正是因为清醒地认识到"失入之咎比失出为重"，在两害相权面前，循吏通常会倾向于选择失出，尽管现实环境中失出的风险要大于失入。

其次，"罪疑从轻"的司法传统是"宁失出毋失入"司法观的历史土壤。

罪疑从轻是中国古代一项优秀的司法传统，历史非常悠久。历代循吏受此传统影响，在面对疑难案件时，总是力求其轻，从而表现为"宁失出毋失入"的执法风格。如康熙朝有"两浙廉明第一"之名的郑端总结听讼之法云：

> 审谳之法要虚，要公，要明，要断，而其最要者则在化大事为小事，化有事为无事。是以从古论狱者曰："宁失出，毋失入。"又曰："罪疑惟轻。"此临民上者之第一紧要事。知此法，虽极刁顽、极烦难之地，可迎刃而解，一扫葛藤冤结矣。[30]

事涉疑似、证据牵强之疑难案件该如何处断？从经验主义的立场出发，循吏们更加认同"宁失出毋失入"的方案选择。郑端曾举一案为例，"京师一家被盗杀其全家，止婢子荷花获免。法司以荷花同奸夫杀之也，坐凌迟处决。后盗出，问官皆得罪。"[31] 反面教训足资炯戒，为避免类似的悲剧，宁失出毋失入便是最好的选择。应该说，处理疑难案件过程中"宁失出毋失入"的致思路径与当代刑事司法理念已经颇为接近，值得充分肯定。

循吏从"罪疑惟轻"的司法传统中汲取智慧和力量，实践中坚持宁失出毋失入，从而成为"罪疑惟轻"法律传统的忠实继承者和积极实践者。

再次，循吏对"宁失出毋失入"的坚守有深层次的道德考量。

循吏之为循吏，很重要的一个方面在于，其公务行为中渗透着鲜明的道德因子。循吏出治临民、听讼断狱，既是一份差事，也不妨看作是一种道德修炼。在此过程中，仁、义、敬、慎均是修行的科目。又由于刑狱多关乎民命，生德尤为循吏所重。清朝前期有"天下廉吏第一"之美誉的于成龙在其政书写到："刑狱者，民命所系，宁失出毋失入，而好生之德自

---

[29] （宋）陈元晋：《渔墅类稿》卷六。

[30] （清）郑端：《政学录》卷五。

[31] （清）郑端：《政学录》卷五。

洽。"〔32〕有刚介峭直之名的明万历朝名臣吕坤说:"杀人,大可恨也!夫天道好生,鬼神有知,奈何为此?故宁错生了人,休错杀了人,错生则生者尚有悔过之时,错杀则我亦有杀人之罪。"〔33〕徐有功面对武后诘责,答以:"失出,人臣小过;好生,陛下大德。"则将好生之德从官吏延伸到帝王。前文提及的刘韶"理刑一以求生为务"便体现了循吏对生德的积极追求。项笃寿是这样评论刘韶失出一事的:

> 刘公用狱详慎,卒以失出坐贬,经曰"宁失不经",观过可知仁矣。〔34〕

这便是儒家的辩证法,一个人的错误可以折射出其高尚的品行。自古循吏多是仁人君子,一副仁者心肠,对不幸陷于法网的罪犯也抱有无限的同情,不忍施用重罚,总是力求其轻,于是失出也就在所难免了。所谓"人或有罪,不得已而用刑,则轻省而不务深刻,谨慎而不致错误,宁失出毋失入,不专意求人之罪恶而务置之于法,文武用罚之谨又如此。"〔35〕

最后,"宁失出毋失入"的执法信条包涵着循吏群体的价值判断和道德诉求,体现出传统中国法的人文性。〔36〕不仅如此,在中国古代天人合一的世界观中,围绕着这一信条所展开的道德实践还会产生沟通天人的神秘效果。明孝宗弘治十五年(1502年)五月,御史王哲巡按江西。时值大旱,苗种不得入土。哲深恤民隐,即亲录囚系,出其所当原者数百人,余皆减之。次日,即雨,遂成有秋。史家案曰:"王御史因苗不得入土,亲录系囚,出其当原,减其余等,即成有秋,乃知'宁失出,无失入'此二句者,诚祈祷之灵符也!"〔37〕

综上,"宁失出毋失入"的信条凝聚着古人的法律经验,更包含着古

---

〔32〕《于清端公政书》卷一。
〔33〕(明)吕坤:《呻吟语摘》卷下,影印文渊阁四库全书本。
〔34〕(明)项笃寿:《今献备遗》卷九。
〔35〕《日讲书经解义》卷十二。
〔36〕张中秋教授认为,从对人的意义来说,传统中国法的道德原理的最大价值在于它的人文性。这个人文性立足于道德之上,体现为对人之为人的德行的确认、保护和促进。参见张中秋:《传统中国法的道德原理及其价值》,载《南京大学学报》(哲学·人文科学·社会科学版)2008年第1期。
〔37〕《钦定康济录》卷三上。

人的道德判断，因而成为传统中国颇有影响力的法律理念。而循吏无疑是这一法律理念的最佳实践者。

然而正如我们所看到的那样，循吏对"宁失出毋失入"的践行虽然为他们赢得了身后名，却也引致了生前的灾难。循吏之殇根由何在？

三、循吏司法观之二：孜孜以求法外意

朱熹在解读《尚书·舜典》"眚灾肆赦，怙终贼刑"时说："眚灾肆赦，言不幸而触罪者，则肆而赦之，此法外意也。"

《明名臣琬琰续录》卷十九《刑部尚书惠安彭公行状》载彭韶事迹曰："公掌刑宪务明慎而以忠恕为本，……谨于守法而亦尝有法外之意。"

祝庆祺《刑案汇览·序》："《易》曰：'君子以明慎用刑而不留狱。'至哉言！不穷其理于律例之中，未足为明慎也；不通其意于律例之外，亦未足为明慎也。"

清末名吏樊增祥自诩"本司判事专补律意所不及"[38]。

四、帝国的立场：重入轻出还是重出轻入？

循吏失出下场悲惨折射出的是帝国法律体制对此行为的评价，循吏之殇根源在于制度。

失入、失出均为失刑，"律者，国家之大法，臣子所宜共守。或出或入，皆为有咎。"[39] 就此而言，失入与失出似乎不该有高低轻重之别。其实，在中国传统意识形态中亦不乏将二者等量齐观的观点。如南宋学人叶大庆就认为："断罪之失于出入均之为不可也。"[40] 金朝大定年间的刑部尚书高德基谓："法无二门，失出犹失入也。"[41] 雍正皇帝认为："刑之失入固为滥，而失出亦为滥。"[42]"失入、失出，其弊一也。"[43] 然而，另一种更有影响力的观点认为，失入的危害更大于失出。如乾隆皇帝就曾郑重指

---

[38]《樊山政书》，第506页。
[39]《兼济堂文集》卷二。
[40]《考古质疑》卷六。
[41]《金史》卷九十。
[42]《世宗宪皇帝御制文集》卷九。
[43]《世宗宪皇帝上谕内阁》卷七十一。

出："失入之咎比失出为重。"[44]这种认识落实到制度上，就表现为由唐至清历代律典中一脉相承的"重失入轻失出"的规定。如唐律《断狱》篇规定："断罪失于人者，各减三等；失于出者，各减五等。"也即是说，同样是断罪出现偏差，失入之罚要重于失出。这一规定富含深意，折射出传统律法体制鲜明的道德主义指向。宋黄裳曾解说到："夫律失入之减少，失出之减多，以夫失出有仁存焉，而或失入则为不仁而已。"[45]

照理说，这样一种制度安排是有利于循吏生存的。失出虽然免不了要受罚，不过比起酷吏的深文入罪，境遇无疑要好一些。然而历史上循吏真实的境遇却提醒我们事实并非如此。这又是为何呢？

原因就在于"重入轻出"的规定只是纸面上的制度，其执行状况往往不尽理想，甚至变形走样。可以这样说，历代封建王朝在大部分时间里执行的都不是重失入轻失出，恰恰相反，是重失出轻失入。早在西汉宣帝时，路温舒就针砭时弊地指出："今治狱吏则不然，上下相驱，以刻为明；深者获公名，平者多后患。"[46]又唐贞观十一年（637年），大理卿刘德威在答太宗问时提到："律文失入减三等，失出减五等。今则反是，失入则无辜，失出便获大罪。所以吏各自爱，竞执深文，非有教使之然，畏罪之所致耳。"明朝的情况比唐朝的有过之而无不及。《明史》卷二百七十五载："帝（指崇祯）以威刑驭下，法官引律，大抵深文附会，予重比。"当时的刑科给事中李清指陈时事，其一曰："治狱不宜置失入，而独罪失出。"[47]说明当时"重出轻入"的刑事政策已经发展到极端。进入清朝之后，这一状况仍然没有得到改变。当时官吏"每惩失出获罪，傅会文致，杀人如刈草"[48]。康熙四年（1665年）三月刑部尚书龚鼎孳疏称："今承问各官引律未协，拟罪稍轻，一经驳查，即行参处。承问者惕于功令，一切畏缩，宁从重拟，以作自全之计，但求免于驳参，于一己之功名无碍，而他人之性命不暇顾矣。"[49]还有人反映，"今也失出者有罪，而失入者无咎。法吏

〔44〕《皇朝文献通考》卷二百零八《刑考》第十四。

〔45〕《演山集》卷四十四。

〔46〕《汉书》卷五十一。

〔47〕《清史稿》列传二百八十七。

〔48〕（清）施闰章：《学余堂文集》卷十九。

〔49〕（清）郑端：《政学录》卷一。

惟恐获罪，则务为深刻。"[50]"今失出者获罪固宜，而失入者反邀执法之虚名，是以官吏务为严刻。"[51]可见当时形势之严峻、执法环境之恶劣。

在历代封建王朝中，宋朝算是贯彻"重失入轻失出"政策最为彻底的，"失出者不为深罪，失入者终身负责。"[52]朝廷甚至一度以令的形式修改了律的规定，"法寺断狱，大辟失入有罚，失出不坐。"这种状况甚至引发了臣僚的抗议，[53]由此确立了失出失入比较法，"失出死罪五人比失入一人，失出徒流罪三人比失入一人。"[54]不过这一做法并没有维持很长时间，其后徽宗又恢复了以前的做法，"罢理官失出之罚[55]。"

尽管宋代的统治者有意识地从制度上保障"重入轻出"理念的落实，仍然没有能够从根本上扭转皇权体制下司法深刻的本性。北宋元祐年间，"有司以天下谳狱，失出入者同坐。"南宋初年史尧弼说当时之人"治狱务锻炼人，法惟恐不极"[56]。光宗时，陈亮也在廷对中提到："数年以来，典刑之官遂以杀为能，虽可生者亦傅以死。"[57]

就现实的情况来看，失出的法律风险要远大于失入的风险。邱濬总结道："（宋以后）失入者坐以公罪，而失出者往往问以为赃，是以为刑官者宁失入而不敢失出。盖一犯赃罪则终身除名，犯公罪者可以湔除而无后患故也。"[58]

总而言之，治狱政策的官方表达是重失入轻失出，而其实践却恰恰构成一个背反。这样一种司法环境无疑是培育酷吏的土壤，而不利于循吏的生长。五代最著名的酷吏苏逢吉，曾以皇帝生日疏理狱囚以祈福，谓之"静狱"。逢吉入狱中阅囚，无轻重曲直悉杀之，然后上报皇帝曰："狱静矣。"[59]这样一种武断冷血的做法自然是没有失出之虞的，也是真正的循

---

〔50〕（清）陆陇其：《三鱼堂外集》卷三。

〔51〕（清）魏裔介：《兼济堂文集》卷二。

〔52〕（宋）李焘：《续资治通鉴长编》卷一百六十三。

〔53〕元祐七年（1092年），臣僚言："法寺断大辟，失入一人有罚，失出百人无罪；断流徒罪，失入五人则责及之，失出虽百人不书过。常人之情能自择利害，谁出公心为朝廷正法者？"（宋）李焘：《续资治通鉴长编》卷四百七十六。

〔54〕（宋）李焘：《续资治通鉴长编》卷四百七十六。

〔55〕《宋史》卷十九。

〔56〕（宋）史尧弼：《莲峰集》卷十。

〔57〕（宋）《陈亮集》卷十一。

〔58〕（明）《大学衍义补》卷一百零八。

〔59〕《新五代史》卷三十《汉臣传》。

吏所不屑为的。

"重失入轻失出"的规定无疑是一项好的制度，然而这项制度在实践中难以落到实处，大行其道的官场规则是失入者无罚而失出者遭殃。一般官员基于趋利避害的考虑自然务为深刻。

笔者认为，循吏之所以为循吏，一个突出的特点就是肩负深重的道德使命感，能够突破人性的小我，不甘于做被动执行法律的机器，以积极有为的姿态力矫制度和规则之失。然而，以一己德性的力量与制度博弈，个人往往就成为牺牲品。

五、结语

循吏失出有其必然性，概而言之，是由循吏之所以为循吏的先天品格所决定的。循吏区别于普通的官吏，在于其不是冷冰冰地执行法律的机器，而是背负着深重的政治和道德使命。"为生民立命"是他们的最高鹄的，"毕竟生人胜杀人"是他们的日常信念，在这样一种司法伦理支配之下，失出就成为不可避免的了。

然而，这种司法品格因为融入了太多自身的独立的价值判断，自然不为专制制度所喜，正所谓"仰体好生恤下民，谁知震怒犯枫宸"[60]。由此而言，循吏之殇，不是个别人的悲剧，而充满了历史宿命的意味。专制时代的司法虽一贯标榜慎刑、恤刑的旗帜，实践中走的却是刚猛狠厉的路子，宁枉毋纵成为司法的常态。在此制度环境中，坚持"宁失出毋失入"的循吏就不免遭受制度的碾压。就循吏个体而言，虽遭遇职场失利，却不妨借"观过知仁"的古训来寻求心理的平衡。而作为一种大概率事件的循吏失出现象，无论如何讳饰，终难掩盖事件背后的制度扭曲和时代局限。或许，循吏之殇的启示就在于此吧！

---

〔60〕（清）吉同钧：《乐素堂文集》卷一《谪官十首》，载闫晓君、陈涛主编：《乐素堂文集》，闫晓君整理，法律出版社2014年版，第222~223页。转引自张田田：《末世刑章细羽毛：吉同钧"朝审失出"事考——从陕派律学家事迹看晚清司法》（一），载霍存福主编：《法律文化论坛》（第5辑），知识产权出版社2016年版。

清官箴书所见州县之司法观

金　怡[*]

一、清官箴书——治理文献

明清之前的官箴书，大都是以对官员的从政道德的训诫、教导的面貌出现，具有较强的说教意味，但是实践可操作性并不强。这些关注道德层面的官箴书，如唐武则天的《臣轨》，南宋吕本中的《官箴》，宋元时期的《州县提纲》《牧民忠告》等典型。官箴书发展到清代，已经有了非常显著的特点，从传统上来讲，仍然包含"儆戒训诰之词"，但在内容上已经有了很大的变化，"从写作目标和主要内容来看，已经远远超出了官箴本身的内涵；它们在道德修养方面的比重逐渐缩减，而在实务知识与操作技巧方面的内容却不断扩展。"[1]对于清代的官箴书的认识，可以从以下几个方面展开：

（一）州县官司法实务的切实指导

清代名幕汪辉祖在《学治臆说》自序中所言："天下者，州县之所积也。自州县而上至督抚大吏为国家布治者，职孔庶矣。然亲民之治，实惟州县；州县而上皆以整饬州县之治为治而已。"[2]清代州县官在清代四级

＊吉林大学法学院法律史专业博士研究生，甘肃省兰州市西北师范大学法学院讲师。本文为2015年国家社科基金重大项目"法治文化的传统资源及其创造性转化研究"（14ZDC023），西北师范大学"2014年度青年教师科研能力提升计划项目"的阶段性成果。

〔1〕杜金：《明清民间商业运作下的"官箴书"传播——以坊刻与书肆为视角》，载《法制与社会发展》2011年第3期。
〔2〕（清）汪辉祖：《学治臆说》。

行政体制中处于最低端的位置，虽然它接受一切来自于各级行政长官权力的监管，但它是清代社会治理过程中最重要的一环，国家内部任何大政方针、施政纲领都要从州县一级开始实施执行。《幕学举要·总论》中所说："万事胚胎皆在州县。"[3]但实际情况是，新入仕的州县官往往对于繁杂的州县事务难以应对。《五种遗规》作者陈宏谋就曾谈到自己初入官场时的这种感受，"官场事尤未娴习，临民治世茫然无措"，因而"于簿书余闲时，一展卷籍，兹陈编以祛固陋。凡切于近时之利弊，可为居官箴规者，心慕手追，不忍舍置"[4]。"心慕手追，不忍舍置"则非常生动地反映了新入仕的七品州县官虽"专擅于八股科举，却不谙吏事，尤其不熟悉州县之主要职责、刑名司法、钱谷征收事宜"[5]。因此产生了对于实用性和可操作性强较的官箴书的积极需求。

刑名与钱谷，是州县官的基本业务。清董公振提到，"日需办理者，惟钱谷、刑名最为紧要。"[6]钱谷，即税收。由于税收涉及的是中央政府下达的税收任务，清代的官箴书也多见税收之法的各种方法和技巧。"钱谷之重，只在催征、比较、折贮、解给与漕项收兑，数者而已。催征有法，而百姓不得受其累；比较有法，而胥吏不得播其奸；拆贮有法，而侵蚀之弊可免；解给有法，而款项之数可清。求其欺官侮典盗饷遛粮得乎？至于漕项，惟收之人民而塞仓中之漏厄，兑之便丁而杜帮中之掯柄，则钱谷之司，庶无余事矣。"[7]

刑名，即州县官员的另外一个重要职能——司法。嘉道年间的徐栋指出："刑名，以为官之考成所系，人之生死所关也！而吾谓所宜重者，尤在弼教以明刑。书曰祥刑，又曰刑期于无刑。岂尚申韩之术者所能哉？"[8]刑名，州县司法的审判。州县衙门是清代最基层的审判机构，因此州县官掌管最重要的审判权，所有案件必须先在州县衙门进行初审。"军民人等遇

---

〔3〕（清）万维翰：《幕学举要》。

〔4〕（清）陈弘谋：《从政遗规》。

〔5〕周少元、韩秀桃：《古代县治与官箴思想——以"钦颁州县事宜"为例》，载《政法论坛》2001年第2期。

〔6〕董公振：《钱谷刑名便览》，载四库未收书辑刊编委会编：《四库未收书辑刊》（第二辑第二十六册），北京出版社1997年版，第76页。

〔7〕（清）黄六鸿：《福惠全书》。

〔8〕（清）徐栋辑：《牧令书》。

有冤抑之事，应先赴州县衙门具控。如审断不公，再赴该上司呈明；若再屈抑，方准来京呈诉。"〔9〕"州县自行审理一切户婚、田土等项。"〔10〕司法的政绩，关系到后期对州县官员的考核，这是自上而言。自下而言，州县官面对的是各种社会性质的"自理"案件和刑事案件，由于经验的不足，或者对律例实际运用的不熟悉，州县官初审时会无所适从。在这种情形下，清代相当规模的官箴书，都含有对州县官司法实践的实际指导的内容，其中蕴含有老道的司法经验和读律心得、案件的办案方法和原则技巧，具有很强的实用性和针对性，为州县官的司法审判提供了切实的指导。

（二）为官之术官箴书的广泛传播

以雍正年间下令编纂的《钦颁州县事宜》为例，其中讲到："牧令为亲民之官，一人之贤否，关系万姓之休戚。故自古以来，慎重其选。而朕之广揽旁求，训勉告诫，冀其奏循吏之绩，以惠我蒸黎者，亦备极苦心矣。惟是地方事务皆发端于州县，头绪纷繁，情伪百出。而膺斯任者，类皆初登仕籍之人，未练习于平时，而欲措施于一切，无怪乎彷徨瞻顾，心志茫然，即采访咨询，而告之者未必其尽言无隐……朕亲加披览，见其条理详明，言词剀切，民情吏习罔不兼该，大纲细目莫不备举，诚新进之津梁，庶官之模范也。"〔11〕因此，钦颁上谕《州县事宜》的用意，在于为新任官员能够胜任公务，提供实践的"模板"。从《州县事宜》的目录可以看出，其具体内容是以技术性的知识为主。即便是涉及官员道德操守的部分，也多落实于具体的行为准则上，而非仅仅停留在空泛的道德说教上。这是借用官方力量自上而下推动官箴书广泛传播的典型。还有以自身的实践经历撰写，博大全面、具体细微且实践性很强的官箴书，在清代也受到了广泛欢迎，如黄六鸿的《福惠全书》，共计 32 卷，除了强调为官的"清、慎、勤"之外，事关刑名钱谷的有 18 卷之多（钱谷、杂课、编审、清丈、刑名、保甲等）。"有司以钱谷刑名为重，而刑名较钱谷为尤重。夫钱谷不清，弊止在于累民输纳；刑名失理，害即至于陷人性命，故是集于

---

〔9〕 田涛、郑秦点校：《大清律例》，法律出版社 1999 年版，第 473 页。
〔10〕 田涛、郑秦点校：《大清律例》，法律出版社 1999 年版，第 480 页。
〔11〕 （清）田文镜：《钦颁州县事宜》。

刑名一条，更为加意。"刑名事关人民的生命健康，所以处理起来比钱谷要更为慎重。这些在书中传授的经验都是为官者亲历亲为的吏治实绩，且都包含自己的切身体会和深刻教训，因此在实践中被州县官广为借鉴。而《福惠全书》也是清代刊刻较早，流传较广的一部官箴书，对清代后来许多州县官箴书的形成有直接的参考价值。

（三）对律学著作的不足之处的弥补

清代自上而下的官员都必熟知《大清律例》，因为它乃"本朝之定典，万世之成宪"。"先王立法定制，将以明示朝野，俾官习之而能断，明知之而不犯，所由息争化俗而致于刑措也。"[12]由《大清律例》推广来的律学著作非常多，有代表性的如《刑案汇览》《驳案新编》《读律心得》《明刑管见录》等，但即使后三本是府、州县等地方官员所著，却仍然难以满足州县司法实务的需要。其原因在于两点：其一，律学著作学术性太强，而可操作性相对较弱。律学著作中以案件如何定罪量刑为主，但实际司法实务中首先需要州县司法官开展调查取证、事实审查等司法技术，官箴书中则讲述了许多"勘验""听断"的原则和技巧。其二，律学著作围绕《大清律例》展开，而《大清律例》中刑事条款的部分远超民事。但官箴书中则提供了许多解决民事纠纷的客观指南，即如何在户婚、田宅、钱债等民事纠纷中给予习惯和情理的调处。对于州县地方官员来讲，由于刑事案件只有初审权，在实务中大量处理和涉及的都是民事纠纷，属于自理案件。而"批发词讼虽属自理，其实是一件得民心事。讼事奸民皆以此为尝试，若不能洞见肺腑，无以折服其心；若持论偏怙，立脚不稳，每致上控，小事化为大事，自理皆成宪律矣。即或不致上控，造入词讼册内，亦难免驳查。"[13]在实用性上，清官箴书的价值突显。

二、司法程序观

（一）案件的受理

清代没有细分刑事和民事诉讼，民事审判多采用刑事审判程序。清代受理案件时均规定放告期日，于放告日呈控，谓之期呈；于非放告日呈

---

〔12〕（清）王士俊：《见治原》，载（清）徐栋辑：《牧令书》。

〔13〕（清）万维翰：《幕学举要》。

控，谓之传呈。《福惠全书》提到："凡告期必以三六九日为定，或谓州县非宪司可比，不宜拘定日期，民有疾痛呼号，岂能刻待。"[14] 刘衡亦曰："寻常案件，定于三八被告日当堂收呈，此外各日切勿滥收也。"[15] 清代前期多以每月三六九日放告，后期多以每月三八日放告。具体的受理时间，《大清律例》明文规定："每年自四月初一至七月三十日，时正农忙，一切民词，除谋反、叛逆、盗贼、人命及贪赃坏法等重情，并奸牙铺户骗劫客货，查有确据者，俱照常受理外，其一应户婚田土等细事，一概不准受理；自八月初一以后方许听断。若农忙期内，受理细事者，该督抚指名题参。"州县官必须要熟知律例，也就是原则上农忙期并不放告。

但对于此不予受理情形，官箴书中则认为不能一概而论，相反主张区别对待。"农忙虽有停讼之例，亦有不应停之例。如乾隆三年（1738年），湖北臬司阎熙尧条奏州县自理词讼，务须分别事情轻重缓急，随时酌准，不得籍称农忙概置民瘼于罔闻。又乾隆四年（1739年）定例，或因天旱争水，黄熟抢割，争娶打抢，聚众打降等事，停讼之时亦应准理。又乾隆十年（1745年），蒋前院条奏，地方于农忙停讼期内，凡遇坟山土地等项，务须随时勘断。倘事关紧要，或证佐人等现非务农，即不得以时值停讼，籍词推诿，亦不得滥差级羁候，致滋扰累各等因俱奉旨通行遵照在案。再户婚、田土似在应停之内，然抢亲、赖婚、强娶、田地界址、买卖未明，若不早审理，必致有争夺之事。"[16] 某些"细故"案件，虽然在州县官那里看来并无关紧要，但这些"细故"案件却和百姓利益密切相关。"户婚、田土、钱债、偷窃等案，自衙门内视之皆细故也。自百姓视之则利害切己，故并不细。即是细故，而一州一县之中重案少，细故多，必待命盗重案而始经心，一年能有几起命盗耶？"[17] 所以，大清律例受理时间虽有要求，但"一切户婚、田土争讼，概不受理，使受冤者无所控诉，或激成仇杀重情，或奔驰上司告理，亡身命而荡家资。谁为父母，酿此祸端，朝廷亦安用此庸恶劣之官，使一方受涂炭之苦乎！"[18]

---

〔14〕（清）黄六鸿：《福惠全书》。

〔15〕（清）刘衡：《庸吏庸言》。

〔16〕（清）陈宏谋：《申明农忙分别停讼檄》，载（清）徐栋辑：《牧令书》。

〔17〕（清）方大湜：《平平言》。

〔18〕（清）田文镜：《钦颁州县事宜》。

案件的受理，除了时间条件之外，州县官还须面对当事人的具控（呈词）应该如何处理的难题。由于百姓的呈词千奇万变，种类繁多，民间谚语云"无谎不成状"。因此《州县初仕小补》告诫："州县卯期呈词批阅最难……所有寻常案件词中之情节真伪莫辨，事理之谬妄难测其由。代书造作者，尚不至于离奇，惟讼棍之刁词，或指东说西，或将无作有，或捕风捉影，或空中楼阁，诪张为幻，任意妄指，百奇千怪，难以枚举，批阅之际宜详细审阅……盖民情好讼，若遽予批准，诈伪百出，刁风日炽，良懦何以聊生。若全行驳饬，一再不准，被告者难免不逢人称快，扬言得志，在原告已有愧忿之心，加以被告揶揄，必将寻隙斗殴，恐致酿成巨案。"[19]对案情的审查、呈词的把握，需要州县官仔细斟酌、谨慎处理，以免造成严重后果。

审理之后需要批示呈词，是否准理词讼，必须要有所答复。答复的形式以批词的方式表示"准"或"不准"。关于批词的内容，汪辉祖认为："每有控近事而先述旧事，引他事以曲证此事者，其实意有专属而讼师率以牵搅为技。万一宾主不分，势且纠厘无已，又有初词止控一事，而续呈渐生枝节，或至反宾为主者，不知所以羁裁，则房差从而滋扰。故省事之法，第一在批示明白。"[20]批词内容的准确度、贴近事实的角度，以及对于案情的说理教化，都相当重要，在整个审判程序中处于第一位。如果批词合理合法，甚至都可以达到息诉的理想目的；但如果批词不当，调和不成反而会引起上控。"善听者只能剖辨是非于讼成之后，善批者可以解释诬妄于讼起之初，果其事势不得已，必须审断而始结，虽驱小民跋涉亦难惜也。如其事真伪显然，不过纸上片言可以折断，而亦差传候讯，即情虚者受其责罚而被告之货财已遭浪费矣。"[21]清王又槐的《刑名必览》也总结了批词的要点："批发呈词，要能揣度人情物理，觉察奸刁诈伪，明大义，谙律例，笔简而赅，文明而顺，方能语语中肯，事事适当。奸顽可以折服其心，讼师不敢尝试其伎。若滥准滥驳，左翻右覆，非冤伸无路，即波累无辜，呈词日积日多矣！"批词在遵守律例的基础上要符合情理，文辞中

---

〔19〕（清）褚瑛：《州县初仕小补》。

〔20〕（清）汪辉祖：《续佐治药言》。

〔21〕（清）白如珍：《论批呈词》，载（清）徐栋辑：《牧令书》卷十八《刑名》。

肯得当，最好能在批词中达到双方息讼的目的，切不可造成诉讼拖累。若批示呈词不准，则其词状会被发回，准的词状会被挂号登录在案。挂号有内外之分，"将朱语、原告被证姓名、批语、承行差役姓名填写后，列前件以便登填如何归结，是为内挂号。内挂号迄，随将各副状汇入封套，发承发房分发承行，承发科亦须挂号方发，是为外挂号。"〔22〕

除此之外，受理过程中还有几个小的细节问题不能被忽视，在官箴书中被反复提及并且论证其必要性：

1. 初审须谨慎细致

《福惠全书》载，"凡遇告期，乡民远来城市，免令守候，升堂宜早，先为放告，后收投文。放告时，官坐卷棚，桌置墀砌上，安放重压纸一枚。东角门放告状人鱼贯而进，不许投文混入其内，逐名挨次，将状展开，亲压桌上，仍退跪阶下。随命值堂吏点明张数，高声报若干张。逐张唤名，点过甬道西，由西角门鱼贯而出，点名时有应名不对及举动可疑者，即取状审讯，如系顶替匿名，立时差牌拘拿雇倩匿名之人，一并究惩。收状已完，即将白纸封束，写明内共若干张，呈堂朱笔点封，门子接置文匣带进内衙。"〔23〕州县官的放告收呈，只是在形式上接受了控纸，下一步要进行实质性审查，结合律例审查案情，以此来决定是否能正式进入司法审判程序。审查的过程中，要非常认真细致。同样，汪辉祖也认为"慎初报"，案件的初审一定要仔细审查，周延细致。"办案之法，不唯入罪宜慎，即出罪亦甚不易"；"狱贵初情，一犯到官，必当详慎推求，毕得其实，然后酌情理之中。"谨慎应对，避免出现"驳诘之繁，累官累民"〔24〕。《图民录》载，"凡呈状无不准无滥准事有必不可已者。屡控不准，势必忿然不平，归而寻衅。转滋事矣。事有殊可已者。来控即准。迨后传齐质审。无大是非。徒滋扰矣。朱子曰、词牒无情理者不必判。信哉。"〔25〕对于诉讼，如果审查不得当反复多次拒绝受理，百姓就会寻衅滋事，因此必须受理。反之，如果词牒诉状无任何情理可言，那么也不得滥准。从另一角度，正反两方面论证了初审细致入微的重要性。

---

〔22〕（清）黄六鸿：《福惠全书》。
〔23〕（清）黄六鸿：《福惠全书》。
〔24〕（清）汪辉祖：《学治臆说》。
〔25〕（清）袁守定：《图民录》。

2. 告状不准

《福惠全书》记载"告状不准事项"，这些事项有："事在赦前及年远者，不准；告人命不粘连'伤痕凶器谋助单'者，不准；告婚姻无媒妁者，不准；非现获奸犯，词内牵连妇女者，不准；告强盗无地邻见证、窃盗无出入形迹空粘失单者，不准；告娄赃无过付见证者，不准；告田土无地邻、债负无中保及不抄粘契券者，不准；生监及妇女、老幼、废疾无抱告者，不准；告生员作证，并牵连幼女稚童者，不准；被告非盗、命（案）过三人者，不准；状内所告无真正年月日者，不准；收尾无考定代书姓名者，不准；状不合适并无副状者，不准；告人命'粘单'内不填尸伤、凶器、下手凶犯及不画押者，不准；凡告状不用印格眼者，不准。"这些告状不准事项大体上因为程序、证据或者身份的原因做出种种限制。由于"状不轻准"的思想，这些告状不准事项可以对州县官受理案件有所参考。民间细故案件和刑事案件都必须有证据在场，一定程度上也是为了防止诬告。

（二）案件的审理

1. 审理的技巧

案件受理之后，进入审判程序。如何审案，《福惠全书》里总结了问案的"七要术"，即"钩、袭、攻、逼、摄、合、挠"。所谓"钩"，就是在审理中趁其不备，突然转移话题，用钩的方法来套出人犯的真话，以获取真实的案情；"袭"在方法上和钩很相似，注重观察人犯在审理时表现的不安情绪，这时候可以乘他心虚时攻击他脆弱的内心；"攻"是突袭他的软肋，掩其不备；"逼"是在强大的审讯压力之下，因人犯穷急之处而扼困之；"摄"是审讯室注重防范人犯的狡猾奸诈而不让他们施展；"合"是把原告和被告的供词放在一起察其是否吻合而寻找漏洞；"挠"是证人出庭，用证人证词来使人犯心服口服。《学治臆说》中也阐述了司法审判的经验，"《书》言五听，非身历不知。余苦短视，两造当前，恐记认不真，必先定气凝神，注目以熟察之。情虚者良久即眉动而目瞬，两颊肉颤不已，出其不意，发一语诘之，其真立露，往往以是得要犯。于是堂下人，私谓余工相法，能辨奸良。越年余，伪者渐息，讼皆易办，著得力于色听者，什五六焉，较口舌争几，事半而功倍也。"[26] 二者的观点近乎一致，都是对传统"五听"审案技巧的继承，这种类似审判心理学的方法可以有效减少冤案错案发生的概率。

2. 审理须速结

审判过程中，案件的审理一定要明确期限。"唯期有一定，则民可遵期而至，无守候之苦。"[27] 期限确定后就不能随意更改，"至勘有期，势必多人守候，尤万万不宜临期更改。"[28] 即便是因为有不得已的情形而改变时间，也要及时告知，"所以逾期之故，亦可晓然使人共知。若无故更改，则两造守候，一日多一日费用，荡财旷事，民怨必腾。"[29] 审理期限确定则要及时审结，要充分考虑到百姓的守候花费之苦。"两造讼牒，官为结断，脱然归去，可以各治其生。"一般情况，民事诉讼的审理为二十日，"审理词讼，宁速毋迟也。民间词讼，例限二十日完结。自应实时审理，若稍为延缓，则旧案未结，新案复来，愈积愈多，小民受累，轻则激而上控，甚则酿成命案，其害不可胜言。"[30] 如果不按时结案，则"讼者多食用之费，家人增悬望之忧，是虐民也"[31]。

《图民录》中提到，如果批准词状，就必须及时做到"曹无留事，狱无滞囚"。如果不这样做，则是"讼一日不结，民一日不安，其为累也大矣"[32]。因此，受理案件时，"办词讼无他术，祗速审结，则诸弊不及作而民受其福。若拖延岁月，不特奔走守候，费时损功，而证佐饮食之，书差勒索之，讼棍愚弄之，百弊丛生，而所费多矣。尝见有一讼而为之破家者，是果谁之过欤。"[33]

3. 审理须公开

《学治臆说》中劝导州县官审判要多在大堂，公开审判重要在于其教化意义。"不知内衙听讼，止能平两造之争，无以耸旁观之听。大堂则堂以

---

[26]（清）汪辉祖：《学治臆说》。
[27]（清）汪辉祖：《学治臆说》。
[28]（清）汪辉祖：《续佐治药言》。
[29]（清）汪辉祖：《佐治药言》。
[30]《州县须知》。
[31]（清）汪辉祖：《学治臆说》。
[32]（清）袁守定：《图民录》。
[33]（清）袁守定：《图名录》。

下，仡立而观者，不下数百人，止判一事，而事相类者，为是为非，皆可引申而旁达焉。未讼者可戒，已讼者可息。故挞一人，须反复开导，令晓然于受挞之故，则未受挞者，潜感默化。纵所断之狱，未必事事适惬人隐，亦既共见共闻，可无贝锦蝇玷之虞。且讼之为事大，既不离乎伦常日用，即断讼，其为言易入，其为教易周。"[34] 大堂之中，观审的百姓很多，法官在断讼的时候公开以"以申孝友睦姻之义"进行教化，观审的群众就会受到潜移默化的教化，公开审判的最终目的是为了达到"其为言易入，其为教易周"，这样的做法要比简单的道德教化更深入人心。

（三）法律的适用

清代官箴书著作中多有论及法律的适用问题，同样也有很多涉及判案过程中的"情理"因素。汪辉祖认为，州县官判案认定事实之后在尊重《大清律例》的基础上一定要兼顾情理。"法有一定，而情别于端。准情用法，庶不于造物之和。"[35] "法在必死，国有常刑，原非幕友所敢曲纵其介。可轻可重之间者，所争止在片语，而出入甚关重大，此处非设身处地诚求不可。诚求反复，心有一线生机，可以藉手。"[36] 方大湜也说道："自理词讼，原不必事事照例。但本案情节，应用何律何例，必须考究明白。再就本地风俗，准情酌理而变通之。庶不与律例十分相背。否则上控之后，奉批录案，无词可措矣。"[37] 这些观点都充分论证了情理在自理词讼案件中扮演的重要角色。除依据律例之外，还可以依靠情理而变通律例，并据之拟断。

黄六鸿对于如何适用法律的看法有独到之处。他论证了适用法律的过程，对于如何兼顾"情理"与"民本"的角色，逻辑非常清楚缜密。首先，他提出："古人立法，止在于生人而不在于杀人。"其次，要求州县官拿到案卷应该"问拟重案，当思此案何处有可轻之情，所犯何人有可生之路，有可宽之罪，于律例有何条可引，恰与之相合，求全案之可轻而不可得，则于所犯之人而求之，于所犯之人求其可生可宽，而又不得则于律例中求其可相援引者，而委屈以合之。总之，念念以生人宽人为要，不厌烦

〔34〕（清）汪辉祖：《学治臆说》。

〔35〕（清）汪辉祖：《学治臆说》。

〔36〕（清）汪辉祖：《佐治药言》。

〔37〕（清）方大湜：《平平言》。

琐周详。"适用法律重要的是考虑罪犯的权益，其原因在于即使罪行相似，但"情理"仍然不一样。"古人制律之心原存恺恻，盖因所犯之罪虽一，而所犯之情不一，故又原其情。""今人用律之心，与古人制律之心，本无殊异，是贵原其情而分别之矣。"因为"原情"都是事出有因的，按照正常程序处理，也不会有什么差错。"事有关于纲常名教，或强盗叛逆，为法之所不容贷者，彼虽遭显殛，于我无可憾也"。但如果是"贫难小民，为饥寒所迫；无知乡愚，为匪类所引；计所得之赃，衣不过数件，银不过数两，而遽令斩颈就戮，不亦惨乎？"的情况该怎如何处理？最后，就要求认理，"我认理既真，比拟确当。"[38]法官审理过程中适时合理掌握"情""理""法"角色和关系，以达到既符合司法责任的要求，又维护百姓司法权益的理想目标。

为了防止冤案错案，详细审讯准确适用法律是必要的。由于"词讼情变百出，苦难凭信。如证佐可凭也，而多贿讬；契约可凭也，而多伪赝；官册可凭也，而多偷文；族谱可凭也，而多裁占；然则决讼者，将何所据乎？惟有准情酌理，详细推鞫。但能详细，民自不冤，所可据者，此耳。"[39]所以在判断案件事实时候态度要认真仔细，方法要准确得当。"细审"案件的具体做法如下："凡审词讼，但以心入其中，详细研求，必有所见。"进一步来讲："词讼有不待审即得者，有必详审始得者，有虽详审而不能得者；不能得者，当缓之，令且散去，俟再推鞫，切勿遽断，遽断则误矣。"[40]

（四）刑讯的谨慎

虽然刑讯在古代有相应的司法功能，但是官箴书对待刑讯的基本态度都在于"慎刑"。诸多官箴书都论述了反对"刑讯"的原因，虽然角度不同，但普遍都认为刑讯违反了教化的基本原则，是弊大于利的做法。从正面来讲："一受重刑，终身之苦莫赎。"[41]"若不论犯事之轻重，平素之良顽，遽概予杖，有终身低头含羞，无能复振者；有不复顾惜，恣其所为者；有仇恨愈深，寻衅生端，子孙数代不能解释者。故刑非甚不得以未可

---

〔38〕 （清）黄六鸿：《福惠全书》。

〔39〕 （清）袁守定：《图民录》。

〔40〕 （清）袁守定：《图民录》。

〔41〕 （清）熊宏备：《居官格言》，载（清）徐栋辑：《牧令书》。

轻动。"[42] 从刑讯带来的消极效果出发论述其不合理性。"古云：刑官无后，不可不慎也。"[43] "来俊臣之请君入瓮，秦商鞅之立法自毙，自伤阴德，将来果报不爽，岂不深可惧哉。"[44] 从古代人们常讲的因果报应思想这一角度警告州县官少用刑罚。"持身欲清，事体欲练，处世欲平，必平时躬率妻孥，崇尚简朴，则资于官者少。凡事关吏治民生，一一留心，则得之闻见者素。又随事反观变化，气质然后能清、能练、能平。"[45] "清""平""练"的个人修养对自我修行很重要，同样用平和的修养在司法中解决问题，若要有一丝一毫的怒意，都不可刑讯。"听讼凡觉有一毫怒意，切不可用刑，即稍停片时，待心平气和，从头再问。未能治人之顽，当先平己之忿，尝见世人因怒而严刑，以泄忿，伤彼父母遗体，而泄吾一时忿恨，欲子孙之昌盛得乎？"[46]

从反面来讲，刑讯只能带来弊端，不仅违背了州县官为官一任基本的爱民理念，更会对当事人以及案情本身造成大的伤害。《学治臆说》讲到，"词讼细务，固可不必加刑矣。或谓命盗重案，犯多狡黠，非刑讯难取确供，此非笃论也。命有伤、盗有赃，不患无据。且重案，断不止一人，隔别细鞫，真供以伪供乱之，伪供以真供正之。命有下手情形，盗有攫赃光景，揆之以理，衡之以情，未有不得其实者。特虚心推问，未免烦琐耳。顾犯人，既负重罪，其获罪之故，当听其委婉自申，不幸身罹大辟，亦可于我无憾。若欲速而刑求之，且勿论其畏刑自诬，未可信也，纵可信矣，供以刑取，问心其能安乎？"[47] 州县官掌握着生杀大权，刑讯中轻重都由他们掌握，稍有不注意则生人之心反而变成了害人之意，惩恶之心反而助纣为虐。"动刑之人，受贿作弊，生死在其掌握。不惟重刑死人，即轻刑亦可死人；不惟轻刑生人，即重刑亦可生人。""皂隶为仇家买嘱，先讲银钱，或令断筋，或令殒命，验过受谢。"[48]

---

[42] （清）叶镇：《作吏要言》。
[43] （清）陈弘谋：《从政遗规》。
[44] （清）褚瑛：《州县初仕小补》。
[45] （清）郑端：《政学录》。
[46] （清）熊宏备：《居官格言》，载（清）徐栋辑：《牧令书》。
[47] （清）汪辉祖：《学治臆说》。
[48] （清）黄六鸿：《福惠全书》。

最后，在刑讯对象和手段上，也应有所区分。《福惠全书》里提出了刑讯的一些时间和人物的限制，"万寿圣节不可打，国忌不可打，年节朔望不可打，大风雪不可打，疾雷暴雨不可打，人走急方至不可打，盛怒不可打，酒后不可打，事未问明不可打，要枷不可打，要监不可打，要夹不可打，孝服不可打，孕妇不可打，年老废疾不可打，稚童不可打，人有远行不可打"等不打的原则。[49] 类似的提法在《平平言》里也可见"五不打；老不打；幼不打；病不打；衣食不继不打；人打我不打。五不轻打：宗室莫轻打；官莫轻打；生员莫轻打；上司差人莫轻打；妇人莫轻打。"[50] 对于不同的刑讯对象，有不同的刑讯方法。

三、司法文明的民本观

封建社会里，百姓的田租和赋税生活是一国之根本，所以百姓是为官为吏者的"衣食父母"。《钦颁州县事宜》开篇便提到，"亲民之官，莫如州县。使州县皆得人，则政简、刑清、民安、物阜，又何有兵革之患哉？故州县造福易，作孽亦易，其造端甚微，而身家民命皆系。"州县官为官一方，是"亲民最要之官""一人之贤否，关系万姓之休戚"。州县官在社会基层治理的重要基础地位决定了其品质和作为直接关系百姓的身家性命。而倘若其"爱民如子"，百姓对其也就"爱其如父"。"为民作主，愚者觉之，弱者扶之，屈者伸之，危者援之，阙者完之，隐然一方保障。"[51] 这对州县官来讲，是完美的理想蓝图和政治抱负。

在这种"贵民观""民本观"的指导下，官箴书里也都提出具体在司法程序中如何善待百姓的一些做法。汪辉祖认为审判时应多替犯事百姓考虑，"无论事之大小，必静坐片刻，为犯事者设身置想，并为其父母骨肉通盘筹画，始而怒，继而平，久乃觉其可矜，然后与居停商量，细心推鞫，从不轻予夹拶，而真情自出。"[52] 必须体察百姓难打官司、打官司花费多的情况。在办案过程中少传讯一个人就可少连累一个人，可免除不必要的麻烦和花销。"事非急切，宜批示开导，不宜传讯差提。人非紧要，宜随时

[49]（清）黄六鸿：《福惠全书》。
[50]（清）方大湜：《平平言》。
[51]（清）袁守定：《图民录》。
[52]（清）汪辉祖：《佐治药言》。

省释，不宜信手牵连，被告多人，何妨摘唤干证。"[53] 百姓涉及诉讼，为官者应该尊重百姓的意见，应该让当事人充分表达自己对案件的陈词，反对先入为主。"唯平争息竞，导民于义耳。片言折狱，必尽其辞，而后折之，非不待其辞之毕也。"[54] 最后还要考虑百姓的诉讼费用，"讼一签差，两造不能无费，即彼此相安息销，亦且不易。"[55]

《图民录》里对于深陷图圄的犯人抱有同情和怜悯，也披露了监狱管理上的黑暗内幕。《图民录》认为犯人也是人，只是因为行为过错，而挂误罹刑。"世间苦况，无如图圄罪人，辞父母，别妻子，只身入其中，寒暑饥渴，既无可告诉，而一隙之地，聚处多人。臭秽熏蒸，至不可向迩。况越狱之禁愈严，所以防闲之者愈酷。昼则手足桎梏，不能自如；夜则群入木仓，以长木相比，剜孔如半月状，罪人卧定后，各以一足纳孔中，而锁其端于柱，谓之上压，以至辗转伸缩，欲粪欲溺，皆不能得。况狱卒之勒索私刑，其楚更非意计之所及哉。须知，民虽有罪，犹吾子之不肖，而偶挂刑网者也。勤加抚问，时其饮食，便其起处，夏给扇，冬给衣。勤戒狱卒，毋致私刑，既不使之得逃，又不使之过苦，不觚法，不毒人斯两得之矣。"[56] 基于此，《图民录》对于监狱里的罪犯的对待方式，考虑得十分人性化。从总的方面来说，"凡体恤百姓，须无微不入。虽一跪一立之微，皆当留意。吕文清曰：夏月问罪人，早间在东廊，晚间在西廊，以避日色。待罪人且然，况平民乎！避日色且然，况其他乎！"具体来讲，在审判中"慎用三木"，也就是谨慎使用套在犯人颈、手、足上的刑具。"凡鞫狱，慎用三木。路温舒曰：人情安则乐生。痛则思死。棰楚之下。何求而不得。盖民不胜其痛。多自诬服也。况取供于刑求之下。其解上也每多翻异。可不慎哉。"[57] "听讼须虚中"，在审理之前谨记不能存在是非之心先入为主枉以善断，"凡审词讼，必胸中打扫干净，空空洞洞，不豫立一见，不豫著一物，只细问详求。其情自得。若先有依傍之道。豫存是非之心先

---

〔53〕（清）汪辉祖：《佐治药言》。

〔54〕（清）汪辉祖：《学治臆说》。

〔55〕（清）汪辉祖：《续佐治药言》。

〔56〕（清）袁守定：《图民录》。

〔57〕（清）袁守定：《图民录》。

入为主率尔劈断。自矜其明。转致误也。"[58] 审理过程"讼不决最累民"，强调若审理过程中模棱两可难以决断，则会使百姓疲于诉讼。"凡谳讼依违不决最能累民。易讼利见大人。惟九五足以当之。以其阳刚中正。有大人之德也。盖阳则明无不烛。刚则果而善断。中正则无少偏倚。有是三者，而后可以断讼。"[59]

四、司法伦理的教化观

（一）听讼与教化

司法审案的效率和行政治理的结果，是为官一任州县官关注的重点。但同时官箴书也提到很多场合和时机州县官听讼时对于百姓的教化。黄六福提到："近世之政一切束于功令，刑名、钱谷，惟严参罚以相绳。大吏督之于上，属员奉之于下。故每以薄书期会为急，补愆救过之不暇。而又何能为百姓兴礼让之俗讲衣食之谋哉？"[60]"古者州县之长，莫不以教养为先，而催科次之，刑罚又次之。盖民无以教，则不知孝悌礼义。而犯上作乱之事，无所不为。民无以养，则不能仰事俯育，而流离转徙之忧，势必难免。"[61] 没有经过教化的民众，根本无从谈起孝悌礼仪，教化在治理中当属首要地位。

治民之道，应以教化为先。"非第催科断狱即可称为良有司也。……国有常刑，而实皆由于地方官教化不兴，以溺斯民至于如此也。"[62] 如果教化不力，市井小人则，"染于积习，心中茫昧，礼义廉耻，置若罔闻，苦于无人教导讲说，以指引其处世立身之道理。是以有善而不知为，有过而不知改。"因此州县官要随时随地教化百姓，谨防"不教而诛"[63]。"一州一县地广人多，官长不能常与民相见，遂至官民隔绝。若非告官、比粮到官，不能见官一面，何从得官长一语。平时不知官长禁令如何，迨其触犯，按法处治，岂非不教而诛！甚至听讼、比粮之外，仍无一语教训，而

---

〔58〕（清）袁守定：《图民录》。

〔59〕（清）袁守定：《图民录》。

〔60〕（清）黄六鸿：《福惠全书》。

〔61〕（清）黄六鸿：《福惠全书》。

〔62〕（清）刚毅：《居官镜》。

〔63〕（清）戴杰：《敬简堂学治杂录》。

曰民不可教，岂非不平之论。"[64] 平时官民之间不是经常相见。而"官与民相接多在词讼，最足用吾教，剖析曲直，指陈利害，示以相亲相敬之道。虽不肖亦有感悔之意。"[65] 官民接触最多之时便在词讼，此时百姓若不能得到为官者只言片语的教化，只被按照法令来处罚，便谈不上对百姓的教育，更谈不上对百姓教化。

《钦颁州县事宜》中也阐述了听讼与教化的关系："州县官为民父母，上宣朝廷之德化，以移风易俗；次奉朝廷之法令，以劝善惩恶。听讼者所以行法令而施劝惩者也，明是非，剖曲直，锄豪强，安良懦，使善者从风而向化，恶者革面而洗心，则由听讼以驯致无讼，法令行而德化亦兴之，俱行矣。"[66] 在汪辉祖看来，"不知内衙听讼，止能平两造之争，无以耸旁观之听；大堂则堂以下伫立而观者不下数百人，止判一事，而事之相类者，为是为非，皆可引伸而旁达焉。未讼者可诫，已讼者可息。"[67] "讼之为事，大概不离乎伦常日用，即断讼以申孝友睦姻之义，其为言易入，其为教易周。""神明律意者，在能避律，而不仅在引律""人有争讼，必（先）谕以理，启其良心，俾悟而止"。县衙之地，是处理纠纷的场所，具有行政治理职能的州县官，经常把纠纷解决的"听讼"作为教化和普法的最佳时机，而此时的衙门，则是教化和普法的最佳场所。

（二）教化与息诉

教化从立案正式审理直至结案，是州县官诉讼过程中的重要工作。教化本身也是一个过程，最终的目的在于说服百姓息讼。"州县放告收呈，须坐大堂，详察真伪，细讯明确，如审系不实不尽者，则以圣谕中息诬告以全良善教之；审系一牙之忿，及斗殴并未成伤者，则以戒仇忿以重身命教之；审系同村相控者，则以和乡党以息自讼教之；审系同姓相控者，则以笃宗族以昭雍睦教之。"[68] 息讼是中国传统审判基本的价值观，其形成有着深刻的社会原因。

"州县为民父母，上之宣朝廷德化，以移风易俗。次之奉朝廷之法令，

---

[64]（清）陈宏谋：《见保甲书》，载（清）徐栋辑：《牧令书》。

[65]（清）王景贤：《牧民赘语》。

[66]（清）田文镜：《钦颁州县事宜》。

[67]（清）汪辉祖：《学治臆说》。

[68]（清）刚毅：《牧令须知》。

以劝善惩恶，听讼者所以行法令而施劝惩者也。明是非，剖曲直，锄豪强，安良懦，使善者从风而向化，恶者革面而洗心，则由听讼以驯致无讼，法令行而德化亦与之俱行矣。"[69]道德教化是手段，主要目标是在教化过程中使诉讼当事人从内心深处感觉到羞耻、悔恨，使其"息讼""止讼"，杜绝或者减少以后此类案件的发生。"人有争讼，必（先）谕以理，启其良心，俾悟而止。"[70]息讼的过程中体现了情和法和谐高度统一，州县官深受传统儒家思想的影响，因此"民息讼"在州县官的意识里占有一定的地位。"劝息争讼此仁人长者为民惜身家惜性命之苦心也"[71]；"地方官纵能听讼，不能使民无讼，莫若劝民息讼。"[72]听讼教化的过程，也是儒家思想倡导与宣扬的过程。

五、结语

官箴书在清代法制体系中占有重要的地位，是研究清代法制不可少的资料。清代的官箴被广泛称之为"治谱"，它的传播主要是针对清代地方行政以及司法问题，因此清代官箴书的预设读者就是州县官员，官箴书给州县官的行政司法工作提供了许多经验智慧。从官箴书的角度研究清代法制，是一种贴近历史现实的考虑和有效尝试。

（一）官箴书中对州县司法的各种阐述，反映了清代州县官对司法的基本认识

第一，"情""法"协调的司法理念。"情理，在起初，不过是发轫于断狱的司法要求。"综前所述，即使农忙期并不放告，但也应酌情处理。"农忙虽有停讼之例，亦有不应停之例……务须分别事情轻重缓急，随时酌准……或因天旱争水，黄熟抢割，争娶打抢，聚众打降等事，停讼之时亦应准理。"州县官在收到呈词后，需要批示呈词。批示的内容非常关键，在事实和律例之间，应"临时裁酌""临时酌看情形妥议，不可执一而也。"既联系情理，同时保持律例较大的灵活性。情理除了明察案情之外，在教化说服百姓息讼时也是一项重要的手段。"动之以情，晓之以理，引之

---

〔69〕（清）田文镜：《钦颁州县事宜》。

〔70〕（清）黄溍：《金华黄先生文集》之《叶府君碑》。

〔71〕（清）房廷祯：《严反坐》，载（清）徐栋辑：《牧令书》卷十八《刑名》。

〔72〕（清）黄六鸿：《福惠全书》。

以利。"教化息讼的过程是情、理、利三大手段相得益彰、综合运用的结果。"如审系不实不尽者，则以圣谕中息诬告以全良善教之；审系一时之忿，及斗殴并未成伤者，则以戒仇忿以重身命教之；审系同村相控者，则以和乡党以息争讼教之；审系同姓相控者，则以笃宗教以昭雍睦教之。"[73]四种类型的案件，其中全良善、笃宗教以昭雍睦教是常理；乡党邻里之间是和睦之人情；戒仇根心、保重性命是利。以情理利来说服当事人服从教化，服判改过。

第二，州县对司法功能的深刻认识。如前所述，州县官审理时并不是机械呆板的适用法律。反而多注重对情理或者习惯的运用。如"通达治体于天理、国法、人情，三者皆到，虽老于吏事者，不能易也"[74]。情理角色的灵活适用，或许因为实际情况不同而有所差别，但州县官使用情理、习惯听讼时，基本的目的是一致的，就是对州县司法功能的深刻认识。州县司法是传统社会伦理法的一个缩影，深深体现着司法担负道德教化的功能。法律的公平正义不是实现诉讼双方之间的衡平，而是从法律的内在（成文法典）到外在（司法秩序）体现社会的公平正义，也是社会的价值追求，即儒家所倡导的道德伦理。司法背负着道德宣教的功能，道德教化是首要的，司法要体现道德教化的理念。

（二）清代官箴文化和清基层司法文化的相互辉映

第一，清代州县司法是整个历史大背景司法之下的一个小缩影，其核心价值观离不开对公平、平允目标的追求。实现与否不仅于小方面涉及案件的公平公正，于大的方面更是涉及基层社会的稳定、司法体系能否有效正常运转等问题。而官箴书深受儒学的影响，对"公""正""勤""廉"等问题也有诸多论述。"居官不可作受用之想"[75]；"以私用而亏官帑，实为侵盗"[76]；"有礼物馈送，更丝毫不可受"[77]。在从古至今的官箴书里，这些观念严格不可动摇，是必须完成的道德义务和责任。也正因为此，官箴文化的这些内容对司法制度中的缺陷和有漏洞，起到了有效的补充作

---

〔73〕（清）刚毅：《牧令须知》。

〔74〕（清）翁传照：《书生初见》。

〔75〕（清）陈弘谋：《从政遗规》。

〔76〕（清）汪辉祖：《学治臆说》。

〔77〕（清）徐栋辑：《牧令书》。

用。

第二，清代官箴文化重实用的色彩，对州县官从事司法实践的各方面起了切实的指导作用。官箴书一定程度上弥补了清代律例和律学著作的不足，二者相互辉映，共同指导清代基层司法实践。

陕甘宁边区刑事判决书
中的"六法全书"
——以"陕甘宁边区判例汇编"为中心的分析*

刘全娥**

　　《陕甘宁边区判例汇编》初稿本成书于 1944 年 7 月，由法学家李木庵主持编录。其初衷是遵照 1944 年 1 月陕甘宁边区（以下简称"边区"）政府工作报告中关于改善司法工作的指示："将历年所处理较典型的判例选出一些，以教育我们的司法干部，供其了解在工作中，应如何掌握政策，判断案件的一些参考……在分量上，是根据在边区存在的案件的性质的多少来确定多少的。"[1] 因此，该汇编所选案例的典型性不言而喻，但其局限性也非常明显，其案例仅来源于延安市各级司法机关，相对而言代表了边区司法的较高水平。汇编中的案例来自 1937—1943 年间，正是"六法全书"在边区的合法适用及盛行期间，所以该汇编是了解边区司法与"六法全书"关系的典型样本。本文欲通过对其中的 50 份刑事判决书及相关档案的分析，探究边区刑事司法中援用"六法全书"的状况及特点。

---

　　* 本文为作者主持的陕西省社科基金项目"六法全书在陕甘宁边区的历史与实践"（批准号：13F030）之成果。

　　** 西北政法大学刑事法学院副教授，法学博士。

　　〔1〕 15－26：《陕甘宁边区判例汇编》例言。《陕甘宁边区判例汇编》在档案整理中被分为三卷：15－26：《陕甘宁边区判例汇编》，15－28－1：《1938—1944 年陕甘宁边区刑事判决书汇集》（一），15－28－2：《1938—1944 年陕甘宁边区刑事判决书汇集》（二），陕西省档案馆。其中，15 为全宗号，26 为案卷号，全文同。关于该判例汇编的具体情况，参见汪世荣，刘全娥：《陕甘宁边区高等法院编制判例的实践与经验》，载《法律科学》2007 年第 4 期。

一、影响陕甘宁边区援用"六法全书"的诸种因素

革命政权的转型为边区司法援用南京国民政府的"六法全书"提供了政治前提，但是对于独立成长起来的陕甘宁边区政权而言，"六法全书"毕竟是外来法制，是否援用以及如何援用必然会受到诸多因素的影响。

（一）革命根据地政权的主体性

以西安事变及其和平解决为契机，中共在促使国民党停止内战、合作抗日及根据地政权的转制等过程中一直处于主导地位。西安事变和平解决后，中共代表周恩来即于1937年4月的国共谈判中向蒋介石提出：在保证边区作为完整行政区、中共对红军的独立领导及边区民主制度等前提下，"拥护三民主义及国民党在中国的领导地位，取消暴动政策及没收地主土地政策，停止赤化运动，取消苏维埃政府及其制度，执行中央统一法令与民主制度……"等。[2] 5月12日通过《陕甘宁边区议会及行政组织纲要》，边区开始改制工作。7月15日发表《中共中央为公布国共合作宣言》，8月25日发表《中国共产党抗日救国十大纲领》，宣布在实行彻底的国共合作的基础上建立抗日民族统一战线性质的政权。9月6日中共将中华苏维埃驻西北办事处改组为陕甘宁边区政府，并改组行政组织系统，使中共与国民政府的政治体制衔接。在平等普选的基础上，边区于1939年1月召开第一届参议会并组织政府，实现了革命政权的民主改制。而在1937年9月22日，国民党中央通讯社发表了《中共中央为公布国共合作宣言》；次日，蒋介石发表了"团结御侮"谈话；10月12日，国民政府行政院召开第333次会议，通过了对于边区行政长官的任命。这系列举措表明南京国民政府实际上承认了中共及陕甘宁边区政府的合法地位，而陕甘宁边区也随之成为南京国民政府行政院直辖的特区。但是，不同于国民政府治下的其他省级行政区域，陕甘宁边区政府是由中国共产党独立领导的革命政权，是由苏维埃工农民主政权转制而形成的抗日民主政权，这一转制是为抗战大局的自主转型，因此边区在政治、军事及政府管理等方面具有独立自主

---

〔2〕《中共中央关于同蒋介石谈判经过和我党对各方面策略方针向共产国际的报告》(1937年4月5日)，中央档案馆编：《中共中央文件选集（1936—1938)》(第11册)，中共中央党校出版社1991年版，第178~184页。

性，实质上是与国民政府并立的政权。同时，不同于以大地主大资产阶级为基础的国民政府，陕甘宁边区政权是以工农为基础联合各抗日阶级的民主政权，其阶级基础、根本利益、最终目标及法律观与法律传统均不同于国民党政权，这意味着边区政权对于国民政府的法律体系"六法全书"，不是被动地、简单地接受或拒绝的关系；革命法制与"六法全书"，也不是简单的替代或补充的关系，而是复杂的政治法律问题。而在这一复杂关系的处理中，中共领导的边区政权无疑处于主动地位。

边区政权继承了苏维埃政权中司法服务于政治的传统。《陕甘宁边区议会及行政组织纲要》中，对边区政府的组成，采取了议会与行政并列的体制，但法院则与政府各厅并列，对此有如下的专门说明："边区法院审判独立，但仍隶属主席团之下，不采取司法与行政并立状态。因为时局变动，审判常须受政治的指导，与其设特别法庭或特种审判来调剂，不若使法院在主席团领导下保持其审判独立，这样于保障人权上较为有利。"[3]因而1939年4月公布的《陕甘宁边区高等法院组织条例》中明确规定"边区高等法院受中央最高法院之管辖，边区参议会之监督，边区政府之领导"。

正因为如此，早在1937年7月边区政府成立之前，西北办事处下之司法部已先行改组为"陕甘宁边区高等法院"，与国民政府的司法体制衔接，并明确"遵行南京国民政府一切不违反抗日利益的法律"。1938年8月，边区高等法院代院长雷经天在《解放》杂志第50期上撰文《陕甘宁边区司法制度》，指出边区高等法院"遵照国民政府司法制度，执行司法工作的任务。同时，它也是承受过去苏维埃政权时代司法制度的革命传统。""边区施行的法律，以适应于边区的环境和抗战的需要为标准，采用中央所颁布各种法律为原则，并参照地方的实际情形。"[4]如此一来，"六法全书"在边区成为法律渊源之一。作为国民政府下辖之地方政府，边区司法实践中亦不能不考虑到国共合作的政治背景而在一定程度上依"法"（六法全书）司法，但如何司法则是另一个问题。

---

〔3〕《陕甘宁边区政权建设》编辑组编：《陕甘宁边区参议会》（资料选辑），中共中央党校科研办公室1984年版，第46页。

〔4〕 西北五省区编纂领导小组、中央档案馆：《陕甘宁边区抗日民主根据地》（文献卷下），中共党史资料出版社1990年版，第163～164页。

（二）边区刑事法律的结构性缺陷

边区法律制度的转型不仅滞后于政治制度的转型，其制度建设也难以满足实践的需要，这一点在刑事法制建设方面尤为显著。1939 年 1 月边区第一届参议会的召开及政府的组建，表明边区已基本完成了从苏维埃工农民主制度到抗日民主制度的转型，边区政权的阶级基础、各项方针政策及组织机构等均发生了重大变化，司法制度也从政治性司法向普通刑事司法转变。中央苏区时期的司法部报告中曾提到，苏区各级裁判部三个月判决的统计中，"政治犯约占总数的 70%，普通的刑事犯占 30%。"[5] 但在边区时期的司法统计中已无"政治犯"一词，而是适应特别刑法与普通刑法的罪名分类。然而，直至抗战胜利，边区刑事法制的建设仍严重不足。

边区社会中的刑事犯罪呈现出多样化特点。边区 1938—1943 年度各县处理的刑事案件 7147 件中包括 21 种罪名；雷经天 1941 年 10 月在边区司法工作会议上的报告中列出的罪名有 32 种：汉奸、土匪、破坏边区、破坏部队、破坏抗战动员、逃跑、贪污、鸦片、赌博、破坏边区法令、窃盗、诈欺、伤害、杀人、渎职、诬告、赃物、侵占、违反军纪、妨害自由、妨害婚姻家庭、妨害公务、妨害名誉信用、妨害秘密、妨害国币、妨害秩序、伪造文书印文、藏匿犯人、毁弃损坏、公共危险、伪造、遗弃。[6] 1943 年 6 月颁布的《陕甘宁边区民刑事件调解条例》中列明了不许调解的罪名即达 21 种。[7] 上述罪名均为特别刑法及普通刑法中的罪名分类，与国民政府刑事法制中的罪名分类大同小异。但刑事法律制度方面，边区仅有刑事政策（如宽大政策）和若干单行刑事条例，包括《陕甘宁边区惩治贪污暂行条例》（1938 年）、《陕甘宁边区惩治贪污条例（草案）》（1939年）、《陕甘宁边区抗战时期惩治汉奸（草案）》（1939 年）、《陕甘宁边区抗战时期惩治盗匪条例（草案）》（1939 年）、《破坏边区治罪条例（草案）》（1941 年 5 月后）、《陕甘宁边区处置破坏抗战分子暂行条例》、《陕甘宁边

〔5〕《中央司法人民委员部一年来工作》（1932 年 10 月 24 日），载彭光华主编：《人民司法的摇篮——中央苏区人民司法资料选编》（内部资料），赣州市人民法院 2006 年编印，第 133 页。

〔6〕《雷经天在陕甘宁边区司法工作会议上的报告》（1941 年 10 月），载韩延龙主编：《法律史论集》（第 5 卷），法律出版社 2004 年版，第 392、393 页。

〔7〕陕西省档案馆编：《陕甘宁边区法律法规汇编》，三秦出版社 2010 年版，第 496、497页。

区破坏金融法令惩罚条例》(1941 年 12 月 18 日),[8] 以及一些零散规定,如边区政府布告、决定及高等法院指示信等。[9] 这些涉及刑事的制度中,仅对上述汉奸、盗匪、破坏边区、贪污、破坏抗战及破坏金融几类犯罪行为有罪名、罪状及量刑的规定。若以 1938—1943 年度边区发生的刑事案件来看,上述几类犯罪,即便全部依据边区单行刑事条例司法,约占 31%,而占全部刑事犯罪总数达 69% 的杀人、伤人、盗窃、赌博等一般性刑事犯罪案件,没有相应的罪名、罪状及法定刑的规定。[10] 况且上述单行条例中存在刑罚规定粗疏的问题,如汉奸条例、盗匪条例条例中规定"视情节之轻重判其有期徒刑或死刑,并没收本犯之全部财产或处以罚金",留给法官的裁量权过大。惩治贪污条例中存在无法适应物价不断上涨的问题,见下表:

1938—1939 年贪污条例中的罪状及量刑

罪状	量刑（1938 年）	量刑（1939 年）
贪污 100 元以下	1 年以下有期徒刑或苦役	1 年以下有期徒刑或苦役
贪污 100～300 元	1～3 年有期徒刑	1～3 年有期徒刑
贪污 300～500 元	3～5 年有期徒刑	3～5 年有期徒刑

---

〔8〕《破坏边区治罪条例（草案）》未注明制定时间,但第一条"依据陕甘宁边区施政纲领而制定",应为 1941 年 5 月以后制定。《陕甘宁边区处置破坏抗战分子暂行条例》,第 1 条明确是根据边区施政纲领第 7 条制定,且有关于 10 年有期徒刑的内容,制定时间在 1941 年 5 月至 1942 年 3 月间。参见陕西省档案局编:《陕甘宁边区法律法规汇编》,三秦出版社 2010 年版,第 499、500、508～511、514 页。

〔9〕这些布告等文件中有罪名、罪状但无相应的刑罚,如《陕甘宁边区政府、第八路军后方留守处布告 第六号》(1939 年 1 月 1 日),其中"六、擅捕边区人民,抢夺人民牲畜财物,假借名义检查行旅,肆行敲诈,概以匪徒论罪。七、假借各种名义在人民中进行破坏民主政权和国军之宣传者,以汉奸论罪。"参见高波主编:《延安地区审判志》附录,陕西人民出版社 2002 年版,第 322 页。陕甘宁边区政府主席团签发的《陕甘宁边区政府关于边区土地、房屋、森林、农具、牲畜和债务纠纷问题处理的决定》(1938 年 6 月 9 日),其中第 8 条"凡是违反以上第 1 条至第 7 条某一条或全部者,政府得以破坏统一团结,破坏土地财产所有权之罪,分别轻重依法裁判之。"参见高波主编《延安地区审判志》附录,陕西人民出版社 2002 年版,第 319～320 页。《陕甘宁边区查获鸦片毒品暂行办法》(1942 年 1 月),第 11 条"因施行查缉职务而侵占他人与烟毒无关之财物者,依诈欺论罪。"参见陕西省档案局编:《陕甘宁边区法律法规汇编》,三秦出版社 2010 年版,第 516 页。

〔10〕15 –216:《边区 1938 年至 1943 年司法统计表》,藏于陕西省档案馆。

续表

罪状	量刑（1938年）	量刑（1939年）
贪污500以上	5年以上有期徒刑或死刑	5年以上有期徒刑或死刑
贪污1000元以上		死刑

1937—1945年延安市物价总指数表[11]

时期 （年）	1937	1938	1939	1940	1941	1942	1943	1944	1945
全年	105.2	143.1	237.3	500.6	2228.9	9904.0	124 078.4	616 487.4	1 591 495.4

注：基期：以1937年上半年平均=100　计算公式：加权几何平均

由上表可见，1937年物价基本稳定，1938年后增长较缓，1941年后则物价飞涨。西北局调查研究室1944年6月1日的《一九四三年边区的金融贸易问题》中亦提到："延市三八年物价总指数比战前（三七年上半年）涨了百分之六十，三九年比上年涨百分之七十。四零年涨了一倍半，四一年涨五倍半，四二年涨三倍半，去年则涨了十九倍半。"[12] 以此来看，1943年底的物价是1939年的三百倍以上，但边区惩治贪污条例在1939年以后没有被修订过，实际已难以适用。

从边区的单行刑事条例来看，形成如下的刑名体系：主刑包括死刑，徒刑（6个月至5年），苦役（1月至6个月），罚金（单科或并科）；附加刑包括褫夺公权与没收。[13] 虽有战争的背景和珍惜人力的考虑，但五年徒刑与死刑之间差距过大，凸显体系的失衡。直至1942年3月31日，边区政府方下令将徒刑最高期限调整为10年，使畸轻畸重的刑名体系稍有改观。

---

〔11〕 陕甘宁边区财政经济史编写组、陕西省档案馆：《抗日战争时期陕甘宁边区财政经济史料摘编》（第五编·金融），陕西人民出版社1981年版，第182页。

〔12〕 此处的倍数应均为后一年度的物价是在上一年度年底物价基础上的上涨的倍数。同上书，第185页。

〔13〕 朱婴：《边区刑罚的特点》，载《解放日报》1941年10月26日；15-97：《边区政府审判委员会秘书朱婴、毕珩的检讨会议记录和有关材料》，藏于陕西省档案馆。

纵观边区的刑事法制建设，以刑事政策和单行条例为主，缺乏对一般刑法原则、普通刑事犯罪的相应规定，呈现结构性缺陷；这些规定是随着实践的需要渐次形成的，内容简略，刑名体系失衡，缺乏系统性。这一现实，使边区有援用"六法全书"以弥补其刑事法律制度严重供给不足的实际需求。而通过刑事司法实践勾勒出边区刑事司法的完整结构和逻辑也显得十分必要。

（三）薄弱的司法基础与民主集中制的司法方式

"六法全书"成为边区的正式法律渊源，并不意味着"六法全书"可以直接用以弥补边区法制供给不足的缺陷。

第一，缜密、系统的"六法全书"的恰当适用需要有较高水平的司法队伍，但边区并不具备。边区司法人员主要由当地工农阶层组成，文化水平极低，法律专业知识缺乏。雷经天对边区第一届参议会的司法工作报告中曾述及："边区二十县的司法干部全部是工农司法分子，没有中学生出身的，文化上一般说不高，没有哪一个人研究过法律，没有当过法官。他们的文化水准就是能看懂文件，以及做简单的报告。"[14] 1941 年之前的各县司法机关，一般仅有一名裁判员及一名书记员，"甚至有好几个县连裁判员也没有，工作只得由县长兼任，还有些县份连书记员也没有，检察员更说不上了。"[15] 各县司法人员的法律知识基本来自高等法院于 1939—1941 年举办的三期为期数月的司法训练班。高等法院在 1942 年 6 月之前仅有 2 名推事及 2 名书记员。李木庵代理院长之后将推事增加到 4 名，书记员增加到 5 名，并积极补充知识分子进入司法队伍，但从边区司法系统的整体来看，主要充实的是高等法院、四个分区中心县地方法院，作为司法队伍主体的一审法官的整体素质并没有得到明显改善，而一审的案件受理数量为二审的 10 倍以上。[16] 1942 年 7 月至 1944 年 2 月间存在的政府审判委员

<hr>

〔14〕 15－88：《雷经天院长在边区参议会上关于司法工作的报告和改造边区司法工作的意见》，藏于陕西省档案馆。

〔15〕《雷经天在陕甘宁边区司法工作会议上的报告》（1941 年 10 月），载韩延龙主编：《法律史论集》（第 5 卷），法律出版社 2004 年版，第 385 页。

〔16〕 以 1942 年为例，该年度各县市上报高等法院的案件为 2617 件，高等法院收案 258 件。参见汪世荣等：《新中国司法制度的基石——陕甘宁边区高等法院》（1937—1949），商务印书馆 2011 年版，第 81、84 页。

会，成员全部由政府领导人兼任，以委员会例会制处理案件为例，专职秘书仅朱婴一人。知识分子司法干部虽有较高的文化水平和法律专业知识，但对于政策和边区民情风俗的了解相对薄弱。这一现实，也必然影响到援用"六法全书"的水平。

第二，从苏维埃法制到边区司法，为避免司法错误而采取的民主集中制审案方式也影响到对"六法全书"的援用。苏维埃时期，议行合一的中央政府之下设立临时最高法庭，省级以下司法行政合一，以民主集中制的方式裁决案件，"每个案件先经过裁判委员会的讨论，讨论一个判决的原则，给审判该案的负责人以判决该案的标准，使判决不致发生错误。"[17]省级裁判委员会由部长、副部长（共3人）组成，县级裁判委员会由部长、裁判员及市民警所长等组成。[18]特别重要的案件，则经主席团讨论。[19]这一传统延续至边区时期。黄克功因逼婚未遂故意杀人案的裁决就是典型的民主集中制审理的结果。该案发生在1937年10月5日，是在高等法院改组及边区政府成立之后，但在此案调查审理过程中看不到如前述报告中所称的"遵行南京政府法制"的痕迹。抗日军政大学、边区保安处及高等法院检察官联合侦查起诉，高等法院代院长雷经天写信给毛泽东提出"共产党员有犯法者应从重治罪，所以必须对黄克功处以极刑"，毛泽东复信中称"中央和军委便不得不根据他的罪恶行为，根据党与红军的纪律，处他以极刑。"[20]显然，因涉及要不要废弃苏维埃时期有功者与工农分子在法律上的特权原则这一重大的法制转型问题，中共采用了民主集中制的方式来解决。1941年10月，雷经天在边区司法会议上的报告中指出，"在边区司法工作未和中央取得联系之前，在法院判决以后不服者可以直诉到边区政府委员会再由法院重新处理。审判是独立的。是对法律负责任

---

〔17〕《中央司法人民委员部命令 第十四号——对裁判工作的指示》（1933年5月30日），参见彭光华主编：《人民司法的摇篮 中央苏区人民司法资料选编》（内部资料），赣州市中级人民法院2006年编印，第116页。

〔18〕《裁判部的暂行组织及裁判条例》，同上，第56页。

〔19〕"裁判部有独立解决案件之权不，不是每个案件都要经过政府主席团，只有特别重要的案件，可以经过主席团的讨论"，参见《中央司法人民委员部命令 第十四号——对裁判工作的指示》（1933年5月30日），同上，第117页。

〔20〕上海社会科学院院史办公室编著：《重拾历史的记忆——走近雷经天》，上海社会科学院出版社2008年版，第56、59页。

的，而非专断的。各县判决案件一般的经过裁判委员会的民主表决，重大案件则经过法院批准。今后裁判委员会取消后，一般案件交由政府委员会去决定，本院受理的重大的与高级干部有关的案件亦呈请政府委员会讨论决定。"[21] 1943 年 3 月颁布的《陕甘宁边区县司法处组织条例》第 8 条规定，对于涉及民事案件诉讼标的价格在边币一万元以上者，婚姻、继承、土地案件与政策有关，或与风俗习惯影响甚巨者，以及案情重要的刑事案件，情节重大的军民关系案件等，经过侦讯调查后，须将案情提交县政府委员会或县政务委员会讨论。1942 年 7 月成立的政府审判委员会首开以行政长官兼任司法长官的先例，年底边区开始推行党的一元化领导。1943 年 4 月裁撤延安以外的地方法院、设立高等法院分庭，庭长由分区专员兼任，司法处亦由县长兼任处长。这种一元化领导体制，进一步促成了民主集中制审理方式在司法工作中的运用。

二、《陕甘宁边区判例汇编》中的"六法全书"

《陕甘宁边区判例汇编》（下文简称《判例汇编》）中的 50 份刑事判决书（包括一份处刑命令及一份简易判决书）来自延安市地方法院、边区高等法院及边区政府审判委员会，其援用类型及援用判决的形成大致如下：

（一）援用类型

对汇编中的刑事判决书，笔者通过对判决书主文及判决理由的分析、归类，将援用状况分为援用、暗合两类，以边区法律为依据以及未列明依据的均归入未援用，具体见下表：

《陕甘宁边区判例汇编》援用"六法全书"的统计表

司法机关 案例数	延安市地方法院	高等法院	政府审判委员会	总　计
总　数	21	28	1	50
援　用	11	6	1	18
暗　合	5	4	0	9

---

[21] 《雷经天在陕甘宁边区司法工作会议上的报告》（1941 年 10 月），载韩延龙主编：《法律史论集》（第 5 卷），法律出版社 2004 年版，第 401～402 页。

由上表可以看出，《判例汇编》中对 1935 年国民政府刑法、1937 年惩治汉奸条例（及 1938 年修正惩治汉奸条例）、1935 年刑事诉讼法的援用案例有 18 例，暗合案例为 9 例。分述如下：

第一，援用共 18 例。包括三种情况：其一，直接援引国民政府法律的刑法定罪量刑；如李森洁盗窃公款并诬告李和材案、李延德等妨害刘世荣自由致其死亡案、段世财窃盗案等 10 例。其二，修正援用，即虽明确援引了国民政府的刑法定罪量刑，但将拘役改为苦役，有 7 例；如钟化鹏妨害公务案中，被告钟化鹏、杨志胜、魏荣义等人分别以妨害公务罪、诬告罪、滥用职权罪被高等法院判处 4 个月、2 个月、4 个月的苦役，判决理由中说明"特参以刑法之规定及边区刑期之习惯"。国民政府刑法之苦役期限在 1 日以上 2 个月之下，但加重可至 4 个月（《刑法》第 33 条之四），但边区苦役在半年苦役期限为 1 月以上 6 个月以下。如李锁子遗弃其母罪，依《刑法》第 294、295 条，处苦役半年，因老母妻子无法生活，具保假释，其中苦役显然是按照边区刑罚惯例判处的结果。其三，混合援用。判决依据中既援引了国民政府刑法，也依据边区的法律规定。有 2 例（1 例也可归入修正援用），一是肖积金贪污公款案。肖积金因贪污公款被高等法院依据《边区惩治贪污条例》判处有期徒刑 4 年，同案中的陈华却因收受赃物及妨害风化等罪依国民政府刑法判处有期徒刑 2 年。二是曹王氏等妨害自由罪案中，除依照国民政府刑法量刑外，还依照边区婚姻条例处理婚姻问题。国民政府民法亲属编第 980 条规定的结婚年龄女方为 16 岁，而边区 1939 年的婚姻条例规定的结婚年龄为女方 18 岁，曹志荣（女）时年 17 岁，因而该案附带的民事判决中因其不满边区法定结婚年龄，判处其不得与他人结婚。

第二，暗合有 9 例。暗合之一，是指虽未列明以国民政府刑法为定罪量刑的依据，但边区没有相关法规，且罪名、罪状与量刑与国民政府刑法的相关法条基本吻合。如惠致斌强盗罪一案，该案判决于 1938 年 11 月，但《陕甘宁边区惩治盗匪条例（草案）》颁布于 1939 年。惠致斌为匪抢劫、杀害人命的犯罪行为及死刑判决结果合于《刑法》第 328 条强盗罪。该条第 1 项规定，"意图为自己或第三人不法之所有，以强暴、胁迫、药剂或催眠术或他法，致使不能抗拒，而取他人之物或使其交付者，为强盗罪。处 3 年以上 10 年以下有期徒刑。"第 3 项规定"犯强盗罪因而致人于死者，处死刑或无期徒刑。"王季双因冒充公务人员私行拘禁人民等罪被高等法院从宽判处有期徒刑 1 年，合于国民政府《刑法》第 302 条规定，"私行拘禁或以其他非法方法剥夺人之行动自由者，处 5 年以下有期徒刑、拘役或 300 元以下罚金。"王黄氏因虐待俸媳致其自杀被延安市地方法院判处有期徒刑 2 年，合于国民政府《刑法》第 277 条伤害罪规定，"伤害人之身体祸健康者，处 3 年以下有期徒刑、拘役或 1000 元以下罚金。"

暗合之二，是指判决书中虽未列明依据国民政府刑法定罪量刑，但案卷材料显示出参照了国民政府相关法律。如任子光过失杀人案中，延安市地方法院院长周玉洁 1942 年 5 月 28 日关于此案曾呈文高等法院，"根据国民政府之刑法总则，刑事责任第 18 条之规定，'未满 14 岁之行为不罚'。查任子光之年龄仅 12 岁，按此规定亦不应受罚，兹据我们的意见，任子光虽未满 14 岁，但该犯罪之结果人命事大，宁轻其罚，不得不罚。是否有当，请即示知。"雷经天同意"可不判罪，交劳动生产所给以管教"[22]。1939 年《陕甘宁边区抗战时期惩治盗匪条例（草案)》及《陕甘宁边区惩治汉奸条例（草案)》中均规定"年龄在 14 岁以下 80 岁以上者得减刑或免除其刑"，[23] 但属于特别刑事条例中条款，不能适用于普通刑事犯罪。

（二）援用判决的形成

《判例汇编》中的援用案例呈现出的边区司法与"六法全书"的关系仅是边区刑事司法的罪名、刑罚及其两者之间的表层关系，探究判决结果的形成，才可能揭示援用的实质。

1. 边区政府审判委员会援用判决的形成

《判例汇编》中仅收录了三审终审机关边区政府审判委员会的一份判决书，即发生于 1942 年 8 月的李森洁盗窃及诬告罪案。庆阳县政府第二科科长李森洁趁工作之便窃取该县高迎区区政府秘书李和财保管的公款 6000 元，还欺骗李和财代为写信，撕毁其中不重要的句子并与之前窃取的李和财写的便条拼合，伪造成李和财勾结特务分子的信件并诬告了李和财，李和财因此被羁押。因该案案情重大，一审由陇东专署组织了特种研究委员

〔22〕 15–764：《关于判决李万春、任子光、白光山等过失杀人的呈、指令》，藏于陕西省档案馆。

〔23〕 陕西省档案局编：《陕甘宁边区法律法规汇编》，三秦出版社 2010 年版，第 510、511 页。

会，由陇东专署人员、分区保安科长、庆阳县县长、审判员等 7 人组成，任命石静山为主任，调查研究两个月没有结果，后直至 12 月才弄清案情。李和财被无辜羁押两个月之后积郁成病，被保释回家三个月后病故。时任陇东分区专员的马锡五检讨此案时，认为自己"听了陆为公（庆阳县长——笔者）的一面之词，没有更深入调查……主观主义判断同意了庆阳县呈报……"〔24〕该案一审仅以盗窃罪判处李森洁有期徒刑 2 年。二审高等法院以盗窃及伪证罪判处被告有期徒刑 2 年 10 个月。三审边区政府审判委员会撤销了二审认定的部分罪刑，以盗窃罪判处有期徒刑 3 年，诬告及伪造证据罪从一重处，判处诬告罪有期徒刑 3 年，合并执行有期徒刑 5 年，褫夺公权 6 年。此判决书落款为审委会成员及书记官，但拟稿为朱婴，政府秘书长高自立核稿，复核者有李鼎铭、刘景范、贺连诚及毕光斗，显为共同决定的结果。审委会关于此案的判决书边缘写有"复印一百份"，可见此案不仅公开，且影响较大。此外，《判例汇编》中的王占林等通奸杀人案、韩子杰组织暗杀等罪案均经过三审，审判委员会以例会决议同意高等法院的判决。〔25〕审判委员会的职责为审理上诉案件及复核死刑案件，其中以审委会例会复核的死刑案件占其处理的刑事案件总数的 80% 以上，〔26〕因此，就总体而言，其刑事案件审理中援用国民政府法律的比例较低。〔27〕

2. 边区高等法院援用判决的形成

边区高等法院是边区成立时间最早、存在时间最长、对边区司法影响最大的司法机关。汇编中收录了高等法院的判决书 28 份，援用国民政府法律的仅有 6 份。高等法院的援用国民政府法律的案例具有特殊性，比如为

〔24〕 2-686:《边区政府、审判委员会等关于李森洁诬告李和财案件材料》，藏于陕西省档案馆。

〔25〕 15-837:《关于判决王占林与王凤英通奸杀人等案的材料》；15-746:《关于处决匪犯韩子杰组织暗杀、破坏征粮、进行抢劫及田建初和国民党部有联系被捆送法院申诉案的呈、命令》，藏于陕西省档案馆。

〔26〕 刘全娥:《陕甘宁边区司法改革与"政法传统"的形成》，人民出版社 2016 年版，第155 页。

〔27〕 胡永恒博士统计到审委会民事案例中援用国民政府民诉法的有 5 例，援用民法的有 2 例，即安成福与赵积馀土地纠纷案、刘镨绅与王志成土地买卖纠纷案。参见胡永恒:《陕甘宁边区的民事法源》，社会科学文献出版社 2012 年版，第 35 页。但是，上文援用民法的两案中审委会判决书均被废弃。参见刘全娥:《陕甘宁边区司法改革与"政法传统"的形成》，人民出版社 2016 年版，第 171、191 页。

公审案件、涉案人数或受害人数众多或罪行重大的案件。6 例援用案例的
案件中，公审及准备公审的案件有 3 例，即吉思恭汉奸罪案、[28] 李延德等
妨害刘世荣自由致死案及罗志亭汉奸罪案。[29] 李延德等妨害自由罪案中，
一审延安市地方法院遵照高等法院的指令判决："总务科长白占山负直接领
导责任，秘书李延德教唆及实施捆人，其动机虽为工作，但忽视法令，不
尊重人权，已不能减除其刑事责任，应依《刑法》第 29 条第 2 项及 302
条 1 项之规定各处徒刑 1 年 3 个月。管理员杜湛未奉命令听传捆人，依
《刑法》第 302 条第 1 项之规定处徒刑 1 年 6 个月，至杨永和、王玉华执行
捆绑过度，对死者显怀恨意，依刑法第 302 条第 2 项各处徒刑 4 年。"杨永
和认为地方法院判决对犯罪行为的认定与事实有出入，量刑不当提起上
诉，并委托庄健及孙孝实为其辩护人。此案于 1942 年 6 月 13 日下午 3 时
在边区参议会礼堂进行了公开审理。雷经天写信告诉谢觉哉拟处理的意
见，谢觉哉指出："如开庭辩论后，没有新的发现，可以照此办理。惟此事
仍盼多多考虑，免有后言。"[30] 上诉人通过辩护人对案情及责任进行了详
细分析，使涉案 5 人全部获得改判，其中杨永和由一审的 4 年徒刑改判为
1 年 10 个月。

辛五常渎职贪污罪案、钟华鹏妨害公务案因涉案人数众多而成为高等
法院援用国民政府刑法的案例。钟华鹏妨害公务案涉案人数 7 人，辛五常
渎职贪污罪案中更是受害人数众多，影响恶劣。辛五常渎职贪污的款项
中，有王华成寄给哥哥的 70 元，是受害人（二等残废）靠三四年的抚恤
金积攒的；汇费 45 元，受害人数达数百人，案卷中载"被告辛五常在法
庭供称其扣信件一百五六十件，在甘泉供称：220 件，但又供扣发自边区
向外发的信件约 100 封，且大部分是平信，共扣邮票洋 45 元……且还有特

〔28〕 参见杨永华、方克勤：《陕甘宁边区法制史稿》（诉讼狱政篇），法律出版社 1987 年版，
第 10~11 页。

〔29〕 该案曾计划公审，高等法院给边区政府主席的函中称"锄奸部原要送到富县公审，但
法院无人可派，且缺少武装押解，与锄奸部商量，决定由法院直接执行。"边区政府秘书长复函
"罗志亭系国民党的特务分子，仰在法院附近枪毙便是，用不着在富县出布告，以免对国民党刺激
太大。"15-640：《关于汉奸罗志亭搞特务活动破坏抗日部队及陕甘宁边区一案全案材料》，藏于
陕西省档案馆。

〔30〕 15-737、15-738、15-739：《本院关于判决延安学生疗养院杨永和上诉秘书李延德、
总务科长白占山等捆绑运输员刘世荣致死案的上诉书、呈、命令》，藏于陕西省档案馆。

务活动。"[31] 虽无准确统计，但假设全部为平信，涉及 562 人，假设 100
封为双挂号，其余为平信，仍高达 237 人。

边区高等法院在重要案件的审理中，常常征求相关部门的意见，如王
光胜汉奸案。王光胜因犯多次投毒、为敌机指示轰炸目标、偷文件公章、
刺探军情、进行汉奸宣传等罪行，被判处死刑。雷经天在给边区政府主席
高自立的函中称："根据国民政府《惩治汉奸条例》第 2 条第 7、12、13
各款之规定，本应判处死刑，但该犯尚未满 18 岁，欲根据国民政府刑法第
18 条、第 63 条之规定，拟处 5 年徒刑。"高等法院推事任扶中在刑事案件
处理意见书中认为该犯罪行严重，且参加革命两年多，尚甘心当汉奸，虽
年轻，不能减刑。边区政府主席高自立复函中亦认为，以该犯所犯重罪，
应处以死刑，"留之无益"；保安处处长周兴、西北局书记高岗、社会部康
生等在上述便函上批文均同意处死刑；周兴 11 月 5 日给雷经天的回函中
称："关于王光胜犯处理问题的意见，高主席、高岗、康生等同志都已提
出了意见，今带去请收。"[32] 可谓民主集中制审理的典型。

3. 一审司法机关援用判决的形成

《判例汇编》中的援用案例表明：初审司法机关的不少案件由于缺乏
依据而援用了国民政府刑法，如诈骗、妨害家庭、抢劫杀人、防卫过当、
遗弃、虐待等，而这些罪别正是边区刑事法制的缺失之处。

一审司法机关常因案情复杂而将案件转送高等法院审理：辛五常渎职
妨害秘密等案中，一审甘泉县政府因案情复杂直接将案件转高等法院审
理；韩子杰招兵组织暗杀队等案中，一审机关原为延安县政府，但将案件
呈送高等法院，转而由高等法院指定延安市地方法院为第一审管辖；王占
林与王凤英通奸杀人等罪案中，一审机关为合水县政府，但该县代县长及
裁判员发函中称"一方因证据不够充分，难以判决，一方因距神府（国民
政府辖区——笔者）较远，往返协商，费时数月，殊多不便"[33]，请求将

---

〔31〕 15 - 728：《关于判决甘泉县邮政代办所经历辛五常贪污汇款、汇费、邮资案的审讯、宣
判笔录、判决书及有关赔偿邮资汇费的呈、命令》（之一）（1941 年 9 月 18 日至 1942 年 8 月 14
日），藏于陕西省档案馆。

〔32〕 15 - 641：《关于王光胜受汉奸指示搞特务活动破坏边区及抗战一案全案材料》，藏于陕
西省档案馆。

〔33〕 15 - 837：《关于判决王占林与王凤英通奸杀人等案的材料》，藏于陕西省档案馆。

案件移交高等法院审理，后由高等法院指定延安市地方法院为第一审管辖。如此一来，使高等法院直接管辖了大量第一审刑事案件，如《判例汇编》中高等法院判决的28个案件中，作为二审判决的仅有4例。

边区一审机关还存在审理水平较低、依赖高等法院的现象。援用案例中，如前述李森洁盗窃公款诬告李和财罪案中，专门成立的特种委员会历时两月未能弄清案情，是由于没有采取证据质证这一常用方法，致使未能及时发现伪造的证据。钟华鹏妨害公务罪案中，任扶中曾在案件处理意见书中指出延安市地方法院一审未能弄清事实导致错判的原因是未能传讯全部涉案人，片面听信口供的结果。该案中的被告侯善德魏荣义明知作为战士无命令无逮捕权限，"故异口同声地供为张宗明指使"，而张宗明事先并不知情，处理中也无违法行为，却被判处3个月苦役。李延德等妨害刘世荣自由致死案中，一审延安市地方法院的判决"照抄"了高等法院1942年2月4日的判决指令。

三、从《判例汇编》看边区援用"六法全书"的特点

（一）援用呈现出明显的阶段性

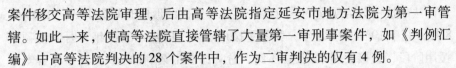

《陕甘宁边区判例汇编》中的案例判决时间表

时间（年）\类别	地方法院		高等法院		政府审委会		分类统计		总计（例）
	援用	暗合	援用	暗合	援用	暗合	援用	暗合	
1937	0	0	0	0	0	0	0	0	0
1938	0	0	1	1	0	0	1	1	2
1939	0	0	0	2	0	0	0	2	2
1940	0	0	2	2	0	0	2	2	4
1941	2	1	0	0	0	0	2	1	3
1942	4	2	3	0	1	0	8	2	10
1943	5	1	0	0	0	0	5	1	6
总计（例）	11	5	6	4	1	0	18	9	27

从上表援引时间来看，边区司法机关在刑事司法中对国民政府刑法、

刑诉法的援用分为明显的三阶段。汇编中案例的形成时间为 1937—1943 年 8 月，其中 1937—1941 年，为零星援用阶段；1942—1943 年 8 月间为频繁援用阶段，直接援用案例达 13 例，逾▪部援用案例的 2/3。其中以延安市地方法院的援用尤为集中，其中 1942 年 4 例，1943 年 5 例，其援用比例远高于高等法院和审委会。限于案例来源法院及选编者的主观意图，上述数据并不绝对，但也反映了一个明显的趋势，即 1942—1943 年为边区法院援引国民政府法律的高潮时期，其间也是边区司法的正规化改革时期。1943 年 8 月后，边区司法中不再直接援用"六法全书"，进入隐性援用阶段。

边区司法中援用"六法全书"的阶段性，与边区司法领导人的调整和司法发展的思路有密切关系。实际上，边区援用国民政府法律的历史始于 1937 年。高等法院成立之初在审理地主蔡奉璋与挑水工人王海生债务纠纷案时，国民政府民法也被作为参考依据。[34] 在 1944 年之后，边区推出"马锡五审判方式"作为新民主主义司法的旗帜，"六法全书"的实际影响虽未断绝，但判决书中的"六法全书"却看不到了，此可谓新中国成立前夕废除"六法全书"的先声。

边区政府在 1943 年 8 月之前主要通过对死刑案件的复核、重大法律事件的关注、启动再审重审等具体司法工作，在司法体制中承担了审级补充、裁判适当的作用，但在具体司法工作中，高等法院起了实际的领导作用，林伯渠曾言："过去政府对法院关心不够，每年讨论司法工作最多一次，法院成了一个独立的山头，做好做坏凭自己；这两年抓得紧，有方向，帮助很大，但缺少经常检查。"[35] 正是由于边区政府无暇顾及司法，司法的发展受司法领导人个人的影响较大。1942 年 6 月之前，雷经天长期担任高等法院院长，由于工作繁忙（抓生产自给）、缺乏法律专业背景、司法队伍整体文化素质较低等因素的影响，没有在法制建设方面取得明显

---

〔34〕 谢觉哉 1944 年 10 月 24 日的日记谈到此案，"1937 年上半年在延安经手办过的案。王海生控告蔡奉璋案……处理方法：三、说明果园不被砍，利归蔡得，民法上有规定，被砍损失归王，不合理。最低只能平均受损失。"参见《谢觉哉日记》（上），人民出版社 1984 年版，第 700、701 页。

〔35〕 此为 1945 年 3 月雷经天调任八路军南下支队政委之前林伯渠所言。李维汉：《回忆与研究》（下），中共党史资料出版社 1986 年版，第 533 页。

进展。雷经天虽以高度敏感的政治嗅觉提出援用"六法全书"的四个原则，但未能将此原则发展为一套切实可行的援用规则，因而对"六法全书"的援用较少。1941 年后，随着大批知识分子汇集边区，推动了各行各业的正规化潮流。1942 年 6 月，边区政府党团支持李木庵代理高等法院院长。出于积极建设革命法制的良好初衷，李木庵在充实法官队伍、法规建设、诉讼程序规范等方面成效显著，其代理院长期间也成为援用"六法全书"的盛行期，但也不可避免地出现了援用"六法全书"过程中的偏颇与机械现象。1943 年 7 月，边区政府展开对司法工作的检查，加之整风运动后期审干活动中雷经天对知识分子干部的怀疑，在 1943 年底的政府党团会议上明确提出司法发展"不要国民党化"，将对待"六法全书"变成了单向度的政治立场问题，导致自此之后"六法全书"在边区判决书中失去踪影。1944 年 1 月 1 日，雷经天复职，边区司法开始大力倡导调解、推行马锡五审判方式。纵观这一司法发展的进程，无论是雷经天时期对苏维埃法制的传承与初步发展、李木庵代理时期紧锣密鼓的司法改革，还是由政府直接主导推出马锡五审判方式，贯穿其中的主旋律是革命法制的自主摸索和发展，而援用"六法全书"的历史是从属于这一发展历程之中的。

（二）援用程度不一，水平参差不齐

边区各级司法机关对"六法全书"的援用程度不一。边区三级司法机关（1942 年 7 月—1944 年 2 月）中，除政府审判委员会及高等法院外，一审司法机关的数量因区划变动而数量不定，总数在 20 个以上，但由于搜集不便，《判例汇编》中仅选录延安市地方法院的判决书。延安市地方法院为边区成立最早、存在时间最长（1937—1947 年）的初审司法机关，且在 1942 年后与高等法院同址办公，可为初审机关的代表。《判例汇编》中，一审延安市地方法院援用国民政府刑法等的比例远高于高等法院及政府审判委员会，但援用水平又远低于后者。审委会承担日常司法工作的人员为毕业于朝阳大学法律系且具有实际经验的朱婴，高等法院 1942 年前的司法人员主要有院长雷经天及曾在民国司法机关任过职的任扶中等，[36] 后以李

---

〔36〕 据陕西省审判志记载，任扶中曾在国民政府临潼县司法处、陕西省高等法院任书记官，1937 年 1 月赴边区。新中国成立后任西安市中级人民法院院长、陕西省高级人民法院院长等。参见焦朗亭主编：《陕西省志 审判志》，陕西人民出版社 1994 年版，第 598 页。

木庵为核心集中了一批具有法律专业背景的司法人员，如王怀安、叶映宣等。延安市地方法院则以工农司法人员为主，1942年后有所补充。相对而言，审判委员会和高等法院司法人员的整体素质及经验远远高于初审机关，因而在援用案件的选择、判决书的制作水平及"六法全书"的适用方面要高于初审机关，兹不赘述。

延安市地方法院的援用案例有法律依据混杂、随意性大的现象。1943年8月的肖积金与陈华贪污案中，肖积金贪污公款8万余元，按照边区惩治贪污条例被酌情判处徒刑4年；同案中的陈华收受肖积金赃物意图牟利却被按照国民政府《刑法》第439条第1项及同法第51条之规定判处6个月劳役，连同其前犯妨害风化一罪，判处2年徒刑。判决主文及理由中，均未载明陈华前犯所判刑罚之多少及执行情况，让人不明所以。

延安市地方法院的援用案例还有事实陈述不准确、量刑标准不统一的现象。比如1943年1月的赵培元贪污公款案判决书中，主文、事实、理由部分对所贪污公款的具体数目列举不清，主文仅称"贪污公款之所为"；事实部分称"短少公款23 787元，公粮6石7斗及其他货物均值万余元……自认因平日生活腐化曾贪污公款约近万元等"；理由部分称"短少公粮公款及其他货物数达四五万元之巨，而自己平日生活腐化堕落，且贪污公款约近万元"。那么，其贪污款项是否在短少公款之内？所短粮食货物具体价值多少？总数多少？都不明晰。该犯被依照国民政府刑法判处有期徒刑2年，剥夺公权2年。1943年8月的肖积金贪污公款8万元按照边区惩治贪污条例被判处4年徒刑。如按照边区物价上涨指数，1943年全年物价上涨了12倍以上（一说19.5倍），假若物价指数平均上涨，8月份物价为年初8倍，赵培元贪污数目在8月份时最低（仅按短少数目4万元~5万元计）约为32万元~40万元，肖积金贪污公款数为前者的1/4或1/5，量刑却是前者的2倍，其量刑之缺乏严谨可见一斑。

（三）援用的形式主义

边区各级司法机关对"六法全书"的援用存在形式主义特点，尤其在高等法院及延安市地方法院的援用案例中有明显体现。首先，如前所述，各级司法机关多主要采用民主集中制方式审理案件，这使援用更多成为形式。其次，援用案例中较多考虑到政治因素，如审委会与高等法院的援用案例中主要为公审案件、公开案件、涉案人数多、受害人数众多的案件，显然是考虑到了国共合作背景下形式"合法性"的需求，如当时高等法院的总结中就谈道："首先是所谓合法不合法问题。我们是司法机关，为了要事事合法（其实是国民党所谓的合法），以免被人訾议，于是斤斤于判决书的合法形式，要拿出去'见得客'真费力不少！对卷宗也甚考究'文牍上的根据'怕被人调阅卷宗，说'手续不合'。""过去办案多从条文着眼，不从政治上看问题。"[37] 最后，虽援用国民政府刑法，但实际结果违背其法律规定。如王光胜汉奸罪案中，虽依据国民政府惩治汉奸条例应判处死刑，因该犯其时尚未满18岁，依据国民政府《刑法》第18、63条之规定，应予减刑，但边区政府延期处理，仍判处该犯死刑。任子光过失杀人案中，因嫌犯仅有12岁，依据国民政府《刑法》第18条之规定，应免除处罚。但高等法院根据雷经天的意见"可不判罪，交劳动生产所给以管教"。劳动生产所由边区监狱囚犯组成，实际上等于判处刑罚。这种援用"六法全书"的形式主义，马锡五亦曾指出："边区高等法院在1942年高干会以前，曾指示过各县于判决时，要批评的引用六法全书条文，六法全书也曾用作司法人员训练班之教材，虽然当时说是批判的引用，批评的讲授，但考试测验中，根据把六法全书背诵默写的熟，即可多得分的结果，是鼓励了六法全书的采用。于是各县司法处都买到一本六法全书，视为奇货。虽然运用时，大多数是先确定案情，然后套引条文，但'依法办事'的思想与'六法全书有他进步的一面'的认识方法，却占着支配中的相当作用，虽然时间只从四二年下半年起至四四年春就得到党的纠正，但纠正并未彻底。"[38]

因此，仅就《判例汇编》中的援用案例而言，其不同于边区民事司法中较多援用民事诉讼法的技术性、程序性特点，[39] 主要援用了实体法即国民政府刑法，但囿于边区刑事司法中民主集中制的审理方式及形式主义援用的影响，援用国民政府刑法的实际效果有限，也就是说，"六法全书"严密的系统性、缜密的法理、严谨的逻辑结构并没有能够对边区法律体系、法律观念以及法制发展产生根本性影响，边区法制依然在自己的轨道上前进。

---

〔37〕 15－185：《边区高等法院1942年工作计划总结》，藏于陕西省档案馆。

〔38〕 15－151：《人民法院马锡五在延大关于司法工作中几个问题的报告》（1949年5月），藏于陕西省档案馆。

〔39〕 胡永恒著：《陕甘宁边区的民事法源》，社会科学文献出版社2012年版，第26～35页。

中国传统法典与法律

文化专论

《泰始令》的法典化成就

邓长春[*]

《泰始令》以空前整合的面貌横空出世，乃中古法史演进之重大事件。其整体性、逻辑化、系统化的编纂风格，较之乱不成典的秦汉令和虽有整合却未成型的曹魏三令，在法典化方向上取得了极为突出之成就。而要探究《泰始令》的法典化成就，首先就必须要将视野放到广阔的历史进程中去。只有在战国秦汉以降从令篇汇编到令典编纂的整体演进历程中，方能对其形成深刻的理解。[1]

一、合众为一：从秦汉令到《泰始令》

（一）前泰始时期令的编纂及其得失

《说文》曰："令，发号也。"沈家本汇总古今各说之后言道："令者，上敕下之词。命令、教令、号令，其义同。"[2]在历史上，令的出现很早，

---

* 法学博士，洛阳师范学院副教授（河南省应用型、复合型法律职业人才教育培养基地）。

〔1〕 或许正是基于此种考量，目前已有的经典研究成果也大都是在梳理令的发展历史中讨论《泰始令》的地位和意义的。例如 ［日］堀敏一著、程维荣等译：《晋泰始律令的制定》，载杨一凡总主编：《中国法制史考证》（丙编第二卷），中国社会科学出版社 2003 年版，第 282～301 页；又如 ［日］冨谷至：《通往晋泰始律令之路》，朱腾译、徐世虹校译，载中国政法大学法律史学研究院编：《日本学者中国法论著选译》（上册），中国政法大学出版社 2012 年版，第124～189 页。然而，同样的历史，不同的梳理，往往会有不同的视角与发现，因而也就有了本文再次梳理的尝试。

〔2〕（清）沈家本撰：《历代刑法考》，中华书局 1985 年版，第 812 页。

脱胎于王命诏令。例如，商鞅变法时出现的一系列"初令"[3]，大都是以秦孝公君命的形式发布，并非纯粹的令条。由于令尚未脱于诏令之形，甚至引发日本学者大庭脩提出"秦令是否存在"的疑问。[4]

不过近年出土的岳麓秦简却表明秦令不仅存在，而且在不断的发展过程中走向成熟。[5]各种令按照一定顺序加以编号排列的天干令[6]在秦时就已出现。随着令的内容日渐丰富，规模日益扩大，对令进行编纂就成为一种现实需要。然而正如日本学者池田雄一所说，秦代"能说明令典存在的确凿证据无从得见。其原因一方面来自于史料上的制约；另一方面则在于法典编纂的历史尚浅，形式化原则尚未确立"[7]。

与之相类似的，汉令也不具有标准法典的特征，条文甚至带有原始、粗糙的特点。[8]汉令文内容没有抽象为逐条排列、普遍适用的形式，而是以往复问答的形式出现，还不具有典型法律条文的形式特征。这就如同刚

---

〔3〕《史记·商君列传》："令行于民期年，秦民之国都言初令之不便者以千数。"《索隐》曰："谓鞅新变之法令为'初令'。"

〔4〕〔日〕大庭脩：《秦汉法制史研究》，林剑鸣等译，上海人民出版社1991年版，第10页。近期该本经典著作又出了徐世虹等的新译本（中华书局2017年版），其中基本观点应该不会有大的改变。

〔5〕如有学者所指出的那样，岳麓秦简"不仅有秦律，还有很多秦令的内容"。陈松长：《岳麓书院所藏秦简综述》，载《文物》2009年第3期。这些令也按照一定的顺序加以汇编整理，表现出职官令、天干令等不同的编纂形式。

〔6〕秦汉所谓令甲、令乙、令丙之属，学界多称为"干支令"，然以笔者之见，则应称为"天干令"。因为所谓"干支"乃是"天干地支"之简称，即以十天干和十二地支依次相配，组成六十个基本单位的记数方法。其文字表述则为甲子、乙丑、丙寅之类。而汉令所见，则仅为天干顺序，并不见以地支为序，更不见以天干地支相配而记顺序的说法。近读楼劲教授《魏晋时期的干支诏书及其编纂问题》一文，其意以为汉令只见天干，不见地支，故不宜称之为"干支令"。参见中国魏晋南北朝史学会、山西大学历史文化学院编：《中国魏晋南北朝史学会第十届年会暨国际学术研讨会论文集》，北岳文艺出版社2011年版，第3页脚注1。然楼说与本文观点主张虽同，理由却略有差异。读者审之！

〔7〕〔日〕池田雄一：《秦代の律令について》，载《中央大学文学部紀要》史学科篇四二1997年版，第70页。转引自：〔日〕冨谷至：《通往晋泰始律令之路（I）：秦汉的律与令》，朱腾译，徐世虹校译，载中国政法大学法律史学研究院编：《日本学者中国法论著选译》（上册），中国政法大学出版社2012年版，第161页。

〔8〕例如，张家山汉简中的《津关令》，将原始、粗糙的令按照涉及事项内容进行简单的分类编排。在编排过程中，带有明显诏令痕迹的令被原封不动地直接抄录在一起。其内容往往是由御史、内史、相国等就渡口、关隘管理的具体规范内容上请中央政府请求批准或者给予答复。而中央则通常以"制曰可"的方式对其建议或请求给予批准或者认可。

刚被砍倒的整棵树木，连带着枝杈和树叶，全然没有经过加工程序剔除多余枝蔓，因而还不能被称为严格意义上的木材。可见当时的令，应该不过是将某一类事项的"上请"和"回复"不经提炼而直接进行简单归类汇编的产物，根本无法与后世的令典相提并论。[9]

经过缓慢的积累与发展，汉令逐渐呈现出事项令、挈令、天干令三种汇编形态。[10]然而，挈令该如何理解？天干令的分类依据何在？事项令、挈令、天干令三者之间是什么关系？如此等等疑团至今都不能完全解开。换个角度来说，有关汉令的争议究竟只是今人的主观疑惑还是当时的客观事实呢？一如南玉泉所说："汉令分界的歧义从另一个角度也说明汉令的划分并不是很科学，这与当时的编辑技术水平有关系。"[11]

综合以上信息可知，秦汉令仍处在低级体系化状态之中。自微观角度而言，令文仍不脱于诏书之形式痕迹，抽象化程度仍然较低；自中观角度而言，诸令之间整合也不能做到协调一致，汇为一体；自宏观角度而言，律令之别尚不明显，从内容到效力多有混同之处。这成为汉代及以后法律家们汲汲思索力求加以改变的状况。

汉末，曹操陆续发布"魏武令"，但其形式仍非典型意义上的抽象令文。[12]而当时的"干支令"则是以颁布时间命名，亦非以逻辑关系展开

---

〔9〕 例如张家山汉简《二年律令》中的《关津令》大体上都是这种模式。参见张家山二四七号汉墓竹简整理小组：《张家山汉墓竹简二四七号墓》（释文修订本），文物出版社2006年版，第83~88页。也可参见［日］大庭脩：《秦汉法制史研究》第二编第一章《汉代制诏的形态》，林剑鸣等译，上海人民出版社1991年版。

〔10〕 事项令，即将规定内容关联性较大、较为集中的令汇编为一个令集，并以其所涉内容加以冠名，称为某令。"挈令"有的是以官署为名，有的是以地域为名，有的是以事项为名。此外还有以天干顺序作为标签的令集。例如令甲、令乙、令丙等。此三种令集内部，某些令简开头出现了表明简单排序的数字，展示出初步编纂的痕迹，然而仍去法典远矣。甚至于，日本学者富谷至在经过具体分析考证之后认为，汉代的挈令根本就是天干令的节抄本，而以"某某令"事项令命名的立法根本是不存在的。参见［日］冨谷至：《通往晋泰始律令之路（Ⅰ）：秦汉的律与令》，朱腾译，徐世虹校译，载中国政法大学法律史学研究院编：《日本学者中国法论著选译》（上册），中国政法大学出版社2012年版，第148~158页。

〔11〕 南玉泉：《论秦汉的律与令》，载《内蒙古大学学报》（人文社会科学版）2004年第3期。

〔12〕 曹操发布的令，被后人编为《魏武令》。但是这些令，有的是就具体事项所下达的命令；有的虽然就抽象制度作出制度规范，但仍未能摆脱汉令的模式。就后者而言，虽然今天所见多为节抄，但仍可以发现其与汉令相类似的情况。即并非以抽象条文的形式加以体现，而是以叙事的口吻讲清颁布该令的前提背景、事理根据或者精神主旨，而令的纯粹规定则被夹裹于其中。因此，曹操的令仍非典型意义上的抽象令文。

编纂。[13] 令的体系化、法典化目标仍未达成。直至魏明帝时，陈群、刘劭[14]等人制定《州郡令》《尚书官令》《军中令》，才使这一进程迈出重大一步。

胡三省认为，这三种令分别适用于地方州郡、中央和军队。[15] 但梁健博士考证，三者应是以令之内容性质加以分类。亦即，有关民政制度之规定归于《州郡令》，有关官政制度之规定归于《尚书官令》，有关军政制度之规定归于《军中令》。[16] 如依其说，正可说明曹魏时期令典编纂和事项分类之抽象水准与体系化程度都有质的升华。

刘劭在制定曹魏《新律》时曾撰写《律序》，对《新律》的全新体系设计进行深入剖析与概要介绍，从中可以管窥当时立法者的高超立法技巧、抽象逻辑能力、强大概括整合水平以及清晰宏观的体系化思维。以此观之，同出于其手的这三种令，显然也应足以综合体现他们的这些技巧能力和思维思路。亦即是说，这三种令也应具有统一而又抽象的分类标准，如果真如此则民政、官政、军政为三分之推测应最为合理。

若此说成立，则更可证明曹魏三令的另一个重大成就，即将所有与国家基本制度相关的内容都汇于一炉，做一番统筹安排。故而三令之外不应再有单行令。刘劭《魏律序》曾提及《邮驿令》《变事令》，但笔者赞同日本学者滋贺秀三的判断，即认为其应为归属于三令之令篇，而非单行令。理由很明白，就国家制度构成而言，民政、官政、军政三分法显然已经足够周延完备，从逻辑层面完全涵盖所有令的内容类别。依照陈群、刘劭等人之逻辑能力与思维模式，显然应以构建无所不包的令典作为其追求目标，必定不会允许单行令的存在。刘劭《魏律序》曰："（《新律》）于正律

〔13〕 例如，载《三国志·魏书·武帝纪》注引魏武庚申令、乙亥令、己亥令、甲午令，载《文帝纪》注引有庚戌令、丙戌令、丁亥令等。但与汉代对令进行汇编整理而成的令甲、令乙、令丙有所不同，它们都是按照颁布日期的干支命名，显然仅仅具有标识时间、辨别同类的作用，而无汇编整理的意义。

〔14〕 刘劭之名，载《三国志》本传载为"劭"，载《三国志·荀彧传》载为"邵"，而《晋书·刑法志》载为"邵"，其余文献转述迭相混淆，斟酌参详，不胜其扰。今据宋库《〈人物志〉后记》考证当为"邵"，所辨精核。《四库总目》卷一百一十七《杂家类》、李慈铭的《桃华圣解庵日记·甲集》六七、卢弼的《三国志集解》卷二十一皆持其说，故笔者从之。

〔15〕 《资治通鉴》卷七十一《魏纪三》胡注曰："州郡令，用之刺史、太守；尚书官令，用之于国；军中令，用之于军。"

〔16〕 梁健：《曹魏法制综考》，西南政法大学 2012 年博士学位论文，第 80~81 页。

九篇为增，于旁章科令为省矣。"〔17〕这一原则放在令典编纂上理应同样适用。

但问题在于，既然当时立法者以令的体系化、法典化为追求，却又为何不将三令合而为一，编成一部令典呢？笔者认为，其最主要原因应是令篇过多所致。对于曹魏律令之规模，《晋书·刑法志》记载："《新律》十八篇，《州郡令》四十五篇，《尚书官令》《军中令》，合百八十余篇。"学者对该段文字理解略有分歧。较为主流的理解是，《新律》18篇，《州郡令》45篇，《尚书官令》与《军中令》合计180余篇。意即，三令合计225篇以上。而据梁健博士分析当是，《新律》《州郡令》《尚书官令》《军中令》合计180余篇，其中《新律》18篇，三令合计160余篇，《州郡令》45篇，《尚书官令》《军中令》合计120篇左右。〔18〕

然而无论怎样，曹魏三令篇目过多当为不争事实，以致如果将之统统编入一部令典之中，则显得篇章浩繁，览者益难。因而立法者将之一分为三，既便于阅览，也便于传抄。尤其是在书籍编订技术水准较低的情况下，职责侧重各有不同的部门更可选择与其工作密切相关的内容加以挑选保存，传抄施行，三令的分类法反而更具便利实效。当然，这也同时说明，曹魏立法者归纳整合能力尚嫌不足，不能以更简练的条文和篇目，用更抽象的方式对各项制度加以涵摄提炼。由于三令具体篇目次序今不得知，故而没法进行具体分析。但仍可以想见，其具体篇目概括能力当较低，各篇之间交叉关联的内容规定当不在少数。正如日本学者富谷至所说："尽管魏令从汉令阶段往前迈出了一步，接近了晋令与唐令，但它尚未形成法典的样态，与汉令一样仍然是对皇帝之诏予以文件汇编的命令。"〔19〕曹魏令典整合未竟之事业，只能留待后人去完成。

（二）《泰始令》的聚合之功

魏晋之际，玄学盛行，"以简驭繁""执一御众"成为日益流行之学术风尚。流风及于律令，于是产生统一令典之新追求。魏晋禅代之际，贾充

---

〔17〕《晋书》卷三十《刑法志》。

〔18〕梁健：《曹魏法制综考》，西南政法大学2012年博士学位论文，第79~80页。

〔19〕[日]富谷至：《通往晋泰始律令之路（Ⅰ）：秦汉的律与令》，朱腾译，徐世虹校译，载中国政法大学法律史学研究院编：《日本学者中国法论著选译》（上册），中国政法大学出版社2012年版，第172页。

等人受命制定令典，对以往编纂水准并不满意，因而打破旧传统，建立新体系，此即《泰始令》。

《泰始令》之篇目顺序，《唐六典·尚书刑部》注载曰：一《户》，二《学》，三《贡士》，四《官品》，五《吏员》，六《俸廪》，七《服制》，八《祠》，九《户调》，十《佃》，十一《复除》，十二《关市》，十三《捕亡》，十四《狱官》，十五《鞭杖》，十六《医药疾病》，十七《丧葬》，十八《杂上》，十九《杂中》，二十《杂下》，二十一《门下散骑中书》，二十二《尚书》，二十三《三台秘书》，二十四《王公侯》，二十五《军吏员》，二十六《选吏》，二十七《选将》，二十八《选杂士》，二十九《宫卫》，三十《赎》，三十一《军战》，三十二《军水战》，三十三至三十八皆《军法》，三十九、四十皆《杂法》。

据此可知其篇幅规模。《唐六典》称其为四十篇，又据《隋书·经籍志二》载《晋令》四十卷。然而是否据此可推定一篇即一卷呢？这要从"篇"与"卷"之差异说起。

"篇"与"卷"之差异因何而起？传统观点大都认为源于书写载体之不同。《说文解字·竹部》曰："篇，书也。一曰关西谓榜曰篇。从竹扁声。"段注云："书，箸也。箸于简牍者也。亦谓之篇。古曰篇。汉人亦曰卷。卷者，缣帛可卷也。"[20] 余嘉锡谓："古之经典，书于简束，而编之以韦若丝，名之为篇。简册厚重，不能过多，一书既分为若干篇，则各为之名，题之篇首，以为识别。"[21] 亦即是说，"篇"字与竹简密切相关，是标示古书简册之数量单位。据此，章学诚《文史通义·篇卷》云："大约篇从竹简，卷从缣帛，因物定名，无他义也。"[22] 孙德谦《汉书艺文志举例》之《篇卷并列例》条云："许叔重云：'著之竹帛谓之书。'考竹者，篇也；帛者，卷也。是篇、卷有分别也。"[23] 程千帆云："文字的体裁先是

---

[20]（汉）许慎撰、（清）段玉裁注：《说文解字注》，上海古籍出版社1991年版，第190页。

[21] 余嘉锡：《目录学发微》，巴蜀书社1991年版，第27页。

[22]（清）章学诚：《文史通义》，上海书店1988年版，第88页。

[23] 孙德谦：《汉书艺文志举例》，载二十五史刊行委员会编：《二十五史补编》（第二册），开明书店1936年版，第1710页。

竹简，所以称篇；然后用帛，所以称卷。"[24]钱存训亦认为"篇"为简册单位；"卷"是缣帛和纸卷单位。[25]

然而出土实物却显示，古书简册也以卷的方式存放，反倒是帛书以折叠方式存放。意即传统以竹、帛之别来理解篇、卷之别的思路并不符合历史事实。故刘传宾另做解释曰："'篇'与'卷'最初既可以作为简册的计量单位，表示简册编连的起讫，又可以作为文章的计量单位，表示文章内容的起讫。后来二者各有所侧重：'篇'渐渐失去表示简册编连的起讫、作为简册的计量单位的功能，而逐步变为仅表示文章内容起讫的计量单位；卷则逐步变为仅表示简册编连起讫的计量单位。"[26]

篇、卷之间是否存在特定对应关系？陈梦家在对战国秦汉竹简进行总结之后指出，存在三种情况：一是"合编"，即一卷包含若干篇；二是"分卷"，即一篇分为若干卷；三是"篇卷相当"，即一篇为一卷。[27]亦即是说，篇、卷原本并非完全一一对应。而由《泰始令》四十篇分为四十卷情况推之，当属陈梦家所谓第三种情况，即一卷当一篇。

然而，据《唐六典》注所载，其所谓"一篇"并非真是一篇。例如，《杂令》分为上、中、下三篇，实则为一篇；《军法令》名为六篇实则亦为一篇；《杂法令》名为二篇实则亦为一篇。其之所以如此，推想可能是由于每一篇的条文字数过多。[28]故可知《泰始令》中一个完整内容的篇章被拆分为数篇，实则是根据其条文字数篇幅分别撰写在不同卷帙上，并且标明上中下或者数字次序，因而有其分属不同篇章之误解。因此，《泰始令》实为三十二篇，四十卷，《唐六典》所谓四十篇当为误载，而其注文中所标数字次序当为卷次，而非篇次。

〔24〕 程千帆、徐有富：《校雠广义》，河北教育出版社1988年版，第65页。

〔25〕 钱存训：《书于竹帛——中国古代的文字记录》，上海书店2006年版，第77、78页。

〔26〕 刘传宾：《简书的合编与分卷——以上博、郭店等出土简册为中心》，载《学灯》2013年第25期。

〔27〕 陈梦家：《汉简缀述》，中华书局1980年版，第304~307页。

〔28〕 古代典籍的类似实例应以《孟子》《汉书》最为典型。《孟子》原本有七篇，后每篇被分为上下篇，合为十四篇，而按内容来看实则仍为七篇。《汉书》中文字较多的篇章如《高帝纪》《杨雄传》之类，也被后人分为上下篇，而按内容来看仍为一。此类现象的出现既可能反映书籍传抄者出于方便的技术考虑，同时也表明时人的有意识编纂和注重篇章体谅平衡协调的思维方式已经出现。

《泰始令》篇章内容早已失佚，但《晋书》《北堂书钞》《太平御览》等史料中多有零散摘引。近世以来，程树德、张鹏一两位先生分别对《泰始令》条文进行辑考。其所著《晋律考》[29]与《晋令辑存》[30]，为今日考察其体系规模之重要参考。[31] 尽管二著对《泰始令》内在结构与法典成就少有论及，但其对《泰始令》辑佚工作的重视本身就足以反映出《泰始令》作为法典的独特历史地位。

总之，《泰始令》外在形态方面的最大特色在于，将汉魏之令进行再编排、再整合，删繁就简、提炼抽象，坚持"令外无令"原则最终汇编而成一部统一令典，令典一分为三的情况亦不再出现。曹魏三令160（或225）余篇的内容，被贾充等人压缩为32篇，必定是经过大量删并相似篇目与重复条文的结果。其之所以能够如此简约，正在于其制定者概括抽象能力之强，能将令文与篇章内容进行高度浓缩，用较之以往更为简练的方式和更为紧密的逻辑规定出国家各项基本制度。这就涉及《泰始令》内部篇章结构的层次关系问题。

二、结构严密：《泰始令》的十大单元

《泰始令》乃汇众令于一体之空前令典，历史上第一次展示出令典的统一性与整体性。从外在形式与内在逻辑上看皆如此。其外在形式之统一已如前述，而其内在逻辑结构之整体性则有必要进一步加以申说。

（一）堀敏一"三板块说"及其局限

日本学者堀敏一曾对《泰始令》内部结构进行界分，认为《泰始令》由三大板块组成：一是《户令》至《杂令》，二是《门下散骑中书令》至《赎令》，三是《军战》以下十篇。他说："晋令以户令开端，至杂上中下

---

〔29〕 程树德：《九朝律考》，中华书局1963年版，第225～312页。

〔30〕 张鹏一编著：《晋令辑存》，徐清廉校补，三秦出版社1989年版。

〔31〕 关于张、程二著对《泰始令》条文的搜集工作，目前来看尚存诸多不足。例如，程著辑佚标准过死，漏略较多；张著辑佚标准太宽，认定比较随意，有些令文似是而非。近有杨一凡、朱腾主编《历代令考》一书，其中收有冨谷至、李俊强的两篇文章，对此问题颇有考订。其中，冨谷至的《通往晋泰始律令之路（Ⅱ）：魏晋的律与令》一文已刊载于中国政法大学法律史学研究院编的《日本学者中国法论著选译》（中国政法大学出版社2012年版）上册中。李俊强的《晋令制订考》则基本上出自其博士论文《魏晋令制研究》。故笔者虽未见到《历代令考》一书中的相关文章，对其中可能出现的论述和观点，却也有了大概的了解。

有个中断,然后从中央官职的门下散骑中书开始,至赎令再一次中断,最后是军战以下的十篇。这种三分法大约是以魏令的州郡令、尚书官令和军中令为样板的,特别是晋令的第二组和第三组,完全与魏令的尚书官令和军中令相对应。"[32] 这就是堀敏一的"三板块说"。

《泰始令》是在汉魏令篇基础之上独立整合编纂而成的,同时又十分明显受到曹魏三令的启发。或者说,其制定者较为认同曹魏陈群、刘邵等立法者对令典性质类别的划分模式,自觉地从民政、官政和军政三个角度去理解令的内容、作用与属性。应该说,堀敏一见识十分敏锐,对此中奥义洞若观火。他提示我们《泰始令》中存在三大板块黏合之痕迹。

首先,《杂令》上、中、下,带有明显界分意义。该篇将此前令篇划为一类,以与后面令篇相区分。因为所谓"杂篇"者,在法典编纂中,通常皆以"兜底篇章"的技术功能角色出现。亦即是说,它将此前篇章没有包括或难以包括的条款内容都收罗进来,混杂而成一篇。西晋律典中的《杂律》、令典中的《杂令》莫不如此。首先,《杂令》于此出现,正是将与此前篇目内容相关而又暂时无法归入其中各篇的条文内容进行汇总杂收之结果。其次,《军战令》以下又是一个明显界分。将此后篇目划为一类,与此前的篇目相区分。此后篇目一望便知与军事相关,正与曹魏《军中令》相对应。最后,两个界分点之间的篇目应为独立板块,即堀敏一所说的第二组。

由此可知,《泰始令》确乎是由三大板块黏合而成,其中两个显著界分之处即为三大板块结合之处(参见表1)。

---

[32] [日]堀敏一:《晋泰始律令的制定》,程维荣等译,载杨一凡总主编:《中国法制史考证》(丙编第二卷),中国社会科学出版社2003年版,第291、292页。

表1 《泰始令》三大板块说概览表

	板块一	分界	板块二	板块三
《泰始令》篇名	户令、学令、贡士令、官品令、吏员令、俸廪令、服制令、祠令、户调令、佃令、复除令、关市令、捕亡令、狱官令、鞭杖令、医药疾病令、丧葬令	杂令	门下散骑中书令、尚书令、三台秘书令、王公侯令、军吏员令、选吏令、选将令、选杂士令、宫卫令、赎令	军战令、军水战令、军法令、杂法令
对应的曹魏三令	州郡令		尚书官令	军中令
内容属性	民政制度		官政制度	军政制度

然而，堀敏一依照曹魏三令结构对《泰始令》进行的结构分析，从宏观上看固然较为合理，就微观篇目顺序而言则存在一定疑问。亦即是说，其所谓三大板块只能作为一种笼统划分模式来看待，就具体情况来看仍然存在难以圆通之处。

例如，被划入第一组中《官品令》《吏员令》《俸廪令》《捕亡令》《狱官令》《鞭杖令》等篇以官制职守及相关责任为主要，显然应与属于第二组中《门下散骑中书令》《尚书令》《三台秘书令》《王公侯令》《军吏员令》《选吏令》《选将令》《选杂士令》诸篇更为接近，而与《户令》《学令》《服制令》《祠令》《户调令》《佃令》《复除令》《关市令》等一般民政相去较远。

又比如，被划入第二组的《宫卫令》《赎令》则与该组其他篇目不相协调，并不适宜被归为官政制度。

同时，第二组中的《军吏员令》《选吏令》《选将令》诸篇则又与第三组篇章内容更为接近，第二、三组之间颇有穿插交织之感。

以上情况至少可以说明，贾充等人在制定《泰始令》时，固然有参考曹魏三令之可能，然而最后所成之篇目次序却是自出机杼，别有心裁。他们对令典结构的理解与构想并不完全遵从前人，而是有一套自己的体系。

（二）《泰始令》十单元新说

依各篇章名目推测，较之三大板块的笼统分法，《泰始令》诸篇章实更可以说是由具体的若干单元所组成。各单元之间存在着或隐或显的逻辑次序：

第一单元：《户令》。《户令》以天下郡国的户籍管理与户口统计制度为主要内容，属立国为政之根本，故而自成一体，且标于篇首。一如堀敏一所说，《泰始令》之所以由《户令》开始，正是由于学校、选官和官品等一系列制度都建立在其基础之上，而这又是魏晋时期九品官人法自乡选而后授官之官制构建顺序所决定。[33]

第二单元：《学令》《贡士令》。《学令》以学校教育制度为内容，《贡士令》以人才选举制度为内容。两篇内容本就关系密切，又皆须以《户令》中郡国户籍与户口制度为基础，故而紧承其后。故高明士教授说："这样的设计，着重于儒家的政治主张，此即施政以民生、教育、用贤为首要。"[34]

第三单元：《官品令》《吏员令》《俸廪令》《服制令》《祠令》。《官品令》规定官名与官员品级制度，《吏员令》规定吏员编制。且该两篇遵循先官后吏顺序，轻重等差自有凭准。其后《俸廪令》则以官、吏俸秩爵禄制度为内容，《服制令》以公卿官吏车舆、冠服、印绶等制度为内容。观此四篇，内容密切联系，逻辑层次清晰。且皆由第二单元中《贡士令》所涉选举制度而产生，故而紧承其后。而《祠令》以郊社宗庙与山川祭祀之礼仪制度为主，与车服制度同属礼仪内容，故又与前篇《服制令》紧密衔接。

第四单元：《户调令》《佃令》《复除令》。三篇内容以土地经济制度和赋税徭役制度为主。该单元与前两个单元区分较为明显，却又远承第一单元《户令》之户籍制度，可见其与第二、三单元属于两条并列线索。

第五单元：《关市令》《捕亡令》《狱官令》《鞭杖令》《医药疾病令》《丧葬令》。其中，《关市令》之中既有关市赋税制度，也有关津管制制度，既与前三篇衔接又与后一篇《捕亡令》密切相关，所以《关市令》可视为

---

〔33〕 ［日］堀敏一著：《晋泰始律令的制定》，程维荣等译，载杨一凡总主编：《中国法制史考证》（丙编第二卷），中国社会科学出版社 2003 年版，第 293 页。

〔34〕 高明士：《律令法与天下法》，上海古籍出版社 2013 年版，第 32 页。

第四单元到第五单元之过渡。《捕亡令》之后有《狱官令》，《狱官令》之后有《鞭杖令》，《鞭杖令》之后有《医药疾病令》，《医药疾病令》之后有《丧葬令》，这一顺序之中隐约存在着一种按照事理程序发展所必然出现之逻辑递进线索。

第六单元：《杂令》上、中、下。前已述及，《杂令》中内容应为前面篇章中所不能容纳而又必须加以规定之条文内容。张鹏一认为，散见诸史籍之《仓库令》《盐铁令》《酤酒令》《捕蝗令》《捕兽令》《兴擅令》《营缮令》《工作令》《禁土令》《给假令》《左降令》《元会令》《五时令》《朔望令》等令都应该归属于此《杂令》之中。[35]观此前五个单元，篇章内容的逻辑脉络十分清晰且自成体系，此更可说明《杂令》条文难于融入其中的原因所在。

第七单元：《门下散骑中书令》《尚书令》《三台秘书令》《王公侯令》《军吏员令》。其中，《门下散骑中书令》《尚书令》《三台秘书令》三篇以中央官职的职责权限制度为内容，而其顺序显然是依据权位自高至低的顺序排列的。《王公侯令》建基于西晋封国制度，对三级封国诸侯之职权责任及相应待遇加以规定。《军吏员令》则对自中央到地方基层军事官员与吏员体制加以规定。其规定中央官制之内容与前四篇章紧密衔接，而其对中央以下各级军吏员之规定则体现出军事官制自成一体之特征。

第八单元：《选吏令》《选将令》《选杂士令》。《选吏令》《选将令》《选杂士令》三篇为对吏、将和杂士选拔任用制度之规定。而观其所处位置，则所选之人当与前一单元密切相关。其所选之吏当为充任中央各机关部门之吏，而将则为军官体制之任。而杂士则"当指乐、律、历、算、医、卜诸士"[36]，且最后都应归属中央各机关所用。亦即是说，此三篇所选之人，其任免与使用皆为中央官府的办事人员。

第九单元：《宫卫令》《赎令》。《宫卫令》规定皇宫、官府门卫廷禁制度，而《赎令》则应以罚则之收赎制度为内容。此二篇与前后篇目之间关系并不十分明朗，姑且归为一个单元。然此亦可见，《泰始令》并非逻辑体例完备无缺之令典。

---

〔35〕 张鹏一编著：《晋令辑存》，徐清廉校补，三秦出版社1989年版，第193页。
〔36〕 张鹏一编著：《晋令辑存》，徐清廉校补，三秦出版社1989年版，第278页。

第十单元:《军战令》《军水战令》《军法令》《杂法令》。此四篇内容较为明确纯粹,即以军事制度规范为主。然而其内部关系仍可进一步加以分析。《军战令》《军水战令》当以战阵兵法为主要内容,而《军法令》与《杂法令》则应以军事纪律为主。尤其值得注意的是,最后两篇即《杂法令》显然是对《军法令》之补充规定,将该篇中无法容纳之条文杂汇而成新篇。那么,据此又可推知该《军法令》内当有更进一步之二级结构划分,自成一体系,故而才会将该体系难于容纳之条文又收罗进《杂法令》。惜乎难知其详。

综上可知,组成《泰始令》的十大单元层层递进,前后之间大都存在一定逻辑联系,此正是《泰始令》作为统一令典表现其系统性、整体性之绝佳明证(详见表2)。总之,《泰始令》既有三大板块的旧影子,也有十大单元的新设计。这说明立法者既参酌曹魏三大令典,也有独树一帜的新主张,《泰始令》乃独立创造、自成体系之全新令典。

表2 《泰始令》十单元结构简析表

单　元	篇　目	篇章之间的逻辑关系
第一单元	《户令》	规定户籍、户口制度,作为此后四个单元的制度基础。
第二单元	《学令》《贡士令》	先学后贡,《学令》以《户令》为基础,《贡士令》又与《官品令》存在关联。
第三单元	《官品令》《吏员令》《俸廪令》《服制令》《祠令》	品阶编制,先官后吏;然后是官吏的俸秩爵禄、车舆、冠服、印绶、服制,最后由服制礼仪而转向祭祀礼仪。
第四单元	《户调令》《佃令》《复除令》	上接《户令》,以土地经济制度和赋税徭役制度为主。

单　元	篇　目	篇章之间的逻辑关系
第五单元	《关市令》《捕亡令》《狱官令》《鞭杖令》《医药疾病令》《丧葬令》	《关市令》以赋税制度与前三篇相连，又以关津管制与下篇捕亡相连。捕亡之后涉及狱官，狱官之中有鞭杖，鞭杖之后有医药疾病以及丧葬。该单元内诸篇存有或立法者认为存有一定逻辑顺承关系。
第六单元	《杂令》上、中、下	前五单元所余条文内容的杂烩。
第七单元	《门下散骑中书令》《尚书令》《三台秘书令》《王公侯令》《军吏员令》	规定中央衙署官员设置及其职责义务制度。《军吏员令》为过渡，与上下篇紧密相连。
第八单元	《选吏令》《选将令》《选杂士令》	规定吏、将和杂士选拔任用制度，与前一篇密切相连。
第九单元	《宫卫令》《赎令》	与前后篇目之间关系并不十分明朗。
第十单元	《军战令》《军水战令》《军法令》《杂法令》	《军战令》与《军水战令》当以战阵兵法为主要内容，而《军法令》与《杂法令》则应以军事纪律为主。《杂法令》是对《军法令》之补充规定，将与军法密切相关但又无法容纳其中的条文杂汇而成新篇。

三、经权之辨：《泰始令》战时令篇的置废

（一）《泰始令》的经权二分法

《泰始令》在制定之初即秉承具有一定整体谋划、预先设计意味的立意宗旨，立法者对令典预定状态及其可能出现的变化有清晰的预案。这不仅体现在令典各篇之间逻辑关系上，也体现在立法者对令典内容的取舍与定位上。这种宏观定位集中体现为"施行制度"与"权设其法"两个方面。亦即是说，从经与权的角度而言，《泰始令》又可分为两大部分。

一方面，《泰始令》乃是本着为后世设范立制的宗旨制定而成的。故

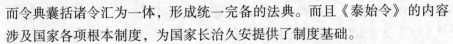

而令典囊括诸令汇为一体，形成统一完备的法典。而且《泰始令》的内容涉及国家各项根本制度，为国家长治久安提供了制度基础。

就各篇目而言，《泰始令》规定西晋之户籍管理制度、学校教育制度、官员选任制度、官员品级制度、吏员编制制度、官吏俸禄爵位及其他经济待遇制度、官员公卿车服制度、宗庙郊社祭祀等礼仪制度、土地赋税徭役等经济制度、关津治安管理制度、捕亡狱政刑罚司法制度、医事管理制度、丧葬礼仪制度、中央官职制度、王公侯封建制度、军事职官制度、中央官吏选拔制度、宫廷官府警卫制度、刑罚收赎制度以及各种军事活动制度。总而言之，基本涵盖了国家职能所涉诸事项的制度规范。通过这些制度设计，形成国家机关与普通百姓各自行为之规范、准则与模式。只要相应主体照章执行，遵守规范，则国家秩序井然。如果违犯这些规范达到一定程度，则构成犯罪，依照律典相关条文加以处罚。《晋书·刑法志》(以下简称《晋志》)曰："施行制度……违令有罪则入律。"即为此意。

另一方面，由于制定令典的特殊时代背景，《泰始令》中有一部分内容被认为"不足经远"，故而"权设其法"。《晋志》载："其余未宜除者，若军事、田农、酤酒，未得皆从人心，权设其法，太平当除，故不入律，悉以为令。"《隋书·经籍志二》亦曰："晋武帝命车骑将军贾充，博引群儒，删采其要，增律十篇。其余不足经远者为法令，施行制度者为令。"

据此可知，贾充等立法者对于律典、令典有不同的定位与期许。其在制定《泰始律》时，本着"蠲其苛秽，存其清约，事从中典，归于益时"[37]的原则，对律文内容进行大规模清理与删减。律典被认为是具有较强稳定性的基本法典，其内容不能随意改动，因而在制定之时就需审慎从事。[38]对于制定之时就认为将来可能会有所变动的条文内容，便不能被编入律典之中。但将来要有所改变并不等于现在就要改变，因而这些内容目

<hr />

[37]《晋书》卷三十《刑法志》。

[38] 日本学者富谷至在探讨秦汉律简的时候曾指出，作为皇帝旨意的"令"，包含着临时性的规定。"令"演变为"律"以后，才开始带有普遍性、恒常性成文法规的性质。"律"的语义并非"皇帝的命令"，而是"应当遵循的标准"，这样就被赋予了恒定性、普遍性。载氏著：《文书行政的汉帝国》，刘恒武、孔李波译，江苏人民出版社 2013 年版，第 36、37 页。尽管由秦汉至魏晋，律令体制又发生了若干重大的变化，但是这种对"律"高看一眼的思维定式，并未随着令典的成型而减弱。

前来说还需要被写入法典之中。因此就退而求其次地将其放进令典之中。可见在立法者眼里，令典定位与律典大有区别：一则律典较之令典更为重要，二则令典对稳定性的要求不及律典。如此一来，《泰始令》中就有部分内容在被编入令典之时即被明确标识在将来会被改革或者废除。就此意义而言，也可以说"晋代之'令'还没有成为完整意义上的基本法"〔39〕。然而这种看似自相矛盾、多此一举的做法恰是在当时特殊时代背景下富有远见的一种设计，是"晋修律令时的一种特殊处理"〔40〕。

吕思勉先生曾谓："法学有所谓性法派、历史法派者，性法派谓有遍于四海永合人心之公理，历史法派则谓无之。中国之法学近性法派，故于律文不轻改动，此时以权设者为令，即系此意。后世之改例不改律，亦由于此。"〔41〕先生将"性法派"即西方自然法学派与中国古代法学相比附，故无足论。然其注意西晋不轻易改动律典、将权设之法归入令典之重要意义，则颇有见地。

观西晋以后之律令法制可知，西晋"权设之法"模式对后世立法实颇有影响。例如，北齐制定法典时将"不可为定法"的内容编为《权令》与律令法典并行，极有可能就是受到《泰始令》权设之法的影响而设。〔42〕只不过，其将稳定性较弱的"权设之法"排除在以较强稳定性为特征的律令法典之外，另设一部《权令》以便随时修改，最大限度保证律令法典之稳定性，又是对《泰始令》模式的一大改进。

（二）权设之法的战时色彩

泰始律令制定之初，曹氏政权尚未归为司马氏所有，虽然西蜀已灭，然而东吴尚存。三年半之后，律令法制体系建成之时已是西晋泰始四年（268年）。此三年半间，司马氏尽管已经完成禅代大业，但是尚未完成统一大业。对内，司马炎仍需化解来自各方的政治压力。而对外，东吴政权仍与西晋王朝隔江对峙。由此可知，泰始律令制定完成之时，西晋内部仍有不安定因素，仍处于与敌国军事对峙状态之中。因此，西晋各项制度或

---

〔39〕 ［日］守屋美都雄：《中国古代的家族与国家》，钱杭、杨晓芬译，上海古籍出版社2010年版，第456页。

〔40〕 张建国：《魏晋律令法典比较研究》，载《中外法学》1995年第1期。

〔41〕 吕思勉：《中国制度史》，上海教育出版社2005年版，第498页。

〔42〕 参见张建国：《魏晋律令法典比较研究》，载《中外法学》1995年第1期。

多或少仍带有战时色彩。

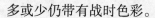

正如张建国教授所指出的那样："晋出于特殊原因所定之令，最初包括固定性和暂时性两部分。"[43]其所谓"特殊原因"即是战时状态，所谓"暂时性规定"即"权设之法"，主要包括军事、田农、酤酒等内容。权设之法与战时状态相配合，自然随着战时状态的结束而废止。此即《晋志》所谓"权设其法，太平当除"。西晋平吴在太康元年（280年），上距《泰始令》颁布（268年）有12年之久。令典之中由于战时状态而存在的权设之法，在此12年间长期有效。

权设之法中最突出、明显者即军事法令。《泰始令》后十篇都以军事法为内容，其中尤其值得注意者乃《军水战令》。西晋如欲平吴，最大难关当为水战。因而有理由相信，此篇即针对将来要进行的平吴战争而设置。此外，《军战令》《军法令》《杂法令》统统都以军事为题，凸显出西晋重视军事、勤于练兵之国家政策。

事实上，在晋武帝平吴之前，武备未曾懈怠。"为国者不可以忘战"[44]成为晋初君臣一致共识。仅从《晋书·武帝纪》中所载密集讲武活动就可见一斑。（详见表3）

表3　平吴之前晋武帝讲武大阅活动统计表

序号	时　间	地　点	起　讫	历时	备　注
1	泰始九年（273年）十一月	宣武观	丁酉至甲辰	8天	
2	泰始十年（274年）十一月	宣武观	始于庚午		
3	咸宁元年（275年）十一月	宣武观	癸亥至己巳	8天	

[43]　张建国：《魏晋律令法典比较研究》，载《中外法学》1995年第1期。

[44]　《晋书》卷四十三《山涛传》记此言在平吴之后。但陈寅恪先生指出，当在平吴之前。万绳楠整理：《陈寅恪魏晋南北朝史讲演录》，黄山书社1987年版，第33～36页。又《世说新语·识鉴类》刘注引《名士传》曰："涛居魏晋之间，无所标明，尝与尚书卢钦言及用兵本意。武帝曰：'山少傅名言也。'"可见，不忘灭吴、重视武备为晋初君臣共识。

续表

序号	时　间	地　点	起　讫	历时	备　注
4	咸宁二年（276年）				五月，讨北胡，斩其渠帅吐敦。 六月，鲜卑阿罗多等寇边。
5	咸宁三年（277年）十一月	宣武观	丙戌至壬辰	8 天	
6	咸宁四年（278年）				十月，扬州刺史应绰伐吴皖城。
7	咸宁五年（279年）				正月，树机能攻陷凉州，使马隆击之。 十一月，大举伐吴……东西凡二十余万。

据表可知，泰始九年（273 年）至咸宁五年（279 年）国家级讲武大阅活动频繁。其中只有三年未进行大阅活动，还是由于国家大规模对外用兵的原因。咸宁二年（276 年）、咸宁四年（278 年）多地发生边患，咸宁五年（279 年）树机能攻陷凉州，当年底又进行平吴战争，至太康元年（280 年）三月成功。可见，在《泰始令》颁行之后十数年间，西晋社会上下确实存在浓郁战时气氛，令典中之《军战令》《军水战令》《军法令》等权设之法必定发挥重大作用。

堀敏一将此十篇军事法归为《泰始令》的第三组，并认定其为受曹魏《军中令》影响之产物。[45] 今则观之，其内容渊源固然可以追溯到曹魏《军中令》甚至汉初韩信《军法》[46]，但西晋当时国家形势与政策侧重才是其对令典内容进行取舍之关键因素。有必要时则"权设其法"，不必要

---

[45] ［日］堀敏一：《晋泰始律令的制定》，程维荣等译，载杨一凡总主编：《中国法制史考证》（丙编第二卷），中国社会科学出版社出版 2003 年版，第 291、292 页。

[46] 《史记·太史公自序》曰："于是汉兴，萧何次律令，韩信申军法，张苍为章程，叔孙通定礼仪。"

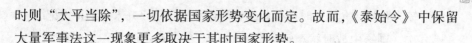

时则"太平当除",一切依据国家形势变化而定。故而,《泰始令》中保留大量军事法这一现象更多取决于其时国家形势。

（三）权设之法的终结

伴随着平吴大业的完成,西晋国家形势逐渐进入正轨,战时状态下对军事制度过度偏重的倾向肯定会被逐渐扭转过来。在平定孙吴、完成一统之后的十年在位期间,晋武帝仅有两次讲武大阅活动,较之前期大为减少。此即国家重心开始转移战时状态的明显信号。而且不仅如此,西晋平吴之后,晋武帝甚至抬出"罢州郡兵"的新政策。在此新形势下,《泰始令》中军事规范肯定会大幅缩水,或者被以修令方式移出令典,或者被虚置令典之中而成为空文,笔者以为前一种处置方式可能性更高。

若依常理推之,《泰始令》中军事法令篇幅巨大,如大量删减必会见诸史籍。然而检索史书,并无此方面的蛛丝马迹。故张鹏一先生说:"晋自太康平吴后,宇内统一,未闻再修令文。江左立国,限于一隅,财富兵力,非复太康之旧,一切制度,减于洛都。而令文之改,见于《晋书》明帝、哀帝纪。"〔47〕然而此说似可商榷。

首先,《泰始令》颁行之后是否曾经修改,并不能单纯以史无明载而轻易否认。换言之,即便修改,也不见得都会明载史籍。例如,咸宁二年(276年),晋武帝依据《周礼》"贵游子弟"之说而创立国子学。〔48〕国子学始建于咸宁二年(276年),而《泰始令》颁行于泰始四年(268年),那么有关于国子学制度之法律规定是否会出现在令典《学令》之中?《太平御览》卷二百三十六《职官部三十四》引《齐职仪》曰:"《晋令》:博士祭酒掌国子学,而国子生师事祭酒,执经,葛巾单衣,终身致敬。"据此可知,国子学虽设立于《泰始令》颁行之后,然而其制度仍然会通过律令修改方式被加入到令典之中,具体而言即《学令》中。此恰可证明西晋令

---

〔47〕 张鹏一编著:《晋令辑存》,徐清廉校补,三秦出版社1989年版,第2页。

〔48〕 关于国子学的设立时间,史书中有不同的说法。《晋书·武帝纪》记载:"〔咸宁二年(276年)〕立国子学。"而《晋书·职官志》载:"咸宁四年(278年),武帝初立国子学,定置国子祭酒、博士各一人,助教十五人,以教生徒。"《南齐书·礼志上》载:"晋初太学生三千人,既多猥杂,惠帝时欲辩其泾渭,故元康三年始立国子学,官品第五以上得入国学。"据《宋书·礼志一》所载:"咸宁二年(276年),起国子学。盖《周礼》国之贵游子弟所谓国子,受教于师氏者也。"则知《晋书·武帝纪》所载为准,事在咸宁二年(276年)。

典相对较为开放，允许适时进行修改。而且其修改之事并未见到正史记载。

其次，国家由战时状态转入和平状态，在令典上的另一个表征是田农法令的修改。《泰始令》初颁布时，田农本为权设之法，意即战时特别田农法令。但正如张建国教授所指出那样，晋平吴之后很快就开始推行占田课田制，贯彻新田农法令，而这正是《泰始令》中"权设之法"达到"太平当除"条件而加以删除的又一实例。[49]

最后，"权设其法，太平当除"原则的确立本身就足以表明令典的开放性与灵活性。时代变换，国家政策重心转移，军事法之类的旧有令文便不宜再做保留，给有司徒添烦扰。否则便与"太平当除"的最初立法预设相违背。众所周知，南梁令典大体沿袭晋令。与晋《泰始令》相较，《梁令》篇幅大有减少。其中最显著的变化就在于，大量删去《泰始令》之军法内容。然而此种删除，恐怕不是出于南梁的创造性发挥，而更有可能是由于在西晋时《泰始令》已经完成了自我矫正。[50]

四、理论检讨：法典的成立与成功

（一）作为法典的《泰始令》

西晋泰始四年（268年）正月十八日[51]，武帝下诏颁行新律令于天

---

[49] 张建国：《魏晋律令法典比较研究》，载《中外法学》1995年第1期。

[50] 若依常理而言，南梁割据江南，同样面临统一宇内的历史任务，同样处于战时特殊状态，所以很有理由如同西晋那样在令典中设置大量军法乃至于军水战法。然而这些并没有发生。这说明什么？有可能是南北对峙时间太长，南梁已经无意北伐，放弃了一统南北的宏伟志向。但同时还有一种可能就是，当时流传下来的《泰始令》文本早已将大量军法内容剔除，而在实践中又证明有其效用。故而南梁仿效前贤，依葫芦画瓢。

[51] 《晋书·武帝纪》记载：泰始四年（268年）正月丙戌，律令成。这个颁布日期，或以为是正月二十日，或以为是十六日。但经笔者考证当在十八日。《太平御览》卷六三七引《晋朝杂事》曰："泰始四年（268年），岁在戊子，正月二十日，晋律成。"而丁国钧《晋书校文》则认为，泰始四年（268年）正月丙戌日当为正月十六日。丁国钧：《晋书校文》，载徐蜀选编：《二十四史订补》（第6册），书目文献出版社1996年版，第510页。吴士鉴以《太平御览》记载为准，认为丁说有误。其曰："丙戌为二十日，则是年正月朔为丁卯。丁氏《晋书校文》一误以上文辛未为月朔，故谓先后互差四日，而未细考本纪并无朔字也。丁卯朔日，辛未为月之四日。"房玄龄等撰：《晋书斠注》，吴士鉴、刘承干注，中华书局2008年影印版，第43页。标点为笔者所加。而考诸陈垣先生《二十四史朔闰表》，泰始四年（268年）正月之朔日为己巳日（陈垣：《二十四史朔闰表》，上海古籍出版社1956年版，第48页），则丙戌日当为正月十八日。意即，载《泰始律》正式颁布日期应为泰始四年（268年）正月十八日。可见吴说亦不准确。

下。学者常称之为《泰始律》《泰始令》，视为"中古时代法典大备的开始"[52]。然而细检史籍却可发现，此类称呼既不见于正史记载，也不见于类书辑佚，更不见于地下出土文献。纵观中古，以年号命名法典的做法最早见于南朝，[53] 但其所谓"永明律"实则并未施行。[54] 而以年号命名又真正施行的法典则属西魏《大统式》[55]。隋代开始出现以年号命名的令典，如《开皇令》《大业令》。[56] 其后，以令典制定或颁布时年号命名之做法逐渐开始流行，于是出现《武德令》《贞观令》《永徽令》《开元令》《天圣令》[57] 等一类称呼。然而关于西晋令典，史书中只称《晋令》，不见《泰始令》。可见，此说应属晚近，并非当时就有。尽管如此，笔者仍愿称之为《泰始令》。这是由于，此称呼不仅可以明示其颁布年代，更可充分展示其完整法典之基本特色。

关于究竟达到何种标准方可称为"法典"，滋贺秀三曾提出过一个著名的论断，即标准法典编纂应该符合的两大条件：一为高度整合性，即法外无法；二为高度整体性，即整体存灭。[58] 滋贺秀三提出的这两个标准，从外部形式的角度对法典进行了简洁而又形象的描述。本文倾向于在并无历史依据的情况下使用《泰始令》之称谓，正是由于这一称谓可使观者一望便知，其所指乃是泰始年间一次性颁布生效的那一部令典，具有鲜明的特指效果。

然而关于《泰始令》的法典性标准，若仅停留在滋贺秀三基于外部形

---

〔52〕 杨鸿烈：《中国法律发达史》（上），商务印书馆 1930 年版，第 217 页。

〔53〕《南齐书》卷四十八《孔稚珪传》载有南齐永明年间修律，并称之为"永明定律"。《南齐书》作者为齐梁之际的萧子显。《旧唐书》卷四十六《经籍志上》与《新唐书》卷五十八《艺文志二》均载有"《齐永明律》八卷"。

〔54〕 参见邓长春、朱海：《程树德〈九朝律考〉补遗一则——南齐"永明定律"考》，载《西南政法大学学报》2013 年第 4 期。

〔55〕《隋书·经籍志二》载："《周大统式》三卷。"《新唐书·艺文志二》："苏绰《大统式》三卷。"大统为西魏年号，当时北周政权尚未建立，故应认其为西魏法典。

〔56〕《隋书·经籍志二》载："《隋开皇令》三十卷、《隋大业令》三十卷。"

〔57〕《新唐书》卷五十八《艺文志二》载，当时档案文阁中有武德七年（624 年）的《武德令》、永徽三年（652 年）的《永徽令》、开元七年（719 年）的《开元令》。虽未记载《贞观令》为哪年修订的，但是据《旧唐书·太宗本纪下》记载，贞观十一年（637 年）春正月庚子，颁新律令于天下。此令当即《贞观令》。

〔58〕 ［日］滋贺秀三：《关于曹魏新律十八篇的篇目》，程维荣等译，载杨一凡总主编：《中国法制史考证》（丙编第二卷），中国社会科学出版社 2003 年版，第 252～266 页。

式而进行的表层勾勒，那就只能始终在问题的外围打转而无法接近问题的实质。首先应该明确的是，判定法典是否成立，外部形式固然重要，其内部逻辑结构才是更具有本质属性的标尺。因为如果仅以法外无法、整体存灭的视角看，大量法律的简单堆砌与归类整理也可以拼凑成法典。但这与现代法学一般的理解很明显是存有差距的。依照现代法理学的观点，这只能视作法的汇编而不能称为法的编纂。真正的法的编纂是将现存同类或同一部门法律加以研究审查，根据统一的原则，决定法律存废，修改、补充规范，从而编制成内容和谐一致、体例完整合理的系统化的新法律或新法典。而且即便是法的编纂，其结果也未必就能称为法典。[59] 亦即是说，法典与一般法律不同，除法外无法、整体存灭这种外观的形式要件之外，自然还有更为深刻的内在属性来决定其本质的特异性。[60] 因此，在滋贺秀三的法典外部形式要件之外，还应该强调其内部篇章条文的协调性、系统性和逻辑性。

同时，一部法律所规定的内容、调整的关系、形成的制度是否具有全局性、重大性、根本性、权威性、恒久性以及深远影响性，也应该是其能够升格为法典的一个关键性因素。例如，近代西方以来涌现出来的法德的民法典、美国的宪法典，无不具有这些独特的品性。而在我国的汉语言文

---

〔59〕 周旺生：《法理学》，人民法院出版社2002年版，第144、145页。孙笑侠、夏立安主编：《法理学导论》，高等教育出版社2005年版，第260页。

〔60〕 然而遗憾的是，法史学界普遍对于法典之于法律的特殊性不慎留意。例如，〔日〕浅井虎夫：《中国法典编纂沿革史》，陈重民译，李孝猛点校，中国政法大学出版社2007年版；〔日〕中田薰：《论支那律令法系的发达》，何勤华译，载何勤华编：《律学考》，商务印书馆2004年版；〔日〕大庭脩：《秦汉法制史研究》，林剑鸣等译，上海人民出版社1991年版（另有徐世虹等译，中华书局2017年版）；张金鉴：《中国法制史概要》，正中书局1974年版；陈顾远：《中国法制史概要》，商务印书馆2011年版；张晋藩总主编：《中国法制通史》，法律出版社1999年版；曾宪义：《中国法制史》，北京大学出版社2000年版。此等著作几乎无一例外地将"法典"一词运用于秦汉以来所有的律令身上，甚至李悝《法经》也被认为是最早的"封建法典"。笔者目力所及，对这一问题有着深刻洞察力和读到见解的学者中，尤以冨谷至最为代表。他曾敏锐地发现并犀利地指出，《隋书·经籍志》只列举了晋以降的律与令，《汉书·艺文志》也没有列出秦汉的律与令，之所以会如此，"无非是因为晋以前并不存在具有完成形态的律典及令典。"载氏著：《通往晋泰始律令之路（Ⅱ）：魏晋的律与令》，朱腾译，徐世虹校译，载中国政法大学法律史学研究院编：《日本学者中国法论著选译》（上册），中国政法大学出版社2012年版，第189页。

化中，"典"字本身也蕴含着以上义项，带有某种独特的非凡属性。[61] 因之，今人使用"法典"二字时，自然要更多注意体会其内在属性方面的深刻含义，而不能仅仅停留在外在形式表层。

据此而言，中国自战国以降即有律令，然而却并不可说自始就有律令法典。律、令各自编为法典，至早也要自曹魏开其端绪，西晋始就其功业。正如冨谷至所指出的那样："律与令这两种法典的成立须要等到晋泰始四年（268 年）泰始律和泰始令的诞生。"[62] 而按照形式与内容相统一的综合判断加以标准，《泰始令》则可谓中国古代令典最早的正式成果。在外在形式方面，《泰始令》是中国自有律令制度以来，第一次真正实现令篇的系统整合，真正做到了令在典中，令外无令。同时，这一部高度浓缩的令典篇章不多，条文精炼，在经过三年半精心准备之后于泰始四年（268 年）正月一次性颁行天下。这些大体上也都符合滋贺秀三所提出的标准。而在内部构造方面，《泰始令》诸篇章的排列顺序和逻辑思路也展示出一定的思维线索，给人以谋篇布局的文章创作之感。因而显得整个令典浑然一体，构思精巧，匠心独运。

当然，由于时代格局的剧烈变革，原本应该具有较强稳定性的《泰始令》又随着政策的调整而进行了篇章条文的修订增补，既有新令文加入令典，也有旧令文移出令典。因而，滋贺秀三关于律令法典"整体存灭"之说在《泰始令》中尚未实现。但是，与其说这种现象意味着《泰始令》法典成色的不足，不如说反映出滋贺秀三法典要件说的缺陷。法典编成之后因何不能修改？为何一定要整体存灭？局部修订对法典是否一定不被允许？这些疑问无论是在古代还是在今天都无法给出自洽合理的解释。

总之，在使用"泰始令"一词称谓西晋初年所定《晋令》时，笔者用意乃在于强调其法典属性。滋贺秀三所提出的判断法典的二项条件，仅大体反映出法典的外在形式特征，还不足以在更深层次上对法典内在结构和内容逻辑等方面属性加以揭示。然而无论是从外在形式要件来看，还是就

---

〔61〕 例如，载《说文·丌部》云："典，五帝之书也。从册在丌上，尊阁之也。"《尔雅·释言》曰："典，经也。"

〔62〕 ［日］冨谷至：《通往晋泰始律令之路（Ⅰ）：秦汉的律与令》，朱腾译，徐世虹校译，载中国政法大学法律史学研究院编：《日本学者中国法论著选译》（上册），中国政法大学出版社 2012年版，第 163 页。

内在属性要件而言，《泰始令》毫无疑问都完全符合法典的基本特征。我们不必在学界前辈的经典命题内亦步亦趋，这当成为探讨《泰始令》法典化成就的理论自觉。

（二）永无止境的法典化之路

当前，我国业已宣布建成由七大法律部门构成的法律体系，其大框架正是由几部重要的法典搭建而成。而在未来数年内，最后一部部门法典——民法典的编纂工作也将成为法学界普遍关注的重大话题。从法律移植的角度而言，中国近代以来直至今日逐步形成的具有高度组织化、精密性的法典体系，从部门划分到篇章体例再到条文表述，自然都有来自大陆法系"六法"模式的深刻影响。但同时不可否认的是，中华法系成文典章制度的固有传统仍是在其中发挥重要影响的本土渊源。否则大陆法系成文法的影响与选择也便无从谈起。

而在中国古代法典发展史中，西晋无疑是一个极为重要的时间节点。冨谷至说："作为法典的律令只能从晋律和晋令开始。"[63]《泰始令》作为中国历史上首部令典，自然在法律史上占据特殊重要的位置。然而，这并不意味着《泰始令》的出现就已宣布令典体例的成熟完备，再无改进空间。事实上，任何法典或者法律体系从制定完成到臻于完善，都是"一项只有起点没有终点的永无止境的宏远工程"[64]。《泰始令》也不例外。

尽管取得了前文所述的若干法典化成就，但《泰始令》也仍旧处在法典化进程之中，始终在路上而永无完成时。作为法典的《泰始令》，其局限毋庸讳言是显而易见的。这一方面源于抽象归类编纂技术的不足，另一方面则源于时代形势的变幻。前者一如本文第二部分所言，尽管《泰始令》在外在形式和内在逻辑上超迈前贤，做出重大创新，但仍留有瑕疵之处。若干篇章之间逻辑线索不甚清晰，前后篇章之间统属关系不甚明了。后者则主要表现在本文第三部分，即临时性的战时状态影响了令典篇章的设置，把一些战时规范加在令典之中，留待将来太平当除，影响了令典内容的合理性与形式的稳定性。

---

〔63〕［日］冨谷至：《通往晋泰始律令之路（Ⅱ）：魏晋的律与令》，朱腾译，徐世虹校译，载中国政法大学法律史学研究院编：《日本学者中国法论著选译》（上册），中国政法大学出版社2012 年版，第 189 页。

〔64〕俞荣根：《论法律体系的形成与完善》，载《法治研究》2011 年第 6 期。

　　然而面对与此十分类似的情况，隋朝制定令典却没有采取权设之法的设计模式。隋《开皇令》颁行时［开皇二年（582 年）］[65]，距离消灭南陈政权［开皇九年（589 年）］尚有七年之久。然而《开皇令》却没有效法《泰始令》设置大量暂时性的军事、田农、酤酒法令。这又是出于何种考虑呢？回答这样的问题显然已经超出本文的讨论范围。然而无论怎样，在把握法典稳定性与开放性之间的尺度这一问题上，晋人做出了自己的选择。至于对其是非功过的评说，也只能是见仁见智。

　　至于说其他直接针对西晋当时社会现状、政治文化的制度设计，紧密围绕司马氏儒学基本立场的逻辑架构，随着时代流逝、意识变迁，也会因时便宜，与时俱进。例如，按照西汉以来新儒学理论的解释，秦汉以后形成的法律形式"令"实际上成了教化的代位执行者与替代性法律方案。《盐铁论·诏圣》载"文学"言曰："春夏生长，圣人象而为令；秋冬杀藏，圣人则而为法。故令者教也，所以导民人；法者刑罚也，所以禁强暴也。"以令为教、以律为罚的观念，流播及于后代，发挥出重要的指导作用。晋初制定律令时，奉行"施行制度，以此设教，违令有罪则入律"[66]的原则来界定律典与令典的地位，处理律令关系。令典不仅规定国家制度，而且负有教化功能，这成为儒家"教而后诛"理念[67]在律令时代的重要表征。而其中最为显著的一例就是，以《户令》引领的民事教育规范（即本文所称的《泰始令》第一、二单元）占据令典先锋，而将《官品令》以下的政务制度（第三单元）列于次席。

　　晋《泰始令》以下，南朝梁令大体承袭这一思路不改。而在北朝，北齐令典则另起炉灶，一改以往依据事类逻辑设置篇章、编订次序的做法，采取以职官系统为分篇标准的编纂方法，"取尚书二十八曹为其篇名"[68]，在令篇设计上大力彰显官府主导性，突出中央职官的职权与地位，强调君

---

　　[65]　具体考证，详见韩昇：《隋史考证九则》，载《厦门大学学报》（哲学社会科学版）1999年第 1 期。

　　[66]　《晋书》卷三十《刑法志》。

　　[67]　《论语·尧曰》："不教而杀谓之虐。"《荀子·富国》："不教而诛，则刑繁而邪不胜；教而不诛，则奸民不惩；诛而不赏，则勤励之民不劝；诛赏而不类，则下疑俗俭而百姓不一。"此外也可参见韩星：《寓治于教——儒家教化与社会治理》，载《社会科学战线》2012 年第 12 期；刘华荣：《儒家教化思想研究》，兰州大学 2014 年博士学位论文。

　　[68]　《唐六典》卷六《尚书刑部》注。

权与国家权威。北齐令与西晋以来的令典传统形成强烈反差，其用意在于排除以往儒家礼教治国理念影响，代之以国家中央集权与君主独断治国思路。此与北朝政权整体强调君权主义与国家主义的政治风貌正相吻合。[69] 然其改革过于激进，故不为后世令典所效法。

隋《开皇令》对晋、齐令典体例的冲突加以调和。一方面恢复晋《泰始令》的基本分篇模式，即以事类作为标准；另一方面又将其中官职一类篇章位置提前，凸显其优先地位。其最显著变化即为，被视为《泰始令》各项国家制度根基的《户令》，由令典篇首降至第十篇，体现儒家教化思路的《学令》，由第二篇降至第十一篇。与之相反，原本位居第四的《官品令》则一跃而至篇首。紧随其后又有众多职员制度之令篇。（详见表4）

表4　晋、梁、齐、隋、唐令典篇目对照表

序号	《晋令》	《梁令》	北齐令	隋《开皇令》	唐《开元七年令》
1	户令	户令	吏部令	官品令上下	官品令上下
2	学令	学令	考功令	诸省台职员令	三师三公台省职员令
3	贡士令	贡士赠官令	主爵令	诸寺职员令	寺监职员令
4	官品令	官品令	殿中令	诸卫职员令	卫府职员令
5	吏员令	吏员令	仪曹令	东宫职员令	东宫王府职员令
6	俸廩令	服制令	三公令	行台诸监职员令	州县镇戍岳渎关津职员令
7	服制令	祠令	驾部令	诸州郡县镇戍职员令	内外命妇职员令
8	祠令	户调令	祠部令	命妇品员令	祠令
9	户调令	公田公用仪迎令	主客令	祠令	户令
10	佃令	医药疾病令	虞曹令	户令	选举令
11	复除令	复除令	屯田令	学令	考课令

〔69〕 邓奕琦：《封建法制"国家·家族"本位在北朝的确立》，载《贵州师范大学学报》（社会科学版）1995年第4期。

序号	《晋令》	《梁令》	北齐令	隋《开皇令》	唐《开元七年令》
12	关市令	关市令	起部令	选举令	宫卫令
13	捕亡令	劫贼水火令	左中兵令	封爵俸廪令	军防令
14	狱官令	捕亡令	右中兵	考课令	衣服令
15	鞭杖令	狱官令	左外兵	宫卫军防令	仪制令
16	医药疾病令	鞭杖令	右外兵	衣服令	卤簿令上下
17	丧葬令	丧葬令	都兵令	卤簿令上下	公式令上下
18	杂令上中下	杂令上中下	都官令	仪制令	田令
19	门下散骑中书令	宫卫令	二千石令	公式令上下	赋役令
20	尚书令	门下散骑中书令	比部令	田令	仓库令
21	三台秘书令	尚书令	水部令	赋役令	厩牧令
22	王公侯令	三台秘书令	膳部令	仓库厩牧令	关市令
23	军吏员令	王公侯令	度支令	关市令	医疾令
24	选吏令	选吏令	仓部令	假宁令	狱官令
25	选将令	选将令	左户令	狱官令	营缮令
26	选杂士令	选杂士令	右户令	丧葬令	丧葬令
27	宫卫令	军吏令	金部令	杂令	杂令
28	赎令	军赏令	库部令		
29	军战令				
30	军水战令				
31	军法令				
32	杂法令				

说明:

1. 与晋《泰始令》相比,梁令删除《俸廪令》等十三篇,增设《公田公用仪迎》

等三篇。

2.《开皇令》之《官品》等七篇，直接来源于《泰始令》，甚而保持原篇名不变。《选举》等六篇，亦间接源自《泰始令》。故而，表格中"～～～"代表直接来源于《泰始令》的七篇，"＿＿＿"代表间接源自《泰始令》的六篇。

高明士对此篇目次序的变化评价道："晋令是以民先于政，隋令则以政先于民……透露为政目标已有转变的讯息。"[70] 那么晋隋之间为政目标又是如何转变的呢？韩昇提出："南朝令系晋令一脉相传，按照儒家'衣食足而知荣辱'的理念，先生活、教化、生产，尔后才是有关政府军政制度的规定。北朝令则直接着眼于对社会的管理和控制，譬如北齐令就径取尚书省二十八曹为其篇名。《开皇令》除了篇目及其他若干调整外，其编撰原则完全继承北齐。"[71]

然而据表4可知，若从民、政先后关系来看，晋《泰始令》与梁令为一派，主张民先于政，体现儒家教化理念。而北齐令则为另一派，抛却令的教化职能，一味突出其国家行政职能。隋《开皇令》与唐《开元七年令》，虽然矫正了北齐令的激进改造，然而却受其影响而选择政先于民的令典编纂思路，走出了第三条路线。韩昇所称的《开皇令》完全继承北齐令的结论仍有待商榷，不过他对晋隋之间令典内容主题变迁的描述却可谓正中肯綮。然而，令典编纂思路与模式紧随时代变迁而不断演绎。晋、梁、齐、隋诸令，究竟孰是孰非？谁为正统？谁更完备？同样不宜做出非此即彼的简单判断。

《列子·天瑞》曰："太始者，形之始也。"司马氏建政洛阳中州，服膺儒家理念，意欲以礼法治国的洪范开创永垂后世的经法，故而首定年号为"泰始"。而《泰始令》也确实扮演着开创者的角色，担得起令典之始的名号，成为后世令典效法或攻讦的嚆矢。在令的法典化之路上，《泰始令》迈出了具有划时代意义的第一步，然而法典化之路却是永无尽头的。《泰始令》的不足与缺憾也只能交给历史任由后人去评说，并留下不竭的精神财富静待今人去体悟。

---

[70]　高明士：《律令法与天下法》，上海古籍出版社2013年版，第32页。

[71]　韩昇：《隋文帝传》，人民出版社2015年版，第140页。

"义"在中国传统法律中的
作用问题研究

胡兴东*　唐国昌**

"义"作为三纲五常之一，在中国传统儒家文化中基居于核心地位，在传统文化中起到十分重要的作用。对"义"的研究，学术界多从哲学史视角进行，部分学者从经济史角度考察。因为自孟子开始出现"义利之争"，而儒家主张的"舍利取义"被作为主流政治和话语体系在帝制时期运用。[1] 于是"义"成为学术界考察中国古代商业不发达的文化因素之一。法史学界对"义"在中国古代法律中作用的专门研究很少，法史学界主要研究的是"礼"与"法"的关系。[2] 这是因为中国古代"礼"存在着明确的规范体系，自《周礼》开始，历朝都会制定礼，特别是唐朝制定成《礼典》，如《贞观礼》《开元礼》等，使得"礼"作为一种社会规范体系得到了实证。而"义"作为一种传统社会价值原则却一直以抽象原则存在。这让法史学界很少考察"义"在中国传统法律中的作用，特别是在传统司法实践中的作用。正因为"义"存在的特殊形式，在传统法律中主要以司法原则形式对司法产生影响，对实体法影响上确实不如"礼"。因为传统文化中，"义"具有西方文化中"正义""公平"等含义，甚至可以

---

　* 云南大学滇西发展研究中心教授，研究方向中国法律史和法律社会学。

　** 云南大学法学院2016级硕士研究生，研究方向中国法律史。

　〔1〕"义利"之研究可谓汗牛充栋，学术界研究十分复杂。这里不再一一列举。

　〔2〕"礼"与"法"作为中国法史学界研究的热点，成果十分多，讨论目的各异，代表人物有马小红、马作武等。而对"义"与"法"的研究从中国知网上看却是空白。

说构成了中国式的"正义"知识和话语体系。[3]然而，中国传统法律中"礼"与"义"作为规范两种基本社会关系的原则，本质上起到的作用是同等的。本文拟对"义"在中国古代法律中的影响，特别是司法上的影响进行考察，以揭示"义"在传统法律中的作用和局限。

一、"义"的词源及词义发展

（一）"义"的词源及本义

"𦫽"[4]字是中国古代最早形成的文字之一，在甲骨文中就多次出现，可以说是与中华文明同期产生，成为中国原始先民进入文明社会的重要标志之一，传递着先民们对生存和生活的理想、信息和逻辑，寄托着先民们的思想和意识。"义"自产生之时起，就有着丰富的内涵和外延。《说文解字》中对"义"字的解释是："義：己之威仪也。从'我''羊'。臣铉等曰：此与'善'同意，故从'羊'。宜寄切。羛，《墨翟书》：'义'从'弗'。魏郡有羛阳乡，读若锜。今属邺，本内黄北二十里。"[5]由此可知，"义"是一个会意字。"义"字源于"羊"，下边是人手持戈，"我"是兵器（手持戈），表示仪仗，"羊"表示祭祀品。对甲骨文中的"羊"，学术界有两种解释：一认为是表形，上边两点左右均分，中间也左右对称，象征"公平"；二认为是祭祀用的"羊"，表示"崇拜"或"信仰"。下边持戈的武士，可能是"兵器""我"或"我手持兵器"[6]的意思。

"义"字体现出来的文化渊源，是在原始社会中先民们分配所猎获猎物或采集果实时，在个体间分配的原则及体现出来的公平、公正的价值。[7]原始社会中，个体为了生存只能依靠群居或集体生活去狩猎或者采集野果、对抗野兽侵袭、逃避自然灾害等，而只要个体处在群居或集体生活方式时，就需要相应的规则来确定个体间的关系，提供内部个体行为应当遵守的准则，整合内部关系和形成凝聚力。"义"就是原始社会中先民们在

〔3〕 "'义'在中国文化系统里与西方的'正义'大体相当"。颜炳罡：《正义何以保证？——从孔子、墨子、孟子、荀子谈起》，载《孔子研究》2011年第1期。

〔4〕 徐中舒主编：《甲骨文字典》，四川辞书出版社1989年版，第1381页。

〔5〕 臧克和、王平校订：《说文解字新订》，中华书局2002年版，第842页。

〔6〕 李圃、郑明主编：《古文字诂林》，上海教育出版社2004年版，第996页。

〔7〕 查中林：《说"义"》，载《四川师范学院学报》（哲学社会科学版）2000年第1期。

这样的具体社会中一次狩猎、一次采集过程中所体现出来的原则和规则的内涵。所以，"义"的内涵可以总结为：首先，在原始先民集体分配活动或其他集体行动中脱颖而出一类能够公正、公平组织活动和分配食物的个体。此类个体由于其行为的"义"而获得了一种自然权威，即"威仪"。于是，"义"成为"威仪"的来源，两者在实践中相互影响、相互促进，于是构成互训的表达体系。其次，"义"是原始社会群体中负责分配食物或其他生活资料的个体能把食物和生活资源"各得其所"分配，即这种分配行为获得了一种价值上的"宜"。这种"宜"就是公正、恰当、平均等的价值，于是此种品质演化成了"义"的内涵，即"公平、公正、贤能"等，所以有"义者，宜也，尊贤为大"[8]的说法。汉代时，"义"成为"宜"已经成为通说。对此，郑玄指出："郑司农云：古者'仪'但为'义'，今时所谓'义'者为'谊'。"[9]这种最初源于原始社会的小群体内的价值，被推广到非血缘的更大群体中，成为构建非血缘群体整合成为部落联盟、国家等区域性为特征的社会组织的整合价值。这种价值就是各个个体应在群体的生活中获得一种"得其所的适宜"的地位和认可。正因为人类具有这种让个体在群体生活获得"得其宜"的内在价值体系，才让人类社会构成大规模的群体社会成为可能。对此，荀子有："水火有气而无生，草木有生而无知，禽兽有知而无义。人有气、有生、有知，宜且有义，故最为天下贵也。力不若牛，走不若马，而牛马为用，何也？曰：人能群，彼不能群也。人何以能群？曰：分。分何以能行？故义以分则和，和则一，一则多力，多力则强，强则胜五，从宫室可得而居也。故序四时，裁万物，兼利天下，无它故焉，得之分义也。"[10]这里荀子通过比较自然界不同事物的特征，得出人类之所以能够构成"群体社会"，是因为人类能够通过"义"构成一种有约束和制约的群体组织。这样"义"在一种超越社会形而下的外在价值支持中，获得了像近代西方自然法学下的自然法原则和社会契约论中的"原初契约"的力量。

---

〔8〕（明）朱熹：《四书章句集注·中庸章句》，中华书局 2012 年版，第 28 页。

〔9〕（清）孙诒让：《周礼正义·春官·肆师》，王文锦、陈玉霞点校，中华书局 1987 年版，第 1489 页。

〔10〕（清）王先谦撰：《荀子集解·王制》，沈啸寰、王星贤点校，中华书局 1988 年版，第 164 页。

（二）"义"在中国古代传统心性理论中的作用与价值

中国古代文化体系中存在一个基本特征就是中国整个原生文化具有强大的"心性理论"特征，其中先秦儒家把心性理论发展进行了质的推进。心性理论成为儒家传统学术中的基础性成分。"义"在西周至战国时期的发展中，有一个方面就是转向心性价值理论中，强调的是个体对自然内在情感评价与外在行为上拥有一种"义"的精神体现。这是因为"义"有为正义理想而奋斗的精神追求。这种含义后来渐渐衍生成"义"的主要含义，成为中国传统社会中一种"理想"社会价值体系的支持体系。古字"義"是由上"羊"、下"我"构成的，形象地阐释了"我手持上面饰有羊角或装有锋利羊角的兵器"。"羊"是古代姜姓部落的图腾，在兵器上饰有庄严神圣图腾，是极具威仪和神圣的。用此图腾来象征自己在实践正义，表示为了公平、信仰、祖先的荣誉而战斗，即"我"为了合宜的道德、行为或真理而斗争，从而实现"我"美好的威仪或形象。先秦儒家对此进行了继承和发挥，如《荀子·强国》认为"夫义者，内节于人而外节于物者也"[11]。这里荀子认为"义"对个体来说，对内是克制私欲达到理性、公正的力量，对外是克制个体对物欲的无限贪求的有效制约力量。通过内节情感私欲和外制物质贪欲，达到一种"义"的个体行为模式，实现个体成为仁者的目标。《韩诗外传》卷四中有"爱由情出谓之仁，节爱理宜谓之义"[12]，这里对"义"在个体行为中进行了解释。因为仁爱之心是出自个体的一种内在人性之情，而"义"却是社会中理性的产物。《荀子·议兵》中有"义者循理"[13]；贾谊的《新书·道德说》中有"义者，德之理也"[14]。从中可知，儒家认为"义"是个人的一种内在特质，是一种超越感性的理性"德质"，是一个社会中的内在正义之"质"。所以《论语·卫灵公》中有"君子义以为质"[15]的观点。当然，在儒家心性理论中，"义"一直作为一种个体理性价值的反映，与"仁"以感性所育而成

〔11〕（清）王先谦撰：《荀子集解·强国》，中华书局1988年版，第305页。

〔12〕（汉）韩婴：《韩诗外传》，许维遹点校，中华书局1980年版，第76页。

〔13〕（清）王先谦：《荀子集解·议兵》，中华书局1988年版，第279页。

〔14〕（汉）贾谊：《新书校注·道德说》，阎振益、钟夏点校，中华书局2000年版，第128页。

〔15〕（明）朱熹：《四书章句集注·论语章句·卫灵公》，中华书局2012年版，第165页。

的价值存在不同。

（三）"义"在中国传统政治学上的价值与作用

进入春秋战国后，"义"含义越来越丰富，其中一个方向是对政治制建上进行价值原则约束和评价。如《管子·七法》中"义也，名也，时也，似也，类也，比也，状也，谓之象"[16]。这种理解体现"义"在春秋战国时期开始成为重要的政治理论的价值。其中"义"作为一种政治性价值，具有对国家公共政治行为价值评价下的公平正义的追求。《论语·述而》中就有"不义而富且贵，于我如浮云"[17]。这里的评价还具有较强的个体评价，但不在于内在心性上，而是强调外在的社会行为上。孟子则更进一步，他在"义"的政治性价值视野下，发出"春秋无义战"[18]的感叹。这里的"义"已经具有政治学意义上的含义，不再是个体心性学上的含义。"义"开始成为"合理的主张、思想、道理"等政治性含义。如《论语·微子》的"君子之仕也，行其义也"[19]。《后汉书·鲁恭传》中有"难者必明其据，说者务立其义"[20]。义作为人们追求的美好愿望，被赋予"善、美"等含义。如《诗经·大雅·文王》中"宣昭义问，有虞殷自天"[21]。义在考量人与人的社会关系行为，被作为重要评价标准，化成一种陌生人之间的行为准则。如《后汉书·章德窦皇后纪》中指出"恩不忍离，义不忍亏"[22]。社会政治行为应以"义"为原则，在春秋战国时期仍然不是主流，仅荀子较为特殊，他认为"礼者，政之挽也。为政不以礼，政不行矣"[23]。此外，《礼记·表记》中有"义者，天下之制也"[24]。这里强调"义"的政治性功能。

〔16〕（清）黎翔凤撰：《管子校注·七法》，梁运华整理，中华书局2004年版，第106页。

〔17〕（明）朱熹：《四书章句集注·论语章句·述而》，中华书局2012年版，第97页。

〔18〕（明）朱熹：《四书章句集注·孟子章句·尽心章句下》，中华书局2012年版，第364页。

〔19〕（明）朱熹：《四书章句集注·论语章句·微子》，中华书局2012年版，第185页。

〔20〕（宋）范晔：《后汉书·鲁恭传》，中华书局2007年版，第266页。

〔21〕（清）王先谦：《诗三家义集疏·大雅·文王》，吴格点校，中华书局2012年版，第827页。

〔22〕（宋）范晔：《后汉书·鲁恭传》，中华书局2007年版，第120页。

〔23〕（清）王先谦：《荀子集解·王霸》，中华书局1988年版，第225页。

〔24〕（汉）郑玄注、孔颖达疏：《礼记正义·表记》，北京大学出版社1999年版，第1471页。

（四）"义"在非血缘个体、群体社会形成中的整合作用

"义"从心性理论转向政治学理论，主要是因为"义"为整合人类社会中非血缘关系个体之间关系提供了强有力的理论支持，成为弥补以血缘关系为纽带的"礼"所形成的伦理价值中的不足和缺陷的重要力量。中国古代"义"形成了君臣之义、夫妻之义、朋友之义，甚至把拟制形成的血缘亲属关系都用"义"重新评价、约束。如杨衒之的《洛阳伽蓝记》中有"隐士赵逸来至京师，汝南王闻而异之，拜为义父"。这里把拟制血缘形成的父子、兄弟、姐妹等关系，称为"义"，如义父、义兄、义妹等。

正因为"义"具有这种对非血缘社会关系个体间相互行为价值评价的功能，所以"义"在中国古代调整社会关系上成为与"礼"并称的社会行为价值准则。"义"这种超越血缘关系而构建非血缘关系的个体间的行为准则为超越血缘关系构建起来的社会组织提供整合的机制。因为"义"作为一种社会价值，春秋战国时期被认为是"宜"，即社会中各个主体应得到他应有的地位。这与《法学阶梯》中对"正义"的定义是"各得其所"具有很高的相似性。如《中庸》说："义者，宜也"[25]；《韩非子·解老》"义者，谓其宜也，宜而为之"[26]。从中可知，儒法两家都认为义最根本的价值就是"宜"。此种解释得到《释名》的继承和发展。它的解释是："义，宜也。裁制事物，使各宜也。"[27] 这里的解释就更具哲学性，强调各个事物之间的"得其所"。这里"宜"拥有与"度""节""分寸""恰当""权"等相近似或相同的意义，即"恰到好处""合乎情理"。这样"义"就成为中国古代政治和法律构建中的基本原则，如儒家"五常"，或管子"四维"，皆有"义"作为一个支柱。"义"让中国古代法律拥有了特别价值支持体系，即法律是让所有事物在自然界中获得一种"宜"的位置和所得。由于"义"对血缘群体和非血缘群体都起到十分重要的作用，先秦诸子多认为"义"是构成社会组织的基本整合剂。如《墨子·贵义》中有"万事莫贵于义""天下之良宝""从事于义，必为圣人"[28]；《荀子·强国》中有"夫义者，内节于人，而外节于万物者也。上安于主，而

---

〔25〕 （宋）朱熹：《四书章句集注·中庸章句》，中华书局2012年版，第28页。

〔26〕 （清）王先慎：《韩非子集解·解老》，钟哲点校，中华书局1998年版，第131页。

〔27〕 汉语大词典编纂处：《康熙字典》，汉语大词典出版社2002年版，第917页。

〔28〕 吴毓江：《墨子校注·贵义》，孙启治点校，中华书局1993年版，第685页。

下调于民者也。内外上下节者，义之情也"[29]；韩愈《原道》中有"行而宜之之谓义"[30]等。

有时"义"对"礼"调整的尊尊、亲亲、长幼、男女之别的关系也进行约束。如君臣之间应遵"义"。如《论语·微子》记载："不仕无义。长幼之节不可废也。君臣之义。如之何其废之？欲洁其身而乱大伦，君子之仕也，行其义也。"[31]这里孔子提出"义"应约束君臣关系，事实上构成臣侍君要"忠"的一种约束。《论语·八佾》中孔子认为"君使臣以礼，臣事君以忠"[32]，《孟子·梁惠王上》记载："未有义而后其君者也。"[33]有时"义"指父子关系之间的一种"宜"的状态，如《礼记·郊特牲》中有"父子亲然后义生"[34]。有时"义"指夫妻关系，《礼记·婚义》中有"男女有别，而后夫妇有义"[35]。有时"义"指兄弟关系，《孟子·离娄下》中有"义之实，从兄是也"[36]。《礼记·丧服四制》中有"贵贵、尊尊，义之大者也"[37]。从以上可知，先秦儒者对"礼"调整的四大社会关系虽然确定尊尊、亲亲、男女有别等原则，但都认为这些人伦关系都应遵守"义"。这样，在社会规范价值体系中，"义"构成对"礼"的一种约束。

二、"义"在中国古代法律制度中的作用

（一）"义"弥补伦理法的不足

"义"作为传统法律基础原则，对中国古代以血缘宗法为中心构建的宗法文化构成了一种价值上的制衡。中国古代传统社会中每个人从出生时

〔29〕（清）王先谦：《荀子集解·强国》，中华书局1988年版，第305页。

〔30〕 屈守元、常思春主编：《韩愈全集校注》，四川大学出版社1996年版，第2662页。

〔31〕（宋）朱熹：《四书章句集注·论语章句·微子》，中华书局2012年版，第185页。

〔32〕（宋）朱熹：《四书章句集注·论语章句·八佾》，中华书局2012年版，第66页。

〔33〕（宋）朱熹：《四书章句集注·孟子章句·梁惠王章句上》，中华书局2012年版，第201页。

〔34〕（汉）郑玄注、孔颖达疏：《礼记正义·表记》，北京大学出版社1999年版，第814、815页。

〔35〕（汉）郑玄注、孔颖达疏：《礼记正义·表记》，北京大学出版社1999年版，第1620页。

〔36〕（宋）朱熹：《四书章句集注·孟子章句·离娄章句下》，中华书局2012年版，第298页。

〔37〕（汉）郑玄注、孔颖达疏：《礼记正义·表记》，北京大学出版社1999年版，第1673页。

起，首先是作为家族的一分子而存在，为了维系家族的运作，建立了一整套"礼"的伦理道德规范和秩序。宗法家族及其所形成的伦理道德体系对以"律令"为核心的中国古代法律有着深刻的影响，或者说其在很大程度上是对人伦礼教的法典化、具体化，而这种以血缘的亲疏远近为指导的伦理原则存在着一个很大的缺陷，即人类社会关系中，除了血缘关系外还有大量的非血缘关系，此外血缘构成的关系是否可以消除个体之间的内在价值上的平等。血缘关系下的伦理在处理没有血缘纽带的个体关系时，很容易陷入"非我族类，其心必异"[38]的思维定式，任人唯亲，排斥异己，形成以血缘为核心的家族社会利益，这不利于以地域为基础的国家社会的整合。于是，在社会关系上，君臣、师生、朋友等非血缘社会关系中，"义"成为一种必需的原则。如管子公开宣称："为人君而不明君臣之义以正其废，则臣不知于为臣之理以事其主矣。"[39]这里管子认为君臣关系应受制于"义"。此外，建构在血缘关系之下的家族伦理往往对个体价值的压制、忽视，也让"义"对血缘关系下的社会关系构成一种制约。这就是为什么在中国古代以血缘宗法为中心建构的社会秩序中非血缘伦理的"义"这么重要。所以《管子·心术上》指出"礼出乎义，义出乎理，理因乎宜者也"[40]。这里管子把"义"作为整个社会治理中的核心原则。韩非子甚至认为"义者，君臣上下之事，父子贵贱之差也，知交朋友之接也，亲疏内外之分也"[41]。这里韩非子把"义"作为最高的社会行为原则，已经超越"礼"，"礼"成为"义"下的内容。

中国古代法律适用追求的是实质正义的实现，其表现为律、义、情并重、统合的司法价值取向[42]，在处理案件若适用成文律法有失偏颇或无法平息矛盾时，就会把"义"与"情"考虑进来，根据具体情况，适时作为评判依据。正如元人王亮所提出的"当以天然之理推穷至极，百合其义"。这样"义"作为整个司法运行中法律解释体系中具有约束性的原则。

---

〔38〕（清）洪亮吉：《春秋左传诂》，李解民点校，中华书局1987年版，第449页。

〔39〕（清）黎翔凤：《管子校注·七法》，梁运华整理，中华书局2004年版，第22页。

〔40〕（清）黎翔凤：《管子校注·七法》，梁运华整理，中华书局2004年版，第759页。

〔41〕（清）王先慎：《韩非子集解·解老》，钟哲点校，中华书局1998年版，第131页。

〔42〕胡兴东：《中国古代判例法运作机制研究——以元朝和清朝为比较的考察》，北京大学出版社2006年版，第327～329页。

（二）为法律实现社会整合提供重要途径

法律是人类社会整合中最重要的机制。而法律对非血缘个体间的整合之所以有效，是因为法律蕴含了让社会个体获得正义、公平等抽象但又可以在具体社会行为、利益分配上感知的价值。"义"在整个社会整合中，不管是法律整合还是伦理整合，都具有此方面价值的内涵。中国以区域为基准的国家组织形成较早，自夏商以降，社会整合中血缘个体之间的社会关系是由"礼"来进行的。然而，社会中人与人之间的关系，大部分是非血缘关系，特别进入国家社会形态后，以地域为中心的群体成为整个社会构成的重要形式。面对以地域为特征的社会，如何整合这些没有血缘关系的个体和群体关系，让公共权力能够有效运行，成为国家治理中必须做出反应的领域。西周开始，官方主流哲学将人际关系或与之相关的各种行为分为内外两大系统，即以血缘为核心的家族主义（称为"内"）和非血缘关系的人际系统（称为"外"）。对这两种社会关系，战国时期有人提出"仁内义外"的社会构建原则。其中"仁"是维护亲情的；"义"是维护正义的。这种认识典型代表是告子与孟子的争辩。《孟子·告子上》上记载告子认为："仁，内也，非外也；义，外也，非内也。"[43]这奠定了中国古代法理基础的基本底色和法律制定、实施、适用等的基本原则。

在法律产生之前，这种自然形成于原始先民分配食物活动在集体社会中渐渐抽象出来的"义"的惯例或原则发挥着举足轻重的作用。"义"为原始先民从分散的、松散的个体走向强有力的社会组织时提供了凝聚成一个有共同生存利益、共同精神追求、共同信仰目标的区域性社会提供了契机和心理认可的准则。中国古代在进入文明社会时把整个社会关系划分为血缘关系和非血缘关系两大社会系统，对前者以"礼"作为凝聚和调整的原则和手段，于是形成了一个个微观家庭、家族；而对非血缘关系，即如何将这一个个没有血缘关系的家庭、家族形成一个有凝聚力的整体，则采用"义"来类比"仁"的原则。譬如君臣之间的"忠"比照父子之间的"孝"，"朋友"之间的"信"类比于兄弟之间的"悌"，从而将整个社会系统统筹、整合成一个有亲疏、有差别、有秩序的社会结构。这样"义"

---

〔43〕（宋）朱熹：《四书章句集注·孟子章句·告子章句上》，中华书局2012年版，第326、327页。

承担了超越礼及礼调整对象的群体整合成高度凝聚力的社会组织的价值体系。正如《吕氏春秋·论威》中所言："义也者，万事之纪也，君臣上下亲疏之所由起也，治乱安危过胜之所在也。"[44] 这里对"义"在传统社会整合中的作用进行高度评价。

三、"义"在传统法律中的内容体现

自秦汉以来，"义"在中国古代法律制度中，虽然作用一直没有达到礼的水平（因为被汉朝新儒家确立的"三纲"及"礼"确定的"有别"全面压制）但由于"义"在中国古代具有深厚的理论基础，同时被纳入"五常"之中，还是在传统法律制度中存在一定的影响。传统法律制度有不少是基于"义"而产生的，其中最有影响的就是针对由礼演化而成的"五服制"的"义胜于服，则舍服论义"[45] 的法律原则、具有帝制国家时期宪政思想性质的"独夫民贼"论、婚姻法中法定离婚的义绝、十恶重罪中的"不义"罪以及约束官吏针对平民滥刑的"故禁故勘平人"死亡罪等五个方面。

（一）义胜于服，则舍服论义

中国古代"义"在法律中的影响最大是在宋朝律学中形成"义胜于服，则舍服而论义"的司法原则。此原则作为一个整体性司法原则，让晋朝亲属法律适原则——五服制下亲属互犯时尊长对卑幼剧增的不对称权力受到强有力的约束。

五服制自西晋以来成为婚姻家族、宗族、宗法及亲属互犯刑事案件中的基本法律制度。五服制在魏朝以后具有具体法律制度和司法原则的双重性质。唐朝以来，由于五服制在整个与血亲和姻亲有关的法律制度和有五服关系人之间的司法中适用得到无限加强，在案件分类上出现专门服制案。清朝时，国家司法案件分类中服制案、职官案作为两类专门案件。服制案的基本原则是五服制下确定的司法适用中尊亲优先原则。宋朝时律学家对服制案下尊长违背"义"而对卑幼犯罪时采用舍服论义，就是司法适

---

[44] 张双棣等编：《吕氏春秋译注·论威》，北京大学出版社 2000 年版，第 207 页。

[45] 郄韵：《刑统赋解》（卷下），载（清）沈家本：《枕碧楼丛书》，知识产权出版社 2006 年版，第 127 页。

用时不再适用五服制，而采用一般人的法律适用原则。此原则现在最早在郄韵的《刑统赋解》(卷下) 见到，称为"义胜于服，则舍服而论义"，对此，元人沈仲伟进一步解释此原则是"以服制亲疏定罪之轻重者，法之常；以恩义厚薄为罪之轻重者，法之变也"〔46〕。沈仲伟指出法律中虽然按服制兄姊是期服，外祖父母是小功服，但由于殴打外祖父母属于义重，所以两者在量刑上是殴兄姊徒二年半，殴外祖父母徒三年。此外，沈仲伟还引用了两个案例做出解释：

例一：延祐三年 (1316 年) 十月，江西断过袁州路彭谷清将女招许天详为婿，本期养老，失犯抵触，今殴妻母咬伤，罪又上原名，义绝离异。

例二：至元三十一年 (1294 年) 九月，陕西省咨：西安路吏告养老女婿张留僧刁引女棉喜在逃，不从斫伤手指，用斧将妻阿屈左耳脑顶上斫伤，扎鲁忽赤断讫八十七下，即系义异，再难同居，理合离异。〔47〕

从这里看，此处两个具体个案都属于对妻子母亲、妻子打伤等行为，导致义绝离婚。明清时期此类案件在法律上十分明显适用此原则，除夫妻关系上，还扩大适用到尊长对卑幼的伤害案中。明清对尊长伤害卑幼案时开始严格区分卑幼有无过错，尊长在教训卑幼时不能超过基本人伦之"义"。否则，司法上不再遵守服制案，司法上就是用"义"去"服制"。通过考察，会发现此若尊长有谋杀、故杀、非理虐待卑幼致死时，就会大量适用去"服"用"义"，这方面在清乾隆朝就有大量案例来证明。

乾隆元年 (1736 年) 九月刑部议奏张扬成诬指妻徐氏与弟张洪仁通奸，杀死张洪仁徐氏一案。查律："兄殴弟故杀者杖一百，流二千里。故杀妻者绞。二罪俱发，以重者论。张扬成应拟绞监候。得旨、张扬成依拟应绞，著监候，秋后处决，余依议。此本内称律载兄故杀弟者，杖一百，流二千里。故杀妻者绞等语。朕思弟乃手足之亲，较妻为重。兄故杀弟、残忍已极。今杀妻拟抵，而杀弟转轻，于情理未协。其如何更定律例之处，著九卿会议具奏。寻议，伏查大功小功缌麻尊长殴卑幼死者，绞；故杀亦绞。殴大功堂弟妹死者，杖一百，流三千里。故杀者，绞。今应请将故杀

〔46〕 (元) 沈仲伟：《刑统赋疏》，载 (清) 沈家本：《枕碧楼丛书》，知识产权出版社 2006年版，第 202 页。

〔47〕 (元) 沈仲伟：《刑统赋疏》，载 (清) 沈家本：《枕碧楼丛书》，知识产权出版社 2006年版，第 202 页。

期亲弟妹，照故杀大功弟妹者律，均拟绞监候。至故杀期亲弟妹，既更定拟绞。则殴期亲弟妹至死者，亦应请改正，照本律满徒加一等，杖一百，流二千里。从之。"[48]

此案之所以立法时采用兄杀弟不抵死，杀妻抵死，原因在于服制轻重有别。但乾隆皇帝认为正因为兄弟服制重于夫妻，对兄故杀弟更应加重处罚。乾隆的理解本质上涉及"义"与"服制"问题，他认为服制重，若做出违反服制行为，在"义"上更不可取。乾隆二十九年（1764年）二月，刑部提出对期亲尊长无故、挟嫌将卑幼殴打致伤残的不再采用免除法律责任，因为此种行为违背了"义"。

刑部奏："律有期亲尊长殴卑幼至笃疾勿论之条。伏思尊长若止依理训责，及因事互殴，邂逅致伤，自应依律勿论。若尊长挟有嫌隙，故将卑幼致成笃疾。此其伤残骨肉，与邂逅致伤迥殊。律例向无分别治罪明文，往往有明知可以勿论，有心残害者。请嗣后将挟嫌殴卑幼至笃疾者，如兄姊照殴死弟妹，杖一百流二千里例减一等，杖一百徒三年。伯、叔、姑、伯叔、祖父母、外祖父母，照殴死侄、侄孙、外孙，杖一百徒三年例减一等，杖九十徒二年半。不准仍照律勿论。从之。"[49]

从上面内容看，此次修律适用在兄姊殴打弟妹，伯叔姑伯、祖父母、外祖父母殴打侄子、侄孙、外孙等情形中，扩大了适用范围。

在司法上，乾隆朝对出现尊长无故杀害卑幼开始大量采用按"平人杀害"处理。乾隆三十年（1765年）九月，在审理秋审死刑案中有贵州省林曰仁因贪小功堂侄子林柏财产而把其殴死。"林柏以盗卖林曰仁园地，恐其控告，殴伤致毙，既系因财故杀"，所以在法律适用时"即不得援尊长卑幼之常例议缓"。这时就不适用服制，而舍服论义按平人处理。[50]

乾隆三十五年（1770年）六月，陕西巡抚文绶审拟焦喜财听从老赵氏致死王磨折儿案，由于此案中人犯焦喜财、老赵氏对王磨折儿折磨无道，判决时对实施犯罪行为的人犯焦喜财拟以凌迟处死，老赵氏拟杖徒不准收赎。此案中焦喜财是老赵氏的仆人，其犯罪行为按法律应属于"听从老赵

---

〔48〕 中国第一历史档案馆：《清实录·高宗实录》，中华书局1985年版，第578、579页。

〔49〕 中国第一历史档案馆：《清实录·高宗实录》，中华书局1985年版，第256页。

〔50〕 中国第一历史档案馆：《清实录·高宗实录》，中华书局1985年版，第184页。

氏主使，事由主母逼勒，势不由己"。若是如此，"其罪或可量从末减"。但实际上，"焦喜财因老赵氏将使女张女子许给为妻，即哄诱王磨折儿掀入井内，并用石块塌毙。是其幼主王磨折儿之死，实缘该犯贪图得妻所致。"由于焦喜财与死者王磨折是主仆关系，所以适用"律以雇工人谋死家长，凌迟处死"。主谋者老赵氏与死者虽是祖父母与孙关系。但由于其行为恶劣，乾隆认为"而原情定罪，究不足以蔽辜"。原因在于"今王磨折儿年幼，并无过犯，而老赵氏偏爱伊女，图分田产，将寡媳小赵氏缚殴空屋，欲令绝粮饿毙。经王磨折儿咬绳潜逸，情甚可怜。老赵氏转虑其长大记雠，起意致死，不惜伊夫伊子，绝宗嗣，其忍心惨毒"。所以不适用寻常尊长之律，因此法律只有在"子孙先有违犯尊长情事，或子孙不肖，或一时激怒"时才能适用。通观此案，在法律适用上就不再适用服制原则，而转向适用"义胜于服，舍服论义"的原则。[51] 对老赵氏是发配新疆厄鲁特为奴，实发不能赎。

乾隆三十六年（1771 年），有河南林朱氏与林朝富通奸，商谋买药毒死伊媳黄氏案。乾隆下圣谕、指出适用"凡故杀子孙定例"的案件必须是"子孙先有违犯，或因其不肖，一时忿激所致"才能适用，"若其中别有因事起意致死，情节较重，已不得复援寻常尊卑长幼之律定拟。"此案中是因为林朱氏与林朝富通奸被儿媳撞见，要求儿媳保密不从而谋杀。"林朱氏与林朝富通奸，为伊媳黄氏撞见，始则欲污之以塞口，及黄氏不从，复虑其碍眼，商谋药死。"乾隆认为此时"甘廉耻尽丧，处心惨毒。姑媳之恩，至此已绝。不但无长幼名分可言，又岂可仅照发遣完案，俾得靦颜存活，使伦常风化之大闲，罔知惩创。而坚贞之烈妇，无人抵命，含冤地下，将明刑弼教之谓何"。要求"嗣后凡有尊长故杀卑幼案件内，有似此等败伦伤化，恩义已绝之罪犯，纵不至立行正法，亦应照平人谋杀之律，定拟监候，秋审时入于情实"[52]。从此案看，乾隆就认为此类行为出现时，服制关系已经决绝，应按平民谋杀法律适用。这里是针对姑媳之间的无故谋杀。

乾隆四十一年（1776 年）九月，在秋审案中，浙江僧人静峰起意殴死

---

〔51〕 中国第一历史档案馆：《清实录·高宗实录》，中华书局 1985 年版，第 559 页。

〔52〕 中国第一历史档案馆：《清实录·高宗实录》，中华书局 1985 年版，第 1087 页。

其俗家胞弟周阿毛图赖邢直武等案下面是按"故杀期亲弟妹律拟绞监候"。此案中僧人静峰因为胞弟周阿毛"痴呆无用，辄行谋死"，目的是以此图赖泄愤。对此乾隆对"刑部所以引此者，因律有为僧于本身亲属有犯，仍按服制定拟"十分不满。认为"僧人致死俗家卑幼，断不当复以服制论也"。此外，江西省郭义焙谋财杀死小功堂侄郭了头仔案起因是看见"六岁幼侄郭了头仔颈戴银项圈，辄行起意扭取。见其哭喊，遂行推跌粪坑溺毙"。地方官员和中央刑部判决时按服制案处理，乾隆也十分生气，认为此案"凶恶残忍，情殊可恶。且该犯意在图财，视伊侄如草芥，盗攫而残其命，于死者恩义已绝"。

这样看，乾隆认为两案中人犯行为已经违背"义"，不能再适用服制原则量刑。为此他还"敕部准情定拟，是以有兄及伯叔、因争夺财产，将弟侄故行杀害者，拟绞监候一条。然此亦第专指寻常索财争产，因伤毙命而言。盖弟侄原有赡给尊长之义。故尊长之罪，尚可稍轻。若谋财害命，及强盗得罪，致死弟侄，更复有何伦理。以及图奸卑幼之妻，复将卑幼谋杀者。此等凶徒，身已蔑伦伤化，定拟时转因伦纪原情"[53]。乾隆认为这些行为若违背人伦常识，就不能适用服制，应适用平人之间互犯的规定。

乾隆四十二年（1777年）八月，针对刑部核拟的直隶省王锦毒死继母王苗氏之母苗赵氏案，指出"若虑所后之外姻尊长于甥及外孙，谓非其所自出，故加凌虐，或置于死，自可权其曲直，绳之以法，何必削其服制以为防乎。且如本宗尊长非理谋杀卑幼，其恩义已绝，即照凡人拟抵。则外姻尊长，亦可授以为例"[54]。这里把此种原则适用到姻亲之间。

乾隆五十六年（1791年）七月丁酉，在谕刑部题覆浙江省民人张云灉与邱方玉之母汤氏、妻曹氏通奸，商同勒死邱方玉，并曹氏畏罪自缢身死案中，确定母亲若与人通奸而谋杀子女，特别是儿子致夫家绝嗣的，要求不再适用服制关系，而是废服制而用平人谋杀律。"复因伊子碍眼，辄听从伊媳同谋勒毙，是与伊子邱方玉恩义已绝。设或伊子别无兄弟子嗣，遂令翁姑及伊夫绝嗣，所关甚为重大。向例亲母因奸谋死子女者，不论是否造意，俱发往伊犁给兵丁为奴，原以母子伦纪攸关，不得与凡人一律问抵。

---

[53] 中国第一历史档案馆：《清实录·高宗实录》，中华书局1985年版，第641页。
[54] 中国第一历史档案馆：《清实录·高宗实录》，中华书局1985年版，第633页。

若其母身蹈邪淫，罔顾廉耻，已无夫妇之伦，又安有母子之义。"[55]

乾隆五十六年（1791年）十月，下谕秋审山西省情实人犯招册余文全因恨伊胞叔余发不行周济，起意将其年甫十二之幼子余兴成子致死泄愤，用石连殴殒命案和孙式汉因年甫十岁之小功堂侄孙宽汉子携取所借铁抓欲走，夺抓殴砍孙宽汉子倒地，忆及其父母相待刻薄，顿起杀机，用铁抓连砍殒命案。两案在审理时刑部都照原拟依尊长谋杀本宗卑幼律，问拟绞候，入于情实类。对此乾隆认为不量刑不当，他指出尊长"若因挟嫌怀忿，辄倚尊长名分，故行殴打致死。甚或觊觎家赀，肆意凌虐，殴毙卑幼，且其中致绝人子嗣者有之，是其残忍已极"。此类案件属于"恩义断绝，即当以凡论，不得再援尊长之例"[56]。这里，乾隆对尊长杀卑幼中那些情节属于情重而必须舍服论义进行了界定。

此种个案在《刑案汇览》中较多，如下面个案就是此原则的适用：

李懿青见媳独处，顿萌淫念，走进卧房，向曹氏调笑。曹氏不依，嚷骂。李懿青跑出院内，曹氏赶殴，用头相撞。李用火铲柄将曹氏击伤。曹氏揪住衣裳拼命。李用脚踢伤殒命。晋抚将李懿青问发极边四千里充军。刑部以情未协，驳令改照凡论，依斗殴杀人律拟绞监候。

翁因图谋强奸儿媳，这属于蔑视人伦纲纪，则翁媳之"义"断了，就不能依服制来论罪，而应当"以凡论"，就是按照普通的斗殴杀人案件处理。

道光二十四年（1844年）三月，四川荣昌县民人叶泳喜遣侄叶大舆具控该县诬奸毙命，禁卒索诈多赃案在判决中就指出"例载功服以下尊长，图奸谋杀卑幼，照平人问拟斩候，诚以淫凶乱伦，无复恩义可言，不得仍以服制论。今叶泳喜因与兄妻通奸，复致死其媳，虽与图奸谋杀卑幼不同，而恩义同一断绝，应照凡人谋杀人造意律"[57]。

这说明清朝对此方面的法律已经十分完善，服制与"义"在血缘家族关系案件中构成了两个基本原则，两个相互制约原则，实现相对平衡。

这就对"准五服以制罪"的原则进行了规制，解决了具有滞后性的律

---

〔55〕 中国第一历史档案馆：《清实录·高宗实录》，中华书局1985年版，第537页。

〔56〕 中国第一历史档案馆：《清实录·高宗实录》，中华书局1985年版，第637页。

〔57〕 中国第一历史档案馆：《清实录·高宗实录》，中华书局1985年版，第384页。

文与复杂变社会之间不能完全适应的矛盾。涉及服制的案件中，处理的一般原则是：服制越近，即血缘关系越亲近，以尊犯卑者，处刑罚越轻，以卑犯尊者，处刑越重；服制越远，即血缘关系越疏远，以尊犯卑者，处刑相对加重，以卑犯尊者，相对减轻。例如，妻子对丈夫、子女对父母等的服制很重，但丈夫对妻子、父母对子女等若无理地虐待、打杀、买卖，此时就不再按照服制来加以处罚，而是以"义"作为指导处罚思想，进行否定性评价，惩治恶行，以期恢复正常社会秩序，教育治下百姓。

（二）"独夫民贼"论

"义"在中国古代法律中，特别涉及当代宪政领域中，最有名的就是孟子从"义"出发，对君民关系提出的"独夫民贼"论。孟子认为君臣关系中虽然臣对君有忠的义务，但君对臣、特别是民众治理必须要"义"。《孟子·滕文公上》中有"君臣有义"[58]、《孟子·尽心下》中有"义之于君臣也"[59]。《孟子·梁惠王上》中指出："未有仁而遗其亲者也，未有义而后其君者也。"[60]正是基于此，孟子才在回答齐宣王关于汤、武革命是否非法时提出"独夫民贼"论。

齐宣王问曰："汤放桀，武王伐纣，有诸？"孟子对曰："于传有之。"曰："臣弑其君，可乎？"曰："贼仁者谓之'贼'，贼义者谓之'残'。残贼之人，谓之'一夫'。闻诛一夫纣矣，未闻弑君也。"[61]

观此处的讨论，孟子认为若君王统治时"贼"仁义，那就不存在所谓的臣弑君之说。"贼"在先秦时是指"杀人无忌"，即公开地、毫无顾忌地杀害人民。这里还有一个本质性的理论，那就是君王事无所忌地违反"仁义"，即社会公义。此时，君王与臣民关系已经"义绝"。民众起来反抗已经不是反"君王"，而是反"独夫""民贼"。这与家庭亲属间五服期亲若行为违义，产生"义绝"后，就按"凡人""平人"伤害行为处罚是一致的。

孟子从"义"出发，对君王行为，特别对治理下的民众必须有"义"才能称得上君王，否则就不再是君王，而是针对民众犯罪的"民贼""独

---

[58] （宋）朱熹：《四书章句集注·孟子章句·告子章句上》，中华书局2012年版，第259页。

[59] （宋）朱熹：《四书章句集注·孟子章句·告子章句上》，中华书局2012年版，第369页。

[60] （宋）朱熹：《四书章句集注·孟子章句·告子章句上》，中华书局2012年版，第201页。

[61] （宋）朱熹：《四书章句集注·中庸》，中华书局2012年版，第221页。

夫"构成了中国古代"义"在君权绝对下的一种结构性约束。正因为孟子此种思想，孟子才提出君王应对民众进行系列保民、富民、强民的政治要求。孟子的这种以"义"为准，约束君臣在帝制时期虽然起到十分有效的作用，成为中国古代一种具有重要价值的宪政思想的源头。可惜，后世对孟子之说越来越不重视，多以集权为是。

（三）"义绝"

"义"在对中国古代具体法律制度影响上，最显著的是婚姻家族制度中的"义绝"离婚制度。"义绝"婚姻制度涉及中国古代婚姻家族中"三纲"之一"夫为妻纲"的制约，是对绝对婚姻家族中绝对男权的一种强有力的约束。

中国古代道德和法制在婚姻问题上，认为婚姻具有很强的政治与社会功能，即"婚姻者，和二姓之好，上以事宗庙，下以继后世"[62]。在汉朝形成的封建时代的基本社会纲领"三纲五常"中，"夫为妻纲"是重要的一纲。由于婚姻目的和形态中男权至上，在离婚上对女性制定有片面性的"七出"[63]，即无子、淫佚、不事舅姑、口舌、盗窃、妒忌、恶疾。然而，虽然整个社会伦理在儒家宗法制下女性处在十分不利的地位，但在婚姻关系上，中国汉朝以来却同时发展出与此相反的价值，那就是认为婚姻的关系是"义"。公开宣称夫妻之间没有任何血缘关系，夫妻关系之所以有效存在全在于"义"。"夫妻义合，义绝则离"[64]，"夫妻原以义合，恩义断绝，断难相处"。正因为有此，当夫妻关系中任何一方做出违反"义"这一原则的行为时就可以破除丈夫的绝对权威这一"纲"。按记载，"义绝"之说在《礼记·郊特牲》中就有。"悖逆人伦，杀妻父母，废绝纲纪，乱之大者也，义绝，乃得去也"。到汉朝时，这种原则在理论和实践中得到加强。如刘向的《列女传》中已有义绝之礼。黎庄公之傅母曰："夫妇之道，有义则合，无义则离。今不得意，胡不去乎。"《汉书·孔光传》记载有"义绝"的事件。当时淳于长坐大逆受诛，"光议以为：'大逆无道，父母妻子同产无少长皆弃市，惩后犯法者也。夫妇之道，有义则合，无义则

---

〔62〕 任亚爱、张晓飞：《论"义绝"之"义"》，载《新疆社会科学》2008年第2期。

〔63〕 （唐）长孙无忌等撰：《唐律疏议》，岳纯之点校，上海古籍出版社2013年版，第223、224页。

〔64〕 （唐）长孙无忌等撰：《唐律疏议》，刘俊文点校，法律出版社1999年版，第292页。

离。长未自知当坐大逆之法而弃去质始等，或更嫁，义已绝，而欲以为长妻欲杀之，名不正，不当坐。'有诏：'光议是。'"[65] 这一案例成为最早记载"义绝"的案件。汉朝的重要理论书《白虎通·嫁娶》中称"悖逆人伦，杀妻父母，废绝纲常，乱之大者，义绝乃得去也"[66]。

汉朝从现在的法律文献看还没有明确记载与"义绝"相关的法律。但从上面史料看，"义绝"在实践已经存在。此后，应开始被大量适用。"义绝"作为一种法律制度写入律典始于唐朝。此后被宋元明清四朝继承，成为中国古代两大法定离婚类型中重要的一类。[67] 考察唐朝以来"义绝"离婚，主要是针对男丈夫及家人对女方及家人做出违背人伦的犯罪行为。若说"七出"是以保护男方及男方家族利益至上，那"义绝"就是平衡"七出"带来的问题，转向对女方及家人的保护。

《唐律·户婚》"妻无七出而出之"条中对义绝行为具有："殴妻之祖父母、父母及杀妻外祖父母、伯叔父母、兄弟、姑、姊妹，若夫妻祖父母、父母、外祖父母、伯叔父母、兄弟、姑、姊妹自相杀，及妻殴、詈夫之祖父母、父母，杀伤夫外祖父母、伯叔兄弟、兄弟、姑、姊妹，及与夫之缌麻以上亲若妻母奸，及欲害夫者。"[68]

宋朝在继承唐朝规定下，对"义绝"范围增加，具体有："诸令妻及子孙之妇若女，使为娼，并媒合与人奸者，虽未成立，并离之。"[69]

元朝构成"义绝"的行为有：将妻卖休转移、逼令妻妾为娼、女婿虚指岳丈奸亲女、媳妇诬告翁欺奸、妻告夫奸男妇、翁调戏和奸及强奸男妇、夫殴伤妻母、丈夫故意损害妻子身体、将犯奸妻转卖为驱九大类。

明朝基本继承唐元的规定。按《大明律》在《诉讼门·干名犯义》条小注中规定的"义绝之状"有"谓如婿在远方，妻母将妻改嫁，或赶逐出外，重招别婿，及容止外人通奸，又如本身殴妻至折伤，抑妻通奸，有妻

---

〔65〕（汉）班固：《汉书》，中华书局2007年版，第809页。

〔66〕（清）陈立：《白虎通疏证·嫁娶》，吴则虞点校，中华书局1994年版，第451页。

〔67〕 中国古代法定离婚可以分为片面离婚"七出"和犯"义"法定离婚"义绝"。此外，还有无过错离婚形式的"和离"。

〔68〕（唐）长孙无忌等撰：《唐律疏议》，岳纯之点校，上海古籍出版社2013年版，第224页。

〔69〕（宋）谢深甫编修：《庆元条法事类》卷八十《杂门》。

诈称无妻，欺妄更娶者，以妻为妾，受财将妻妾典雇，妄作姊妹嫁人之类"。分析这里共十种，内容主要涉及对妻子的"不义"行为。清朝立法与明朝相似，是在"义绝"的解释中规定义绝的具体内容。此外，清朝通过大量成案中对"义绝"的具体类型进行确定。

此外，明清时期"义绝"被限定于夫妻之间的互伤上，对夫伤害妻家的父母等亲属构成"义绝"不再规定，这与唐宋元三朝存在不同。这种变化并不是说明清时期对此方面就不再"义绝"，而是用其他法律替代。乾隆六年（1741 年）十二月九卿议准、刑部等衙门奏请的"增定尊长谋杀卑幼为从之例"中对此进行规定。

"查律内尊长谋杀卑幼，已杀者依故杀法。故杀系临时起意，向无分别首从之条。但尊长谋杀卑幼，罪名虽拟为故，案情实出于谋，常人谋杀为从，加功者绞候，不加功者满流。至尊长谋杀为从，服制固异常人，情罪殊难宽宥。请嗣后尊长谋杀本宗及外姻卑幼，除为首者仍依故杀定拟外，其为从加功之尊长，各案服制，分别已行、已伤、已杀三项，各依为首之罪减一等定拟。若同行不加功，及同谋而不同行者，又各递减一等。从之。"[70]

从此看，清朝对尊长故杀、谋杀卑幼是按"故杀法"，不分首从，其实就是此类案件发生时，已经不再考虑当事人之间的血亲关系，双方关系已经完全消除血亲伦理关系，实现"义绝"，采用平民之间的谋杀、故杀事件处理。这里的"卑幼"包括有"本宗及外姻卑幼"，让妻方家属得到了相应的救济。

（四）十恶中"不义"罪的形成

"义"在产生之时，主要是作为整合、约束没有血缘关系的个体、群体之间的关系，如师生、朋友、君臣等。在三国以后，随着国家律典的成熟，同时对帝制时期基本犯罪的罪名体系开始成熟，出现十大重罪，至隋朝最终形成"十恶"罪。分析十恶罪中的"不义"，从其名上看就是针对社会行为中出现重大违反"义"的行为而成的罪名。可以说"不义"罪体现了中国古代在非血缘社会关系上违重背"义"行为一种规制。《唐律疏

---

[70] 中国第一历史档案馆：《清实录·高宗实录》，中华书局 1985 年版，第 1231 页。

议》中就规定[71]：

九曰不义。（谓杀本属府主、刺史、县令、见受业师，吏、卒杀本部五品以上官长；及闻夫丧匿不举哀，若作乐，释服从吉及改嫁。）

议曰：礼之所尊，尊其义也。此条元非血属，本止以义相从，背义乖仁，故曰"不义"。

议曰：府主者，依令"职事官五品以上，带勋官三品以上，得亲事、帐内"，于所事之主，名为"府主"。国官、邑官于其所属之主，亦与府主同。其都督、刺史，皆据制书出日；六品以下，皆据画讫始是。"见受业师"，谓伏膺儒业，而非私学者。若杀讫，入"不义"；谋而未杀，自从杂犯。

议曰："吏"，谓流外官以下。"卒"，谓庶士、卫士之类。此等色人，类例不少，有杀本部五品以上官长，并入"不义"。官长者，依《令》："诸司尚书，同长官之例。"

议曰：夫者，妻之天也，移父之服而服，为夫斩衰，恩义既崇，闻丧即须号恸。而有匿哀不举，居丧作乐，释服从吉，改嫁忘忧，皆是背礼违义，故俱为十恶。其改嫁为妾者，非。

观《唐律疏议》中"不义"罪，有明确的罪名定义，即三类行为：一是民众杀所在地的府主、刺史、县令，学生杀受业恩师；二是吏卒杀所在官府的五品以上官长；三是妻子听闻夫死不哀作乐，不守孝、守孝期间改嫁。"疏"明确指出这里调整的三类社会关系中的个体之间存在尊卑关系，但又没有血缘关系，卑者对尊者的尊崇是一种"义"；若有上列行为，就是违背"义"。这里的"不义"罪是对封建礼制下的尊卑的一种法律化保护。

（五）故禁故勘死平人罪

封建国家官员对治下的百姓拥有"父权"性质的权力。这样，官员对百姓也拥了"父亲"对子女的训诫权。这让官员对百姓一般施于权责多处于免责之中。于是，很多官员常采用非法律手段处罚百姓，导致百姓受到不公正，甚至是不仁道的对待。此外，一些常会对人犯采用残酷的逼供，特别是法外刑讯逼供。为此，国家开始对官员，后来扩大的官吏无故拘禁

---

[71]（唐）长孙无忌等撰：《唐律疏议》，岳纯之点校，上海古籍出版社 2013 年版，第 15 页。

百姓、刑讯百姓致死、致残时制定专门法律。此方面的罪名被称为"故禁故勘平人"罪。

《明律·刑律·断狱·故禁故勘平人》中规定[72]：

凡官吏怀挟私雠，故禁平人者杖八十，因而致死者绞，提牢官及司狱官、典狱卒知而不举首者，与同罪，至死者减一等，不知者不坐。若因公事干连平人，在官无招，误禁致死者杖八十，有文案应禁者勿论。

若故勘平人者，杖八十，折伤以上依凡斗伤论，因而致死者斩，同僚官及狱卒知情共勘者，与同罪，至死者减一等，不知情及依法考讯者不坐。若因公事干连平人在官事须鞫问，及罪人赃仗证佐明白，不服招承，明立文案依法考讯，邂逅致死者，勿论。

从法律看，对官吏因挟私仇故意拘禁平民的处杖刑八十，若因此死亡的，要处绞刑。故意刑讯平民的，杖八十，若有伤的，按平民间斗伤他人处罚，至死的处斩刑。这里对官吏乱用权力，挟私报仇、故意刑讯平民的，在处罚上就不按"官"与"民"的关系，而是直接按平民之间的关系，"处罚若故勘而至折伤以上者，依斗殴律以凡人斗殴伤论。"这里"依凡"就是用"义"破官民之间的"礼"。明朝在明成祖开始，把"故禁故勘平人"致死判处死刑的官犯列为不大赦的罪名系列。这说明国家对此类犯罪在罪名上被列为重罪。

清朝在乾隆元年（1736 年）秋七月对此法律进行扩展性立法，扩大了适用的范围：

"嗣后承审官吏凡遇命盗案，如将平空无事、并无名字在官之人，挟雠故勘致死者，依怀挟私雠故勘平人因而致死律拟斩监候。倘事实无干，或因其人家道殷实，官吏起意勒诈不遂；暗行贿嘱罪人诬扳，因而刑讯致死，后经被害之家告发，或上司查出。此等不法官员，因私图贪婪，戕贼民命，亦与怀挟私雠者无异，应并照怀挟私雠故勘平人致死律拟斩。至将干连人犯，不应拷讯，误执己见，刑讯致毙者，应依决人不如法，因而致死律杖一百。其有将干连在官人犯，不应拷讯，任性叠夹致毙者，照非法殴打致死律杖一百，徒三年。如将徒流人犯，拷讯致毙二命者，照决人不

---

〔72〕 怀效锋点校：《大明律·刑律·断狱·故禁故勘平人》，法律出版社 1999 年版，第 212 页。

如法加一等杖六十，徒一年。三命以上者，递加一等，罪止杖一百，徒三年。其将笞杖人犯，致毙二命者，照非法殴打致死律、加一等，杖一百，流二千里；致毙三命以上者、递加一等，罪止杖一百，流三千里。"[73]

这里增加了两种情况，一种是遇到命盗案中把平空无事并无名字在官的人，挟雠故勘致死者；另一种是因其人家道殷实，官吏起意勒诈不遂；暗行贿嘱罪人诬扳，因而刑讯致死。对这两种都行为官员都要适用故勘平人致死罪处罚。

乾隆三十五年（1770 年），刑部议驳李侍尧审拟滥刑毙命之巡检王日新拟流案中李侍尧没有判斩监候，所以受到乾隆的指责。"照知情受嘱，拷讯致死例拟流，殊属轻纵。李侍尧久任封疆，且曾为刑部堂官，非不谙律例者，不应错谬若此。"原因是人犯王日新身为巡检，因收受窃贼张亚五番银，将无辜的甲长李殿瞻拘捕到案。仅因李殿瞻不服出言顶撞，就让弓役"轮流行杖，复违例用柳，致李殿瞻杖疮溃烂身死"[74]。这里可以看出，清朝对此罪名的适用是较为严格的。

四、"义"在中国古代传统法律中作用有限

"义"作为中国古代法律制度中基础性原则，发挥着对伦理道德原则的"礼"和法律漏洞、法律制度内在缺陷导致无法获公正价值时补救的作用。"义"作为整个法律制度中一种最后价值原则对整个法律制度中出现的各种不公正产生最后衡平救济功能，没有让中国古代法律制度迷失在"有别"的权力不对等中。

"义"在中国古代法律中的一个重要作用是作为制约礼制下的血缘关系中，尊长对卑幼绝对权力，特别是在法律上，权利极端不对等下的滥用而提供一种制度性制约功能。当然，这种"义"的制约作用是十分有限的，因为在帝制时期，整个国家处在一种权力绝对不对等的结构中，而"义"基本内涵中那种追求反"差异性"作用难以得到有效发挥。

"义"在中国古代法律中的作用有限还与"义"在内容上只以原则体现出来，这与在法律创制和司法适用中不能直接产生作用有关。"义"作

---

〔73〕 中国第一历史档案馆：《清实录·高宗实录》，中华书局1985年版，第521页。

〔74〕 中国第一历史档案馆：《清实录·高宗实录》，中华书局1985年版，第607、608页。

为一种法律原则，具有高度抽象性，在司法适用中需要官员在具体案件中临时权衡使用。这让"义"产生的效果与司法者的素质形成了正向关系，而中国古代司法官员的素质由于没有严格的专业教育和认证机制保障，导致司法官员的素质出现参差不齐，于是让"义"在法律中的指导、衡平作用难以获得有效的保障。

"义"在中国古代法律中的作用有限还有与其具有很强的心性学特征有关。"义"在战国和秦汉时期，在儒家学者那里有加快转向心性学发展之趋式也对其在法律中的作用产生了不利影响。"义"作为心性学理论，更多转向了个体人格品质的一种德性要求，让"义"失去了作为政治性、法律性原则的特质。儒家把"义"纳入心性学中来理解，让"义"在先秦诸子中所拥有的政治学、法学上的内容特征受到压制，让"义"转向儒家心性学取向上一个内容。在这当中，孟子产生的影响最为典型，他虽然在对"义"的心性学、政治学两个方面都有发展，但后世儒学学者更多取他的心性学内容，而失去他赋予"义"政治学和法学方面的特质。这样"义"作为中国古代政治学、法学中作为"正义"基础就受到侵蚀。

总之，"义"在中国古代法律是以伦理法为基本特征的体系中，对以血缘为中心构建的法律体系来说是起到制衡和约束此种法律极端发展带来的弊病的重要作用。现实生活中很多具体案件由于各种价值存在复杂的冲突，特别在把礼的原则滥用时，"义"可以起到对"礼"的约束。"义"因其特有的临机处断、权衡利害，从而有效的处地权衡情、理、法等各方面的关系。这对中国古代法律有着很重要的规制、调节和补充意义，这也使得法律更具有适用的灵活性和缓冲社会矛盾的张力，但由于"义"在适用时由于具有高度的抽象性及受制于统治阶级及其官员的主观态度、客观理解水平而存在诸多弊端，使得"义"在中国古代法律中所追求的公平正义的理想难以实现，效果难以达到应有水平。

古代蒙古的复仇与法律

王炳军[*]

复仇是所有民族在前法制社会都曾存在的社会现象，是个人或共同体得以生存的必要手段之一。随着社会的发展，复仇逐步社会化，并受到一定的限制，尤其是出现政治组织和法律以后，复仇被逐步禁止。具体到复仇与法律的关系，日本学者穗积陈重认为复仇是法律的起源，复仇被法律限制、取代的过程就是私力公权化的过程，也就是法律形成的过程。[1] 苏力认为复仇是一种高度分散执行的社会制裁或控制机制。他在论文中先是十分谨慎地认为"可能通过考察复仇来重新理解法律的起缘"，后来就十分坚定地推导出复仇产生国家和法律的过程：逐步扩大的群体为了确保对外实施复仇和对内防止引发复仇，就成立专门的组织进行组织、动员和协调，于是推动"公权力的萌芽"，并最终形成"中央集权的公权力为中心的治理制度"[2]。两位学者主要选择法律已经产生的社会的史料讨论法律起源，穗积陈重使用的曾我兄弟、日野阿新丸、赤穗义士等复仇案例发生在日本战国时期，尽管法制松弛但早已产生，苏力文中也明确指出赵氏孤儿故事的发生在一个已经有了某种公权力的晋国之内，而非发生在权力高度分散的初民社会。[3] 用法律产生后的社会史料论证法律起源于复仇，似

---

* 浙江万里学院法学院讲师，华东政法大学 2016 级博士研究生，研究方向中国法律史。
〔1〕 [日] 穗积陈重：《复仇与法律》，曾玉婷、魏磊杰译，中国法制出版社 2013 年版，第 2 页。
〔2〕 苏力：《复仇与法律——以〈赵氏孤儿〉为例》，载《法学研究》2005 年第 1 期。
〔3〕 苏力：《复仇与法律——以〈赵氏孤儿〉为例》，载《法学研究》2005 年第 1 期。

乎过于勉强。更为值得注意的是，两位学者选择的都是儒家思想主导下的社会，而儒家思想对于复仇持纵容的态度。穗积陈重选择的日本战国时期，是深受中国唐代文明影响的社会；而"赵氏孤儿"事件虽然发生在战国时期，记录该历史事件的史家是汉代的司马迁，但创作元曲剧本的是元代的纪君祥，在先秦史料本身缺失的情况下，史家的记录难免洋溢着浓浓的儒家气息，更不要说身为儒者的元代剧作家的想象和构思会在多大程度上体现儒家思想。与之相对，中国古代蒙古社会对于复仇与法律关系的研究有其独特的价值。13 世纪初期前的中国古代蒙古是没有儒家思想影响也没有统一的国家公权力和法律的社会，其复仇又是怎样的状态呢？它的法律是如何形成的？复仇与法律又有怎样的关系呢？本文拟通过《元朝秘史》《史集》《世界征服者史》等史料及相关学者论著对上述问题进行思考，并在此基础上对已有的研究结论进行检验和反思。

本文研究的对象是古代蒙古社会的复仇与法律的关系，时间上主要聚焦于 12 世纪和 13 世纪初蒙古高原从部族走向统一国家的历史阶段。从社会形态和结构来看，蒙古诸部虽然地理和文化上有一定差异，但在社会形态和结构上基本一致。

一、古代蒙古社会

蒙古高原历史上先后出现过强大而持久的匈奴、突厥、鲜卑和回鹘等游牧帝国，其政治中心大都在哈刺和林即斡难河、土刺河和克鲁伦河三河源头附近。唐末，乞尔吉思的黠嘎斯将回鹘从蒙古高原中心地带驱逐到"东突厥斯坦"，却没能在蒙古高原形成稳定的游牧民族政权。至此，蒙古高原出现权力真空，诸多种族和部落竞相迁徙至此。蒙古人的先祖就是在此期间，从贝加尔湖畔的森林迁徙到蒙古草原。从唐末到 1206 年蒙古统一的 350 多年间，蒙古高原整体上处于混战状态。虽然辽曾经在高原中心地带设置权力机构进行统治，但后来撤离，金朝基本上没有在蒙古高原核心地带设置过权力机构。辽、金政权对蒙古高原采取政治上压迫、经济上掠夺的间接统治，使得各部族相互冲突、彼此牵制。蒙古高原部族内部氏族之间，部族与部族之间，部族与辽、金政权之间一直处于错综复杂的战乱之中，形成长期的"天下扰攘，互相攻劫，人不安生"的乱局。[4]

经济上，随着蒙古高原与汉地、西域的贸易的发展，外部文化和铁器传入，推动了草原生产力的发展。古代蒙古出现私有制，牧户家庭拥有牛羊、幌车、帐幕、车辆、简单的生产工具等私有财产，并且将自己的畜产都烙上标志。早在铁木真第十二世祖脱罗豁真伯颜时，他有"一个家奴后生，名孛罗勒歹速牙勒必。又有两个好骟马，一个答驿儿马，一个孛罗马"[5]。游牧经济的经营方式已经由氏族社会早期的古列延游牧方式，转变成以阿寅勒及个体牧户游牧经营占主导的方式。

观念上，在十二、十三世纪的蒙古高原实现统一并对外征服是人心所向。首先，草原各部想早日结束"大金家"的外部压迫和部族间的内部混战。金朝颁行"强取逐步羊马法"对蒙古高原进行苛敛，[6]还"每三岁遣兵向被剿杀，谓之减丁"[7]。其次，草原游牧经济非常单一和脆弱，依赖自然气候。《后汉书·匈奴列传》中记录匈奴"连年旱蝗，赤地数千里，草木尽枯，人畜饥疫，死耗太半"的自然灾难，在蒙古草原是不断上演的。[8]干旱、冰冻、水灾、瘟疫等灾难对于游牧经济都是致命的，所以对定居农业经济的依赖性要求游牧民族必须与中原定居民族进行贸易或对之掠夺。中原地区存在强大政权，游牧民族必须组建"超部族政体"，才能实现财富掠夺。[9]

宗教文化上，古代蒙古信奉萨满教，当草原上的英雄人物让草原民众确信他获得"长生天"的支持而征服天下时，就能够点燃民众内心构建帝国实现劫掠财富梦想的狂热心理。萨满教教义认为万物有灵，死亡不过是存在形式的转换。[10]信奉萨满的蒙古人以战死为荣，耻于病死，他们视战

---

〔4〕 佚名撰：《元朝秘史》，齐鲁书社 2005 年版，第 168 页。

〔5〕 佚名撰：《元朝秘史》，齐鲁书社 2005 年版，第 4 页。

〔6〕 周良宵、顾菊英：《元史》，上海人民出版社 2003 年版，第 46 页。

〔7〕 （宋）孟珙撰：《蒙鞑备录》，载元代史料丛刊编委会编：《元代史料丛刊初编·元代史书》（卷二），黄山书社 2012 年版，第 273 页。

〔8〕 （宋）范晔撰、（唐）李贤等注：《后汉书·匈奴列传》，中华书局 1965 年版，第 2942 页。

〔9〕 萧启庆：《内北国而外中国：蒙元史研究》（上册），中华书局 2007 年版，第 6 页。

〔10〕 杜文忠：《神判与早期法的历史演进》，载《民族研究》2004 年第 3 期。

争之日为新婚之夜，把枪刺看成是美女的亲吻。[11]

在政治、经济、文化因素的共同作用下，十二、十三世纪的蒙古社会结构正经历着深刻的变革。古老的氏族联盟被冲击、打散，社会组织在分解的同时也在进行重新组合，蒙古高原先后存在大大小小的诸多部落联盟，比较强大的有乞颜部、泰亦赤兀部、克烈部、塔塔儿、蔑儿乞、乃蛮等部族主导的部落联盟。这里以乞颜部组建的舍不勒联盟、1189年铁木真联盟和1206年的帝国为例，描述和分析社会组织的逐步演变。

（一）舍不勒联盟

最早的强大的蒙古联盟应该是海都时期的联盟，但史料缺失，已经难以知晓其具体情况。舍不勒联盟是乞颜部和泰亦赤兀部主导的尼伦部联盟，其同盟关系蔓延至蒙古诸部。舍不勒的联盟是以血亲、姻亲和拟制血亲为基础的联盟。正如拉施特在《史集》中指出："在舍不勒汗做蒙古汗时，大多数乞牙惕部落都是出自他的氏族。蒙古尼伦诸部都是他的堂兄弟，而其他蒙古分支，其中各支在他之前的就以自己专有的名号著称，全都是他的叔伯和祖辈，由于与他有亲属关系和友谊而被看作他的朋友和同盟者，一有袭击和不幸事件，他们就会成为他的协助者和保卫者。"[12] 舍不勒联盟范围是乞颜部、尼伦部和"其他蒙古分支"，这里的"其他蒙古分支"也就是尼伦部以外的迭列蒙古部，至少有札剌亦儿、弘吉剌等诸部。札赤亦儿部是乞颜部和泰亦赤兀部的永久性属部。弘吉剌部是乞颜部的通婚部族，两者是长期稳定的"亲家"。舍不勒联盟是一个由乞颜部主导的非常广泛的同盟，联盟先后首领为舍不勒、俺巴孩、忽图剌。这期间联盟没实质的变化，也保持一种较强的实力，称雄一方。

舍不勒联盟具有较强的传统氏族联盟特征，联盟以血缘关系为基础，联盟首领由联盟会议即忽里勒台大会选举英雄人物为联盟首领。前任首领可以指定继承人，但必须经忽里勒台大会通过。联盟首领只是在征战、围猎和宴飨三个大事上具有组织和指挥的权力，其他方面对各成员部族没有直接的权力。比如，忽图剌时期，也速该帮助王罕从其叔父手中夺回部众

〔11〕［伊朗］志费尼：《世界征服者史》，何高济译，内蒙古人民出版社1980年版，第90页。

〔12〕［波斯］拉施德·哀丁：《史集》（第1卷），余大钧、周建奇译，商务印书馆1963年版，第170页。

时，忽图剌是不赞同的，但也速该并没有听从他。当时的联盟以盟誓为基础，基本都能遵守盟誓，在祭祀、围猎、征战、复仇中都能统一行动。

（二）1189 年的铁木真联盟

舍不勒联盟在忽图剌时期盛极而衰。忽图剌之后，实力较强的泰亦赤兀部因内讧丧失凝聚力，联盟由乞颜部也速该巴阿秃领导。随着也速该被塔塔儿人毒死，联盟彻底分崩离析。此时，氏族组织已经悄然改变。古代蒙古社会组织由于频繁战争及阶级分化，氏族遂演变为血缘成分不尽相同、阶级互异的复合组织，其中有世拥统治权的贵族——那颜、被统治的平民及俘自他族的奴隶，更有他族投奔而来的"伴当"。[13] 这些"伴当"仅为主君个人的附庸，而不属于氏族全体。伴当平时为主君操劳家务，战时则领军出征，具有魅力的主君往往拥有为数众多的伴当。冯承钧也指出，当时的部族因为"牧""猎""劫""战"等事的变迁，分合无常，甲部落中常有乙丙丁等部落的人。[14] 在分化组合后，主要的社会组织以大氏族的形态存在，符拉基米尔佐夫称之为"克兰"。比如泰亦赤兀部是由作为主部的泰亦赤兀部、与泰亦赤兀结盟的属部、作为其世袭奴隶的部族、部族贵族的众那可构成，其中属部、奴隶部又有自己的属部和那可。[15]

铁木真在历尽劫难后在王罕的扶持下于 1189 年成立乞颜部联盟。联盟以尼伦部为基础，由乞颜部主导。从联盟十三翼之战时的兵力构成来看，铁木真的十三个圈子之中有十二个尼伦部和札剌亦儿部。札剌亦儿部在海都时期就成为尼伦部永久性的隶属部族。十二个尼伦部中，有八个是舍不勒为始祖的乞颜部。1189 年的同盟在实际构成上是乞颜部的联盟，相对于舍不勒联盟，不仅仅是联盟范围和成员氏族数量的大大减少，更为主要的是成员氏族之间的关系已经迥然不同。在金朝的打击和高原部族内战的持续下，基于血缘关系产生的联盟的凝聚力远远不能够维系联盟的稳定。乞颜部各贵族尽管选举铁木真为首领，但内部暗流涌动。舍不勒长子后裔主儿勤部的撒察儿和泰出、忽图剌的儿子阿勒坛、捏坤太师的儿子忽察儿、铁木真的叔祖即舍不勒的幼子脱朵延吉儿帖，都依仗身份更为高贵并不将

---

〔13〕 萧启庆：《内北国而外中国：蒙元史研究》（上册），中华书局 2007 年版，第 3 页。

〔14〕 冯承钧：《成吉思汗传》，漓江出版社 2014 年版，第 7 页。

〔15〕 ［苏］符拉基米尔佐夫：《蒙古社会制度史》，刘荣焌译，中国社会科学出版社 1980 年版，第 117 页。

铁木真放在眼里。之所以推举铁木真为首领，是因为铁木真与王罕的父子同盟关系，借此可以避免强大的克烈部的打击。

部族联盟首领本来仅仅在统一征战、围猎和宴飨中具有指挥权，早期联盟中铁木真的这些权力也很难有效执行。在宴会上，主儿乞人公然羞辱铁木真的厨子。在对塔塔儿的战争中，乞颜部诸贵族不听从铁木真战前统一要求的命令。另外，部族联盟之间的联盟关系更为松散和脆弱。在与札木合的十三翼之战中，铁木真的军队"被札木合推动"后退。"推动"一词足以显示此战并非你死我活的残酷厮杀，而札木合没能乘胜追歼铁木真，正是因为两者阵营中的部族你中有我，我中有你，联盟首领的权威进一步降低，联盟赖以存在的盟誓失去先前因宗教禁忌而产生的敬畏心理，从而难以约束部众。

（三）1206 年的帝国

1206 年立国时的社会结构明显发生变化。铁木真的那可和投靠铁木真的实力派贵族成为主导者。最显著的变化就是尼伦部和黄金家族以外的乞颜部的影响力大大减少。铁木真的竞争者和没有追随他的人都被消灭或边缘化。最典型就是主儿乞的撒察儿、泰亦赤兀的塔儿忽台、乞颜部的阿勒坛、甚至铁木真的叔父斡赤斤。这个联盟的权力分配不再是以血缘的远近为基础，而是以对成吉思汗的忠诚和统一过程中所建立的功勋为条件。平民甚至奴隶出身的答剌罕，因对铁木真有救命之恩或者提供关系其集团生死的军事情报而晋升为贵族。铁木真的那可因忠诚或功勋而成为千百户长或万户长，最终的结果是异己被消灭，所有的那可和贵族成为黄金家族的家臣，他们的氏族都称为黄金家族的属部，无条件服从黄金家族的命令。

支撑帝国的主体框架是怯薛组织和千户百户组织。该框架的构建起始于1203 年进攻乃蛮，在统一过程中逐步扩充和革新，于1206 年成熟。怯薛组织和千百户组织相互交织，以维护成吉思汗的权威为中心而紧密结合。怯薛主要由千、百户长的子弟入质组成，成员经培养后，可以任命为千、百户长，也是千、百户长的培养摇篮。怯薛组织是帝国的权力中心，而千百户是执行机构。千户长、怯薛与大汗形成紧密相连的利益共同体。怯薛成员在千百户之上，而又唯大汗马首是瞻。这样大汗登上权力之巅，形成内部的"命令－服从"关系，最终构建了大汗一人主导，以黄金家族为核心，有怯薛和千百户为依托的，对全体部族平民和奴隶进行专制的封建社会组织。

二、古代蒙古的复仇

十二、十三世纪初的蒙古处于文明门槛前的野蛮阶段，杀人、抢劫是英雄行为。正如志费尼所记录："他们有些人把抢劫、暴行、淫猥和酒色看成豪勇和高尚的行为。"[16]孛端察儿房获帮助过他的几十户兀良合人，也速该抢走篾儿乞人迎娶到半路的媳妇，铁木真因食物纠纷杀死异母弟，这些都是古代蒙古各部司空见惯的现象。符拉基米尔佐夫（1884—1931年）也认为，在这种不断的斗争和侵袭的时代，杀人者并不被视为一种犯罪的行为，斗争乃是贵族部落组织和无法律的必然产物，也是一切蒙古幕帐中的惯例。[17]拉施德（1247—1318年）指出：（蒙古）部落（塔塔儿）以好动刀子驰名，他们由于缺乏协商精神和粗野无知，彼此毫不客气亮出刀子和马刀来。在那个时代，他们还没有现今存在于蒙古人中间的法律（札撒），他们天性中充满仇恨、愤怒和嫉妒。[18]与塔塔儿一湖之隔的蒙古部在习性上自然不会与塔塔儿人有太大的差别。古代蒙古是崇尚英雄的时代，以健啖、嗜杀为荣的。舍不勒以饭量闻名，忽图刺以手如熊爪能将人折为两截而著称。[19]铁木真的名字就是也速该用来记录杀死塔塔儿将领的功绩，与匈奴单于用月氏王头颅做酒器异曲同工。古代蒙古杀人不是犯罪，复仇也只是一种生活习惯。

（一）复仇的阶段划分和缘起

古代蒙古复仇可以大致分成三个阶段：第一阶段忽图刺联盟之前，血缘氏族联盟是社会的主要构成单位，包括血亲、姻亲和拟制血亲关系的氏族。血缘联盟是复仇的主体或对象。在莫拿伦和其六子遭受札剌儿部的屠杀之后，纳臣和海都率领姻亲部族进行复仇。舍不勒妻族弘吉剌部人合剌一里忽的义兄弟赛因的斤被塔塔儿部萨蛮治疗身亡，弘吉剌人杀塔塔部萨满，引发塔塔儿部报复。舍不勒的儿子们帮助弘吉剌部，导致乞颜部同塔

---

[16] [伊朗]志费尼：《世界征服者史》，何高济译，内蒙古人民出版社1980年版，第23页。
[17] [苏]符拉基米尔佐夫：《成吉思汗传》，余元盦译，上海三联书店2007年版，16页。
[18] [波斯]拉施德·哀丁：《史集》（第1卷），余大钧、周建奇译，商务印书馆1963年版，第168页。
[19] [瑞典]多桑：《多桑蒙古史》，冯承钧译，上海世纪出版社集团2006年版，第35页。

塔儿人之间敌对和战争。这个阶段仍然存在血族复仇，可以推导之前的复仇以血族复仇为主。成吉思汗在征服塔塔儿后，亲族共议："塔塔儿有杀咱父亲的仇怨，如今可将他男子车辖大的尽诛了，余者各分做奴婢使用。"[20]第二阶段，忽图剌同盟解体到铁木真统一诸部。该阶段以"克兰"组织为社会构成主体，氏族的血缘逐步淡化，追求各自的利益成为共同体的基础。尽管成员所在的同盟可能为其提供庇护，但复仇对象一般限于凶手及其直系血亲。铁木真在向泰亦赤兀部、蔑儿乞部复仇仅仅杀死其首领及其子孙。"成吉思汗将泰亦赤兀的阿兀出把阿秃儿子孙杀尽，将百姓起来。"[21]第三阶段是1206年蒙古统一之后，因结束了利益多元的混乱局面，整个蒙古被整合在一致对外进行征服和掠夺的帝国组织内，冲突减少，复仇自然也减少。同时帝国对复仇进行干预和限制，在其征服范围内，通常做法是将复仇对象交给复仇者处理。对于没有归附的征服对象，则仍然采用野蛮的血族复仇。

从复仇的缘起来看，古代蒙古的复仇可以分为四种类型：其一，夺取部众。部众是古代蒙古贵族的生存基础，夺取部众被视为深仇大恨。也速该死后，泰亦赤兀夺走其部众，年幼的铁木真及家人被抛弃。铁木真母子时刻不忘"泰亦赤兀兄弟的仇未报"。其二，杀人。札木合因其弟被铁木真那可杀死而发动十三翼之战。铁木真向主儿乞开战的直接原因是其"老小营"的百姓被"主儿乞将五十人剥了衣服，十人杀了"[22]。花剌子模屠杀铁木真商队并拒绝引渡凶手引发蒙古西征。而铁木真、王罕对塔塔儿和金的复仇缘于父祖被塔塔儿毒杀或送金木驴杀死。其三，夺妻。抢亲是古代蒙古的一个习俗，自然会引发大量类似的复仇。乞颜部与蔑儿乞的仇恨始于此。也速该抢了蔑儿乞人的媳妇，三种蔑儿乞人抢走铁木真的新婚妻子。其四，侮辱，侵害名誉。通过语言或行为轻慢、侮辱或挑衅。乃蛮部首领太阳汗的母亲古儿别速蔑视鞑靼百姓"歹气息""衣服黑暗"。太阳汗说："咱去将他每弓箭夺来。"这些言行在蒙古部引发强烈反响。正如铁木真异母弟别勒古台所言，蒙古战士视弓箭重于生命。"若生时被人将弓箭夺

---

〔20〕 佚名：《元朝秘史》，齐鲁书社 2005 年版，第 92 页。

〔21〕 佚名：《元朝秘史》，齐鲁书社 2005 年版，第 82 页。

〔22〕 佚名：《元朝秘史》，齐鲁书社 2005 年版，第 70 页。

了呵，济甚事？男子死呵与弓箭一起，岂不好？"蒙古由此对乃蛮开启战端。[23] 另外，察合台对术赤，不里对拔都，都因言语上的冒犯而结仇，导致欲决斗或被交给对方处死。蒙古部萨满阔阔出与铁木真幼弟斡赤斤争百姓引发冲突，强迫其下跪，后斡赤斤与阔阔出决斗。

（二）复仇的形式

从复仇的形式看，部族向国家过渡时期的蒙古高原复仇形式多样化。部族间的复仇有血族复仇、同态复仇、血亲复仇等形式，部族内的复仇方式主要为决斗。符氏认为"古代蒙古人中也发现有氏族复仇制度，而且这制度已处于衰落的阶段。不过，可以看到，当时蒙古人把复仇当作一种世代相传的义务，复仇所针对的不一定是当事人，但只限于他的亲属或子孙。"[24] 符氏这里提到"氏族复仇"即指血族复仇。而"只限于他的亲属或子孙"的复仇则是血亲复仇，说明复仇已经由血族复仇演变成血亲复仇。同态复仇也有存在，也速该抢走蔑儿乞人的妻子，蔑儿乞通过抢走铁木真新婚妻子孛儿帖实现复仇。脱黑脱阿说："夺要诃额伦的仇，已将铁木真的妻拿了，那仇也报了。"[25] 另外，铁木真制定的怯薛管理规则中明确规定掌管护卫的官人不得对所管的人擅自惩罚。"不依我言语，将所管的人用条子打的依据教条子打他，用拳打的依据用拳打他"[26] 体现同态复仇的思想观念。部族内部个人之间的仇恨主要通过决斗的方式解决，比如别勒古台与不里孛阔，斡赤斤与阔阔出都是决斗的形式复仇。到访过蒙哥朝的欧洲教士的游记中也有决斗的相关记录，鲁不鲁克游记中说："至于他们的法律，你须知道，当两个人聚斗时，没有人敢干涉，哪怕父亲也不敢帮助儿子。"[27]

（三）复仇的限制

古代蒙古存在诸多的复仇限制。通常小孩、妇女不在复仇对象之列。

---

[23] 佚名：《元朝秘史》，齐鲁书社 2005 年版，第 121 页。

[24] ［苏］符拉基米尔佐夫：《蒙古社会制度史》，刘荣焌译，中国社会科学出版社 1980 年版，第 86 页。

[25] 佚名：《元朝秘史》，齐鲁书社 2005 年版，第 46 页。

[26] 佚名：《元朝秘史》，齐鲁书社 2005 年版，第 153 页。

[27] ［法］贝凯：《柏朗嘉宾蒙古行纪鲁布鲁克东行纪》，耿昇、何高济译，中华书局 1985 年版，第 219 页。

即便有世仇，乞颜部在杀塔塔儿时，依然以"车轴高"的男性为限。铁木真逃避三姓蔑儿乞人追捕，脱黑脱阿逃避铁木真的攻击，都是不顾妻子的安全，这是因为蒙古习俗中复仇是不杀妇女的。当时部族力量决定于人员的多少，而女性作为生育者与人员多少直接相关。另外，将复仇对象的部族俘虏为世代奴隶，不予杀死。尼伦部对札剌亦儿部复莫拿伦之仇时，杀死直接责任人外，将札剌亦儿部沦为尼伦部的属部。

在蒙古基于特定的文化环境中，通常弱者会受到一种特殊的保护。在铁木真为摆脱泰亦赤兀部的关押，向锁儿罕失剌求助时，他的两个儿子沈白和赤老温说："雀儿被龙多儿赶入丛草去呵，丛草也能救性命。草尚能如此，咱每行来的人，不能救他呵，反不如丛草。"结果，他们冒着"险些将我断送的烟消火灭"的风险，救助了铁木真。[28] 窝阔台死后，皇后脱列哥那监国，报复镇海和牙老瓦乞。两人都逃到窝阔台儿子阔端处寻求庇护。在被要求交出两位逃犯的时候，阔端回答："为了逃避鹰隼的利爪而寻求掩护的小鸟赖青草而获救，他们逃到我这里来，如果我交出他们去，这本来有碍信义与宽厚之道。"[29] 这种对复仇的限制是因第三方的保护。第三方不介入复仇冲突，只是出于公平和对弱者的同情，为弱者提供暂时的保护。这有点类似于提供避难地的复仇限制。

有待考证的问题是十二、十三世纪初期的蒙古是否存在偿命价的方式替代复仇。窝阔台提到的成吉思汗札撒中所规定的汉人和色目人的命价，应该是赎命金，即战争或死刑中的赎金。并没有直接的史料可以证明有偿命金。基于对复仇的放纵和元代对复仇的法律认可，基本可以认定古代蒙古并没有偿命金的法律规定。

三、从盟誓到札撒

铁木真 1189 年联盟最初是按忽图剌的联盟模式建立的。正是忽图剌帝国的昔日辉煌激起他的复国雄心，但蒙古高原的环境已经发生巨大变化。以血缘和盟誓为基础的古老氏族规则已经失去应有的约束力，自由那可和

---

[28] 佚名：《元朝秘史》，齐鲁书社 2005 年版，第 36 页。

[29] ［俄］巴托尔德：《蒙古入侵时期的突厥斯坦》（上），张锡彤、张广达译，上海古籍出版社 2007 年版，第 543 页。

实力派贵族成为联盟中重要但桀骜不驯的力量。

那可是个人追随他们认为能够为他提供安全保护和光明未来的实力派贵族，成为他们的侍从。追随者即为那可，被追随的贵族为领主。符氏认为那可是为领主解决军事、家务及其他问题的自由战士，那可一般都是在氏族发展过程中，从氏族游离出来的贵族，也包括非贵族的富人和少部分的平民。[30] 实力派贵族，则是指独立拥有自己的"圈子"的贵族，它们有时不依附其他人而独立放牧、围猎和征战。比如合答斤部和撒兀惕部，他们不依附于札木合、铁木真或王罕，自己独立经营，有时侵扰金国边境，劫取财富。有时他们会明智地选择对自己有利的联盟。比如阿勒坛、忽察儿、主儿乞等选择与草原最强大的王罕结盟的铁木真为首领。这些独立贵族往往通过盟誓缔结或加入联盟，但实际上这种联盟只是一种合作关系。正如符氏所言的匪帮联合，目的是进行征服和抢劫。[31] 进入同盟的独立贵族独立管理自己的"圈子"，其周围又有他们自己的那可和盟友，只是在特定的事项上听从联盟首领的安排。对于逐鹿蒙古草原的霸主的竞争者来说，有效管理和利用这两股社会力量是一个重要而棘手的问题。

（一）盟誓

自由那可和实力贵族通过盟誓的方式聚集在联盟首领周围。盟誓是一种古老契约，在古代蒙古普遍存在，可分为四大类型：

第一类是缔结贵族个人之间的安答或父子同盟关系的盟誓，这种同盟关系可称为安答式同盟。在动荡纷扰的蒙古草原上，每个贵族都有若干个安答类似的盟友以相互援助，王罕和也速该的安答关系帮助王罕在争夺克烈部继承权的斗争中多次获胜。铁木真和札木合自幼为安答，在孛儿帖被三姓蔑儿乞掳走后，札木合起兵协助铁木真报夺妻之仇。这种盟誓也可反复约定。铁木真与王罕的父子联盟关系具有代表性。铁木真将孛儿帖新婚时为公姑准备的一件黑貂鼠祅子献给王罕，借其父也速该与王罕的旧谊结盟。王罕欣然接受并答应："你离了的百姓，我与你收拾；漫散了的百姓，我与你完聚。"[32] 两者形成父子同盟关系。在王罕遭到乃蛮猛将可克薛兀

〔30〕 〔苏〕符拉基米尔佐夫：《成吉思汗传》，余元盦译注，三联书店 2007 年版，第 16 页。

〔31〕 〔苏〕符拉基米尔佐夫：《蒙古社会制度史》，刘荣焌译，中国社会科学出版社 1980 年版，第 130 页。

〔32〕 佚名：《元朝秘史》，齐鲁书社 2005 年版，第 41 页。

卜刺黑袭击，铁木真派四杰救援。两人再次结为父子盟，又起誓："多敌人处剿捕时一同剿捕，野兽行围猎时一同围猎，若有人离间呵，休要听信，亲自对面说了方可信。"[33]

第二类为拥立部族首领的盟誓。阿勒坛、忽察儿、撒察别乞众人拥立铁木真为乞颜部首领时说："立你做皇帝。你若做皇帝呵，多敌行俺做前哨，但掳得美女妇人并好马都将来与你；野兽行打围呵，俺首先出去围将野兽来与你；如厮杀时违了你号令，并无事时坏了你事呵，将我离了妻子家财，废撒在无人烟地面里者。"而铁木真对之的对应誓言内容为："我将百姓的许多马群、畜群、帐幕、女子、孩子都取来与你们。在草原狩猎时，我为你们整治通道，构筑围场，并把山兽赶到你们方面去。"[34]这是以防御、围猎、征战掠夺为目的的，以血缘为基础的具有氏族联盟特征的联盟，而联盟的基本规范就是盟誓。

第三类盟誓是贵族与那可之间的主从关系的盟誓。那可向贵族宣誓效忠，贵族对其忠诚予以接受的盟誓。博儿术是铁木真最早的伴当，因幼时帮铁木真夺回八匹骟马时表现的忠诚和勇敢，铁木真起事之初便召唤来做伴当。虽然史料没有记录两人之间的盟誓，但基于两人曾经的生死合作，铁木真的"召唤"和博尔术的"到来"已经事实上构成两人的盟誓行为。秘史中记录了木华黎、者蔑勒以及哲别等人与铁木真的盟誓。者蔑勒自幼就被其父许诺为刚出生的铁木真的那可，在铁木真起事时者蔑勒又重复了当初的誓言，即"教与你备鞍子开门子"。四杰之一的木华黎作为铁木真那可是起誓"教永远做奴婢者。若离了你门户呵，便将脚筋挑了，心肝割了"[35]。哲别是泰亦赤兀部贵族的那可，在战败后投靠铁木真。哲别承认自己阔亦田之战中曾射杀铁木真战马，并立誓："如今皇帝教死呵，止污手掌般一块地；若教不死呵，我愿出气力，将深水可以横断，坚石可以冲碎。"[36]成吉思汗认为他忠诚不隐讳，可以做伴当。铁木真灭克烈部时，王罕的那可合答黑把阿秃不忍心王罕遭受擒杀而血战三日，欲教他走得远

〔33〕 佚名：《元朝秘史》，齐鲁书社 2005 年版，第 98 页。

〔34〕 ［苏］符拉基米尔佐夫：《蒙古社会制度史》，刘荣焌译，中国社会科学出版社 1980 年版，第 130 页。

〔35〕 佚名：《元朝秘史》，齐鲁书社 2005 年版，第 45 页。

〔36〕 佚名：《元朝秘史》，齐鲁书社 2005 年版，第 81 页。

些，败后归附时起誓："如今教我死呵，便死，恩赐教活呵，出力气者。"[37]铁木真认为他忠诚勇猛收为做伴。

第四类盟誓是部族间为组建共同进攻或防御而组建的临时联盟而起的誓言。铁木真联合王罕逐步强大，与金夹攻塔塔儿，随后灭主儿乞，蒙古其他部落深感不安，先后结成联盟以求自保。合塔斤等十一部聚会商议立札木合为君，"杀马设誓"[38]。具有临时性，战毕解散。

盟誓以宗教信仰或者共同的习俗为基础，有着特定的仪式，比如安答之间交换信物，部落联盟之间要杀牲饮血，约定盟誓内容。盟誓是依靠宗教信仰上的冥罚产生的心理畏惧和现世的联盟给予的献祭或流放等处罚双重作用产生约束力的。在氏族走向瓦解，社会动荡不安使民众对宗教上的神的信仰产生动摇，而实际的在割据林立的草原随时可以逃脱，寻求其他部族联盟的庇护。因此，盟誓实际上构建的只是"自愿－协作"式的同盟关系，很难得到遵守。

在当时特定的历史环境下，部众可以自主选择领主或者说部落首领。当时，蒙古人有一个共同的价值观——追随英雄。当那可或实力贵族发觉他所追随的贵族不是其心目中的英雄或者有违其愿望时，他就可以带着自己的部众和毡帐、牛、羊等物离开，或选择单独放牧或选择追随新的英雄。[39]例如照烈部本来追随扎木合，铁木真为笼络照烈部，在围猎时故意将猎物赶到照烈部那边，得到实惠的照烈部就归附了铁木真，但后来又离去。符氏也认为那可或氏族部属可以自由地选择离开。[40]也速该死后，铁木真的叔祖脱朵延选择离开，并说"深水干了，明石碎了"[41]。而蒙力克作为也速该的托孤之臣也选择离去。在铁木真重振乞颜部后蒙力克重新归附，也没有被责难，甚至获得尊重和封赏。世袭奴隶也可以离开自己追随的贵族，比如从铁木真处逃到王罕处的脱斡邻勒，他是屯必乃与察剌孩所

---

〔37〕 佚名：《元朝秘史》，齐鲁书社2005年版，第115页。

〔38〕 佚名：《元朝秘史》，齐鲁书社2005年版，第75页。

〔39〕 内蒙古典章法学与社会研究所编：《〈成吉思汗法典〉及原论》，商务印书馆2007年版，第15页。

〔40〕 ［苏］符拉基米尔佐夫：《成吉思汗传》，余元盦译注，上海三联书店2007年版，第15页。

〔41〕 佚名：《元朝秘史》，齐鲁书社2005年版，第32页。

虏为奴的后代，也离开铁木真投靠王罕。

（二）札撒

在盟誓这种传统社会规范失去效力时，如何追逐现实利益而集结在一起的部众组建成一个稳定的有凝聚力的集权组织呢？铁木真选择强力维持传统盟誓的同时，创立新的规则规范同盟关系。铁木真在童年的不幸遭遇中目睹族人的背叛，在其称为部族首领后，决定将"自愿-协作"的同盟组织打造成"命令-服从"的中央集权的政治组织，将具有短暂性和脆弱性的同盟关系，打造成永久性牢固性的身份关系。

首先，赏忠惩叛，维护盟誓体现的社会秩序。铁木真利用强力维护联盟盟约的履行，对背叛者进行残酷的惩处，首当其冲的是主儿乞部。主儿乞是舍不勒乞颜部的长支，比铁木真高贵，且其氏族是"有胆量有力气刚勇能射弓的人"组成，在攻占中无人能敌，自然不服铁木真的领导。铁木真在征服主儿乞杀其首领撒察别乞和泰出时，是以"自说的言语不曾依"为由。这里不是以复仇，而是以维护盟誓的名义惩罚背叛者。[42]另一方面，倡导那可对领主的忠诚。即便那可背叛铁木真的敌人来投靠自己，也严惩不贷。曲出背叛克烈部的桑昆前来投靠铁木真，铁木真杀死曲出，而奖励反对曲出背叛行为的其妻子。札木合的五个那可将札木合捆绑并送交铁木真，也被以背叛主子名义杀死。那些忠于领主的铁木真敌人的那可，受到铁木真的礼遇和重用，比如克烈部王罕的那可合答黑把阿秃力战铁木真为王罕逃走争取时间，受到铁木真的认可。泰亦赤兀部塔儿忽台手下的巴阿邻部纳牙父子，没有将塔儿忽台绑送给铁木真，得到铁木真的赏识。纳牙因护送忽兰受到猜忌时说："我只一心奉事主人，凡外邦得的美女好马，要献于主人，除此之外，别有心呀，便死。"[43]纳牙因对铁木真忠心可鉴，立国后被封为万户。

其次，创立征伐和战利品分配规则，并严格执行。在与察阿安塔塔儿四种对阵前发布军令：若战胜时，不许贪财，既定之后均分。若军马退动至原排处，要翻回力战，至原排处不翻回者斩。对阿勒坛、斡赤斤、忽

---

〔42〕 佚名：《元朝秘史》，齐鲁书社 2005 年版，第 70 页。

〔43〕 佚名：《元朝秘史》，齐鲁书社 2005 年版，第 131 页。

察儿等违反军令抢夺财物的，命令哲别、忽必来尽夺其所得财物。[44] 铁木真让速不台征脱黑脱阿儿子时制定了行军规则：爱护马匹。"你越高山，涉大河，可趁军每的马匹未瘦，行粮未尽时，先要爱惜，路间不可轻易围猎。若要围猎做行粮呵，也要斟酌着。""若有违号令者，我认得的，便拿将来。不认得的，就那里典刑了。"[45] 正如志费尼在《世界征服者史》中指出："他给每个场合制定一条法令，给每一个情况制定一条律文；而对每种罪行，他也制定一条刑罚。"[46]

最后，创新组织，完成从契约到身份的转变。征乃蛮前，铁木真将军马统计了，立千百户牌子头，又设八十个宿卫的人，七十个做散班，建立千百户制度和怯薛制度的雏形。[47] 在1206年立国，铁木真授开国有功者九十五千户，千户、百户长主要来自追随铁木真的那可和实力派贵族；进一步完善怯薛组织，于各官人并白身人儿内，选择有技能身体壮的做怯薛歹；通过一系列的训言和命令，将草原各部族编入千、百户组织，千百户的贵族和百姓都对大汗和上级绝对服从。正如志费尼所描述的，一个统帅十万人马的将军犯了错，大汗只需派一名普通士兵就可按规定的方式处罚他。如果要他的头，就割下他的头，如要金子，就从他身上取走金子。[48] 人们只能留在指定的百户、千户或万户内，不得转移到另一单位，也不得到别的地方寻求庇护。违反此令，迁移者药处死，收容者也要受严惩。[49]

从盟誓向札撒的过渡的过程，也是那可、实力派贵族转变为黄金家族的家臣的过程。由此缔造了结构严密、高度统一的国家组织，同时也建成令世界为之战栗的战争机器。

四、蒙古复仇与法律的关系

古代蒙古的法律称为札撒，其法律渊源可以分为铁木真的命令和传统习惯约定。铁木真统一蒙古诸部、建立国家过程中先后颁布的各种命令是

---

[44] 佚名：《元朝秘史》，齐鲁书社2005年版，第90页。

[45] 佚名：《元朝秘史》，齐鲁书社2005年版，第136页。

[46] ［伊朗］志费尼：《世界征服者史》，何高济译，内蒙古人民出版社1980年版，第28页。

[47] 佚名：《元朝秘史》，齐鲁书社2005年版，第123页。

[48] ［伊朗］志费尼：《世界征服者史》，何高济译，内蒙古人民出版社1980年版，第33页。

[49] ［伊朗］志费尼：《世界征服者史》，何高济译，内蒙古人民出版社1980年版，第34页。

法律中的创制部分，是顺应历史潮流对社会发展新需求的法律回应，也是法律中的变革和主导力量。约孙是古代蒙古社会的传统习惯，因被铁木真认可并作为法律规则予以实施时，就成为札撒的组成部分。它是对传统社会规范的继承。无论是札撒中的命令部分还是约孙部分，能够成为法律，都是以铁木真依靠军事、宗教力量取得政治上的成功为前提，公权力是札撒产生的基础。古代蒙古复仇与法律的关系表现在两个方面：一是复仇在公权力产生，也就是铁木真政权产生过程中的作用；二是复仇作为古代蒙古社会的传统习惯，转化为札撒。

复仇是私人或团体之间利益冲突的私力解决方式，在铁木真统一和征服过程中，起到发动战争的借口和鼓动军事行动的口号的作用。铁木真与蔑儿乞、泰亦赤兀、塔塔儿之间的冲突是为了报夺妻、夺取部众或杀父之仇。随着铁木真力量的壮大，开始致力于争夺统治权之时开始，复仇仅仅是掠夺财富为目的进行征伐的借口。恩格斯曾经就野蛮人的掠夺财富的心理有过经典的描述："邻人的财富刺激了那些视财富的获得为人生主要目标的人的贪欲。他们是野蛮人，在他们看来，抢劫要比生产来得容易些，甚至于光荣些。战争以前本来仅为了报仇或拓展受限制着的土地才被使用的，到了现在，遂专为从事抢劫而使用，且成为正当职业。"〔50〕用以表述铁木真的征服是再恰当不过的了。复仇不是铁木真游牧帝国成立的动力，征服和掠夺才是他想要的。这不仅是铁木真的梦想，更是整个草原的需求。复仇仅仅是进行征服和掠夺所使用的口号或旗帜。贵由给罗马教皇的信或许能够说明一定问题。针对教皇对蒙古人质疑屠杀那么多的人，特别是基督徒，波兰人、摩拉维亚人和匈牙利人，贵由的回答："因为他们不服从天神的旨意，及成吉思汗、合罕的命令，而设谋杀害了我们的使者，因此天神命令我们消灭他们并把他们交给我们手里。"要知道杀使者的仅仅是花剌子模的一个诸侯而已，与波兰人、匈牙利人又有什么关系呢？这充分暴露了铁木真所缔造的蒙古帝国的掠夺本性，而复仇仅仅是掩盖其侵略的遮羞布。也就是说，复仇不是帝国形成的动力，在帝国形成中的影响微乎其微。

---

〔50〕〔德〕马克思、恩格斯：《马克思恩格斯选集》(第4卷)，中共中央马克思恩格斯列宁斯大林著作编译局编译，人民出版社1995年版，第13页。

复仇本来是一种个人或共同体制裁杀害行为的私刑，但它不可避免地受到古代蒙古的传统习俗的制约而社会化。其社会化的具体表现为复仇相关主体范围的缩小和复仇方式的逐步理性化。古代蒙古复仇经历了血族复仇到仅限于直系血亲的血亲复仇，到决斗为主的复仇方式。立国前的英雄时代，杀人不为罪，复仇光荣；立国后的蒙古，复仇者依附主权的黄金家族，并得到主权者信任后，主权者会将其仇人交其处理。与其说是主权者对复仇的限制，不如说是帮助同盟者复仇。当我们说立国后的复仇限制，是相对于血族复仇而言。复仇应该是依然依靠习惯来处理，决斗依然存在，得到法律认可。当蒙古人四处征服并疯狂屠城时，怎么可能禁止复仇呢？甚至在元代，深受中原文化影响后的蒙古统治者依然从法律上认可复仇。在铁木真的大札撒中明确规定决斗，显然这是解决纠纷尤其是复仇问题的重要方式。蒙古学专家考证，大札撒第三条规定了禁止介入他人争斗，所以复仇是作为古代蒙古的传统习俗被铁木真采用，并吸收到法律中的。

蒙古立国后没有"禁止复仇"。大断事官的职责中，属于审判权范围的只有盗窃、诈伪和家族财产分配。[51]铁木真给予失吉秃忽秃道："如有盗贼诈伪的事，你惩戒着，可杀的杀可罚的罚。百姓每分家财的事，你科断者，凡断了的事，写在青册上，已后不许诸人更改。"法律的任务是对各种利益进行分类，在一定范围和程度进行承认并通过司法和行政进行有效保障。[52]法律对各种利益的保护是有先后和轻重轻重缓急的。对于铁木真为代表的主权者来说，怯薛制度、千户百户制度是决定黄金家族安全、征服其他部族、夺取战利品的关键。还有，盗窃、诈伪、财产分配是关系政治组织利益的重要事项，影响其统治秩序。相比之下，复仇这一私人关系无疑就是"细故"而已。并没有迫切需要提到规范之列，依然由传统社会规范进行调整。巴托尔德《七河史》中指出，铁木真的札撒是"蒙古公法"[53]，这提醒我们，大札撒只是构建蒙古帝国主要框架和基本关系的粗略的根本法而已。关于与复仇有关的私斗的规定，也就是将传统习俗纳入

〔51〕 佚名：《元朝秘史》，齐鲁书社 2005 年版，第 139 页。

〔52〕 ［美］罗斯科·庞德：《通过法律的社会控制》，沈宗灵译，商务印书馆 2010 年版，第41 页。

〔53〕 ［俄］巴托尔德：《七河史》，赵俪生译，中国国际广播出版社 2011 年版，第 45 页。

到法律范围很可能是在窝阔台到蒙哥时期的事情。

　　古代蒙古复仇与法律关系的演变过程是从法律对复仇的放纵、法律限制、一定程度地认可。作为社会规范的复仇，与法律始终并存。札撒对决斗的肯定以及元朝法律对复仇予以适度认可，只是法律对传统习俗的借鉴可吸收。尽管古代蒙古的法律与复仇有着并行、吸收和替代的过程，但复仇与法律始终是两套不同的解决同类冲突的规范。复仇是属于法律来源的社会规范的内容，它不是法律的主导部分，更不是法律的精华所在。法律起源于社会能够主导社会发展力量的理念支配下制定的规则。习惯法起源于习惯，但引领时代发展的法律总是起源与社会发展潮流适应的思想和理念。从古代蒙古法律与复仇的关系我们法律并非起源于法律，而是主权者在政权形成过程中发布的一系列涉及军事、经济和政治的命令。

中国传统民法文化专论

唐、宋、元时期关于借贷之债的法律规定

王文书[*]

现代法律意义"债"的分类源自于西方法律制度，如果说得更具体，是罗马帝国的法律制度。现代的历史学家研究中国历史多采用西方的概念和分类。如宋代法律史专家郭东旭先生所著《宋代法制研究》对宋代"债法"进行论述，关于债的发生分为：因契约所生之债、因侵权所生之债、因不当得利所生之债，古代中国有此三种"债"之事实，而无三种"债"之名义，而中国古代的债多指合同（契约）之债中的借贷之债和买卖之债中的商业信用，本文所研究的是主要是借贷之债。借贷是民法规范的民事行为，自古至今皆然，本文对唐、宋、元三个朝代关于借贷之债的法律规定作一综合考察，以期展现古代中国民法的面貌。

一、唐、宋、元时期关于借贷主体资格的限定

从唐代开始律文有了相对完整、详细的留存。我们可以从《唐律疏义》《宋刑统》《庆元条法事类》《元典章》等现存的法律文本来探寻唐代以后对借贷之债的调整和规范。本节主要探讨唐、宋、元时期对借贷主体双方资格的规定。

* 河北大学历史学博士，郑州大学历史学博士后，衡水学院董子学院讲师，主要从事社会经济史和地域文化研究。

（一）唐、宋、元时期对官员借贷主体资格的限制性规定

1. 唐代禁止地方官员在自己的管辖地放贷取利

"开元十五年（727 年）七月二十七日敕，应天下诸州县官，寄附部人兴易，及部内放债等，并宜禁断。"[1] 唐代并不禁止官员家庭从事放贷生息，但绝对禁止官员在自己的管辖范围内从事放贷以及将本钱寄附部人兴易。为此，一些地方官采取了变通的方法，相互勾结，在彼此的辖区内放债取利，相互为对方提供便利，以谋取利息收入。故此，天宝九年（750 年）"十二月敕，郡县官寮，共为货殖，竞交互放债侵人，互为征收，割剥黎庶。自今已后，更有此色。并追人影认一匹以上，其放债官先解见任，物仍纳官，有賸利者，准法处分。"[2] 如果官员在对方的辖区内放债，被人指证一匹以上者，罢免现任官职，所放财物没收入官，如有赢利，按照法律规定处罚，其处罚标准见后表。

唐代禁止分封的世家亲到封地征收赋税，也不得在封地范围内经营有利借贷。"封家总合送入京，其中有别敕许人就领者，待州征足，然后一时分付，征未足闻，封家人不得辄到出封州，亦不得因有举放，违者禁身闻奏。"[3]

《宋刑统》规定类似唐律，但有具体罪名和处罚例，"臣等参详"，规定"今后监临官于部内放债者，请计利以受所监临财物论，过一百匹者，奏取敕裁。"[4]《唐律》规定："诸监临之官，受所监临财物者，一尺笞四十，一匹加一等；八匹徒一年，八匹加一等；五十匹流两千里。与者，减五等，罪止杖一百。"[5] 参酌受所监临财物罪的处罚，考校出对监临官于部内放债的惩罚，详情见下表：

---

[1] （宋）王溥：《唐会要》卷八八《杂录》。
[2] （宋）王溥：《唐会要》卷六九《县令》。
[3] （宋）王溥：《唐会要》卷九零《缘封杂记》。
[4] （宋）窦仪：《宋刑统》卷二六《杂律》。
[5] （宋）窦仪：《宋刑统》卷二六《杂律》。

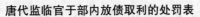

唐代监临官于部内放债取利的处罚表

利息数量	监临官于部内放债取利的处罚		受所监临财物罪的处罚	
	主者	与者	主者	与者
一尺~一匹	笞刑四十	免于处罚	笞刑四十	免于处罚
一匹~二匹	笞刑五十		笞刑五十	
二匹~三匹	杖刑六十		杖刑六十	
三匹~四匹	杖刑七十		杖刑七十	
四匹~五匹	杖刑八十	笞刑四十	杖刑八十	笞刑四十
五匹~六匹	杖刑九十	笞刑五十	杖刑九十	笞刑五十
六匹~七匹	杖刑一百	杖刑六十	杖刑一百	杖刑六十
七匹~八匹	徒刑一年	杖刑七十	徒刑一年	杖刑七十
八匹~十六匹	徒刑一年半	杖刑八十	徒刑一年半	杖刑八十
十六匹~三十二匹	徒刑二年	杖刑九十	徒刑二年	杖刑九十
三十二匹~四十匹	徒刑二年半	杖刑一百	徒刑二年半	杖刑一百
四十匹~四十八匹	徒刑三年		徒刑三年	
五十匹	流刑两千里		流刑两千里	
百匹以上	奏取敕裁		奏取敕裁	

　　南宋对官员放债的规定比北宋更加明确和严格。《庆元条法事类》载南宋的相似规定："诸监临官质当所监临财物及放债者，徒二年（若令亲戚及容亲随人放债者，准此），计利赃重者，依乞取监临财物法在官非监临减一等。"[6] 从此段文字中可以看出，南宋时监临官于辖区内放债所受处罚起点远高于北宋，并且官员亲属亲随人放债与官员所受处罚相同，均徒二年。按《唐律》规定所获利息超过受杖刑六十的标准为赃重，计利赃重者，按照受所监临财物法中在官非监临减一等处罚。

---

〔6〕（宋）谢深甫修：《庆元条法事类》卷八零《出举债负·敕·杂敕》。

2. 唐、宋、元法律对官员作为借贷人的禁止性规定

唐律禁止官员在管辖范围内以借贷人身份行使诸般借贷。"诸监临之官私役所监临及借奴婢、牛马驼骡驴、车船、碾磑、邸店之类，各计庸赁，以受所监临财物论。"[7] 其处罚可参照前表。但是禁止范围排除了亲戚间的借贷，"其于亲属，虽过限及受馈、乞贷，皆勿论。亲属，谓缌麻以上及大功以上婚姻之家。余条亲属，准此。"[8] 同时，禁止监临之官家人借贷的行为，意在排除其中的贪腐问题。"诸监临之官家人，于所部有受乞、借贷、役使、卖买有胜利之属，各减官人罪二等。官人知情，与同罪；不知情者，各减家人罪五等。其在官非监临及家人有犯者，各减监临及监临家人一等。"[9]

唐代官员任内借贷处罚表

数　量	监临官家人于部内借贷			在官非监临家人于部内借贷		
	家人所受处罚	官员所受处罚		家人所受处罚	官员所受处罚	
		知　情	不知情		知　情	不知情
一尺～一匹	笞刑二十	笞刑二十	免于处罚	笞刑十	笞刑十	免于处罚
一匹～二匹	笞刑三十	笞刑三十		笞刑二十	笞刑二十	
二匹～三匹	笞刑四十	笞刑四十		笞刑三十	笞刑三十	
三匹～四匹	笞刑五十	笞刑五十		笞刑四十	笞刑四十	
四匹～五匹	杖刑六十	杖刑六十	笞刑十	笞刑五十	笞刑五十	笞刑十
五匹～六匹	杖刑七十	杖刑七十	笞刑二十	杖刑六十	杖刑六十	笞刑二十
六匹～七匹	杖刑八十	杖刑八十	笞刑三十	杖刑七十	杖刑七十	笞刑三十
七匹～八匹	杖刑九十	杖刑九十	笞刑四十	杖刑八十	杖刑八十	笞刑四十
八匹～十六匹	杖刑一百	杖刑一百	笞刑五十	杖刑九十	杖刑九十	笞刑五十

〔7〕 （唐）长孙无忌等撰：《唐律疏议》卷一一《职制》。
〔8〕 （唐）长孙无忌等撰：《唐律疏议》卷一一《职制》。
〔9〕 （唐）长孙无忌等撰：《唐律疏议》卷一一《职制》。

唐、宋、元时期关于借贷之债的法律规定

数量	监临官家人于部内借贷			在官非监临家人于部内借贷		
	家人所受处罚	官员所受处罚		家人所受处罚	官员所受处罚	
		知　情	不知情		知　情	不知情
十六匹~三十二匹	徒刑一年	徒刑一年	杖刑六十	杖刑一百	杖刑一百	杖刑六十
三十二匹~四十匹	徒刑一年半	徒刑一年半	杖刑七十	徒刑一年	徒刑一年	杖刑七十
四十匹~四十八匹	徒刑二年	徒刑二年	杖刑八十	徒刑一年半	徒刑一年半	杖刑八十
五十匹以上	徒刑二年半	徒刑二年半	杖刑九十	徒刑二年	徒刑二年	杖刑九十

　　唐律亦有对于去职官的向旧属下、治下百姓借贷定罪量刑的规定，"诸去官而受旧官属、士庶馈与，若乞取、借贷之属，各减在官时三等。"去官谓家口未离本任所者。[10]

　　北宋继承了唐律的规定。南宋禁止官员任内借贷的规定上升为正条，地位更显著。南宋《庆元条法事类》规定："诸命官举债而约于任所偿者，计本过五十贯，徒二年。重叠或于数处举借皆通计。财主、保引人知情，计已分过数者，各杖一百，数外财物没官；偿讫事发者，各减五等，仍免追没。因于任所受乞借贷之类，偿讫不减。"[11] 其意为，朝廷正式任命的官员借贷约定上任后于任所偿还，如果本金过五十贯以上，官员受徒刑二年。如果几次借贷或于几处借贷以总数统计本金的多少。若出借人和保借人知其为命官，按其所得之分数，各受杖刑一百，还未所得的财物没收入官。如果已经偿还，借贷官员、出借者、保人减五等受罚。如果借贷发生在官员的辖区，即使完毕罪不减等。

---

〔10〕　（唐）长孙无忌等撰：《唐律疏议》卷一一《职制》。

〔11〕　（宋）谢深甫修：《庆元条法事类》卷八零《出举债负·敕·杂敕》。

元代情形有了变化，与唐宋相比，严禁官员借贷的规定有了松动，允许现职官员于下属处借贷，但必须签署正式借贷契约。元贞元年（1295年）六月，"御史台呈准：在任官吏凡取借部下诸人钱债，各立保见出息文约，依数归还。违者各从一多者为重，准不枉法例减二等断罪。"[12] 至大二年七月又规定："凡借部下诸人钱债，合依已拟，遵依都省元行，明呈保见出息文凭，依理归还，如有指借为名，不立保见，又不依数归还，从一多者为重，依不枉法例减二等断罪；其恃势强借，就托上户领钱营运以求利者准上科罪。"[13] 二者所规定的内容大体相同，至大二年增加了强行出借托付营运的处罚。其处罚的原则、量刑的依据是，对违反规定的官员，在多个借贷中按照借贷数量最多者断罪，准照六赃之一的取赃不枉法减二等定罪。详情见下表：

元代官员取借部下钱债不立文约的处罚表

贯　数	取赃不枉法的处罚	取借部下钱债不立文约的处罚	恃势强借就托上户领钱营运以求利的处罚
不满贯	不满贯者，量情断罪。解见任，别行求仕。	不满贯者，量情断罪。	不满贯者，量情断罪。
一贯至二十贯	笞刑四十七，本等叙。	笞刑二十七，本等叙。	笞刑二十七，本等叙。
二十贯以上至五十贯	笞刑五十七，注边远一任。	笞刑三十七，本等叙。	笞刑三十七，本等叙。
五十贯以上至一百贯	杖刑六十七，降一等。	笞刑四十七，本等叙。	笞刑四十七，本等叙。

---

[12] 《元典章》之《户部》卷一三《钱债》。
[13] 《元典章》之《户部》卷一三《钱债》。

续表

贯　数	取赃不枉法的处罚	取借部下钱债不立文约的处罚	恃势强借就托上户领钱营运以求利的处罚
一百贯以上至一百五十贯	杖刑七十七，降二等。	笞刑五十七，注边远一任。	笞刑五十七，注边远一任。
一百五十贯以上至二百贯	杖刑八十七，降三等。	杖刑六十七，降一等。	杖刑六十七，降一等。
二百贯以上至三百贯	杖刑九十七，降四等。	杖刑七十七，降二等。	杖刑七十七，降二等。
三百贯以上	杖刑一百七，除名不叙。	杖刑八十七，降三等。	杖刑八十七，降三等。

（二）唐、宋法律限制部分主体的借贷资格

对卑幼借贷主体资格的限制：唐代家庭内成员的法律地位是不平等的，作为晚辈子弟并无完全的民事行为能力，尤其表现在对财产的权利上，只有家长才握有对家庭一切财产的绝对支配权，晚辈的子弟没有法律意义上的财产权利以及独立行使借贷的资格。即家长在时，法律不允许子孙私自处理家产，并视子孙私自典卖家产之行为为无效行为。

> ［开元二十五年（737 年）］诸家长在（"在"谓三百里内，非隔关者），而子孙弟侄等，不得辄以奴婢、六畜、田宅及余财物私自质举及卖田宅（无质而举者，亦准此）。其有质举、卖者，皆得本司文牒，然后听之。若不相本问，违而与及买者，物即还主，钱没不追。[14]

以上是开元令，从上文可见，开元令对晚辈子弟的典质、借贷行为仅作了民事的规定，宣布交易的不成立，恢复原来的状况；但元和令做出了重大修改：一是不仅认定交易无效，而且对相关责任人——钱主、保人采

---

［14］［日］仁井田升：《唐令拾遗》之《杂令第三十三》，栗劲等编译，长春出版社 1989 年版。

取了刑事处罚。二是改变原来的交易无效的规定，为保护公廨钱等官营借贷的本利不受损失，令保人对损失的官营借贷本利，当然也包括私营民间借贷的损失均摊赔还。唐元和五年（810年）十一月六日敕节文[15]：

> 应诸色人中，身是卑幼，不告家长，私举公私钱物等，多有此色子弟，凶恶徒党因之交结，便与作保，举诸司及形要家钱物，同为非道破用。家有尊长，都不知委。及征收本利，举者便东西。保人等即称"举钱主见有家宅、庄业，请便收纳"。喧诉相次，实扰府县。今后如有此色举钱，无尊者同署文契，推问得实，其举钱主在与不在，其保人等并请先决二十；其本利仍令均摊填纳，冀绝奸计。

在宋初沿袭了唐代的规定，《宋刑统》重申了这一原则规定并有进一步地向细化、可操作性演进发展。《宋刑统》卷一三《户婚·典卖指当论竞物业门》云：

> 应典卖物业或指名质举，须是家主尊长对钱主或钱主亲信人，当面署押契帖。或妇女难于面对者，须隔帘幕亲闻商量，方成交易。如家主尊长在外，不计远近，并须依此。若隔在化外，及阻隔兵戈，即须州县相度事理，给予凭由，方许商量交易。如是卑幼骨肉蒙昧尊长，专擅典卖、质举、倚当，或伪署尊长姓名，其卑幼及牙保引致人等，并当重断，钱、业各还两主。其钱已经卑幼破用，无可征偿者，不在更于家主尊长处征理之限。应田宅、物业虽骨肉不合有分，辄将典卖者，准盗论，从律处分。[16]

从上述引文可以看出宋代借贷主体资格规定的发展，有以下几点：

（1）重申了家主、尊长的家庭借贷主体资格以及卑幼的限制性资格，

---

[15]（宋）窦仪：《宋刑统》卷二六《杂律》。又见《唐会要》卷八八《杂录》。元和五年（810年）十一月敕：应中外官有子弟凶恶，不告家长，私举公私钱。无尊长同署文契者，其举钱主并保人，各决二十，仍均摊货纳，应诸色买卖相当后，勒保人面付卖人价钱。如违，牙人重杖二十。京兆尹王播所奏也。

[16]（宋）窦仪：《宋刑统》卷一三《户婚》。又见于《天圣令》有相同内容："诸家长在，子孙弟侄等，不得辄以奴婢、六畜、田宅及余财物私自质举及卖田宅。无质而举者，亦准此。其有家长远令卑幼质举卖者，皆检于官司，得实然后听之。若不相本问，违而辄与及买者，物追还主。"

签订借贷契约时家长必须在场；强调妇女家长的家长身份。（唐代不少留存的契约女性尊长并不是家长，契约仅仅作为附署人身份出现）；法令强调即使家长在外，也必要到场出席契约签字仪式；如果家长在化外或兵戈阻隔，官府要出具证明方可商议交易事宜。

（2）对于欺瞒家长的情况下做出的借贷交易，不仅交易无效，"钱、业各还两主"，仍然回到了唐令的立场上。即使其借贷的金钱已经被卑幼破用，家主尊长不负任何责任，而且牙保等中人和卑幼都要承担相应的责任，受到法律的制裁，特别是宋代尽管卑幼所典质的物业其嫡亲骨肉没有所有权，对卑幼也要重予断罪，则又是唐律所无。

元代承继了宋代对卑幼借贷资格限制的原则，但具体内容有所变化和进步。《至元杂令》之卑幼交易条：

> 诸有尊长，卑幼不得典卖田宅、人口。其尊长出外，若遇阙乏，须合典卖，疾病、官事之类于所属陈告，验实给据，即听交易。违者，田宅人口各还主，债并不追。若卑幼背尊长、奴婢背主及官户监，不得作债，知而与者，债并不追。财主不知，保人代偿，无保者亦不追。若从征代及在他应当差役，实有关用，听所属官司告结文凭。[17]

一是对卑幼的借贷资格限制继续保留，同时，对某些急需借贷的情况（如疾病、官事）做了较宋代进步的修正补充。宋代即使家长外出卑幼也不能行使借贷典卖权，只有家长在化外或兵戈阻隔由官府给予证明才可实行。而元代如家长外出，卑幼遇到疾病、官事等紧急缺乏的情况，提出申请，由官府给予验证后即可交易。二是元代增加奴婢、官户监等借贷权利的限制。三是如果借贷者借贷典卖以应付国家兵役、差役卑幼可以行使借贷权。总之，卑幼交易向着更为灵活性的方向发展，尽量保证家庭经济生

〔17〕 黄时鉴：《元代法律资料辑存》之《至元杂令》，浙江古籍出版社 1988 年版。另见《元典章》之《户部》卷一三《卑幼不得私借债》。中统四年（1263 年）六月十三日圣旨："尊长在日，卑幼不得私借钱债及典卖田宅人口，财主亦不得与富家通同借与钱债，如违，其借钱人，并借与钱人、牙保人一例断罪，及将元借钱物追没入官，仍仰中书省遍行随路禁断施行。"延祐四年（1317 年）正月圣旨："俺如今与省家文书，交多出文榜，严行禁治，依在前体例，将那借了的分卖了物的，钱都交没，官将正犯人并般弄着取钱的、借与钱的人和保见写文书的人及卖物的人每，根底都重要罪过，教监察每廉访司常加体察呵，怎生奏呵那般者，喂道的是有好生禁治者么道。"

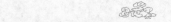

活的顺利进行或国家赋役制度的顺利实施，又不违背所谓伦理纲常。

　　罗马法对家子的接受金钱的消费借贷，是以无效处理的。乌尔比安《论告示》第二十九编云："关于处理马彻多尼安案件的元老院决议如下：马彻多尼安放荡不羁的天性也表现在他处理借贷的独特方式上——在没有任何偿还保证的情况下进行金钱的消费借贷。这就为不良行为提供了可乘之机。因此，我们规定：以消费借贷的名义借钱给家子的人，即使在家子所处父权下的家父去世后，亦不赋予出借人诉权以请求返还借出的金钱。所以，放高利贷者应当懂得，即使是在家父死后亦无权请求家子返还所借的金钱。"这很类似中国唐宋令的有关规定，尽管唐宋时还包含了出卖或典卖。

　　需要补充的是，明代没有规范卑幼借贷主体资格专门的法条，而唐宋元专门规定了限制卑幼借贷的条款。对此要从两方面来看：一方面，要看到，对卑幼的借贷主体资格的限制，实际是对没有民事行为能力的或限制民事行为能力的公民的保护，有利于保护私有财产，稳定社会生产和社会秩序；另一方面，限制卑幼的借贷资格，维护家长的所谓尊严，是法律维护封建伦理在经济领域的体现，个人的人格没有得到必要的尊重，不利于个人创造性的发挥。

　　（3）对某些特殊人群的限制性放贷从实际上限制了这一人群的借贷主体资格。例如，南宋禁止对士兵放贷。《庆元条法事类》卷八零《杂门·出举债负·杂敕》规定："诸放债与兵级者，徒二年；与将校及剩员、若刺面人、并出军家口，杖一百。以上取者，各减三等。放债与急脚马递铺、兵级曹司及其家人者仍许人告。出军家口，不坐。放债财物不追。"[18]法律对各类军人放债行为的处罚目的在于减轻高利贷对兵士的利息剥削，稳定兵士的生活；同时也限制了兵士作为借贷的主体资格，减少了借贷的机会，在国家对士兵的财政供给不足的情况下，造成了生活困难的士兵找不到缓解的办法。

　　元代成宗时期禁止百姓、军官向军户放贷，同时禁止军户借取高利贷。《至大改元诏》规定："应管军官举放本管军人钱物，诏书到日尽行倚

---

　　〔18〕　（宋）谢深甫修：《庆元条法事类》卷八零《杂门·出举债负·杂敕》。

免，典卖亲属悉听完聚，价不追还。"[19]《大元通制条格》载"大德（1298年）二年三月，枢密院照得：先为和林等处军人取借诸人钱债，有财主前去随路奥鲁家属处取索，准折财产，骚扰军户，已经札付管军官员厘勒头目，及出榜禁约，军人并诸人不得私下取借，财主亦不得出放债负。如有违犯，取放钱人一体究治。本管头目有失觉察者，亦行取招断罪。若有债主人等径直私下取索钱债，勿得归还。遍行各处去讫。今广平等路状申，和林当军人郑荣等状告，忽都鲁、杨宣差等前监守，勒要和林当役军人借讫钱债，非理骚扰。枢府除已另行取问外，若有似此前来取索钱债之人，开坐姓名申院，非枢密府明文，无得归还。"[20]但到元顺帝至正时期，军官放贷已经普遍了，政府不得不出台法律来规制军官放贷行为，详情见后文利率的规定。

二、唐、宋、元时期关于借贷利息与利率的规定

（一）唐代法律规定的标准利率和利息总量的限制

唐代法律规定的标准利率分为两种，一为官本利率，另为私本利率，并一本一利，禁止复利，一本利息总量不得超过本金。

从现存资料大致可理出唐代的情况，武则天长安元年（701年）十一月十三日敕，"负债出举，不得回利作本，并法外生利。仍令州县，严加禁断。"[21]可见，在武则天之前，国家既有最高利率和禁止复利的规定，此敕不过再次重申禁令。

《唐会要·杂录》载，唐玄宗开元十六年（728年）二月十六日诏："比来公私举放，取利颇深，有损贫下，事须厘革。自今已后，天下负举，祇宜四分收利，官本五分取利。"[22]《宋刑统》载，开元二十五年（737年）"诸公私以财物出举者，任依私契，官不为理。每月取利，不得过六分。积日虽多，不得过一倍……又不得回利为本（其放财物为粟麦者，亦不得回利为本及过一倍）。若违法积利、契外擎夺及非出息之债者，官为

---

〔19〕 陈高华等编：《元典章》之《户部》卷一三《钱债》，天津古籍出版社2011年版。

·〔20〕 方龄贵校：《〈通制条格〉校注》卷二八《杂令》，中华书局2001年版。

〔21〕 （宋）王溥：《唐会要》卷八八《杂录》。

〔22〕 （宋）王溥：《唐会要》卷八八《杂录》。

理。"[23]

玄宗时期的情况大致为：

第一，规定标准利率为私营借贷是年息四分出息（40%），官本借贷是年息五分出息（50%）；开元二十五年（737 年）规定短期借贷的利率为月息六分即月息6%，折合年息为72%，明显高于以年为期的借贷利率，这也符合古代短期借贷利率高于相对长期的借贷利率，此规定大概考虑了长短期放贷收益不同的因素。

第二，在私营借贷中禁止复利、利息总量不能超过本金的一倍。即所谓的"回利为本""回利充本"，利息不能返折为本金，重新生利，即禁止复利；借贷无论以财物 偿还或以粟麦偿还，虽过时限，利息累计不得超过本金，即不能过一倍。

但对于官营借贷则采取了不同的政策，允许复利的存在，"若官物及公廨，本利停讫，每计过五十日不送尽者，余本生利如初，不得更过一倍。"[24]意思是，官营借贷如果利息总量等同于本金，则为本利停讫，如果在这一核算周期内五十天不能将本利全部送达，所欠的本利重新作为本金核算，二次核算的利息总量不能超过二次欠负的总数。编纂于唐玄宗开元二十七年（739 年）的《唐六典》载，"凡质举之利，收子不得逾五分，出息，债过其倍。若回利充本，官不理。"[25] 此规定是说明官营借贷的公廨本钱的。有学者以为此条记载有衍文和错简，此条史料置于《唐六典》比部郎中员外郎条注公廨本钱之下，并非针对私营借贷而言，唐代对以公廨本钱为代表的官营借贷采取了与私营借贷不同的政策，官营借贷"凡质举之利，收子不得逾五分，出息，债过其倍"，不是指利息总量不过50%，而是指年利率不超过50%，债本超过所出利息的一倍，即利息不得超过债本的一倍。"若回利充本，官不理。" 意思是，如果公廨本钱回利为本，官

〔23〕（宋）窦仪：《宋刑统》卷二六《公私债务·官吏放债》。

〔24〕（宋）窦仪：《宋刑统》卷二六《公私债务·官吏放债》。

〔25〕（唐）李林甫：《唐六典》卷六《"比部郎中员外郎"条》，中华书局 1992 年版。

府不予干涉。[26]

第三，"出举"在古代基本是指有息借贷，唐宋时期国家对于民间有息借贷契约采取了放任的态度，民间借贷可自由订立契约，自由规定借贷的数量和利息及履行等内容，官府并不过问，国家既不参与、干预其订立过程，也不参与或干预其正常履行。开元二十五年（737 年）之《开元令》载："诸出举，两情和同。"[27]《宋刑统·杂律》规定："诸公私以财物出举者，任依私契，官不为理。"[28]唐代《杂令》关于粟麦等粮食作物的出举有与此类似的规定："诸以粟麦出举，还为粟麦者，任依私契，官不为理。"[29]但"官不为理"是有前提条件的，一是最高利息率的限制，二是利息的总量控制，即利息总量不得超过本金。一旦借贷行为突破前提条件，"私契取利过正条者，任人纠告，利物并入纠人。"

在唐玄宗之后关于民间借贷利率和利息总量的法律规定经历了何种变化，由于文献的缺失我们不得而知了，到了唐敬宗时期，宝历元年（825年）正月七日救节文中反映出一些变化，"应京城内有私债，经十年已上，曾出利过本两倍，本部主及元保人死亡，并无家产者，宜令台府勿为征理。"[30]京城范围内的私债经过十年，出利息两倍于本金，并且借贷者及保人死亡，并无家产抵当的正式放免。可见，此时利息总量不超过本金的一倍的规定已经发生了变化。

（二）宋代对利率、复利和利息总量的规定

北宋前期继承了唐代的相关规定。如唐代与北宋关于粮食借贷的规定相同，《开元令》载，"诸以粟麦出举，还为粟麦者，任依私契，官不为理，仍以一年为断，不得因旧本更令生利，又不得回利为本。"《宋刑统·杂

---

［26］ 这里肯定有衍文和错简。"质举"，可能是"举质"二字互倒（也可能是"出举"误为"质举"），因为唐代后来的《户部格敕》确实有"举质"的用法："天下私举质，宜四分收利，官本五分生利。"当然，这里的利息率较前有所降低了，这是一个发展。另外，"出息、债过其倍"及"回利充本"，利息超过本金及以利充本再生利，正是"官为理"的对象。可能《唐六典》此处的"官不理"应是"官为理"，"为"字误为"不"。唐代《杂令》正是此意。

［27］ ［日］仁井田升：《唐令拾遗》之《杂令第三十三》，栗劲等编译，长春出版社 1989 年版。

［28］ （宋）窦仪：《宋刑统》卷二六《公私债务·官吏放债》。

［29］ ［日］仁井田升：《唐令拾遗》之《杂令第三十三》，栗劲等编译，长春出版社 1989 年版。

［30］ （宋）王溥：《唐会要》卷八八《杂录》。

律》与之同。粮食借贷有只还本色的规定，"一本一利、禁止回利为本"与其他借贷同。

南宋的法定利率有所发展变化，《庆元条法事类·关市令》："诸以财物出举者，每月取利不得过肆厘，积日虽多，不得过壹倍。即元借米谷者，止还本色，每岁取利不得过伍分（谓每斗不得过伍升之类），仍不得准折价钱。"[31] 法定标准利率有所下降，普通短期借贷月息肆厘（即4%），折合年利率为48%，粮食借贷以年为偿还周期，年利率为50%，禁止准折价钱，以防止粮食因价格的波动而损害借贷者的利益。利息总量控制在一本一利，一利不得超过原本金的一倍，称为"倍称之息"。

但是，如果是"因本营运"的借贷（类似资金和劳力的合伙）不受一本一利、利息总量不能超过本金的约束。"淳熙十四年（1187年）申明敕：若甲家出钱一百贯，雇倩乙开张质库营运，所收息钱虽过于本，其雇倩人系因本营运，所得利息，既系外来诸色人将衣物、金银、匹帛抵当之类，其本尚在，比之借贷取利过本者，事体不同，即不当与私债一例定断。"[32]

（三）元代对利率、复利和利息总量的规定

元代法定标准利率进一步下降，其他与唐宋相同。普通短期借贷月息三分（即3%），折合年利率为36%；《至元杂令》："诸以财物出举者，每月取利不得过三分，积日虽多，不得过一倍，亦不得回利为本及立倍契。"[33]《大元通制》规定："诸借取钱债，每钞一两，月息三分，年月虽多，不过一本一利。若有已还之数，准算；如已还讫一本一息者，虽经倒换文契，

---

〔31〕（宋）谢深甫修：《庆元条法事类》卷八零《出举债负·敕·杂敕》。

〔32〕（宋）谢深甫修：《庆元条法事类》卷八零《出举债负·敕·杂敕》。淳熙十四年（1187年）六月二十七日尚书省批状，第336页。

〔33〕黄时鉴辑点：《元代法律资料辑存》之《至元杂令》，浙江古籍出版社1988年版。又见《元典章》之《户部》卷一三《钱债》，"至元十九年（1282年）四月二十七日中书省闻奏：随路权豪势要之家出放钱债，逐急用度添利息，每两至于五分，或一倍之上，若无钱归还呵，除已纳利息外，再行倒换文契，累算利钱，准折人口头疋事产，实是于民不便。俺与众老的每商量来，今后若举取借钱债，每两出利不过三分，这般奏呵奉。"又有《至大改元诏》："诸人举放钱债，每贯月利三分，止还一本一利，已有禁条，其有倒换文契，多取利息者，严行治罪，监察御史廉访司常切体察。"

并不准，使当官追毁。"〔34〕后者比前者规定略详尽些。后者更强调了一本一利的原则，并对重申规避一本一利的倒换文契行为的非法性。对于粮食借贷元代并未有一个法定利率，提出遵从所在地的惯例的原则，同时强调一利一本。"举借谷粟，依乡原例，年月虽多，不过一本一息。"〔35〕

元代专门出台法律规范军官放贷行为。《元典章》记载有禁止军官放贷的内容，但是事实上并没有完全禁止，因为同时记载有规范军官放贷条文，主要是规范利率和禁止复利，并与普通百姓、官员放贷接轨。大德十年（1306年）五月十八日命相诏："管军官吏放债照依通例取息，岁月虽多，不过一本一利，如有取利无度，番息作本，以致军户损乏者，追息回主，仍与治罪，民官私债准此。"〔36〕元代通例是月息三分，如果军官放贷给军人超过规定利率受杖刑三十七。"军官私债照依通例取息。军官多取军人息钱，越例取息……各决三十七下。"〔37〕法律规定，对于多取的利息应没收入官。大德三年（1299年）正月圣旨："节该借钱取息已有定例，今后军前放债，虚钱实契，不诈归还，多余取利者，追征没官，约量治罪。"〔38〕

三、唐、宋、元时期关于借贷之债清偿的规定

关于借贷之债清偿的规定主要包括两个方面：一是关于借贷之债违契不偿惩罚的规定；二是对借贷之债偿还中关于"牵掣财物"的规定。

（一）唐宋对借贷违约不偿的处罚

唐政府重视非出息借贷的偿还，突出保护债权人的合法权益，维护"非出息之债"（包括使用借贷及无利息的消费借贷）的正常开展，意在弘扬社会普遍认同的急人之困的美德。

《唐律疏议》卷二六《杂律》规定："诸负债违契不偿，一匹以上，违

〔34〕 方龄贵校：《〈通制条格〉校注》卷二八《杂令》。另《元典章》之《户部》卷五《种佃》："钱债以例三分取息，毋得多余勒要，如有以利作本之数，许诸人陈告到官，严行追断。"

〔35〕 陈高华等编：《元典章》之《户部》卷一三《钱债》，天津古籍出版社2011年版。

〔36〕 陈高华等编：《元典章》之《户部》卷一三《钱债》，天津古籍出版社2011年版。

〔37〕 黄时鉴辑点：《元代法律资料辑存》之《大元通制》（节文），浙江古籍出版社1988年版。

〔38〕 陈高华等编：《元典章》之《户部》卷一三《钱债》，天津古籍出版社2011年版。

二十日笞二十，二十日加一等，罪止杖六十；三十匹加二等，百匹又加三等。各令备偿。"疏议曰："负债者，谓非出举之物，依令合理者，或欠负公私财物，乃违约乖期不偿者，一匹以上，违二十日笞二十，二十日加一等，罪止杖六十。'三十匹加二等'，谓负三十匹物，违二十日，笞四十；百日不偿，合杖八十。'百匹又加三等'，谓负百匹之物，违契满二十日，杖七十；百日不偿，合徒一年。各令备偿。若更延日及经恩不偿者，皆依判断及恩后之日，科罪如初。"[39]

可见，唐宋时期无息借贷之债不能按期限偿还进行刑事处罚，其量刑标准如下表：

非出举之物违约乖期不偿的处罚

	一匹以下	一匹以上	三十匹以下	百匹及以上
二十日	不予处罚	笞二十	笞四十	杖七十
四十日		笞三十	笞五十	杖八十
六十日		笞四十	杖六十	杖九十
八十日		笞五十	杖七十	杖一百
百日		杖六十	杖八十	徒一年

同时，刑事处罚附带民事赔偿，"各令备偿"，都必须赔偿，即使受到了刑事处罚也要偿还。如果在官府宣判之后仍延期不偿，或者经过宽大处理后仍不偿还者，均要以官府判决后期日或宽限以后期日，按违契不偿条二次科罪，足见惩罚之重。[40]

上文所述的《唐律疏议》《宋刑统》所记载的"违契不偿"是对"非

---

〔39〕 钱大群撰：《〈唐律疏义〉新注》卷二六《杂律上·负债违契不偿》，南京师范大学出版社 2007 年版。

〔40〕（唐）长孙无忌等撰：《唐律疏议》。借贷之债的规定影响非常之大，宋代初期的《宋刑统》基本沿用此规定。律令时代的日本也基本保持了原貌。《养老杂律》规定："负债违契不偿、一端以上违二十日、笞二十、二十日加一等、罪止杖六十、三十端加二等、百端又加三等、各令备偿。""负百端之物、违契满二十日、杖七十、百日不偿、合徒一年、各可备偿也。"《养老杂令》还规定："凡公私以财物出举者、任依私契、官不为理、每六十日取利……家资尽者、役身折酬……如负债、逃避、保人代偿。"

出息之债"（使用借贷及无利息的消费借贷而言）。至于"出举"之有息借贷并未见相应律文的规定，但是到了南宋规定发生变化。《庆元条法事类·关市令》有：

> 诸负债违契不偿，官为理索。欠者逃亡，保人代偿，各不得留禁。即欠在伍年外，或违法取利及高抬卖价，若元借谷米而令准折价钱者，各不得受理。其收质者，过限不赎，听从私约。[41]

第一，在南宋一般把"债负"泛指一切债务。"有利债负"才指有息借贷。《关市令》规定的"诸负债"为一切债负，既包括无息借贷、使用借贷，也包含有息借贷。对无息借贷的"官为理"目的在于从道德层面维护出借助人者的利益，但对有息借贷一般是保护借贷者的利益，因为借贷者借贷的原因往往是贫困。随着封建经济的发展，生产性、经营性借贷增加，官为理索的范围也扩展到有息借贷，这不能不说是历史的进步。

第二，《关市令》还规定了违契不偿四种官府不予受理的情形：违期时间在五年以上，过了诉讼时效；出举者违反利息和利率的相关规定，违法取利——一本多利、取利过倍、回利为本；还包括商业信用中赊卖物品高抬卖价；原借谷米而令借贷者偿还金钱，官府都不予受理。

（二）对借贷之债偿还中关于"牵掣财物"的规定

以财物抵偿债务的情形：对于欠负债务，逾期不还，民间契券中常有这样的语言："若前却不偿，听抛家财，平为钱直。"这就涉及律文中规定的"牵掣财物"。违契不偿，用掣夺家资的办法来抵债，官府并不反对，但民间掣夺家资抵债的行为，不是可以随意进行的。《唐律疏议》规定：

> 诸负债不告官司，而强牵财物过本契者，坐赃论。［疏］议曰：谓公私债负，违契不偿，应牵掣者，皆告官司听断。若不告官司而强牵掣财物，若奴婢、畜产，过本契者，坐赃论。若监临官共所部交关，强牵过本契者，计过剩之物，准"于所部强市有剩利"之法。[42]

从程序上，牵掣财物抵偿欠负的行动必须报告官府，经官府判断以后才可进行，否则属于违法。从数量上，牵掣的财物超过了契约中的应还财

---

〔41〕 （宋）谢深甫修：《庆元条法事类》卷八零《出举债负·令·关市令》。

〔42〕 （唐）长孙无忌等撰：《唐律疏议》卷二六《杂律上·负债违契不偿》。

物数量，就要对掣夺者以"坐赃罪"论处。所谓"坐赃"指官吏或一般百姓不是由于收受贿赂或盗窃等原因，而是因为其他缘由为公或为私收取不应该收取的财物，是六赃罪中最轻的一种。放贷人因为借贷者违契不偿，没有经过官府的备案，牵掣借贷者的财物，如奴婢、牲畜之类，超过契约的约定，超出部分按照坐赃罪论处。

《唐律疏议》"坐赃致罪"条规定，"诸坐赃致罪者，一尺笞二十，一疋加一等；十疋徒一年，十疋加一等，罪止徒三年。谓非监临主司，而因事受财者。"[43]强牵物货超出了契约约定的数量，牵掣者应受到刑事处罚。强牵物货超出了契约约定的数量一尺以上一匹以下受笞刑二十，超过一匹加一等（即一匹以上至二匹受笞刑三十；二匹以上至三匹四十；三匹以上至四匹受杖刑五十；四匹以上至五匹六十；五匹以上至六匹七十，六匹以上至七匹八十；七匹以上至八匹九十，九匹以上至十匹一百），十匹以上至二十匹受徒刑一年，十匹以上每十匹加一等（即二十匹以上至三十匹徒一年半，三十匹以上至四十匹二年，四十匹以上至五十匹二年半）五十匹以上三年，三年封顶，因为徒刑最高为三年。

强牵货物过本数量及其对应处罚表

数　量	坐赃罪的处罚	私债强牵物货过本利的处罚
一尺以上一匹以下	笞二十	笞二十
一匹以上至二匹	笞三十	笞三十
二匹以上至三匹	笞四十	笞四十
三匹以上至四匹	杖五十	杖五十
四匹以上至五匹	杖六十	杖六十
五匹以上至六匹	杖七十	杖七十
六匹以上至七匹	杖八十	杖八十
七匹以上至八匹	杖九十	杖九十

---

[43] （唐）长孙无忌等撰：《唐律疏议》卷二六《杂律上·坐赃致罪》。

数　　量	坐赃罪的处罚	私债强牵物货过本利的处罚
九匹以上至十匹	杖一百	杖一百
二十匹以上至三十匹	徒一年半	徒一年半
三十匹以上至四十匹	徒二年	徒二年
四十匹以上至五十匹	徒二年半	徒二年半
五十匹以上	徒三年	徒三年

　　如果监临官与管辖区内人员勾结串通，强牵借贷者财物过本契者，按照超出部分的价值，准"于所部强市有剩利"之法来处罚。《唐律疏议》规定："若卖买有剩利者，计利，以乞取监临财物论。强市者，笞五十；有剩利者，计利，准枉法论。"[44] 可知，于所部强市有剩利又按照枉法论处。《唐律疏议》规定："诸监临主司受财而枉法者，一尺杖一百，一匹加一等，十五匹绞。"[45] 由此可以推论，如果过契约约定牵掣借贷者财物超一尺以上至一匹可受杖刑一百，每增加一匹加重处罚一等，（即一匹以上至二匹受徒一年；二匹以上至三匹徒一年半；三匹以上至四匹徒二年；四匹以上至五匹徒二年半；五匹以上至六匹徒三年，六匹以上至七匹流二千；七匹以上至八匹二千五百里，九匹以上至十五匹三千）十五匹可判绞刑。后官吏枉法增至二十匹判绞刑。"官吏准律应枉法赃十五匹合绞者，自今已后，特宜加至二十匹，仍即编诸律，著为不刊。"[46] 可知，官员放贷，如果借贷者违契未偿，而强取借贷者财物抵偿，过本契约定的处罚会很重，最高可判处绞刑。

---

〔44〕（唐）长孙无忌等撰：《唐律疏议》卷一一《职制下·贷所监临财物》。

〔45〕（唐）长孙无忌等撰：《唐律疏议》卷一一《职制下·监主受财枉法》。

〔46〕（宋）王溥：《唐会要》卷四零《君上慎恤》。

监临官强牵借贷者财物数量及其对应处罚表

数　　量	贪赃枉法的处罚	所部强市有剩利	部内放债强牵财物过本契
一尺	杖一百	杖一百	杖一百
一匹以上至二匹	徒一年	徒一年	徒一年
二匹以上至三匹	徒一年半	徒一年半	徒一年半
三匹以上至四匹	徒二年	徒二年	徒二年
四匹以上至五匹	徒二年半	徒二年半	徒二年半
五匹以上至六匹	徒三年	徒三年	徒三年
六匹以上至七匹	流二千	流二千	流二千
七匹以上至八匹	流二千五百里	流二千五百里	流二千五百里
九匹以上至十匹	流三千	流三千	流三千
十匹以上至十五匹	流三千、加役	流三千、加役	流三千、加役
十五匹及以上	绞	绞	绞

　　《宋刑统》多沿袭《唐律疏议》，一般来讲，宋初的情形和唐代的规定相类似。但是到了南宋对于强行收取借贷者的财务来抵偿债务的做法已经完全禁止了。《庆元条法事类》规定："以威势殴缚取索加故杀罪三等。"[47]惩罚不可谓不严。但是对于借贷者违反契约不能偿还债务的惩罚相对唐代已经减轻了不少，"诸负债违契不偿，罪止杖一百。"[48]债权人向债务人贷放钱物，不得要求债务人以田宅等不动产或耕牛等农家重要生产条件作价偿还。"诸以有利债负折当耕牛者，杖一百，牛还主。"[49]

　　（三）对于作为抵偿准备的质物的处理规定

　　对于收取了质押的借贷，债务人对债务以当物为限来偿付债务，债权人不得强牵债务人的其他财产。当物当为契内可执夺的财物，"契外执夺"即为在当物以外强牵物货。但是质物的出卖也是有一定之规的。《开元令》

---

〔47〕（宋）谢深甫修：《庆元条法事类》卷八零《出举债负·敕·杂敕》。
〔48〕（宋）谢深甫修：《庆元条法事类》卷八零《出举债负·敕·杂敕》。
〔49〕（宋）谢深甫修：《庆元条法事类》卷八零《出举债负·敕·杂敕》。

规定："收质者，非对物主不得辄卖；若计利过本不赎，听告市司对卖，有剩还之。"[50]《天圣令》规定："收质者，若计利过本不赎，听从私纳。"[51]对满期的当物可以出卖，但必须有当物的所有人在场，对于计利过本而不赎的当物，可通知官府有司对当物原主在场情况下出卖，超出本金的部分归原主人所有，此点唐宋相同。

《庆元条法事类》记载，"欠在五年外，或违法取利及交抬卖价，若元借谷米而准折价钱，各不得受理，其收质者过限不赎，听从私约。"[52]可见动产抵押的回赎期限为五年，五年之外过期不赎，债权人取得对当物的约定的处理权。元代亦类似对质物的规定，"诸以财物典质者，并给帖子……经三周年不赎，要出卖，许。或亡失者，收赎日于元典物钱上别偿两倍，虽有利息，不在准折之限。"[53]元代的当物回赎期缩短到三年，后又再次缩短。"元贞二年（1296年）二月，中书省议得，今后诸人解典二周岁不赎许令下架。"[54]"据应典诸物，拟合照依金银一体二年下架，实为民便。"[55]如果在回赎期内，债权人丢失当物应按照典价的两倍来赔偿，虽然是有息借贷不算作准折价钱。[56]

唐代由于货币制度发生变化，作为质押或抵押的财务的取赎办法。肃宗乾元元年，经费不给，铸钱使第五琦铸"乾元重宝"钱，与开元通宝参用，以一当十，亦号"乾元十当钱"。第五琦为相，复命绛州诸炉铸"乾元重宝"，与开元通宝钱并行，以一当五十。由于一当十、五十，引起了价格混乱，钱出现了虚实之名。为交易流通顺畅，肃宗颁布《典贴虚实诏》，曰："应典贴庄宅、店铺、田地、碾等，先为实钱典贴者，令还以实钱价；先以虚钱典贴者，令以虚钱赎。其余交关，并依前用当十钱。"[57]但这种钱出现的时间是很短暂的。至宝应元年（762年）五月随着当十、

---

〔50〕 ［日］仁井田升：《唐令拾遗》之《杂令第三十三》，栗劲等编译，长春出版社1989年版。又见于《宋刑统》卷二六《杂律·受寄财物辄费用》。内容基本相同。

〔51〕 转引自（台）戴建国《唐〈开元二十五年令·杂令〉研究》一书中所引《天圣令》。

〔52〕 （宋）谢深甫修：《庆元条法事类》卷八零《出举债务·令·关市令》。

〔53〕 黄时鉴辑点：《元代法律资料辑存》之《至元杂令》，浙江古籍出版社1988年版。

〔54〕 陈高华等编：《元典章》之《户部》卷一三《钱债》，天津古籍出版社2011年版。

〔55〕 陈高华等编：《元典章》之《户部》卷一三《钱债》。

〔56〕 元代亦有有利债负不许准折的法条，只是已经亡佚不见了。

〔57〕 （宋）王溥：《唐会要》八九《泉货》。

当五十的虚制废除此问题就不存在了。南宋时，在典当业中的所谓钱会中半之制类似唐代"典贴虚实"制。宋孝宗乾道四年（1168 年）五月五日敕规定："民间举质及还欠钱物，其会子正行使用，不得减退百数。"后来又规定："州县之赋租，商贾之贸易，已既并用见钱流转行使，独有民户典买田宅，解库收执物色，所在官司则与之参酌人情，使其初交易元是现钱者，以现钱赎，元是官会者，以官会赎，元是钱会中半者，以中半赎，自畿以至于远方，莫不守之以为成说。"[58]

（四）关于"折役偿酬""以人质债"的规定

唐代法律允许在家资不能完全抵偿债务时可以"折役偿酬"，《开元令》规定："家资尽者，役身折酬，役通取户内男口。"[59]以债务人及其子女（尤指男性）出卖劳役来偿还债务。酬劳之计算方式系按《杂律》规定"仍计庸以当债直，谓计一日三尺之庸，累折酬其债直。"[60]但不改变其原有良人身份。否则一旦非法堕入奴婢贱籍，不仅颠覆了社会秩序，更使国家赋役因公民流失而减损税源，必刑罚加身以示惩戒。但如果放贷者不知情，"不坐，亦不计庸以折债直。"[61]不会受到法律的惩处，也不以质当者的庸工来酬还欠款。

唐代允许以奴婢为质借贷或典卖，奴婢被看作是财产，可作为抵押去借贷金钱或财物，如到期不赎，奴婢的所有权发生实质性的转移。但禁止以良人质债，"诸妄以良人为奴婢，用质债者，各减自相卖罪三等；知情而取者，又减一等。""[疏]议曰：虚妄用良人为奴婢，将质债者，'各减自相卖罪三等'，谓以凡人质债，从流上减三等；若以亲戚年幼妄质债者，各依本条，减卖罪三等。'知情而取'，谓知是良人而取为奴婢，受质债者，'又减一等'，谓又减质良人罪一等。"[62]可知，唐代对用良人质债要受到刑事处罚。

---

〔58〕（明）张四维辑、中国社会科学院历史研究所宋辽金元史研究室点校：《名公书判清明集》卷九《户婚门·取赎·典买田业合照当来交易或见钱或钱会中半收赎》，中华书局 2001 年版，第 311 页。

〔59〕［日］仁井田升：《唐令拾遗》之《杂令第三十三》，栗劲等编译，长春出版社 1989 年版。

〔60〕（唐）长孙无忌等撰：《唐律疏议》卷二六《杂律》。

〔61〕（唐）长孙无忌等撰：《唐律疏议》卷二六《杂律》。

〔62〕（唐）长孙无忌等撰：《唐律疏议》卷二六《杂律》。

第一，唐代出卖良人为奴婢等贱口的要受到法律的严惩，《唐律疏议》卷二零《略人略卖人》条规定："诸略人、略卖人为奴婢者，绞；为部曲者，流三千里，为妻妾子孙者，徒三年。"此为"略卖罪"。"若和同相卖为奴婢者，皆流二千里，卖未售者减一等。"疏议曰："和同相卖，谓元谋两和相卖为奴婢者，卖人及被卖人罪无首从皆流二千里。"[63]此为"自相卖罪"。如果良人自知道他人卖己为奴婢而与卖人者共谋的，被卖者也要流放两千里。因此，通过比附，以良人为奴婢质债，在流两千里的基础上减三等处罚，即徒二年。知道是以良人为奴婢质债而取质借贷者再减一等，即徒一年半。

第二，"若以亲戚年幼妄质债者，各依本条，减卖罪三等。"其"本条"是指《唐律疏议》中《略卖期亲卑幼》。原文为：

"诸略卖期亲以下卑幼为奴婢者，并同斗殴杀法（无服之卑幼亦同）；即和卖者，各减一等；其卖余亲者各从凡人和略法。"

疏议曰："期亲以下卑幼者，谓弟妹、子孙，及兄弟之子孙、外孙、子孙之妇，及从父弟妹；并谓本条杀不至死者，假如斗杀弟妹，徒三年；杀子孙，徒一年半，若略卖弟妹为奴婢，同斗杀法徒三年，卖子孙为奴婢徒一年半之类，故云各同斗殴杀法。如本条杀合至死者，自入余亲例。无服之卑幼者，谓己妾无子及子孙之妾，亦同'卖期亲以下卑幼'，从本杀科之，故云'亦同'，假如杀妾徒三年，若略卖亦徒三年之类。即和卖者各减一等，谓减上文略卖之罪一等，和卖弟妹徒二年半，和卖子孙徒一年之类。其卖余亲，各从凡人和略法者，但是五服之内，本条杀罪名至死者，并名余亲，故云从凡人和略法。"[64]

也就是说，略卖弟妹为奴婢徒三年，和卖弟妹徒二年半；略卖子孙为奴婢徒一年半，和卖子孙徒一年；略卖无服之卑幼徒三年，和卖无服之卑

〔63〕（唐）长孙无忌等撰：《唐律疏议》卷二零《略人略卖人》。

〔64〕（唐）长孙无忌等撰：《唐律疏议》卷二零《贼盗》。上文中"但是"意为"只是"，也就是说余亲只是指余亲殴杀五服以内亲至死者，遵从"凡人和、略法"，即《略人略卖人》，凡人是普通人、非亲属之意。殴杀五服以内亲至死比附此法（这是一种相互比附之法）。因略人为奴婢，绞。所以，殴杀五服以内亲至死者判绞刑。

幼徒二年；根据律文所提的比较关系可以推知，以亲戚年幼妄质债者在此基础上减三等。

以年幼亲戚质债行为的类别及其对应处罚表

服制类别	亲属类别	处罚办法		
		殴杀不致死	略　卖	质　债
期亲以下卑幼	弟妹	徒三年	徒三年	徒一年半
	子孙	徒一年半	徒一年半	杖九十
	兄弟之子孙	徒三年	徒三年	徒一年半
	外孙	徒三年	徒三年	徒一年半
	子孙之妇	流二千里	流二千里	徒二年
	从父弟妹	流三千里	流三千里	徒三年
无服卑幼	己妾无子	徒三年	徒三年	徒一年半
	子孙之妾	流二千里	流二千里	徒二年

北宋沿用唐代律法，但在具体到人质问题比唐代有了很大进步。太宗至道二年（996 年）"庚寅，诏：江浙福建民负人钱没入男女者还其家，敢匿者有罪。"[65] 到南宋专门出台了相关法条，《庆元条法事类》规定："诸以债务质当人口，（虚立人力、女使雇契同）杖一百，人放还，便钱物不追，情重者奏裁。"[66] 从条文可见，宋代关于禁止人质的立法较唐代有了明显的进步：①宋代没有良人和奴婢的区分，只要是以人口质当即为违法；②宋代禁止"计庸以当债直"，虚立人力女使雇契同罪，不为变相以人为质留下余地；③宋代没有知情与不知情的区别，这样就消除了借口不知情而行以人为质的可能。隆兴二年（1164 年）"二月六日，潭州黄祖舜言：湖南人户少欠客人盐钱，辄敢折人男女充奴婢，乞以徒罪论断。刑部言：如人户少欠客人盐钱，其客人辄折其男女充奴婢者，欲比附'以债负

---

[65] （元）脱脱等撰：《宋史》卷五《太宗本纪至道二年》，中华书局 1977 年版，第 100 页。

[66] （宋）谢深甫修：《庆元条法事类》卷八零《出举债负·敕·杂敕》。

质将人户，杖一百钱，物不追'条法断罪。从之。"[67]从刑部对黄祖舜的答复可见，宋代禁止将人身抵当债务。

仅从法律规定看，元代比宋代的人身质押借贷向后退了一大步。元代人身抵押借贷与折庸联系在一起，"诸负债贫无以备，同家眷折庸；其射粮军于衣粮内克半准还，家眷不在抑折庸之例。若良人质债折庸身死者，其债并免征理。若元质数口内有身死者，除一分之数。"[68]

可见，其一，元代不仅奴婢等贱口可以质债，而且良人亦可以人身质债，借贷者的家眷负有连带偿债的责任，同样要折庸偿还。其二，元代为保证军队的稳定，对向军人放贷有些特殊规定，同样对借贷的偿还，对于射粮军之类的服杂役军人仍有些不同于普通百姓的优惠规定，射粮军可以从衣粮中取半数偿还，其家眷不在折庸之列。其三，如果良人质债折庸过程中死亡的，免除其所仍欠负的债务；如果数口人质中有人死亡，债务仅可免除一分，这就为债权人折磨债务人预留了开脱的理由。

元代人身典卖称为"典雇身役"，其实质是落后的人身质押借贷，元代的人身典卖比唐代还落后，主要是因为唐代允许奴婢的典卖，禁止良人的典卖行为；宋代从法律上禁止了人口的典卖，元代"典雇身役法"规定：

> 诸良人典雇身不得过五年。若限内重立文约增加年月者，价钱不追，仍听出离。或依元立年限准克已役月日转典雇者，听。其典身限满无可赎者，折庸出离。或典数口内有身死者，除其死者一分之价即典。奴婢不在折庸之例，内有身死者，收赎日并出元价。其官户及奴婢并不得典雇良人，亦不得典雇监户官户，违者元价不追。

从律文我们可知，其一，元代良人可以典卖（或称质债），法律规定最长典期不能超过五年，如果在原典期内虚订契约，增长典期则不找典价，允许被典卖人自由离去。其二，典买者拥有转典权。典买者在原来的典期中扣除已经行过的典期作为新的期限，将被典卖者转典给新的典买人，是法律允许的。其三，如果典期已满，典卖者或其家庭无回赎能力，

[67]（清）徐松辑：《宋会要辑稿·食货二七之一五》，中华书局1987年版。
[68] 黄时鉴辑点：《元代法律资料辑存》之《至元杂令》，浙江古籍出版社1988年版。

可以采取折庸作为典价，当庸钱满足典价后，被典卖者可以恢复自由。其四，如果典买数口人中有死亡者，除其死者的典价偿付给被典者或其监护人。奴婢作为贱民不能折庸而恢复自由，只能作为典买者的奴婢；奴婢在典期内有死亡者，元典卖者收赎日可以不用出原典价取赎。其五，下等贱民没有典买权。贱民其官户及奴婢等下等贱民不得典雇良人，也不得典雇监户、官户，如果违反此项规定所出原典价不追。唐代禁止良人被质债的行为，宋代以人口为抵押的质债在法律层面已经宣布为非法，元代的法律规定又回复到唐代以前的落后时代。

但对于国家支柱的军队中的士兵以及军官放贷还是有一些特殊规定，"军官多取军人息钱，越例取息、当留人口，各决三十七下。军官将百姓枷征私债，决二十七下。"[69]军官放贷给士兵，不能以士兵及其家口作为抵押收质，违反受杖刑三十七；军官放贷给百姓不能暴力取索，违者受杖刑二十七。

元代也对纯粹的信用借贷，而不是典卖或人身抵押借贷的索债行为作了一些限制，"债主不得将少债人私下监收，拖拽人口头定。"[70]债主不能不经过官府私自扣留欠债之人，不能私自强索人口、牲口抵债。

（五）"保人代偿"的规定

按照正常的借贷契约的履行方式，首先是以"家资"抵当，其次是以"役身"折抵，如果仍不能完纳或负债者逃逸则要保人代偿。《开元令》规定："如负债者逃，保人代偿。"[71]《天圣令》与《开元令》同。《元至元杂令》规定："诸以财物出举者……若欠户全逃，保人自用代偿。"[72]《庆元条法事类》增加了不能扣留保人的规定。"诸负债违契不偿，官为理索，欠者逃亡，保人代偿，各不得留禁。"[73]卑幼、贱口无借贷资格，如果放贷者明知而借与者，免除债务的追偿权，如果放贷者不知情的由保人代偿

---

〔69〕 黄时鉴辑点：《元代法律资料辑存》之《大元通制》（节文），浙江古籍出版社1988年版。

〔70〕 黄时鉴辑点：《元代法律资料辑存》之《大元通制》（节文），浙江古籍出版社1988年版。

〔71〕 ［日〕仁井田升：《唐令拾遗》之《杂令第三十三》，栗劲等编译，长春出版社1989年版。

〔72〕 黄时鉴辑点：《元代法律资料辑存》之《至元杂令》，浙江古籍出版社1988年版。

〔73〕 （宋）谢深甫修：《庆元条法事类》卷八零《出举债负·敕·杂敕》。

债务，无保者亦不得追偿。《至元杂令》规定为："若卑幼背尊长、奴婢背主及官户监，不得作债，知而与者，债并不追。财主不知，保人代偿，无保者亦不追。"[74]

四、唐宋元时期关于借贷之债的诉讼时间及其他规定

（一）关于借贷之债的诉讼时间的规定

为保证农业生产的顺利进行，不误农时，农忙期间不准受理有关借贷之诉讼。唐《杂令》中规定："诸诉田宅、婚姻、债负，起十月一日，至三月三十日检校，以外不合。"[75] 每年十月一日至次年正月三十日接词状，受理田宅、婚姻、债负案件。在三月三十日以前断毕。若不能如期结案，须写明事由。

宋代延续唐代在一定期间内受理民事诉讼，称为"开务"，《宋刑统·户律》特设"婚田入务门"，并引唐《杂令》，并附"参详"："所有论竞田宅、婚姻、债负（债负谓法许征理者）之类，取十月一日以后，许官司受理，至正月三十日住接词状，三月三十日以前断遣须毕，如未毕，具停滞刑狱事由闻奏。"[76]

元代借贷诉讼时间的规定同于唐宋。《至元杂令》载："诸论诉田宅、婚姻、良贱、家财、债负，起自十月一日官司受理，至二月尽断毕，三月一日住接词状。其事关人众不能结绝者，听附簿入务，候务开日举行。"[77]

农历每年二月初一开始"入务"，至九月三十日"出务"，正是农忙时节，农历十月到第二年二月初正所谓秋冬凉闲之际，并不妨碍农时。如果在出务期间不能解决，推迟到下次出务期审理。禁讼期规定除了为不妨碍农时的目的外，还有息讼的目的。

同时，为了不耽误必要的诉讼，又规定不开务期间，非纯民事案件、

---

〔74〕 黄时鉴辑点：《元代法律资料辑存》之《至元杂令》，浙江古籍出版社 1988 年版。

〔75〕 ［日］仁井田升：《唐令拾遗》之《杂令第三十三》，栗劲等编译，长春出版社 1989 年版。《宋刑统》之《婚田入务》载："所有论竞田宅、婚姻、债负之类，取十月一日以后，许官司受理，至正月三十日住接词状，三月三十日以前断遣须毕。"《天圣令》诸诉田宅婚姻债负，于法合里（理）者。起十月一日，官司受理至正月三十日住接词状，至三月三十日断毕。停滞者，以状闻。若先有文案及交相侵夺者，随时受理。

〔76〕 （宋）窦仪：《宋刑统》卷一一《户婚律·婚田入务》。

〔77〕 黄时鉴辑点：《元代法律资料辑存》之《至元杂令》，浙江古籍出版社 1988 年版。

事涉刑事问题并不按照此规定办理：唐代有"若先有文案、交相侵夺者，不在此例。"宋代有"如是交相侵夺及诸般词说，但不干田农人户者，所在官司随时受理断遣，不拘上件月日之限。"元代有"若有文案及又相侵夺并于田农人户者，随时受理决断。"文字稍有区别，实质并无不同。

（二）其他一些规定

1. 诸如赃物辗转出举利息归谁所有

《唐律疏议》载："诸以赃入罪，正赃见在者，还官、主；转易得他物，及生产蕃息，皆为见在。"[78]《唐律疏议》规定：兴易及出举产生的利润利息与转易、生产蕃息不同。

（1）律文详细解释了生产蕃息与兴生、出举而得利润利息之区别，"生产蕃息者，谓婢产子，马生驹之类。""孳生谓畜产蕃息，若展转出举而获利者，非则蕃息孳生之类也。""'生产蕃息'，本据应产之类而有蕃息。若是兴生、出举而得利润，皆用后人之功，本无财主之力，既非孳生之物，不同蕃息之限，所得利物，合入后人。"[79]唐代已对蕃息作了天然孳生蕃息和法定孳息区别，善意第三人取得法定孳息应归其所有。

（2）比较难以断定的是转易所得他物与兴生、出举而得利润利息的归属。原律文并无详尽解释二者之区别，"转易得他物者，谓本赃是驴，回易得马之类。"[80]可以这样理解，转易所得之物与转易所得利润利息不可分割，所以转易所得之物作为正赃要还归原来的主人或国家；而出举而得利润利息，如上文所述，包含了后手人的劳动，因而可以不返还该利息利润，潜在的含义是：原物应返还原主或国家。另一层意思是：如果赃物几经买卖转让后，后手知道原物为赃物的，就连利息一并收还原主。

2. 《大元圣政国朝典章》规定：借丝还绢不税

"至元八年（1271 年），尚书户部来申，李和于本家借讫自行抽搔到丝一百两，却还朱齐驴出举丝一百两、绢一十疋，理同交易，合行依例投税。今赵长留首告，据所获绢疋，官司不合受理，难作匿税科断。今据见申合下仰照验施行。"借丝还绢不应为买卖交易，不应课税，可知元代借

---

〔78〕（唐）长孙无忌等撰：《唐律疏议》卷四《以赃入罪》。

〔79〕（唐）长孙无忌等撰：《唐律疏议》卷四《以赃入罪》。

〔80〕（唐）长孙无忌等撰：《唐律疏议》卷四《以赃入罪》。

贷交易并不纳税。

3. 元代法律典籍中留下一些关于借贷之债契约的标准格式

通过这些合同格式，我们可以窥见元代借贷的制度形态。

生钞批式

某乡某里姓某，今投托得某人保委，情愿立批，就某里某人位揭借得中统钞若干锭，前去经营用度，每月依例纳息三分，约限几月，备本息一并归还，不敢拖欠。如有东西，且保人甘伏代还不词谨约。

年　月　日　姓　某　号　批

保人姓　某　号

生谷批式

某乡某里姓厶，今与某人互相保委，情愿立批，就某里某人宅借得无息苗谷几石，前去耕田食用，约限到冬十月已里，备一色净谷赴仓交纳，不至少欠。如或过期，且保人甘当倍纳，不词谨约。

年　月　日　姓　某　号　批

保人姓　某　号

应索债告状式

告状人姓某右某，年几岁，无病，系某里某处籍民。伏为状告某年某月不记日，有某处某人前来，引至某处，某人作保，写立文帖就某家揭借去行息至元折中统钞若干定，每月依例纳息三分，约某年某月纳本息钞定一顿归还，至今过期，累次前去取索，推调不肯归还，若不告理于私委无奈何，有此事因谨状上告某县伏乞　详状施行执结是实伏取　裁旨

年　月　日　告状人　姓　某　状

清代承典期限的文本
规定与实践考察

王志民*

　　承典期限（以下简称"典期"）是典契的重要组成部分。但是学者们似乎忽视了这一关键问题。戴炎辉在《中国法制史》中谈到了典，用到了"典限"一词，"不动产承典通常系永久质，典限只是回赎权的起始期，即出典人在此期限内不得回赎而已。换句话说，典限非回赎权的终期。故出典人于典限过后，不拘年限，得回赎典产（一典千年活，典在千年）。但有时因特约，到期不赎即作绝卖论。"[1]他并未解释决定典期长短的因素是什么，而将典期看成回赎权开始的条件，这意味着典期的长短对出典人与承典人利益攸关。日本学者仁井田陞在《中国法制史》中将典与质合称为"质典"，并将质典分为不动产质典、动产质典以及人质。其实，他所说的不动产质典就是典，他也未对典期作明确的论述，只有这样的断语："即使出质人在质押期限已满后仍没有提出回赎请求，质权人也很少将质押物作价以抵偿债务的，更多的是永久性地持续地取得质押土地的使用收益，并以充当利息，从而出质人的赎回权（请求回赎权）永远也不会消灭。所谓'一典千年活''当地千年活'的法律谚语。"[2]寺田浩明在《权利与冤抑》中说，所谓典土地，正如将一般的动产当铺称为"典铺""典当业"一样，即土地的典当，通常是将土地交给承典者，从其借至该地价

　　* 吉林大学 2015 级法史博士研究生。

　　〔1〕（台）戴炎辉：《中国法制史》，三民书局 1979 年版，第 315 页。
　　〔2〕参见［日］仁井田升：《中国法制史》，牟发松译，上海古籍出版社 2011 年版，第 269 页。

大约一半的钱款（典价），承典者在该土地上自由经营，其收益作为贷款的利息。典出时，一般设定三年至五年的"典限"（禁止赎回期限）。典限过后，田主随时可以按原价赎回（回赎）。反过来，如果不回赎，典出状态就一直继续下去。[3] 戴炎辉和寺田浩明将典期看成是承典人对抗出典人在约定时间内回赎典物的依据，即典期是出典人禁止回赎期限。因此，在典期内，承典人得对抗出典人的回赎权；超过典期后，承典人的抗辩权消灭，出典人获得典物的回赎权。出典人可通过回赎典物，恢复对典物的占有、使用、收益与处分权能。

一、官方关于典期的规定

清政府对典期的规定，主要体现在三个方面，即律文、例文以及户部则例，三者对典期的规定，构成了清代官方关于典期的主要规范。

（一）《大清律例》中有关典期的规定

乾隆五年（1740年）《大清律例》的"典卖田宅"条，对典期的规定较为模糊。典卖田宅条：

> 其所典田宅、园林、碾磨等物，年限已满，业主备价取赎。若典主托故不肯放赎者，笞四十。限外递年所得（多余）花利，追徵给主。（仍听）依（原）价取赎。其年限虽满，业主无力取赎者，不拘此律。[4]

"其年限虽满，业主无力取赎者，不拘此律"这条乃明律规定，清律因之。

所谓"年限已满，业主备价取赎"，即在典期之内，业主无权回赎原业，承典人在此期间行使对典物的占有、使用、收益等行为受到大清律的保护。年限已满，业主便可原价取赎，这是出典人的权利，承典人有义务返还原业，恢复物权的圆满状态，实现出典人对典物的占有、使用、收益、处分权能。因此，典期对于业主来说，利益攸关，但律文未规定典期的长短。

---

〔3〕 参见［日］寺田浩明：《权利与冤抑：寺田浩明中国法史论集》，王亚新等译，清华大学出版社2012年版，第17、18页。

〔4〕 田涛、郑秦点校：《大清律例》，法律出版社1999年版，第198页。

（二）例文中关于典期的规定

大清律例中例文部分也没有对典期作出明确规定。

> 如契未载绝卖字样，或注定年限回赎者，并听回赎。[5]

"注定年限"即指出典人与承典人所约定的典期，这是官方对民间约定典期的确认。

乾隆十八年（1753年），因浙江按察使同德奏典买混行告找，请求按照讹诈律治罪。最后定例，虽牵涉到期限，但不是典期，不具有约束力：

> 嗣后，民间置买产业，如系卖典契，务于契内注明回赎字样，如系卖契，亦于契内注明"绝卖永不回赎"字样，其自乾隆十八年（1753年）定例以前，典卖契载不明之产，如在三十年以内，契无"绝卖"字样者，听其照例分别找、赎。若远在三十年以外，契内虽无"绝卖"字样，但未注明"回赎"者，即以绝产论，概不许找、赎。如有混行争告者，均照不应重律治罪。[6]

此处的三十年只是乾隆十八年（1753年）时对在此之前的既契载不明又无法判断契约是绝卖还是活卖的时间判断标准，对于乾隆十八年（1753年）之后的典契，并无规范效力。

嘉庆六年（1801年）纂例又一次重复"如契未载'绝卖'字样，或注定年限回赎者，并听回赎。"但对于典期到底多长时间，并未说明。

因此，大清律例中律典与例文都没有对典期长短做出明确的规定。

（三）户部则例关于典期的规定

虽然大清律例没有正面规定典期的最长限，但户部则例则对典期的长短有明确的规定。

同治十三年（1874年）校刊的《户部则例》卷十《田赋·四·置产投税》条规定：

> 如系活契典当田房契载在十年以内者，概不纳税。十年以后，原业无力回赎，听典主执业转典。

---

[5] 田涛、郑秦点校：《大清律例》，法律出版社1999年版，第199页。

[6] 胡星桥、邓又天主编：《读例存疑点注》，中国人民公安大学出版社1994年版，第203页。

同治年的户部则例不仅明确规定典期为十年，而且规定典契不须纳税，在业主无力回赎时，"典主执业转典"，同时，户部则例还规定：

> 民人典当田房典契年分统以十年为率，限满听赎，如原业力不能赎，典主投税过割执业，倘于典契内多契年分，一经发觉，追交银税，照例治罪。

因此，十年为典契的最长期限，超过十年的最长期限限制，一概无效，且要追究当事人的刑事责任。

> 民人契典旗地回赎期限以二十年为断，如立契已逾例限，即许呈契升科（无论有无回赎字样）不准回赎在限内者仍准回赎。

> 旗人典卖房地无论本旗隔旗，俱准成交。系出卖，令赴左右翼纳税。系出典，令各报明该佐领记档。回赎时，仍令报明销档。凡典当田房，契载年分以十年为率，十年限满，原业力不能赎，再予余限一年，令典主呈明该翼。

清朝对于旗产有特殊的保护性政策，对于旗地典期做了特殊规定，期限最长为二十年。

因此，大清律中的律文部分虽然未明确规定典期长短，例文部分在不同情形下多处提及典期，但也未明确规定典期具体为多少，然而户部则例则明确规定一般典期最长期限为十年，特殊典期为二十年。

二、清代典契中典期的实践

以上是官方对典期的正式规定，即一般田宅典期最长为十年，旗产典期可延长至二十年。超过这一期限，就违反了官方的强制性规定，"一经发觉，追交银税，照例治罪"。那么，在日常的民事实践活动中，官方的十年最长期限、旗产的二十年期限是否被严格地遵守了呢？笔者查阅了《中国历代契约粹编》《贵州清水江流域明清土司契约文书·亮寨篇》《闽南契约文书综录》《清代区域社会经济研究》共约 400 份[7]典契，在这些典契

---

〔7〕 其中载《中国历代契约粹编》共计 121 份，载《清代区域社会经济研究》共计 1 份，载《贵州清水江流域明清土司契约文书·亮寨篇》共计 18 份，载《闽南契约文书综录》共计 260 份。

文书当中，有一半多的典契都有明确的期限约定，还有近一半的典契未明确规定典期。可以将清代典期分为固定期限典期、无固定期限典期、无典期约定三种情形。

（一）固定期限典期

在实践生活中，大量典契都约定了期限，这些期限一般都属中短期，以十年以下居多，一般规定"银到归赎"。

（1）清顺治八年（1651年）休宁县黄阿金当田契

其田约至三年内取赎，如过期不取，当契准作卖契，无得异说。[8]

（2）清顺治十一年（1654年）休宁县张喜德当水碓屋契

本纹银柒拾伍两整，每周年加利柒两正，其银约在三年内还足无误。如过期不赎，当契准作卖契行用，一听当主自行管业。[9]

（3）清康熙三十四年（1699年）大兴县李溶发兄弟典房草契

其银当日同众亲手收足，外无欠少。言定五年为满，银到归赎，房无房租，银无利息。

（4）清康熙三十八年（1699年）宛平县余国福等典房官契

其银当日亲手收足，外无欠少。言明三年为满，银到归赎。其房大小修理，俱依余姓。

（5）清康熙四十一年（1702年）北京明良栋转典房白契

文银肆拾贰两整（又欠贷银四两正）。言定三年为满，二家情愿，银到归赎。

从保留至今的清代初期旗人出典旗地的典契来看，规定的出典期限往往较长，有六十年，甚至还有长达百年的典契。以下是一份康熙五十五年（1716年）满汉文对照的典契：

立典契人系镶黄旗公夫尔淡佐领下典簿厅官拉巴、同子德明，今因手乏，将自己蓟州地方孙家庄房基一段，周围所有地五十亩、树木三十余稞（棵）（满文作"栗树、核桃树各种树共三十余"），情愿典与镶白旗包（衣）阿赖佐领下太监苏才敏名下为业，共典价银一百两

─────────────

〔8〕 此处之当，实为典契，古人有时典当同义，典当不分。
〔9〕 此处之当，实为典契，古人有时典当同义，典当不分。

整。其银笔下交足。言明一百年为满，银到许赎。自典之后，任从典主盖房、砌墙、栽树、穿井、安立坟茔，如有弟兄子侄人争竞者，本主父子一面承管。日后年满赎时，将所盖之房屋、墙壁、栽种之树木、所穿之井，除原典价外，按时价所置合算银两，以（一）同交付典主，将所立坟茔永远不移、所用之地永不许赎。此系二姓情愿，不许反悔。恐后无凭，亲笔立契存照。

康熙伍拾年（1711 年）正月十八日立

典契人德明

拉巴

代子马七

本佐领　　小拨什库和尚　　同保

族长　　万柱

（以下数行不见于满文文本）

同中言明，其房地起今已后并不与罗姓相干。

罗敏书 ⑪

中见人　　延禧 ⑪

色勒 ⑪ [10]

（二）无典期约定

还有一部分典契，除了没有关于典期的规定之外，与其他典契约定相同。这种无典期的典契在清代生活中广泛存在。在 400 份典契中，《中国历代契约粹编》有 25 篇，占到 20% 以上；而《贵州清水江流域明清土司契约文书·亮寨篇》所析出的 18 份典契全部为无典期合同，占到该部分典契的 100%；《闽南契约文书综录》里有 34 份期限无约定的典契，占到《闽南契约文书综录》的 13%。合计无期限约定的典契为 77 份，占到总数的 19.25%。如例：

（1）嘉庆三年（1798 年）赵情生立典契

上手并无典借他人及来历不明等情，如有不明，典主自己抵当，

---

〔10〕 转引自王钟翰：《康雍乾三朝满汉文京旗房地契约四种》，载叶显恩主编：《清代区域社会经济研究》（下册），中华书局 1992 年版，第 1020、1021 页。

不干钱主之事。此系二比甘愿，各无反悔。恐口无凭，今欲有凭，立典契亿纸，付为照。[11]

（2）光绪二十三年（1879年）正月豪凤、辛巳等立典契

此田系是承振发阄分物业，与叔兄弟侄人等无干，内并无胎典挂他人来历不明等情。其田后日子孙不得言添洗找赎之理。此是二比甘愿，各无反悔，恐口无凭，今欲有凭，立典契一纸，又并上手三纸，共四纸，付讫为照。"[12]

（3）光绪七年（1881年）九月芬卑立转典契

此田系是自置物业，与兄弟他人无干，内并无不明等情。如有不明，典主自当，不干银主之事。此系二比甘愿，各无反悔。今欲有凭，立典契一纸，付执为照。橔连上手二纸，共三纸，存照。[13]

在这类典契尾部，有权利瑕疵担保、权利凭证转移条款、订立典契原因，唯独缺少有关典契期限的约定。

（三）无固定期限典期

部分典契的期限为无固定期限，一般多规定为："不拘年月，凭原价回赎""不拘年月远近，原价回赎"等。业主可以在任何时间，只要向承典人支付原典价，就可以取赎原业。这些典契如下例：

（1）清雍正九年（1731年）北京孙显明典屋白契

其银当日收用。自典之后，凭管业居住。不俱（拘）年月，恁凭原价回赎。

（2）清乾隆十八年（1753年）山阴县谭元烽活卖田官契

不拘年月远近，原价回赎。并炤（照）。

（3）清乾隆四十三年（1778年）山阴县张恒一出戚湖田找贴

其田仍不拘年月远近，原价回赎。

（4）清嘉庆二年（1797年）山阴县长畬邨等押地基白契

---

〔11〕 参见《闽南契约文书综录》，载中国社会经济史研究编辑部：《中国社会经济史研究》，1990年增刊，第181、182页。

〔12〕 参见《闽南契约文书综录》，载中国社会经济史研究编辑部：《中国社会经济史研究》，1990年增刊，第172页。

〔13〕 参见《闽南契约文书综录》，载中国社会经济史研究编辑部：《中国社会经济史研究》，1990年增刊，第166页。

自押之后任凭管业居住。钱不起利，屋不起租。不拘年限日期，钱到回赎。

（5）清同治六年（1867年）喀喇沁左旗董云彩当地白契之二

董云彩小河东地壹段，不拘年限，钱到许赎。言明当价东钱式百肆拾吊。赎地年前交价。每年秋后交租分（钱）陆吊。

将400份典契，根据典期的长短，分为有固定期限典契、无固定期限典契与无典期三种主要情形，并辅以找贴、找绝两类典契。可得到下表：

表1　样本中各类典契份数统计表

典　　期	典契份数
1 年	6
2 年	5
3 年	44
4 年	14
5 年	69
6 年	10
7 年	12
8 年	21
10 年	56
12 年	1
15 年	1
16 年	1
24 年	1
25 年	1
30 年	1

典　　期	典契份数
31 年	1
40 年	1
50 年	2
100 年	1
无典期规定	77
无固定期限	56
找帖	3
找绝	17

从上表统计数据可得出如下结论：

（1）固定期限、无固定期限典契普遍存在。这些典契中，有明确典期的为 247 份，占到总数的 61.75%；而典契中无明确典期的 123 份，占到约 30.75%。

（2）中短期典契较为普遍。10 年（包括 10 年）以下的典契，占到有典期合同的 236 份，占到总数的 59%，占到有典期合同的 95.54%。因此，在具体典期的规定，中短期占了绝大部分，而超过 10 年的，一共有 11 份，占到总数的 2.75%，其中，12 年 1 份，15 年 1 份，16 年 1 份，24 年 1 份，25 年 1 份，30 年 1 份，31 年 1 件，40 年 1 份，50 年 2 份，100 年 1 份。而以 10 年以内为限来看，其中 3 年、5 年、10 为主，共计 168 份，占到总数的 42%，其中 3 年期的 44 份，占到总数的 11%，5 年期的 69 份，占到总数的 17.25%，10 年期的 55 份，占到总数的 13.75%。另外，1 年的 6 份，2 年的 5 份，4 年的 14 份。因此，清代有固定期限的典契中，以短期为主，且主要集中在 10 年期以内。

将具体规定典期的契约语言，依照期限类型的不同，可做如下分类：

表2　典契的类型及其表达用语对应表

期限类型	具体用语
有固定期限	议定三年之内，原价取赎
	其田约至三年内取赎，如过期不取，当契准作卖契
	其银约在三年内还足无误
	约至来年收取
	言定五年为满，银到归赎，房无房租，银无利息
	言定三年为满，银到归赎
	方定三年为满，二家情愿，银到归赎
	地肆年以后，银到归赎
	此房言明三年为满，银到归赎
	言定五年内取赎，如过五年听买人收税过户
	其地议定十年原价取赎，不得加典勒买等情
有固定期限	言定十为率，听自本家备价赎回
	三年以外，钱到地归本主
	此房言明三年为满，银到归赎
	三年后，钱到回赎
	其钱言约本年十一月尾，本利一足付还
无固定期限	不俱（拘）年月，凭原价回赎
	不拘年月远近，原价回赎

三、典契背后双方利益的考量

综上可知，一般民人典期最长为 10 年，旗产 20 年，这是官方规定的典期的最长期限，禁止超过规定期限的典期。

在实践中，大多数典期都在 10 年以内，但也有部分典期超过官方的规定，既有 30 年期，又有 50 年期的，还有 100 年期的。同时，还有一部分典契合同，明确规定为无固定期限合同，"不拘年月，凭原价回赎""不拘年月远近，原价回赎"，或者根本就不规定典期。那么，实践中因典期约定而产生民事纠纷现象是否大量存在呢？笔者查阅了《樊山政书》，共有 5 份案件涉及承典纠纷，但就具体纠纷缘由来看，却没有因典期而引起的。

批咸宁县民马兴成控词中的纠纷，不在典期的长短，而在典物之本身。典物原为11间房屋，但其后却由11间变为16间，属于标的物变化，故而引起纠纷；批咸宁县民杨兆昌控词案中中人不愿意作证，与典期无关；批商州详案因当事人以早已绝卖田地强行取赎，属于典与卖的性质之辨；批镇安县民阮明有呈词与批商州详案一样，也是当事人受人指嗾，强欲取赎绝卖田产，与典期无关；札十二府州案牵涉赎妻，事关情理，与典期无关。[14]

我们至少可以从以上资料得出这样的结论，清代典契纠纷，多为典物本身或者绝卖强赎，因典期而引起的纠纷很少发生。那么，在大量无固定期限的典契以及根本没有期限规定的典契大量存在的前提下，为什么却很少因典期的约定而产生纠纷呢？"田以文契为凭，以中见人（中人）为据"[15]；"民间之典卖产业，全以文契为凭。呈官剖断亦以契为据。"[16]契据既然如此重要，为什么出典人与承典人在典契中不对典期做出明确的约定，以避免日后产生纠纷呢？

要想理解这一问题，笔者以为应该从权利、义务角度来思考。可以考虑将典看作是两个相互独立又互为前提，需要同时履行且相互对抗的租佃与借贷两个法律行为。

（1）租佃法律行为。在典关系中，出典人是业主，他将自己管领下的田宅转移给承典人，由承典人行使对田宅的占有、使用、收益权能。承典人应该向出典人支付地租，设为A。出典人获得收取地租的权利。

（2）借贷法律行为。同时，承典人向出典人支付典价，可以将典价看作是承典人借贷给出典人的资金，承典人是出借人，是债权人，而出典人是借贷人，借贷人应该向出借人支付借贷利息B。B是承典人应获得的孳息。

由于典的特征为"地不起租，银不起利"。也就是说，出典人与承典人约定的期限届满，业主只要返还原典价，承典人便要返还典物。而在典期届满之前，出典人无权向承典人要求回赎典物，承典人有权拒绝出典人

---

〔14〕（清）樊增祥：《樊山政书》，中华书局2007年版。这几个案件，分别参见第67、77、137、157、181页。

〔15〕《棘听草》卷六，谳词，产业。

〔16〕《福建省例》卷十五，田宅例，典卖契式。

回赎典物的请求权。典期届满，则出典人获得回赎典物的权利，承典人无权拒绝出典人回赎典物的请求。若承典人拒绝出典人的回赎请求，占据典物，则"笞四十"。同时，承典人要向出典人支付拒绝回赎典物之后每一个生产周期从典物上所获得的孳息，等同于出典人获得对典物的直接收益。出典人在典期届满时，有权收回典物，但也有义务返回典价，即"备价取赎"。如果原业主不向承典人支付典价，则承典人有权拒绝转移典物给出典人，即出典人归还典价与承典人的返还典物同时履行，如果出典人不履行返还典价的义务，则承典人可以主张同时履行抗辩权，拒绝向出典人交付典物。

由于一个典契行为包含两个独立的法律行为，即租佃行为与借贷行为。在这两个法律行为中，双方互负债权债务，互有同时履行给付对方债务的义务。又由于典"地不起租，银不起利"，因此，可以将其看作租佃行为中的支付地租的义务与借贷法律行为中的支付借贷利息的义务由于主体的特殊性而产生债务抵销的效果。这就意味着，在此两个法律行为中，租金的大小等于利息的多少，即在 A 与 B 存在等式关系：A = B。

这就意味着每个产生周期承典人需要向出典人支付租金 A。同时，出典人要向承典人支付相同数量的借贷利息 B。由于 A = B，故双方免于履行相互间的货币支付义务，互负债务抵销。

假定原典期为 N，N 既是地租支付的期限，也是借贷利息的支付期限。那么，在典期内，承典人向出典人人支付的总地租为 N×A，而出典人应该向承典人支付的利息总额为 N×B。又因为 A = B，所以，N×A = N×B 成立。

当约定的典期届满时，出典人未备价回赎典物，即典期延长，假设延长期为（N+1），则承典人须向出典人支付总计为（N+1）×A 的总地租，与此同时，出典人要向承典人支付总计为（N+1）×B 的总利息。

由于（N+1）×A = N×A + A；

又因为（N+1）×B = N×B + B；

由前面已知，N×A = N×B，同时 A = B；

所以，（N+1）×A =（N+1）×B 成立。

也就是说，当典期延长一年时，出典人与承典人在利益上仍保护平衡。依此类推，当典期不断处长时，（N+X）×A =（N+X）×B 恒成立，也就是说，不论典期如何延长，都能在出典人与承典人之间保持利益上的均衡。

在典存续期内，出典人与承典人互负义务，互享权利，实现了双方利益的平衡。承典人获得土地占有、使用、收益权能，而免于支付地租；出典人获得所借款项的使用，而免于支付利息。各自的利益都得到了充分的保护，符合双方对各自利益的预判。因此，较长时期的典期和无固定期限甚至是不规定典期的典契，能保障双方利益的最大化，这也是无固定期限典契存在的经济因素。

四、典期不确定性的影响

清代典契中存在大量无固定期限的情形。这种不确定典期，在典契存续期间，由出典人与承典人协商，可以随时终止典契，保证双方利益的最大化。因此，在清代之后，典期的不确定性没有消失，依然大量存在于典契实践中。兹举几例：

（1）中华民国赵孙寿曲地契（徐沟，山西）

立典地约人赵孙寿，今因使用不足，今将自己羊圈地一段，计地一亩八分五厘。开列四至，东至梁元贵，西至王海根，南至大堰，北至横畛，四至俱明。情（原）[愿]出典与赵富林名下耕种承业。同中言定，典价大洋一十元整，其洋当交不欠。此交倘有人等争碍，典主一面承当。恐口无凭，立典约人为证。㊞

民国　年　月　立

此地钱粮差务照地亩完纳

中见人　　　赵二货 ㊞

王凤池 ㊞

（2）芬从立典契　民国三年（1914年）五月

立典契人金成发派[下]芬从，承父置有水田四段，址凤林社，小地名大杉林戴坑仔，又段址在近口垵垵尾；又一段址在町路上，共四段，受种子二斗小，年载租贰担大。今因父亲在日，欠银使用，自情愿将此田亲就与佰春派下池豪（正、德、徐）等边出首，三面言议，估值时价，典出龙银伍拾叁大圆（员），每员口口钱算。其银前父欠项收讫，春田议约逐冬纳租谷贰担大，送仓风净完纳，不敢少欠。如欠者，将田付银主起耕掌管为业，不敢阻挡。此田是从与兄弟之业共，与别人无干，内亦无典挂他人及来历不明等情。如有者，典主自当，不干银主之事。其田不限年，满日自备契内银完足送还，取回原契，不得刁难。此系二比甘愿，各无反悔。今欲有凭，立典契一纸，会执为照。

即日收过契面银完足，再照

代笔人芬彩中 ㊞

中华民国叁年岁次甲寅伍月　　日

立典契人金成发派下芬从 ㊞

（3）中华民国十七年（1928年）赵玉宁典地契（徐沟，山西）

立典地约人赵玉宁，兹因不便，今将自己分到官渠北地一段，计地六亩。开列四至，东至渠，西至道，南至代家堡地，北至买主，四至开明。情愿出典与胞兄赵富龄名下耕种承业。同中言明，典价大洋三十五圆整。其洋当交不（歉）[欠]，地内粮草照亩纳。恐口难凭，立典约为证。㊞

民国一十七年（1928年）又二月十六日　　立

赵吉龄

中见人　　赵松寿

王富义

（4）中华民国十七年（1928年）赵崇龄出脱原典地契（徐沟，山西）

立脱地约人赵崇龄，今将原典到赵来锁官渠北地一段，计地六亩，四至有原典约证明，情愿出脱与胞兄赵富龄名耕种承业。同中言定，脱价现大洋七十元整。其洋当面交不欠，地内粮草照亩送纳。日后原主回赎，不与原主干涉。恐口无凭，立脱约为证。㊞

赵辛龄 ㊞

中见人　　范聚祥 ㊞

赵根玉 ㊞

· 185 ·

（5）中华民国三十一年（1942年）赵守龄典地契（徐沟，山西）

立典契地约人赵守龄，今因不便，今将自己猎头地一段，计地四亩五分。开列四至，东至顶，西至渠，南至赵全和，北至赵富只，四至注明。情愿出典与贵龄名下承业。同中言明，典价同用大洋一百元整，其洋当交不（歉）[欠]。地内粮照亩过拨，酒画字一并在内。恐口难凭，立约为证。㊞

民国三十一年（1942年）十二月十八 立

中见人 梁东虎 ㊞

赵海青 ㊞

五、结语

由于典契事实上存在两个相互独立又互为条件的租佃契约与借贷契约，双方之间互为权利义务人，且双方之间债务同时发生，每个生产周期同时履行，同时消灭。因此，在典期一再延长的情况下，出典人与承典人的利益在无需外力的作用下，都能得到较为公允的保障，在出典人与承典人之间实现公平。正因为典有这样的功能，才使典期可以在双方当事人中间不断延长，典制获得顽强的生命力。

明清时期雇工人例的
变迁及雇佣劳动

肖 泽*

一、从万历十六年新题例到乾隆二十四年条例

（一）万历十六年新题例与明代法律和社会的交互影响

雇工人制度起源于奴婢制度，在实践中和奴婢制度相互依存，共同发挥作用。但是，雇工人从奴婢之中的脱离是一项失败的法律创制，其内在的问题导致了实践中的困境，并最终促使明代政府开始通过立法解决雇工人的认定问题。

1. 雇工人制度的实践困境与雇工人例的制定

洪武年间颁行的《大明律》，一方面禁止庶民之家存养奴婢，另一方面创制了雇工人制度，将包括受雇服役者在内的所有受雇劳动者均纳入其调整范围。蓄奴的禁令并不能从根本上消灭富裕之家对家庭服役者的需求，这类家庭在继续使用服役者的同时，巧妙地将服役者改换名目，代之以雇工人、义男等名目。对于普通的雇佣劳动者，其身份本是良人，所从事的亦非贱业，无故跌入较低的身份等级，无疑是他们难以想象的，社会观念也一时不能适应这样的变化。尤其是对于短工，这类人本就只是"短雇月日"，和雇主之间接触的时间不会太长，不可能形成主仆名分，却还是要以雇工人论处。对受雇者贱民化的处理，本就是考虑到雇佣日久，会产生主仆名分，因而要避免干名犯义，名分既然没有形成，却还要按照名分处理，不免在法理上说不通。

---

* 中南财经政法大学 2017 届法学硕士。

此外，《大明律》在"立嫡子违法条"中禁止庶民之家存养奴婢，但是并没有说明允许哪些人存养奴婢，就《大明律》整体来看，只规定了功臣之家赏赐的情况。在明代的社会结构中，除了贱民、庶民和功臣之外，还有介于功臣和庶民之间的官绅士大夫阶层[1]，这个阶层的人的流动性极强，他们在法律上本属庶民，但是通过读书和科举可以获取功名，进而可以成为官吏，获得类似于功臣的待遇。官员可以和功臣一样蓄奴，在明代似乎没有争议，但是官员本是从士大夫中来，去官之后也将复归士大夫阶级，那么士大夫阶级是否可以蓄奴，这又成为法律上需要解决的问题。庶民之家往往以其他名目蓄奴，司法中也多以雇工人认定，但是对于士大夫这种特殊的庶民，其雇仆的认定，究竟是比照官吏之家处理，还是比照庶民之家处理，也是法律上需要解决的问题。

万历十五年（1587 年），都察院左都御史吴时来的上疏中提到了这一问题，其疏云：

> "《律》称庶人之家不许存养奴婢，盖谓功臣家方赏给奴婢，庶民当自服勤劳，故不得存养，有犯者，皆称雇工人，初未言及缙绅之家也。且雇工人多有不同，拟罪自当有间。至若缙绅之家，固不得上比功臣，亦不可下同黎庶，存养家人，势所不免。"[2]

吴时来的上疏一方面提到了士大夫之家的尴尬情况，另一方面也注意到了雇工人这个群体中不同人群混杂的情况，这都是雇工人制度所直接造成的社会问题。为此，他建议道：

> "合令法司酌议，无论官民之家，有立券用值，工作有年限者，皆以雇工人论；有受值微少，工作止计月日者，仍以凡人论；若财买十五以下，恩养已久，十六以上，配有室家者，照例同子孙论；或恩养未久，不曾配合者，在庶人之家，仍以工人论，在缙绅之家，比照奴婢律论。"

---

〔1〕 赵轶峰：《身份与权利：明代社会层级性结构探析》，载《求是学刊》2014 年第 5 期。

〔2〕 （明）张惟贤等纂修：《明神宗实录》，"台湾研究院历史语言研究所" 1962 年版，转引自赵轶峰：《身份与权利：明代社会层级性结构探析》，载《求是学刊》2014 年第 5 期，下段引文出处同此。

在吴时来的建议基础上，明代政府于万历十六年（1588 年）制定了奴婢殴家长条新题例，首次对雇工人这个群体的范围进行了界定，例文为：

> "今后官民之家，凡倩工作之人，立有文券、议有年限者，以雇工人论。止是短雇月日、受值不多者，依凡论。其财买义男，如恩养年久、配有室家者，照例同子孙论。如恩养未久、不曾配合者，士庶之家，依雇工人论，缙绅之家，比照奴婢律论。"[3]

对比吴时来的立法建议和最终颁布的新题例，不难发现，两者的差异仅仅只是遣词造句上的，在基本内容上，两段文字并无二致。吴时来提出了雇工人制度存在的两点问题，万历十六年新题例的内容完全是针对这两点问题而提出的解决方案，因此可以明显地看到条例的内容分为两个部分。

2. 契约雇佣与财买义男：万历十六年新题例解读

就雇工人群体而言，其包含了自雇佣奴婢转化而来的家庭服役者，以及原本是自由劳动者的普通受雇者。针对将二者结合在一起导致的问题，万历十六年新题例在其前半段给出了解决方案。条例没有考虑受雇者中服役者与非服役者的区别，而是根据文券和年限两个要件对受雇者进行了划分。对于条例中的"年限"字样，不能简单地理解成时间或者是期限，应当结合后文的"短雇日月"理解。如此便可以认为，例中所指的"议有年限"，并不仅仅是约定了雇佣的期限，约定的期限应当长到以年为单位计量，才能算是"议有年限"，否则只能归到"短雇月日"中。因此可以认为，万历十六年新题例将雇工人的范围限定为定有雇佣契约，并且约定了较长雇佣期限的受雇者，在此之外的受雇者，重新又回到了凡人阶级之中。

过去对雇工人的研究，往往局限于条例的前一部分内容，对后面的义男条款[4]则多有忽视。事实上，义男条款和雇工人制度有着莫大的关联，这也是这两部分内容放在同一条例中予以规定的原因。明代的义男，与今人理解的义子并不一样，事实上，明代的义男，包含了义子和奴仆两种

---

〔3〕 怀效锋点校：《大明律》附《问刑条例》，法律出版社 1999 年版，第 420 页。
〔4〕 本文用来指代例文中规制义男的部分，下同。

· 189 ·

人。[5] 义男中的义子，犹如其字面含义所揭示的，是以义结合的父子。条例中的义男，前面加了限定词"财买"，因而可以将义子排除在外。事实上对于真正的义子，《问刑条例》中另有义子过房条例对这类人进行调整[6]。而义男中的奴仆，则正是前文所说的庶民之家所役使的人员。因为法律不许庶民之家存养奴婢，而对于富裕之家而言，"存养家人，势所不免"，故而在操作上不得不改换名目，以义男的假称来规避法律的禁令。这类义男，与宋代的"人力""女使"，在本质上并没有多大的区别，雇工人制度的建立，正是为了解决这类人的身份问题。前文已经提到，在明代的司法实践中，这类人往往是按照雇工人处理的。考虑到雇工人的缘起本是针对雇佣服役者，甚至可以认为，万历十六年新题例的义男条款，才是雇工人例本身，而前半部分的契约条款，实际上是调整自由劳动者的法律规定。

3. 财买义男问题

关于条例中出现的财买义男，可以借助《卖油郎独占花魁》来进行认识与解读，故事的主人公秦重，就是财买义男的典型例证。秦重在十三岁时被父亲秦公契卖给朱十老，但所立的却是过继契约。秦重在朱的油店中做店员，后来被朱十老拨银三两逐出。[7] 尽管立的是过继契约，但秦重显然并不是朱十老的义子，相反，他更像是朱十老典雇而来为自己帮忙的工人。因为法律禁止典卖良人，这份过继的契约，实际上只是改头换面的典身契罢了。只是这种典身契，并不是卖身的契约，仔细分析，应当是律文中规定的典雇，若是再具体些，应当是典雇中的雇。[8] 如果是卖身或者典身，则在逐走秦重时，朱十老完全没有必要支付三两银，因为此种契约是"仍还原价"的。在这种情况下，朱十老不仅不需要支付银两，相反秦重还要归还典身钱。只有在雇的情况之下，这种状况才能够说得通。应当是

---

〔5〕 冯剑辉：《明代徽州"义男"新探——以嘉靖祁门主仆互控案为中心》，载《安徽大学学报》（哲学社会科学版）2014年第6期。

〔6〕 怀效锋点校：《大明律》附《问刑条例》，法律出版社1999年版，第421页。

〔7〕 （明）冯梦龙：《醒世恒言》，天津古籍出版社2004年版，第22～50页。冯梦龙出生于万历二年（1574年），该书刊刻与天启年间，书中的故事应当是以万历十六年新题例颁布之后不久的时间作为背景，因而对于考察该例文极具参考价值。

〔8〕 关于连用的"典雇"一词，以及其中"典"与"雇"两个单字的法律内涵，在题解部分已有详细论述。

秦重的工作期限比较长，其劳动报酬超过了契约金额，所有才有朱十老拨银三两的行为。

从秦重的例子中，可以看出，所谓的财买义男，实际上就是法律上所说的典雇者。这类人群在唐宋时期就是雇佣奴婢，在明代则归入了雇工人等级。条例中将恩养年久的义男比照子孙，这和宋代的做法并没有什么不同，只不过是立法上对雇工人身份的重申而已，比较有意思的是条例对恩养未久的义男的处理。前面说过，财买义男本身就是法律所规制的雇工人群体，但是在义男条款中，对于恩养未久的义男，条例却根据主家的地位不同而做出了差异化的处理。对于士庶之家，条例沿袭了之前的处理方法，依雇工人论，而对于缙绅之家，其所役使的义男，条例将其身份降至奴婢。

4. 雇工人制度对社会的改造与雇工人例的退让

在上文所举秦重的例子中，我们还可以看到雇工人制度对社会产生的深刻影响。雇工人制度本身针对受雇服役者而做出，但是由于法律对雇工人概念定位的模糊，使得自由雇佣也被纳入其中。法律上对两种形式完全不同的雇佣的混同，不可避免地在一定程度上造成了社会观念上对二者的混同。例如秦重本身就是典型的财买义男，但其工作却不仅是为朱十老服役，更多的是为其卖油，因而可以说秦重兼具受雇服役于店铺小郎两种身份。秦重的两种身份的混同，表明此时自由雇佣也存在典雇化的情况，是两种雇佣混同的体现，深刻体现了雇工人制度对社会观念和社会生活的影响。

当然，雇工人制度的发展体现出的不仅仅是法律对社会生活的影响和改造，在法律运转的过程中，也不可避免地要针对社会现实做出妥协。例如，在万历十六年新题例中，针对不加区别的把雇佣劳动全部纳入雇工人导致的混乱，明代政府做出了一定的退让，使短雇工人重新获得了自由。对于缙绅之家恩养未久的财买义男，条例也不再将其归入雇工人，而是比照奴婢处理。对于例文中出现的文契和年限的认定要件，结合《唐律释文》中对随身的解释，可以看出，此种划分要件并非明代才开始出现，"二面断约年月"的说法与此处的规定并无本质的不同，万历十六年新题例的颁布只是对久远的社会关系的确认，或者说是使雇佣关系部分恢复到雇工人例产生之前的状态。立法上的变化，实际上部分推翻了雇工人制度，使一部分人的身份又恢复到了明初设立雇工人制度之前的状态。对于短雇工人而言，雇工人制度对他们不再适用，这无疑是使他们从身份走向自由的一大进步。对于财买义男而言，这一群体被部分的归入到了奴婢阶层，似乎是法律的大倒退。仔细考察例文，不难发现，被归入奴婢之中的，只是缙绅之家恩养未久的类别，这部分人通过时间的推移，可以变成恩养年久的人群，因而这样的规定，仅仅只是根据社会形势做了小的改动而已，并不具有太大的意义。

尽管雇工人条例针对当时的社会现实作出了一定的退让，但这种退让的程度和意义均是有限的，并不能从根本上解决雇工人制度造成的社会矛盾，也未能解决由雇工人制度引发的实践上的问题。因为这样的缘故，在明亡之后，雇工人例又经历了多次修改。

（二）清初条例与义男条款的消亡

雇工人例制定于万历十六年（1588 年），直至明朝灭亡也没有再修改。雇工人例的制定，时值晚明，几十年后明朝灭亡，中国改由满族建立的清朝所统治。清朝统治者在全盘继承了明代的律例体系，以及在这一体系基础上建构起来的雇工人制度的同时，根据其统治特点，对雇工人例进行了修改，使清代的雇工人制度呈现出新的特点。

1. 清初条例考证

学界普遍认为，万历十六年（1588 年）制定的新题例，在清初制定清律时得到了保留，并一直沿用到了乾隆初年，直到乾隆二十四年（1759 年）才被首次修改。这一观点由经君健提出，[9] 并为后来研究者所沿用，目前尚未见到对这一观点的质疑或批评。遗憾的是，经君健提出这一观点，却并没有进行论证与说明，其后的附和者也没有就这一问题补充论证，因而这一观点是否成立，十分值得怀疑。从万历十六年（1588 年）到乾隆二十四年（1759 年），时间跨度达 171 年之久，这一期间政权更迭，战争与动乱多发，制度与法律也多有改易，很难相信在这样的一段期间内，并不成熟的雇工人例竟然丝毫没有改变。

雇工人条例制定之时，是以"奴婢殴家长新题例"的名目颁布的，在

---

〔9〕 经君健：《明清两代农业雇工法律上人身隶属关系的解放》，载《经君健选集》，中国社会科学出版社 2011 年版，第 17～66 页。

清初定律例时，将例文均附在相应的律之后。如果万历十五年新题例在清初得以保留，那么在《大清律例》的"奴婢殴家长"条后，应该能找到这条例。清初的沈之奇在其《大清律辑注》"奴婢殴家长条"后，并没有附上这条。对于这一现象，可以理解为清初的《大清律例》根本没有收入这条例，也可以理解为律例中有这条例，但是沈之奇没有将其录入。沈之奇的另一段论述表明，前一种理解才是事情的真相。在"奴婢殴家长"条后，沈之奇虽然没有附上这条例，但是在律后注中，却提到了这条明代的旧例，其文曰：

> "旧律有例，凡官民之家所雇工作之人，立有文券，议有年限者，以雇工人论。若短雇工人、受值不多者，以凡论。其财买义男，恩养已久、配有室家者，照例同子孙论。如恩养未久、不曾配合者，士庶之家，照依雇工人论，缙绅之家，照依奴婢论。"[10]

比照沈之奇所录例文和万历十六年新题例，可以发现，二者内容几乎完全一致，只有有限的几处用词不太一致，应当是转抄之时抄错而导致的。在全文抄录了万历十六年新题例后，沈之奇接着说：

> "此虽不可引用，而其义可采也。"[11]

沈之奇的这句评语非常精准的道出了万历十六年新题例在清初的地位，不知什么缘故，顺治三年（1646 年）制定《大清律例》时，没有将雇工人例收入。立法上没有收入旧有的雇工人条例，也没有重新颁布新例，这必然会给司法实践产生直接的障碍，一时之间，对雇工人身份的认定不免因此而陷入无法可依的状态。面对这样的情况，沈之奇指出，万历十六年新题例"其义可采"，建议在司法实践中借用该条例的立法精神，借以作为认定雇工人身份的参考。考虑到清初在雇工人认定上的立法状况，再考虑到沈之奇的法律注疏的影响力，恐怕这种借用应当是实践中的常态。

清初并未直接沿用万历十六年新题例的说法，在乾隆五年（1740 年）武英殿本的《大清律例》中也能得到验证。在该本《大清律例》中，"奴

---

〔10〕（清）沈之奇：《大清律辑注》，怀效锋、李俊点校，法律出版社 1998 年版，第 753 页。
〔11〕（清）沈之奇：《大清律辑注》，怀效锋、李俊点校，法律出版社 1998 年版，第 753 页。

婢殴家长"条后依旧没有收入雇工人例，相反在"谋杀祖父母、父母"条后却出现了这条例的身影。但是仔细观察，可以发现，此时的例文，其表述与晚明时期已略有不同。现将例文全文抄录如下：

> "官民之家，凡倩工作之人，立有文券、议有年限者，依雇工人论。止是短雇月日、受值不多者，依凡论。其财买义男，并同子孙论。"[12]

从篇幅上看，这则条例较万历十六年新题例短了一半；就内容而言，二者也有实质性差异，且两条例文在律典中的位置也不相同。从这些现象中，似乎可以推断，应当是在沈之奇出版其《大清律辑注》之后[13]，直至乾隆五年（1740年），这期间中的某一时间，清代中央政府意识到了雇工人例缺位所带来的问题，因而将明代的条例找出，删改之后又附入了律中。

因此，可以认为，清初一直沿用万历十六年新题例的说法并不正确，如果反过来说，清初在立法上一直没有沿用万历十六年新题例，才应当是实情。尽管立法上没有沿用雇工人例，在司法实践中参照该例却很可能是极普遍的现象，武英殿本的条例应当就是针对这一情况而做出的补正。在雇工人例的发展历程中，武英殿条例极为特殊，它将雇工人例从"奴婢殴家长"条后移到了"谋杀祖父母父母"条后，而在此之后的雇工人例，均又回到了"奴婢殴家长"条之后。武英殿本所录条例结构虽然十分简单，许多内容又与万历十六年新题例重合，但仍包含了极其深刻的法律变化。

2. 义男条款的变化与明清制度之变革

武英殿本的雇工人条例，其结构同万历十六年（1588年）一样，也可以分为契约雇佣条款和义男条款两个部分。考察该条例的契约雇佣条款，不难看出，这一部分内容和万历十六年新题例的规定相比，基本没有什么改变。与契约雇佣条款不同，义男条款在清初发生了极大的变化。

从篇幅和内容结构上看，万历十六年新题例的义男条款占到整个例文篇幅的一大半，其内容根据恩养状况分为两类，其中恩养未久的又可以分

---

[12] 田涛、郑秦点校：《大清律例》，法律出版社1998年版，第423页。
[13] 该书首次刊刻于康熙五十四年（1715年）。

为两种情况。整体而言，万历十六年新题例中的义男条款内容比较多，结构比较复杂。在清初的条例中，情况却大不一样。清初条例中义男条款一共只有十个字，其内容也没有区分不同的情况，仅仅只有一句"并同子孙论"，而正是这句"并同子孙"，使清代的雇佣劳动发生了重大的变化。

前文论及，义男条款本质上是雇佣奴婢或者雇佣服役者在雇工人例中的反映，其产生是明代独特的奴婢政策的后果，因此考察义男条款，需要借助对奴婢制度的考察。

《大明律》在"立嫡子违法"条中规定了庶民存养奴婢的禁令，顺治三年（1646 年）定的《大清律例》，在原样沿袭了明律的律文的同时，在其中加入了文间注，使法律所禁止的庶民之家"存养奴婢"，变成了"存养良家男女为奴婢"。[14] 虽然清律较明律的内容仅仅只是多了五个字，但其含义却是天差地别。明律的本意是在民间禁止使用奴婢，但是清律在加入五个字后，却成了允许民间使用奴婢。考虑到明清律俱在《贼盗门》中规定了"略人略卖人"条，禁止压良为贱，略卖良人为奴婢，可以认为，在正常的情况下，获取良人为奴婢是法律所禁止的。清代对"立嫡子违法"条的修改，似乎仅仅只是对"略人略卖人"条的重复，但事实并非如此简单。

《大明律》的规定只禁止庶民存养奴婢，那么不论奴婢的来源是良是贱，一概为法律所禁止。《大清律例》在"立嫡子违法"条中所加入的文间注，一方面重申了压良为贱的禁令，但另一方面在法无禁止即自由的层面上，实际上是暗示民间自此可以存养贱口奴婢。在对奴婢来源的控制上，明代的奴婢只有功臣之家能够通过赏赐，官吏之家通过存养两种方式才能够获得，这一点在雷梦麟的注释中已经说得很清楚。[15] 清代的情况较明代不同，虽然清代保留了"略人略卖人"这条律，但是对于人口买卖，清代实际上是不禁止的。

清朝以满洲征服了中原，将满洲旧俗也带入了中国。满洲有蓄奴的传统，且"最严主仆之分"，在清军入关后，这种风俗也被带入关内，和中

---

〔14〕 参见怀效锋点校：《大明律》附《问刑条例》，法律出版社 1999 年版，第 47 页；田涛、郑秦点校：《大清律例》，法律出版社 1998 年版，第 179 页。

〔15〕 （明）雷梦麟：《读律琐言》，怀效锋、李俊点校，法律出版社 1999 年版，第 123 页。

国旧有的奴婢与雇工人制度混杂在一起。[16] 在清初，战乱频仍，大量的人在战争中被俘虏而成为奴婢，除了在战争中被俘略而成为奴婢者外，发遣的罪犯以及投充人等也扩大了奴婢的规模。[17] 与明代只有功臣之家赏给奴婢和官员存养奴婢相较，清代的蓄奴的规模明显扩大了。清律禁止买卖良民为奴婢，但是庶民契买他人的奴婢则在所不禁。即使是买良民为奴婢，虽然有"略人略卖人"的禁令，实际上也多有发生，而且在一定程度上为官方所认同。例如在"因贫和卖卑幼为婢买主知情"一案中，清代的刑部认为：

> "是卖良人子女与人为奴婢，在凡人则分略卖、和诱、两相情愿三层，被卖之人虽出情愿，而凡人不应于中取利，故律与和诱同科。若父母亲属价卖子女卑幼，出于两相情愿，必实因生计维艰，万不得已，其情可悯，则于法当原律内止分略卖和卖两层，其不言两相情愿者，明其不与和诱同科也。律内所称和卖本承上文诱取之语而言，是以诱卖期亲卑幼拟徒例内，特将诱字指出，可见出于卑幼情愿，并非尊长诱取者，即不在照律科罪之列。且律称买者，知情同罪，不知者不坐。知情者谓知其和诱略卖之情也。若谓卖者，但卖即坐。则买者但买即知，岂复有不知不坐者乎？况例内既有契买婢女，呈官钤印，白契价买仍从其便之文，是价买非诱非略之婢女，无违定例，更可概见。"[18]

刑部将卖良人为奴婢分成略卖、和诱、两相情愿三种情况，将法律压良为贱的禁令解释为对略卖与和诱的禁止。基于这样的解释，对于两相情愿的卖良为贱，就成了"不在照律科罪之列"，也就是说，尽管有"略人略卖人"的禁令，但在实践层面，其作用是极其有限的，奴婢的存养和买卖并没有因之受到太大的影响。

---

〔16〕 关于满洲风俗对清代奴婢制的影响，可参见张敏、许光县：《清代人身典权的法律规制——以白契制度为中心的考察》，载《政法论坛》2013 年第 5 期。关于这种影响在具体的司法认定中的体现和在奴婢、雇工人问题上满汉法律的互动，参见胡祥雨：《清代"家长奸家下人有妇之夫"例考论——满汉法律融合的一个例证》，载《法学家》2014 年第 3 期。

〔17〕 清代奴婢的来源，可参见经君健：《清代社会的贱民等级》，中国人民大学出版社 2009 年版，第 55～71 页。

〔18〕 （清）祝庆祺等编：《刑案汇览》（三编），北京古籍出版社 2004 年版，第 709、710 页。

在理解了奴婢制在清代的恢复和炽盛之后，再回头审视清初条例的义男条款，便不难理解为何义男条款会发生如此大的改动。义男条款的确立，本就是对"庶民之家，当自服勤劳"，因而不许存养奴婢所做的变通。清代既然放开了对庶民存养奴婢的禁令，那么为了调和立法与实践的矛盾而产生的义男条款，其存在的基础已经消失。尤其是在清代的奴婢制中，允许以红白契买卖奴婢，白契所买的奴婢，在比较近的年限内，可以赎身成为自由人，法律对其的规制，与义男也颇有相近之处[19]，这进一步压缩了义男得以存在的空间，因此也可以解释为何此时的义男条款只剩下寥寥十个字，而在这之后，义男条款就彻底消失了。从义男条款的消亡可以看到，在明清时期，奴婢制度和雇佣劳动深深的纠缠在一起，雇工人制度作为雇佣劳动和奴婢制的结合点，深刻地反映了二者的纠葛。

（三）乾隆二十四年条例与典当家人、隶身长随

1. 乾隆二十四年条例的修订

雇工人制度的建构，是与明代在民间废除奴婢制同步的，尽管万历十六年新题例就此问题做了一定的退步，但其退步的空间及实际意义均十分有限。清初恢复了民间的奴婢制，虽然也随之修改了雇工人例，但修改的幅度很小，并没有进行本质上的改易。基于禁止奴婢制的背景下产生的雇工人制度，在蓄奴成风的清代，不免有些不合时宜。因此，对雇工人例进行大的修改，使之适应清代允许民间蓄奴的实际状况，显得尤为必要。于是，在乾隆二十四年（1759 年），根据山西按察使永泰的条奏，清政府对雇工人例进行了大的修改，并于两年后的乾隆二十六年（1761 年），于刑部的律例馆编纂条例时附在律文后，修订后的条例原文为：

> "官民之家，除典当家人及隶身长随俱照定例治罪外，其雇倩工作之人，若立有文契年限及虽无文契而议有年限，或计工受值已阅五年以上者，于家长有犯，均依雇工人定拟。其随时短雇受值无多者，

---

〔19〕 相关法律规定见"人户以籍为定"条后所附条例，参见田涛、郑秦点校：《大清律例》，法律出版社 1998 年版，第 172～174 页。

仍同凡论。"[20]

乾隆二十四年（1759 年）修订后的雇工人例，一方面，将已经不必要存在的义男条款删除，相应地增加了规定典当家人及隶身长随的条款[21]；另一方面，对于契约雇佣条款也进行了较大的修正。下面，本文将分别对这两项条款进行解读。

2. 家人、长随条款解读

在乾隆二十四年（1759 年）新修订的雇工人例中，条例末尾的义男条款被删去，另外在条例之首加入了对典当家人和隶身长随的规定。雇工人例对典当家人与隶身长随的规定较为简略，只云"俱照定例治罪"，而未详言之。要理解家人、长随条款以及立法者将其放入雇工人例中的用意，则必须要弄清楚该条款的具体内容。乾隆二十四年（1759 年）以后，雇工人例附在"奴婢殴家长"条后，同样是在"奴婢殴家长"条之后，还有这样一则条例：

> "凡汉人家生奴仆……如典当雇工人限内逃匿者，照满洲白契所买家人逃走例，责三十板，亦交与本主。若典当立有文券，议有年限，不遵约束，傲慢酗酒生事者，听伊主酌量惩治。若与家长抗拒殴骂者，照律治罪。再隶身门下为长随者，有犯，亦照典当雇工人治罪。"[22]

在这则条例中，出现了"典当""家人""隶身"和"长随"等字样，可以确信应当是家人长随条款中所指称的定例。根据郭润涛和黄冕堂的说法，所谓家人，应当是汉族的官员、士大夫、庶民之富裕者以及满洲人家内所蓄养的服役者，故称家人，而至于长随，其性质类似家人，所不同的

---

〔20〕 马建石、杨育棠主编：《大清律例通考校注》，中国政法大学出版社 1992 年版，第 840 页，奴婢殴家长条后第 11 条例文后谨按部分。此例及其制定经历在《驳案汇编》卷二一中"殴死辞出雇工以凡论"案中也有收录，参见（清）全士潮、张道源等：《驳案汇编》，法律出版社 2009 年版，第 392、393 页。

〔21〕 以下简称家人、长随条款。

〔22〕 田涛、郑秦点校：《大清律例》，法律出版社 1998 年版，第 459、460 页。

是，使用长随的均为官员，长随的服役还包括协助家长处理公务。[23] 按照他们的说法，不论是家人还是长随，其法律地位都是雇工人。事实上，所谓家人，只不过是家奴换了个说法而已，而所谓长随，其身份与家人并没有什么不同。在嘉庆六年（1801 年）的雇工人条例中，提及这两类人时，使用了"甫经典买或典买隶身未及三年"[24] 的说法，其中的"典买"字样充分说明了家人和长随不过是通过典身方式获得的奴婢而已。

该条例的规定显示，不论是家人还是长随，其在法律上都是照典当雇工人处理的。此处的典当雇工人，与雇工人并不一致。就其字面来看，可能是雇工人的一种，还可能是误将典当雇工多加了一个"人"字。详考例文，典当雇工人照满洲白契所买家人处理，所谓白契所买家人，就是前面提到的白契买的奴婢，这一类人在法律上的地位与雇工人差异很小[25]，且根据法律的规定，只要不是年限久远，均是可以赎身成为良民的。白契所买家奴的这一特征，十分接近于典身，典当雇工人在法律上比照这类人，表明所谓的典当雇工人，就是法律上所说的"典雇"的人。如果将典当雇工人换个说法，称之为典雇之人，其含义或许会更加明晰。前文已经说过，所谓典雇，就是典身和雇佣相结合的一种形式，是一种预付薪金的雇佣方式。典雇因为有预付薪金的含义，故而在典雇之初，必然是有约定薪金的契约的，而在契约之中，根据薪金的多寡，典雇的期限应当也有约定，即使没有约定，根据一般的社会观念，期限也是很容易根据折算比例推算出来的。如此，典雇就完全符合了契约雇佣条款中"立有文券、议有年限"的规定，从而进入了契约雇佣条款所调整的范围。典当家人、隶身长随比照典当雇工人处理，因此虽然对其有专条进行规定，清代立法者在雇工人例中还是再次提到了他们，以表明二者之间的联系。

乾隆二十四年例将家人、长随条款放入雇工人例中，其中颇有深意。典当家人、隶身长随属于奴婢制度中的内容，将其与契约雇佣放在一起，表明在这一时期，奴婢制和契约雇佣仍深深的纠缠在一起。尤其是对于典

〔23〕 郭润涛：《清代的"家人"》，载朱诚如、王天有主编：《明清论丛》（第 1 辑），紫禁城出版社 1999 年版，第 376~395 页；黄冕堂：《清代"雇工人"问题考释》，载《社会科学战线》1988 年第 1 期。

〔24〕 张荣铮等点校：《大清律例》，天津古籍出版社 1995 年版，第 488 页，条例 1210。

〔25〕 黄冕堂：《清代"雇工人"问题考释》，载《社会科学战线》1988 年第 1 期。

当家人和隶身长随这一群体而言，其虽然成了贱民，但是仍有通过赎身成为良民的机会，这与受雇服役者的情形十分接近。受雇服役者因为工作的原因，使自己的身份降低，但仍有成为良民的机会。受雇服役者与典当家人、隶身长随的区别，只在于一个是雇来的，一个是买来的而已。

3. 契约雇佣条款地位的提升和去契约化

与此前的雇工人条例一样，乾隆二十四年条例也可分为两个部分，虽然义男条款已经消亡，但是契约雇佣条款得到了保留，并且做出了重大的修改，这种变化深刻地影响了雇工人条例以及雇工人制度在此后的发展。在这一层面上讲，乾隆二十四年（1759 年）是雇工人制度发展历程中至关重要的一年，而其重要性在契约雇佣条款上得到了充分的体现，它使雇工人制度自此转向，具体而言，它在两个方面开启了这一转向的历程。

第一个方面，如果考察与契约雇佣条款并存的另一条款，可以发现转向的一条轨迹。前文已论及，义男条款在清初逐渐消亡，其在雇工人例中留下的空位由家人、长随条款所填补。家人、长随条款本身属于奴婢制度的内容，在别处另有条例予以规制，故而在雇工人条例中规定极为简略，只是指明参照相应的条款。对比明代万历十六年新题例的义男条款，可以发现，家人、长随条款的地位很低。前者在内容篇幅和重要性上与契约雇佣条款平分秋色；后者则远不能和契约雇佣条款相比。即使放在雇工人例中，家人、长随条款仍是参照典当雇工人处理，而根据前文，典当雇工人被纳入了契约雇佣条款所调整的范围。因此，在某种意义上，家人、长随条款是参照契约雇佣条款进行处理的。故而可以认为，在乾隆二十四年条例中，实际上是契约雇佣条款一家独大，家人长随条款只是依附于契约雇佣条款而存在。从明代万历十六年新题例，到清代乾隆二十四年新题例，雇工人例完成了从契约雇佣与奴役劳动并重到独重契约雇佣的转变。当然，雇工人条例在乾隆二十四年（1759 年）的转向并不仅仅只是体现在其重心的转变上，即使在契约雇佣条款的内容上，雇工人条例也发生了极大的变化。

从篇幅上看，乾隆二十四年条例的契约雇佣条款较之前略有增加，就其内容而言，该条款较从前复杂地多。在乾隆二十四年（1759 年）以前，对于契约雇佣，雇工人例依据雇佣期间做了二分的处理，对于立有书面契约，雇佣期间较长的，作为雇工人处理；对于短雇工人，"受值无多"，也没有必要专门订立契约[26]，按照凡人处理。乾隆二十四年条例在形式上沿袭了之前的做法，依旧按照雇佣期限的长短将雇佣劳动者区分为雇工人和凡人，但是在期限的认定上，却与以往有很大的不同，这一差异主要体现在对期限长的雇佣劳动者的界定上。

第二个方面，此前的雇工人条例对期限长的雇佣劳动者的认定，一直遵循"立有文券、议有年限"的标准。这是一条非常模糊的标准，文券和年限二者究竟是并列的要件，还是择一的要件，条例并没有指明。一般而言，如果雇佣双方立有书面的契约，也就是条例中所说的"立有文契"，契约中会对雇佣期限做约定，这在法律上不造成任何问题。但是，如果双方仅仅是口头约定了雇佣期限和工价，而未订立书面契约，只是"议有年限"而并为"立有文券"，这时该怎么认定这种雇佣关系呢？另外，就"议有年限"而言，只知道以年为单位计量的时间算是"议有年限"，但这仍然很模糊。究竟做到何种程度算是达到了"议有年限"，依旧缺乏确定的标准，实际上并没有可供执行的参照，三年五载固然可以称得上"议有年限"，如果是一年呢，又如果半年呢，这些究竟算不算是"议有年限"呢？

乾隆二十四年条例尝试对上述问题进行解决，以消除法律上的模糊。在文契标准上，条例不再严格强调文契的有无，虽然旧有的文契、年限规定仍旧得到保留，但在此之外，"不立文契"也有可能被认定为雇工人。此时的契约雇佣条款，实际上将契约雇佣分为了四类：短雇工人、文契年限具备者、虽无文契而有年限者、没有订立契约但连续工作达五年者。关于短雇工人和文契年限具备者的规定较前代并没有改易，此处没有展开论述的必要，另外两种雇佣形式，才是此次修订条例真正重要的地方。在剩下的两种情况中，"虽无文契而议有年限"表明，此时书面契约在雇工人的认定中已经不再重要，即使是口头的契约，只要是"议有年限"，就能成为雇工人认定的依据。这实际上是对原来的条例做了扩大解释，放宽了

---

[26] 尚海涛根据对清末及民国时期山东农民的访谈资料得出结论，短工一般都在雇佣的当天早晨或前天夜间与雇主口头约定雇佣事项，而不是采用书面形式，参见氏著：《民国时期华北地区农业雇佣习惯规范研究》，中国政法大学出版社 2012 年版，第 131 页。王先明和牛文琴对同一时期山西乡村的考察也验证了这一点，参见王先明、牛文琴：《二十世纪前期的山西乡村雇工》，载《历史研究》2006 年第 5 期。

雇工人的认定标准。在"计工受值已阅五年"的表述则表明，在劳动者劳动期限较长时，即使是口头契约，法律上也不再要求，而是径行认定此时的雇工就是法律上的雇工人。从条例这样的表述之中，不难发现，原本雇工人例所强调的文契、年限标准，其文契要素在很大程度上弱化了，甚至可以进一步说，不仅仅是书面的契约，契约性要素整体，在雇工人认定中的作用均减退了。雇工人条例在减轻对契约性要素的要求的同时，加强了对年限要素的要求。尽管此时条例中规定的年限要素仍然具有一定的模糊性，但显然较此前要具体得多，尤其是对不要求契约的已经工作了较长期限的雇工而言，法律更是确定了五年这样一项确定的标准。

从上面的论述中，可以发现，在乾隆二十四年条例中，清代立法者对雇工人例的结构做了重大的调整。首先，就条例的组成而言，雇工人例由两条并重，转成了契约雇佣条款一家独大。其次，就契约雇佣条款本身而言，也存在着去契约化的现象，契约性要素的地位降低，而年限要素变得更加重要。条例的这种转变暗含了雇工人例在立法考量上的变化，这种变化逐步发酵，最终导致了此后在乾隆三十二年（1767年）雇工人认定要件的大转变。

（四）小结：劳动混杂与契约标准的减弱

本部分论述的时间跨度长达171年，到此就暂告一段落。在这段漫长的时间内，为了解决雇工人制度带来的社会和司法问题，雇工人例被制定出来，然后随着时间的流逝和社会环境的变迁，经历了两次修订。从这一期间的法律改易和制度变迁之中，尤其是从条例内容的变化之中，可以看出关于雇佣劳动以及雇工人制度的一些整体性的特征。

从整体结构上看，雇工人例始终包含着两部分的内容，起初是契约雇佣条款和义男条款，在义男条款逐步消亡之后，留下的空档由家人、长随条款填补。不论是义男条款，抑或是家人、长随条款，均是对涉及奴婢或者说是家庭内服役者的特殊规定，它们虽然规定在雇工人例中，但本质上仍然属于奴婢制度的一部分。明初的立法，将所有受雇劳动者均归入雇工人制度中调整，如此可以认为，雇工人制度实质上就是明清时期调整雇佣劳动的法律制度。而在雇工人条例内部，契约雇佣条款，就是雇佣劳动的主要认定条款。在雇工人条例中，调整雇佣劳动的条款与调整奴婢的条款始终并存，这本身就是一个问题。契约劳动和奴役劳动在雇工人例中的并存，恰恰表明雇工人就是契约劳动和奴役劳动的结合点。契约劳动和奴役劳动的相互渗透，是雇工人制度产生的基础，但是这一制度的产生并没有解决二者的冲突，反而使雇工人作为一个新的主体加入到它们的纠缠之中。明代在民间的禁奴法令使得这种纠缠变得复杂，清代虽然恢复了奴婢制，但这种纠缠并没有因之消失。民间并没有因为蓄奴禁令的放开而放弃雇佣奴婢[27]，因而契约雇工仍然与奴婢混杂，并最终体现在了雇工人的法律规定之上。体现在雇工人例中的混杂，实际上是当时普遍存在的社会与法律观念对雇佣与奴役的认识的反映。明清时期雇佣与奴役在社会观念上的混杂，也表明了对劳动的认识具有极重的时代特征。

就雇工人例的契约雇佣条款的发展来看，在这一时期，雇工人例始终以文契和年限作为身份认定的标准。而且，随着时间的推进，契约性标准的重要性逐渐地减弱，而年限越来越成为重要的认定标准。在万历十六年新题例中，还只是笼统的提到"立有文券、议有年限"，而在乾隆二十四年例中，这一标准就已经被细化成了四种情况，在这四种情况之中，契约的地位明显地降低了，而年限标准显得越来越重要。甚至，在某种意义上，说契约雇佣自始至终都只有年限这一认定标准也不为过。虽然条例中没有明言确立年限要素的原因，考虑到宋代依照年限确定契约奴婢的主仆名分[28]，似乎可以认为，清代确立年限标准也是因为同样的原因，而这一原因，在此后的雇工人例中将显得越来越重要。

二、乾隆二十六年（1761 年）之后的雇工人条例

（一）名分与服役：乾隆三十二年条例

1. 乾隆三十二年条例及其变化

乾隆二十四年条例将契约雇佣分成了四种情况，对于其中"计工受值已阅五年以上"的情况，刑部律例馆不久就提出了修改意见。律例馆认

---

〔27〕 例如，清末沈家本总结清代雇佣奴婢的原因时表示："大抵因为奴者易逃难育，相戒不用，其所驱使之人，亦多出于佣雇"。参见沈家本：《删除奴婢律例议》，载《寄簃文存》，商务印书馆 2015 年版，第 21～24 页。沈家本的这段话表明，雇佣奴婢在清代是奴婢群体的主要组成部分。

〔28〕 宋代契约奴婢的主仆名分，可参见戴建国：《"主仆名分"与宋代奴婢的法律地位——唐宋变革时期阶级结构研究之一》，载《历史研究》2004 年第 4 期。

为，"雇工一项，民间多有不立文契年限而实有主仆名分者"〔29〕，对于这些人，如果按照"计工受值已阅五年以上"处理，在五年以上的还不会有什么问题，不满五年的，却要按照凡人处理。即使是毫无名分的"良贱相殴"，法律也规定较凡人加等处理，而对于具有主仆名分的雇工却因不满五年而按照凡人处理，这在刑部看来，是极不合理的。于是刑部建议皇帝对雇工人条例再次修改，缩短时间的限制，根据刑部的意见，最终制定了乾隆三十二年（1767年）的雇工人例，其文如下：

> "官民之家，除典当家人、隶身长随及立有文契、年限之雇工，仍照例定拟外，其余雇工虽无文契而议有年限，或不立年限而有主仆名分者，如受雇在一年以内有犯，寻常干犯照良贱加等律再加一等治罪。若受雇在一年以上者，即依雇工人定拟，其犯奸、杀、诬告等项重情，即一年以内，亦照雇工人治罪。若只是农民雇倩亲族耕作、店铺小郎以及随时短雇，并非服役之人，应同凡论。"〔30〕

这次修例，虽然动因只是针对乾隆二十四年条例中的一个特殊情况做调整，但是最终呈现出来的条例却明显不止改动了一处，条例的内容整体上与之前有了极大的不同。首先，虽然修改只是针对"计工受值已阅五年以上"的情况做出，但结果"虽无文契而议有年限"的情况也受到了波及。其次，之前条例中的五年期限被取消，取而代之的是更加复杂的规定。最后，条例中首次出现了主仆名分的字样，使雇工人的认定标准出现了大的转变。下面，本文将分述三十二年例的这些变化及其背后的动因。

2. 文契、年限与主仆名分

新的条例是在乾隆二十四年条例的基础上修改而成，因而沿袭了旧例的基本结构。在家人、长随条款上，新例未做改动，仅仅只是照录旧例的内容。在契约雇佣条款中，三十二年条例沿袭了旧例的四分结构，对于文契、年限俱备的情形，条例一仍其旧，随时短雇的情形也得到了保留，值

---

〔29〕 马建石、杨育棠主编：《大清律例通考校注》，中国政法大学出版社1992年版，第840页，奴婢殴家长条第11条例文后谨按部分。

〔30〕 马建石、杨育棠主编：《大清律例通考校注》，中国政法大学出版社1992年版，第840页，奴婢殴家长条第11条例文，此外，在"雇佣之人殴死雇主仍同凡论"案中也全文收录了这条例文，参见（清）全士潮等：《驳案汇编》，法律出版社2009年版，第404、405页。

得注意的是，剩下的两种情况，除了在表述上有改动之外，新例还将它们合并在了一起。

在修改后的条例中，雇工人例依旧根据年限长短将契约劳动者区分为雇工人和凡人。在年限较长的群体中，条例根据契约要件将这类人分为了两种：一种是立有文券的，按照雇工人处理；另一种是没有书面契约的，另外处理。就没有书面契约的人而言，又依据是否议有年限可以分为两种情况。但这两种情况在法律上的处理是一样的。条例取消了原来的五年的规定，将雇工人认定的年限缩短为一年。考虑到所谓"议有年限"是指按年计算，此处的一年标准应当是对"议有年限"做的说明，也就是说，受雇满一年就算达到了"议有年限"的标准。自此，长雇与短雇的区分标准便被明确为一年的标准。

尤其应当注意的是"不立年限而有主仆名分"的表述，这是"主仆名分"一词首次出现在雇工人例中。应当说，虽然最终确立的雇工人例在形式上仍然是以文契、年限为划分标准，但是从刑部的立法建议中，可以明确地看到，在确立这样的划分标准时，立法者考虑到的明显是主仆名分，而文契、年限只是认定主仆名分有无的标准而已。

尽管"主仆名分"的说法直到乾隆三十二年（1767 年）才首次出现在雇工人例中，实际上，雇工人制度与主仆名分的关系很早就被认识到了。在顺治三年（1646 年）编纂《大清律例》时，在"良贱相殴条"中加入的文间注在解释雇工人与奴婢的区别时就表示："雇倩佣工之人、与有罪缘坐为奴婢者不同，然而有主仆之分"[31]。这一说法将奴婢限定为"有罪缘坐"，似乎是沿用了明代的观念。这条文间注表明，在清初，甚至于在晚明，将雇工人与主仆名分联系在一起就已经是立法者考虑的事情了。因此，在乾隆三十二年例中出现主仆名分的规定是顺理成章的事情。

在明白了主仆名分与雇工人的纠葛之后，再来审视乾隆三十二年条例的内容。文契、年限具备者没有什么改易，但是在文契要件缺失的情况下，情况有了很大变化。首先是"虽无文契而议有年限"，这和旧例的表述相同，表明文契已经不再是必备的要件。其次"不立年限而有主仆名分"的表述，则表明年限要素在认定雇工人身份时也不再是必备的了，只

---

[31]　田涛、郑秦点校：《大清律例》，法律出版社 1998 年版，第 455 页。

要具备主仆名分，法律并不关心有无文契和年限。再考虑到一年标准取代五年标准的缘由，乃是因为刑部认为一年的时间足够使主仆名分得以在主雇双方间形成，因而有充分的理由认定，乾隆三十二年例的表述虽然很复杂，但是其认定雇工人的核心标准只有一条，那就是主仆名分的有无。前文已述，在二十四年条例中，文契要件的重要性减弱了，当主仆名分标准出现后，可以认为，三十二年条例中文契要件的重要性进一步减弱，年限要件的重要性也减弱了。

3. 乾隆三十二年条例的除外条款

在乾隆三十二年（1767 年）以前，雇工人例将重心放在了长雇工人处，只是简单的规定短雇工人同凡论；乾隆三十二年条例在保留短雇同凡论的规定的同时，在其中加入了一些规定，短雇的法律规定在适用的情况、认定的标准上，都大大地扩充了，此时关于短雇工人的规定，可以独立地看作一个除外条款。[32] 应当指明的是，除外条款并非是和契约雇佣条款并列的一个条款，其内容是契约雇佣条款的一个组成部分，因其内容具有独立性，故而此处将其抽出单独论述。

如果不加标点，除外条款的表述为："若只是农民雇倩亲族耕作店铺小郎以及随时短雇并非服役之人应同凡论。"在这里存在一个断句的问题，根据断句的不同，对该条款可以有两种不同的理解。第一种断句方式是将"农民雇倩亲族耕作""店铺小郎"与"随时短雇"并列，视"并非服役之人"为对以上三者的修饰。第二种断句方式将"农民雇倩亲族耕作"与"店铺小郎"视为一个整体，在整体内部，二者是并列的，这个整体又和"随时短雇，并非服役之人"并列。在这种情况下，"并非服役之人"仅仅只是对"随时短雇"的修饰。这如果按照前一种断句方式来理解，除外条款的核心就是是否服役，条中只是列举出了三种并非服役的情况而已。如果按照后一种方式进行断句，则除外条款仅仅只是简单了做了列举，服役与否只对短雇的认定有效，因而该条款并没有确立一个明确的认定标准。仔细分析除外条款的语言结构，可以认为，第一种断句方式应该是正确的。因为如果按照第二种方式断句，则法律的表述呈现出一种非常奇怪的并列，而且并列的三者缺乏形式与实质上的联系。

---

〔32〕 以下均以除外条款称呼这部分内容。

在明确了除外条款的语言结构之后，这一规定的内容就十分清晰了。是否是服役之人，是认定受雇者是否应同凡论的核心标准，而前面所举，只不过是并非服役之人的三个例子罢了。所谓是否服役，换一种表述方式，也就是受雇者是否为雇佣奴婢，在理解了这一层后，除外条款的立法意图就很明显了。除外条款实际上是将一般的契约劳动者与雇佣奴婢区别开来，使得原本属于自由劳动的契约劳动者恢复其本来的凡人身份，而对于雇佣奴婢，则依照雇工人制度的立法原意，将其纳入雇工人体系之中。

如果将除外条款和条例的前半部分结合起来考察，可以发现二者的逻辑联系。条例的家人、长随条款几乎没有什么重要性，可以置诸不论，其后的部分则以主仆名分为核心，再后的除外条款则以是否服役为核心，因此可以认为，乾隆三十二年条例的核心就是主仆名分与是否服役。如果考察主仆名分与是否服役，不难发现二者实际上是一体两面的关系，两者说的都是雇佣奴婢这种情况。正如沈之奇所说："雇工人不过受人雇值，为人执役耳。贱其事，未贱其身，雇值满日，即家长亦同凡人，与终身为奴婢者不同。"[33] 所谓的服役，与"为人执役"是同样的意思，而主仆名分，就是这种服役活动所产生的后果，也就是"贱其事"的后果和体现。由此可以认为，尽管乾隆三十二年条例的表述极为复杂，但是其立法的目的是非常明确的，那就是将"主仆名分"，或者说是"是否服役"确定为雇工人身份的认定标准。

但是，应当注意的是，法律上对除外条款的处理，实际上使其极大的扩容。此前的除外条款仅仅只是针对短雇工人，在乾隆三十二年（1767年）以后，情况发生了变化。短雇工人仅仅只是除外条款中的一种情况而已。这意味着，即使雇佣期限较长，只要不属于服役之人，也能适用除外条款。但是考虑到条例将旧例中"立有文券、议有年限"的规定也原样保留，这便导致了立法上的冲突。设想，若是有人和雇主用书面契约约定了雇佣的年限，但所从事的只是服役以外的工作，对其身份的认定，是应当按照文契、年限标准确定为雇工人呢，还是应当按照除外条款将其认定为凡人呢？这样的冲突条款，是清代立法者试图对雇工人条例做根本性变革

[33] （清）沈之奇撰：《大清律辑注》，怀效锋、李俊点校，法律出版社1998年版，第747页，在该书第751页也有类似的论述。

所必然会导致的结果，它也预示着对条例的修改和完善将继续进行。

（二）扩张与去契约化：乾隆五十一年条例

1. 改头换面的乾隆五十一年条例

上文提到了乾隆三十二年（1767 年）修订的雇工人例存在的内在矛盾和冲突，在该例中，文契、年限的标准和除外条款的矛盾在条例的框架之内是无法调和的。要解决这一矛盾，或者要将文契、年限标准彻底废除，否则就要否定新确立的名分和服役标准，使雇工人例重新恢复旧貌。因此，解决法律上矛盾的关键，在于确定雇工人身份的标准，文契、年限标准与名分、服役标准二者只能择一。

在乾隆四十八年（1783 年）直隶发生的"雇佣之人殴死雇主仍同凡论"案中，刑部的认定意见指出："办理雇工之案，既以文契年限为凭，要当询问其有无主仆名分及是否服役之人……若无主仆名分，则是雇佣工作并非服役，彼此无良贱之分。故例同凡论。"[34] 在该段意见中，刑部认为，即使有文契年限作为凭据，在实践中认定时，还是要考察有无主仆名分以及是否服役。相反，如果能够确认名分和服役是否成立，刑部则不再认为文契和年限是必要的，因而在此时对文契、年限标准只字不提。

刑部的意见表明，在实践中，主仆名分成了认定雇工人身份的唯一标准。文契、年限标准在辅助认定主仆名分时，还多少有点意义，如果主仆名分的存否能够确定，则文契、年限就一点价值也没有了。正是基于这样的原因，为了调和法律内部的矛盾，同时也考虑到司法实践的实际情况，清廷于乾隆五十一年（1786 年）再度修改了雇工人条例，例文经过修改，变成了这样：

> "凡官民之家，除典当家人、隶身长随仍照定例治罪外，如系车夫、厨役、水火夫、轿夫及一切打杂受雇服役人等，平日起居不敢与共，饮食不敢与同，并不敢尔我相称，素有主仆名分者，无论其有无文契、年限，俱以雇工论。若农民佃户雇倩耕种工作之人，并店铺小郎之类，平日共坐共食，彼此平等相称，不为使唤服役，素无主仆名

---

〔34〕 该案经过及其审判意见收录于《驳案汇编》卷二一《斗殴》下中，参见（清）全士潮等：《驳案汇编》，法律出版社 2009 年版，第 404、405 页。

分者，亦无论其有无文契年限，俱依凡人科断。"[35]

虽然条例字数显得很多，但从整体上看，乾隆五十一年条例一改三十二年条例结构的纷繁，使雇工人例的结构重新变得简单、明晰。此前的雇工人条例都包括两部分的内容，只在乾隆三十二年条例中，除外条款扩容，隐隐有成为一个独立条款的趋势，在五十一年条例中，除外条款进一步扩容，几乎和契约雇佣条款[36]并列了。与此同时，家人、长随条款一仍其旧，在条例中的地位没有变化。因此，下文将从契约雇佣条款和除外条款两个方面解读乾隆五十一年条例。

2. 形式要件的转变与条例的去契约化

在契约雇佣条款部分，可以明显地看到雇工人例的转变。就字面上看，在例文中，此前一直沿用的文契、年限标准至此终于消失，法律不再要求"立有文契、议有年限"，相反却有了"无论其有无文契、年限"的说法。另外，契约雇佣条款不再对雇佣做复杂的划分，原本只用来修饰"不立年限"这种情况的主仆名分，现在成了这一条款的通行标准。原本只在除外条款中出现的"服役"字样，现在也被提到契约雇佣条款中，和主仆名分一起，成了普遍的准则。

在契约雇佣条款部分，雇工人例首次对属于雇工人的情况做了列举，这种列举是根据受雇者所从事的职业而区分的，尽管是不完全列举，但仍具有重要的意义。在条例中，"车夫、厨役、水火夫、轿夫及一切打杂受雇服役人等"，被认为属于雇工人的范围。其中，前面几项是列举，而打杂与服役则是对这些列举的概括。几乎可以肯定的是，所举的这些，包括打杂，都是与雇主的个人生活以及家庭生活分不开的。因此可以认为，所谓的服役人等，就是为个人或家庭提供服务的一种受雇者，他们所从事的工作与奴婢几乎完全重合，他们与奴婢的区别只在于身份上的差异，这也就是沈之奇所说的"贱其事，未贱其身"。因此，将这些人认定为雇工人，是完全符合立法的本意的。

除此以外，雇工人例还对主仆名分做了具体的界定，也就是"平日起

---

[35]（清）昆冈等：《光绪钦定大清会典事例》卷八百十，第13、14页。

[36] 此前所指雇佣条款均包括除外条款，因除外条款在结构上具有相对的独立性，自此往下所称契约雇佣条款，除非特别说明，均不包括除外条款。

居不敢与共，饮食不敢与同，并不敢尔我相称"，这是根据主雇双方在日常生活中的实际地位来确定身份的标准。服役与名分在契约雇佣条款中的并列，并非是法律确立了双重的标准，而仅仅只是一个标准的两种表现形式罢了。

雇工人例发展到此，可以认为，文契和年限的标准已经彻底失去了其作用，雇工人的认定完全取决于服役、名分标准，尽管到乾隆五十一年（1786 年），条例才清楚地表明了这种现象，但不应忘记雇工人例在此前的变革。对于乾隆五十一年条例出现的这种转变，应当视为雇工人条例转向过程中的一个环节，此时出现的种种变化，在乾隆三十二年（1767 年）以及更早的时间就出现了征兆，只是在此时方才水到渠成而已。就主仆名分的认定标准而言，在乾隆三十二年条例中就已出现，并且隐隐有适用于雇工人例整体的趋势，只是在字面上表现得不那么明显而已。如果将时间进一步拉长，可以认为，随着文契和年限两个要件在条例中地位的逐渐降低，主仆名分和是否服役走上台面，成为雇工人例的主要认定标准，是自然而然的事情。文契、年限在条例中的退出，恰是为名分、服役的登台腾出了空间。

如果将文契、年限与服役、名分放在一起比较，得出的结论可能会略有不同。

所谓文契、年限，其实说的是同一件事情，其实都是指雇佣劳动的契约性要素，只不过前者强调的是契约的文字形式，后者强调的是契约所约定的内容。名分与服役所说的也是同一件事情，它们均是在强调雇佣劳动的身份性要素。考虑到年限在认定主仆名分时的作用，完全可以认为这两个标准其实是共通的。二者均指向雇佣奴婢这一群体，只是前者采取了较为粗糙的形式主义的方式，而后者则采取了实质主义的认定方式，较前者针对性更强而已。在乾隆五十一年条例中，契约性的要素在雇工人的认定中彻底退出，代之以实质性的身份标准，应当说是立法技术上的进步，使得对雇工人身份的认定更加契合立法的本意。

3. 主仆名分与除外条款的扩张

关于雇工人例的除外条款，其内容在乾隆三十二年（1767 年）首次扩张，在乾隆五十一年（1786 年）修订雇工人例时，这部分内容进一步扩张，并呈现出了新的特征。就整体而言，这种特征最明显的表现是与前面契约雇佣条款的同质化现象，就其具体内容来看，其变化也是与契约雇佣条款同步的。

除外条款在乾隆五十一年条例中最为明显一处变化，就是短雇劳动者在条例规定中的退出。在此之前，短雇一直是除外条款最核心的内容，即使三十二年条例在除外条款中加入了其他的内容，对短雇的规定仍然是除外条款中举足轻重的部分。但是在新的雇工人例中，上一次修例所加入的耕种者和店铺小郎得到了保留，而随时短雇者却不再被条例所提起。对于这一问题，不应仅将其视为条例表述上的变化，事实上，这种变化是与立法精神的转变一体发生的。在雇工人例中，关于短雇工人的规定，是和文契、年限的标准同时出现的，其存在本身就是作为后者的对立面与参照物，其作为除外条款的地位也进一步说明了这一点。如果将雇工人条例关于短雇工人的规定和文契、年限标准放在一起比较，说前者是依附于后者存在，或者说是后者的补充说明，似乎也不为过。在论述契约雇佣条款时，已经提到，在乾隆五十一年条例中，文契、年限标准已经彻底从雇工人例中退出，如此，附属的对短雇的规定自然也没有再存在的必要了。

短雇从雇工人例中退出以后，除外条款的结构变得更加明晰了。此前的除外条款列举了"农民雇倩亲族工作""店铺小郎"和"随时短雇"三种人。"农民雇倩亲族耕作"的说法包含了职业和身份两种要素，"店铺小郎"则纯粹是在描述一种职业，"随时短雇"讲的又是雇佣期限。总的来看，三十二年条例的列举并不合理，缺乏一个科学的分类标准。在乾隆五十一年条例中，情况变得完全不一样。一方面，短雇的情况退出了；另一方面，"农民雇倩亲族耕作"的亲属要求被取消，变成了"农民雇倩耕作之人"。这两方面的变化使得除外条款仅剩的两种列举完全是按照职业要求做出，而不存在以前的多重标准问题。

除外条款在列举的结构和内容上的变化，如果和契约雇佣条款放在一起比较，可以很好地说明问题。在除外条款中，短雇规定的消失与契约雇佣条款中文契、年限标准的退出同步。在契约雇佣条款中，依照工作性质将受雇劳动者区分为服役的雇工人与并非服役的凡人，与此同时，除外条款也根据职业性质调整了对列举的分类。此外，除外条款中"平日共坐共食，彼此平等相称，不为使唤服役，素无主仆名分者，亦无论其有无文契年限"的说法几乎完全就是将契约雇佣条款的主仆名分要件反向再陈述了一遍。由此，除外条款实现了与契约雇佣条款的完全同质化。此时的除外条款，也如同契约雇佣条款一样，完全以主仆名分作为认定雇佣劳动者是否属于凡人的标准。

其实，在万历十六年新题例中，除外条款与契约雇佣条款本就是同质的。只是随着时间的流逝，契约雇佣条款内部发生了重大的转变，其认定标准在很长的一段时间内处于转折期，因而出现了多种标准并存的局面。此时的除外条款要保持与契约雇佣条款的同质十分困难，因而呈现出了较强的独立性。当契约雇佣条款的转向完成，其内容与结构恢复简单明晰，除外条款又及时地保持了与契约雇佣条款的同质。这也充分地说明了除外条款并不是一项独立自洽的法律规定，而是依附于契约雇佣条款而存在。

（三）雇工人例的定型：嘉庆六年条例

1. 嘉庆六年条例对乾隆五十一年条例的修改

在嘉庆六年（1801年），清廷对雇工人例做了最后一次修改，此次修改后的雇工人例一直沿用到了清末，在清末变法修律的大潮中，随着奴婢制和雇工人制的废除而退出了历史舞台。此次修订后的条例如下：

> "白契所买奴婢……至典当家人、隶身长随，若恩养在三年以上，或未及三年配有妻室者，如有杀伤各依奴婢本律论。倘甫经典买或典买隶身未及三年，并未配有妻室，及一切车夫、厨役、水火夫、轿夫、打杂受雇服役人等，平日起居不敢与共，饮食不敢与同，并不敢尔我相称，素有主、仆名分并无典卖字据者，如有杀伤，各依雇工人本律论。若农民佃户雇请耕种工作之人，并店铺小郎之类，平日共坐、共食，彼此平等相称，不为使唤服役，素无主、仆名分者，如有杀伤各依凡人科断。至典当雇工人等议有年限，如限内逃匿者，责三十板，仍交与本主服役。"[37]

这一条例篇幅极长，据《光绪会典事例》记载，这一条例与前一条关于奴婢的条例，是"嘉庆六年（1801年）将前数条修并，定此两条"[38]。这表明此次修例，主要是将几条旧有的条例并入雇工人例中，薛允升在其

---

[37] 张荣铮等点校：《大清律例》，天津古籍出版社1995年版，第488页，条例1210，（清）薛允升《读例存疑》卷三六中也有收录。

[38] （清）昆冈等：《光绪钦定大清会典事例》卷八百十，第15~17页。

《读例存疑》中则明确地指出"此例原系四条……嘉庆六年（1801 年）修并"[39]，说明此时的雇工人例，其实就是包括了四则条例的庞然大物。

如果从整体上来看，这一条例的内容可以划分为前后两个部分，前一部分完全是关于白契所买奴婢的规定，后一部分则全部是此前雇工人例所规范的内容。这两部分原本都是独立的条例，即使合并之后，单独抽出一个部分，仍可视其为一项独立的法律规范，因此这一条例实际上可以看作两项并列的条例。鉴于条例的前一部分与本文并无太大的关涉，而条例的后一部分又可视作一个独立的单位，因而本文将条例的后半部分抽出来，仍以雇工人例名之，下文的分析也将围绕这一部分内容展开。

2. 典当家人、隶身长随问题

对于嘉庆六年（1801 年）的雇工人例，其实并没有什么好说的，因为此次修例仅仅是将条例归并，在内容上并没有太大的修正。尤其是对于契约雇佣部分（含除外条款），较之乾隆五十一年条例而言，几乎是一字不改。既然没有改动，要对其进行评价就很困难了。所幸在家人、长随条款部分，雇工人例与旧例稍有不同，因此，此处对嘉庆六年条例的解读主要围绕家人、长随条款展开。

家人、长随条款首次出现在雇工人例中是在乾隆二十四年（1759 年），直到乾隆五十一年（1786 年），这一条款的内容都没有改变。在这一期间，雇工人例中的家人、长随条款都仅仅只是一条指示性规定，指向关于家人和长随的另一则条例。在该条例中，典当家人和隶身长随均是参照典当雇工人办理的。所谓的典当家人、隶身长随，本质上就是典身给雇主的家奴，其身份性质和法律地位，在第二部分解读乾隆二十四年条例时，已经说得很清楚了，此处不再赘述。真正值得关注的，是在嘉庆六年条例中，家人、长随条款出现的变化，[40]这几乎是此次修例唯一的变化，因而格外值得注意。依据旧例，典当家人、隶身长随一律都是参照雇工人办理的，

---

[39]（清）薛允升：《读例存疑》卷三六，奴婢殴家长 05。

[40] 事实上，该变化并非在嘉庆六年才出现。根据《光绪会典事例》的记载，关于典当家人、隶身长随的条例早在乾隆五十三年（1788 年）就已经修改了，只是在嘉庆六年（1801 年）修例时才体现在雇工人例中。为了叙述的方便，本文不再单列乾隆五十三年（1788 年）的变化，而是将其放在嘉庆六年条例中叙述。参见（清）昆冈等：《光绪钦定大清会典事例》卷八百十，第12 页。

但是在嘉庆六年例中，根据恩养情况，他们可能被归入雇工人或者奴婢群体，条例的规定较此前更复杂、细致。

如果依据法律上的身份，将清代的劳动者从低到高的排列，大致可以分为六种。第一种是红契所买奴婢，他们就是前文所称的贱口奴婢，是确凿无疑的贱民。[41] 第二种是白契所买奴婢，他们也是贱民，但在卖身的年限较近的情况下，仍有赎身成为良民的可能，他们的法律地位介于奴婢与雇工人之间，实际处理多与雇工人相同。[42] 第三种是典当家人、隶身长随，他们与白契所买奴婢的差别在于，一个是卖身，一个是典身，法律对其赎身少有限制，他们在法律上向来是按照雇工人处理的。第四种是典当雇工人，他们就是法律上所说的"典雇"者，其法律地位是雇工人。第五种是一般的雇工人，也就是除去典当雇工人之外的契约雇工人。第六种是非服役者，他们在法律上是凡人。如果用图表来表述清代的劳动群体，应该是这样：

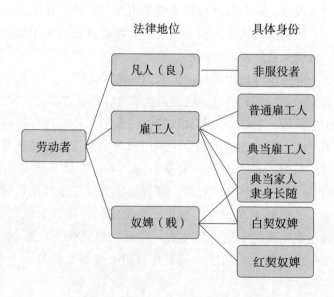

嘉庆六年（1801 年）劳动者体系图

---

[41] 经君健：《清代社会的贱民等级》，中国人民大学出版社 2009 年版，第 123 页。

[42] 张敏、许光县：《清代人身典权的法律规制——以白契制度为中心的考察》，载《政法论坛》2013 年第 5 期。

在整个清代的劳动者体系中，典当家人、隶身长随居于奴婢体系的最上层，与白契所买奴婢只有轻微的不同。尽管典当家人、隶身长随可以赎身成为自由人，但仍不能改变这种身份的奴婢特征，这类人的身份实际上兼具典当雇工人和白契奴婢的部分特征。一方面，他们根据契约将自己的人身置于家长的控制之下，这与白契奴婢极为相似，只不过后者订立的是卖身契，而前者订立的是可赎的典契。另一方面，清代的雇佣制度中本就有典雇这种形式，这本就是典身与雇佣的结合，因而他们与典身者也颇有类似之处。如果拿清代的劳动体系和唐代的奴婢体系比较，不难发现，所谓的典雇，与唐代"计佣折值"的典身在实质上并无太大区别。[43] 因此，典雇实际上也可以看作"计日受值"的特殊典身，这样看来，典雇和典当家人、隶身长随的区别其实也不大。嘉庆六年条例使典当家人、隶身长随的法律身份在雇工人和奴婢之间游离，这种安排符合这类人的实际社会身份。

就白契奴婢而言，因为其可以赎身，这与典契的可赎颇有类似之处，但是可赎是典契的应有之义，于卖身契则不然。实际上白契奴婢赎身的可能性远不如典身奴婢大，故而其奴婢性远较典当家人、隶身长随强，仅仅因为微弱的赎身可能，使其具有了雇工人的部分特征，这也是嘉庆六年（1801 年）修例将关于白契奴婢的规定和雇工人例放在一起的原因。

最后，关于条例末尾典当雇工人的规定问题，实际上并没有展开说的必要。这一内容在此前的条例中就是与家人、长随条款一起规定的，此次只是所在的地方不同而已，而且其内容也没有什么改变。唯一值得一提的是，正如前面所揭示的，典雇实际上是预付薪金的雇佣形式，或者也可以理解成债务雇佣。典当雇工人在年限内逃匿的，可以视作骗取薪金或是逃避债务，因而会有杖责以及抓回继续服役的规定。

（四）小结：身份认定标准的确立与发展

从乾隆二十四年（1759 年）到嘉庆六年（1801 年），中间只间隔了几十年，与雇工人例发展的前一阶段相比，这一阶段的时间跨度显得比较

---

[43] 唐代的这种劳动形式，参见李天石：《唐宋时期典身性质的变化及其意义》，载《历史研究》1993 年第 1 期。

短。但是，法律的发展与时间并非是呈严格的线性关系的，在这一时期，雇工人例发生了巨大的变化。

就雇工人的认定标准而言，在乾隆二十四年（1759年）以前，雇工人条例一直坚持文契、年限标准，虽然其间发生了一些变化，文契的重要性逐渐减弱，但这一标准始终为条例所坚持。在乾隆三十二年（1767年），主仆名分进入雇工人例中以后，这种情况发生了彻底的转变。从本部分的分析来看，在乾隆三十二年（1767年）以后，主仆名分始终是雇工人例的核心认定标准。在乾隆三十二年条例中，这种关系在字面上还不太明显，在乾隆五十一年（1786年）以后，条例的表述就已经明白无疑了。可以认为，雇工人例对雇工人的认定标准经历了由文券、年限到名分、服役的转变。这种转变在乾隆二十四年（1759年）就有先兆，伴随着文契、年限在条例中地位的逐步降低，名分、服役渐渐开始成为条例中的主要内容。这种转向在乾隆三十二年（1767年）开始体现在雇工人例的条文之中，在乾隆五十一年（1786年）正式完成。自此，雇工人例的规定和雇工人制度设计的初衷基本相符，雇工人例也就定型了。

尽管这一时期的雇工人例仍然沿袭了过去的传统，将契约雇佣制度和家人、长随条款并列在一个条文中，这一时期的家人、长随条款却没有什么值得称道的变化。该条款的内容基本沿袭了此前的规定，只在最后阶段略有变化，但即使有这种变化，与契约雇佣条款的变化相比，依然不值一提。虽然家人、长随条款在雇工人例中的地位看起来这么糟糕，但就其始终存在于雇工人条例之中而言，这种存在是非常有价值的。家人、长随条款在雇工人例中的始终存在，再一次提醒我们，雇工人与奴婢及由奴婢衍生出来的其他身份之间的纠缠，这进一步提示我们，雇佣劳动和奴役劳动的纠葛在清代始终存在。嘉庆六年条例的结构安排很能说明这一问题。该条例将白契奴婢和雇工人并列放在一个条例之中，这足以表明二者在一定程度上是相通的。此外，条例末尾将逃匿的典当雇工人抓回的规定，更是提示我们，雇工人与奴役劳动或者强迫劳动之间的界限有多么的模糊。

虽然在这一时期，家人、长随条款显得不再重要，但是除外条款在这一时期的发展却令人瞩目。这里有必要再一次强调，除外条款本身并不是一个独立的条款，它始终依附于契约雇佣条款而存在，并且是后者的一个重要组成部分，只是为了叙述的方便，本文才将其提出来单独分析。除外条款在这一时期的发展，体现出的一个重要特征就是其变革始终与契约雇佣条款保持同步，这也充分说明了其依附性的地位。此外，值得一提的是，除外条款在这一时期一改此前笼统规定的风格，改用列举加限定的规范方式。除外条款的限定标准与契约雇佣条款并无二致，但是其列举方式的变化却很有意思。在乾隆三十二年条例中，这种列举还看不出什么规律，但是在乾隆五十一年条例中，可以明显地看到，列举完全是按照职业分类而做出的。有意思的是，在此时的契约雇佣条款中，对属于雇工人的群体的列举，也完全是按照职业做出的分类[44]，这种现象或许暗示了受雇者的职业在其身份认定中的作用。

三、雇工人例演变展现的劳动发展的几个重要特征

前文花费了大量的篇幅分条分析雇工人条例历年的变化，这样的分析对于认识雇工人例的具体内容和变革的实际情况很有意义，但也不免失于琐碎。下文将在前面分析的基础上，就雇工人制度和雇工人例中的几个重要问题，对雇工人例进行整体的分析。

（一）劳动与身份进化的法制化及进化停滞

1. 晚明及清初的义男条款

义男条款的存在，是雇工人例早期发展阶段的一项重要特征。自万历十六年（1588 年）首次出现在《问刑条例》之中，直到乾隆二十四年（1759 年）被删除，该条款在法律与司法实践中存在的时间长达 171 年。[45]义男条款的存在，与明代的奴婢政策密不可分。

明代在民间废除了奴隶制，只许官僚贵族蓄奴，这在明律及相关释律著作中说得很清楚。法律虽然废除了奴隶制，但奴役劳动在民间并没有因此而消失。对于富裕之家或者有一定社会地位的家庭而言，家庭服役者是必不可少的。服役在当时被视为贱业，沈之奇将为人服役者形容为"贱其

---

〔44〕 契约雇佣条款中的描述是"一切车夫、厨役、水火夫、轿夫、打杂受雇服役人等"，这完全是按照职业做出的划分。即使不考虑这些具体的列举，仅就雇工人例的认定标准"是否服役"而言，服役本身就是对工作性质的概括。因而可以认为条例在此做的划分，其依据完全是职业性的。

〔45〕 其间有不短的一段时间，义男条款随雇工人例在法律中消失，但根据沈之奇的描述，可以确信其在实践中仍然适用，乾隆初的条例中仍存在义男条款既是明证，详见第二部分第二节。

事"[46]，就是明证。服役既然被视为贱业，那么人因业贱，服役者也因之而被视为贱民。因此，在社会观念和法律上，服役者和奴婢之间被画上了等号。明代的法律一方面禁止民间存养奴婢，另一方面又不能消灭民间对服役的需要，那民间就只能想办法对法律予以变通。在明以前，服役者的来源有贱口奴婢和受雇的平民两种，存养奴婢既然不被法律允许，民间就只好转而雇佣平民服役。这类受雇的人在法律上是雇工人，属于良贱之间的一种特殊身份。

但是，对法律的规避还有别的途径。《大明律》"立嫡子违法"条除了关于禁止民间存养奴婢的规定以外，主要是规定了选立继承人的问题。该律一方面禁止乞养[47]异姓子，另一方面又允许收养被遗弃的幼童。[48] 这使得许多豪门大家，借收养幼童之名，存养服役劳动者，通过这种途径获得的劳动者，在名目上虽然称作义男，但实际上是否是义子，却并不一定。甚至所养并非法律规定的三岁以下的幼童，但仍以义男名义收养的，在实际上也为数不少。[49] 雷梦麟称"功臣之家有给赐者，而有官者皆自存养耳"[50]，其中有官者所存养的奴婢，应该也是通过这种途径获取的。

事实上，这种义男的身份十分尴尬：一方面，在官员之家，法律上认同他们与功臣之家赏给的奴婢相同；另一方面，法律又不能容忍民间存养奴婢。与此同时，尽管法律禁止，但民间以义男视为亲子，并使之承继的，也并非没有。例如在《初刻拍案惊奇》所收录的《诉穷汉暂掌别人钱，看财奴刁买冤家主》一文中，贾仁契买周长寿作为义子，继承家业，作者并不认为有什么不妥。[51] 法律规定、社会观念以及社会现实的这种冲突，使得义男的身份认定十分困难，于是万历十六年新题例中才会根据不同的情况，对义男做出复杂的规定。

清初的义男条款较晚明简单得多，这部分是因为此时义男的情况较之

---

〔46〕（清）沈之奇：《大清律辑注》，怀效锋、李俊点校，法律出版社 1998 年版，第 747 页，第 751 页。

〔47〕 乞养是表示立亲子以外的他人为义子，以继承自己的家业的法律术语。

〔48〕 怀效锋点校：《大明律》，法律出版社 1998 年版，第 47 页。

〔49〕 法律所要求的三岁以下，在实践中并没有得到很好的执行，参见［日］滋贺秀三：《中国家族法原理》，张建国、李力译，商务印书馆 2013 年版，第 601 页。

〔50〕（明）雷梦麟：《读律琐言》，怀效锋、李俊点校，法律出版社 1999 年版，第 123 页。

〔51〕（明）凌濛初：《初刻拍案惊奇》，中国文史出版社 2003 年版，第 498～513 页。

以前变得简单了；部分是因为义男在法律上的重要性有所降低。满清入关，使中国民间久已废除的奴婢制又重新恢复。清末修订法律大臣沈家本在《禁革买卖人口变通旧例议》中指出，对于禁止民间存养奴婢的规定，"我朝定例，逐渐从宽……于今时禁例虽悬，而买卖人口之风相沿未改……且律文虽有买卖奴婢之禁，而条例复准立契价买……"[52]沈家本的这段论述很好地概括了清代奴婢制恢复和发展的状况。奴婢制既然已经恢复，并且在实践中极为活跃，那么借义男名目规避法律等情况自然也就不再有存在的必要。由此，义男在社会上的重要性显著的下降，其情况也变得更简单了。雇工人例对义男条款规定的简化，以致最后取消义男条款，就是这种现象在法律上的反映。

从义男条款的制定和取消，可以很明显地看到奴役劳动的消长对雇工人条例的显著影响，这是义男条款最有研究价值的一个特性。

2. 清中后期的家人、长随条款

乾隆二十四年（1759 年）修订雇工人条例时，义男条款被删去，其留下的空位由家人、长随条款填补。由于该部分内容另有条例予以规定，雇工人例中的规定只是起指示性的作用，故而其在条例中的重要性相对较低。

关于典当家人、隶身长随所指的究竟是什么人，其法律地位为何，历来众说纷纭。[53]根据《大清律例》"奴婢殴家长"条后所附条例，基本可以认定，这类人实际上就是通过典身获得的奴婢而已，这一点在第二部分第三节中已经说得很清楚了，此处不再展开。在上一部分中，本文在解释嘉庆六年条例时，曾经对清代的劳动者按照身份做了分类，这一分类虽然是根据嘉庆六年条例的规定做出，但用来概括清末新政以前的整个时段，也是没有什么问题的。按照这一分类，典当家人和隶身长随在法律上的身份和地位，始终是介于典当雇工人和白契奴婢之间。在条例的规定中，对于典当家人、隶身长随的处理，往往是和典当雇工人放在一起的，法律上对他们的处理，也往往是相近的。但与此同时，法律又时时提醒着家人、长随的家奴身份。这类人的低贱身份，不仅一直伴随着他们，还会影响到

---

〔52〕 （清）沈家本：《寄簃文存》，商务印书馆 2015 年版，第 15～21 页。

〔53〕 相关问题在文献综述分有详细介绍，此处略。

他们的后代。[54] 典当家人、隶身长随法律身份上的尴尬，在雇工人例中得到了充分的体现。

在乾隆五十一年条例以前，对这一的处理，一直是参照典当雇工人的，在嘉庆六年条例中，却区分不同的情况，对他们做出了复杂的处理，最终还是将其身份维持在奴婢与雇工人之间。关于典当雇工人，前文已经数次提到过，他们就是法律上"典雇"这一特有概念所规范的对象。如果放到雇工人例中考察，则他们完全属于"立有文券、议有年限"的群体，是确定无疑的雇工人。典当家人、隶身长随参照典当雇工人办理，也就是将他们与雇工人混同起来。典与雇的区分在此显得十分模糊，即使不考虑典雇，仅仅考虑典身和雇佣，其边界也是模糊的。如果进一步考虑到典当家人、隶身长随的家奴属性，也可以认为，奴婢和雇佣劳动者的界限，也并不那么明显。

3. 停滞的过渡形态：两种条款的继受与变革

如果仅从字面上看，财买义男与典当家人、隶身长随是完全不同的两类人。在乾隆二十四年条例中，财买义男退出，其在条例中留下的空位随即由典当家人、隶身长随所填补，这一现象也完全可以解释成偶发事件。但是，如果将义男条款与家人、长随条款做比较，尤其是比较万历十六年新题例与嘉庆六年条例，就会发现上述观点的缺陷。

比较万历十六年新题例的义男条款与嘉庆六年条例的家人、长随条款，不难发现，两者在结构上存在着惊人的相似。两则条例都是根据恩养情况、是否为其婚配来确定其身份，只是在最终的身份认定上，这两则条例才呈现出不同。对雇工人例中出现的这种惊人的相似，应当怎样去理解与看待呢？

在前面分析历年条例时，已经说过，所谓的典当家人、隶身长随，就是典身为奴的家奴。对于义男，前文曾引用秦重的例子做说明，秦重本人就是财买义男的典型例证，但其所从事的并非服役，而主要是店铺小郎的工作。秦重在被逐出时，获得了三两银的报酬，表明他的工作是"计佣折值"的典雇。当然，前文提到，官员之家有利用这种方式存养奴婢的，这

---

[54] ［美］德克·布迪、克拉伦斯·莫里斯：《中华帝国的法律》，朱勇译，江苏人民出版社2012 年版，第 208～210 页，该结论是从《刑案汇览》的两则案例中得出。

种情况显然应当属于典身，而非典雇了。财买义男和典当家人、隶身长随的共同之处，就在于他们都属于典的体系，只不过在该体系中各自占据的地位不同罢了。就庶民之家而言，财买义男显然是典与雇的结合形式，因而更多地体现出雇工人的特征；典当家人、隶身长随则是典与买的结合，因此更多地体现出奴婢的特性。尽管有这样的特点，在均是典这一特点上，以及由这一特点自然导出的可赎这一点上，两者有着很多的共性，因此在法律规定的结构上呈现出高度的相似，也就不足为奇了。

上文对义男、家人和长随的比较，揭示出在明清时期，典、雇与买这三者在劳动领域的复杂关系。就核心语义而言，雇与买有着显著的差异，但是典的存在，使二者的界限变得非常的模糊。[55] 如果站在现代人的角度来看，奴婢是与奴隶制和奴役劳动联系在一起的，而雇则一般用来指代自由的契约劳动。由于典这种特有的形式介入到劳动领域，奴役劳动和契约劳动的界限变得极其暧昧。

典的本意是典当，其与买结合，便成了典买，指的是一种可赎的活卖。典与雇的结合，形成了典雇这种特有的法律现象，用来指代预付薪金的雇佣，或者说债务雇佣。在明清法律的表述中，雇、买与典的连用经常出现，"典雇妻女""典当雇工人""甫经典买"等均是明证。在劳动领域，典买的典型例证应当就是"典当家人、隶身长随"，典雇的典型例证就是清代条例中的"典当雇工人"。如果考察明代的财买义男群体，秦重这类应当属于典雇者，而官员之家存养的义男，则无疑属于典买者。

如果仅仅从字面分析，典介入劳动领域所带来的问题，应当发生在典买与典雇的分界之处。在明代，这一问题属于财买义男群体的划分问题，放到清代来讲，这一问题的核心，应当就是典当雇工人与典当家人、隶身长随的界限处。如果把这一问题再次提升，问题似乎也仅出现在雇工人与奴婢的区分之上。但事实上，在劳动领域，典的介入所带来的问题，远远不止这些。如果把问题往大的方向说，整个雇工人体系，以及这个体系中的种种冲突与矛盾，都是由于典介入劳动领域而导致的。

---

[55] 典与买的混同并非在这一时期才开始出现，至迟在典身出现计佣折值化时，二者的混同就已经出现了，如五代时期后唐庄宗时就有"军士乏食，有雇妻鬻子者"的记载，此处的雇与鬻互文，均是指人口买卖。参见司马光：《资治通鉴》（四），岳麓书社 1990 年版，第 671 页。

　　在讨论这一问题时，让我们再次把目光聚集到雇工人制度的起源上。雇工人制度起源于奴婢的雇佣化，这一趋势发轫于唐代，在宋代成为奴婢体系的主体。[56] 奴婢从贱口向雇佣的转化，并非是一蹴而就的，这期间典身起到了过渡的作用，而典身在这一时间的计佣折值化，更是推动了奴婢向雇佣化的方向发展。[57] 具体而言，奴婢制最初是一种调整贱口奴婢的制度，其后奴婢来源发生了变化，开始出现典身为奴的现象。再后来，典身出现了计佣折值的现象，这是典身奴婢计算工价的开始，也是奴婢雇佣化的开端。计佣折值的典身，一方面保留了典的性质，另一方面也已经体现出了雇佣劳动的特征，如果拿明清时期的概念与之做比较，则其含义与典雇并没有什么区别。典身出现计佣折值的趋势后，奴婢制向雇佣化发展就成为顺理成章的事情。在这样发展历程中产生的雇佣奴婢，就是明清时期雇工人的前身。因此，可以将雇工人视为奴婢雇佣劳动化的产物。

　　对于奴婢雇佣化的发展历程，可以解读为奴婢人身解放的历程，但是随着雇工人制的确立，这一历程到此就截止了。雇工人例将这部分从贱民阶级脱离的奴婢在法律上重新定位，赋予他们雇工人这一新的身份，实际上阻止了他们向普通的契约劳动者发展，使之永久的停留在这一亦良亦贱的阶段。因此，也可以认为，雇工人制本身就是奴婢雇佣化不彻底的原因与体现。

　　奴婢雇佣化的不彻底，因雇工人制度而起，也反过来塑造了雇工人制度，雇工人条例中的很多问题，都是因这种转化的不彻底而引起。在这一转化过程中，雇工人是由奴婢到自由劳动者的过渡阶段。正是因为奴婢向自由雇佣的转化在中途戛然而止，使得这一时期的受雇服役者停留在了雇工人这个尴尬的过渡身份上。这一过渡身份，在五百多年的历史阶段中，一直得以保留，显得极不正常。身份进化的停步，使得大量的过渡身份均得到了保留，不仅仅是雇工人这种主要的过渡身份等级，在贱口奴婢向雇佣劳动转化过程中的各个阶段，其劳动形式都以某种形态得到了保留。例如明清时期雇工人条例中出现的"财买义男""典当家人""隶身长随"

　　〔56〕（台）戴建国：《主仆名分与宋代奴婢的法律地位——唐宋变革时期阶级结构研究之一》，载《历史研究》2004 年第 4 期。

　　〔57〕 李天石：《唐宋时期典身性质的变化及其意义》，载《历史研究》1993 年第 1 期。

"典当雇工人"等身份，在此前身份进化的历程中，都可以找到影子。这也解释了为什么雇工人例的重心是解决契约雇佣的问题，却始终保留了一些规制与契约雇佣不相干的身份的内容。在这一层意义上，也可以说义男条款和家人、长随条款是一脉相承的，它们是劳动领域身份进化不完全的反映，是雇工人制这种过渡形态不得不面对的问题。

在理解了这一层之后，再来看前文提到的种种混杂与纠葛，便能明白它们出现的必然性。在大的方面，雇工人在凡人和奴婢之间徘徊与游离；在小的方面，各种具体的身份之间的界限也模糊不清，它们或是在雇工人与凡人之间游离，或是在雇工人与奴婢之间游离。在这一点上看，甚至可以称雇工人制度是中国古代身份法的缩影，忠实地展现了古代中国民间身份等级的大体样态。这一点，恰是研习明清时期雇工人制度的意义所在。

（二）从契约到身份：雇工人身份认定标准的变迁与雇佣劳动的分化

为了弥补此前对雇工人条例的分析过于琐碎的问题，上一节的分析不免宏大了些，下面的论述，将回到具体的问题上。接下来要讨论的，是雇工人的认定标准，这向来是雇工人例的核心内容。

1. 形式主义与实质主义：乾隆三十二年条例再审视

要讨论雇工人的认定标准，必须要再次审视乾隆三十二年条例，之所以选择这一则条例，是因为在雇工人例漫长的发展历程中，乾隆三十二年（1767 年）是雇工人认定标准的转折点。要想全面的认识雇工人的认定标准及其变化历程，这一条例是绝佳的突破口。

乾隆三十二年条例的契约雇佣条款沿袭了乾隆二十四年（1759 年）的做法，在形式上将雇佣劳动分成了四种情况。其中，"立有文契、年限"和"并非服役之人"这两种情况各自独立，而"虽无文契而议有年限"与"不立年限而有主仆名分"这两种情况被规定在了一起。因此，在实质上，该条例对雇佣劳动的处理，只有三种情况。

"立有文契、年限"描述的是雇佣劳动的书面契约以及雇佣期限，考虑到雇佣期限实际上是雇佣契约[58]的重要内容，因此这条可以概括为对雇佣劳动契约性要素的要求。

"并非服役之人"是对雇佣劳动的工作性质的要求，这一除外条文要

---

[58] 不一定是书面契约。

求将非服役的工作排除。关于"服役"，一方面可以理解成职业性的要求，另外，考虑到这种职业性要求产生的原因，强调"服役"，实际上就是在强调劳动过程中双方的地位，或者用清代的法律术语来讲，就是在强调"主仆名分"。因此，这一条内容可以概括为身份性的除外规定。

"虽无文契而议有年限"与"不立年限而有主仆名分"合并在一起规定，其情况较上述两种情况复杂。就这一合并规定而言，其前一部分在形式上仍在强调契约性的东西，后一部分则完全与契约性的要件无关，仅仅只要求身份性的"主仆名分"。就其规定的具体内容来看，一方面，根据契约性的年限要素进行了分类处理；另一方面，在涉及重情时，又排除了年限的影响，完全按照名分来处理。因此，可以认为，在这种合并的情形中，不论是人群的分类，还是对他们的处理，都是契约性要素和身份性要素混杂的。这种混杂，在乾隆三十二年（1767 年）律例馆上报的修例意见中，也得到了很好的体现。[59]

如果将上述三种情况放在一起比较，很容易发现，契约性的规定和身份性的规定在条例中各占了一半。如果将乾隆三十二年条例放到雇工人例发展的历程中考察，则在其之前的乾隆二十四年条例，其规定完全是契约性的；其后制定的乾隆五十一年条例的内容，则完全是身份性的。因此，基本可以认定，契约性规定与身份性规定各占一半的乾隆三十二年条例，是雇工人例发展史上的一个重大转折。其身份性要素与契约性要素的共存，就是雇工人认定标准发生转变的标志。前文讲雇工人例是劳动进化的过渡样态，在这里，也完全可以说乾隆三十二年条例是雇工人制度发展的过渡样态。

雇工人例的契约性要素，不论是文契还是年限，都是从形式上对契约劳动作出的要求，或是要求具有书面的契约，或是要求约定有雇佣的年限。与之相对，身份性要素则从实质上对雇佣劳动做出了限定。所谓的"主仆名分"，要求的是雇佣劳动对双方的身份关系发生的实质影响，而"并非服役"，也只是判定这种实质影响是否发生的辅助标准而已。因此，也可以认为，在雇工人例中，雇工人的认定标准经历了由形式主义向实质主义的转化。

---

〔59〕 此次修例经过参见第三部分第一节。

第三部分讨论乾隆三十二年条例时，曾经提及该例的内在冲突与矛盾，这一矛盾发生在"立有文契、年限"与"并非服役之人"之间。在不从事服役工作，但是却定有书面的契约的长雇的情况下，法律规定的竞合显而易见。这种矛盾是形式标准与实质标准在一个法条中并存导致的，从深层原因上讲，是实质因素不能完全在形式要求上得到体现的后果。文契、年限不能很好地反映主仆名分的要求，这是雇工人例修改的动力，在乾隆三十二年（1767 年）的修例意见中，这一点体现得尤为明显。因此，也可以认为，雇工人例其实一直坚持着主仆名分的立场，只是这一标准的调整方式经历了由间接调整向直接调整的转化。在这样的转化过程中，仅就形式上看，雇工人的认定标准经历了由形式性标准向实质性标准的转化，也可以说，这一过程是从契约到身份的转化过程。

2. 雇佣劳动的分化：身份的更身份，自由的更自由

在乾隆三十二年条例中，雇工人的认定标准开始了从契约到身份的转化，对雇工人的束缚也经历了从契约到身份的转变。亨利·梅因在其名著《古代法》中提出了一个著名的论断："所有进步社会的运动，到此处为止，是一个'从身份到契约的运动'。"[60]考察明清时期雇工人例以及雇佣劳动的发展，梅因的这一论断是否适用，是否可以因之而断定明清时期雇佣劳动的发展，是非进步的，或者说是退步的？

前文提到，雇工人例中涉及对多种身份的规制，除了雇工人以外，还有同凡人论处的雇佣劳动者、财买义男、典当家人、隶身长随、典当雇工人等群体。身份认定的去契约化，或者说从契约到身份的认定标准的变化，仅仅只是针对雇工人这个特定的群体。对于存在于雇工人例中的其他群体，这一说法并不适用。根据前面对清代劳动者群体的阐释，可以将其划分为三个类别，分别是凡人、雇工人以及奴婢。雇工人的认定标准，前文已经做了说明。剩下的两个类别，在雇工人例中的变化特征又是怎样的呢？

对于契约劳动者而言，在排除了雇工人之后，剩下的便都是具有凡人身份的人。从整体上来看，随着时间的推移，具有凡人身份的雇佣劳动者，其群体无疑是扩大了。在万历十六年新题例中，只有短雇工人才能以

---

〔60〕〔英〕H. S. 梅因：《古代法》，沈景一译，商务印书馆 2015 年版，第 112 页。

凡人论处，可是在乾隆三十二年（1767年）以后，短雇群体就和店铺小郎一样，仅仅只是以凡人论处的情况之一了。就店铺小郎而言，前文举的秦重的例子最能说明晚明时期店铺小郎的情况。以秦重为代表的店铺小郎，在晚明时期应当属于"立有文券、议有年限"的典雇群体，是财买义男概念下面的一个范畴。可是在乾隆三十二年（1767年）以后，尤其是在乾隆五十一年（1786年）以后，他们就和短雇群体一样，获得了凡人的身份，甚至于"无论其有无文契、年限"了。这些例证充分的表明，随着雇工人例的变迁，获得自由的凡人雇工群体显著地扩大了。

最后还剩下奴婢群体，对于这类劳动者而言，可以明显地看到其身份的降低和群体的扩大。明初在民间废除奴婢制，使贱口奴婢在民间消失，至少在法律上是消失了。满清入关以后，由于满洲旧俗的进入及其对中国法律的影响，奴婢制度在大范围内恢复了。自此，民间存养奴婢成为合法的事情，原本只能以义男名目存养的，此后可以正当的以奴婢的名目蓄养了。前者在法律上以雇工人认定，后者则以贱民认定。仅从这一点上看，奴役劳动者群体显著地扩大了，其法律地位也明显降低了。此外，就典当家人、隶身长随这个群体而言，这类人本是典身的家奴，是可以通过赎身获得自由的。在清初的条例中，他们尚比照雇工人办理，可是在嘉庆六年条例中，他们的就跌落到了奴婢阶级，只有在恩养未久时才可能按照雇工人办理，这也体现了奴婢在清代的扩大化趋势。

从整体上看，雇工人例规制的三大劳动群体，其发展趋势各不相同。对于具有自由劳动色彩的契约雇佣，或者凡人雇工而言，其群体逐渐扩大，向着自由化的方向逐步发展。对于具有身份特征的雇工人群体而言，其身份特征愈发明显，而对于奴婢群体，情况更是这样。因此，对于雇工人例这一整体的发展趋势，可以概括为身份的更加身份、自由的更加自由的特征。如果再回头审视梅因那个著名的论断，不难发现，很难用它来评价清代的雇佣劳动的这种发展趋势。这一趋势究竟属于进步社会的运动呢，抑或是社会的退化呢，仅就这一点而言，实在难以做出一个绝对的判断。

（三）名分与服役：身份因素和职业因素对劳动者司法认定的影响

1. 义男、家人、长随、雇工人与雇主身份对劳动认定的影响

财买义男、典当家人、隶身长随以及雇工人这几个群体，关于他们的

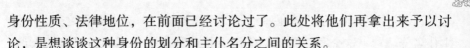

身份性质、法律地位，在前面已经讨论过了。此处将他们再拿出来予以讨论，是想谈谈这种身份的划分和主仆名分之间的关系。

财买义男，是民间规避明代的禁奴法令的产物，从万历十六年新题例的规定来看，财买义男可以被分为两个群体。第一类财买义男，是庶民之家所存养的，例如前面曾多次提及的秦重，这类群体在法律上被认定为雇工人。第二类财买义男，是官员之家所存养的，其来源大多是典买或契买，在法律上认定为奴婢。如果仅仅从条例的规定上比较，这两类群体的差异仅仅是家长的身份与社会地位的差异。考虑到明清时期对劳动者身份的认定，实际上以主仆名分作为内在的判断标准，可以认为，家长的身份和社会地位极大地影响了主仆名分的认定。

在类似财买义男的典当家人、隶身长随的身份认定上，情况也十分相近。在嘉庆二十四年（1819 年）的"殴死雇工随带就食之女"一案中，刑部就指出："若非典当家人，及齐民之家，使用下走，非比仕宦所用长随。如止受雇服役……止可谓之雇工人。"[61] 按照刑部的意见，则隶身长随与雇工人的界限，竟全然取决于雇主是否为仕宦之家了。

不仅是财买义男这类群体，同样的情况也发生在其他的劳动群体中。发生在道光年间的"为娼时价买使女从良后勒死"一案中，也有类似的情况。该案记载，陈许氏在卖奸时契买婢女李贵女，在从良后将其勒死，其时恩养已逾三年。在该案中，刑部认为"如果该氏系属良妇，自应以故杀奴婢论，若系娼妇而不从良，亦应同凡科断"[62]。刑部的意见表明，同样是杀死奴婢，如果家长是良人，则按照杀死奴婢论罪，如果家长是属于贱籍的妓女，则按照杀死凡人论罪。在本案中，凶手是从良的妓女，最终折中依照杀死雇工人处理。这个案例充分说明，在奴婢与家长的人身关系认定上，家长的身份起到了至关重要的作用，这和家长的社会地位对财买义男身份的影响，是异曲同工的。

前面所举财买义男、奴婢，多少都有些奴役劳动的意味，但即使在雇佣劳动方面，情况也并没有什么不同。在乾隆四十八年（1783 年）的"雇佣之人殴死雇主仍同凡论"一案中，因为雇主陈夫亮"不过寻常庶民

〔61〕（清）祝庆祺等编：《刑案汇览》（三编），北京古籍出版社 2004 年版，第 1427 页。

〔62〕（清）祝庆祺等编：《刑案汇览》（三编），北京古籍出版社 2004 年版，第 1429 页。

之家"，故而刑部认定，"该犯雇给佣工系帮同工作，并非服役之人，亦无主仆名分。"[63] 这个案件的核心争议点是此种雇佣关系应当以雇工人论，还是应当以凡人论。结果，在双方的主仆关系是否成立这一问题上，雇主的庶民身份起到了至关重要的作用，这进而影响到了雇佣关系的认定。这个案例充分表明，在雇工人的认定上，家长的身份对主仆名分的认定也起到了至关重要的作用。

雇工人例将受雇服役者认定为具有主仆名分，但实际上，由于雇主身份上的原因，即使有服役的情节，主仆名分也不一定形成。在"谋杀驳改罪人不拒捕而擅杀"案中，郭于梅雇廖世友在家佣工，其性质当有家庭服役的成分。但事实上，郭于梅的身份仅仅是一个医生，其社会地位并不高，因此双方也没有形成主仆名分，以至于郭妻被廖调戏时，郭竟然因畏其强横而隐忍。[64]

在乾隆五十一年（1786 年）以后的雇工人例中，对主仆名分的是这样形容的："平日起居不敢与共，饮食不敢与同，并不敢尔我相称"。在此，起居、饮食、称谓成了主仆名分的外在标准。在此后的一百多年里，这一标准一直适用，那么此时的社会现实又是怎样的呢？尚海涛的研究显示，在晚清及民国时期，小雇主一般都和雇工同桌共食；而在大雇主家，不仅雇主与雇工分食，就连雇工之间，也存在分食的现象。[65] 由此例可以看出，对于雇佣劳动，法律上规定的主仆名分与现实中雇主的社会地位具有怎样密切的关联。

以上说了这么多，无非是想表明，主仆名分的认定，深受雇主身份与社会地位的影响，这进一步影响了雇工人身份和雇佣劳动性质的认定。

2. 家人、长随与胥吏、师爷：行业性质对服役认定的影响

典当家人与隶身长随，前面谈论的次数已足够多，之所以在最后还要再谈一次，是想借此说明职业或行业性质对于服役，在法律认定上的影响。在这一分析过程中，拿胥吏和师爷做对照，可以使问题更加清晰。

典当家人系属典身的家奴，隶身长随则是官员的家奴，这在前面已经

---

〔63〕（清）全士潮等：《驳案汇编》，法律出版社 2009 年版，第 405 页。

〔64〕（清）全士潮等：《驳案汇编》，法律出版社 2009 年版，第 215 页。

〔65〕 尚海涛：《民国时期华北地区农业雇佣习惯规范研究》，中国政法大学出版社 2012 年版。

说过。此处要讲的家人、长随，仅针对官员所使用的群体而展开，故而只以长随指代。事实上，长随有隶身长随和雇佣长随两种，前者是家奴，后者是雇佣而来的仆人。[66] 尽管长随在实际上有这样的差别，但在法律上并不做区分，除了在雇工人例中有"隶身长随"的说法之外，法典的其他地方均只称"长随"，并以之指代整个长随群体。由此，在法律地位上，隶身长随和雇佣长随的区别消失了，仅仅因为从事着同样的职业，雇佣劳动者降低到了家奴的身份等级。

对于长随所从事的职业，因为他们是官员使用的仆役，故而其工作大多围绕官员的生活与工作而展开。一般而言，长随大多用于协助官员处理行政事务，但是也有一种叫作"跟班"的长随，不负责行政事务的处理，而仅仅只负责官员的日常生活。[67] 这样的区分，在法律上也并没有什么影响，因为法律上将长随全都按照家奴处理，故而处理行政事务的长随，其法律地位与服役的跟班相同。这似乎表明，明清的法律将协助官员处理行政事务等同于服役。

明末清初的学者黄宗羲在其《明夷待访录》中论及胥吏时说："自王安石改差役为雇役，则奔走服役者亦化而为胥吏"，又说"今之吏胥，以徒隶为之"[68]。按照黄宗羲的说法，胥吏为官府雇佣的工作人员，其工作性质也被认为是服役，因而其地位与徒隶相同，也就是说，和罪犯一样低贱。就工作性质而言，胥吏和长随并没有太大的差异，因而他们的身份也极其相近，法律上对他们的处理也往往相同，均将其列入较凡人贱的身份。例如，在《大清律例》"奴及雇工人奸家长妻"条的文间注中，就有"军伴、弓兵、门皂、在官役使之人，俱作雇工人"[69] 的说法。这条注释中提及的"在官役使之人"，应当既包括胥吏，也包括长随，法律上不考虑其中的区别，一律将其照雇工人处理。

就胥吏和长随这一群体来讲，胥吏和雇佣长随可算作一类，隶身长随

〔66〕 郭建：《古人的天平：中国古典名著中的法文化》，当代中国出版社2008年版，第162～164页。对于这一问题，郭润涛和黄冕堂有更专门的论述，但郭建的说法最符合实际情况。

〔67〕 郭润涛：《清代的"家人"》，载朱诚如、王天有主编：《明清论丛》（第1辑），紫禁城出版社1999年版，第376～395页。

〔68〕 （明）黄宗羲：《明夷待访录》，段志强译注，中华书局2011年版，第163～171页。

〔69〕 田涛、郑秦点校：《大清律例》，法律出版社1998年版，第526页。

可算作另一类；前者是雇佣的公务人员，后者是从事公务的家奴。这两类人所从事的公务活动，在当时都算是贱业。黄宗羲指出："古之胥吏者一，今之胥吏者二。古者府史胥徒，所以守簿书，定期会者也。其奔走服役，则以乡户充之。自王安石……则奔走服役者亦化而为胥吏矣。"[70] 按照黄宗羲的说法，明清时期的胥吏是由奔走服役者转化而来，与古时候的吏有很大不同。既然胥吏本质是受雇服役者，那么按照服役者将之归于雇工人身份，似乎是理所应当的。长随所从事的工作和胥吏并没多大差别，因而其在法律上的地位也就类似于胥吏。从胥吏与长随的法律身份，不难看出，职业性质对于身份认定的影响。

在乾隆五十一年（1786 年）以后的雇工人例中，也能看到这一特征。在一阶段，条例的除外条款中，对雇工人和凡人雇工，都采取了概括加列举的规范方式。无论是雇工人，抑或是凡人雇工，雇工人例采取的列举方式，都是依据职业类别做出的。至于"是否服役之人"的身份认定标准，也表明明清时期法律是根据职业的性质来认定雇佣劳动者身份的。

值得注意的是，明清时代的官员，尤其是地方官员，往往会雇佣读书人作为幕友，这类幕友一般被称作师爷。师爷受雇于官员，协助处理公务，但法律上没有将其视作低贱的人，其功名仕进也不因之而受影响。[71] 同样是受雇处理公务，但胥吏与师爷的身份地位，不啻天渊之别。究其原因，正如王安石指出的，前者在时人看来，不过是从事服役的工作，而后者在时人看来，所从事的是古代郎吏的工作，这种工作类似于官员的职业行为。尽管在今人看来，这两种工作似乎没有多大区别，都是在从事公务而已，但在当时，却有如此显著的差异。由此可以看出，所谓的职业性质，和当时的时代标准有着很大的关联。因此可以认为，对雇佣劳动者身份的认定，时代标准对职业性质的认定起到了至关重要的作用。

四、结论

行文至此，对雇工人例以及其所反映的明清雇佣劳动的解读，就已经到了尾声。在上一部分中，本文用了三节的篇幅，从三个角度对雇工人例

---

〔70〕 （明）黄宗羲：《明夷待访录》，段志强译注，中华书局 2011 年版，第 163 页。

〔71〕 例如，左宗棠、李鸿章等名臣，都曾做过幕友。

和明清时期雇佣劳动的状况做了整体的分析。具体而言，这一阶段雇佣劳动和法律的发展可以概括为以下三点特征：

首先，从雇工人制度和劳动发展的历史进程来看，奴役劳动向契约劳动的进化导致了雇工人和雇工人制度的产生。雇工人同时体现了奴役劳动和契约雇佣的特征，是从奴役劳动向契约雇佣进化的中间样态。从身份进化的角度来讲，也可以认为雇工人是奴婢到契约受雇者的过渡身份。雇工人亦良亦贱的身份，就是这种过渡样态的体现。

就雇工人例的内部结构来看，在条例内部，'契约雇佣条款始终与具有身份意义的劳动条款并存，这些条款在劳动进化的进程中都能找到对应的过渡形态。这一点表明，雇工人例实质上就是规范这种过渡形态的法律规范。身份进化的过渡样态通过雇工人例被固定下来，并长期得到保留和改良，这使得身份的进化到此中止。于是，在雇工人制度中，奴役劳动和契约雇佣始终混杂在一起，难以将其分离开来。这种混杂不仅是法律层面的，还体现在社会观念中。

其次，在雇工人例的具体规定方面，雇工人的认定标准，经历了由形式主义向实质主义的转变。具体而言，随着雇工人制度和雇佣劳动的发展，雇工人认定标准中的契约性要素逐渐减弱，而身份性要素逐渐加强，最终使雇工人的认定标准呈现出从契约到身份的转变。

雇工人认定标准的转变，使得雇工人例中涉及的各类主体，其身份地位和包含的人群范围都发生了变化。具体而言，属于凡人的雇佣劳动者，其群体显著地扩大了；属于奴仆的奴婢群体，其群体扩大了，其法律身份也降低了。从整体上看，具有身份特征的劳动类型，其身份特征变得愈加明显，而具有自由劳动性质的雇佣劳动，则变得更加的自由。

最后，对于受雇劳动者而言，主仆名分以及是否服役是其身份认定的核心要素。这一标准的认定，与雇主的身份和社会地位有很大的关系，这进一步影响了受雇者身份的认定。同样是受雇者，如果面对的是作为官吏的主人，其地位可能会沦落成奴婢；如果主人是庶人，则其可能被认定为雇工人；如果主人是贱民，则其可能被视作良民。

此外，主仆名分的认定与劳动者所从事的职业性质也具有莫大的关联。同样是受雇，受雇耕作与受雇服役，情况就大不一样。前者被视作凡人，后者则是雇工人制度调整的范畴。这种职业性质的认定，具有极强的时代特征，同样是从事公务，在今人看来没有什么不一样，但在明清时期，胥吏和师爷就是身份完全不同的两个群体。

这三点问题，本就是明清时期雇佣劳动的一些共通性特征，但就这些特征而言，也能找到一些共通的东西。雇工人制度作为劳动发展的过渡形态，兼具了奴役劳动和契约雇佣的特征，这导致雇工人的身份十分模糊，即有奴婢性的一面，又有凡人性的一面，同时还有作为雇工人的一面。在雇工人例的发展过程中，立法试图将这些不同的身份从雇工人例中剥离，使其各自恢复到本来的地位。于是雇工人例的变化呈现了身份的更加身份、自由的更加自由的特征。在这一变化过程中，雇主的身份与地位，以及社会观念对职业性质的看法，起到了确定划分标准的作用。如果考虑到双方身份上的差异可能会影响社会观念对主仆名分的认定，也可以认为就是社会观念影响了上述的变化过程。

雇工人制度的确立，一方面使奴役劳动的进化历程中止，并将之固定于雇工人之中；另一方面也压低了雇佣劳动者的身份，使其沦落到雇工人的范畴之内。正因如此，奴婢性质的劳动与契约雇佣在雇工人例中混杂在了一起，于是雇工人制度呈现出了模糊的特征。雇工人例的发展，将这些群体逐一剥离，重归原来的地位，实际上是对雇工人制度的反动。一方面，契约劳动者重获自由，解除了雇工人制度对他们的束缚。另一方面，获得自由的奴婢，又重新回到了贱民群体之中，再次套上了枷锁，尤其是在满清入关，在民间恢复了奴隶制之后，情况更是如此。由此，可以认为，雇工人例的发展，不仅仅是对劳动进化，或者说是劳动雇佣化的反动；也可以认为，它是对雇工人制度本身的反动。

伪满洲国法制研究

伪满前期监察制度述评
（1932—1937）[*]

何舟宇[**]

1931 年"九一八"事变后，日本帝国主义为实现对我国东北的殖民统治而扶植成立了伪满洲国傀儡政权，并基于"四权分立"原则构建起了以国务院、立法院、监察院和最高法院为主要支柱的权力组织体系。伪满监察院作为这一体系的重要组成部分，在伪满前期政权内部运作与对外殖民统治中均发挥着不可忽视的作用。本文通过考察分析伪满前期监察院的组织结构与运行实态，将为揭示殖民统治下监察制度的本质提供直观且具体的实证。

一、四权架构中的监察院

伪满洲国在创设之初，就被视为是一个完全覆身于关东军羽翼之下的殖民统治者代理人政权，移植甚至直接援用日本国内法对于殖民当局来说似乎是最为稳妥的统治策略。但在日本关东军看来，现阶段借助国家与法律形式掩盖侵略事实，推行殖民政策，远比"直接领有"中国东北更易于实现其分割中国主权、实施经济掠夺的目的。因而创设出既不同于当时中国台湾地区及朝鲜等殖民统治体制又足以全面贯彻宗主国意志的统治体系成为决定伪满傀儡政权存在的首要前提。

[*] 本文系司法部重点课题"民国时期司法制度研究"（项目编号：13SFB1002）阶段性成果。写作中曾得到南京大学法学院张仁善教授的指导，特此致谢。

[**] 南京大学法学院硕士研究生，研究方向为比较法、民国司法制度。

（一）四权分立：组织架构的虚实

1931年10月，任职于"满铁"上海事务所的松木侠应关东军之召，北上主持起草《满蒙自由国设立方案大纲》《满蒙共和国统治大纲草案》等政治文件，初步勾画出包括政权组织架构、行政区划在内的"建国"基本框架。这一构想既异于西方宪法中传统的"三权分立"模式，也未照搬南京国民政府"五权宪法"模式，而是设定了以"大总统"为元首，行政院、立法院、监察院、司法院平行分立的四权架构[1]，从而为此后伪满"建国立政"的一系列方针、方案奠定了基调。而在次年初起草的《满蒙新国家纲领》中更是直接将这一架构纳入"宪法意见"中，主张国务院、立法院、监察院和司法院"四院对立"，并创设参议府作为直辖于元首的枢密审议机构，伪满中央政权的组织架构至此初显端倪[2]。随着1932年3月1日以张景惠为首的"东北行政委员会"发表"独立宣言"，伪满洲国政权正式成立，作为伪满基本法之核心的《政府组织法》颁布，以执政者溥仪为元首，在参议府辅佐下统率国务院、立法院、监察院和法院的模式最终定型，并就此成为伪满前期政府组织的基本形式[3]。

由名称与外形观之，伪满中央政权的"四权分立"架构的创制显然受到了孙中山"五权宪法"理论的影响，即如《满蒙新国家纲领》中所言："新国家之宪法参酌南京政府之临时约法、袁世凯宪法、曹锟宪法、孙文之五权宪法，乃吸纳其所长者[4]。"1928年南京国民政府颁布《训政纲领》和《国民政府组织法》，并相继创设行政院、立法院、司法院、考试院和监察院，更为仓促草成的伪满组织架构提供了现成的实践参照。

然而这并不意味着"四权分立"架构与"五权宪法"模式在本质上具有同质性，相反，伪满政府组织架构"一方面准据于南京政府，另一方面

---

〔1〕 钟放：《伪满〈组织法〉解析》，载《外国问题研究》2011年第1期。

〔2〕 详见大阪上工会议所编：《多端なる支那：一九三一年的现状》（第1辑），大阪商工会议所1932年版，第60页。

〔3〕 关于伪满《政府组织法》条文，参见帝国法律研究会编辑部编：《日满法规大全：参照条文》（第二编），帝国法律研究会1933年版，第6、7页。

〔4〕 大阪上工会议所编：《多端なる支那：一九三一年的现状》（第1辑），大阪商工会议所1932年版，第60页。

又采取与之相反乃至对立的形态[5]"，"五权宪法"以"权能分立"为前提，通过对治权的划分确保主权所在地人民对政府各权力机关的有效监督[6]，而"四权分立"的殖民主义本性则决定了该架构对"人民主权"的天然排斥，也揭示出其摹效"五权宪法"掩饰政权实质的虚伪特征。负责反映民意，"翼赞执政行使立法权"（第5条）的立法院终伪满十四年竟未能召开，立法权无形中被直承关东军意志的国务院和咨议机构参议府所分割。而"五权宪法"中执掌公务员"考选铨叙事宜"的考试院自制度设计之初就被日本殖民者所舍弃，关乎政权运作的中央人事任用之权皆操诸关东军之手，各级文官考试与铨衡事务均由"日系"官吏担当，"满系"官吏几无置喙之力[7]。

（二）被束缚的监察独立

监察独立特别是相对于行政机关的独立是监察权得以有效行使的先决要件，但"四权分立"架构的虚伪实质却使伪满监察院处于一个颇为尴尬的境地。在日本人看来，南京国民政府所设立的监察院"系日本所未有之制度"，担负"取缔官员职权滥用与种种不正行为"及"担当会计检查"之机能，势必要与行政机关保持相互独立的制约关系[8]。然而不受束缚的监察权又将影响到伪满政府内部权力机关之间的稳定关系，甚至危及日本对中国东北的殖民统治秩序。因此只有对监察独立的概念进行重新定位，才能使监察院遵循着合乎殖民统治利益的轨道运行。

伪满《政府组织法》中将监察院设定为"监察及审计"机关（第37条），但该法并未直接宣示"监察独立"原则，而是规定"监察官及审计官除依刑事裁判或惩戒处分外不得免其职或反其意停职转官及减俸"（第39条），为监察官及审计官独立行使职权提供了职务保障。同年颁布的伪满《监察院法》则明文规定："监察院直隶于执政，对于国务院有独立之

---

[5] 参见［日］山室信一：《满洲国の法と政治—序说》，载《京都大学人文学报》1991年第68号。

[6] 参见姚秀兰：《南京国民政府监察制度探析》，载《政法论丛》2012年第2期。

[7] 钟放：《伪满〈组织法〉解析》，载《外国问题研究》2011年第1期。

[8] 参见日本殖民协会编：《移民讲座·第1卷·满蒙案内》，日本植民协会1931年版，第388页。

地位"（第 1 条）〔9〕，从而确立了监察院在"四权分立"架构中相对于行政机关的独立地位。就外部关系来看，监察院仅向执政负责，对监察对象实施独立的监察、审计，就行政官署及官吏的不法行为得以意见书形式要求伪满国务总理施以处分（第 14 条），而监察院的独立惩戒权亦可通过官吏惩戒委员会予以实现（第 16 条）。在内部治理上，伪满监察院则被构造为一个相对独立的垂直官僚系统，处于院内最高位阶的院长"指挥监督所部官吏，综理院务"（第 3 条），形式上享有对委任职以下官吏的任用权（第 4 条）。院长之下，由监察部与审计部具体执行对包括国务院各部、立法院、法院等各官署及官吏的独立监察，该院各部会议所确定的监察及审计报告书则由院长向执政提出（第 13 条）。

比之同期的南京国民政府监察院，伪满监察院显然在独立性上呈现出了全面收缩的趋势，无论是监察官吏的人身保障还是监察机关的权力配置都存在着致命的缺陷，看似严密的独立监察体系实处于重重束缚之中。

1. 内部治理之弱化

伪满监察院的内部治理始终面临着国务院的干预，表面上主掌全院人事的监察院长对荐任职以上官吏"进退及赏罚"的决定权尚需经国务总理"奏荐"（第 4 条）；对地方政权的垂直监察在国务院的阻挠下处于真空状态，"派遣监察官驻在各地掌理指定区域内监察事务"的计划〔10〕亦付之阙如；而监察院自身财政经费及官吏薪俸则更完全被纳入中央行政机关预算中，由国务院总务厅审定后统一支付〔11〕。

2. 权力配置之局限

由于伪满监察院对于行政官署及官吏的监督缺乏完备的弹劾与纠正机制，旨在落实独立惩戒权的官吏惩戒委员会又始终未能建立，过于弱势的监察体系唯有借助国务院的内部处分对不法行为进行惩戒；监察官个体无法单独提出弹劾案，弹劾权的行使仅限于监察院长；事前审计中，行政官

---

〔9〕 关于伪满《监察院法》条文，参见满洲国法令辑览刊行会编：《满洲国法令辑览》（第四编），满洲国法令辑览刊行会 1942 年版，第 6～10 页。

〔10〕 "监察院职员服务心得"，详见 [日] 吉井幸男等编：《监察制度考察》，监察院 1935 年版，第 149 页。

〔11〕 详见 [日] 平井广一：《"满州国"一般会计目的别岁出予算の动向》（1932—1942 年度），载《经济学研究》2003 年第 4 期。

署收支命令的核定权被转予国务院总务厅，致使监察院的权力行使空间只能被局限在事后审计阶段。

畸形的权力构造使伪满监察院陷入到了两难的境地，一方面监察权一贯的主动性本能要求监察院在行使权力时竭力维持自身相对于行政机关的独立性，另一方面日本关东军又不断透过伪满国务院特别是国务院总务厅这条"绳索"将监察院牢牢绑缚，使之完全沦为国务院的附庸。这就必然导致了同为伪满权力机关的监察院与国务院在权力分配上的竞争和冲突，作为仲裁者的日本关东军常常需要对此作出权衡和裁量，以维持殖民机器的正常运转。然而，傀儡政权不同机关间的位次差异决定了监察权无法在行政权不断侵蚀的趋势下保持强势独立，相比于殖民统治的"主轴"国务院，监察院只能被用来粉饰"法治"和维持政权必要的体面，一旦监察独立突破了殖民者所能容忍的范围，就将不可避免地遭受被抛弃的命运。

二、"内部指导"下监察组织之剖析

1932 年 5 月日本关东军制定《对满蒙方策（第四次案）》，决定对伪满政权采取"以日籍满洲人为中心对中央行政进行指导，但坚持由少数人控制要害部门"的"内部指导"方针[12]。伪满政权遂形成由中国人组成之"满系"和日本人组成之"日系"的两重行政体系，各机构之首长名义上由"满系"官员担当，而实际上则由直属于关东军的"日系"官员进入机构内部要害部门主掌行政大权，从而指导并支配伪满政权的运作。在此方针之下，伪满监察院又基于《监察院法》制定了《监察院分科规程》，对监察院内部机构设置与职能分工做出了详细规定[13]。

（一）机构设置与职能

根据伪满《监察院法》，监察院以院长为最高首长对内垂直指挥，院长之下的横向机构设置依照"监审合一"原则分为总务处、监察部、审计部三个互相平行的职能体系，部门首长均为简任职，下属官吏也对应分为

---

〔12〕 参见中央档案馆等编：《日本帝国主义侵华档案资料选编 3·伪满傀儡政权》，中华书局1990 年版，第 14 页。

〔13〕 关于《监察院分科规程》条文，详见［日］吉井幸男等编：《监察制度考察》，监察院1935 年版，第 10～14 页。

秘书官、监察官、审计官以及事务官、属官[14]。监察部负责监察"各官厅之违法或不当处分"以及"官吏之违法"（第9条），审计部则负责各官厅"预算执行之监察，收支及决算之检查，金钱、有价证券及物品及其出纳之检查"，"依法令特定公私团体之会计检查"及"官吏会计上之非违"（第11条）。

总务处分为秘书科、文书科与庶务科，形式上仅是辅佐院长的秘书机构，但由于监察院实行院长一人独任负责，乃不得不援引总务处作为幕僚机构处理具体事务，故关东军对此机构备极重视，视为"制衡院长之枢要"[15]。而在《监察院分科规程》中，秘书科掌管秘书、院内会议、机密及涉外等事项（第2条），文书科"审查并提出法令案及成文案"（第3条），而预算决算作成、职员赏罚进退及薪俸待遇则统属于庶务科（第4条），总务处由此得以通过主导、参与院内财政、人事、法制等要务直接影响甚至变更监察院长决策，从而对监察院实施"内部指导"。

监察部由部长掌理部务，初设三厅及部内会议，后增置第四厅[16]，各厅监察官分科对伪满政权其他各权力机构实施监察，其中尤以第一厅为重，包括伪满参议府、立法院、国务院、总务厅、法制局、统计处、资政局、兴安局以及民政部、首都警察厅等重要部门（第6条）。相比于南京政府监察院，伪满监察部在行政监察方面显然未获得太多实权，伪满监察官针对相关机构及官吏的违法行为既不能单独行使弹劾权，也无法直接实施惩戒，而仅能定期向各部会议上呈监察报告书，由监察院长向伪满执政提出，并无法律强制力[17]。是故伪满前期行政监察效力不彰，遭弹劾者屈指数人，如赵欣伯、韩云阶等，均未受丝毫惩戒[18]。

与监察部平行的审计部则主要执行财政审计业务，部内设置基本同于前者，在"监审合一"原则下，审计部在伪满监察系统内既保持相对独立地位，又需同监察部互相配合，统由监察院长指挥。财政审计范围包括发

---

〔14〕 参见赵欣伯编：《新国家大满洲》，东京书房1932年版，第79~81页。

〔15〕 参见日本银行调查局：《满洲出张报告》，日本银行1933年版，第14页。

〔16〕 [日] 吉井幸男等编：《监察制度考察》，长春监察院1935年版，第144页。

〔17〕 [日] 吉井幸男等编：《监察制度考察》，长春监察院1935年版，第141页，附言。

〔18〕 详见罗继祖：《庭闻忆略——回忆祖父罗振玉的一生》，长春市政协文史资料研究委员会1985年版，第123页。

行之国债、中央银行出纳、租税、内国税、征收费及各官厅预算决算等，财政审计重心除仍集中于以国务院为主的中央各官厅外，更扩展至地方政府层面，奉天、吉林、黑龙江、热河诸省及北满特别区公署之财政收支均被置于第二厅监察之下[19]。审计对象亦不局限于各官厅行政法人，而是将"依法令特定之公私团体"纳入其中，以便于对经济、文化、宗教等其他领域实施监视和管控。同时根据《监察院法》，审计部针对官厅财政收支状况及"官员会计上之非违"，除定期制定审计报告书上达监察院长，提出改正意见外，"依审计之结果认定当该官员有赔偿之责"时，监察院长得"依审计部会议之决议判定其责任"，并"移牒国务总理执行之"（第16条）。

就监察院整体而论，日本殖民者在"监审合一"的职能分工上明显更偏重于财政审计，作为监察院主要业务的行政监察反而变得无足轻重，以至于监察部对官员的调查、弹劾尚需经由审计部协助始得实现[20]。究其原因，无非是日本帝国主义的根本利益诉求远不在于保持殖民地吏治的清廉，而在于有效攫取经济资源。一方面，在"内部指导"机制下，从国务院总务厅到各地方省县次长均由"日系"官员担任，"满系"官员并无实权，对滥用职权等行为的弹劾反有碍于"内部指导"的推行。另一方面，由于伪满海关、税收及主要经济产业均掌控于日本殖民当局之手，殖民政权的"统制经济"催生了大量具有浓厚政府背景的"特别会社"，亟须加强财政审计维持伪满政权正常运行，以确保经济殖民成果不致流于贪墨[21]。这也就解释了1937年7月伪满"机构改组"后监察院及监察部遭到撤废，而审计部却在改组为国务院审计局后继续保留的原因。

（二）人事构成与背景

"内部指导"机制下的伪满政权的人事构成呈现出极为明显的殖民地特性，中央机构特别是重要部门中"日系"官吏在数量上占据绝对优势甚至完全由"日系"官吏充任，地方政府及非重要部门中"日系"官吏则以

〔19〕［日］吉井幸男等编：《监察制度考察》，长春监察院1935年版，第145页。

〔20〕参见金璧东：《满蒙の知識》，非凡阁1934年版，第76～79页。

〔21〕《满洲国の产业统制に就て》，详见南满洲铁道株式会社：《满洲产业事情》，南满洲铁道株式会社1936年版，第3页。

次长、参事或顾问名义掌握实权[22]。1935 年时任陆军大臣兼对满事务局长林铣十郎即指出，"九一八"事变以来，"日系"官吏"已达到 4000 人，再加上准官吏（委任官以下），即将突破 7000 人。目前日满官吏的比例，在地方日系官吏的比例还很小，而中央机关已超过 1∶1。至于部分有关技术机关，已占全体人员的 90%"[23]

"内部指导"最直观地表现在伪满各机构中的"日系"官吏比例上，中央权力机构间的"日系"官吏比例往往因其在殖民机器中的重要性次序而相差悬殊，高者如最高法院，1935 年"日系"官员比例达 91.4%，实权机构国务院也高至 81.7%，而低者如尚书府仅为 14.3%，宫内府 11.1%[24]。根据伪满国务院总务厅发布的《官吏录》显示，监察院日满官吏员额初为 50 人，1934 年改行"帝制"后扩充至 70 人左右，其中"日系"官吏比例始终保持在 60% 以上，且大半集中于审计部[25]，由此可见伪满监察院特别是审计部在日本殖民统治中的地位（见表 1）。

表 1　伪满前期监察院"日系"官吏比例表[26]

年　份	官吏总数（人）	日系官吏（人）	满系官吏（人）	日系所占比重
大同二年（1933 年）	50	30	20	60%
康德元年（1934 年）	72	44	28	61.11%
康德二年（1935 年）	73	46	27	63.01%
康德三年（1936 年）	71	45	26	63.38%
康德四年（1937 年）	71	45	26	63.38%

伪满监察院院长一职初由奉系军阀集团出身的于冲汉担任，1932 年 11

---

[22]　参见于耀洲：《从职官制度看伪满政权的殖民性》，载《学术交流》2009 年第 11 期。

[23]　中央档案馆等编：《日本帝国主义侵华档案资料选编 3·伪满傀儡政权》，中华书局 1990 年版，第 82 页。

[24]　详见［日］山室信一：《满洲国の肖像》（增补版），中公新书 2004 年版，第 171 页。

[25]　1934 年后，审计部"日系"官吏基本维持在 27 人左右，详见伪满国务院总务厅人事处编：《官吏录》，国务院总务厅人事处 1934 年版，第 257、258 页。

[26]　本表数据以 1933—1937 年间伪满《官吏录》为基础作成。

月于病殁后，继由"日系"监察部长品川主计代理，自 1933 年 7 月至 1937 年 5 月则一直由前清遗老罗振玉担任，1937 年 5 月后由"日系"审计部长寺崎英雄代理至同年 7 月监察院废止。虽然罗振玉长期执掌院务，但由于监察院荐任职以上大半系听命于关东军的"日系"官吏，院长的人事决定权仅限于委任职以下官吏，故实际权力掌握在一直由"日系"官吏充任的总务处长和各部长手中（见表 2）。

表 2　伪满前期监察院荐任职以上官吏对照表[27]

年　份	荐任以上官吏数（人）	日系官吏（人）	满系官吏（人）
大同二年（1933 年）	26	19	7
康德元年（1934 年）	32	21	11
康德二年（1935 年）	30	20	10
康德三年（1936 年）	30	21	9
康德四年（1937 年）	30	21	9

就"日系"官吏的来源而言，负责"内部指导"的总务处官吏多数具有"满铁"背景，如总务处长藤山一雄自 1929 年起即在关东州[28]"满铁"下属会社从事经济调查活动，入调监察院前曾在伪满实业部担任总务处长[29]。审计部长及监察部长则一般为出身于本土的技术官僚，审计部长品川主计从东京帝大法学部毕业后进入内务省系统，历任警视厅警视，京都、宫城等地书记官及内务部长等职[30]。监察部长寺崎英雄毕业于东京帝大法学部，1931 年任北海道札幌税务监督局总务部长，次年即入伪满监

〔27〕　本表数据以 1933—1937 年间伪满《官吏录》为基础作成。

〔28〕　关东州系 1905 年日俄战争后由日本强占我国辽东半岛南端的租借地及"满铁"附属地之合称，包含旅顺、大连两个主要城市，"九一八"事变前关东军司令部即坐落于此，伪满建立后"关东州"依然保持独立地位，由日本关东局直接实施殖民统治。

〔29〕　参见伪满洲国通信社编：《满洲国现势》，满洲国通信社 1935 年版，第 143 页。监察院即立法院。

〔30〕　参见［日］品川主计：《叛骨の人生》，恒文社 1975 年版，第 44～69 页。

察院任职[31]。"满系"官吏主要集中在委任属官行列中，即使受职荐任以上者位阶也普遍较低，除特任官罗振玉外，"满系"简任官仅有宪真一人。对比"满系"官吏学经历，"满铁"及关东州出身几乎成为所有人的共同属性，如总务处文书科长张贤才毕业于旅顺工科大学，"九一八"事变后又任职于奉天地方自治指导部（部长于冲汉）[32]。简任监察官宪真自旅顺工科大学毕业后即入职"满铁"兴业部，历职庶务课、调查课、总务课等部门[33]。而荐任监察官王子衡、林钧宝，审计官王秉铎、王士香等人均系关东州殖民地出身，且都曾留学日本[34]。这些出身于殖民地，深受日本奴化教育的关东州身影与"日系"官吏表里协作，成为关东军与"满铁"伸入伪满监察院"满系"官吏中无处不在的触角。

三、对立与困顿：监察院的存与废

伪满《监察院法》赋予监察院的独立地位是监察院得以存续和发展的关键所在，但在伪满政权"四权分立"架构和"内部指导"方针之下，监察院的实际运作中不仅缺乏健全的制度保障，反而还在与行政机关不断的对立与妥协中走向困顿。

（一）无效弹劾：监察运行之困

弹劾权作为行政监察中最重要的职权，一向被视为是反映监察运行绩效的"刚性"指标。1932年3月于冲汉就任伪满监察院首任院长后，提出了"废除贿赂政治，清除腐败现象"的监察目标[35]，继任者罗振玉更以"绳愆纠枉，扬清激浊"为标榜[36]。然而监察院在其运行的6年中却始终如一个跛足病者，面对伪满政权"吏治尚未修，官方尚未正"的局面，既

---

[31] 伪满洲国通信社编：《满洲国现势》，满洲国通信社1935年版，第143页。监察院即立法院。

[32] 参见日本外务省情报局：《满洲国政府要人调·新京》，外务省1933年版，第65页。

[33] 参见日本外务省情报局：《满洲国政府要人调·新京》，外务省1933年版，第65页。

[34] 参见日本外务省情报局：《满洲国政府要人调·新京》，外务省1933年版，第65、66页。

[35] 参见［日］津田元德：《满洲事变秘录》，满洲文化协会1935年版，第321页。

[36] 罗继祖：《庭闻忆略——回忆祖父罗振玉的一生》，长春市政协文史资料研究委员会1985年版，第118页，罗振玉《监察院长就职宣言》。

无独立之实，又无惩戒之权，以致罗氏屡兴"纲纪不张"之叹[37]。伪满前期，监察院所提出之弹劾案为数寥寥，目前多散见于私人著述中，兹依时序列表如下（见表3）：

表3　伪满前期弹劾案对照表

时　间	被弹劾人	时任公职	弹劾事由	弹劾结果
1933年3月	韩云阶	伪黑龙江省省长	借委托各县配售鸦片零售许可证之机索取回扣70万元；又以设立黑龙江商业银行为名贪污春耕贷款60万元[38]。	韩仅受国务院免职处分，贪渎款项未予追回。
1933年7月	郑孝胥	伪国务总理	伪满国务院于预算外领取私用的交际费、秘密费等"特别手当"，"执政府既有岁额，而酬应支用乃又取之国务院预算之外殊不合"[39]。	未通过，经关东军"商改调停"乃由国务院承诺停发。
1934年7月	赵欣伯	伪立法院长	"不能洁己奉公，整躬率属，竟将该院秘书厅作为私权所在，紊乱国家定制，干犯至尊任官大权，乾没职官俸给"[40]。	免去赵立法院长及宪法制度调查委员，贪没款项未追回。

〔37〕　罗继祖：《庭闻忆略——回忆祖父罗振玉的一生》，长春市政协文史资料研究委员会1985年版，第118页，罗振玉《监察院长就职宣言》。

〔38〕　参见孙邦主编：《伪满史料丛书：伪满人物》，吉林人民出版社1993年版，第491页。

〔39〕　参见中国历史博物馆编：《郑孝胥日记》（五），中华书局1993年版，第2487、2491页。

〔40〕　罗继祖：《庭闻忆略——回忆祖父罗振玉的一生》，长春市政协文史资料研究委员会1985年版，第122页。

续表

时　间	被弹劾人	时任公职	弹劾事由	弹劾结果
1934 年 12 月	菊竹实藏	伪兴安总署次长	"对蒙政策推行不力，致地方不靖，向化日非"[41]。	劝告辞职。
1935 年 5 月	远藤柳作	伪总务厅长	任内主导"国都建设计划"发生用款舞弊情形[42]。	远藤请辞归国，未受处分。
1936 年 2 月	张景惠	伪国务总理	因疑心侍妾与他人有染，指使马弁突入私宅将其枪杀[43]。	未通过。

由上可见，伪满监察院所提出之弹劾案主要集中在中央高阶官吏层面，事由则多为贪污、受贿、徇私舞弊等"纲纪案件"，而就弹劾结果来看，被弹劾官吏大都只以免官了事，而涉及伪满国务院首脑的弹劾案，则被直接否决退回，不仅巨额贪污财物未予追回，且被弹劾者去职后不久竟都重获重用，如韩云阶 1935 年又出任伪新京市长[44]，赵欣伯 1937 年复任伪宫内府顾问官[45]等。

从伪满监察院的权力配置上看，弹劾权的行使须经过调查成案、各部审议、院长提出、国务院认可、参议府核准等数项复杂程序，弹劾案的提出完全取决于监察院长，而地方监察体系又在国务院的把控下早已名存实亡。因此弹劾期间往往漫长而繁复，弹劾对象也只能局限于中央层面，加之各行政官署对调查百般阻挠，故"能成案者百不足一"。而从弹劾案的处分结果来看，弹劾几乎没有发生任何实质性作用，被弹劾官吏的罢黜与否实际上均操于关东军之手，即便是暂时性的免职事后仍能起用入仕，如 1935 年伪满国务院就不顾监察院一再反对，重新任用已遭弹劾免职的韩云

---

[41]　参见胡日查："「满洲国」兴安総署菊竹实蔵次长の辞職について：「片倉東文書」の分析から"，收录于《内陸アジア史研究》2010 年第 25 期。

[42]　孙邦主编：《伪满史料丛书：伪满人物》，吉林人民出版社 1993 年版，第 491 页。

[43]　孙邦主编：《伪满史料丛书：伪满人物》，吉林人民出版社 1993 年版，第 332、333 页。

[44]　孙邦主编：《伪满史料丛书：伪满人物》，吉林人民出版社 1993 年版，第 491 页。

[45]　详见郭卿友主编：《中华民国时期军政职官志》，甘肃人民出版社 1990 年版，第 1766 ~ 1769 页。

阶出任伪新京市长[46]。而时任伪国务总理的张景惠更是在关东军庇护下安然无恙，反而事后不久即借机构改组提议撤废监察院予以报复[47]。愤于弹劾屡屡无效的罗振玉，只得以上疏辞职相抗议，更多次以弹劾为要挟试图阻止伪满国务院人事任命，与国务院发生抵牾，引发关东军不满，为此后监察院的最终废止埋下伏笔。

（二）机构改组与监察院废止

1937 年 5 月伪满政权为配合日本全面侵华的"战时体制"和"产业五年计划"的实施开始推进行政机构改组，这是继 1934 年改行"帝制"以来伪满政权最大规模的机构改组，重心在于改组伪满国务院，"改革的目的，归根结底是要实现国务院，也就是绝对的总务厅中心主义。"[48]总务厅作为伪满国务院中枢在"一元化统制"的方针下得到进一步巩固和扩张，机构设置必须"特别防止各自为政，各部局之横向统制与对内对外之纵向统制，皆由国务总理大臣统一掌握"[49]，这也就意味着伪满中央权力机构的改组必须全面服从于以总务厅为核心的国务院"高度中央集权体制"，伪满监察院遂于 1937 年 7 月废院，原有监察机能完全撤销，审计部经改组后重编为国务院审计局。伪满监察院的废止是畸形权力体制下殖民机器运转不可避免的结果，其原因大致可归纳为以下数点：

1. 维持统治秩序

伪满监察院与国务院之间不可避免的权力冲突是监察院废止的主要原因。作为日本侵略中国东北最重要的行政工具，伪满国务院在殖民政权中的地位随着殖民统治的深入而益加巩固，关东军利用以总务厅为首的"内部指导"机制将日本当局的意志自上而下地灌入行政机构当中，一切阻碍、制约行政权扩张的权力机构都将被架空甚至取消。日本殖民者对行政官吏个人不法行为的容忍程度远高于对权力冲突的容忍程度，后者直接关

〔46〕 罗继祖：《庭闻忆略——回忆祖父罗振玉的一生》，长春市政协文史资料研究委员会1985 年版，第 123 页。

〔47〕 孙邦主编：《伪满史料丛书：伪满人物》，吉林人民出版社 1993 年版，第 333、334 页。

〔48〕 中央档案馆等编：《日本帝国主义侵华档案资料选编 3·伪满傀儡政权》，中华书局 1990年版，第 277 页。

〔49〕 中央档案馆等编：《日本帝国主义侵华档案资料选编 3·伪满傀儡政权》，中华书局 1990年版，第 277、278 页。

系到殖民计划的落实与统治秩序的维持，正如曾任总务厅次长的古海忠之所言："对官吏特别是大官的营私舞弊行为，毫不宽容地进行揭发和弹劾，这对整肃官纪带来了很大效果，这是事实，但这也给满系官吏带来了不必要的恐怖感。"[50] 因此，当监察权的行使给殖民机器的运转造成动荡甚至触及殖民政权的核心利益时，日本殖民者就会毫不犹豫地撤废监察院。

2. 更替派系构成

"九一八"事变后，日本殖民者鉴于对中国东北的掌控尚未牢固，不得不利用东北地方军阀与前清遗老参与伪满政权的建立，故伪满前期"满系"官吏特别是高级官吏几乎均来源于这两个派系，伪满监察院也就成为安置军阀（于冲汉）与遗老（罗振玉）的"闲散衙门"。然而以郑孝胥与罗振玉为代表的遗老派系与关东军在清室复辟问题上日益加深的矛盾促使日本殖民者开始扶植和培养新的代理人群体。随着殖民统治的深入，大量留日背景出身，认同日本殖民统治的少壮派"满系"官吏获得拔擢，逐渐替代了遗老势力掌控伪满政权。不再具有利用价值的伪满监察院长罗振玉等人在机构改组中出局，原本用以安置遗老的监察院也就失去了继续存在的必要。

3. 适应经济殖民

1937 年行政机构改组的目标之一就是将中国东北建设为日本对华展开全面侵略的基地，通过"经济统制"加强对资源掠夺，使伪满政权同日本帝国主义保持步调一致，因此伪满的行政机构都必须在总务厅的"一元化统制"之下遵循"精简、效率、集中"原则进行重新分工整合。与伪满国务院相对立的监察院显然已不能适应这一"战时体制"，只有取消监察院这一影响"能率"的阻碍性因素，才能确保伪满整个殖民机器的高速运转。

四、余论：监察何以可能

作为侵华战争时期日本实施殖民统治的政治工具，以监察院为核心的伪满监察制度显然是一次失败的实践。就制度设计而言，监察院的废止象

---

〔50〕 参见［日］古海忠之：《满洲国的政府组织和国体》，夏晓东译，载《伪皇宫陈列馆年鉴》，伪皇宫陈列馆 1985 年版，第 225 页。

征着伪满前期"四权分立"构想的最终瓦解，人们无可避免地会将它与同时期的南京国民政府监察院进行比较，并开始反思一个隐藏在更深层面的问题：监察制度如何才能独立存续。

源于中国固有政治体制的监察制度对于尚无此种经验的日本殖民者而言，无疑具有极大的吸引力，譬如古海忠之就曾指出采用监察制度"是为了维持纲纪，惩罚受贿的官吏，揭发并清除私吞公款的贪官污吏，以实现王道政治"[51]。这就说明，监察制度最初被纳入"四权分立"架构时，制度设计者更多的还是考虑监察院在"维持纲纪"和"整饬吏治"上的作用，因而他们试图通过立法中的保障性设计以维护监察院的独立存在。然而，由于监察权与行政权都不具备谦抑妥协的权力属性，使单纯为监察独立提供制度保障并不能解决两者天然的对立关系，这种对立一旦激化就将引发竞争与冲突，而这也正指出了伪满前期监察制度设计之缺陷所在：

第一，监察院由于权力基础过于薄弱而在权力竞争中处于守势。伪满《监察院法》是监察院独立行使权力的主要立法来源之一，但实际上该法几乎没有赋予监察院一项完整的权力，从内部治理中的人事任命权到行政监察中的弹劾权，再到弹劾后的惩戒权，都被国务院、参议府乃至关东军所分割。权力基础残缺不全，这就导致监察权独立行使的空间备受挤压，进而在国务院的不断攻势下步步退却。

第二，监察院与国务院之间未能明确划分权属范围。较之南京国民政府，伪满《政府组织法》对于各机关权力的划分极为模糊且含混，例如立法权由于立法院长期虚置遂转由参议府和国务院行使，而监察院也屡次因为人事任命同意权和惩戒权的归属与国务院发生纠纷，甚至引发关东军介入干预。

第三，监察院角色定位错乱而致成效不彰。相比于"五权宪法"中监察院被明确定位为民意机关之一，伪满监察院一直在不同的角色认知之间摇摆。一方面监察院突出自身"与行政、立法、司法独立对等之地位"[52]，另一方面又认为"监察院之制，实仿往昔之都察院"，强调对行政机关的

〔51〕［日］古海忠之：《满洲国的政府组织和国体》，夏晓东译，载《伪皇宫陈列馆年鉴》，伪皇宫陈列馆1985年版，第224、225页。

〔52〕［日］吉井幸男等编：《监察制度考察》，长春监察院1935年版，第143页。

"佐理"之责[53]。这一定位错乱致使监察院在权力运行中难以发挥制衡作用，反而对行政机关的抵触与干预顾虑重重，造成"弹劾无效""监察无用"的窘况。

伪满监察院伴随着伪满洲国政权的建立而产生，又在机构改组的背景下走向废止。它所存续的六年，正是日本帝国主义对我国东北殖民统治逐步强化和巩固的时期，而这一制度的脆弱性和局限性也在不断的权力对立、妥协与退缩中被无情地揭示出来。伪满监察制度从初创到苟存直至破产的历程，也更为充分地证明了殖民统治下独立且有效的监察制度绝不具有存续和发展的可能性。

---

〔53〕 罗继祖：《庭闻忆略——回忆祖父罗振玉的一生》，长春市政协文史资料研究委员会1985年版，第118~120页。

伪满洲国法制殖民地化特性研究

朱云峰[*]

伪满洲国法制特性研究属于历史学、法学交叉学科研究，殖民地化发展贯穿伪满洲国法制 1932—1937 年阶段，伪满洲国法制殖民地化特性研究，对伪满洲国此阶段属性定位，具有一定理论补充作用。本文旨在通过伪满洲国法制发展阶段立法司法及相关法制事件、案例分析，结合日本所辖殖民地法制形态，探究伪满洲国法制殖民地化特性理论问题。本文为了将殖民地与殖民地化定义加以区分，引入了日本殖民地研究理论，进一步阐述日本殖民地法制特性，将其与伪满洲国法制做出区分，厘清两者相互独立、互不所属平行法律体系关系。通过日据台湾时期法制及日本对"大韩帝国"所施行的殖民渗透，与伪满洲国先期法制及政治做对比，印证伪满洲国法制殖民地化性质。综上所述，伪满洲国性质并非日本殖民地，而是处于高度殖民地化发展阶段，伪满洲国法制特性就是源自这种高度殖民地化性质。

一、殖民地类型及法制特性

（一）近现代世界殖民地类型分析

二战前日本对殖民地理论问题的研究，已经形成体系与规模，以泉哲、矢内原忠雄、细川嘉六的研究较为典型，且具有一定承接关系。泉哲在《殖民地统治论》一书中，将殖民地类型划分为"势力范围""殖民保

---

* 哈尔滨师范大学历史文化学院硕士研究生，研究方向为中国法制史。

护国""委任统治地""租借统治地""自治殖民地"等形式。矢内原忠雄在《殖民地再分割问题》一书中，对殖民地与宗主国之间政治、法律问题进行研究。矢内原忠雄指出："所谓殖民地，就是在国家原有国土之外，作为新占有土地，在国家法律上与本国国土采用的并不是统一操作运行方法，而是采取特别形式统治地域。这种殖民地叫作属领或者新的领土。"[1]所谓"狭义上的属领"，即非本国固有版图的组成部分，民族地域及习惯信仰等方面与统治国本国不同。"属领"在地域内的发展大多较为落后，大多处于封建统治阶段奴隶制阶段或地理新发现地区。"属领"殖民地的来源，很多是通过国家间的战争，战败国割让领土，或对被实际控制的国家进行直接兼并等方式获得。除"属领"这种殖民地定义外，还存在"保护地""租借地"与"委任统治地"等形式。军事上的压制占领只是暂时的控制，殖民地形成的前提不一定是军事占领，而是有效的长久的政策性统管控制。

泉哲认为，研究殖民地的类型，首先要从宗主国对殖民地的统治政策、法律实施等问题入手。泉哲对殖民地法制研究思路拥有其独特方法，"研究殖民国的法律怎样运行，对殖民地的统治研究是极其重要的。这里所说的法律是非常广义的，并不只限定《民法》《商法》这样的成文法典。《宪法》《行政法》《刑法》《民法》《商法》这些既定法律自不必说。这之外还应包括敕令、省令、训令全部法律。"[2]对殖民地的法律统治，既包括其宗主国法律的适用，还包括根据殖民地特殊情况颁布的来自宗主国君主、政府的"敕令""训令"及管理殖民事务中央机构颁布的"省令"等。这就形成了殖民地"内国法"（母国法）与"特殊法"（殖民地特殊法）适用问题。这两种法对殖民地的适用问题，很大程度上决定了殖民地的类型。宗主国为了加强对殖民地控制，首要任务是确保殖民地的稳定。而殖民地由于与宗主国在地理上具有一定距离，在民族构成、社会发展、文明程度上均有差异，因此，"内国法"很难完全适用于殖民地。另外，各个宗主国之间的社会发展程度不同，也使得世界各国对殖民地的法律适用存在差异。泉哲也对殖民母国对殖民地法制进程的影响作出分析，"简而言

---

〔1〕［日］矢内原忠雄：《植民及植民政策》，有斐閣 1926 年版，17 页。

〔2〕［日］泉哲：《植民地統治論》，有斐閣 1924 年出版，第 62 页。

之，民主主义的殖民国，认同殖民地固有的习惯制度、文物、法令的存在，对此十分重视。专制主义的殖民国，存在用本国法代替殖民地固有法律的倾向。但是也有很多例外，民主主义的法国采用了同化主义，而专制主义的德国采用了较为宽松的统治政策，这是值得注意的。"〔3〕日本殖民地法制运行采取"内外分制"的办法，日本国内施行"国内法"，殖民地采取地方总督立法或者中央颁布"敕令"等手段控制殖民地。

泉哲指出，殖民地类型："势力范围"是列强之间为了巩固殖民成果而达成的宗主国国家之间的国际协定。其目的除了巩固现有殖民成果外，还存有防止宗主国之间因为没有约定或殖民地界限不明确，而引发恶意吞并或战争的可能。在非洲及太平洋岛屿的"势力范围"划分就是其典型。"殖民保护国"相比殖民地而言，拥有较强的自主权，有的研究也称其为"保护地"。对"保护地"问题，矢内原忠雄指出，"保护地包含殖民的保护地和国际法上真正的被保护国。国际法上真正的保护关系，是针对国际团体一员的国家，其领土属于被保护国，被保护国没有丧失其固有的领土主权，在法律上不应该将其一同视为狭义的领属。然而其外交内政的全部或其主要的大部分归于参与保护的国家掌握，在政治性关系上与之确立从属关系，服从于保护国特殊统治的地域。"〔4〕由于"殖民保护国"或"保护地"被认为是国际法上的主体，拥有一定的外交缔约权及内政自主权，根据宗主国的不同，其拥有自主权的大小也不同。其性质与封建时期，封建国家间建立的宗藩关系具有一定的相似性，与所处时代背景和实质内容也存在着本质差异。封建社会的宗藩关系是靠国家实力的强弱大小来维系的，资本主义社会"殖民保护国"之间的关系，除上述原因外，还存在着国际法的支撑，具有相应的稳定性。

与"殖民保护国"性质相近的还有"自治殖民地"，"自治殖民地"拥有的地方自主权不亚于"殖民保护国"，"自治殖民地"在世界殖民地中占的比例很低，其类型形成需要一定的条件，即殖民地人民的民族构成的绝大部分与宗主国是同一种族，最典型的"自治殖民地"就是英属加拿大与澳大利亚，其地域自治程度的高水平可以从其拥有殖民地宪法体现出来。

---

〔3〕 〔日〕泉哲:《植民地統治論》，有斐閣 1924 年出版，第 64、65 页。
〔4〕 〔日〕矢内原忠雄:《植民及植民政策》，有斐閣 1926 年版，第 18、19 页。

虽然形式上"自治殖民地"宪法是由英国制定，但草案拟定出自"自治殖民地"当地政府，英国政府也只是通过核准程序而已。"自治殖民地"还拥有与外国缔约等外交权力。英国对"自治殖民地"管控相当微弱。一方面，由于殖民地地理位置距离英国较远，并且"自治殖民地"中英国后裔人数居多，发展较快，拥有建立独立国家的能力。另一方面，受到美国独立影响，如果英国过多干涉"自治殖民地"，难免会造成对英国更加不利的后果。

"租借地"即通过国家间的条约，租借被殖民地的土地，租界国行使对租借地行政方面的权力，同时排除被租借国对该地域的主权和行政权，例如：英国对新界、威海的租借，德国对胶州湾、青岛的租借等。其实质是殖民统治。"委任统治地"形式的出现，是由于一次世界大战结束，德国战败受到制裁，殖民地被剥夺，原有的俄罗斯帝国、土耳其帝国以及奥匈帝国等殖民帝国在一战中纷纷解体，原有的殖民统治范围需要重新划分，国际联盟通过规约的形式确立"委任统治地"这一殖民的新形式。矢内原忠雄对"租借地"问题做出的分析认为，"国际联盟规约第二十三条，一战结束对'脱离以前统治的国家的殖民地及领土，在近代世界激烈生存竞争状态下仍不能自立的居民'，将'对于该人民善后的任务'委任给具备适当条件的先进国家，这是将受任国代替国际联盟承担善后任务的制度。"[5]

除了上述几种殖民类型外，还存在着一种"公司殖民"模式，资本主义兴起的一大重要标志就是股份有限公司制度的设立，这为殖民活动的"热火"浇上了"利益之油"，海外殖民公司往往具有官方背景，借助公司资本的掩护进行殖民扩张活动，例如，英国的东印度贸易公司、俄国在中国东北建设的满洲铁路、德国在中国山东修建的胶济铁路等。海外贸易公司的殖民方式主要是靠经济掠夺、垄断商路、榨取经济利益。而铁路殖民除了控制殖民地交通线攫取利润外，往往还对铁路沿线拥有驻兵权，铁路沿线成为对未被殖民的区域进行殖民渗透的桥头堡。

综上所述，对世界殖民地类型的梳理分析，便于阐释日本在中国东北进行殖民地构建的动机、类型及成因。日本从原本的封建被殖民国家，转

---

〔5〕［日］矢内原忠雄：《植民及植民政策》，有斐閣 1926 年版，第 22 页。

变为殖民帝国，其殖民地建设模式势必吸取世界殖民国家的经验，而伪满洲国建设中的殖民地性质因素，既有日本殖民地建设经验烙印，也有对世界殖民地建设经验的吸收，所以对日本学界殖民地理论及类型的分析是有必要的。

（二）日本殖民统治的法制特性

日本殖民统治大致可分为如下类型：其一，"狭义属领"。中国台湾地区、朝鲜、桦太的殖民统治属性为"狭义属领"，三地从前均不属于日本固有领土范围，对台湾地区殖民统治攫取基于《马关条约》的签订，将台湾割让给日本。朝鲜则经历了"保护地"地位后，最终通过《日韩合并条约》被日本正式兼并。桦太地区属于日俄之间有争议领土区域，日俄《朴茨茅斯条约》将其确定为日本领土。其二，"租借地"关东州属于租借地，基于《旅大租借条约》的签订。其三，"委任统治"地区，对南洋群岛的"委任统治"，基于一战期间日本对德作战贡献，掠获德国殖民地，国际联盟承认了日本作为战胜国在这一地域的统治。

日本对殖民统治区法制施行与日本本土是相异的，习惯将上述殖民地称之为"外地"，与日本固有本土"内地"相区别。山崎丹照认为："所谓'外地'，是我国统治权之外的地域，并且由于特殊的理由，不根据国家所制定的法规作为运行原则，由其地域特别制定的法规，各为一个体系运行。与'外地'相对的'内地'，由国家全体制定法规，以此为原则理所当然地行使权利的地域。也就是说，与'内地'作为一个法域相对的，与之相分离的作为个别法域的就是'外地'。在此意义上现在被称之为'内地'，为我国本来领土的本州、四国、九州、北海道、琉球、小笠原岛及其他岛屿。被称为'外地'的，之后附加的领土朝鲜、台湾地区、桦太及租借地的关东州以及委任统治地的南洋群岛。"[6] 山崎列出了日本治下迥异的两个法域即"内地""外地"。在"内地"统治区域内遵照《宪法》与一般法，在"外地"通过三种形式来维持殖民地的法制运行：委任立法、敕令、颁布针对某个"外地"的特殊法或共通法。其中委任立法以各地行政长官官厅的立法为准。朝鲜总督府出台行政法令称为"制令"，台湾总督府出台法令称为"律令"，关东州、桦太、南洋诸岛称为"厅令"。

---

[6]　[日] 山崎丹照：《外地統治機構の研究》，高山書院 1943 年版，第 1 页。

朝鲜、中国台湾地区的殖民统治形态较早确立并且较为稳定，1896 年日本对台湾颁布具有委任立法性质的《关于施行于台湾的法令之件》（法律第 63 号）简称"六三法"，法条如下：

第一条，台湾总督在其管辖的地域内，可以发布具有法律效力的命令。

第二条，前条之命令，通过采取台湾总督府评议会的决议，经过拓殖大臣请赐敕令。

第三条，在临时紧要的情况下，台湾总督经过前条第一项手续，可以直接发布第一条中之命令。

第四条，根据前条发布的命令，直接申请敕裁并且将之报告给台湾总督评议会。在得不到敕令时，总督直接公布该命令，该命令在事后没有效力。

第五条，作为现行法律或将来发布的法律，其全部或一部分在台湾需要施行，以敕令定夺之。

第六条，此法律从施行之日经满三年，失去效力。[7]

"六三法"共有 6 条，突破了权力限制，给予台湾地区总督颁行"律令"的立法权。同时将日本"内地"施行的法律与作为"外地"的台湾分割开来。其中既有对总督权力形式上的制衡，也有日本国内对台湾地区法制的垂直领导（敕令立法）。拓殖省只具有形式上的领导权力，以后拓殖省被改为拓务省。拓务省官制中规定："在各殖民地每个行政支配的全部，由殖民地长官统括。然而内阁关于各殖民地事务，其大体上经由拓务大臣由内阁总理大臣管辖，并且各省大臣没有指挥监督殖民地长官的权限。"[8]可见拓务省大臣也仅具有形式上的领导权。"六三法"第四条规定，在得不到敕令的情况下，总督颁行命令，命令不具事后效力，总督原则上应负一定责任。但实际上并非如此，"在实际上几无不得事后敕裁之实例（如后来在议会中引起激辩的匪徒刑罚令，即为总督未经事前敕裁而制

---

〔7〕［日］《JACAR（アジア歴史資料センター）Ref. A03020220800. 御署名原本・明治二十九年・法律第六十三号・台湾二施行スヘキ法令二関スル件（国立公文書館）》．http://www.jacar.go.jp/.

〔8〕［日］天川信雄：《行政法新原理》，明善社 1940 年版，第 142 页。

定的），因此总督行使此项权力，实际上可谓并无限制，纯赖总督之'自律'。"〔9〕由此可知，台湾总督拥有法律所赋予的《立法权》，还兼具司法、行政权力，可谓台湾地区的"无冕之王"。台湾是日本建立的第一块海外殖民地，"六三法"的颁布使台湾进入了"律令制立法"的阶段。

这种最大程度上的集权，一定程度上是由台湾的特殊状况决定的。台湾人民反抗日本侵略的抗争不断高涨，日本需要维持台湾治安稳定，由于法律本身具有滞后性，日本本土的法律移植到台湾后很难迅速见到成效，所以，赋予台湾总督必要的《立法权》是必需的。"律令立法"是在治安未稳、人心未定的特殊时期执行的过渡政策。到1906年，日本颁布《关于施行于台湾法令之件》（法律31号）简称"三一法"，此项法律使台湾进入"敕令立法与律令立法并行"阶段，"三一法"的前三条与"六三法"大致相当，除第二条将拓殖大臣改为主务大臣外，其余基本不变。"三一法""第四条、法律的全部或一部，在台湾施行需凭敕令定夺之。第五条、第一条的命令，依第四条在台湾施行的法律及特别为台湾施行而制定的法律，不可与敕令相违背。第六条、台湾总督发出的律令仍有效力。"〔10〕"敕令立法"与"律令制立法"最大的不同在于决策主体不同。"敕令立法"不同于日本国内法律之处在于，具有针对性和不固定性，基于日本国家利益，以天皇名义裁准，体现日本内阁政府的决策。而"律令立法"则是台湾总督根据地方事态制定的适应地方的法律。"敕令立法"与"律令立法"并行表明，为追求台湾地区治安区域稳定，以及对资本资源利益的控制掠夺，日本国内需要在一定程度上对台湾地区进行制度上的同化和地域上的分治。

1911年，在朝鲜颁布的《关于施行于朝鲜的法律之件》（法律第30号）（简称"法三零"）基本与"三一法"等同，朝鲜在"法三零"颁布之后也进入了"敕令立法与制令立法"并行的阶段。1907年日本颁布《施行于桦太法令之件》（法律第25号），规定"法律的全部或一部施行于

〔9〕 黄静嘉：《春帆楼下晚涛急·日本对台湾的殖民统治及其影响》，商务印书馆2003年版，第88页。

〔10〕 ［日］《JACAR（アジア歴史資料センター）Ref. A03020657500. 御署名原本·明治三十九年·法律第三十一号·台湾ニ施行スヘキ法令ニ関スル件（国立公文書館）》。http://www.jacar.go.jp/.

桦太凭借敕令定夺之"。[11] 桦太也进入了"敕令立法"阶段，"桦太地区行政长官与朝鲜及台湾总督不同，最初并没有委以兵权，并且没有发布代替法律命令的权力。"[12] 南洋厅长官的权力大致与桦太厅长官等同，除了简单的行政权力外，还拥有判处一年以下刑期、拘役、罚款等权力。桦太地区和南洋地区由于行政级别较低和战略位置的局限，并没有太大的行政权力，只作为普通殖民行政官厅。关东州则经历了关东总督府阶段（1905—1906 年）、关东都督府阶段（1906—1919 年）、关东厅长官与关东厅司令官军民分治阶段（1919—1932 年），1932 年 8 月 8 日，武藤信义被任命为驻满全权大使才使得在满权力归于一人。

学者浅野丰美根据日本对"外地"法律在制定、适用、执行程序的不同，将其分为三种形式：①制令、律令形式（由总督主导，经由日本内阁大臣或主务大臣指导，天皇核准）；②由日本国内颁布"敕令"，在"外地"施行日本"内地法"（需经过日本帝国议会协赞，内阁与"外地"总督协调，经过枢密院讨论，天皇核准）；③制定针对"外地"的专门法律，或制定适用于日本全土的法律（由总督与内阁主导，向帝国议会提交法案，最后天皇核准）。这三种立法结构，打破了传统的依照《宪法》确定立法形式的原理，形成了日本各地法律根本性不同的法律依据。[13] 以上所列三种法律运行类别，奠定了日本"外地法"运行实施的基础，虽然由于时间的推演，许多法律被不断修改、新增，但这三种运行类型奠定了殖民地法制的基础是不可忽视的。即便日本大正时期通过"内地延长"政策给予了中国台湾地区、朝鲜某些优惠政策，但日本始终没有给予殖民地完全适用国内法律的机会，殖民地居民始终是"二等公民"。

二、伪满洲国法制的特殊性

伪满洲国法制具有殖民地化特性，殖民地化具有时间过程性，而殖民

---

〔11〕 ［日］《JACAR（アジア歴史資料センター）Ref. A03020698700. 御署名原本・明治四十年・法律第二十五号・樺太ニ施行スヘキ法令ニ関スル件（国立公文書館）》。http://www. jacar. go. jp/.

〔12〕 ［日］天川信雄：《行政法新原理》，明善社 1940 年版，第 154 页。

〔13〕 ［日］浅野豊美：《帝国日本の植民地法制・法域統合と帝国秩序》，名古屋大学出版会 2008 年版，第 313 页。台湾总督颁布的法律，称为"律令"。朝鲜总督颁布的法律，称为"制令"。

地具有固化定义性。通过与日本的对外殖民地化侵略阶段对比，可以得出伪满洲国法制处于殖民地化过程的结论。本部分选取台湾殖民刑事立法与伪满洲国初期立法与刑事案件进行比对，可得出两者在初期军事殖民地化过程中法制共性（为"维护治安""简易执法""临机杀伐"）。将日本与"大韩民国"签订的殖民地化性质的外交文件，和日本与伪满洲国签订的"条约"进行比对，可得出两者在上层建筑层面的架空手段极其相似（日本顾问或雇员进入政府上层，逐步架空政权。华而不实的军事同盟，实则是威压手段）。中国台湾地区、朝鲜、伪满洲国三者的比对，虽然在时间、空间、性质上有很大跨度，但所经历的殖民地化历程不尽相同。

（一）与日据台湾法制的比较

在伪满洲国前期（1932—1934 年），1932 年 3 月 9 日伪满洲国以"敕令第三号"的形式公布了《暂行援用从前法令之件》，以援用中华民国法律为主。除正式刑事法源（刑法、刑事诉讼法）外，还颁布了应对特殊时局的特别刑事法律，于 1932 年 9 月 12 日颁行《治安警察法》；11 月 9 日颁行《暂行惩治叛徒法》与《暂行惩治盗匪法》；1932 年 11 月 24 日颁行《出版法》；1932 年 11 月 30 日颁行《鸦片法》；1933 年 1 月 20 日颁行《暂行惩治盗匪法施行法》；1933 年 12 月 22 日颁行《暂行保甲法》；1934 年 1 月 17 日颁行《暂行保甲施行规则》等伪法律。以上法律大部分在其他日本殖民地施行过。日本在占据台湾初期，也曾颁布过类似的特殊刑事法令，见表 1。

表 1　日据台湾前期颁布相关刑事法律统计表[14]

1895 年	《施行台湾人民军事犯处分令之喻示》
1895 年	《台湾住民刑罚令》
1895 年	《台湾住民治罪令》
1896 年	《在台湾之犯罪依帝国刑法处断之律令》

〔14〕　表格资料选自黄静嘉：《春帆楼下晚涛急》，载《日本对台湾的殖民统治及其影响》，商务印书馆 2003 年版，第 499～507 页。

续表

1897 年	《犯罪即决例》
1898 年	《法例台湾施行令》
1898 年	《台湾鸦片令》
1898 年	《有关民事商事及刑事之律令》
1898 年	《有关民事、商事及刑事之律令施行规则》
1898 年	《保甲条例》
1898 年	《匪徒刑罚令》
1898 年	《重罪轻罪控诉预纳金规则》
1898 年	《有关民事、商事及刑事之律令施行规则》
1899 年	《检察官对本岛人及清国人之犯罪事件，视审件之轻重，得请求预审或不经预审直接向法院提起诉讼》
1899 年	《改正刑事事件之再审及非常上告以复审法院为上告裁判所》
1899 年	《对临时法院所为之判决得请求再审及非常上诉》
1907 年	《台湾浮浪者取缔规则》
1909 年	《台湾刑事令》

　　无论是日本在台湾的先期殖民统治，还是对伪满洲国的军事占领，其颁布的刑事法令都以对"抗日分子"的镇压为主要目标，通过普通的刑事法律，无论是在定罪或审判上都难以有效达到"维持治安"目的。日本殖民者颁布如此苛重的法律目的在于迅速恢复社会秩序、剪除抵抗，完成对占领地区的完全支配。以台湾《匪徒刑罚令》为例，对抵抗者大多施行死刑、无期徒刑等重刑，"首犯及教唆者处以死刑，参与预谋或指挥者处以死刑。抵抗官吏或军队者处以死刑，放火烧毁建筑物、汽车、船舶、桥梁或毁坏者处以死刑。故意伤害或强奸处以死刑，绑架或抢劫财物处以死刑。"[15]

---

　　〔15〕 〔日〕台湾総督府法務部编：《台湾匪乱小史》，台湾総督府法務部出版 1920 年版，第 4 页。

伪满洲国颁布的《暂行惩治叛徒法》与《暂行惩治盗匪法》与日据台湾时期的法律几乎没有区别。《暂行惩治叛徒法》规定，"首魁死刑，干部及其他指导者死刑或无期徒刑，参与谋议或加入结社者无期徒刑或 10 年以上之有期徒刑，骚扰杀人、袭击放火、胁迫及其他不法之行为者处死刑或无期徒刑或 10 年徒刑。"[16]《暂行惩治盗匪法》规定："首魁或参与谋议或指挥众人者死刑或无期徒刑，其他无期徒刑或十年以上有期徒刑，帮助盗匪者以正犯论处，为盗匪执役或附和随行者七年以上之有期徒刑，犯本条之罪者剥夺公职，盗匪犯下列各款之罪者处死刑：公共危险罪、杀人罪、强盗及海盗罪、强奸罪 、脱逃罪。"[17] 无论是 1896 年的台湾特别刑法还是 1932 年的伪满洲国特别刑法，都难见近代法制的踪影，刑法"罪刑法定"原则形同虚设，伪满特别刑法与台湾特别刑法相距 36 年时间，从近代跨越到现代依然未见西方司法文明的影响，上述准刑法更相似于封建时期的"约法三章"，日方只是想简单迅速的控制局势。《暂行惩治盗匪法》在伪满洲国法律创制完成的 1937 年之后还依然被适用，可见伪满洲国并未完成其宣扬的"法治化"。这也构成了伪满洲国殖民地化特性的一个要因。

伪满洲国刑事法律及执行具有相当浓厚的军警参与成分，在日军未完全控制的地域，治安警察无法完全控制局面，对"抗日分子"的镇压往往依靠军队和宪兵警察，"军队讨伐肃清成股匪盗时，除临阵格杀外，由该军队司令官依其裁量斟酌措置。高级警察官所指挥之警察队，剿讨成股盗匪时，除可临阵格杀外，当场俘获盗匪事态，急迫不能犹豫之情形时，可由该高级警察官依其裁量斟酌措置。"[18] 军警执法如果将俘获的"抗日分子"送交法庭审判的话，无疑会给执行清剿任务造成很大负担，对被告的运送、看押、取证及之后的一审直到终审会造成很大工作量，于是"临阵格杀"这条"金科玉律"成了解决这一麻烦的"合法手段"。担任过伪满洲国检察官的武藤富男在其著作《我与满洲国》一书中，曾对军警"临阵

---

〔16〕 石丽珍、王志民主编：《伪满洲国史料·卷十四》，全国图书馆文献微缩复制中心出版 2002 年版，第 497 页。

〔17〕 石丽珍、王志民主编：《伪满洲国史料·卷十四》，全国图书馆文献微缩复制中心出版 2002 年版，第 498 页。

〔18〕 石丽珍、王志民主编：《伪满洲国史料·卷十四》全国图书馆文献微缩复制中心出版 2002 年版，第 498 页。

格杀"的场面做了详细描述："我只看见过一次'临阵格杀'的现场，那是一个被挖掘直径 10 米左右的圆形大坑，离大坑 10 米高的地方，数十个男女老幼站在那儿。大坑的周围守卫着武装警察十多人和县司法警官五六人。穿着厚重的棉衣棉裤的匪徒好像有十三四个左右，手被捆在身后，连成一串被武装警察围着，被拽到了现场。……一队武装警察将他们远远地围住，携带枪支的十三四名警察官，从距离匪徒们 10 米左右的地方并排站成一列，枪口对准他们。随着指挥官的信号一齐开枪射击。匪徒身体落入坑内。"[19] 伪满洲国 1932 年 3 月 9 日建立，1933 年 3 月日军才占领热河，这期间各种抗日武装蜂起，加之伪满洲国处于中华民国、苏联的包围之下，日本方面还没有太多时间实施被征服殖民地域的怀柔政策。日军对东北的控制是以武力为后盾的，立法、司法都是出于时局及对日军行动有利的方向设立的。伪满洲国"临阵格杀"惨案不断，当时作为日本派遣检察官的武藤富男还与日本军警有这样一段对话："'不能够进行司法审判吗?'作为法律执业者内行的我询问道。他冷冷的回答：'在此地不行。'并且提供了依据，临阵格杀是《暂行惩治盗匪法》规定的处置方式。"[20] 武藤富男显然并非出于对"抗日分子"的同情而询问的，而是出于检察官的职业习惯，他意识到这种"临阵格杀"行为是背离法制精神的，对于以后日本在伪满洲国法制会有很大弊端，不纠正这种弊端，伪满洲国很难走到法制的"国家轨道"上。"建国尽管完成了，但建成一个国家远非如此。伴随法律创制，建立审判制度、训练司法官这些并不困难。但超越审判的措施，一边进行临阵格杀，一边建立国家会有很大的障碍，想要克服此困难，革除警察积弊，比司法革新更重要。"[21] 如果没有合格的执法者，那么建设怎样健全的审判体制、严密科学的法律都是枉然。伪满洲国存在的 14 年间，中期立法及司法建设不可谓不精进、不完善，但各种惨案、屠杀等事件层出不穷，可见军警执法的一大弊病。尽管伪满洲国中后期，治安庭和特别治安庭的设立，暂时缓解了"临阵格杀"的问题，但伪满洲国军事治安优于司法审判的原则一直也未改变，法律的完善在伪满洲国只能是

---

〔19〕［日］武藤富男：《私と満州国》，文藝春秋 1988 年版，第 165 页。

〔20〕［日］武藤富男：《私と満州国》，文藝春秋 1988 年版，第 165、166 页。

〔21〕［日］武藤富男：《私と満州国》，文藝春秋 1988 年版，第 165、166 页。

"金玉其外"的表象。

伪满洲国虽然在法律上允许"临阵格杀",但在实际操作上,特别是面对国际舆论,还是矢口否认。日本档案记录了1932年11月24日,在国际联盟理事会上,中国代表关于"抚顺事件"的陈述及日本官方答复。中方指出,"本年9月26日早晨(没有说明地点)以3名义勇军士兵途经为由,一支200人的配备机关枪的日本官兵,赶赴千金堡、栗家沟、平顶山,在平顶山以隐匿援助义勇军为由,叫出当地村长召集村民询问,随后将村民赶到平顶山上,村民全体跪坐在地,背后密布机关枪,威胁站起来就会被枪杀。结果死者700余名,重伤者六七十名,轻伤者约130余名,山村被完全烧毁。"[22]日方对比进行了辩驳:"本年夏天进入高粱繁茂期,沈海铁路沿线各地匪贼出没、劫掠村庄,良民苦不堪言。9月15日夜,大约2000名匪军及不良分子袭击抚顺市外,且放火行凶。袭击我独立守备队的兵匪及不良分子以千金堡及栗家沟为根据地。井上中尉率领一个小队,十六日午后一点到达千金堡,对村落进行搜索,受到匪贼的炮击。我军出于自卫,以迫击炮应战还击,交战约30分钟,对村落的扫荡结束。村落在交战的炮火中大半被焚烧,消灭匪贼及不良分子约350名。上述支那方面大肆渲染对大多数无辜民众的虐杀行为,无非是我军自卫处置罢了。事件发生后,奉天省当局与受灾民众商议提供补偿和救济同时,尽量完成村落的重建和善后处置工作,以求事件圆满解决。"[23]"抚顺事件"在中国也称"平顶山惨案",根据学者佟达的研究,得出了大概死亡数字:"平顶山村死亡人口3047人,栗家沟死亡人口200余人,千金堡村死亡人口最为确切24人,总计死亡3271人"。[24]"平顶山惨案"的遗址现在依然存在,当时由于国民政府无法到事发地做统计,所以只能根据当时报道得出一个大概数字,日本方面为对其军事杀戮行为作出掩饰,免受国际舆论谴责,不惜

〔22〕 〔日〕《JACAR(アジア歴史資料センター)Ref. B13081228100. 最近支那関係諸問題摘要第1巻(第64議会用)(満洲事変関係)(議 AJ—44)(外務省外交史料館)》,http://www. jacar. go. jp/.

〔23〕 〔日〕《JACAR(アジア歴史資料センター)Ref. B13081228100. 最近支那関係諸問題摘要第1巻(第64議会用)(満洲事変関係)(議 AJ—44)(外務省外交史料館)》,http://www. jacar. go. jp/.

〔24〕 佟达:《平顶山惨案》,辽宁大学出版社1995年版,第371页。

利用谎言掩盖事实，伪满洲国制造了"平顶山惨案"，日本军警在"临阵格杀"的授意下，此类屠杀案件始终没有中断。

（二）与"大韩帝国"殖民地化比较

日本在对"大韩帝国"合并之前，就曾经进行过类似的殖民地化渗透，不过与伪满洲国殖民地化不同的是，日本在"合邦"之前的构建，目的是为了架空原有朝鲜统治者的权力，以减少直接将朝鲜变为日本殖民地的阻力。而伪满洲国的殖民地化渗透，是在发动"九一八"事变，拥立"傀儡政权"后，为了减小其实质上吞并中国东北的阻力而实行的。通过对日本与"大韩帝国"、伪满洲国签订的部分外交协议，可以发现部分例证。以下是 1910 年日韩合并前朝鲜与日本的诸协约文件条款节选：

（1）大日本帝国政府凭借两国亲谊之关系，确保大韩帝国皇室之安全康宁。

（2）大日本帝国政府保证大韩帝国之独立及领土安全。

（3）韩国政府将日本政府推荐之日本人一名聘用为财政顾问，有关韩国政府财务问题事项，应当全部向该财政顾问咨询意见。

（4）韩国政府将日本政府推荐该外国人一名作为外交顾问，外交部有关外交问题事项，应全部向该外交顾问咨询意见。

（5）作为日本政府代表者，在韩国皇帝陛下阙下设置统监一名，专门管理关于外交事务等事项，驻在京城有亲自拜谒皇帝陛下之权利，日本政府认为有必要在韩国各开港区及其他日本政府认为必要之地，有设置理事官之权利，理事官在统监之指挥下，执行长期驻留韩国之日本领事之职权，并且为了本协约之圆满执行，应掌管一切必要之事务。

（6）韩国高等官吏之任免经由统监同意方可施行。

（7）韩国政府任命统监推荐之日本人为官吏。

（8）由于第三国入侵及内乱之原因，大韩帝国皇室安宁及领土保全受到危害时，大日本帝国政府应采取迅速之机动措施，并且大韩帝国政府为了便宜日本之行动，使大日本帝国政府达致前项之目的，可

临机收用军略上必要之地域。[25]

对照 1932 年伪满洲国建立初期与日本的"外交诸文件条约"的条款节选：

1. 敝国日后之国防及维持治安委诸贵国，其所需经费均由敝国负担。

2. 敝国承认，贵国军队凡为国防上之必要，将已修铁路、港湾、水路、航空等之管理并新 路之布设，均委诸贵国或贵国所指定之机关。

3. 敝国竭力援助贵国军队认定必要之各种施设。

4. 敝国参议府就贵国之人选有达识名望者任为参议，其他中央及地方各官署之官吏亦可任用贵国人，其人物之选定委诸贵司令官之保荐，其解职亦应商得贵司令官之同意。前项参议之人数及参议总数有更改时，若贵国有所建议，则依两国协议以增减之。

5. 将来日满两国之间如不做特殊约定，在满洲国领域内日本国或者日本国臣民，根据以前旧有之日支条约、协定其他条款及公私契约所具有之权利，满洲国方面应当给予尊重。

6. 日本国及满洲国缔约国一方之领土及治安受到威胁时，确定同一时期缔约国另一方之安宁及存在受到威胁时，两国约定做出共同之国家防卫，为此日本国军可驻屯于满洲国内。[26]

---

〔25〕（1）、（2）、（8）选自 1904 年 2 月《日韩秘密协约议定书》，〔日〕《JACAR（アジア歴史資料センター）Ref. B13091012600. 日本韓国間秘密協約議定書（K23）（外務省外交史料館）》。http：//www. jacar. go. jp/. （3）、（4）1904 年 8 月 22 日《日韩协约》，（5）1905 年 11 月 17 日《日韩协约》，〔日〕《JACAR（アジア歴史資料センター）Ref. A06032022300. 韓国に関する条約及び法令（国立公文書館）》第 17 页、23 页。http：//www. jacar. go. jp/. （6）、（7）1907 年 7 月《日韩协约》，〔日〕《JACAR（アジア歴史資料センー）Ref. B13090774600. 旧条約彙纂第三巻（朝鮮及琉球之部）昭和九年三月外務省条約局編（旧条約彙纂 004）（外務省外交史料館）》213 页。http：//www. jacar. go. jp/.

〔26〕1～4 选自 1932 年 3 月 10 日《日本国満州国間議定書》，〔日〕《JACAR（アジア歴史資料センター）Ref. B13091020800. 日本国満州国間議定書（MA1）（外務省外交史料館）》，http：//www. jacar. go. jp/. 5～6 选自 1932 年 9 月 15 日《日满议定书》，〔日〕《JACAR（アジア歴史資料センター）Ref. A03021877600. 御署名原本・昭和七年・条約第九号・昭和七年九月十五日ノ日満議定書（国立公文書館）》。http：//www. jacar. go. jp/.

比较上述两种协约，可见日本对于朝鲜和伪满洲国的先期殖民统制都存在着浓厚的军事干涉色彩，对朝鲜（1）、（2）条款中显然存在着大国对小国的干涉，以及从皇室上层建筑到国土安全的全面干涉染指，伪满洲国1、2、3条款皆是出自日方之手，由于当时中华民国政府的强烈抗议，导致国际舆论对伪满洲国的质疑和否定态度，日本未敢明显暴露其殖民侵略用心，而是通过看似平等的外交措辞语态达成协议，但其条约所涉及的干涉项目条款却更加详细深入。总的来看（1）、（2）条款及1、2、3条款都是日本殖民者为了介入朝鲜与中国东北的政治、经济等各个方面提供的借口，此类条约已经远远超越了国家盟约的范围。条款6与（8）看似普通的军事合作条款，实则为日本军队长期驻扎伪满洲国和朝鲜提供了借口，两国在此阶段并未受到第三国的军事入侵，实则是日本为了巩固在两地建立的殖民成果的口实。

条款4与条款（3）、（4）、（5）、（6）是日本殖民者对伪满洲国及朝鲜内政人事干涉的最好例证，伪满洲国的人事任免要征求关东军司令官的意见，重要部门的参议、官吏可由日本国籍人担任，朝鲜方面财政、外交事务要征求外国人或日本人的意见，在朝鲜的日本统监可以掌控朝鲜的高级人事任免及推荐日本官吏。这些条款对于任何一个独立国家来说都是不可接受的，属于实实在在的殖民渗透。日本对朝鲜施行的"顾问政治"和对伪满洲国施行的"总务厅中心主义"，都是在实质上架空现有"国家"的行政权力。对"大韩帝国"的合并就是基于前期日本对朝鲜各方面行政的先期渗透，日本才能较为顺利地完成日韩合并。而伪满洲国由于仅仅存在14年时间，日本受内部、外部掣肘因素较多，何时能够将殖民地化过程转换为殖民地实体，需要漫长的时间。条款5是日本为了稳定旧有的在东北殖民利益与伪满洲国签订的确权条约，条款（7）日本通过统监和执行官确保在朝鲜旧有权利的基础上进一步做了侵略权益的延伸，并使之制度化。从上述对比中可以看出，日本确立殖民地化统治的初期，都采用军事同盟手段、内政人事干涉手段、旧有权利确立手段，这些构成其殖民统治的前奏。

（三）伪满洲国法制殖民地化理论

笔者认为伪满洲国法制与日本殖民地法制不同点在于，其一，"国家政权"的互不归属性。日本营造伪满洲国冒着"天下之大不韪"，其建立受到来自国际舆论压力，广大中国人民的反对及日本国内前期（1932—1934年）对中国东北殖民规划前景的不确定性影响，日本在伪满洲国傀儡政权刚刚建立时，就试图与伪满洲国在形式上"划清界限"，通过在中国东北的势力暗中操控伪满洲国傀儡政权。1934年溥仪称帝后，日本在伪满洲国的经营趋于公开化，但由于前期舆论的宣传及对伪满洲国傀儡政权的控制程度已经达到预期效果，所以互不归属性被确定下来，直到日本战败。其二，伪满洲国"法制体系"脱离日本殖民地法制体系。伪满洲国法制体系与日本殖民统治法制体系（中国台湾地区、朝鲜、桦太、关东州、南洋诸岛）相比较缺乏直接的相互关联性。伪满洲国法制体系的建立是由伪满洲国"国家统治系统"营建，虽然日本操纵的因素浓厚，但整体上看其"法制体系"的营建是伪政权的"独立行为"。所谓"独立行为"，是在互不归属的背景下，伪满洲国的"法制机构"与日本的"法制机构"在形式上大不相同，法律援用也遵照伪满洲国的"法律习惯"，援用中华民国法律。这种情况在伪满洲国建立初期（1932—1934年）极其明显，随着日本势力在中国东北的稳固，日本的影响力也在"法制体系"层面扩大，但到伪满洲国灭亡，也始终没有突破伪满洲国"单独的法制体系"，伪满洲国"法制体系"与日本殖民地法制体系，始终是两个平行运行的系统。以上两点体现出伪满洲国法制具有"伪国家化特性"。

伪满洲国法制体系与日本殖民地法制体系也存在着关联性，此关联性体现在伪满洲国傀儡政权的建立，与日本近代建立的某些殖民地进程有一定的相关性。如：其一，前期都是以军事入侵为先导，前期进行军政统治，法制服务于军政，军政权力超越司法权限，具有杀伐随意性、审判简化性等特点。与之较为接近的殖民地类型，如日据时期的台湾。其二，以架空被控制地中央政权为先导，通过对被控制地中央政权权力的逐步渗透，以达到削弱被控制地中央政权的目的。"日韩合并"前的大韩帝国就是典型案例，日本通过"顾问政治"渗透大韩帝国法制、外交、经济等各个部门，最后一纸协议"兵不血刃"顺利掌控朝鲜，将其纳入日本殖民体系。以上两个日本殖民体例，在伪满洲国的建设上都有所体现，体现出伪满洲国法制具有"殖民地特性"。

伪满洲国在日本法西斯势力扩张的背景下，其法制也具有某些法西斯军事殖民性质，这种性质从1937年对中国全面入侵开始发展，从1941年日本开始的大规模的世界性战争开始加剧，到 1945 年崩溃。伪满洲国在此阶段，除保持自己前阶段所营造的"独立法制体系"外，也与日本及其下属的殖民地一样被裹挟进入日本法西斯军事扩张体系中。其诸多军事性质特别法令的颁布、经济类统制法令的颁布、后期对战时案件的审判简化等都是具体表现。此时期体现了伪满洲国法制的"法西斯专政特性"。因1937—1945 年阶段伪满洲国法制阶段所涉及层面较多、范围较广，本文载文所限不做过多阐述，只作为理论分析。

综合以上分析，伪满洲国法制具有"伪国家化特性""殖民地特性""法西斯专政特性"。从这三种特性中可以窥见伪满洲国法制具有复杂性，通过单一角度并不能解释这种复杂性，因此有必要做出明确的理论归纳。伪满洲国殖民地化性质是笔者在研究伪满洲国法制基础上作出的理论归纳，伪满洲国殖民地化理论并不只适用于伪满洲国法制方面的研究，而是适用于伪满洲国研究的各方面。

不可否认，伪满洲国傀儡政权是日本扶植的殖民政权，但伪满洲国傀儡政权的属性，并不代表伪满洲国的属性，譬如南京汪伪政权、伪蒙疆自治政府等日本扶植的伪政权，并不代表当时中国的国家属性，因此，不能将中国 14 年抗日战争描述为殖民地的反抗，而是一场保卫国家的反侵略战争。南京汪伪政权、伪蒙疆自治政府属于战时日本军事占领区，中国方面称之为"沦陷区"，这两个地域属于日本暂时占领的军事统治区，并非日本殖民地。同理，伪满洲国性质的定位也不能以日本殖民地作概括，伪满洲国殖民地化性质的界定意义就源自于此。

由于日本帝国主义侵略加深，中国东北局部势多种力量的相持被逐渐打破，伪满洲国就是日本殖民势力渐趋占据优势的体现，但这种渐趋占有巩固的优势，需要一定时间量的积累，才能达到最后的质变，所谓的质变就是成为日本的殖民地。本文将这种量变的过程称之为伪满洲国殖民地化。日本在战败前未能完成这种质变，所以本文将伪满洲国性质定位为殖民地化性质，伪满洲国法制的殖民地化特性就是在对伪满洲国殖民地化性质的分析中展开的。

（四）小结

分析伪满洲国殖民地化性质，为本文理论核心部分。殖民地化性质分析基础，必不可缺的是对殖民地性质的分析，殖民地发展历史悠久，本文将相关的世界近现代殖民理论研究纳入其中，日本在20世纪20年代开始形成对殖民地的研究热潮，泉哲、矢内原忠雄等殖民地研究学者突破官方意识，展现出颇具整体世界观的历史视野。本文在部分采纳日本学者殖民地研究理论基础上，认为日本建立殖民地晚于西方国家，其殖民地建设也广泛吸纳西方殖民经验。随着日本殖民地范围的不断扩大，对殖民地的"法域"统治也因地域划分而变得不同。日本的殖民地类型划分也就凸显出来。

步入近代国家序列，法制因素是重要因素。法制因素在本文中属于殖民地研究的重要切入点，殖民地母国与殖民地之间的"异法人域"在日本殖民统治法制建设中得到了体现。台湾地区"六三法"、朝鲜"法三零"就是这种"异法人域"的体现。在对日本学者殖民地理论、殖民地类型、殖民地法制分析完毕后，本文分析了伪满洲国殖民地化性质，通过比较伪满洲国与日据台湾时期、日韩合并前"大韩帝国"的殖民地化经历，论证了伪满洲国所处的殖民地化阶段性，伪满洲国法制的形成与发展在一定程度上印证了殖民地化特性。

三、结语

伪满洲国具有典型的"伪国家化性质"。其"金玉其外"的外表，造成其与日本所辖殖民地根本的不同。其"败絮其中"的内在，又形成了与日本所辖殖民地性质上的某种联动性。本文将这种特殊性状，解释为伪满洲国殖民地化性质，作为此理论的切入点，本文主要围绕伪满洲国法制特性展开详细讨论。

伪满洲国法制不同于成熟法制体，属于动态法制体，并具有相当大的不稳定性，伪满洲国法制初创期（1932—1934年）的混乱，不单纯是法制的混乱，而是处在日本势力、外国列强势力多方交矗下中国东北的整体混乱，日本帝国主义是此混乱的制造者。这期间日本方面对伪满洲国的"建设"，以军事控制为主，对伪满洲国政权的营建，由于伴随着侵略前景的不确定性，所以随意性较强，在这种情况下的法制，基本处于停滞虚无状态。伪满洲国法制初创期的混乱，随着1934年日本在伪满洲国机构整合的完成转向稳定。1934年，伪满洲国"帝制"的建立也是"政治稳定"的一大标志。

伪满洲国法制殖民地化特性研究

1934—1937 年，日本对伪满洲国统治趋于稳固，是伪满洲国法制的创成期。此阶段伪满洲国立法开始了"去本土化"工作，聘用日本法律专家拟制新的实体法，代替对旧法的援用。到 1937 年，伪满洲国新法相继颁行，标志着伪满洲国新法律体系的确立。此次大规模立法工作，并不仅是日本法律在伪满洲国的简单复制移植，以"民商事法律"为例，在许多立法原则上都与日本存在差异，客观上，提升了伪满洲国立法水准，也成为其立法的一个重要特点。伪满洲国法律的"日本化"是在"日满融合""一德一心"思想下，日本为了进一步有效控制伪满而施行的"新政"。"治外法权"的撤废也是"新政"的体现。"治外法权"的撤废是日本排斥其他外国势力，独占伪满洲国利益的活动。

伪满洲国处于向殖民地过渡的阶段期，诸多因子迟滞着伪满洲国殖民地进程，世界近现代法制因素及殖民地法制因素更能凸显伪满洲国的"国家性质"。与大构造的中国半殖民地半封建社会相随，伪满洲国处于中国局部半殖民地发展的前沿位置，其殖民地化进程难以摆脱国际大环境的影响，也难以脱离中国领土统一性的构建。换而言之，伪满洲国的殖民地化性质与中国近代半殖民地性质之间存在着局部和整体的关系，局部殖民地进程要比整体的半殖民地进程发展迅速，甚至有要脱离中国整体近代半殖民地性质的趋势，但诸多迟滞因子阻碍了此种由量变向质变的转化。

伪满洲国法制（1932—1937 年）作为转换期重要环节，充分展现了日本对伪满洲国的阶段性统治策略，由其设计量变到质变的轨迹可见一斑。无论对伪满洲国殖民地化性质的诠释，还是对伪满洲国法制特性的剖析，最终本文要指向的结论是：伪满洲国的性质并非日本殖民地，而是处于高度殖民地化发展阶段，伪满洲国法制特性就源自这种高度的殖民地化性质。

附录一：1937 年前日本对伪满司法控制

附表 1　日系满洲国官吏职员表（1933 年）[27]（单位：人）

等级/官等	特任	简任	荐任	委任	雇员	拥员	其他	合计
一　等	2	3	1	68				74
二　等		25	1	196				222
三　等			8	42				50
四　等			13	5				18
五　等			30					30
六　等			34					34
七　等			85					85
八　等			104					104
待　遇				7				7
嘱　托							11	11
其　他			12	5	210	3	20	250
合　计	2	28	288	323	210	3	31	885

附表 2　日系官员各官别配置（到 1937 年 11 月 10 日）[28]（单位：人）

官　别	简　任	荐　任	委　任	主任看守	雇　员	合　计
司法本部	3	23	47		74	147
法学校	1	11	5		16	33
法　院	13	77	233		75	398

〔27〕　［日］陸軍省調査班編：《満蒙に関する各種誣説の解剖》，陸軍省調査班出版 1933 年版，第 12、13 页。

〔28〕　［日］満洲国通信社編：《満洲国現勢》（康德五年版），満洲国通信社 1938 年版，第 89 页。

续表

官　别	简　任	荐　任	委　任	主任看守	雇　员	合　计
检察厅	7	48	164		40	259
提存局			3			3
监　狱		8	168	125	40	341
合　计	24	167	620	125	245	1181

附表 3　日本对满洲派遣视察人员[29]（单位：人）

区　分	第一回 （1934 年）	第二回 （1935 年）	第三回 （1936 年）	第四回 （1937 年）	合　计
司法官	2	7	9	10	28
理事官		1			1
合　计	2	8	9	10	29
刑务官	3	4	6	5	18
理事官		1			1
合　计	3	5	6	5	19
总　计	5	13	15	15	48

附表 4　从日本留学归来的司法官、刑务官派回人数及人员[30]（单位：人）

区　分	第一回 （1934 年）	第二回 （1935 年）	第三回 （1936 年）	第四回 （1937 年）	合　计
审判官	6	8	7	8	29

---

〔29〕　［日］满洲国通信社编：《满洲国现势》（康德五年版），满洲国通信社 1938 年版，第 89 页。

〔30〕　［日］满洲国通信社编：《满洲国现势》（康德五年版），满洲国通信社 1938 年版，第 89 页。

区 分	第一回 (1934 年)	第二回 (1935 年)	第三回 (1936 年)	第四回 (1937 年)	合 计
检察官	5	4	5	4	18
理事官		1			1
事务官			1	1	2
合 计	11	13	13	13	50
看守长	6	8	9	10	33
属 官	1	2	3	1	7
合 计	7	10	12	11	40
总 计	18	23	25	24	90

从上述附表 1、附表 2 的数据分析，在伪满洲国"帝制"施行前，日系伪满洲国官吏人数各级总数只有 885 人，而到 1937 年底，仅司法部门日系官吏人数就达到 1152 人。可见"帝制"施行后日本对伪满洲国司法部门人事渗透及控制力度得到加强。在派遣日系官吏到伪满洲国担任司法官职的同时，日本方面还派遣大量日本巡视员视察伪满洲国司法部门（见附表3）。并且还培养大量伪满洲国本土司法官吏赴日本留学（见附表 4）。

附录二："帝制"建立前的立法（1932—1934 年）

1932 年 3 月，溥仪在长春宣誓就职，担任伪满洲国政府"执政"，同年 3 月 12 日发表伪满洲国《对外公告》，宣布脱离中华民国政府建立"独立政权"。伪满洲国于 1932 年 3 月 9 日颁布"敕令第一号"，同年 7 月 5 日修正颁布"敕令四十八号"，颁布伪满洲国《政府组织法》。同年 3 月 9 日颁布伪满洲国《人权保障法》，3 月 11 日"敕令第十六号"颁布《大赦令》《贫民急赈令》。

其中伪满洲国《政府组织法》《人权保障法》在一定程度上性质近似"国家宪法"，规定了伪政府的政府组织、政权构建等问题。这是伪满洲国"基本法"创制的第一阶段。到 1934 年伪帝制创建的初期阶段，伪满洲国法制创建尚未脱离中华民国法律原有模式。伪满洲国政权是以"独立国家"的形式构建的，所以伪满洲国法制区别日本其他殖民地，具有一定的"独特性"，伪满洲国是以日本关东军的军事侵略行动为前导，而后又在日本政府大力支持基础上创立了伪政权。其政权建立初期具有很大不稳定性。为了维护日本对伪满洲国的统治，安定社会，并且对外制造伪满洲国等同于"独立国家"的假象，只有暂时援用中华民国法律。1932 年 3 月 9 日，伪满洲国以"教令第三号"的形式颁布了《暂行援用从前法令之件》，以此作为伪满洲国的基本原则。伪法令条项如下："第一条：从前施行之法令，不与建国主旨相抵触之条项，一律援用。第二条：由于与前项规定相抵触，没有可援用之法令时，依据国民政府之法令，即便是失去效力之法令，对与其第一条规定相一致之条款，恢复其效力并援用之。第三条：依据前两条规定，法律尚存缺陷时，根据以往之习惯及惯例，没有惯例则依据条例。"[31] 正如日本学者做出的评价："在满洲国具有实际意味宪法的是 1932 年 3 月制定的《政府组织法》，作为其母法的并不是统治这一国家的日本的《大日本帝国宪法》，而是 1914 年 5 月制定的《中华民国约法》。"[32]。伪满洲国援用中华民国法律的原因，除了填补建立初期的法律真空、维护统治之外，还兼具保持"独立国家"法制的"外表独立性"特征，故意与日本法律相绝缘，在形式上给外界造成一种非殖民地的假象。日本本土法制对伪满洲国的辐射开始加强，小野博司认为："对于中华民国法制的沿用，不单单是为了表示建国的正当性，紧急造就的国家，假如最初目的为了确保法制的安定性，这样必要的措施也是应该有的。随着时过境迁，相比中华民国的法制统治，日本法制对满洲国影响色彩渐渐浓厚是理所当然的。"[33] 伪满洲国援用中华民国法律，还有一大优势，即中华民国法律在创制的时候，吸收了大量日本法元素，聘用日本法律顾问制定法律，除了

---

[31] ［日］满洲国法令辑览刊行会编：《满洲国法令辑览》，梅谷印刷所印制，1932 年版，第 31 页。

[32] ［日］小野博司：《满洲国の行政救济法制の性格に关する一试论——1937（康德四年）诉愿手续法を中心に》，载《神戸法学杂志》，2014 年 64 卷 1 号，第 21 页。山室信一也大致持此观点。（［日］山室信一：《キメラ·增补版》，中公新书 2004 年版，第 158 页。）

[33] ［日］小野博司：《满洲国の行政救济法制の性格に关する一试论——1937（康德四年）诉愿手续法を中心に》，载《神戸法学杂志》2014 年 64 卷 1 号。

《亲属法》《继承法》这种本土元素比较高的法律外，日本法可以说是中华民国法律的蓝本，所以不会对日本的利益造成太大的危害。关于伪满洲国法制创建初期援用的相关中华民国法律，及相关日本法规的详细情况，见附表5。

附表 5　伪满重要法规援用的法源关系（截止到 1937 年）[34]

名　称	相当日本法规	公布年月日	摘　要
法律适用条例	法例	1919 年（民国八年、大正八年）8 月 5 日	以日本法例作为母法，内容基本相同。
民法	民法	1929—1930 年（民国十八至十九年、昭和四至五年）	民法以总则、债权、物权、亲族、继承五编分别类公布。日本民法以瑞西债务法、德意民法作为母法。伪满民法继承了此法律渊源，内容与日本民法基本相同，但是采用民商统一主义。
商人通例	商法总则编	1914 年（民国三年、大正三年）7 月 1 日	以日本商法作为母法，内容基本相同。
公司法	商法会社编	1931 年（民国二十年、昭和六年）7 月 1 日	同上
票据法	手形法及小切手法	1929 年（民国十八年、昭和四年）10 月 30 日	同上（但多少斟酌英美法）
海商法	商法海商编	1931 年（民国二十年、昭和六年）1 月 1 日	同上
违警罚法	警察犯处罚令	1928 年（民国十七年、昭和三年）7 月 21 日	以日本警察犯处罚令作为母法。

---

〔34〕［日］満洲国国務院総務庁情報処编：《領事裁判権の撤廃に関する司法部の整備概況》，満洲国国務院総務庁情報処 1937 年版，第 25 页。

名　称	相当日本法规	公布年月日	摘　要
陆海空军刑法	陆军刑法及海军刑法	1929 年（民国十八年、昭和四年）9 月 25 日	
民事诉讼条例	民事诉讼法	1921 年（民国十一年、大正十一年）7 月 1 日	以日本旧民事诉讼法为母法。包含关于人事诉讼手续法的规定。
民事诉讼执行规则	民事诉讼法执行编	1920 年（民国九年）、1919 年（大正八年）8 月 1 日	
民事调解法		1931 年（民国二十年、昭和六年）1 月 1 日	根据日本的民商事调停法，第一审法院设立调解处，管辖人事诉讼事件、区法院管辖事件，并作案前调解工作。
民事公断暂行条例	民事诉讼法仲裁手续	1921 年（民国十年、大正十年）8 月 8 日	
商事公断处章程		1913 年（民国二年、大正二年）1 月 28 日	以处理商事仲裁手续为机关（公断处）订立的组织及手续程序。公断处附属有各地的商务会（日本的商业会议所），只在旧北满特别区域施行。
公证事务所办事章程	公证人法	1926 年（民国十五年、大正十五年）8 月 10 日	
刑事诉讼法	刑事诉讼法	1928 年（民国十七年、昭和三年）9 月 1 日	以日本的刑事诉讼法为母法，没有预审制度。

名　称	相当日本法规	公布年月日	摘　要
监狱规则	监狱法	1928 年（民国十七年、昭和三年）10 月 4 日	
陆海空军审判法	军法会议法	1930 年（民国十九年、昭和五年）3 月 24 日	
登记通例		1922 年（民国十一年、大正十一年）5 月 21 日	关于各种登记通则的规定。
不动产登记条例	不动产登记法	同上	以日本不动产登记法为母法。内容基本一样。
法人登记规则		1929 年（民国十八年、昭和四年）12 月 2 日	登记手续基本上没有与日本不同之处。

关东军在伪满建国初期军事力量有限，并未能对广大东北地区进行有效的军事控制，东北人民及散落在各地的武装势力从未停止对殖民侵略的反抗。所以伪满洲国建国初期，法制上以"维持治安"为首要目的。除了援用《中华民国刑法》作为一般法源外，为了维护其殖民利益，以及剿灭抗日武装的需要，又陆续颁布了一些特别法如：1932 年 9 月 12 日颁行《治安警察法》；11 月 9 日颁行《暂行惩治叛徒法》与《暂行惩治盗匪法》；1932 年 11 月 24 日颁行《出版法》；1932 年 11 月 30 日颁行《鸦片法》；1933 年 1 月 20 日颁行《暂行惩治盗匪法施行法》；1933 年 12 月 22 日颁行《暂行保甲法》；1934 年 1 月 17 日颁行《暂行保甲施行规则》等伪法令，以上法令除《治安警察法》《保甲法》以及《保甲法》其他相关法律之外，本文皆将其归类于刑法范畴，《治安警察法》属于行政范畴法律，《保甲法》是中国宋代就存在，对于农村施行的一种控制手段，后被日本殖民者沿用到对台湾地区以及伪满洲国的农村统治，《保甲法》《鸦片法》都属于殖民地法。

附录三："帝制"建立后立法（1934—1937 年）

1934 年 3 月 1 日《组织法》被再次修订，溥仪担任伪满洲国皇帝，随后进行了一系列"实体法"的修订。1936 年 5 月 8 日颁布《刑事诉讼法》；1936 年 5 月 27 日颁布《刑事诉讼施行法》；1937 年 3 月 11 日颁布《刑法施行法》；1937 年 6 月 3 日颁布《刑法》；1937 年 6 月 17 日颁布《民法》；1937 年 6 月 30 日颁布《民事诉讼法》；1937 年 11 月 25 日颁布《民事诉讼法施行法》等法律。这一时期的一系列法律的颁布，加之日本与伪满洲国之间关于治外法权的废除条约（1936 年 6 月 10 日《关于在满洲国日本国臣民的居住以及课税等问题的日本满洲国间条约》以及其《附属条约》，1937 年 11 月 5 日《关于在满洲国治外法权的撤费以及南满铁路附属地行政权移让的日本满洲国条约》及其《附属条约》）的签订，标志着伪满洲国"法制"在形式上初步建立。

截止到 1937 年，伪满洲国新法逐步制定颁布后，《暂行援用从前法令之件》才逐渐被新法取代。"这是在建国匆忙之际，不得不做出的暂时作法，自不必说。然而援用的法令复杂、缺少统一、藏有很多漏洞，很多法令不适用满洲国建国的主旨以及国民生活，所以制定满洲国自己的法典，契合国民生活准则的司法制度确实是最紧要的问题。因此在本部，大同二年春，部内设立法令审议委员会，接下来设参事官制度，从日本司法省招揽优秀人才，在本部各职员的协助下，以法院组织法为开端，民法、商法、刑法、民事诉讼法、刑事诉讼法五部法典及制定附属法规，分为各个专门的部门锐意担当，为期待更加完美，还委托日本法学界权威审核，作为新兴国家的法典以力求完善为目标"。[35]

附表 6　聘任以下人员担任立法顾问[36]

民　法	东京大学教授（法学博士）	穗积重远
民　法	东京大学教授	我妻荣

---

〔35〕［日］满洲国国务院总务厅情报处编：《领事裁判权の撤废に関する司法部の整备概况》，满洲国国务院总务厅情报处 1937 年出版，第 20 页。

〔36〕［日］满洲国国务院总务厅情报处编：《领事裁判権の撤废に関する司法部の整备概况》，满洲国国务院总务厅情报处 1937 年出版，第 21 页。

续表

民　法	东京大学教授（法学博士）	穗积重远
商　法	帝国学士院委员（法学博士）	松本烝治
商　法	东京帝国大学教授（法学博士）	田中耕太郎
刑　法	检事总长（法学博士）	泉二新熊
民事诉讼法	大审院长（法学博士）	池田寅次郎
刑事诉讼法	东京帝国大学教授（法学博士）	小野清一郎
一般法律	中华民国法研究会干事	村上贞吉

附表 7　聘任以下人员担任立法参事官[37]

担任民法总则编、物权编	大阪地方裁判所判事	万岁规矩楼
担任民法债权编	大阪地方裁判所判事	川喜多正时
担任商法	东京地方裁判所判事	角村克己
担任民事诉讼法	东京地方裁判所判事	牧野威夫
担任刑法	东京地方裁判所判事	城富次

附表 8　伪满"建国"后制定与司法有关的重要法规[38]

名　　称	相当日本法规	公布年月日	摘　　要
暂行惩治叛徒法	治安维持法	1932 年（大同元年）9 月 10 日	
暂行惩治盗匪法		同上	是对所谓盗匪的特别刑罚法规。

〔37〕　伪满洲国史编纂刊行会编、东北沦陷十四年史吉林编写组译：《满洲国史·分论》，东北沦陷十四年史吉林编写组 1990 年版，第 599 页。

〔38〕　[日] 満洲国国務院総務庁情報処編：《領事裁判権の撤廃に関する司法部の整備概況》，満洲国国務院総務庁情報処 1937 年版，第 26～28 页。

续表

名　称	相当日本法规	公布年月日	摘　要
治安警察法	治安警察法	1932 年（大同元年）9 月 22 日	
鸦片（阿片）法		1932 年（大同元年）11 月 30 日	
暂行商租权 登记法		1933 年（大同二年）6 月 14 日	
民事诉讼费用法	民事诉讼用印纸法及民事诉讼	1933 年（大同二年）8 月 30 日	
组织法	宪法	1934 年（康德元年）3 月 1 日	
人权保障法	宪法	1934 年（康德元年）3 月 9 日	相当于日本宪法第二章臣民的权利义务的规定。
恩赦令	恩赦令	1934 年（康德元年）3 月 9 日	
刑事诉讼费用法	刑事诉讼费用法	1935 年（康德二年）3 月 15 日	
监狱官制	监狱官制	1935 年（康德二年）4 月 1 日	
提存局官制	供托局官制	1935 年（康德二年）8 月 22 日	
提存法	供托法	1935 年（康德二年）8 月 22 日	
商业登记法	非讼事件手续法第三编	1935 年（康德二年）12 月 21 日	
法院组织法	裁判所构成法	1936 年（康德三年）1 月 4 日	

名　　称	相当日本法规	公布年月日	摘　要
土地审定法		1936 年（康德三年）3 月 26 日	
拍卖法	竞卖法	1936 年（康德三年）4 月 16 日	
法院组织法施行条例	裁判所构成法施行条例	1936 年（康德三年）5 月 21 日	
关于法院的设置废止及管辖区域法规	大正二年法第九号昭和九年法第三十号	1936 年（康德三年）5 月 21 日	
法官考迁委员会官制		1936 年（康德三年）5 月 21 日	有一定的理由时能够辞退审判官（判事）检察官（检事）或者让审判官转职的决定机关。
司法考试令	有关高等考试令司法科之事务	1936 年（康德三年）5 月 21 日	
执行官考试令	执行达吏登用规则	1936 年（康德三年）5 月 21 日	
书记官考试令	裁判所书记登用考试规则	1936 年（康德三年）5 月 21 日	
商租权整理法		1936 年（康德三年）9 月 21 日	
律师法	辩护士法	1936 年（康德三年）12 月 10 日	
刑法	刑法	1937 年（康德四年）1 月 4 日	

续表

名　　称	相当日本法规	公布年月日	摘　　要
刑事诉讼法	刑事诉讼法	1937 年（康德四年）3 月 8 日	1937 年（康德四年）6 月 1 日施行。
刑事施行法	刑事施行法	1937 年（康德四年）3 月 11 日	
工厂抵押法	工厂抵当法	1937 年（康德四年）4 月 15 日	
手形法	手形法	1937 年（康德四年）5 月 13 日	预计从 6 月 15 日开始实施。
小切手法	小切手法	1937 年（康德四年）5 月 13 日	预计从 6 月 15 日开始实施。

附表 9　1937 年已脱稿的重要法规 [39]

名　　称	相当日本法规	送交法制处	未送交法制处	摘　　要
民法总则编	民法总则编	审议完成		到 6 月末公布
民法物权编	民法物权编	审议完成		到 6 月末公布
民法债权编	民法债权编	审议完成		到 6 月末公布
商人通则	商法总则及商法行为中的一部分	审议完成		到 6 月末公布
会社法	商法会社编	审议完成		到 6 月末公布
运送法	商法第三编第八章	审议完成		到 6 月末公布
仓库法	商法第九章第二节	审议完成		到 6 月末公布

---

[39]　[日] 满洲国国务院総務庁情报処编:《領事裁判権の撤廃に関する司法部の整備概況》, 满洲国国务院総務庁情报処 1937 年版，第 29、30 页。

名　　称	相当日本法规	送交法制处	未送交法制处	摘　　要
海商法	商法海商编	审议完成		到 6 月末公布
民事诉讼法	民事诉讼法	法制处审议中		到 6 月末公布
强制执行法	民诉第六编			到 6 月末公布
司法代书人法	司法书士法		部内审议中	
违令罚基准法	1890 年（明治二十三年）法第八十四号		部内审议中	
外国人法			部内审议中	
监狱法	监狱法		部内审议中	

附表 10　1937 年起草中或起草筹备中的法规[40]

名　　称	相当日本法规	公布预定年月日	摘　　要
不动产登记法	不动产登记法	1937 年（康德四年）10 月初	
非讼事件法	非讼事件法	1937 年（康德四年）10 月初	
过料事件法		1937 年（康德四年）11 月末	关于行政处罚罚款的综合法规。
民事调停法		1937 年（康德四年）11 月末	关于民事综合的调解法。
遗失物法	遗失物法	1937 年（康德四年）11 月末	
公示催告手续法	民事诉讼法第七编公示催告手续	1937 年（康德四年）11 月末	

---

[40] ［日］满洲国国务院総务厅情报处编：《領事裁判権の撤廃に関する司法部の整備概况》，满洲国国务院総务厅情报处 1937 年版，第 30、31 页。

续表

名　　称	相当日本法规	公布预定年月日	摘　　要
仲裁手续法	民事诉讼法第八编仲裁手续	1937 年（康德四年）11 月末	
船舶登记法	船舶登记法	1937 年（康德四年）11 月末	
法人登记法	非讼事件手续法第二编第九章法人及夫妇财产契约	1937 年（康德四年）11 月末	
登记通则		1937 年（康德四年）11 月末	
外国法人法		1937 年（康德四年）11 月末	
民事诉讼费用法	民事诉讼费用法	1937 年（康德四年）11 月末	
民事诉讼印纸法	民事诉讼印纸法	1937 年（康德四年）11 月末	
公证人法	公证人法	1937 年（康德四年）11 月末	
拒绝证书令	拒绝证书令	1937 年（康德四年）11 月末	
破产法及合议法	破产法、合议法	1937 年（康德四年）11 月末	
违警罪即决法	违警罪即决例	1937 年（康德四年）11 月末	
警察犯处罚令	警察犯处罚令	1937 年（康德四年）11 月末	
依据民事诉讼法代表国家的规定	依据民事诉讼法代表国家的规定	1937 年（康德四年）11 月末	

据当时任职于伪满洲国司法部官员林凤阁回忆："1939 年司法部欲编新法，调我们这些有经验者编纂，所以我任司法部事务官，兼民事法典审议委员、诸法令调整委员会暨司法制度委员会干事，专任法典的编订、修改工作。1940 年又兼任国务院总务厅的参事官，以为满洲国各种组织法把关……制定法典之后必须送给东京帝国大学的教授，以及日本司法部高级官员审查……在法律编纂的过程中有大量专业人士参与立法，法律公布后，殖民当局注重调查法律实施的效果，并根据适用情况不断修改。在立法过程中，日本本土法学家的意见尤为重要。"[41] 日本当局对于伪满洲国的"立法监督"从来没有中断过，无论是任用台湾籍官员抑或任用大陆籍立法官员如朱广文等"伪满本土立法者"，最后的法律审议和决定权都取决于日本政府及日本法学家的态度，日本法系的影响对伪满洲国的运行起到了至关重要的作用。

附录四：伪满涉外刑事案件审判

哈尔滨（滨江特别市）自建市以来就是华洋聚集的要地，伪满洲国建立后，日本出于与苏联意识形态的对立及长期占据中国东北的野心，对苏联采取敌视政策。"卡斯配案"又称"马迭尔绑架案"，案件发生于 1933 年，被害人世迷图·卡斯配（法国籍犹太人），其父遥西夫·卡斯配（俄籍犹太人）为哈尔滨著名酒店马迭尔宾馆老板。世迷图·卡斯配在 1933 年被哈尔滨白俄人绑架，并因赎金问题惨遭杀害。1934 年，哈尔滨高等法院组成合议庭（由中国人担任审判长）一审判处四名被告死刑、两名被告无期徒刑。1937 年，案件由哈尔滨高等法院组成合议庭（成员均为日本人）进行二审，二审判决六位被告均免于起诉。

（一）"卡斯配案"简介

"卡斯配案"是伪满洲国时期一起影响较大的涉外刑事案件，该案从发生到二审终审，贯穿伪满洲国法制创建（1932—1934 年）与法制形成（1934—1937 年）时期，对研究伪满洲国时期涉外司法审判具有重要参考价值。案例（1）为二审判决书，全文摘自 1937 年《盛京时报》，内容包括司法审判法律程序（合议庭人员组成、被告辩护人组成等）及法律适用

---

[41] 钟放：《伪满洲国的法治幻象》，商务印书馆 2015 年版，第 19～21 页。

（被告所犯罪行的定罪及量刑、大赦令的适用等）问题。另外，此案件当事人及审判方国籍各有不同，被害人世迷图·卡斯配（法籍犹太人）、被告六人为哈尔滨白俄（无国籍人）、公诉方为伪满洲国检察厅（中国人）、最高法院合议庭三人（日本人）、原告遥西夫·卡斯配（俄籍犹太人）、被告六位诉讼代理人均为哈尔滨白俄（无国籍人）。在中国的土地上进行二审，由日本法官审判触犯刑事案件的无国籍人，被害人为法国人，适用伪满洲国法律，在中国只有上海租界才存在的场景，在哈尔滨上演了，不过较上海租界的情况更加复杂。本案拥有涉外性、复杂性、典型性的几大特征，这也是本文援引此案例的意图所在，本案对佐证伪满洲国法制创建、形成的阶段性过程具有重要意义，对还原伪满洲国涉外案件审判的审判程序场景也具有指导作用。

案例（1）[42]："卡斯配案"

卡斯配案已判决

——被告等亦赦令均预免诉

关于卡斯配事件一案，前北满特别区法院会判死刑四名，无期徒刑二名、嗣经高等法院提审、于二十九日午后四时半，在高等法院第一号涉外大法庭，于山口审判长、原野、上尾两审判官培席下审理结果，被告全部免诉，兹将其审判文及山口审判长之谈话志之于下。

判　决

被告　尼克来·安都·列为赤·麻鲁铁依纳夫无国籍（俄人），住哈尔滨市马家沟洁净街八十六号，职业哈尔滨警察厅特务科巡官，年四十一岁，性别男。

右辩护人　瓦西力·夫遥多落为赤·依瓦纳夫。

被告　阿列克世·也力世也为赤·先达力无国籍（俄人），住哈尔滨市埠头区斜纹二道街三十五号，职业俄文教授，年四十三岁，性别男。

右辩护人　泡屋也罗·罗马纳为赤·别子基也欧几奴依，阿列克三得罗为赤·克克列夫。

---

[42]　哈尔滨市图书馆馆藏：《盛京时报·滨江特刊》第97号，1937年2月3日版。

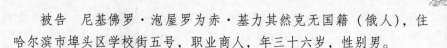

被告　尼基佛罗·泡屋罗为赤·基力其然克无国籍（俄人），住哈尔滨市埠头区学校街五号，职业商人，年三十六岁，性别男。

右辩护人　阿列克三得尔·依瓦纳为赤·丰依罗津，阿列克世·阿列克三得罗为赤·多布罗厚得夫。

被告　牙克夫·基力罗为赤·札依赤也夫无国籍（俄人），住哈尔滨市新安埠安定街一百九十号，职务劳动者，年三十四岁，性别男。

右辩护人　阿列克三得尔·依瓦纳为赤·丰依罗津，屋拉基迷罗·甚把多为赤·阿夫斜罗夫。

被告　铁阿尼西·个力考力也为赤·考迷赤沙连克无国籍（俄人），住哈尔滨市新安埠安顺街八十八号，职业机械工，年二十九岁，性别男。

右辩护人　世罗盖·依瓦纳为赤·依也购罗夫。

被告　潘铁列蒙·依古那其也为赤·别子路其克无国籍（俄人），住哈尔滨市新安埠安顺街八十八号，职业工厂看守，年四十三岁，性别男。

右辩护人　世盖罗·依瓦纳为赤·依也购罗夫。

对右等违反《暂行惩治盗匪法》被告案件，本院经对置检察厅检察官丸才司莅庭审理判决如左

被告均免诉事实及理由

依本院审理结果

被告麻鲁铁依纳夫，系白系俄国人中炽烈之反苏主义者。欲使在苏联本国之反苏运动激烈化。虽热望获得其运动资金，然穷于其方法，其结果企图依掳人勒赎之非常手段而达成。大同二年五月许，向素是热烈反苏主义者被告先达力表明右计划得其赞同。嗣后两名屡次协议之末，选会为自己等本国帝制露西亚革命中心势力活动之宿敌犹太人种中之一富豪，哈尔滨埠头区中央大街一百一十三号居住，遥西夫·卡斯配为犯行之对象，决定将其子世迷图·卡斯配拉致为人票，且被告先达力先檐，当拉致之直接行动，被告麻鲁铁依纳夫担当补给，右拉致后、为监视右人票，需要之人员及供给其警戒需要之武器等。

又被告先达力，于同年六月中，对相识热烈反苏主义者被告其力

其然克，告右反苏运动资金获得之计划书，求其援助。同被告即时不仅赞同、容被告先达力之要请承诺，依其己手获得其拉致行为必要之人员。同年七月末，对反苏主义者，被告札依赤也夫及被告考迷赤沙连克、告知依拉致犹太人，筹备反苏运动资金之旨，劝谕其分担、得其快诺，一方被告麻鲁铁依纳夫、亦于当时选世罗盖、尼克来也为赤、奔达罗求克及通称泡罗其站也夫依本为拉致世迷图、卡斯配后之监视队员、并对同人等、告知前记计划、劝说使其承诺分担，使潜伏哈尔滨市内待机，如斯以上全部共谋之后，被告先达力、被告基力其然克、被告札依赤也夫及被告考迷赤沙连克，自同年八月中旬，待拉致世迷图·卡斯配之机会、同月二十四日午后十一时后许，知世迷图·卡斯配为送埠头，卡斯配为送埠头区面包街百九号居住斜皮罗夫人外两名之妇人，迄各同人等之住宅、同乘汽车、出其自宅。

本被告等及参与者，世迷图·卡斯配之汽车，将他二名之妇人各送各宅，最后向斜皮罗夫人宅入口停止之际，被告先达力速由该汽车左侧入运转台，捉运转手个屋力罗为赤之腕向同人之所持手抢对之威赫，向运转台右侧力推抑压其反抗，夺汽车之把手，随被告者其然力及被告者依赤也夫开坐席左侧之窗户入车内，向坐席之世迷图·卡斯佩及斜皮罗夫人以手枪对之威赫，抑制其反抗后使担当路上看守任务之被告者迷赤沙连克，同乘该汽车被告先达力自行运转操纵，到埠头区高士街将世迷图·卡斯配移乘于豫先安排同所，右被告等放置汽车，被告札赤也夫为监视同乘右二台汽车，相前后同到同市南岗花园街北铁植物园附近使世迷图·卡斯配降车，由被告札依赤也夫、及被告考迷赤沙连克两名，由同所护送至滨江省阿城县所在阿什河畔幽闭监视之。

兹被告麻鲁铁依纳夫诺，被告先达力之所托，同月二十五日向待机中之奔达罗求克及也夫依木供给大枪三把、子弹及食量等，使赴右幽地。二十六日，被告札依赤也夫，关于使世迷图·卡斯配写的交付被告先达力之向遥西夫·卡斯配投递之救出叹愿书，与被告先达力协议之后，交付遥西夫·卡斯配之际，添付同被告等金钱要求之文书。同日自己做成向遥西夫·卡斯配投递之要求世迷图·卡斯配之身价金三十万元之文书，交付被告先达力。同人于二十七日许，同世迷图·

卡斯配向其父投递之前记叹愿书，一并使当时依被告麻鲁铁依纳夫，卡斯配对同人虽强要该身赎金，但同人不肯容易将该金钱交付。故嗣后至同年九月下旬之间前揭，被告等将右幽闭场所或转移至北铁东部线阿什河站附近，或转移至同线二层甸子站北方，一方移动、一方依同前方法前后数回，与前同样对遥西夫卡斯配强要身赎金，仍然被同人拒绝迁延中，被告考迷赤沙连克终陷于极倦怠状态，于同年九月二十六日申右被告等一团脱退之，被告麻鲁铁依纳夫被告先达方，遂于同年十月九日被官宪逮捕。

然被告基力其然克及被告扎依赤也等，与个罗西克相谋其后依然一方将世迷图·卡斯配置于北铁东部线招麟站附近之山幽闭监视。一方个罗西克对遥西天·卡斯配与前同样强要身价金赎回，但亦未能获得。故其间屡次将要求金额减额。翌十一月五日，已减为金七万五千元，同月十一日起，至同月二十三日之间，对遥西夫·卡斯配要求释放世迷图·卡斯配前支付金五万元，释放后支付金两万伍千元，同人对依交付金五万元，先解放世迷图卡斯配之要求，固不让步。

同月二十四日在被告等不得已达成协议之后，决定将世迷图卡斯配解放，然后继续金钱之要求。同日午后二时过许，因右遥西夫·卡夫斯配顽强态度激愤之间，罗西克与被告等毫无何等联络谅解，擅自突然以所持手枪，将世迷图·卡斯配射杀，因而被告等本件掳人勒赎之计划，终于空矣。

被告别子路其克，于同年九月三十日，受被告扎依赤也夫之伪计，被诱至北铁东部线二层甸子附近，于同所由同被告叱为世迷图·卡斯配幽闭监视之援助，而承诺嗣后于前记世迷图·卡斯配幽闭场所等，从事于同被告等前犯行之容易为帮助者，拟法律被告麻鲁铁依纳夫被告先达力、被告基力其然克、被告扎依亦也夫及被告考述赤沙连克之判示，所为各该当刑法第三百七十一条第一项，及第四十二条被告别子路其克之判示所为，该当同法第三百七十一条第一项，及第四十四条第一项，被告等右犯罪均系康德元年三月一日前之所犯依康德元年敕令第七号（大赦令）第一条已被大赦，故依刑事诉讼法第三百十七条第一款、第二百前十三条第三款对被告等，应各宣告免诉之判决，基此判决如主文。

——康德四年一月二十九日

哈尔滨高等法院第一刑事庭

审判长审判官　山口氏治

审判官　原野是男

审判官　下尾荣

　　该案发生于1933年，一审审判时间为1934年，二审审判时间为1937年。贯穿了伪满洲国法制建立的整个时间段（1932—1937年）。日本早在1932年占领哈尔滨后，就开始了与"白俄分子"的合作，苏联势力被肃清后，这种合作更加肆无忌惮。日本接管北满铁路之后，依托北满铁路为生计的犹太商人纷纷失业，日本也时常借助在哈尔滨"白俄分子"的势力，纵容甚至参与迫害犹太商人，对"白俄分子"加以庇护。日本的目的在于：一方面，培植壮大"白俄分子"的反苏势力；另一方面，通过"白俄分子"打压在哈尔滨犹太人的势力，以此确立对哈尔滨的绝对统治权。1933年，"白俄分子"迫害犹太商人最大的刑事案件"马迭尔绑架案"，就是日本占领军授意"白俄分子"进行的一场恶性绑架杀人案。此案发生于1933年末，距离苏联势力的肃清有两年时间，与上文该案终审判决相距四年时间。期间此案受到国际上的广泛关注，由于被害人曾经加入法国国籍，其父也是较有影响力的犹太富商，法国领事提出外交抗议，日本迫于压力，此案被告很快被抓获。1933年处于伪满洲国法制的初创期，案件审理判决援用的是中华民国法律及审判体系，1934年一审判决四名被告死刑、两名被告无期徒刑。

　　案件审理到1937年，二审重审宣判六名被告无罪。判决理由是根据溥仪"称帝时发布"的"大赦令"，本案六被告也因"反苏有功"被赦免。抛去本案六被告是否真正具有反苏的犯罪动机不问，单凭判决书中提出的"反苏排犹"问题，就可窥探出日本当局对于苏联的敌视及对苏联威胁日本利益的认同。另外，也凸显出对犹太人种族利益漠视。1937年，伪满洲国法制已经建立成形，该案审理非但没有运用新法，而且还牵强的适用"大赦令"使得罪犯被赦免。可见导致这一结果的并非法律不健全、司法制度不健全，而是日本司法审判者的"自由心证"。

　　（二）"卡斯配案"的审判程序及法律适用

　　1937年"卡斯佩案"再审之时，伪满洲国四级三审制已经确立，审判级别为高等法院，高等法院管辖范围规定：第一审为"内乱罪""背叛之罪""国交危害之罪""军机保护法罪"中该当重罪之罪、违反《暂行惩罚叛徒法》之罪。1934 年第一审法院为东省特别区高等法院，可见本案的审判级别之高。一审案件审判官根据伪满洲国《暂行惩治盗匪法》，"盗匪犯下列各款之罪者处死刑：公共危险罪、杀人罪、强盗及海盗罪、强奸罪、脱逃罪"，"卡斯配案"符合此罪的构成要件。到了 1937 年，伪满洲国《刑法》《刑事诉讼法》相继施行，但《暂行惩罚叛徒法》《暂行惩治盗匪法》也未曾被废止。依《暂行惩治盗匪法》第六条第二项，高等法院对该案进行了提审，"高等法院长应对于前项之呈报特别有必要者受命提审，依前二项，予核准或命提审之期间不得过十日，司法部关于依据第一项但书规定，申请复准认为特有必要时，得酌令再审或提请高等法院复审。"[43]审判程序依据《暂行惩治匪盗法施行法》，"第四条高等法院长依暂行惩治盗匪法第六条第二项，提审者应由高等法院依刑事诉讼法所定之第一审诉讼程序审判，依暂行惩治盗匪法第六条第四项，酌令再审或提交高等法院复审时亦同前项。"[44]该案合议庭由三名日本籍裁判官组成，合议庭组成人数符合规定。伪满洲国对于日本人在满犯罪的审判及对于外国人的审判，合议庭基本由日本籍法官组成或由日本籍法官担任审判长，尤其是从1934 年开始着手对伪满洲国法律的整备开始。日本开始大量招募本土裁判官、检察官，充实伪满洲国司法力量，以便更好地控制伪满洲国。

1932 年下半年，奉天高等法院设立由日本司法官两名、满洲人司法官一人组成的合议庭，作为试点担任涉外案件的审判工作。接下来，以吉林、北满特别区各高等法院、高等检察厅为首的各个主要法院，已经配置了 37 名日系法官。[45] 1934 年 6 月末，伪满各地区司法审判庭中，日本人法官构成情况见附表 11。日本准备撤销在满"治外法权"，为了更好地控制司法，保障在满日本人利益，对伪满洲国重要地域派驻司法官。

---

〔43〕 伪满洲国史料编委会编：《伪满洲国史料·卷十四》全国图书馆文献微缩复制中心 2002 年版，第 498 页。

〔44〕 伪满洲国史料编委会编：《伪满洲国史料·卷十四》全国图书馆文献微缩复制中心 2002 年版，第 498 页。

〔45〕 ［日］满洲国通信社编：《满洲国现势》（康德二年版），满洲国通信社出版 1935 年版，第 233～234 页。

伪满洲国法制殖民地化特性研究

附表 11　1934 年 6 月末伪满司法系统日系司法官配置表[46]（单位：人）

名　称	庭　长	推　事	检察官	书记官	翻译官	合　计
奉天高等法院、检察厅	1	1	1	5	4	12
吉林高等法院、检察厅	1	1	1	4	2	9
北满特别区高等法院、检察厅	1	1	1	5	2	10
北满特别区地方法院、检察厅		1	1	3	1	6
小　计	3	4	4	17	9	37

负责"卡斯配案"的山口氏治审判官，对该案的法律适用问题有如下谈话："此犯罪实系应处现行刑法第 371 条第一项规定之无期徒刑，或七年以上有期徒刑之重罪"。[47] 伪满洲国十四年间共颁布五次"大赦令"：1932 年 3 月 11 日"建国大赦令"，1934 年 6 月 24 日"称帝大赦令"，1937 年 7 月 15 日溥仪称帝后访日两周年大赦令，1940 年 7 月 15 日庆祝日本建国 2600 年大赦令，1942 年 3 月 1 日伪满洲国建国 10 周年大赦令。"卡斯佩案"被告二审被判处无罪的直接理由是 1934 年"称帝大赦令"。大赦令并非所有罪名都予以赦免，一些较大的恶性案件、从事共产主义活动及《暂行惩治盗匪法》第一条到第三条等罪状都不在赦免之列，"卡斯配案"六名被告在判决书中，被加以"反苏义士"的美名才得以摆脱盗匪的身份得到特赦。本案判决发生在日本与苏联大规模冲突之前，从法律的适用上即可看出日本对苏联的敌视态度。

案例（2）："梨树县私奔案"[48]

1933 年 12 月 16 日，拜访梨树县司法公署，我让罗审判官取出诉

---

[46]　[日] 满洲国通信社编：《满洲国现势》（康德 2 年版），满洲国通信社出版 1935 年版，第 233 页、234 页。

[47]　哈尔滨市图书馆馆藏，载《盛京时报·滨江特刊》第 97 号，1937 年 2 月 3 日版，"山口审判长谈启"。

[48]　[日] 武藤富男：《私と満州国》，文藝春秋 1988 年版，第 68 页。

讼记录，以便调查内容。有关于诱拐罪的记录，一青年与一处女恋爱，青年带走女子。女子父亲提起诉讼，男子逃亡。检察官对于同伴的女子以通奸罪提起公诉，罗审判官判处其有罪，处拘役六个月，缓期三年执行。

案例（3）："吴四香案"[49]

奉天高等法院康德三年控字第二六〇号

判　决

被告耿家声，三十一岁，法库县人，住五台子村，职业教员。指定辩护人刘世勋，右被告因强奸及堕胎案件，不服法库县司法署康德三年五月十五日第一审有罪判决，是为合法控诉自检察官判定易莅庭，本院审理判决如左。

主　文

原判决撤销、处被告有期徒刑六年，剥夺公权六年，裁判确定前羁押日数，以二日抵徒刑一日，其余被诉部分无罪。

事实及理由

被告之母耿李氏、系吴四香（即丽君）被告之义母，彼此常相往来、被告遂于康德二年五月间，与吴四香勾引成奸，因恋奸情热，商议同逃以便奸……于康德三年一月三十日（即旧历三月初七）被告将吴四香，招自洮南县城里客栈继续奸……旋被查获本件起诉事实之要旨，除认被告有奸淫未满十六岁之女子及堕胎情形外，与右记同一趣旨，兹就：

一、洮南县警务局司法警察官孙义先对于吴四香之笔录。

二、检察官张天锡询问被告及吴四香之笔录。

三、检察官赵永棠询问被告之笔录。

四、被告在本审判庭之供述，综合考究，被告所为前记犯行，更为明显，即据以上各证据，认定判定之事实。

依照法律判示，被告之所为合于刑法第二百五十七条第一项第二项应选择有期徒刑，判处被告有期徒刑六年为相当，并依法同第六十

[49]　哈尔滨市图书馆馆藏，载《盛京时报》，1937年2月18日。

四条以二日抵徒刑一日，至于被告与吴四香成奸之际，该吴四香是否怀孕？被告买药堕胎等情，除吴四香之父吴永浦告诉之词，其吴四香在原审供述之外，并无及他确切证据，可资证明，自难妄为悬指定，则关于被告此部分之犯罪嫌疑，不能证明自应依刑事诉讼法第三百十六条，谕知无罪原审判决未免失当、应依刑事诉讼法第三百八十五条……以撤销判决如主文，不服本判决，得于送达后十日内经由本院上告于最高法院康德四年二月三日。

奉天高等法院刑事第二庭

审判长审判官　王赞群

审判官　刘文魁

审判官　王家瑞

1932年3月9日，伪满洲国发布教令第三号法令《暂行援用从前法令之件》，文件规定凡是不与伪满洲国相抵触的原法律将被援用，这份原则性的文件使得伪满洲国适用法律问题得到暂时性解决，但从此问题层出不穷，旧东北地区虽形式上统一，但一直以来受到地方军阀控制，各自为政，大城市与县城的审判机制及运用法律都存在差异，特别是溥仪担任伪满洲国"执政"，初期也给伪满洲国官员一种清朝复辟的错觉，某些地方官员根据《暂行援用从前法令之件》的指导原则加上自己主观上的认知，出现了援用前清法律审理案件的现象，"梨树县私奔案"就发生在这一时间段内（1932—1934年）。

"吴四香案"审判发生在1936年，此时为伪满洲国法制的创成阶段（1934—1937年），伪满洲国新《刑法》《刑事诉讼法》相继颁布，从前的《暂行援用从前法令之件》被废止，伪满洲国针对普通民众的刑事司法审判也渐趋规范化。

（三）"梨树县私奔案"与"吴四香案"的审判程序及法律适用

"梨树县私奔案"选自曾任伪满洲国检察官武藤富男所著《我与满洲国》，武藤富男身为检察官，对此案的法律适用问题进行了分析。武藤富男指出，"通奸罪的犯罪构成，是指已婚男女发生的关系，未婚男女产生的关系，不构成犯罪。"[50] 对此观点，罗审判官回答 "在清末的特别法《暂行刑律补充条例》中，第六条，对于未婚男女私通进行罚则。虽说到了民国时代，此法律被废止，但是满洲国建国的同时发布了《暂行援用从前法律之件》。这是最高法院在建国时早就下达的法律解释，关于未婚男女的私通问题，在王道政治基础上，决定将清朝时代的法律作为准据法援用，本案件准据于此。"[51] 此案凸显出伪满洲国建立初期援用《暂行援用从前法令之件》造成的司法审判法律适用的混乱，梨树县法官竟然选择适用前清的法律审理案件，俨然已经实现了清朝的复辟。可见，在当时伪满洲国最高法院中，弥漫着日本扶植大清国复辟的幻想。武藤富男对此现象亦做出如下总结："这是非常堂而皇之的法律解释，最高法院还没明白溥仪复辟是否实现的情况下，就将未婚男女通奸作为犯罪的法律，首先就是实施复辟。"[52] 同类案件在伪满洲国新法颁布之后，法律适用问题开始有所改观。

"吴四香案"的审判发生在 1936 年，此时伪满洲国新《刑法》《刑事诉讼法》已经颁布，旧《暂行援用从前法令之件》已经被新法取代。如果依照先前 "梨树县案例" 进行审判，无疑案件当事人吴四香也会被判处刑罚，吴四香就会从被害者变为通奸罪共犯。本案审理的程序也较为规范，提供了案件大量直接证据的 "吴四香案" 笔录等信息，并在二审阶段以证据不足为由，推翻了一审堕胎罪的指控，罪犯耿家声仅以强奸罪被量刑。

通过两个案件的对比，可以看出伪满洲国普通刑事案件司法审判已经从混乱走向明晰。"吴四香案" 亦有别于 "卡斯配案"，同为二审案件、审级同为高等法院，但 "吴四香案" 的审判合议庭组成全部为伪满洲国本土法官，可见日本法官在不敏感地区对于普通刑事案件的审理甚少介入。另外，从 "吴四香案" 中可见，伪满洲国刑法对幼女的保护也有别于新法施行之前。

附录五：伪满洲国民事案件的审判

（一）"借贷案" 简介

1933 年，原告农民某甲向法院提出诉讼请求，请求被告某乙返还诉讼

---

〔50〕 ［日］武藤富男：《私と満州国》，文藝春秋 1988 年版，第 68 页。

〔51〕 ［日］武藤富男：《私と満州国》，文藝春秋 1988 年版，第 68 页。

〔52〕 ［日］武藤富男：《私と満州国》，文藝春秋 1988 年版，第 68 页。

标的物（所借谷物），并赔偿原告因为诉讼所支出费用80元，附加谷物价值共200元整。审判官大冈法官（日本人全名不详）做出判决，本案被告应当返还所借谷物，但原告请求的诉讼支出赔偿不予支持。案情见案例（4）。

本案发生于1933年，属于一起简单的民事诉讼案件，案件标的不大，所涉原告被告均为普通农民，由日本审判官独任审判。案件最后的判决结果是农民某甲获胜，但其诉讼请求并未完全得到支持。其中所涉法律问题有二：其一，原告提出了赔偿为诉讼所支出车马费80元的诉讼请求，被告农民乙并未显示提出异议，但日本法官却驳回了原告的诉讼请求，这违背了司法审判的中立原则；其二，法官对法律适用的解释是援引伪满洲国《人权保障法》中保护农民免遭高利贷剥削的条款，但《人权保障法》只是具有宪法文件性质的法律指导原则，"借贷案"法律适用是根据伪满洲国《人权保障法》，"第11条，保护满洲国人民，不受高利贷、暴力及其他一切不当的经济压迫。"[53] 日本法官基于农民经济偿还能力的考量，驳回了原告附加费用的诉讼请求。此案可以说是充分考虑了具体的案情，做出了"较为公正"的判决。但问题在于，此类借贷纠纷的民事诉讼案件，明显可以通过债权法及其他民事法律条文解决法律适用的问题，而法官却以《人权保障法》这类的具有宪法性质的法律文件来作为判决依据，明显违背审判原则，即"穷尽法律规则才能适用法律原则"。法律规则是指基本法中的普通法诸如《民法》，法律原则是指宪法类别的法律。在大陆法系国家以此原则为主，英美法系国家才有案例审判、宪法审判的习惯。可见伪满洲国前期民事诉讼在法律适用上是混乱的。

案例（4）："借贷案"[54]

诉讼请求

原告请求被告归还所借的谷物，为了赶赴被告的居住地，索要车马住宿费等合计八十元。这之外因为由于被告不履行对于原告的债务，请求附加以上八十元外，共赔偿二百元。

---

[53] ［日］满洲国法令辑览刊行会编：《满洲国法令辑览》，梅谷印刷所印制1932年版，第26页。

[54] ［日］武藤富男：《私と满州国》，文艺春秋1988年版，第68、69页。

事实认定及结果

本案被告，曾经附带他案，在本审判庭宣判，应当返还借用的谷物。按照原告的请求没有必要，所以本案请求失当。在审判庭上，因为通过其他案件承认过这一债务，请求不予执行为好，所以车马住宿费的请求是失当的。

伪满洲国初期的民商事法律主要沿用东北旧有法规，依据《暂行援用从前法令之件》援用。治外法权撤废后，新法制定被提上日程。1935 年 9 月"新民法草案"开始起草，经过两年的修正，1937 年 6 月 17 日公布。《不动产登记法》《非讼事件手续法》等民事类法律也于同年公布。《商人通则》《会社法》《民事诉讼法》等商事法律及民商事程序法，也于同年公布。在新法实施之前的伪满洲国民事法律适用及审判，与伪满洲国刑事法律一样，也出现了审判及法律适用混乱的情况。

西方传统法律文化漫谈

# 英国保密法制再探
——以国内相关研究为背景

张　群[*]

一、引言

在英国，保密法不仅有着悠久的历史（《官方秘密法》首次颁布于1889 年），而且有着独特地位。在一本经典宪法教材中，讨论国家安全问题时，一部《官方秘密法》的篇幅（有 3 个小节）比《国家安全工作法》《情报工作法》两部法律加起来还要多。这还不包括在表达自由、审判公开等章节下间接涉及保密法的部分。[1] 在 1971 年出版的《宪法理论》一书中，《官方秘密法》及相关案例成为讨论英国宪法中"国家"一词含义的重要材料和依据。[2] 在 1993 年出版的《法律、自由与正义》一书中，《官方保密法》及相关案例成为讨论宪法惯例、国家安全、公民权利、司法审查等许多法理和宪法问题的重要材料和依据。[3] 这在西方其他国家法学著作中，均似比较罕见。但从法律体系和法制史角度看，又是有道理的。尽管英国在第一次世界大战前后就开始设立情报机构，但长期没有法律依据（安全机构甚至连执法权都没有），颁布较早的《官方秘密法》在很长一个时期里独立承担了打击间谍活动的责任。这使得保密法在英国国

---

* 中南财经政法大学法学院外国法与比较法研究所兼职研究员，法学博士。

〔1〕［英］A. W. 布拉德利、K. D. 尤因：《宪法与行政法》（第 14 版）（下册），程洁等译，商务印书馆 2008 年版，第 407 页。

〔2〕［英］杰弗里·马歇尔：《宪法理论》，刘刚译，法律出版社 2006 年版，第 18、36 页。

〔3〕［英］T. R. 艾伦：《法律、自由与正义——英国宪政的法律基础》，成协中、江菁译，法律出版社 2006 年版，第 81、123、161、297 页。

家安全体系中的重要性显著超过其他国家。也因此，研究保密法对于了解英国宪法、行政法都有重要意义。

中国学者很早就关注英国的保密法制，[4]并翻译有《官方秘密法》《英国刑法》等相关资料。[5]2001年中国国家保密局组织编写出版的《保密法比较研究》一书首次对英国保密法制做了简要介绍，指出其历史悠久、保密制度严格等特点，但内容比较简单，除了《官方秘密法》，其他相关法律和案例均未提及。[6]2003年张明杰发表的《英国信息公开法律制度研究》一文是中国学者撰写的关于英国保密法的第一篇重要论文。文章以保密文化为主要背景探讨英国信息公开问题，认为英国保密文化有宪法惯例（大臣责任制和王的特权）和成文法（《官方秘密法》等）两方面因素，并比较详细地考察了1911年官方保密法的重要影响以及庞廷案对修改该法的推动作用。[7]2010年支振锋完成的研究报告从历史发展、制度框架、主要制度、保密与信息自由、发展趋势等方面对英国保密法制做了比较系统的考察，对庞廷案等一些重要案例也有介绍，称得上是迄今为止对英国保密法最好的专题研究。[8]

在宪法和行政法领域，王名扬、夏勇、张越等均谈到《官方秘密法》，不过限于主题，点到即止，[9]倒是在一些翻译过来的英国宪法、行政法教科书和专著中对保密法有简约而不失深度的介绍和评论，特别是在案例的

---

〔4〕 楚安生：《"庞廷事件"与英国的保密法》，载《世界知识》1985年第8期。

〔5〕 国家保密局法规室、北京大学法律系保密法比较研究课题组：《国外保密法规选编》，金城出版社1997年版，第302～318页。

〔6〕《保密法比较研究》课题组编：《保密法比较研究》，金城出版社2001年版，第84页。

〔7〕 张明杰：《英国信息公开法律制度研究》，载周汉华主编：《外国政府信息公开制度比较》，中国法制出版社2003年版，第137页。

〔8〕 支振锋：《英国保密法律制度究报告》（以下简称"支振锋报告"），国家保密局委托课题，2010年结项。

〔9〕 王名扬：《英国行政法》，中国政法大学出版社1987年版；夏勇：《西方新闻自由探讨——兼论自由理想与法律秩序》，载《中国社会科学》1988年第5期；张越：《英国行政法》，中国政法大学出版社2004年版。

引用上相当丰富。〔10〕其中1931年第1版、由布拉德利（Bradly）主持编著的经典教科书《宪法与行政法》(第14版)(下册）尤为突出，不仅对1911年、1920年、1989年《官方秘密法》分别有所评论，还专门讨论了内阁保密制、泄密与表达自由、保密与人权等问题。〔11〕

从目前仅见的几本英国宪法、行政法教材和著作来看，〔12〕英国学者似乎更倾向于把保密作为一个宪法问题来考量，特别是保密与国家安全的关系、保密与人权和法治的冲突（如保密对表达自由、审判公开等的限制等），行政法上的讨论反而不是那么多（英国《信息自由法》颁布也较晚）。此外，与美国保密法制体系较为凌乱与起步较晚不同，英国的《官方秘密法》出台较早，而且从19世纪末到两次世界大战，再到冷战结束，每一阶段发展都有迹可循，堪称研究保密法制史的最佳标本。本文在前人研究基础上，先就英国保密法历史上的一些重要问题做些总结性探讨，再就此前国内学者不太关注的几个问题做一些考察，希望可以给读者一个相对比较全面的认识。

需要首先说明的是，英国保密法文献较多，支振锋报告中提到的就有十余种，资料比较集中的有 *Secrecy and Power in the British State* 和 *Freedom of Information: the Law, the Practice and the Ideal* 等。〔13〕这里想特别提到的是2008年威斯敏斯特议会网站（www. parliament. uk）登载的一份保密问

---

〔10〕［英］卡罗尔·哈洛、理查德·罗林斯:《法律与行政》，杨伟东等译，商务印书馆2004年版；［英］T. R. 艾伦:《法律、自由与正义——英国宪政的法律基础》，成协中、江菁译，法律出版社2006年版，北大图书馆藏有该书英文版；［英］彼得·莱兰、戈登·安东尼:《英国行政法教科书》（第5版)，杨伟东译，北京大学出版社2007年版，北大图书馆藏有该书第7版的英文电子版。

〔11〕［英］A. W. 布拉德利、K. D. 尤因:《宪法与行政法》(第14版)(下册)，程洁等译，商务印书馆2008年版。北大图书馆藏有该书第14版的英文电子版。

〔12〕 H. W. Wade & C. F. Forsyth, *Administrative Law* (11th edition), Oxford University Press, 2009，北京大学图书馆藏。

〔13〕 P. Birkinshaw, *Freedom of Information: the Law, the Practice and the Ideal*, third edition, London, Butterworths. 2001; Ann Rogers, *Secrecy and Power in the British State*, 1st ed., London, Pluto Press, 1997. 还有一本重要著作：D Williams, *Not in the Public Interest: The Problem of Security in Democracy*, 1965. 但笔者未能觅得。

题简报（briefing paper），[14] 2015 年发布了更新版。[15] 这份资料由下议院研究人员（The House of Commons Library research service）撰写，专门提供给议员参考。其突出特点是，在系统梳理《官方秘密法》及相关立法的历史沿革和主要内容外，还简要介绍了相关的 13 个重要案例（notable cases involving the Official Secrets Act or leaks of government information），[16] 对重要观点和资料均标明信息来源。因此，尽管不是严格意义上的学术论文，也没有长篇大论，但其内容权威、篇幅简短，堪称英国保密法的最佳入门读物，被本文多处参考。

二、四个历史问题的解答

回顾英国保密法的历史，颇有一些让人困惑的现象和问题。国内学者大多根据各自研究尝试做了一些回答，但仍有个别不够细致、不够确切的地方。

（一）为什么是英国最早颁布保密法

读者几乎都会问，英国作为一个民主自由传统最为悠久的普通法国家，为什么反而成为世界上最早颁布成文保密法的国家？概言之，一是有保密传统，二是客观形势需要。在英国维多利亚时代，保密就被看作公务人员的美德之一，是对国王忠诚的表现。但直到 19 世纪中后期，法律上均未将泄密定为犯罪，泄密者只受道德谴责，不能适应当时英国对外扩张的需要。支振锋报告对此着墨较多，并搜罗了多起这样的泄密案，以下是其中几个典型例子。

1833 年，一名英国政府办公室职员将一份政府行政报告复制并透露给

---

〔14〕 *Official Secrecy*, Summary Page. Parliament and Constitution Centre, Number SN/PC/02023, 30 December 2008. "This information is provided to Members of Parliament in support of their parliamentary duties and is not intended to address the specific circumstances of any particular individual."

〔15〕 *The Official Secrets Acts and Official Secrecy*, Abstract Page. Parliament and Constitution Centre, Number CBP07422, 17 December 2015. "This briefing paper describes the main pieces of legislation in the UK related to official secrecy and the disclosure of information in the public interest. It focuses in particular on the Official Secrets Acts 1911 – 1989, outlining the Acts' development and key features."

〔16〕 这 13 个案例依次是：①Winston Churchill；②Duncan Sandys；③William Owen；④Jonathan Aitken and the Daily Telegraph；⑤Sarah Tisdall；⑥Ian Willmore；⑦Clive Ponting；⑧David Shayler；⑨Katherine Gun；⑩David Keogh and Leo O'Connor；⑪Derek Pasquill；⑫Thomas Lund – Lack；⑬The loss of Government papers. 最后一项并非个案，而是多起遗失机密文件案例的汇总。

媒体。皇家检察机关试图起诉该公职人员，但发现其所在的部门还没有建立保密规章和制度，起诉缺乏法律依据。最后只能以侵吞公共财产罪名起诉，理由是该职员在复制报告时，使用的纸张是政府财产。但法院判决该职员无罪释放，因为证据表明他所用的纸张是其个人财产，并非办公室财产。[17] 1878 年，外交部临时雇员查尔斯·马文将一份拟在柏林会议上签订的英国与俄国的政治协议提前泄露给媒体。根据当时的法律，公诉人必须证明马文将政府文件偷了出去对他的指控才能成立，而事实上他只是将文件中的内容抄了出来，政府因不能证明其盗窃行为而败诉。[18] 1887 年，一名造船厂的制图员将一份至关重要的军舰图纸泄露给了某个国家，因为证据不足，泄密者最终只是被船厂解雇。[19] 此案震惊了英国海军部，后者向国会提交了加强保密立法的提案，最终促成 1889 年《官方秘密法》（*Official Secret Act*）的出台。《官方秘密法》第一次规定，公务人员未经授权泄露政府机密信息将受到刑事处罚。[20] 从此，保密成为英国文官一项法律责任和义务。

（二）为什么 1911 年《官方秘密法》频遭非议

在大部分英国宪法和行政法教科书中，均将 1911 年《官方秘密法》作为抨击对象，视为英国形成保密文化的重要推手。[21] 这除了其适用时间长（一直到 1989 年）的原因，还因为其条款苛刻，多处突破法治和人权底线。

第一，实行有罪推定。此前，根据 1889 年《官方秘密法》规定，只有在涉密信息传播对公共利益和国家安全造成损害的情况下，才能认定为犯罪。而媒体公布的信息是面向不特定受众的，不好判断是否对国家安全

〔17〕 P. Birkinshaw, *Reforming the Secret State*, Milton Keynes, Open University Press, 1990.

〔18〕 David Hopper, *Official Secrets: the use and abuse of the Act*, 1st ed. , London, Hodder & Stoughton, 1988, p. 174.

〔19〕 P. Birkinshaw, *Freedom of Information: the Law, the Practice and the Ideal* , London, Butterworths. 2001.

〔20〕 *Official Secrecy*, p. 3. Parliament and Constitution Centre, Number SN/PC/02023, 30 December 2008. "Section 1 was concerned with espionage and the notion of unlawful disclosure of information; Section 2 with the concept of breach of official trust. "

〔21〕 E. g. , Colin Turpin, *British Government and the Constitution: Text, Cases and Materials*, London, Butterworths. 1999, p. 523.

和公共利益造成损害。在实践当中使用该信息进行敌对行动的往往是他国秘密组织，出现泄密事件也无法取证。支振锋报告中就举了这样一个案例。1908 年 3 月，一家报纸刊登多尔港口（Dover Harbour）防御设施设计图。但因不能确定该信息是否已流入到敌对国家，无法定罪，最终当事人只能依照违反商业诚信原则处以 12 个月的监禁。[22] 第一次世界大战前夕，在浓重的战争威胁氛围下，英国下议院匆忙通过 1911 年《官方秘密法》，采取有罪推定原则，只要存在未经授权披露秘密信息行为，即可定罪。[23] 在两次世界大战以及随后的冷战期间，《官方秘密法》以及后续的 1920 年、1939 年补充修订条款，被大肆用于惩治间谍和泄密。根据一份英国官方的统计数据，在 1945—1971 年间，根据《官方秘密法》第 2 条起诉的 23 例案件中，34 人被提起公诉，27 人被判有罪，仅 6 人被判无罪。[24]

第二，没有很好区分间谍性质的窃密与一般意义上的泄密。1911 年《官方秘密法》主要目的有二：一是保护国家利益免受间谍活动以及其他一些可能对敌人有用因此会对国家安全造成危害的活动；二是防止国家公务员因职务需要而知悉的情报未经授权而被泄露，无论这些情报是否与国家安全有直接联系。[25] 但在实践中，一些并不危及国家安全的破坏行为也因此（根据第 1 条）定罪（如 1962 年 *Chandler v. Director of Public Prosecutions* [1962] 3 W. L. R. 694），这过于苛刻。1972 年，一个官方委员会曾经建议，引入新的立法（an Espionage Act），将反间谍活动从对官方信息的

---

〔22〕 A. J. A. Morris, *The Scaremongers: the advocacy of war and rearmament* 1896 – 1914, London, Routledge & Kegan Paul, 1984, p. 162.

〔23〕 "在法庭上，须由被告人证明他没有危害国家利益的目的，否则即可认定他有这种目的。"参见《英国保密法》（摘录），载国家保密局法规室、北京大学法律系保密法比较研究课题组：《国外保密法规选编》，金城出版社 1997 年版，第 307 页。

〔24〕 See *The Official Secrets Acts and Official Secrecy*, p. 16. (Parliament and Constitution Centre, Number CBP07422, 17 December 2015.) 并参见张明杰：《英国信息公开法律制度研究》，载周汉华主编：《外国政府信息公开制度比较》，中国法制出版社 2003 年版，第 143 页。

〔25〕 *The Official Secrets Acts and Official Secrecy*, p. 12. Parliament and Constitution Centre, Number CBP07422, 17 December 2015. "The 1911 Official Secrets Act had two distinct purposes. Section 1 of the Act set out sterner provisions on spying, while section 2 guarded against the unauthorised disclosure of information held by servants of the State in their official capacity."

一般保护中分离出来。[26] 同时，旨在保护一般公务信息的第 2 条，使得即使披露的是非密文件（如 1919 年 *R. v. Crisp* 案），即使披露文件是促进而非损害英国利益（如 1963 年 *R. v. Fell* 案），也还是可能构成犯罪。该条因此有口袋条款（a catch – all section）之称。[27] 此外，刑罚伸缩度也比较大，20 世纪 50 年代一个为苏联（USSR）工作的间谍乔治·布莱克（George Blake），被判刑 42 年，是法定刑期 14 年的 3 倍。[28]

第三，在程序上。首先是 1911 年《官方秘密法》第 9 条授予警察宽泛的搜查权和扣押权，允许警察进入并搜查住宅，搜查在那里找到的每一个人，还可以扣押任何证据。在极端紧急情况下，可以由警察局长签署书面搜查令。[29] 1987 年，警察们即依据上述规定对 BBC 公司进行了 28 个小时的搜查，带走装满几辆警车的资料。但最终并没有起诉。这个事件表明 1911 年官方秘密法可能被严苛适用到什么程度。其次是 1920 年修正补充的《官方秘密法》第 6 条规定，国务大臣（the Secretary of State）可以授权警察传召一个可能的证人来询问有关情况，如拒不提供，可判 2 年有期徒刑。[30] 这就"成功"取消了嫌疑人沉默权（a suspect's right of silence），也打破了之前媒体一贯对知情人进行保护的惯例。[31] 1938 年 6 月 27 日，议员邓肯·桑迪斯（Duncan Sandys）向国会披露，他在某个晚上被总检察长传召，说他此前发给战争部长的一封信中包含涉密信息，要求他披露信息来源。总检察长还威胁将以违反保密法第 6 条起诉他。但总检察长否认

---

〔26〕 ［英］A. W. 布拉德利 K. D. 尤因:《宪法与行政法》（第 14 版）（下册），程洁等译，商务印书馆 2008 年版，第 435 页以下。

〔27〕 *The Official Secrets Acts and Official Secrecy*, pp. 12 – 13. Parliament and Constitution Centre, Number CBP07422, 17 December 2015. It catches all official documents and information…The section catches all Crown servants as well as all official information.

〔28〕 *The Official Secrets Acts and Official Secrecy*, p. 6. Parliament and Constitution Centre, Number CBP07422, 17 December 2015.

〔29〕《英国保密法》（摘录），载国家保密局法规室、北京大学法律系保密法比较研究课题组:《国外保密法规选编》，金城出版社 1997 年版，第 308 页。

〔30〕《英国保密法》（摘录），载国家保密局法规室、北京大学法律系保密法比较研究课题组:《国外保密法规选编》，金城出版社 1997 年版，第 309 页。

〔31〕 *Official Secrecy*, p. 4. Parliament and Constitution Centre, Number SN/PC/02023, 30 December 2008. see also, *The Official Secrets Acts and Official Secrecy*, p. 14. Parliament and Constitution Centre, Number CBP07422, 17 December 2015.

说过这些话。国会专门成立一个委员会调查此事，并研究第 6 条是否适用于国会议员的履职行为。[32] 可能受此影响，1939 年议会对《官方秘密法》做了修改，规定第 6 条仅适用于间谍案件（only in espionage cases）。[33] 最后是 1920 年修正补充的《官方秘密法》第 8 条规定，原告（实际就是政府）可以基于公开证据将危害国家安全的理由，申请法庭非公开审理，也不许记者报道。[34] 这严重违背庭审应当公开的一般法治原则。按照这一规定，有一起 1927 年审判的泄密案，要到 75 年后的 2002 年才能解密其审理情况。[35] 在后来的一些泄密案（如 1989 年 R. v. Shayler 案）诉讼中，媒体还提出《官方秘密法》是否与人权公约一致，人权公约是否可以作为辩护理由等问题。[36]

国会似乎也意识到这些不足，因而规定有关起诉必须获得总检察长的批准、官员证明披露获得授权的即可免责，从行政的角度做了一些限制，多少缓和了一些法条本身的严酷性。[37] 比如，1983 年，有着 7 年工党党员身份的劳工部实习生伊恩·威尔莫（Ian Willmore）因不满政府劳工政策，擅自将一份有关劳工立法备忘录透露给媒体。总检察长没有起诉他，理由是第 2 条要尽量少用，只在绝对必要的时候才用。[38] 但因为先后两次世界大战的紧张局势，以及随后开始的冷战，东西对抗激烈，这部有着诸多缺

---

〔32〕 *The Official Secrets Acts and Official Secrecy*, p. 19. Parliament and Constitution Centre, Number CBP07422, 17 December 2015.

〔33〕 *The Official Secrets Acts and Official Secrecy*, p. 15. Parliament and Constitution Centre, Number CBP07422, 17 December 2015.

〔34〕 *The Official Secrets Acts and Official Secrecy*, p. 14. Parliament and Constitution Centre, Number CBP07422, 17 December 2015. 并参见《英国保密法》（摘录），载国家保密局法规室、北京大学法律系保密法比较研究课题组：《国外保密法规选编》，金城出版社 1997 年版，第 309 页。

〔35〕 Ann Rogers, *Secrecy and Power in the British State*, London, Pluto Press, 1997, p. 32.

〔36〕 ［英］A. W. 布拉德利、K. D. 尤因：《宪法与行政法》（第 14 版）（下册），程洁等译，商务印书馆 2008 年版，第 446 页。

〔37〕 H. W. Wade & C. F. Forsyth, *Administrative Law*（11th edition），Oxford University Press, 2009, p. 43.

〔38〕 *The Official Secrets Acts and Official Secrecy*, p. 21. Parliament and Constitution Centre, Number CBP07422, 17 December 2015.

陷的法律仍一直执行下来，直到庞廷案的发生。[39]

需要指出的是，在1920、1939年官方秘密法立法过程中，均曾有议员提出强烈批评，认为这是利用战争权力对公民自由的压制，但收效甚微，1920年《官方秘密法》以143对34高票通过。[40]

（三）为什么1985年庞廷案能够翻盘

随着经济社会的变化，特别是人权运动的发展和国际局势的缓和，原来一丝不苟执行保密法的英国法院态度开始有所松动，不再像二战前后那么严苛。而更大的压力来自社会。张明杰论文、支振锋报告均提到当时发生的一些重要案例，如迪斯雷尔案（Sarah Tisdall）、怀特案（Peter Wright，又称 SpyCatcher 案）。[41] 本文认为最重要的应属1985年庞廷案（ R. v. Ponting ）。[42] 其翻盘既富故事戏剧性，又具历史转折性。

克里夫·庞廷（Clive Ponting）时任英国国防部大臣助理，主管皇家海军行动的政治策略。他奉命参与调查阿根廷"贝格拉诺将军"号巡洋舰（General Belgrano，以下简称"贝舰"）沉没事件。1982年，在福克兰群岛战争（马尔维纳斯群岛战争）中，英国潜水艇击沉"贝舰"，舰上1100名海军死亡368名。英国国防部宣称，英方发现"贝舰"逼近英国军舰并威胁到其安全，故命令"征服者"号潜水艇将"贝舰"击沉。但实际情况是，英国早在1天前就发现了"贝舰"，并在它向阿根廷方向行驶11小时后，距离英国宣布的交战区36海里处将其击沉。1984年，英国工党就此在议会提出质询。国防部就如何答复这一质询进行了讨论。国防大臣认为，应将实情告诉工党，并让助理秘书庞廷代拟了复函；而国务大臣认

---

〔39〕 联系美国在911事件后通过的《爱国者法》的情况，或许对1911年《官方秘密法》可以多一些理解。参见王希：《原则与妥协——美国宪法的精神与实践》，北京大学出版社2014年版，第598页。

〔40〕 *The Official Secrets Acts and Official Secrecy*, pp. 16 - 17. Parliament and Constitution Centre, Number CBP07422 , 17 December 2015.

〔41〕 张明杰：《英国信息公开法律制度研究》，载周汉华主编：《外国政府信息公开制度比较》，中国法制出版社2003年版，第143、145页。

〔42〕 ［英］T. R. 艾伦：《法律、自由与正义——英国宪政的法律基础》，成协中、江菁译，法律出版社2006年版，第160、161页。Colin Turpin, *British Government and the Constitution*：*Text*, *Cases and Materials*, Butterworths, 1999, pp. 13 - 14. For more information see R M Thomas, "The British Official Secrets Acts 1911 - 1989 and the Ponting Case", *Criminal Law Review*, 1986, pp. 497 - 498.

为，这涉及国防部秘密，不能透露给工党。最终，国防部没有披露实情。对此，庞廷十分不满，他认为击沉"贝舰"是必要的，但应交由国会讨论，反对党也有知情权。于是，庞廷不顾自己是国防部官员的身份，将代拟的国防大臣复函抄件和一份交战记录寄给了工党下院议员戴雷尔（Labour MP Tam Dalyell）。后者迅将有关材料公之于众。

英国政府深感震惊，很快以违反1911年《官方秘密法》第2条的罪名对庞廷提起公诉。庞廷在法庭上辩称，他向戴雷尔提供的材料不属于秘密信息，而且他这么做是为了国家利益（the interest of the state）。[43]庭审过程中，双方都同意，国会议员戴雷尔无权获得该信息。争论的焦点是，庞廷擅自提供信息给戴雷尔是否属于《官方秘密法》第2条所说的"符合国家利益"的行为，[44]如果是则不应追究，否则应以泄密罪论处。以法官麦科恩（McCowan）为代表的一方认为，鉴于军事活动的特殊性，个人不具备解释"国家利益"的权力，要慎重考虑以此作为泄密犯罪的抗辩理由。在正常情况下，军官须严格按照规定服务并服从上级指挥，而不应擅自行动。因此，应当判决庞廷有罪。[45]但陪审团未遵从法官的意见，认为庞廷把有益于国家利益的文件寄给议员，把忠于事实真相置于个人前途及对上司的忠诚之上，应为无罪。

这里有两点需要注意：第一，张明杰的论文认为庞廷的辩护没有法律基础，[46]这是不正确的。庞廷的无罪抗辩理由仍然是来自《官方秘密法》

[43] *The Official Secrets Acts and Official Secrecy*, p. 21. Parliament and Constitution Centre, Number CBP07422, 17 December 2015. "Ponting's defence was that the disclosure had been in the public interest, and that the information was privileged as it was to a Member of Parliament."

[44] 只要政府工作人员将官方信息传递给他人即构成泄密犯罪，除非该行为获得授权或者符合国家利益。"This section made it a criminal offense for a person holding office under Her Majesty to communicate official information to any person other than a person to whom he is authorized to communicate it. or a person to whom it is his duty in the interest of the state to communicate it."参见《英国保密法》（摘录），载国家保密局法规室、北京大学法律系保密法比较研究课题组：《国外保密法规选编》，金城出版社1997年版，第306、307页。

[45] *The Official Secrets Acts and Official Secrecy*, pp. 21–22. Parliament and Constitution Centre, Number CBP07422, 17 December 2015. "I direct you in law that it is no defence that he honestly believed that it was his duty to leak the documents in the interests of the state if, in fact, it was not his duty to do so in the interests of the state."

[46] 张明杰：《英国信息公开法律制度研究》，载周汉华主编：《外国政府信息公开制度比较》，中国法制出版社2003年版，第137页。

本身。从 1889 年第一部《官方秘密法》开始，在舆论压力下，为保护对政府部门腐败和违法的检举，就规定可以国家利益作为非授权披露的抗辩理由，尽管 1911 年《官方秘密法》压缩了这一条款的适用范围。[47]实际上也有一些成功的案例，如 1971 年，正在积极竞选国会议员的乔纳森·艾肯德（Jonathan Aitken），被控违反保密法，将秘密军事信息透露给《星期天电讯》（*Sunday Telegraph*），但所有指控均被撤销，因为法官认为他这样做是为了国家利益。[48]在庞廷案中，该抗辩条款特别是何为"国家利益"，成为控辩双方争辩的焦点。这也成为 1989 年官方秘密法重点修改的内容，也是后来另行颁布《公共利益披露法》的重要原因。

第二，庞廷案的翻盘并非法官个人"英明"，而是时代的产物，是有充分社会基础的。此前，英国官方于 1971 年成立一个以弗兰克斯勋爵（Lord Franks）为首的委员会，专门研究 1911 年官方秘密法第 2 条并提出修改建议（"review the operation of section 2 of the Official Secrets Act 1911 and to make recommendations"）。1972 发表的《弗兰克斯报告》（*Franks Report*）认为，现行保密法是不让人满意的，应当改革，以确保刑罚措施用于那些真正重要信息的保护。报告特别指出，1911 年官方秘密法第 2 条是一个大杂烩，建议另行制定一部官方信息法（an Espionage Act），并对信息范围和种类做出具体规定。[49]尽管这份报告的建议没能及时转化为立法成果，但对社会舆论有重要影响，民间先后出台多份私人草拟的修改法案，这在一定程度上也为庞廷案的判决奠定了社会基础。支振锋报告和张明杰论文对该报告内容均有引用，张且对报告内容有摘要介绍，但似乎都没有注意

---

〔47〕 *Official Secrecy*, p. 3. Parliament and Constitution Centre, Number SN/PC/02023, 30 December 2008. Section 2（1）: "Where a person, by means of his holding or having held an office under Her Majesty the Queen, has lawfully or unlawfully either obtained possession of or control over any document, sketch, plan, or model or acquired any information and at any time corruptly or contrary to his official duty communicates or attempts to communicate that document, sketch, plan or information to any person to whom the same ought not, in the interest of the state, or otherwise in the public interest, to be communicated at that time, he shall be guilty of a breach of official trust."

〔48〕 *The Official Secrets Acts and Official Secrecy*, p. 20. Parliament and Constitution Centre, Number CBP07422, 17 December 2015.

〔49〕 *The Official Secrets Acts and Official Secrecy*, pp. 14 – 16. Parliament and Constitution Centre, Number CBP07422 , 17 December 2015.

到该报告对英国社会保密观念转变的推动作用。[50]

（四）20世纪末英国保密法是怎样实现转型的？

庞廷案戏剧性地以无罪结案，引起英国社会的广泛关注。政府部门认为，该判决开了一个恶劣的先例，公务员将不再像以前那样严格保守秘密，每一个人都可能是潜在的泄密者，这将对国家安全构成重大威胁。该派人士强烈主张删除《官方秘密法》中关于国家利益的抗辩条款。[51]但以后来的首相布莱尔为代表的工党前排议员则主张保留公共利益抗辩条款。[52]在一番博弈之后，英国国会通过1989年《官方秘密法》。根据布拉德利的总结[53]以及英国国会研究报告，[54]主要修改包括以下内容：一是修改抗辩条款，除获得授权（lawful authority）或者证明不知情以外，不得再以"国家利益"之由抗辩。[55]二是缩小保密范围，将内阁文件和经济信息排除在秘密信息范围之外，秘密信息限于安全与情报、国防、国际关系、犯罪调查等6种。[56]张明杰论文只是简单提及安全与情报、国防、内

---

〔50〕 张明杰：《英国信息公开法律制度研究》，载周汉华主编：《外国政府信息公开制度比较》，中国法制出版社2003年版，第147、148页。

〔51〕 *Official Secrecy*, p. 4. Parliament and Constitution Centre, Number SN/PC/02023, 30 December 2008. It has been argued that the 1911 Act did also allow a public interest defence.

〔52〕 *The Official Secrets Acts and Official Secrecy*, p. 23. Parliament and Constitution Centre, Number CBP07422, 17 December 2015.

〔53〕 ［英］A. W. 布拉德利、K. D. 尤因：《宪法与行政法》（第14版）（下册），程洁等译，商务印书馆2008年版，第444页。并参见《英国1989年官方保密法》，载国家保密局法规室、北京大学法律系保密法比较研究课题组：《国外保密法规选编》，金城出版社1997年版，第318页。伍德的分析与此类似，see H. W. Wade, C. F. Forsyth, *Administrative Law* (11th edition), Oxford University Press, 2009, p. 43.

〔54〕 *The Official Secrets Acts and Official Secrecy*, pp. 7 - 8, 18. Parliament and Constitution Centre, Number CBP07422, 17 December 2015.

〔55〕 曾有人建议在卫生和安全领域保留这一抗辩事由。See *The Official Secrets Acts and Official Secrecy*, p. 29. Parliament and Constitution Centre, Number CBP07422, 17 December 2015.

〔56〕 分别是安全与情报信息（security and intelligence）、国防信息（defence）、国际关系信息（international relations）、从其他国家或者国际组织秘密获取的信息（information obtained in confidence from other states or international organizations）、可能会使政府受到攻击或者阻碍侦查的信息（information likely to result in the commission of an offence, or likely to impede detection）以及根据法定令状进行特殊调查的信息（special investigations under statutory warrant）。See *The Official Secrets Acts and Official Secrecy*, p. 7. Parliament and Constitution Centre, Number CBP07422, 17 December 2015.

部关系、犯罪 4 种信息，似不够全面。[57] 三是对犯罪要件进行区分，如安全情报机构人员披露其在受雇期间获得的任何信息均将被认为是犯罪，而公务员、政府供应承包商只有在对安全情报工作造成损害时其未经授权的披露行为才是违法的。是否造成损害（damage）由总检察长举证并起诉，法院最终决定。2004 年，身为公务人员的大卫·基奥（David Keogh）擅自披露首相布莱尔私人秘书给国会议员安东尼·克拉克（Anthony Clarke）的一封关于对外政策的机密信函，法院几乎是无条件同意了政府提出的信件只对陪审团公开的要求，并禁止媒体报道。在判决中，法官还指出，被告草率和不负责任的行为让英国人付出生命的代价，也辜负了国家和长官对他的信任。[58] 支振锋报告对以上修改特别是第三点也有比较详细的考察。

但同时，英国社会已经普遍认识到改革保密制度的必要性。大多数英国民众认为，庞廷案表明《官方秘密法》授予了政府机构过多的权力，使其有机会通过控制信息流动，来服务于某些人的利益，而非公共利益。同时，英国劳动法中对基于公共利益出现的"揭秘人"（whistleblower）的保护，不适用于公务员，后者不得不屈服于政府的淫威而不敢声张，这让人民对政府的监督成为一纸空文。[59] 中国著名法学家王名扬先生在其 1987 年出版的《英国行政法》中敏锐地指出了英国保密法的这一动向。[60]

十年后，在全球信息公开浪潮下，英国国会颁布 1998 年《公共利益信息披露法》（*Public Interest Disclosure Act* 1998），为揭露损害政府和个人公共利益的揭秘行为（whistle blowing）提供法律保护。[61] 又颁布 2000 年

---

〔57〕 张明杰：《英国信息公开法律制度研究》，载周汉华主编：《外国政府信息公开制度比较》，中国法制出版社 2003 年版，第 151 页。

〔58〕 *The Official Secrets Acts and Official Secrecy*, pp. 24 – 25. Parliament and Constitution Centre, Number CBP07422 , 17 December 2015.

〔59〕 P. Birkinshaw, *Freedom of Information*: *the Law*, *the Practice and the Ideal*, London, Butterworths. 2001, p. 120.

〔60〕 王名扬：《英国行政法》，中国政法大学出版社 1987 年版，第 45 页。

〔61〕 *The Official Secrets Acts and Official Secrecy*, p. 28. Parliament and Constitution Centre, Number CBP07422 , 17 December 2015. "…the Public Interest Disclosure Act 1998, which protects 'whistleblowers' who disclose information about malpractice at their workplace, also excludes protection for disclosures relating to the security services." For more information see *Whistleblowing and gagging clauses*: *the Public Interest Disclosure Act* 1998 (The House of Commons Library Briefing Paper).

《信息自由法》，保障公众知情权，严禁政府滥用保密权。[62]这两部法律的颁布，表明英国保密法制发生根本性的变化，在维护国家安全与兼顾公民知情权方面取得重大进步。[63]

三、一个不能忽视的遗漏

以上从法制史角度，对相关重要问题作了梳理。此外，还有一些在此前保密法研究中没有注意或者没有予以足够重视但又是相当重要的问题。其中最重要的是英王特权（crown privilege）暨公共利益豁免权（Public interest immunity，PII）。

考察英国保密法制的一贯思路，均是以刑法性质的《官方秘密法》以及一系列泄密（breach of confidence）诉讼为主线展开，也就是本文上述内容。但实际上，英国保密法制还有一条重要线索，就是普通法上的英王特权暨公共利益豁免权。与《官方秘密法》上个人（主要是公务人员）以公共利益、国家利益作为非授权披露（泄密）的抗辩理由不同，英王特权是政府以公共利益、国家利益作为不公开证据（保密）的抗辩理由。两者可谓相映成趣。这在几种英国宪法和行政法经典教材中均有所体现，尤以彼得·莱兰（Peter Leyland）等撰写的《行政法教科书》梳理最为清晰。[64]1987年王名扬在《英国行政法》中也谈到英王特权的内容、演变及其在诉讼法上的意义，并提到1942年的 *Duncan v. Cammell Laird & Co.* 案、1968

---

[62] *The Official Secrets Acts and Official Secrecy*, p. 29. Parliament and Constitution Centre, Number CBP07422, 17 December 2015. "Members of the public can also make requests for information from Government departments under the Freedom of Information Act 2000. A Freedom of Information request must be complied with, unless one or more of the exemptions in the Act are relevant. Most exemptions are subject to a public interest test but matters related to security bodies, e. g. the Security Service, have an absolute exemption."

[63] 但在公共利益与保密之间，仍然有一些矛盾。1997年8月，大卫·谢勒（David Shayler）被控透露秘密信息给《星期天邮报》(*the Mail on Sunday*)。2002年谢勒被判6个月监禁后，卫报（*Guardian*）评论说，如果一个人被控泄密，他至少应该被允许在陪审团面前为自己辩护，证明他是为了公共利益才这么做的。为了做到这一点，不妨采取密室审理，但现在公开审判，反而使得当事人无法为自己辩护。评论还提醒当年主张在1989年《官方秘密法》写进公共利益抗辩条款的布莱尔等人，说你们现在掌权了，应该做成这件事。See *The Official Secrets Acts and Official Secrecy*, pp. 22–23. Parliament and Constitution Centre, Number CBP07422, 17 December 2015.

[64] [英] 彼得·莱兰、戈登·安东尼：《英国行政法教科书》，杨伟东译，北京大学出版社2007年版。

年的 *Conway v. Rimmer* 案以及 1947 年《王权诉讼法》(*Crown Proceedings Act*) 第 28 条。[65] 张明杰论文也明确指出王的特权对英国保密文化的重要影响，但均比较简略，后者仅 200 余字。[66] 故本文主要围绕彼得·莱兰的观点展开。此外，英国国会图书馆在 1996 年发表过一份长达 50 多页的专题研究报告 (research paper)，根据官方文件、立法、判例和学说等资料，系统介绍了 PII 制度的背景、在民事和刑事诉讼中的适用标准和程序、最新立法动向等。[67] 本文亦多处参考和引用。但因其内容相当复杂，且受篇幅限制，这里仍只能介绍一个大概情况，有兴趣的读者可以上网查阅报告原文。

公共利益豁免权是关于证据的一条普通法规则，主要调整的是保密与审判公开、正当程序、被告人防御权等的冲突问题。[68] "证据开示" 是英美诉讼法的重要原则，[69] 对于保护当事人合法权益、防止对方突袭或者设置陷阱有着重要意义。但法院也认为，当披露某一文件损害公共利益时，政府可以拒绝出示。最初这一权力仅限于英王，称之为英王特权，范围很广泛，几乎涉及一切与英王相关的信息，随后扩展到一些公共机关，但将范围限定在公共利益，称之为公共利益豁免权。[70] 在 1942 年的 *Duncan v.*

---

〔65〕 王名扬:《英国行政法》，中国政法大学出版社 1987 年版，第 247～249 页。

〔66〕 张明杰:《英国信息公开法律制度研究》，载周汉华主编:《外国政府信息公开制度比较》，中国法制出版社 2003 年版，第 137 页。

〔67〕 *Public Interest Immunity*. House of Commons Library Research Paper 96/25.

〔68〕 *Public Interest Immunity*, Summary Page. House of Commons Library Research Paper 96/25. "*Public interest immunity* (*PII*) is a rule of the law of evidence under which documents may be withheld from parties to legal proceedings when their disclosure would be injurious to the public interest." "Public interest immunity is a common law rule which has been developed by the courts over a number of years. It has tended to be considered principally in the context of civil proceedings and until very recently there had been relatively few cases in which its application in criminal proceedings had been subjected to detailed scrutiny by the courts."

〔69〕 *Public Interest Immunity*, p. 5. House of Commons Library Research Paper 96/25. The procedure by which one party to civil proceedings in England and Wales obtains documents from the other is known as "discovery".

〔70〕 在 1968 年 *Conway v. Rimmer* 案后，法院不再根据英王特权来考虑问题，而是按照公共利益优先于诉讼当事人权利来考虑是否公开的问题。在 1973 年 *Rogers v. Home Secretary* 案中，法院以容易产生误导为由摒弃 "英王特权" 这一用语，决定使用 "公共利益豁免" 一词。参见[英] 彼得·莱兰、戈登·安东尼:《英国行政法教科书》，杨伟东译，北京大学出版社 2007 年版，第 501 页。

Cammell Laird & Co. 案中，法院明确表达了这一立场。[71] 随后的 1947 年《王权诉讼法》(*Crown Proceedings Act*) 第 28 条则以成文法的形式确认，法院可以强制出示对英王不利的证据，但如果有更为广泛的公共利益需求，英王可以拒绝出示。[72] 在许多案件中，政府均以此抗辩。

由此引发的问题是，多大程度上允许政府以公共利益为由保密，从而限制乃至剥夺某些人的正当权利，牺牲自然正义？换言之，政府可以哪些具体理由、什么方式来证明不予公开（保密）的目的是为了公共利益，而不是其他？纵观第二次世界大战以来的判例，法院支持的主要理由有国家安全、[73] 保护行政机关内部交流的坦诚性（freedom and candour of communication with

---

〔71〕 *Public Interest Immunity*, p. 5. House of Commons Library Research Paper 96/25. "In Duncan v. Cammell Laird and Co. 〔1942〕AC 624 the House of Lords held that, regardless of whether or not the Crown was a party to the proceedings in a particular case, documents otherwise relevant and liable to production should not be produced if the public interest required that they should be withheld."

〔72〕 Section 28（2）of the 1947 Act: "Without prejudice to the proviso to the preceding subsection, any rules made for the purposes of this section shall be such as to secure that the existence of a document will not be disclosed if, in the opinion of a Minister of the Crown, it would be injurious to the public interest to disclose the existence thereof."

〔73〕 在 1977 年 *R. v. Secretary of State for Home Affairs, ex p Hosenball* 案中，霍森鲍尔 (Hosenball) 是一位居住在英国的从事调查性报道的美籍新闻记者。他被告知，内政大臣依据他曾试图搜集不利于国家安全的材料，决定将他驱逐出境。同时，内政大臣也以国家安全为由，拒绝向他公开对他不利的案件细节。在 1991 年 *R. v. Secretary of State for Home Department, ex p Cheblak* 案中，切布拉克 (Cheblak) 是居住在英国的黎巴嫩籍新闻记者。海湾战争爆发后，他成为众多因国家安全原因被驱逐的外国人之一。内政部同样拒绝透露做出决定的具体理由和细节。以上两案中，法院均对内政部予以支持。参见［英］彼得·莱兰、戈登·安东尼:《英国行政法教科书》，杨伟东译，北京大学出版社 2007 年版，第 408、409 页;［英］卡罗尔·哈洛、理查德·罗林斯:《法律与行政》，杨伟东等译，商务印书馆 2004 年版，第 943、945 页。

and within the public service)、〔74〕为公务活动的正常运转所必须、〔75〕保护警察和安全机关策略的秘密性、〔76〕与争议问题没有相关性〔77〕等。

但这些理由并非照单全收或者说自动生效，"机密性的理由——无论多么强有力——必须与正义的要求相权衡。"〔78〕法院仍然要在这些理由与其他价值（如审判的公正性、保护刑事被告的正当权益、保持诉讼双方抗辩力量的对等等）之间进行权衡，只有当前者代表的公共利益明显大于后者时，才会予以支持。当然，这也有一个发展的过程。

第一个标志性案例是 1942 年的 *Duncan v. Cammell Laird & Co.* 案。该案的事实是 1939 年时，西蒂斯（Thetis）号潜艇在试航中爆炸，99 人死亡。受害人家属起诉建造公司并要求披露潜艇蓝图和有关建造合同。海军司令认为事关军事机密，向法院要求保密特权。法院未能审查全部证据，原告因此败诉。在该案判决中，上议院认为，法院对于部长以宣誓书证明某项文件的保密是为了公共利益的陈述必须信任。不论文件的性质如何，只要英王特权的要求是以合法形式提出的就有效。不仅这一份文件可以保

〔74〕 基尔穆尔勋爵（Lord Kilmuir）在 1956 年关于"Crown privilege"的发言中详细表达过这一观点。See *Public Interest Immunity*, p. 6. House of Commons Library Research Paper 96/25. The reason why the law sanctions the claiming of Crown privilege on the "class" ground is the need to secure freedom and candour of communication with and within the public service, so that Government decisions can be taken on the best advice and with the fullest information. In order to secure this it is necessary that the class of documents to which privilege applies should be clearly settled, so that the person giving advice or information should know that he is doing so in confidence. Any system whereby a document falling within the class might, as a result of a later decision, be required to produce in evidence, would destroy that confidence and undermine the whole basis of class privilege, because there would be no certainty at the time of writing that the document would not be disclosed. 并参见 ［英］彼得·莱兰、戈登·安东尼：《英国行政法教科书》，杨伟东译，北京大学出版社 2007 年版，第 501 页；［英］A. W. 布拉德利、K. D. 尤因：《宪法与行政法》（第 14 版）（下册），程洁等译，商务印书馆 2008 年版，第 336 页。

〔75〕 ［英］彼得·莱兰、戈登·安东尼：《英国行政法教科书》，杨伟东译，北京大学出版社 2007 年版，第 504 页。

〔76〕 ［英］彼得·莱兰、戈登·安东尼：《英国行政法教科书》，杨伟东译，北京大学出版社 2007 年版，第 505 页；［英］A. W. 布拉德利、K. D. 尤因：《宪法与行政法》（第 14 版）（下册），程洁等译，商务印书馆 2008 年版，第 337 页。

〔77〕 ［英］彼得·莱兰、戈登·安东尼：《英国行政法教科书》，杨伟东译，北京大学出版社 2007 年版，第 504 页。

〔78〕 ［英］T. R. 艾伦：《法律、自由与正义——英国宪政的法律基础》，成协中、江箐译，法律出版社 2006 年版，第 296 页。

密，这一类文件都可保密。例如内部报告如果不能保密，报告人可能因为害怕公开发表，就不敢如实反映情况。因此某一文件只要部长证明属于保密范围，就可不向法院提出。[79]

这个判决所确立的原则，受到舆论界和法律界的不断批评。到 1968 年 Conway v. Rimmer 案，法院做出修改。该案中，原告是一个试用警官，被上级警官告发有犯罪行为，经法院审理后释放，但被辞退。原告向法院起诉，认为是上级警官存心陷害，要求上级警官赔偿损失，并披露在试用期间关于他的几份报告作为证明。内政部长认为，这些报告属于保密文件范围，任何一份均不得披露。上议院的判决认为，文件是否应当保密不能根据部长证明决定，而是必须根据内容决定。除内阁决议按其性质应当保密外，不能认为某类文件中有几份应当保密，其余所有文件都应当保密。法院对于每个案件均有权力和义务进行具体分析，以求得公共利益和诉讼当事人公正审判权利的平衡。在许多情况下，法院除非事先考察这个文件，否则不能得出如何平衡各方面利益的结论。在行政机关主张保密时，法院如果认为有必要，有权事先考察相关文件，然后才决定是否应当向当事人披露。法院还认为，除了中央机关以外，其他公共机构对其掌握的文件也可以主张保密。但这种权力可以行使的范围如何，应在法院监督之下。[80]概言之，法院应考虑大臣的建议，但并不受其约束。如果司法需要，对大臣观点的考虑并不比相关因素更重要。[81]这个判决受到法学界一致肯定，成为教科书里必读的经典案例。[82]

---

〔79〕 案情介绍，参见王名扬：《英国行政法》，中国政法大学出版社 1987 年版，第 248 页。并参见［英］A. W. 布拉德利、K. D. 尤因：《宪法与行政法》（第 14 版）（下册），程洁等译，商务印书馆 2008 年版，第 868 页。

〔80〕 案情介绍，参见王名扬：《英国行政法》，中国政法大学出版社 1987 年版，第 248 页。并参见［英］A. W. 布拉德利、K. D. 尤因：《宪法与行政法》（第 14 版）（下册），程洁等译，商务印书馆 2008 年版，第 870 页。

〔81〕 Public Interest Immunity, pp. 6 – 7. House of Commons Library Research Paper 96/25. "It held that a minister's certificate claiming public interest immunity was not to be regarded as conclusive and that it was for the court to decide where the balance of public interest lies. "

〔82〕 e. g. H. W. Wade、C. F. Forsyth, Administrative Law (11th edition), Oxford University Press, 2009, p. 711. "…the culmination of a classic story of undue indulgence by the courts to executive discretion, followed by executive abuse, leading ultimately to a radical reform achieved by the courts themselves. "

在刑事诉讼中，法院的审查更为严格。法院认为，如果对文件的扣留会严重削弱被告证明自己无罪的能力，那么接受豁免审查的借口就只会导致付出否定被告获得公平审判之基本权利的代价。"如果王国政府不愿遵从法院司法审查的权力，起诉制度就没有存在的必要了。"[83] 这是法院很难接受的，因此也特别审慎。

在方式上，起初只要有大臣的声明即可，后来要求必须说明具体理由。20 世纪 90 年代中期，为回应对滥用豁免权的批评，总检察长宣布，只有当确信（believed）有关文件公开会给公共利益造成实际损害或者不利（real damage and harm），并予以详细说明的条件下，才可以主张豁免权。[84] 在有怀疑时，法院还可以在双方当事人不在场的情况下，直接查看相关秘密文件。

综上，本文认为，只有将《官方秘密法》和英王特权综合起来，才是英国保密法的全貌，才能对英国保密法有一个较为完整、准确的理解。特别是后者更多以案例形式表现出来，在英国这样一个普通法国家，更应予以重视。

四、余论

最后，本文根据上述考察，尝试提出以下几点认识：

第一，关于英国保密法制体系。支振锋报告认为，英国与保密相关的成文法有 9 部，[85] 最重要的有 5 部，分别是 1989 年《官方秘密法》（*Official Secrets Act 1989*）、1989 年《国家安全工作法》（*Security Service Act 1989*）、

---

〔83〕 ［英］T. R. 艾伦：《法律、自由与正义——英国宪政的法律基础》，成协中、江菁译，法律出版社 2006 年版，第 297 页。

〔84〕 Colin Turpin, *British Government and the Constitution: Text, Cases and Materials*, (Butterworths, 1999), p. 396. ［英］A. W. 布拉德利、K. D. 尤因：《宪法与行政法》（第 14 版）（下册），程洁等译，商务印书馆 2008 年版，第 877 页。

〔85〕 分别为：1989 年《官方秘密法》（*Official Secrets Act 1989*）、1989 年《国家安全工作法》（*Security Service Act 1989*）、1994 年《情报工作法》（*Intelligence Services Act 1994*）、1998 年《人权法》（*Human Rights Act 1998*）、1998 年《数据保护法》（*The Data Protection Act 1998*）、1998 年《公共利益信息披露法》（*Public Interest Disclosure Act 1998*）、2000 年《规范调查权力法》（*Regulation of Investigatory Powers Act 2000*）、2000 年《信息自由法》（*Freedom of Information Act 2000*）、2001 年《反恐、犯罪和安全法》（*Anti - terrorism, Crime and Security Act 2001*）。《英国专利法》涉及科技发明创造的专利权授予和保密审查与管理问题，在广义上也应算保密法。

1994 年《情报工作法》（*Intelligence Services Act* 1994）、1998 年《公共利益信息披露法》（*Public Interest Disclosure Act* 1998）、2000 年《信息自由法》（*Freedom of Information Act* 2000）。此外，还有普通法上的渎职公职罪（misconduct in public office）。除渎职公职罪有明确征引来源外，[86] 上述说法并未援引英国教材或者著作作为佐证，似系作者根据个人研究所得。

搜诸英国文献，上述结论是基本可靠的。在威斯敏斯特议会网站 2008 年发表的保密专题资料（*Official Secrecy*）中，所列举的与保密相关的法律（the main legislation on official secrecy）（包括普通法）与支振锋报告基本接近。该报告还提出所谓基本法（Principle Acts）的概念，并将 1889 年、1911 年官方秘密法列入基本法。这可能是从法律的继承性上考虑的，1989 年官方秘密法修改幅度虽大，但并非开创性立法。[87] 在 2015 年发表的相近主题的保密专题资料（*The Official Secrets Acts and Official Secrecy*）中，除补充了一部《公共记录法》（*Public Records Acts* 1958 – 1967）外，所列举的保密相关法律同上。[88]

不难发现，上述两份报告均没有将 PII 制度纳入保密法范畴。从英国人的角度，这是可以理解的，因为保密法是刑法，主要目的惩治泄密，侧重保密的属于证据法范畴的 PII 自然不在其关注之列。但从中国学者的角度，则应将 PII 纳入，否则就谈不上全面理解英国保密法。这也是王名扬先生在撰写外国行政法时一直坚持的以我为主原则的体现。[89]

第二，英国因为较早颁布保密法，一向被视为西方保密法制的典型代表。英国人自己也认为政府活动被太多秘密包围，19 世纪宪法学家沃尔特·白哲特（Walter Bagehoy）曾说，英国内阁"最为奇特的一点是，人们对它知之甚少。""其会议不但在理论上是秘密的，而且在事实上也是秘密的。"[90] 20 世纪行政法学家韦德（Wade）将保密称为英国文官的"职

---

[86] *Misconduct in Public Office*, p. 7. Parliament and Constitution Centre, Number SN/PC/04909, 30 Decmber 2008.

[87] *Official Secrecy*, p. 3. Parliament and Constitution Centre, Number SN/PC/02023, 30 December 2008.

[88] *The Official Secrets Acts and Official Secrecy*, Parliament and Constitution Centre, Number CBP07422, 17 December 2015.

[89] 王名扬：《比较行政法》，北京大学出版社 2016 年版，第 220 页。

[90] [英] 沃尔特·白哲特：《英国宪制》，李国庆译，北京大学出版社 2005 年版，第 9 页。

业恶习"（occupational vice）。[91] 英国现代著名小说家毛姆（1874—1965 年）根据自己在英国情报部门工作经历创作的间谍小说《英国特工》（*Ashenden*）风靡世界，据说还被用作情报人员入门读物。[92] 但这是与美国相比而言，如果与俄罗斯等比较，则其保密传统并未像自己说得那样浓厚，反而是行政公开的程度让人"难以想象"。据说撒切尔夫人之所以从一名普通的后排议员成长为保守党党魁，一个重要原因就是她首先提议电视转播英国议会审议过程，从而极大地推进了英国政治的公开化进程。[93] 其次，英国言论自由传统极其强大，司法也很早就实现独立，这对保密权形成有力制约。在几起涉及前安全情报机构人员的泄密诉讼，如 1987 年的 *A. - G. v. Guardian* 案（又称 *Spycatcher* 案），[94] 2001 年的 *Attorney - General v. Times Newspaper Ltd.* 案，[95] 法院并未不假思索的支持政府的保密要求，而是根据不同情况，仔细衡量私人保密义务、保密的公共利益、公开的公共利益三者的轻重之后，才做出决定，有些案子且以政府败诉告终（因为要保密的内容已在国外公开为大众所知晓）。此外，从 1889 年第一部《官方秘密法》开始，就赋予泄密行为以国家利益、公共利益作为抗辩理由。尽管以此成功的案例屈指可数，但这一条款本身的象征意义相当强大，并最终成就了庞廷案的翻盘，改写了历史。换言之，英国尽管很早就有保密法，但其保密活动始终处在立法、司法与社会的重重监督之下，因而在总体风格上与美国等其他西方国家并无二致，更多呈现的是公开、民主的一

---

　　[91]　H. W. Wade、C. F. Forsyth, *Administrative Law*（11th edition），Oxford University Press, 2009, p. 42. 并参见［英］彼得·莱兰、戈登·安东尼:《英国行政法教科书》，杨伟东译，北京大学出版社 2007 年版，第 71 页。

　　[92]　［英］毛姆:《英国特工》，高健译，上海译文出版社 2013 年版。

　　[93]　张越:《英国行政法》，中国政法大学出版社 2004 年版，第 515 页。

　　[94]　［英］T. R. 艾伦:《法律、自由与正义——英国宪政的法律基础》，成协中、江菁译，法律出版社 2006 年版，第 200 页。

　　[95]　［英］A. W. 布拉德利、K. D. 尤因:《宪法与行政法》（第 14 版）（下册），程洁等译，商务印书馆 2008 年版，第 337、339 页。

面。[96]

第三，作为最老牌的资本主义国家，英国保密法制对受其殖民统治的国家和地区有着深远的影响。加拿大即仿照英国颁布了自己的保密法，[97]我国香港特别行政区也曾被英国殖民统治，在保密问题上也带上了一定的英国烙印。香港回归前夕（1997年6月22日）颁布的《公务机密条例》基本照抄英国本土的1989年《官方秘密法》。[98]2003年，香港特区政府依法启动包括保密在内的《基本法》第23条立法，但未能成功。[99]原因很多，但保密文化的差异也是不可忽视的因素。这方面目前还讨论不多，需要进一步研究。

---

〔96〕 笔者2007年春天在英国访学期间，曾进议会大厦旁听。首先排队经过安检（不允许带相机、手机等），那天人不多，但也排了近二十分钟。会场类似国外剧院设计，观众坐在楼上，可以看到议员们在楼下大厅开会、辩论，观众席前有玻璃围挡，防止大声喧哗或者以其他方式干扰会场议事，但可以通过电视转播实时看到辩论。当时正有一位部长接受质询。出门时恰好有一位女士在街边举牌抗议。后来还在伦敦政治经济学院（蔡英文在此取得博士学位）听过一次前首相梅杰的演讲。虽然我看过许多英美民主的著作，但第一次亲身经历，还是颇有点郭嵩焘当年的新奇与好感。

〔97〕 《加拿大国家保密法》，载国家保密局法规室、北京大学法律系保密法比较研究课题组：《国外保密法规选编》，金城出版社1997年版，第257页。

〔98〕 王晖：《内地与香港保密法比较研究》，载《中国法律》2003年第2期。

〔99〕 参见2002年10月17日律政司司长梁爱诗在香港报业公会午餐会上的致辞《从法律角度看基本法第二十三条的立法建议》；2002年10月28日梁爱诗在香港岛各界、《大公报》合办方方面看《基本法》第23条立法研讨会上的发言，参见香港特区政府律政司网站：www.info.gov.hk.

英国律师会馆的法律人才培养

——法律职业教育与贵族精神的有机融合*

舒 砚**

一、绪 论

（一）问题的提出

"徒善不足以为政，徒法不能以自行"[1]，良好的法律不仅需要优秀的法律人才来制定，更需要优秀的法律人才来执行。优秀的法律人才作为法治发展与社会进步的重要推动力量，其作用贯穿于人类社会发展的历史。古希腊哲学家虽然没有参与具体的法律制定与司法工作，但是留下了重要的政治与法律思想。罗马法学家则是作为一个重要的社会阶层登上了历史舞台，通过他们的努力，产生了丰富的罗马法与博大精深的罗马法学。欧洲中世纪的注释法学派、评论法学派和人文主义法学派，实现了罗马法学的复兴，为近代法律科学的产生做了深厚的铺垫。近代以来，以德国法学家为代表的欧陆法学家群体推动着法律科学的持续发展，法学家在欧陆法学发展中起了核心作用。然而欧陆的法律发展与法治进步，更多的是依靠政治变革或社会变革来最终实现，法学家在学术上的重要影响并没有使他们成为社会发展的主导力量。但是与欧陆仅相隔一条英吉利海峡的英国情况却大不相同，英国的法律人不仅推动了英国普通法的形成与发展，更通过法律职业共同体的法律职业活动和政治活动，实现了英国法治

---

* 本文受李栋教授悉心指导，特此致谢！

** 中南财经政法大学法学院法律史专业 2016 届硕士研究生。

〔1〕《孟子·离娄上》。

国家的建构。在英国及其后继者美国，法律职业者成为民主社会的"法律贵族"、构建了由其统治的"法律帝国"，但是同为民主法治社会的欧陆，法律人却没有获得如此大的殊荣，原因何在？解释众说纷纭，但毋庸置疑的是，英国走的是与欧陆不同的法律与法治发展道路。虽然中世纪欧洲各民族从部落向封建国家、近代民主国家的转型过程中，各地方性的法律蓬勃发展，但最终都被罗马法复兴所侵袭，只有英国幸存。对此，英国法律史学家梅特兰认为，挽救英国免遭中世纪罗马法复兴的侵袭的重要原因是，英国存在着欧陆没有的律师会馆及其年鉴讲解制度。[2]

律师会馆及其年鉴讲解制度为何能够抵挡住罗马法复兴的侵袭？律师会馆在法律教育中起到了何种作用、其培养的法律人才为何具有与欧陆法律人才不同的社会地位与精神气质？英国的法律人才在律师会馆中到底是如何培养的、这种培养方式对于我们今天中国的法律人才培养、法律发展与法治进步会有何种启示？要回答这些问题，就要回到英美法律人的摇篮"律师会馆"中去，研究它是如何进行法律人才培养的。因此，本文力图弄清楚律师会馆传统的管理模式和教学方法的基本内容，从历史环境和时代精神中探究其培养的法律人才的精神气质，从而弄明白这种法律人才培养对英国法律发展与法治进步产生巨大重要性的内在根源与外在条件，以资今鉴！

（二）国内外研究综述

对于律师会馆的法律人才培养这种极具英国特色的研究，国内的关注与投入始终不足。一方面是因为这种研究极具英国特色，除了英国之外找不出第二个国家或地区有律师会馆法律人才培养这种法律教育模式。另一方面，律师会馆的法律教育职能大部分已经成为历史，因为律师会馆作为英国法律人才培养的主要机构是在 19 世纪中期以前。无论是太过英国特色，还是已经成为历史，都使得这种研究很难给当代的中国法律教育发展以直接的借鉴意义，故而在当下以实用主义导向的学术研究中，很难受到太多中国学者的关注。然而，正是因为律师会馆的法律人培养极具英国特色，且在历史上对英国法律人的培养起到了巨大的作用，又使得它成为中

---

〔2〕[英] 弗雷德里克·威廉·梅特兰、约翰·汉密尔顿·贝克：《英格兰法与文艺复兴》，易继明、杜颖译，北京大学出版社 2012 年版，第 69 页。

外学者研究法律教育不可回避的一个主题。

1. 国外研究综述

国外学者关于律师会馆的研究，从律师会馆诞生不久起就已经开始，[3]
但是直至 19 世纪末 20 世纪初才形成研究高峰期，直到现在仍有很多研究
成果出现。对于这种情况，可能是由于 19 世纪中期以后律师会馆作为英国
法律人才培养的主要机构逐渐退出了历史舞台，而一旦它成为历史，便成
为历史学家的研究对象。现有的国外研究资料按照关注点的不同，可以分
为三类。

第一类是直接以律师会馆的法律人才培养为研究重点的。这种研究并
不是最多的，但是这种研究对我们最为有用。例如罗伯特·R. 皮尔斯
（Robert R. Pearce）的《律师会馆与预备律师会馆的历史》（*A History of the
Inns of Court and Chancery*）采用总分总的方式，在前六章总论了英格兰早
期的法律学校，律师会馆的地址、组织管理、讲读制度，会馆中的化装舞
会和狂欢活动。中间四章分别描述了林肯会馆、内殿会馆、中殿会馆和格
雷会馆以及附属于它们的预备律师会馆。最后两章则论述了律师会馆的管
理和学位等级制度。[4]塞尔登协会 1954 年推出的塞缪尔·E. 索恩（Sam-
uel E. Thorne）的著作《十五世纪律师会馆中的讲读与模拟案件辩论会·
第 1 卷》（*Readings and Moots at the Inns of Court in the Fifteenth Century*, *vol-
ume* 1），非常详细地介绍了 15 世纪律师会馆中的讲读与模拟案件辩论活
动。[5]塞尔登协会出版的系列辅助文献（supplementary series）则因为主
题突出而针对性更强。2000 年出版的第 13 卷《律师会馆和预备律师会馆
的讲师与讲读》（*Readers and Readings in The inns of Court and Chancery*），是
由约翰·汉密尔顿·贝克（J. H. Baker）爵士执笔撰写，该书详细地研究
了律师会馆和预备律师会馆中的讲师，并梳理了全球与讲师以及讲读相关

---

〔3〕 笔者在外文数据库上可以找到 17 世纪早期的研究律师会馆教育模式的文章。例如
G. Eld for George Norton 在 1613 年出版的 *the memorable maske of the two honorable houses or Inns of court
the middle temple and lyncolns inne*；1784 年出版的 *Tyrocinium in hospitiis curiae*：*or*，*exercises in the Inns
of court*.

〔4〕 See Robert R. Pearce, *A History of the Inns of Court and Chancery*, London：R. Bentley, 1848.

〔5〕 See Samuel E. Thorne, *Readings and Moots at the Inns of Court in the Fifteenth Century*, *vol-
ume* 1, London：Bernard quaritch 11 grafton street W. 1, 1954.

的文献，是研究律师会馆讲师与讲读的最佳文献。[6]除了上述代表性文献之外，该类文献还包括间接体现律师会馆人才培养的篇章。例如1855年由皇家文书出版署出版的《调查委员会关于提高律师会馆和预备律师会馆法律及法理学学习的安排的报告》(*Report of the Commissioners Appointed to Inquire into the Arrangements in the Inns of Court and Inns of Chancery, for Promoting the Study of the Law and Jurisprudence*)，能够从侧面反映了19世纪中期律师会馆的法律人才培养情况。[7]

第二类主要是从整体上研究律师会馆的著作。塞西尔·黑德勒姆（Cecil Headlam）的《律师会馆》(*The Inns of Court*) 即是国人最为熟知的整体上研究律师会馆的著作。该书也是目前国内唯一一本比较详细的译著。[8]《律师会馆的故事》(*The Story of the Inns of Court*) 是一本三个人的回忆录，查尔斯·贝纳姆（Charles Benham）回忆的是中殿和内殿律师会馆，普朗基特·巴顿（Plunket Barton）回忆的是格雷律师会馆，弗朗西斯·瓦特（Francis Watt）回忆的是林肯律师会馆。他们的论述非常丰富，包括成员的来源，会馆的建筑、图书馆，成员的生活，会馆的发展历史等。[9]威廉·约翰·洛夫提（William John Loftie）的《律师会馆和预备律师会馆》(*The Inns of Court and Chancery, New ed.*)，里面包括了赫伯特·雷尔顿（Herbert Railton）的一些说明，对四大律师会馆和预备律师会馆都有详细的描写。[10]此类作品还有亚森特·林罗斯（Hyacinthe Ringrose）的《律师会馆：英格兰律师会馆和预备律师会馆的历史描述》(*The Inns of Court: An Historical Description of the Inns of Court and Chancery of England*)，

---

〔6〕 See J. H. Baker. *Readers and Readings in The inns of Court and Chancery*, Selden Society Supplementary Series, Vol. 13, London: Selden Society, 2000.

〔7〕 See George Edward Eyre and William Spottiswoode, *Report of the Commissioners Appointed to Inquire into the Arrangements in the Inns of Court and Inns of Chancery, for Promoting the Study of the Law and Jurisprudence*; Together with Appendices, London: Her Majesty's stationery, 1855.

〔8〕 参见［英］塞西尔·黑德勒姆：《律师会馆》，张芝梅译，上海三联书店2006年版。

〔9〕 See D. Plunket Barton, Charles Benham, Francis Watt, *The Story of the Inns of Court*, Boston: Houghton Mifflin Co., 1928. Originally Published: Boston: Houghton Mifflin Co., 1924.

〔10〕 See William John Loftie, *The Inns of Court and Chancery (New ed.)*, London: Seeley and Co. Limited; New York: Macmillan & Co., 1895.

此书与前面几本书也有所不同，它花了很多篇幅写了律师职业的情况。[11]相比前述著作，提摩西·坎宁安（Timothy Cunningham）的《四大律师会馆的历史与古迹》(*The History and Antiquities of the Four Inns of Court*)一书，对依附于四大律师会馆的预备律师会馆有非常详实的描述，是笔者掌握到的对附属的预备律师会馆情况最为详细的资料。[12]

第三类是研究某个具体律师会馆或律师会馆某个方面的著作。例如，弗朗西斯·库珀（Francis Cowper）的《格雷律师会馆前景研究》(*A Prospect of Gray's Inn*)具体描写了格雷律师会馆的起源、教学、变迁、衰落与复兴等各个方面。[13]G. 皮特 – 路易斯（G. Pitt – Lewis）的《圣殿的历史》(*The History of the Temple with Special Reference to the Middle Temple*) 以中殿为中心，主要论述了圣殿骑士团的圣殿怎么样成为法律人的法律会馆的。[14]由 W. 斯图尔特公司（W. Stewart & Co）出版的《法律人伦敦圣殿的真实起源和实际意义》(*Lawyers' London Temple：Its True Origin and Real Meaning*)，是专门为在衡平法院学习的法律会馆的学徒们准备的讲稿。[15]威廉·拉尔夫·杜思维特（William Ralph Douthwaite）的《格雷律师会馆的历史与联盟——基于原始和未公开文献的考察》(*Gray's Inn – Its History and Associations Compiled from Original and Unpublished Documents*) 非常详实地介绍了格雷家族的历史以及格雷庄园向律师会馆转变的过程，还详细介绍了会馆的古老建筑、大厅、图书馆、花园、杰出成员，还花很多篇幅写了会馆里面的化妆舞会与狂欢活动，也介绍了会馆的徽章，介绍了附属于格雷会馆的预备律师会馆，最后介绍了社会的奖学金。这本著作非常完整

〔11〕 See Hyacinthe Ringrose, *the Inns of Court：An Historical Description of the Inns of Court and Chancery of England*, Oxford：Robert Leslie Williams, 1909.

〔12〕 See Timothy Cunningham, *the History and Antiquities of the Four Inns of Court*, London：Printed for G. Kearsly, 1780.

〔13〕 See Francis Cowper, *A Prospect of Gray's Inn*, Law Publishers and printed in Great Britain by The Eastern Press, Ltd. of London and Reading, 1951.

〔14〕 See G. Pitt – Lewis, *The History of the Temple with Special Reference to the Middle Temple*, John Long 6 Chandos Street, Strand, 1898.

〔15〕 See W. Stewart & Co, *Lawyers' London Temple：Its True Origin and Real Meaning*, London：W. Stewart & Co, 6 Hand Court, Holborn, W. C., 1912.

了介绍了格雷的全貌，对四大律师会馆的研究具有很大的代表性。[16] C. Roworth and Sons 公司出版的《律师会馆主管的起源与早期历史》(*Origin and Early History of the Benchers of the Inns of Court with an Appendix of Authorities*) 主要介绍了律师会馆主管的起源与早期历史以及权威著作附录。作为律师会馆的管理人，主管一般由出庭律师担任，他们不仅负责会馆的管理也负责教学。因此对律师会馆主管的研究是研究律师会馆及其法律人培养的重要部分之一。[17] 在更为详细的资料方面，以塞西尔·卡尔爵士（Sir Cecil Carr）的《克莱门特律师会馆会议薄》(*Pension Book of Clement's Inn*) 为典型代表。该书由塞尔登协会 1960 年出版，不仅详细记录了 1714—1750 年的会议记录，还列举了 1656—1883 年的进入克莱门预备律师会馆的人员的名单。[18] 马修·坎贝尔（Matthew Campbell）的博士学位论文《1552—1631 年律师会馆遗嘱法讲稿研究》(*Readings on wills in the Inns of Court*, 1552 – 1631)，不仅详细地研究了 1552—1631 年律师会馆中的遗嘱法讲稿，还延伸讨论了律师会馆教育功能及其影响。[19]

　　除上述三大类研究律师会馆及其法律人培养的作品之外，在很多关于英国法律通史或专史的著作中，仍有大量涉及律师会馆及其法律人培养的内容。例如，T. F. T. 普拉克内特（T. F. T. Plucknett）的《早期英国法文献》(*Early English Legal Literature*) 的第六部分，主要讨论案例与年鉴；[20] 这类作品最为典型的是威廉·霍兹沃斯爵士（Sir William Holdsworth）的《英国法律史》(*A history of English Law*)，这本 16 卷的皇室巨著，里面有很多卷对律师会馆有所涉及。当然，像约翰·汉密尔顿·贝克爵士的《英国法导论》(*An Tntroduction to English Legal History*)，也少不了一些关于律师

---

〔16〕 See William Ralph Douthwaite, *Gray's Inn – Its History and Associations Compiled from Original and Unpublished Documents*, London: Reeves and Turner, 1886.

〔17〕 See *Origin and Early History of the Benchers of the Inns of Court with an Appendix of Authorities*, London: printted by C. Roworth and Sons, Bell yard, Temple Bar, 1846.

〔18〕 See Sir Cecil Carr, *Pension Book of Clement's Inn*, *Selden Society volume* 78, London: Bernard quaritch 11 grafton street W. 1, 1960.

〔19〕 See Matthew Campbell, Mirow, *Readings on wills in the Inns of Court*, 1552 – 1631, University of Cambridge (United Kingdom), 1993.

〔20〕 See T. F. T. Plucknett, *Early English Legal Literature*, Cambridge University Press, 1958.

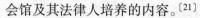

会馆及其法律人培养的内容。[21]

需要特别说明的是，梅特兰和波洛克等人于 1886 年成立的，以点校整理英格兰古代法律文献为宗旨的组织——塞尔登协会（Selden Society）至今仍在运作。该协会出版的作品中，有许多与律师会馆及其法律人培养相关。1965 年塞尔登协会出版了由 D. S. 布兰德（D. S. Bland）编辑整理的《律师会馆和预备律师会馆研究参考书目》（*A Bibliography of the Inns of Court and Chancery*，*Selden Society Supplementary Series* vol. 3），该书列举了 862 种关于律师会馆的历史文献，为我们按图索骥地寻找研究文献提供了便利。[22]

上述研究现状的考察，虽然只是立足于英文文献，但实则囊括了国外律师会馆法律人才培养研究的最主要最关键的外文文献。如此充分的文献资料，只要利用得当，足以使我们形成对律师会馆的全面认知。但是需要注意的是，国外学者的研究也有其局限性。英国学者对律师会馆的法律人才培养的研究，都是从历史的视角或英国法律史的内在视角。这种研究不仅缺乏从当代法律职业发展问题而来的问题意识，而且也缺乏一种与欧陆法律人培养的比较观念，因此很难从本源上认清律师会馆的法律人才培养的形成机制和本质特征。更为重要的是，这种研究对于我们的中国的英国法律史研究而言，很难产生学术研究的现实意义。因此，为使这些研究为我所用，对中国产生意义，必须对这些研究进行赋予了中国价值追求的研究转化。

2. 国内研究综述

与国外研究一片繁荣相比，国内的研究则显得太过寂寥，有价值的研究屈指可数。国内关于律师会馆及其法律人培养的著作主要分为两类。一种是外法史著作中涉及律师会馆及其法律人培养的介绍。例如，茨威格特、梅因·克茨的《比较法总论》，其第 17 章"英国的法院组织和法律职业"第 3 节介绍了英国的律师职业，涉及律师会馆及其法律人培养。[23]大

---

〔21〕 See J. H. Baker, *An Introduction to English Legal History*, Third edition, Butterworth & Co. 1990.

〔22〕 See D. S. Bland, "A Bibliography of the Inns of Court and Chancery", *Selden Society Supplementary Series vol.* 3, printed in Great Britain by Spottiswoode, Ballantyne and Co. Ltd. London and Colchester, 1965.

〔23〕 ［德］K. 茨威格特，H. 克茨：《比较法总论》，潘汉典等译，法律出版社 2003 年版，第 315 ~ 322 页。

木雅夫的《比较法》中也有部分涉及律师会馆与法律人的培养。[24]程汉大的《英国法制史》中也有部分写到律师会馆及其法律人培养。[25]高鸿钧、程汉大主编的《英美法原论》中第18章"在学术与职业之间——英美法律教育检讨"为目前中文文献中比较综合而全面的介绍英美法律教育的文章，但是全文50余页，论及律师会馆及其法律人培养的却不足6页。[26]总之，这些著作都不是专门研究律师会馆及其法律人培养的，所以内容都非常有限，都只能算是介绍性质，而非研究性质。

第二种是专门研究律师会馆及其法律人培养的论文，包括学位论文和学术论文，在中国知网上能检索到20篇左右，其中有9篇文章比较具有代表性。

首先，是程汉大教授的《从学徒制到学院制——英国法律教育制度的历史演进》与《英国法律职业阶层的兴起》两篇论文。这两篇论文是国内较早比较全面介绍律师会馆与法律职业的，论文对英国法律教育的发展概况、律师会馆的主要功能与运作、法律职业阶层的兴起等都有清晰的介绍。虽然这两篇文章被后来的研究者引用较多，但是这两篇文章引用的文献整体来看还是比较单薄，研究也较为粗略。前文引用文献主要来自威廉·霍兹沃斯爵士的《英国法律史》，后者引用的文献主要来自 P. 布兰德（P. Brand）的《英格兰律师职业的起源》（*The Origins of the English Legal Profession*），R. V. 蒂默（R. V. Tumer）的《格兰维尔和布拉克顿时代的英格兰法官》（*The English Judiciary in the Age of Glanvil and Bracton*），以及霍兹沃斯的《英国法律史》。这些著作本身就不是专门研究律师会馆及其法律人培养的作品，因此引用这些作品很难深入细致地看清律师会馆中法律人培养的具体情况。[27]另外，P. 布兰德的《英格兰律师职业的起源》，已经由李红海教授翻译出版了，其中对法律职业的兴起的论述非常详细。[28]程汉大教授的研究虽然不够精细，但是其开创性研究的地位不可置疑。而

---

[24] 程汉大主编：《英国法制史》，齐鲁书社2001年版，第134~138页。

[25] ［日］大木雅夫：《比较法》，范愉译，法律出版社2006年版，第310~314页。

[26] 高鸿钧等主编：《英美法原论》，北京大学出版社2013年版，第1102~1157页。

[27] 程汉大：《从学徒制到学院制——英国法律教育制度的历史演进》，载《清华法治论衡》（第4辑），2004年卷，第1~23页；程汉大、陈垣：《英国法律职业阶层的兴起》，载《中西法律传统》（第2卷），中国政法大学出版社2002年版，第315~347页。

[28] ［英］保罗·布兰德：《英格兰律师职业的起源》，李红海译，北京大学出版社2009年版。

其后十多年来，学者们的研究基本上也没有在程汉大教授研究的基础上深化。

其次，有三篇文章专门研究律师会馆及其法律人培养。叶秋华、孔德超的《英国律师学院制度历史考察》一文，从律师会馆的发展及其演变、组织管理模式、教育方式、现状，以及律师会馆制度带给我们的启示等五个方面，对律师会馆做了全面的介绍。[29]魏琛琛的《律师学院——英国大学之外的法律教育机构》，则是从律师会馆的形成、人员组成和管理模式、课程和教学、影响、衰落五个方面，对律师会馆做了梳理介绍。[30]余辉的《浅谈英国律师会馆教育模式及发展》一文，则是从入学资格、学习期间、教育模式三个方面，介绍了律师会馆的教育模式的发展，最后还回顾了一下中国的古代刑名幕僚的学徒式法律教育。[31]这三篇文章虽然主题相同，结构类似，但是研究内容仍有所差异。从总体来看，他们的研究都思路清晰、结构完整，但是它们也有不足，即文献引用都过于单薄，深化、细化程度仍然不够。

再次，还有三篇硕士学位论文论及法律会馆及法律人的培养。张涛的《中世纪英国律师职业化的历史考察》，第 3 章第 3 节中对律师会馆的起源、发展与教育模式进行了介绍，但是仍是前人成果的融合，无所创新。[32]李春祥的《中世纪英国法律职业共同体的形成及影响》的第 3 章对学徒制教育和律师会馆有专门论述，虽内容完整、思路清晰，但不够深入。应蔚芸的《英国法律会馆盛衰之探析》，则是麻雀虽小五脏俱全，对律师会馆的起源，组成和教育模式，四大会馆的概况，会馆衰落及其原因以及现状，有全面的分析。本文虽在文献上有较大突破，但是论述仍过于简略。[33]而且由于该文的研究主题是律师会馆盛衰原因论，因此，其着力点放在衰落原因的分析，但是前面的教育模式论述过简却把衰落原因写很

〔29〕 叶秋华、孔德超：《英国律师学院制度历史考察》，载《河南省政法管理干部学院学报》2007 年第 3 期，第 89~93 页。

〔30〕 魏琛琛：《律师学院（Inns of Court）——英国大学之外的法律教育机构》，载《中国法学教育研究》2009 年第 3 期，第 101、112 页。

〔31〕 余辉：《浅谈英国律师会馆教育模式及发展》，载何勤华主编：《外国法制史研究（第 16 卷·2013 年）——大学的兴起与法律教育》，法律出版社 2014 年版，第 174~193 页。

〔32〕 张涛：《中世纪英国律师职业化的历史考察》，河南大学 2007 年硕士学位论文。

〔33〕 李春祥：《中世纪英国法律职业共同体的形成及影响》，黑龙江大学 2009 年硕士学位论文。

多，未免有本末倒置之嫌。[34]

最后，尹超的《英国学徒制法律教育与普通法传统的存续》，主要从普通法传统和法哲学基础上对英国学徒制法律教育进行了分析，认为英国的学徒式法律教育与普通法传统具有共同的法哲学依据，经验主义是英国的判例法传统和学徒制法律教育的哲学基础。[35] 目前国内从这种思想史和法律传统的视角研究英国学徒式法律教育的非常少，因此对我们深刻理解律师会馆及其法律人培养具有很大的启发意义。

总之，国内对律师会馆及其法律人培养的研究，文献资料使用不够，研究都不够精细化，大多失之于简，而且这些研究充斥着大量的重复，数十年来很少有所突破。因此，笔者认为此主题的研究还需要进一步深入。

（三）相关概念之界定

1. 律师会馆

关于"Inns of Court"，国内有"律师学院"[36]"律师会馆"[37]"法律

---

〔34〕 应蔚芸：《英国法律会馆盛衰之探析》，华东政法大学 2008 年硕士学位论文。

〔35〕 尹超：《英国学徒制法律教育与普通法传统的存续》，载《环球法律评论》2010 年第 2 期，第 132～141 页。

〔36〕 小草：《英国四大律师学院》，载《人民日报》1995 年 8 月 5 日；李化德：《英国的法学教育》，载《现代法学》1996 年第 6 期，第 115～120 页；周世中：《英国法律教育制度及其对我们的启示》，载《法学论坛》2002 年第 1 期，第 104～108 页；程汉大、陈垣：《英国法律职业阶层的兴起》，载《中西法律传统》（第 2 卷），中国政法大学出版社 2002 年版，第 315～347 页；李潇雨：《法律教育和法律职业共同体的养成》，首都师范大学 2003 年硕士学位论文；叶秋华、孔德超：《英国律师学院制度历史考察》，载《河南省政法管理干部学院学报》2007 年第 3 期，第 89～93 页；张丽英：《英国的法律职业与法学教育及其借鉴》，载《西安电子科技大学学报》（社会科学版）2007 年 6 期，第 103～109 页；魏琛琛：《律师学院（Inns of Court）——英国大学之外的法律教育机构》，载《中国法学教育研究》2009 年 03 期，第 101～112 页；汪耀：《论英国律师职业教育传统及对我国的启示》，载《高教研究与实践》2012 年第 1 期，第 28～30、38 页。王云霞：《从分立迈向合并——英国律师制度改革的基本走向》，载《全国外国法制史研究会学术丛书——20 世纪外国司法制度的变革》，第 237～249 页。

〔37〕 程汉大：《从学徒制到学院制——英国法律教育制度的历史演进》，载《清华法治论衡》（第 4 辑），2004 年卷，第 1～23 页；柯岚：《律师会馆与法律人的贵族精神》，载《博览群书》2007 年 1 期，第 70～74 页；

协会"〔38〕"法律会馆"〔39〕"律师公会"〔40〕"出庭律师公会"〔41〕等诸多译名。不同译名的背后反映的是学者们对"Inns of Court"的不同认知。从当代"Inns of Court"的功能来看,《元照英美法词典》将其译为"出庭律师公会"是非常合适的,但是这种译名却掩盖了"Inns of Court"的历史形态与功能,不利于我们从法律史的角度对其全面认知。同理,"法律协会"和"律师公会"也是不利于我们对"Inns of Court"进行历史理解的译名。其他的译名大同小异,由两个名词组成,前面一个名词限定修饰后面一个名词,如"律师+学院""律师+会馆""法律+会馆"。

从"Inn"的英语词源是"Inne",在古代是指贵族出席法庭时在城镇居住的房子,常被年长的诗人用来描述成一个贵族公馆。〔42〕这是公馆跟法律结缘的起点。后来一些大贵族担任首席大法官或政法官或摄政官,在他们的公馆中聚集了一批为他们服务的法律人,这也是律师会馆的起源之一。〔43〕因此,它是"会馆"而不是"学院"。因为"Inns of Court"虽然有法律教育的功能,但是并不像大学或学院那样授予学位,其组织管理和教学也与大学或学院有极大差别的。"Inn"本意为"客栈、旅馆","Inns of Court"不同于一般的"Inns",它是律师和法律学徒共同学习、生活、执业的地方。这样来看,这种"Inns"与中国古代的同乡会馆或同业会馆倒是一样的。〔44〕以"会馆"为译名更能反映 Inns of Court 的存在样态。还有,"会馆"前面的限定词译为"律师"比译为"法律"好。实际上"Court"既无"法律"意也无"律师"意,上述译名都是实行意译。由于会馆成员的主体是希望成为出庭律师的法律学徒和出庭律师,因此译为"律师"更

---

〔38〕 胡加祥:《英国律师制度沿革与法学高等教育简介》,载《政法论丛》2007 年第 4 期,第 91~96 页;

〔39〕 应蔚芸:《英国法律会馆盛衰之探析》,华东政法大学 2008 年硕士学位论文。

〔40〕 尹超:《英国学徒制法律教育与普通法传统的存续》,载《环球法律评论》2010 年第 2 期,第 132~141 页。

〔41〕 薛波主编:《元照英美法词典》,北京大学出版社 2013 年版,第 699 页。

〔42〕 See Robert R. Pearce, *A History of the Inns of Court and Chancery*, London: R. Bentley, 1848, p. 50

〔43〕 〔英〕塞西尔·黑德勒姆:《律师会馆》,张芝梅译,上海三联书店 2006 年版,第 120~122 页。

〔44〕 http://baike.baidu.com/link?url=_uaKacvM95 - MZ1zFLKYh5Myu86QHPzxpB7Xl - uq4gL - lQumW6fzc63M7zjJ05eP7Kj9 - 7_ o88ZTx6 - 2t0Xz - UK,最后访问日期:2015 年 4 月 22 日。

能体现其本质。

综上所述，使用"律师会馆"的译名最好。另外，随着张芝梅翻译的塞西尔·黑德勒姆的《律师会馆》的出版，[45]使用律师会馆译名的人越来越多。综上所述，笔者认为"Inns of Court"翻译为"律师会馆"最佳。

2. 法律职业教育

由于社会历史文化和翻译的缘故，与中国的"职业教育"相对应的英文是"vocational education"，[46]而在英美国家，表示律师、医生等职业的教育的是"professional education"，所以"法律职业教育"在美国被称为"legal professional education"。除了律师、医生等少数职业的专业教育被称为职业教育之外，其他的"professional education"都被称为专业教育。实际上律师、医生等少数几种职业教育既不同于其他的专业教育（professional education），更不同于其他普通的职业教育（vocational education）。

之所以会发生这种差别，与"职业"概念在西方的流变有关。在西方中世纪，统治阶级作为上层阶级由世俗贵族和高级教士组成，他们不事生产，其工作也不以获取薪资为目的，因此是非职业者；被统治阶级作为下层阶级从事农业、商业、手工业等以牟利为目的的体力性生产活动，因此是职业者；而律师、医生、牧师等专业人士则是作为统治阶级的侍从阶级而形成中间层。由于专业人士是从上层阶级以及侍从阶级的特定成员中发展出来的，因此从本质上看，他们也是统治阶级的一分子，因此他们也把自己的工作当作是责任和荣誉。他们从事的活动虽然也是非生产活动，但是却与上层阶级有所不同，他们的工作是利用专业知识而为人提供服务而不是进行统治，而且他们也从工作中领取薪水作为收入来源。所以他们又接近劳动阶级，然而他们的工作具有知识性和非生产性，故而他们又区别于一般的劳动阶级。这种专业人士所从事的工作被称为自由职业。"自由职业"在本质是一种"自由人"的职业，在中世纪有特别的含义，它与"有

---

〔45〕［英］塞西尔·黑德勒姆：《律师会馆》，张芝梅译，上海三联书店 2006 年版。2013 年上海三联书店又推出了此书的第二版，但内容几乎没有改动。由于此书是了解律师会馆的最详实的中文资料，因此得到了研究律师会馆的人的重视，律师会馆的译名的影响也是日益增长的。

〔46〕 在中国，"职业教育"（vocational education）的概念涵括了"技术教育"（Technical Education）的概念，即体现为"职业教育"也被称为"职业技术教育"，载 http: //baike. hao-sou. com/doc/5411160 - 5649258. html，最后访问日期：2016 年 1 月 5 日。

学问的职业"（learned profession）几乎是等义的，而"自由人"在中世纪是指贵族或从贵族中分化出来的人或服务于贵族的人，类似于中国古代的士。随着近代英美高等教育的发展，分科教学的专业教育成为现代高等教育的基本形态，中世纪的自由人的专业教育逐渐被融合在现代专业教育之中，但对于英美社会而言，他们还是能够区分律师、医生等专门职业教育与专业教育、其他职业教育的不同。

综上所述，本文的"法律职业教育"中的"职业教育"其实质内涵，既不是指英美大学中以通识教育为基础的"专业教育"（general education + professional education），更不是以获取工作技能和机会为目的的"职业教育"（vocational education），而是"自由教育基础上的高级专门职业教育"（liberal education + learned education）。[47]它不同于现代的"Legal Professional Education"，只能放在中世纪及近代早期的特殊历史环境中来理解。

3. 贵族精神

在英文中，"nobility"[48] "aristocracy"[49]和"peerage"[50]都可以表示"贵族"。但是学术界长期以来却对贵族的界定难以形成共识。其基本分歧

---

〔47〕 孟景舟：《职业教育基础概念的历史溯源》，天津大学 2012 年博士学位论文，第 28～36 页。

〔48〕 《元照英美法词典》解释"nobility"为"贵族"，出身于贵族世家或由国王授予贵族或荣誉称号的人。贵族的授予可以通过颁发令状的方式实现，即通过王室传唤令（royal summons）通知其前来参加贵族院，或通过开封特许状（letters patent）由国王授予荣誉或贵族等级。贵族源于封建制度，作为回报，受封者要为国王履行特定的义务，同时他除贵族头衔之外，还会得到大片地产及其上的司法管辖权、征税权等特权。贵族分为公（duke）侯（marquess）伯（earl）子（viscount）男（baron）五等。这些爵位现在或曾经也在欧洲古代国家中存在过。联合王国于 1963 年之后已不再授予任何可继承的贵族爵位。薛波主编：《元照英美法词典》，北京大学出版社 2013 年版，第 965 页。

〔49〕 《元照英美法词典》解释"aristocracy"为"贵族"，贵族制、贵族政府。对贵族制、贵族政府的解释是：根据古希腊时期的原始含义，它是指最优秀的人的统治，在现代它指政治权力由一国"优秀"公民组成的统治团体所行使的制度。贵族的挑选可能基于血统、财富、能力或经济、社会、宗教地位而定。贵族制和君主制（monarchy）不同，在君主政体中，一个统治者依靠神赐权力或世袭原则单独实行统治，贵族未必忠诚于或隶属于君主。贵族制皆以有限的选举权和突出强调财产权为特征。独立后的美国即具有贵族制的特点，投票和担任公职都有财产和宗教的资格要求，彼时的"杰斐逊式民主"（Jeffersonian Democracy）即强调贤能贵族统治。不过，杰克逊（Jackson）时期的民主改革修正了这一偏向。现代美国的白人盎格鲁-撒克逊新教徒（White Anglo-Saxon Protestants）统治集团多年来在政府、商业、职业和军队领域中一直是具有非正式的贵族制的功能。在英国，贵族制是以世袭头衔和财富作为权力精英的基础，贵族在上院中有作为上院议员的世袭权。薛波主编：《元照英美法词典》，北京大学出版社 2013 年版，第 93 页。

〔50〕 《元照英美法词典》解释"peerage"为：贵族头衔、贵族爵位，包括公、侯、伯、子、男五等爵，或为贵族总称。薛波主编：《元照英美法词典》，北京大学出版社 2013 年版，第 1039 页。

英国律师会馆的法律人才培养

就是在于对从男爵（baronet）、骑士（knight，包括下级勋位爵士 Knight Bachelor）、从骑士（esquire）、绅士（gentleman）这类人（乡绅阶层）是否属于贵族的判定。[51]区分大小贵族的学者把乡绅阶层作为小贵族，区分狭义广义贵族的学者把乡绅作为广义贵族的一分子。学者们之所以会纠结乡绅阶层是否属于贵族是因为英国的五等爵贵族数量太小，而无法在研究中合理界定其在社会发展中的功能。[52]本文无意在概念中纠缠，遵循《牛津英语词典》对"noble"的解释：隶属于社会中的一个阶层，这个阶层拥有超乎其他阶层的头衔。以此为标准，本文所指的贵族，包括原贵族院成员"peerage"（五等爵贵族、终身贵族）和各种爵士"sir"（从男爵、骑士、下级勋位爵士）[53]，这就包括了大贵族和乡绅阶层的上层（小贵族），而不包括乡绅阶层的中下层的从骑士和绅士，[54]因为后者不具有女王或国王授予的荣誉头衔。

　　贵族精神（noble spirit）顾名思义指贵族所具备的精神气质，但实际上中世纪欧洲的贵族并非完全是高尚、正义和文明的。贵族精神已经在欧洲社会历史的变迁中成为一种文化符号，体现在各个方面，在二元论哲学的支配下常常被赋予正面的评价。现代人文领域所指的贵族精神，可以归

---

　　〔51〕 肖先明：《中世纪至近代早期英国贵族社会地位的变化及其文学形象的嬗变研究》，华中师范大学2014年博士学位论文，第2～6页。

　　〔52〕 英国五等爵贵族家族在资产阶级革命爆发前一百年保持在60～120户之间；法国在大革命爆发前第一等级的教士（成员来自世俗贵族家庭）和第二等级的贵族人数有47万以上。英国五等爵贵族和乡绅阶层占总人口比与法国一二等级占总人口比基本相同，都大约为2%。参见［英］劳伦斯·斯通：《贵族的危机》（1558—1641年），于民、王俊芳译，上海人民出版社2011年版，第29页；王令愉：《大革命前夕法国社会的等级结构》，载《法国研究》1988年第4期。

　　〔53〕 从男爵（Baronet）、骑士（Knight）和下级勋位爵士（Knight Bachelor）都可以在姓氏前加上"Sir"，任何人未经册封不能在姓氏前加"Sir"，这些头衔由国王或女王授予给王国中最为杰出的人物，例如1705年牛顿被安妮女王封为爵士。爵士阶层的人数在18世纪中期以前都保持在1500人以内，但是仍大大多于世袭贵族的人数。

　　〔54〕 从骑士（esquire）又可以翻译为士绅，其社会地位高于普通绅士，最初是指骑士的余子，后来也指那些并不立志成为骑士的大地主，作为称号也指郡长、治安法官、高级律师等；绅士（gentleman）社会地位低于从骑士高于自耕农，最初指从骑士的余子，后来指众多的小地主。但是广义意义上的绅士也指出身贵族或名门的人、有土地的上等人、有独立财产的人、社会地位高于自耕农的人。参见［美］克莱顿·罗伯茨等：《英国史》，潘兴明等译，商务印书馆2013年版，第250～251页；薛波主编：《元照英美法词典》，北京大学出版社2013年版，第489、601页。

结为超越性、自由性、高贵性。[55]通俗而言，贵族精神包括三个方面：一是文化的教养。能够抵御物欲主义的诱惑，不以享乐为人生目的，具有高贵的道德情操与文化精神。二是社会的担当。作为社会精英，能够严于自律，珍惜荣誉，扶助弱势群体，担当起社区与国家的责任。三是自由的灵魂。有独立的意志，不为权力与金钱所屈服，具有知性与道德的自主性，能够超越时尚与潮流，不为政治强权与多数人的意见所奴役。因此，贵族精神并不是专属于血缘贵族与阶级贵族的，它表现的是一种精神品质，而不是一种血缘的高贵或财富的拥有。

二、律师会馆法律人才培养概述

作为世界上存在过的独一无二的法律人才培养方式，律师会馆的法律人才培养在很多方面都体现着自己的特殊之处。本部分首先从历史的角度，对律师会馆的兴起与发展做了简明扼要的论述，其中着重论述了安茹前期司法改革对律师会馆起源的影响；其次，本部分论述了律师会馆以行会制为根本特征而展开的教学与管理体制。行会制不仅体现在律师会馆作为法律人行会方面，还体现在对法律学徒的管理与教学等方面，了解律师会馆的行会制特征，是认识律师会馆法律人才培养的基础。

（一）律师会馆的兴起与发展

1. 英格兰早期的法律教育

英国现代法律史学家 P. 布兰德认为盎格鲁 - 诺曼的英格兰是一块没有法律家的土地。也就是说，12 世纪中期之前的英格兰是一个没有职业律师的国度。[56]虽然布兰德对此所做的论证非常具有说服力，但是却不是对英格兰法律实践的全面的说明。一方面，他只是对英格兰法律实践进行的世俗法的考察，而在英格兰教会法院的诉讼中，英格兰人可以延请意大利的教会法律师前来帮助诉讼。[57]据此也可以推测出，英格兰本土的教会法

---

〔55〕 杨春时：《贵族精神与现代性批判》，载《厦门大学学报》（哲学社会科学版）2005 年第 3 期，第 5 页。

〔56〕 ［英］保罗·布兰德：《英格兰律师职业的起源》，李红海译，北京大学出版社 2009 年版，第 1～22 页。

〔57〕 ［英］保罗·布兰德：《英格兰律师职业的起源》，李红海译，北京大学出版社 2009 年版，第 2 页。

律师在诺曼征服之前就已经活跃在教会法庭中了。另一方面，布兰德是以现代律师职业的标准对早期英格兰的法律实践所做的考察。实际情况却是，作为法律代理而非严格意义上的律师的法律从业者早就存在于世俗法庭之中。[58]因此可以肯定地说，英格兰早在职业律师形成之前，就存在着教会法律人士与世俗法律人士的法律实践活动，这导致了英格兰早期法律教育的二元化萌芽。

英格兰早期法律教育的二元化萌芽是指，在普通法形成和普通法教育体系形成之前，英格兰的修道院中传授着适用于教会法庭的教会法和民法，熟知或从事英格兰世俗法律事务的人传授着适用于世俗法庭的本地法。可以确定的是，在混乱的史蒂芬统治时期，英格兰的法律就已经在修道院、神学院和勋贵家族中传授。教士们带来并介绍给英格兰的民法，逐渐变得不适合于这个国家，很多人便发挥他们的热情和勤奋致力于共同法（common law）[59]或者说本地法的学习。[60]虽然斯蒂芬国王可能受到了共同法法律职业者代表的影响，发布了一个禁令反对教授民法，但是民法和教会法的学习还是被神职人员普遍地发展起来。与此同时，英格兰法律的学习似乎也被具有相同热情的世俗人员和部分爱国教士培养起来。[61]于是，在英格兰，教会法、民法和英格兰法律的教育不可避免地在不同的方向展开。

我们虽然可以获知，早在斯蒂芬时期英格兰就出现了法律教育的二元化趋势，但是要弄清楚英格兰本土法教育的确切起源仍十分困难。目前关

---

[58] 在中世纪，伦巴底人、法兰克人、德意志人中利用专业律师或辩护人非常流行。伦巴底的法律曾规定，如果某人在法庭上没有能力为自己的事由辩护，他可以根据自己的判断力，授权国王或法官为自己指定一名辩护人。在《耶路撒冷法典》（*Assizes du Royaume de Juresalem*）这部于公元 1099 年汇编成书的法令中，就有关于律师义务与资格的规定。根据这些中世纪法律知识的记载，似乎表明在当时那么早的时候，律师和辩护人已经出现并比较普遍了。似乎也表明，在诺曼征服之前，律师就已经在执业并接受培训了。See Robert R. Pearce, *A History of the Inns of Court and Chancery*, London：R. Bentley, 1848, pp. 6 - 7.

[59] 共同法既不是指欧洲中世纪共同法，也不是指后来形成的普通法，而是指此时适用于英格兰的本地法。

[60] See Robert R. Pearce, *A History of the Inns of Court and Chancery*. London：R. Bentley, 1848, pp. 1 - 2.

[61] See Robert R. Pearce, *A History of the Inns of Court and Chancery*, London：R. Bentley, 1848, p. 11.

于英格兰本土法律教育的最早记录是亨利三世时期。亨利三世在其执政第十九年（1235 年）向伦敦市市长和治安官发布了一份令状，要求伦敦城内不能教授法律，其目的是为了鼓励位于郊区威斯敏斯特的法律学校的发展。[62]这说明在 13 世纪 30 年代伦敦城内和郊区就有了英格兰本土法或普通法的教授、法律已经在学校出现。

但是上述分析并不能表明律师会馆在 13 世纪 30 年代就已经产生，而且根据目前资料，"皇家民事法庭的法律学徒"团体的出现是在 13 世纪 80 年代晚期。[63]实际上，在 13 世纪 30 年代，律师会馆的产生条件并不成熟，因为在此时，法律人的会馆的出现还欠缺如下几个条件：首先，法律职业阶层（包括法官和律师）产生，运用、传授法律知识成为必需；其次，英格兰成熟的法律体系（包括法律知识和司法制度的健全）形成，法律的知识和技能具有一定的稳定性；再次，王室法庭的扩张及其位置的确定。只有王室法庭具有影响力才能形成集聚效应，只有在定居后教育才能更好地进行；最后，法律人有了自己的团体和住所，法律教育有了一定的物质条件才能更为有效地开展。然而在亨利二世启动的法律改革中开始出现前三个条件，直到爱德华一世统治结束时内容才基本完备。

2. 安茹前期司法改革与律师会馆的起源

（1）安茹前期司法改革的影响。安茹前期的司法改革，由亨利二世开启，直到爱德华一世统治结束时才完成，从 1154—1307 年持续了一个半世纪。这场司法改革通过建立新型的中央王室法庭系统，完善令状制度和诉讼程序，从而实现了司法权的集中、法律体系的统一和法律适用的统一，并最终导致了普通法法律体系的诞生，也使得英格兰法具有了法官法、判例法、程序法优先等特点。[64]

这场司法改革的另一个重大影响就是，从以下四个方面创设了对法律

---

〔62〕 原文中使用的是 Inns of Court，Robert R. Pearce，*A History of the Inns of Court and Chancery*，London：R. Bentley，1848，p. 18. 但是笔者认为此时存在后来所指称的律师会馆的证据不足。但是可以肯定的是，此时在西敏寺已经有了一些供学习法律的人居住的旅馆。

〔63〕 〔英〕保罗·布兰德：《英格兰律师职业的起源》，李红海译，北京大学出版社 2009 年版，第 196 页。

〔64〕 〔英〕保罗·布兰德：《英格兰律师职业的起源》，李红海译，北京大学出版社 2009 年版，第 26 ~ 29 页。

职业阶层的根本需求：其一，普通法的形成和专职法官的出现，使得司法更加专业化，这导致法律职业阶层的出现；其二，令状制度的出现，使得普通法的法律程序变得繁琐，致使普通人必须借助专业的法律人来实现案件程序的启动；其三，英格兰的统治者是诺曼贵族，使得早期的法庭语言是诺曼法语，而书面语言则为拉丁文，直到爱德华三世时期才允许在法庭上使用英语以及用英语写作。而广大的英格兰民众中，除了占人口极少数的贵族之外，[65]一般民众是无法正确使用诺曼法语和拉丁文的，这使得在中央王室法庭上必须有相应的律师协助，才能正常地进行法律程序；其四，从法律术语的角度看，体现在成文判决中的普通法已经不再是存留于一般民众脑中的习惯法，习惯法一旦成文，必将脱离于"人力"（human agency）之外，[66]这会导致法律作为一个自生的系统而独立发展并日趋专业化，法律术语由此形成。

（2）律师会馆兴起条件的出现。安茹前期的司法改革，导致了普通法法律体系的诞生，产生了对法律职业阶层的根本需求，从而为律师会馆的兴起创造了三个方面的重要条件：

第一，法律职业阶层的兴起，从而运用和传授法律知识成为必需。这是律师会馆产生的首要条件。"从亨利二世到爱德华一世之间的法院制度的改革，日积月累，这些变革的结果是为职业法律人创造了一个非常有利的法律环境。操持这些新型王室法庭的法官们在此所进行的连续的业务活动，为他们提供了一种全新的司法专长。这种专长又随着其司法职业生涯的延长而得到发展和加强（在王室法官稳定增长的情况下）。"[67]因此司法改革主要的影响就是产生了最早的一批法官。在职业法官形成的时候，虽然并没有证据显示同步出现了职业的律师阶层。在法庭上为当事人服务的是代诉人和代理人。但是随着时间的推移，通过相应的法令的规定，代诉

〔65〕 按照笔者在绪论的相关概念界定中对贵族的定义，除诺曼征服初期保留大量骑士之外，在中世纪和近代早期英格兰的贵族家庭在600~1600户之间，而英格兰的总户数在70~150万户之间。因此贵族家庭占总户数的0.1%左右。[美]克莱顿·罗伯茨等：《英国史》，潘兴明等译，商务印书馆2013年版，第90、250、251、412、501~503页。

〔66〕 [英]爱德华·甄克斯：《中世纪的法律与政治》，屈文生、任海涛译，中国政法大学出版社2010年版，第7页。

〔67〕 [英]保罗·布兰德：《英格兰律师职业的起源》，李红海译，北京大学出版社2009年版，第54页。

人和代理人的权限逐步明晰，并逐形成而来职业的代理律师（attorney）与代诉律师（advocate）阶层。另外还产生了书记官团体，书记官既是法庭的辅助人员，同时他也可能是法律的学徒。根据布兰德的考察，"这些法官不久以后就是从法官助理或职业律师中招募：他们在被委任时已经是法律专家了，因为他们已经从先前的职业经历中获得了相应的法律知识。"〔68〕故而，由法官、代理律师、代诉律师、书记官组成的一个法律职业阶层就这样形成了。这个阶层不仅分工明确，而且还依"书记官—律师—法官—法律教师"的梯次发展着、流动着。

第二，普通法法律体系的形成，法律的知识和技能具有一定的稳定性。普通法法律体系的形成，包括法律知识的系统性和司法制度的健全两个方面。法律知识的系统性，就是通过新的司法体系的运作创制出了比较成熟的普通法知识体系，法律的教授因而有了确定的知识范围。司法制度的健全不仅在于法院组织的完善，更在于诉讼制度的健全，诉讼成为非常专业的事务，诉讼的流程由此可以形成专门的知识，这体现在令状制度的成熟、令状的复杂化和令状的类型化，由此诉讼的技能才有传授和传承的必要。

第三，王室法庭的扩张及其位置的确定，使得王室法庭具有更强的影响力和集聚效应，促使法律教育场所的固定化。普通法的司法实践决定着法律教育必须围绕着普通法法庭展开。早期的英格兰国王经常四处巡游或征战，国王的法庭也往往随之移动。随着约翰王时期大陆领地的丢失和《大宪章》的签订，国王更多地留在英格兰且普通民讼法庭也固定在威斯敏斯特。到爱德华一世时期，普通民诉法庭（The Court of Common Plea）、王座法庭（The Court of King's Beach）、财政法庭（The Court Exchequer）都固定在威斯敏斯特。法庭的运作也更加制度化和稳定化，为法律学徒学习法律带来了很多便利。固定下来的法律教学必然促使对固定法律教学场所的追求，于是法律教学场所在威斯敏斯特附件逐渐发展起来。

3. 律师会馆的产生过程与发展阶段

（1）律师会馆的产生过程。第一，中殿会馆和内殿会馆的产生。中殿

---

〔68〕 ［英］保罗·布兰德：《英格兰律师职业的起源》，李红海译，北京大学出版社 2009 年版，第 54 页。

会馆和内殿会馆的建筑原来都属于圣殿骑士团，1118 年圣殿骑士开始驻扎于此并建造房屋。70 年之后即 1188 年，亨利二世统治即将结束的时候，圣殿骑士已经在霍尔本附件营造起巨大的产业。圣殿骑士团不仅拥有土地的所有权，甚至还在外殿所在地打造兵器。伦敦城墙加强工事向西扩张中把圣殿的财产切成两段，内殿与中殿留在了城内，外殿留在了城外，外殿也因此从不属于法律人。[69]

1312 年，身处法国亚维农的教皇克雷芒五世受到法王的唆使，在他所掌控的基督教国家镇压了圣殿骑士团，伦敦的圣殿骑士团的财产归英王。爱德华二世把城外的外殿会馆赠送给埃克塞特主教瓦尔特·德·斯特普尔顿，它后来被埃塞克斯伯爵罗伯特·德威瑞克斯购买，接着建造了埃塞克斯宅及花园，它的位置就是现在的埃塞克斯院。爱德华二世把伦敦城内中殿和内殿授予兰开斯特伯爵托马斯，后因托马斯反叛国王，财产又回到国王手中。之后这份财产相继被授予彭布罗克伯爵艾默·德·瓦伦斯和休·勒·德斯宾塞，最后在 1324 年被授予医院骑士团。[70]医院骑士团在获得这些财产之后，依照惯例以年租金 10 英镑的价格把它出租给了来自萨维会馆（Thavie's Inn）的学习法律的学生和教师。1345 年，依附于内殿会馆的克利福德会馆已经被法律学徒占据，因此律师会馆的出现在此之前。尽管圣殿的记录在瓦特起义和随后几场火灾中毁灭，仍有充分的证据表明，在爱德华三世（1327—1377 年）和理查德二世（1377—1399 年）时期，圣殿成为博学的共同体的住所，这个博学的共同体被称为法学生，甚至比当时的医院骑士团更著名。[71]

关于圣殿是如何分成两个部分，现在已经无法考察，1381 年的瓦特起义使得圣殿的书籍和法律学徒放在箱子里的各种资料被焚烧。之后伦敦城也不时发生火灾，资料也可能由于其他原因丢失。但是可以肯定的是，圣殿的财产通过占有，最终归两个当时已经存在、现在仍然存在的律师会馆

---

〔69〕 See William John Loftie, *The Inns of Court and Chancery* (*New ed.*), London：Seeley and Co. Limited；New York：Macmillan & Co.，1895，pp. 1 – 7.

〔70〕 参见［英］塞西尔·黑德勒姆：《律师会馆》，张芝梅编译，上海三联书店 2006 年版，第 42、43 页。

〔71〕 See Robert R. Pearce, *A History of the Inns of Court and Chancery*, London：R. Bentley, 1848, pp. 214 – 215.

所有。为了绝对的公平，两个会馆都没有优先权，圣殿骑士团古老的圆形教堂被他们平分，伦敦城内的财产也被他们一分为二，成为内殿会馆和中殿会馆。[72]

第二，林肯会馆的产生。林肯会馆位于伦敦城防工事边缘以外，[73]于亨利三世时期在一座主教宫殿的遗址上建立起来，也有部分会馆是建立在黑修会的遗址之上。亨利三世把这片土地包括花园和新街上的附属建筑授予奇切斯特主教。爱德华二世时期，林肯伯爵亨利·兰西拥有这个地方，他是从爱德华一世那里获得的权利。正是由于他，会馆才获得了今天的名字。[74]

林肯伯爵兰西曾任首席政法官（Justiciar）。据说，林肯伯爵非常喜欢法律人，因此他的房子挤满学法律的学生，他已经安排他去世的时候把他的房子完全转让给他们。但是这种说法没有直接的证据。[75]但是这则传说再现了这样一个事实：在一个摄政官周围，以他为中心聚集着一些对法律熟悉的人，他们有能力办理他的法院的事务，而他们自然就把培养其他人从事他们的业务作为他们工作的一部分；自然而然，林肯会馆的法律人为了和从中世纪以来几乎不变的习惯保持一致，他们就自己组成一个行会，这就是林肯会馆。[76]

通过林肯伯爵继承人女儿艾丽莎，所有财产转移到前述兰开斯特伯爵托马斯手中。而在他的家庭开支中有大量的关于蜡烛和羊皮纸的记录，这似乎暗示着在1314年这里仍在从事着法律事务。兰开斯特伯爵因反叛被剥夺了财产权，就包括林肯会馆在内，后来财产权又归还给林肯女伯爵艾丽

---

〔72〕 参见［英］塞西尔·黑德勒姆：《律师会馆》，张芝梅编译，上海三联书店2006年版，第42、43页。

〔73〕 See William John Loftie, *The Inns of Court and Chancery* (*New ed.*), London: Seeley and Co. Limited; New York: Macmillan & Co., 1895, p. 8.

〔74〕 参见［英］塞西尔·黑德勒姆：《律师会馆》，张芝梅编译，上海三联书店2006年版，第129~132页。

〔75〕 See Robert R. Pearce, *A History of the Inns of Court and Chancery*, London: R. Bentley, 1848, p. 132.

〔76〕 参见［英］塞西尔·黑德勒姆：《律师会馆》，张芝梅编译，上海三联书店2006年版，第122页。

莎。[77] 接着奇切斯特主教继承了会馆的房屋，而且把它出租给法律学生和教师。福蒂斯丘是亨利五世时期活跃而享有盛名的法律人，他曾在林肯会馆中学习。[78]

亨利七世时期，林肯会馆的主管委员 Francis Suliarde 与奇切斯特主教们签订了一份关于上述房屋的租约。奇切斯特主教 Robert Sherborne 后来与 Francis Suliarde 的儿子（也是会馆的成员）签订了一个新的租约，租期为 99 年，年租金为 6 英镑 13 先令 4 便士。此后林肯会馆建筑的产权便有了明确的线索。

第三，格雷会馆的产生。格雷会馆之所以远离伦敦城，而其他律师会馆都靠近伦敦城的边缘，是因为它是最晚建造的。[79] 格雷会馆位于米德尔塞克斯郡靠近霍尔本的波特普尔（Portepole）庄园，这片庄园与它所附着的土地，从爱德华一世二十二年（1293 年）到亨利七世二十一年（1328 年）之间，都属于格雷·威尔顿家族的财产。爱德华三世时期，会馆就成为法律学生社团的定居点，首先他们是作为承租人，后来成为所有权人。但是直到 1422 年才出现格雷会馆的名称。

亨利七世二十一年（1328 年）8 月 12 日格雷·威尔顿勋爵埃德蒙德（Edmund）与休·丹尼斯（Hugh Dennys）签订了一个买卖契约，财产权的继承由格雷家族转向休·丹尼斯。大约 11 年后，根据国王的许可证，Shene 修道院的院长和僧侣购买了波特普尔的庄园及其附属物，他们把它以年租金 6 英镑 13 先令 4 便士的年租金转让给格雷会馆。亨利八世统治第三十年（1538 年），他普遍解散了大修道院，把地产授予格雷会馆作为永

---

[77] 参见［英］塞西尔·黑德勒姆：《律师会馆》，张芝梅编译，上海三联书店 2006 年版，第 122~132 页。

[78] See Robert R. Pearce, *A History of the Inns of Court and Chancery*, London：R. Bentley, 1848, p. 132.

[79] See William John Loftie, *The Inns of Court and Chancery*（*New ed.*），London：Seeley and Co. Limited；New York：Macmillan & Co. , 1895, p. 10.

久租佃地产（fee farm）[80]。

综上所述，可以做出大致如下几个判定：首先，普通民诉法庭附近的法律教育在 13 世纪 30 年代就已经出现。其次，法律学徒团体的出现不晚于 13 世纪 80 年代晚期。最后，律师会馆作为固定的法律教学场所不晚于爱德华二世时期，在爱德华三世统治时期四大律师会馆形成了。

（2）四大律师会馆的发展阶段。律师会馆的发展可以分为四个阶段。①从起源到 1485 年都铎王朝建立；②从 1485 年都铎王朝开始到 1640 年资产阶级革命；③从 1640 年资产阶级革命到 1852 年四大会馆联合成立的"法律教育理事会"的建立；④从 1852 年至今。

第一阶段是律师会馆的起源和发展阶段。第二阶段是律师会馆的兴盛阶段。此阶段的社会背景是，经过玫瑰战争，英格兰的旧贵族消灭殆尽，都铎国王强大的王权与法律人的治国能力相结合，造就了都铎王朝的兴盛，律师会馆也从法律培训学校变成一所贵族大学。律师会馆的各种制度就是在此时期得到了完全的体现。第三阶段中，法律人因为资产阶级革命而分化，法律人进入资本主义发展的市场而淡化了法律的传授，律师会馆陷入衰落的境地。但是也有法律人为了恢复古代的荣耀而为律师会馆的复兴做了种种努力。因此，此时期是律师会馆的衰落和转型时期。第四阶段是近代律师会馆时期。19 世纪中期，新建立的伦敦大学开设了法学课程，其他新老大学都相继跟进，与律师会馆形成竞争关系。长期衰弱不振的律师会馆对自己进行了重新定位，开始与各大学的法律教育进行衔接，奠定了今日英国法律教育的基本格局。[81]

---

〔80〕 永久租佃地产是自由继承地（fee simple）的一种，无保有期限，由保有人和其后代永久保有，须交纳年租，无效忠宣誓（fealty）、臣服宣誓（homage）的义务，除土地授予证书（feoffment）上规定的义务外不负担其他义务，类似于罗马法上的永佃权（emphyteusis）。有些学者认为永久租佃地也附带效忠宣誓的义务。永久租佃地的出租人与承租人之间无分封与臣服的封建关系，出租人不享有收回占有的权利，也不能限制永久租佃地的转让。因永久租佃地须以交纳年租为保有条件，故也可译作"有保留的自由继承地"。参见薛波主编：《元照英美法词典》，北京大学出版社 2013 年版，第 541 页。

〔81〕 程汉大：《从学徒制到学院制——英国法律教育制度的历史演进》，载《清华法治论衡》（第 4 辑），2004 年卷，第 1～23 页。

（二）律师会馆的教学与管理体制

行会是欧洲中世纪社会生活的基础，中世纪的大学本质上是一个学习行会。律师会馆始终展现并保持着大学以中世纪的行会模式为基础的显著特点。作为法律人的行会，每个会馆对内都是自治的，实行着对成员的严格管理，对外则结成联盟实现对法律职业的垄断；作为一个知识行会，它对入学资格和学习安排有着严格的规定；在这个行会中，每个人都有与其身份相对应的权利与义务。

1. 律师会馆的自治与联盟

（1）律师会馆的自治。四大律师会馆作为非官方的法律人行会组织，他们具有完全的自治地位，他们受到王权的保护，但是普通法赋予了高级法院的法官对律师会馆进行监督的权力。会馆成员对会馆的各种管理有异议，可以向高级法院的法官上诉（appeal）[82]。[83]虽然高级法院的法官是律师会馆的监督者，但是他们都会选择尊重会馆的古老或现行的规定。[84]实际上，支持会馆自治的人，常常把学生招录类比于大学招生，他们认为会馆没有义务招收每一个人，只有当会馆招收某人时，他才具有进入会馆的权利。[85]因此，法官虽然作为会馆的监督者，但无权干涉会馆的学生招录与内部管理。律师会馆作为自治的法律人协会，其自治地位不仅得到法官的支持，还得到了国王的支持。[86]

（2）四大律师会馆的联盟。虽然四大律师会馆的历史发展情况不同、

---

[82] "Appeal" 翻译为"上诉"，指各种形式的对裁判请求复审的行为。在英国，上诉是指请求上级法院、机构或人员对下级法院、机构或人员就某项争议所作的裁决进行审查，并在其认为合适时，予以改变的行为。但是在中国，上诉是指是指当事人对人民法院所作的尚未发生法律效力的一审判决或裁定，在法定期限内，依照法定程序向原审法院或上一级法院声明不服从法院判决或裁定，提请上一级人民法院重新审判的活动。因此，英美法中的"上诉"不同于我国的上诉，此处需要我们特别注意。

[83] See Robert R. Pearce, *A History of the Inns of Court and Chancery*, London：R. Bentley, 1848, p. 51.

[84] 可以参见 *Boorman* 案、*Townshend* 案、*Rakestraw v. Brewer* 案，See Robert R. Pearce, *A History of the Inns of Court and Chancery*, London：R. Bentley, 1848, p. 55.

[85] See Robert R. Pearce, *A History of the Inns of Court and Chancery*, London：R. Bentley, 1848, p. 59.

[86] 在 1668—1669 年伦敦市长诉内殿学生案中，查尔斯二世是偏袒律师会馆的，尽量给予律师会馆最大的自治的权限。See Robert R. Pearce, *A History of the Inns of Court and Chancery*, London：R. Bentley, 1848, pp. 236–237.

大小不等、培养的法律人才的数量和质量也不尽相同，但是它们的地位完全平等，它们共同形成一所大学。没有那一个会馆的地位比另一个会馆的地位更加优越，他们的权力、管辖权和特权都是同等的，所有的重要的事务都是由四大会馆开会商议解决。根据达格代尔（Dugdale）的引述，林肯会馆记录了关于王室发布的法令，在英格兰内战时期，国王尊重各会馆进行的军事训练，每个会馆都可以为他们自己的绅士提供军衔，不过会馆的优先权通过投骰子决定。而在为查尔斯一世呈现的盛大的假面舞会中，哪一个会馆应该处在首要位置，则由被任命的委员会通过计算抽签的情况来确定。还例如，1623 年在中殿会馆大厅中为高级律师隆重举办的宴会中，侍者都是从四大会馆的出庭律师中选出来的，而那个会馆在这晚宴会有更优的服务资格，则是通过抽签决定的。[87]

2. 入学资格、费用、学期与学生权利

（1）入学资格。第一，入学年龄。林肯会馆规定，没有人可以在 15 岁以下成为会馆的成员。但是其他会馆似乎没有这样的规定，西蒙兹·迪尤斯爵士（Sir Simonds d'Ewes）在他 9 岁的时候便成为中殿会馆的成员，后来成为首席法官的霍尔特（Holt）则在他 12 岁时成为格雷会馆的成员。[88]

第二，知识要求。林肯会馆古典知识考试规定，没有经过一位会馆出庭律师主持的考试并获得主考人署名的候选人资格证明，不能进入会馆学习。这份证明包括古典知识和自由教育的通常科目，主要包括希腊和拉丁语言或至少其中之一、历史，以及主考人认为符合候选人年龄的普通文学（general literature）。但是这个规则不适用于那些能够证明自己已经在牛津、剑桥或都柏林获得文学硕士学位（the degree of bachelor of arts）或通过学位考试的人。[89]

第三，提交申请书。在成为某一律师会馆的成员之前，申请人必须提交一份手写的陈述，内容包括年龄、住所、身体状况，以及关于他的声望

---

〔87〕 See Robert R. Pearce, *A History of the Inns of Court and Chancery*, London：R. Bentley, 1848, pp. 61 - 62.

〔88〕 See Robert R. Pearce, *A History of the Inns of Court and Chancery*, London：R. Bentley, 1848, p. 384.

〔89〕 See Robert R. Pearce, *A History of the Inns of Court and Chancery*, London：R. Bentley, 1848, pp. 388 - 389.

和适合进入会馆学习的证明。这份证明必须由这个会馆的成员和会馆主管署名或由两个出庭律师署名。这样做是为了保证进入会馆的学生都是天资聪颖的、有能力的、诚实的和有学识的。[90]

第四，入学资格的禁止性规定。四大律师会馆对进入会馆有相关禁止性规定。首先，神职人员不能成为会馆成员，包括圣职（holy orders）和 decon orders。其次，从事商业贸易的人不能成为会馆成员。再次，对已经在从事法律事务的人的禁止，结合表1，情况可以分为三种：①表中 B 与 D 类人员不能成为会馆成员；②表中 A、B、C 三类人员的职员不能成为会馆成员。不论是被雇佣、接受薪水还是为其提供服务而获得报酬；③表中 B 与 C 类人员，如果能够终止其职务行为或终止从业，那么就有进入律师会馆的可能。最后，没有会馆主管委员会议决议的批准，任何会馆成员不能直接或间接申请或获得状师的从业资格，否则会被会馆开除。如果已经在会馆大厅中进行了必要的学习，从而具备了成为出庭律师的条件，那么这种申请绝不可能被批准。上述（特殊）批准的有效期只有一年，每年需要重新申请，根据会馆的意愿决定是否批准。每一个进入会馆的人必须签署协议同意上述的禁止性规定。[91]

表 1　法律事务从业者的类别

类　别	法律事务从业者
A	出庭律师
	不动产转让律师
	状师

---

〔90〕　See Robert R. Pearce, *A History of the Inns of Court and Chancery*, London：R. Bentley, 1848, p. 384.

〔91〕　See Robert R. Pearce, *A History of the Inns of Court and Chancery*, London：R. Bentley, 1848, pp. 389 – 391.

类　别	法律事务从业者
B	法律事务代理人
	事务律师
	苏格兰令状盖印官
	苏格兰法庭事务律师
	代诉人
	公证人
	议会代理人
C	文秘署书记官
	普通法庭或衡平法庭官员
D	上诉法庭代理人或 其他从事此类事务的人

（2）费用。第一，入学费用。在 19 世纪中期，管理费和进入会馆学习的费用是 35～40 英镑，其中包括政府 25 英镑的印花税。另外还有两个保证人的保证金 50 英镑。这种学生管理规则和大学成员的管理规则非常类似。学生成为出庭律师之前，为了保证其学期所需，须向会馆司库交纳 100 英镑的押金，在其成为出庭律师之后，这 100 英镑的押金会无利息归还，如果该生不幸死亡，则会还给他的私人代表。但是这一规则不适用在那些可以证明自己在牛津、剑桥、都柏林、伦敦、达拉谟的大学学习过两年的人，或者是已经成为教员的苏格兰出庭律师，在他们进入会馆之前，必须和保证人签订契约以约束自己支付应付款。[92]

　　第二，日常费用。19 世纪中期，在林肯会馆，学生大概需要支付的费用大约有九种：①缺席学期课程需要交纳罚款；②伙食费用，一年全四学期是 10～12 英镑；③休假交费，完成所有学业总计 36 英镑；④牧师费，每一个在会馆拥有一套办公室的人每学期 6 先令，拥有两套办公室的每学

---

〔92〕　See Robert R. Pearce, *A History of the Inns of Court and Chancery*, London：R. Bentley, 1848, pp. 387－388.

期 12 先令，没有办公室的每学期 2 先令 6 便士；⑤养老金，每人每年 5 先令 4 便士；⑥图书馆费用，出庭律师 5 英镑，主管委员 11 几尼；[93] ⑦地租，如果拥有办公室，缴纳比例是每一镑抽 4 便士，这起源于建筑外装饰费用；⑧保险费，石砌建筑外装饰和墙壁的火灾保险，会馆出三分之一的费用，对建筑拥有财产权的人出剩下三分之二的费用；⑨税，林肯除了部分建筑是在塞尔（Serle）街，其他部分都在教区之外，林肯土地税有确定的数目，被进行细分，由办公室的占有人或所有人分别交税。如果继续保持会馆成员的身份，则很多费用会持续缴纳，如果把名字从会馆名单上除名，则可以停止缴纳费用。从会馆名单上除名，可以通过向会馆执事签署申请书，或授权会馆执事代为进行。[94]

（3）学期安排。约翰王统治时期，把法律年度（legal year）分割为四个时期（terms），即春季开庭期（hilary）、复活节开庭期（easter）、三一节开庭期（trinity）、米迦勒节开庭期（michaelmas）。[95] 由于律师会馆的讲师通常是由资深律师和法官担任，因此会馆的学期就是法庭的休庭期。在 15—17 世纪，主管会在春天（大斋节）和秋天（米迦勒节）法庭休庭期为律师会馆作系列讲座或者报告。其中，春假演讲一般留给那些几年前演讲过或者是主管的高级讲师。[96] 秋季的授课往往分配给新近被选拔的主管

---

〔93〕 几尼，英国旧时的一种硬币，1 几尼 = 1.05 英镑 = 21 先令，最初是用几内亚的黄金铸造的，因此得名，又称"畿尼"，威廉四世时所有硬币均称为"几尼"。现在仅指 1 英镑 1 先令，用作律师费的计算单位。

〔94〕 See Robert R. Pearce, *A History of the Inns of Court and Chancery*, London: R. Bentley, 1848, pp. 403 – 404.

〔95〕 See Robert R. Pearce, *A History of the Inns of Court and Chancery*, London: R. Bentley, 1848, p. 17. 但是根据 1873—1875 年《司法组织法》(*Judicature Acts*)，这种法律年度规定被废除，并将法律年度重新划分为开庭期（sittings）和休庭期（vacations）。但传统的开庭期的划分仍被四大律师公会所保留，以确定各种期间和日期，如授予律师资格（call to the bar）的时间、庆祝盛大日（Grand Day）的时间等。薛波主编：《元照英美法词典》，北京大学出版社 2013 年版，第 1335 ~ 1336 页。

〔96〕 ［英］塞西尔·黑德勒姆：《律师会馆》，张芝梅编译，上海三联书店 2006 年版，第 14 ~ 16 页。

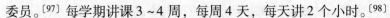

委员。[97] 每学期讲课 3~4 周，每周 4 天，每天讲 2 个小时。[98]

（4）学生权利及其救济。会馆成员对律师会馆管理的任何反对意见，都会被提交给主管委员们，他们会调查反对是否有效。会馆在内部的管理上有极大的自主权。通过伍勒（Wooler）案，确立了法官对会馆学生入学准入批准的管理无权干涉的原则。然而，1837 年 1 月 24 日，内殿会馆的主管委员们采纳了此种决议：会馆愿意接受法官们对学生入学申请方面的管辖。但是这份声明之后的 10 年内没有发生法官干涉入学管理的案件。这是因为，被任何一个会馆拒绝入学可以视为被其他会馆拒绝的充分理由，虽然这是在特殊情况下适用的例外规则。实际情况是，当拒绝入学的管理通告从一个会馆发出时，它会伴随着成员们的描绘而传播到其他会馆。[99]

3. 出庭律师执业资格的管理

（1）授予出庭律师资格的条件。任何被授予出庭律师资格的人都必须修完 12 个学期的课程（每年最多 4 个学期），而且必须年满 21 周岁。没有人可以在 21 周岁之前授予出庭律师资格，除非他已经在会馆学习了 5 年。林肯会馆规定，授予出庭律师资格必须在会馆学习 5 年以上，且年满 21 周岁，必须在大厅中学习完 12 个学期；在牛津或剑桥取得了文学硕士学位或法学学士学位的，可以在进入会馆 3 年以后授予出庭律师资格，但是他们仍不能免除在大厅中的学习。没有人可以在上述时间之前被授予出庭律师资格，在爱尔兰和殖民地的法律实践经验，不能作为免除的借口或计算在学习时间内。伊丽莎白一世三十六年（1593 年），关于外席律师（utter - barrister）管理的规定要求，任何授予出庭律师资格的人必须接受训练 3 年以上，这就是说，必须参加过 6 次盛大的模拟法庭，在图书馆的外席进行过 6 次模拟法庭，在学期中的案例讨论会上讨论案例 6 次，由此，才能从下列人员那里获得应得的证书：①讲师、资深律师、预备律师会馆负责人；②两位主管委员；③参加案例讨论会的三人，即一位主管和两位

　　[97]　See kenneth Charlton, *Liberal Education and the Inns of Court in the Sixteenth Century*, British Journal of Educational Studies, Vol. 9, No. 1, 1960, p. 28.

　　[98]　参见程汉大：《从学徒制到学院制——英国法律教育制度的历史演进》，载《清华法治论衡》（第 4 辑），2004 年卷，第 3 页；

　　[99]　See Robert R. Pearce, *A History of the Inns of Court and Chancery*, London：R. Bentley, 1848, pp. 391－392.

出庭律师。内殿会馆的规定，在基础条件方面与林肯基本一致，只是在都柏林的上学经历可以作为特殊考量因素。但是内殿规定这些规则不能对抗法官的执行职务令，也不适用于荣誉等级。[100]

（2）授予出庭律师资格的程序。林肯会馆规定，拟授予出庭律师资格的名单必须在前两周于大厅内公示。要想被授予出庭律师资格，学生必须向主管写申请，须有一位主管同意。提议授予学生出庭律师资格的主管必须向其他主管说明被提议人的品性和条件。授予仪式是在上次会议被提议之后的下一次会议上进行。相对于林肯，内殿把在大厅学习的时间缩短为3年。中殿会馆规定，在每学期第一周和最后一周周五召开的主管委员会议的时候，由一位主管委员提出授予出庭律师资格的候选人名单，提名者需根据自己的认识或他信赖的信息对他所提名的人做出令人满意的提名理由解释。被提名人的名字和简介会在大厅公示两周，以便成员们查看，被提名人还要向司库汇报其符合授予出庭律师资格的条件。如果没有异议，被提名人会在下次会议上被授予出庭律师资格，第二天被提名人应在大厅中于晚宴之前当着至少两名主管委员的面发誓效忠王权。

格雷会馆规定，学生在大厅学习足够久的时间，完成学期课程，其他方面与规定相一致，就可以向会馆执事提出授予出庭律师资格名单，他的名字和简介就会在会馆餐厅于学期内至少公示两周。他的名字和简介也会被送到其他会馆。随后，关于他的资格证明将由两名主管委员做出并检查。如果发现没有错误，则予以署名。这些资格包括：①年龄是否达到；②在大厅学习时间是否充足；③有无修完充分数量的学期；④是否进行了职业训练；⑤是否在会馆拥有（自己拥有权利的）办公室或是通过支付20英镑而有替代地方。之后，学生向主管委员提交申请书，出具满足资格的证明，这份证明将由至少5人组成的管理委员会（pension）上宣读，如果有一人提议而没有人反对，就会在下一次或另一场继续召开的管理委员会上决定是否授予其出庭律师资格。主管委员们引导宣誓效忠王权，如果是天主教徒则给予他关于此种类似目的的宣誓，接着授予出庭律师资格。如果有异议出现，授予出庭律师资格就会被推迟，主管委员们会对异议进行

---

[100] See Robert R. Pearce, *A History of the Inns of Court and Chancery*, London：R. Bentley, 1848, pp. 395 – 397.

仔细地调查。每个会馆的拟授予出庭律师资格的名单都会被送到其他的会馆，呈递给各位主管委员。[101]

（3）出庭律师资格授予的禁止、保证、拒绝。第一，授予出庭律师资格的禁止。虽然在亨利八世之前，神职人员不适用于普通法，但是从神职人员中选任的御前大臣和掌卷法官似乎也是律师会馆的成员。[102]但是这也是极其例外和稀少的情况，前文已经叙明神职人员是禁止成为会馆的法律学徒的，因此神职人员自然也就不能被授予其出庭律师资格。1794年7月5日，林肯会馆公布了一项决议，即四个律师会馆代表开会商议决定教会执事团体不应被授予出庭律师资格。[103]可见律师会馆对于禁止授予神职人员出庭律师资格非常严厉。

第二，授予出庭律师资格的保证。四大律师会馆的成员都要签署保证书，保证能够获得出庭律师资格。乔治三世五十五年（1814年），授予出庭律师资格的印花税是50英镑，授予出庭律师资格支付的费用是40~50英镑。[104]

第三，授予出庭律师资格的拒绝。对于授予出庭律师资格，并无宗教信仰测试。虽没有先例，但是信仰犹太教的人只要符合律师会馆的规定，也能成为出庭律师。[105]如果出现有人反对授予某人出庭律师资格，主管委员们就会听取拟被授予出庭律师资格的人的申诉，准许其提出反驳的证据。虽然有正当的理由都可以去法官哪里上诉，但是法官不会发布执行职务令强迫会馆授予某人出庭律师资格。因此1780年复活节学期，威廉·哈特（William Hart）向王座法庭申诉，希望法庭强制格雷会馆授予其出庭律

〔101〕 See Robert R. Pearce, *A History of the Inns of Court and Chancery*, London：R. Bentley, 1848, pp. 397 – 399.

〔102〕 See Robert R. Pearce, *A History of the Inns of Court and Chancery*, London：R. Bentley, 1848, p. 53.

〔103〕 See Robert R. Pearce, *A History of the Inns of Court and Chancery*, London：R. Bentley, 1848, pp. 399 – 400.

〔104〕 See Robert R. Pearce, *A History of the Inns of Court and Chancery*, London：R. Bentley, 1848, pp. 400 – 402.

〔105〕 See Robert R. Pearce, *A History of the Inns of Court and Chancery*, London：R. Bentley, 1848, pp. 400 – 402.

师资格而被拒绝。1813—1833 年这 20 年间只有 3 人被四所会馆拒绝。[106]

（4）出庭律师资格的剥夺。开除学生和剥夺出庭律师资格，是会馆给予严重不良行为和不当从业的严厉处罚。福蒂斯丘在其作品中记载了亨利六世时期会馆的处罚措施：违反规则的人会被开除，他们对这种处罚的害怕程度，甚于刑事犯罪人害怕监禁和镣铐。一旦被开除，则不会再被其他团体所接受。所以学生们因担心被开除而不敢胡作非为，进而产生了持续的和平，成员之间的行为达致了完美的和善。当出庭律师进入神职团体以后，就会辞去出庭律师的职位。如果某出庭律师是以法律事务代理人起家，现在又想重操旧业，则表明他要求剥夺其出庭律师资格。例如，1779年的库珀（Cowper）案中，库珀之前是王座法庭的法律事务代理人，在代理律师名册上除名之后成为出庭律师，又想在代理律师名册上署名，结果申请被拒绝。因为没有出庭律师成为法律事务代理人的先例，他被告知应先让会馆剥夺其出庭律师之资格。[107]

（5）出庭律师权利的救济。如果会馆成员被拒绝授予出庭律师资格，或是被会馆开除，或是被剥夺出庭律师资格，他都可以向作为会馆监督人的法官进行上诉（appeal）。[108]但是通过威廉·哈特（William Hart）案[109]、布尔曼（Boorman）案[110]、萨维奇（Savage）案[111]、海沃德（Hayward）案[112]可以发现，作为监督者的法官对于会馆管理的如下态度：首先，尊重律师会馆的自治地位，认为会馆有权对其成员做出任何管理措施；其

---

[106] See Robert R. Pearce, *A History of the Inns of Court and Chancery*, London：R. Bentley, 1848, p. 405.

[107] See Robert R. Pearce, *A History of the Inns of Court and Chancery*, London：R. Bentley, 1848, pp. 412－415.

[108] See Robert R. Pearce, *A History of the Inns of Court and Chancery*, London：R. Bentley, 1848, p. 415.

[109] See Robert R. Pearce, *A History of the Inns of Court and Chancery*, London：R. Bentley, 1848, p. 416.

[110] See Robert R. Pearce, *A History of the Inns of Court and Chancery*, London：R. Bentley, 1848, p. 417.

[111] See Robert R. Pearce, *A History of the Inns of Court and Chancery*, London：R. Bentley, 1848, pp. 417－418.

[112] See Robert R. Pearce, *A History of the Inns of Court and Chancery*, London：R. Bentley, 1848, p. 419.

次，对律师会馆的监督只是违法性监督，只进行合法性审查而不进行合理性审查；再次，对于律师会馆不合理的管理措施，不直接进行纠正，而是等待律师会馆自行改正；最后，对于律师会馆不合理的管理措施只进行非法律性评价，不伤害律师会馆的权威。

三、律师会馆法律职业教育的主要内容

律师会馆的法律职业教育的内容，从知识类别来讲可以分为法律知识和非法律知识两类。法律知识包括法律文本知识、法律实践知识；非法律知识在中世纪及近代早期主要包括宗教知识和逻辑知识。在以前的研究中，学者通常在意的是律师会馆中的法律知识的学习，实际上，非法律知识的学习在当时也是至关重要的，它们充当了律师会馆中法律职业教育的通识教育部门。

（一）法律知识的学习

1. 本文知识的学习：讲读

律师会馆的讲读（reading）可以分成两大等级三种方式。第一等级是法律学徒的训练，第一种方式是常见的讲读，第二种方式是在模拟案件讨论会上进行的诵读，地点有家庭、预备律师会馆、会馆大厅和会馆图书馆四种；第二等级是讲师、资深律师、出庭律师进行的，主要方式是案例讨论和案例分析。[113]

第一，讲读的作用与步骤。讲读是律师会馆学习的最主要方式，是他们章程中规定的重要部分。在会馆大厅中进行庄严的诵读不仅仅是为了提高各类学生的学习，正如福蒂斯丘所说，学习法律的背景与起源，是为了给日常的实践提供先进的有价值的指导，并成为这个职业群体中久经考验而能力卓著的人，这样便能够为自己所属的会馆增添荣耀，个人被视为做权威，而在威斯敏斯特的法庭辩论中对法律的阐释也被当作权威引用，从古至今一直被人们所尊重。[114] 由此可见，讲读是律师会馆法律学习最基础也是最重要的部分，能为日后的学习和执业提供重要的指引。

---

〔113〕 See Robert R. Pearce, *A History of the Inns of Court and Chancery*, London: R. Bentley, 1848, p. 65.

〔114〕 See Robert R. Pearce, *A History of the Inns of Court and Chancery*, London: R. Bentley, 1848, pp. 65 – 66.

律师会馆的讲师（reader）对重要的法令的全部或部分进行挑选，然后进行分析，解释这些条款，接着详细地论述每一个主题，指出它与普通法的关系，阐明它们在适用具体案件中的争议。科克勋爵把法令讲解分成五个步骤：其一，讲师阐释在法令产生之前普通法是什么样的；其二，说明法令的真正含义和意义；其三，举出简明的案例，这种案例只有一个要点与普通法相关，其他要点与法令有关；其四，讲师清楚明白地说明自己观点及其理由和争论，然后驳倒反对自己的观点；其五，讲师通过诵读来总结对法令的解读。[115]

第二，讲读的规则。目前存在的最有价值的讲读文本有 30 个。[116] 斯托对讲读的方式是这样描述的：主管委员任命最年长的外席律师在大厅中于他们中间做公开讲读，被任命的外席律师在半年前就接到了通知。讲读的第一天，讲师会选择一些法案或法令，整个假期的讲读都会以此为基础。讲师针对所选择的法令进行设计，列举一些疑问与问题，宣布他对这个问题的判断。之后，一位外席律师重复一遍讲师所提出的问题，通过论证的方式证明讲师的观点不符合法律。随后，更资深的律师和讲师，以相同的方式一个接一个地表明自己的观点和判断。然后，抛出案例的讲师努力驳斥反对他的意见，进一步巩固自己的观点。在这之后，如果有法官和高级律师们在场，他们会提出他们的观点。接着，最年轻的外席律师像前面一样再次演示另一个案例。这样的训练每天持续三或四个小时。按照这种方式的讲读在大斋节假期和暑假都会以相同的方式举行，但有时候不是以讲师担任主讲，而是选择高级律师主讲。[117]

第三，讲读的衰落与复兴。讲读的要求最开始是非常严格的。爱德华四世四年（1464 年），林肯会馆的主管委员们根据惯例制定了严格的讲读规则。它规定，从今以后任何会馆的成员要由出庭律师成为主管委员，必须向使徒发誓坚持讲授 6 个假期，在讲读的一个月中或是讲读前后的 14 天

---

〔115〕 See Robert R. Pearce, *A History of the Inns of Court and Chancery*, London：R. Bentley, 1848, p. 66.

〔116〕 See Robert R. Pearce, *A History of the Inns of Court and Chancery*, London：R. Bentley, 1848, pp. 66 - 69.

〔117〕 See Robert R. Pearce, *A History of the Inns of Court and Chancery*, London：R. Bentley, 1848, pp. 69 - 72.

中，无论什么理由缺席都将因为违反之前的约定而向会馆赔偿 20 先令，但是下列原因除外：①自己生病；②父母或妻子生病；③参加诉讼；④进行辩护；⑤其他无非抗拒的理由。[118] 但是后来讲读逐渐衰落，原因是新晋讲师在宴请上花费巨大。

律师会馆和中世纪的大学一样，也是一个知识行会，教师或者学生的学术团体形成自己的规则并且严格遵循对特定技能的考试，和那些普通的师父向徒弟传授手工艺的方式并无二致。这是行会的普遍特点，不管是手工艺行会还是知识行会，新升任的师父被认为有义务招待他的团体或者庆祝他获得师父的身份。按照惯例，律师会馆新任命的讲师有义务在大厅里招待主管和出庭律师。后来，那样的招待在每个地方都变得越来越奢侈，逐渐成为新任讲师严重的财政负担。[119]

随着时间的流逝，代价高昂的宴请逐渐导致了讲读这种有价值的训练方式的暂停。讲师的宴请是一场豪华奢侈的挥霍，费用经常高达 1000 英镑[120]。我们很容易看到，讲读起初的目标被遗忘在豪华的餐桌之上，讲师的任务不再是为他的听众讲授法律的原则，而是款待贵族、法官、主教、国务大臣、最重要的上流社会人士，有时甚至是国王本人。讲读变得被轻视，最终不再继续进行下去了。那些希望见证法律科学进步的人，那些期望律师会馆先贤们的遗留下的声誉能够完好地维持的人，对此感到非常遗憾。讲读衰落大约一个世纪以后，才开始在各个会馆复兴。1780 年格雷会馆的丹比·皮克林（Danby Pickering）先生，1796 年林肯会馆的迈克尔·诺兰（Michael Nolan）先生及之后的詹姆斯·麦金托什（James Mackintosh）爵士，都复兴了讲读这种教学方式。到 19 世纪中期，各个会馆的主管委员们

---

〔118〕 See Robert R. Pearce, *A History of the Inns of Court and Chancery*, London：R. Bentley, 1848, pp. 142 – 143.

〔119〕 参见［英］塞西尔·黑德勒姆：《律师会馆》，张芝梅编译，上海三联书店 2006 年版，第 19 页。

〔120〕 1000 英镑在 18 世纪以前是一笔价值不菲的财产。1500 年时一位骑士的年收入约为 200 英镑；18 世纪初，大贵族之下包括从男爵、骑士、乡绅、绅士在内的整个绅士阶层平均年收入为 354 英镑，而律师的年收入才 154 英镑。可见 1000 英镑的宴请花费是讲师们的巨大经济负担。关于英国各阶层收入水平，参见［美］克莱顿·罗伯茨等：《英国史》，潘兴明等译，商务印书馆 2013 年版，第 250 ~ 251、501 ~ 503 页。

都在各自会馆建立起来了关于不同法律部门的讲座。[121]

2. 诉讼技巧的学习：模拟案件辩论会

第一，模拟案件辩论会的基本形式。关于模拟案件辩论会（mooting），斯托有过下面详细的描述：在那些假期之中，晚饭过后的大厅里，一位讲师和一两位主管委员进来，一位外席律师向他们提出一些有疑惑的案例，案例由主管委员们进行讨论之后，转移对这个案例的讨论。主管委员们坐在长凳的位于大厅末端的上方，两个外席律师坐在大厅中间的长凳上，他们的每一边以相同的形式坐着一位内席律师，他们用法律法语向主管委员们提起某种诉讼，其中一个作为由原告雇佣的人，另外一个作为由被告雇佣的人。最后，两个外席律师对上述案件中的仍有可讨论余地的问题进行辩论。随后，主管委员们也宣布他们的观点，即他们是如何把法律运用在这些问题上的。[122]

第二，模拟案件辩论会形式的转变。模拟案件辩论会后来演变成另外一种形式，其功能由法律辩论协会承担。法律辩论协会由四大律师会馆的成员组成，在一年的大部分时间里，每周都进行聚会。他们聚集在莱昂预备律师会馆（Lyon's Inn）的大厅，定期地讨论一些问题和一般主题的法律要点。这些问题由一个委员会选出，一般涉及两个案例，指定两个人作为正方、两个人作为反方。他们辩论完之后，其他人继续辩论。法辩协会的会长从会员中选出一人担任，辩论总是有规律而有礼节地进行。这样的辩论协会有三个，都是由四大律师会馆的成员组成，协会的人数都有一定的限制。[123]

第三，从事法律职业前的训练与考核。在林肯会馆和格雷会馆，在成为出庭律师之前，每一个学生必须进行职业训练。职业训练在出庭律师面前于大厅中连续进行几天。如果出庭律师对一同参加训练的团体的成员们或某一成员怀有异议，他们可以拒绝训练他们。在林肯会馆，训练是在四

---

[121] See Robert R. Pearce, *A History of the Inns of Court and Chancery*, London：R. Bentley, 1848, pp. 72 – 73.

[122] See Robert R. Pearce, *A History of the Inns of Court and Chancery*, London：R. Bentley, 1848, p. 73.

[123] See Robert R. Pearce, *A History of the Inns of Court and Chancery*, London：R. Bentley, 1848, p. 74.

位出庭律师面前进行的，训练进行的当天，他们会在大厅中会餐。在林肯会馆，在每位学生训练之前，一份由一位林肯会馆执业出庭律师署名的证书在学期中的晚餐时被制作好，给那些在大厅中会餐的出庭律师。证书被会馆管事传递过来之后，学生在训练薄上署名。晚餐之后这些学生就会被召唤，接着在晚上参加会餐的部分出庭律师面前宣读他的训练成果。如果出庭律师认为准备训练的学生的知识水平不适合被授予出庭律师资格，他们会拒绝进行训练。被拒绝训练的学生经过向出庭律师质询后再次被拒绝，那么他可以向主管委员申诉，让主管委员决定是否适合授予其出庭律师资格。格雷会馆的训练在授予出庭律师资格前某个学期连续六天进行。两人一组，一人宣读诉词，另一个进行辩护，他们都是使用的诺曼法语。训练薄由两名出庭律师署名。[124]

训练的方式，以起诉开始。依步骤说明管辖权、参与诉讼的人、罪状、依据的令状、诉讼。外席律师在训练中不及格需罚 40 先令，将会立即被坐着的裁判官记录在案，如果由代理人进行训练则罚 20 先令，然后也被记录下来。在讲读时间中的训练和学期时间中的方式相同。在成为案件讨论成员之前学生必须在大厅中听课三年。诉状由两个坐着的年轻人宣读，这些案例和模拟案件不能重复。这些训练和讲读一样，常常伴随着宴会和晚餐。在查尔斯一世十一年（1635 年）6 月 16 日的一份法令中规定，鉴于宴会的费用越来越多，因此提倡不要晚餐、宴会或产生其他费用的活动，如果违反了将会被罚 5 英镑。[125]

但是到了 19 世纪 40 年代，这种训练仅仅是一种形式，主要的目的是让出庭律师熟悉学生的名字和他本人。[126] 19 世纪中期以后，由于大学法学院的法律教育与律师会馆的法律职业教育相衔接，职业训练成为取得律师资格必须完成的学习。有学者把职业训练当成法律学徒获得出庭律师资

---

〔124〕　See Robert R. Pearce, *A History of the Inns of Court and Chancery*, London：R. Bentley, 1848, pp. 393 – 395.

〔125〕　See Robert R. Pearce, *A History of the Inns of Court and Chancery*, London：R. Bentley, 1848, pp. 331 – 332.

〔126〕　See Robert R. Pearce, *A History of the Inns of Court and Chancery*, London：R. Bentley, 1848, pp. 393 – 395.

格后能够实际出庭辩护的答辩考试。[127]

（二）宗教知识与逻辑的学习

1. 宗教知识的学习

在教学改革之前，《圣经》在律师会馆中也是需要学习的。但是那些认为在近代以前世俗人士对宗教典籍一无所知的人常常忽视了这个问题。《正义宝鉴》[128]的作者重述了对法律的曲解，导致其汇编这本法律文献集时认为，经过他的深思熟虑，英格兰习惯（usage）由法律、善良法官的奖励、其他人的处罚所形成，因此学习《圣经》（包括旧约和新约）是有必要的。他还认为，法律不是什么其他东西，仅仅是由我们神圣的先辈流传下来保存于神圣的宗教经典中的规则而已，其目的是为了从永久的诅咒当中拯救我们的灵魂，虽然这些规则被错误的法官废弃不用，但这些神圣的经文保存在旧约和新约之中。[129]另外，还有《博士与学生》这本书，其作者生活在 1460 年，书中涉及法律、先知与使徒。书中观点认为，把"法"称为"神法"并不合适，因为它是根据神的启示，以最接近的方式来指导人达致永恒的幸福，既是旧约之法也是一种道德；使徒的新约之法，比旧约之法更为杰出。因为旧约之法仅仅显示了天使的调解过程，而使徒的新约之法则显示了圣子、圣父和人的调解过程。上帝的法律总是正确和正义的，因为它是按照上帝的意志创造出来的，所以人们根据上帝的法律做出的行为和行动也是正确的和正义的。[130]

由此可见，虽然律师会馆并不教授教会法和民法，但是他们把《圣经》的内容当作最为神圣的律条来学习。福蒂斯丘生活于亨利六世时期，

----

〔127〕 参见程汉大：《从学徒制到学院制——英国法律教育制度的历史演进》，载《清华法治论衡》（第 4 辑），2004 年卷，第 4 页。

〔128〕 《正义宝鉴》（*Mirror of Justices*），1285—1290 年间可能由一位名叫安德鲁·霍恩（Andrew Horn）的伦敦市首席财务官及鱼商用法律法语写成。全书共五编，分别涉及针对教会和平的犯罪、诉讼、抗辩、判决及滥用职权，由传说、小品文、评论及法律教科书组成。然而科克却将之视为学术专论，并在其《法学总论》（*Institutes*）中加以引用。该书于 1642 年得以印刷出版，1893 年由惠特克和梅特兰为塞尔登协会编校出版。参见薛波主编：《元照英美法词典》，北京大学出版社 2013 年版，第 918 页。

〔129〕 See Robert R. Pearce, *A History of the Inns of Court and Chancery*, London：R. Bentley, 1848, p. 75.

〔130〕 See Robert R. Pearce, *A History of the Inns of Court and Chancery*, London：R. Bentley, 1848, p. 76.

在他的"律师会馆和预备律师会馆中的学习"的报告里面，清楚地向我们讲述了当时的情况：在工作日，大部分学生都致力于法律的学习，在宗教节日则学习神圣的经文，在为宗教服务之外的时间里就阅读旧约中的历代记，以此来学习美德、驱逐邪恶。从福蒂斯丘的其他著作中可以发现，他私下里同时学习旧约和新约。根据福蒂斯丘的其他记载，我们还可以知道，在当时，十个小会馆中的任何一个都至少有一百名学生，四大会馆中任何一个都有至少两百个学生，这似乎可以说明，这个国家世俗的受教育阶层里面，大部分人都有机会熟知《圣经》的内容。[131]

除了自己学习《圣经》之外，会馆还会专门请宗教人士在会馆的礼拜堂中传授宗教知识。林肯会馆的礼拜堂在古代是为了供奉圣理查德，到了伊丽莎白一世时期，礼拜堂既没有牧师也没有成为牧师定期做礼拜的场所。伊丽莎白一世三十五年（1592 年），坎特伯雷大主教查克（Charke）给林肯会馆的主管委员们写信，要求会馆着手选择一些神学讲师，主管委员们在同年 2 月 6 号做出决定，从牛津和剑桥各聘请两名学识渊博的人，每人负责一个季节的神学演讲，每周在礼拜堂讲两次并且在周日负责布道，其他时间则另委任一个宗教团体负责。头一个半年由牛津大学先开始，接着是剑桥大学，他们每季会有 10 英镑的酬劳，在每学期中他们的日常饮食与会馆的主管委员们相同，假期由于没有为主管委员们准备饮食，所以他们就花费会馆的公共费用。[132] 因此，律师会馆的法律人才培养也受到了教会和大学的深刻影响，我们在研究律师会馆中世俗的普通法的教授的时候，不能忽视了宗教和教会法对它的影响。

2. 逻辑的学习

早期的法律人对逻辑的学习投入了极大的热情，但是在近代几乎全部忽略了。利特尔顿曾说，对于一个完全的法律人，正如可以通过这些学院的讲读来增进理解一样，逻辑的学习对于法律人的推理、归纳和其他论证

---

〔131〕 See Robert R. Pearce, *A History of the Inns of Court and Chancery*, London：R. Bentley, 1848. pp. 75 – 76.

〔132〕 See Robert R. Pearce, *A History of the Inns of Court and Chancery*, London：R. Bentley, 1848. pp. 157 – 159.

能力是一门非常有必要的艺术。[133] 由此可知，逻辑学习的目的在于增进法律人的推理、归纳和其他论证能力。弗朗西斯·培根在他的《论学习》中告诉我们，读史使人明智、读诗使人灵秀、数学使人周密、科学使人深刻、伦理使人庄重、逻辑使人上善辩。[134] 在培根看来，逻辑学习的目的在于使人善辩，而辩论是普通法法庭诉讼对抗制模式的重要内容，因此逻辑的学习是十分重要的。利特尔顿和培根对逻辑作用的不同表述说明了，律师会馆中学习的逻辑不仅能够提升法律人的理论论证能力，还能提高法律人的口头辩论能力。由于资料有限，对于律师会馆中逻辑学习的方式和学习的内容，目前无法详细获知。

（三）其他学习或助学方式

1. 自主阅读

四大律师会馆都有自己的图书馆，供法律学徒进行课外阅读。各图书馆的发展不尽相同，其中林肯会馆图书馆的情况较好，而中殿会馆图书馆略为落后。林肯会馆图书馆中有许多手稿和上万卷法律及其他种类的图书。亨利七世十三年（1497 年），约翰·内瑟索尔（John Nethersale）遗赠林肯会馆 40 马克，其中就有一部分用来建造林肯会馆图书馆以利于学生学习英格兰法。林肯会馆图书馆于亨利七世二十四年（1508 年）建造完成，詹姆斯一世时期出台了为图书馆发展进行捐款的规定，要求晋升主管委员的人捐 20 先令，晋升出庭律师的人捐 13 先令 6 便士。到 19 世纪中期，捐款的数目要求提高，晋升为主管委员需捐赠 11 几尼，晋升出庭律师需捐赠 5 英镑。林肯会馆图书馆每年从主管委员中选一人作为图书馆馆长，负责购买新著作。19 世纪中期，不论是学期中还是在假期，图书馆除 9 月之外每个月份都开放，开放月份中除周日之外每天都开放，开放时间为上午 10 点到下午 4 点。林肯会馆图书馆中除了有固定的捐款为图书馆发展做贡献之外，还有成员捐赠自己的著作手稿，例如黑尔捐赠了他的手稿集；也有

---

[133] See Robert R. Pearce, *A History of the Inns of Court and Chancery*, London：R. Bentley, 1848, p. 77.

[134] See Robert R. Pearce, *A History of the Inns of Court and Chancery*, London：R. Bentley, 1848, p. 77.

人在规定的捐赠额度之外进行额外的捐助。[135]

亨利八世时期，中殿会馆没有图书馆，因此他们不能通过多样的学习获得知识。中殿会馆曾经有一个简单的图书馆，但里面没有太多关于法律的书籍。这个图书馆是开放的，不需要钥匙就能进入，以至于里面的书籍处于持续的被盗和毁坏之中，故而也就没有太多书籍了。到了19世纪中期，中殿会馆就已经有了非常好的图书馆，不仅有适合法律人读的书，还能透过南边的窗户看到花园，而图书的丰富程度更是远远超越了以前。中殿会馆图书馆的图书可以分为九类：①法律现况报告；②法律评论；③法律杂志；④法律期刊；⑤法律出版物；⑥法理学；⑦制定法；⑧年鉴；⑨法律名家的作品。[136] 条件最差的中殿会馆图书馆此时藏书就如此丰富，对比当时属于初创时期的各大学法学院，律师会馆的学习条件算是相当优越，不愧为英格兰法律人的摇篮。

2. 课外讨论

除了在模拟案件辩论会上进行讨论之外，法律学生们还会进行课外讨论。对于圣殿会馆的学生们，除了圣殿教堂，他们没有其他地方去走动、谈论或商讨他们学习的知识，圣殿教堂聚集了起诉者。起初"Pervyse"一词意味着法庭或学术辩论，随后则应用在门廊或教堂开放的部分，在这里经常发生讨论。圣保罗大教堂以前是一个通常的约会地点，在古代，高级律师们通常站在教堂的廊柱下为那些向他们咨询的人做出建议。根据福蒂斯丘关于亨利六世时期习惯风俗的描述，我们可知，在下午西敏寺大厅关门之后，委托人就会去咨询律师或其他顾问，而当时教堂的前廊永远是开放的，因此圆形的廊柱成为人们共同使用的地方。[137]

3. 奖学金助学

唐克列德学生奖学金由克里斯托弗·坦克雷德（Christopher Tancred）于1753年设立，资助剑桥大学冈韦尔与盖迪斯学院的4位医学学生、剑桥

---

〔135〕 See Robert R. Pearce, *A History of the Inns of Court and Chancery*, London：R. Bentley, 1848, pp. 201－207.

〔136〕 See Robert R. Pearce, *A History of the Inns of Court and Chancery*, London：R. Bentley, 1848, p. 306.

〔137〕 See Robert R. Pearce, *A History of the Inns of Court and Chancery*, London：R. Bentley, 1848, pp. 277－278.

大学基督学院的 4 位神学学生，以及林肯会馆的 4 位普通法的学生，总共资助 12 位学生。资助的条件是：①年满 16 岁以上；②大不列颠本土居民；③英国国教徒；④学习条件很差，不足以支持其完成学业。受资助的学生每年会获得 50 英镑的奖学金，连续受资助 3 年，直至获得出庭律师资格。一旦资助名额出现空缺，则在 28 天内在林肯会馆中进行选举。所有想学习法律的唐克列德学生会由四大律师会馆共同决议免除其 100 英镑的学习押金。

四、律师会馆法律人才贵族精神的养成

法律人作为专业人士，在中世纪是依附于上层阶级的侍从阶级，是社会的中间阶级。但是随着中世纪后期法律人政治地位的提升，很多法律人跻身贵族阶层。律师会馆从学生来源上看，越来越像一所"贵族大学"。另外，法律行会内部也逐渐等级化，与法律人的政治地位提升相伴随地形成了一种等级制下的贵族化趋向。在这种不断贵族化的趋势中，贵族礼仪教育也成为律师会馆法律人才培养的重要内容。

（一）律师会馆成为"贵族大学"

1. 中世纪后期法律人政治地位的提升

在中世纪后期，英国的法律职业者作为专业人士，居于社会的中间阶层。从家庭出身来看，他们往往是绅士阶层的余子，由于无法继承土地财产而只能通过专业知识谋生，他们通常到城市当学徒、受教育，成功者成为富商、律师、牧师、医生等。一般来看，专业人士阶层的平均收入是低于绅士阶层而高于自耕农的。但是与医生、牧师等专业人士或商人、自耕农等社会中间阶层相比，法律职业者的社会地位具有较大的变动性。他们可以通过三种途径上升到社会上层：①通过律师执业而获得巨额财富而购买头衔或购置地产成为绅士；②成为地方治安法官、议员或下议院议员而获得政治权力与社会地位；③沿着"法律学徒—出庭律师—主管委员—高级律师—法官—上议院大法官"的法律职业晋升路径跻身贵族之列。

表 2　17 世纪早期英国社会各阶层户数及收入状况一览表[138]

社会各阶层	户　数		年收入		
	户数（千数）	百分比（%）	户均收入（镑）	总收入（万镑）	百分比（%）
大贵族	0.3	0.03	1500	45	1.2
乡　绅	20	2	600	1200	32.4
商　人	40	4	100	400	10.8
专业人士	45	4.5	100	450	12.2
约曼农	150	15	40	600	16.2
手工业者	50	5	35	175	4.7
普通农夫	350	35	15	515	13.9
茅舍农和雇工	350	35	9	315	8.6
总　计	1000	100	37	3700	100

　　虽然历史学家们不再把 1485 年作为中世纪与现代英国的分界线，但是在都铎时期一个新的英国得以建立。[139] 都铎王朝首先继承的是玫瑰战争的政治社会遗产。玫瑰战争最主要的政治社会影响在于，旧贵族大量灭亡，王权相对变强，形成了所谓的"都铎专制"。都铎专制依靠两种方式得以巩固：一是国王进一步扩大司法权，行政司法化得到进一步的巩固，特别是治安法官的广泛设置，王权在地方得以巩固；二是法律职业者广泛地参与到公共事务当中，法律规则在社会治理中的影响逐渐变强，身份、血缘与地缘因素在社会治理中的影响逐渐变弱。总之，在都铎时期，通过司法的社会治理的局面基本形成，法律人与都铎国王形成了紧密的联盟（虽然这种联盟并不是对等的，法律人是依附于国王的）。都铎王朝之后的斯图

---

〔138〕　参见宫艳丽：《英国律师阶层的兴起》（1560—1640），武汉大学 2004 年硕士学位论文，第 8 页。

〔139〕　参见［美］克莱顿·罗伯茨等：《英国史》，潘兴明等译，商务印书馆 2013 年版，第 274 页。

亚特王朝，国王们虽然追求绝对王权，打破了都铎时期王在议会中的政治格局，但是他们倚重新贵的方针没有改变，法律职业者在王国的政治地位得到继续提升。

第一，律师社会作用的提升。

一方面，律师办理案件的数量增多。律师的社会作用可以通过律师解决社会纠纷的数量反映出来，律师解决的社会纠纷越多，其社会作用就越大，对社会的发展就越重要。下表反映的150年间王座法庭与普通诉讼法庭受理案件的数量，可以推知律师工作量的变化，也就反映了律师的社会作用。150年间两大中央王室法庭的案件受理数量增加了14倍，可以推知，所有中央王室法庭受理案件不少于50 000件，由于当时英格兰的人口不超过500万，所以不到100个人中就有1人在中央王室法庭有受理的诉讼。若考虑到占人口2/3的佃农、茅舍农和雇工的诉讼能力非常弱，那么剩余1/3的中上阶层的诉讼频率将是非常高的。因此，普通法律师在亨利八世时期还担心无事可干，而在伊丽莎白时期就担心案件太多了。[140]

表3　1490—1640年王座法庭与普通诉讼法庭受理案件的数量一览表[141]

年 份	1490年	1560年	1580年	1606年	1640年
王座法庭（件）	500	914	4000	6945	8537
普通诉讼法庭（件）	1600	约4000	9300	15 508	20 628
总 计（件）	2100	约5000	13 300	22 453	29 165

另一方面，出庭律师人数的增多律师的社会作用也可以通过律师的人数变化反映出来。律师人数的增加反映了社会对律师需求的增加。下表反映了1520—1639年间四大律师会馆授予出庭律师资格的数量，到了1570年开始，四大会馆才都对授予出庭律师资格有了明确的记载。而律师会馆的学员人数是大大超过了授予出庭律师资格人数的。拘统计，在1590—

---

〔140〕　参见官艳丽：《英国律师阶层的兴起》（1560—1640），武汉大学2004年硕士学位论文，第15页。

〔141〕　See C. W. Brooks, *Lawyers*, *Litigation and English Society since 1450*, London：The Hambledon Press, 1998, pp. 11, 68.

1639 年间，授予出庭律师资格的人数为 2293，而入学总人数为 14 456，因此只有不到 1/6 的学员可以获得出庭律师资格。[142]

表 4 1520—1639 年四大律师会馆出庭律师资格批准数量表[143]

时　　间	林　肯	内　殿	中　殿	格　雷	总　　计
1520 年代	27	—	—	—	—
1530 年代	28	—	—	—	—
1540 年代	20	—	—	—	—
1550 年代	24	—	—	—	—
1560 年代	65	9	—	—	—
1570 年代	66	30	37	51	184
1580 年代	113	62	82	126	383
1590 年代	102	97	95	117	411
1600 年代	98	92	109	117	416
1610 年代	133	97	123	157	510
1620 年代	146	88	110	97	441
1630 年代	149	148	116	102	515
总　　计 (1570—1639 年)	807	614	672	767	2860

第二，治安法官与记录法官队伍的扩大。

一方面，治安法官人数的增加。为了维护地方的治安，爱德华三世时期增设了治安官，后来治安官逐渐演化为治安法官。治安法官分有专职和非专职两种，掌握普通法知识无疑是重要的考虑指标。在都铎时期，郡治

---

〔142〕　See J. A. Sharp, *Early Modern England*：*a Social History 1550 – 1760*, London：Edward Arnold, 1987, p. 69.

〔143〕　See W. R. Prest, *The Rise of the Barristers*：*a Social History of English Bar 1590 – 1640*, Oxford：Clarendon Press, 1986/2001, p. 7.

安法官是王权的地方代表，通过治安法官，女王和议会可以把他们的意愿传达到整个国家。治安法官全权负责地方治理，通过季审法庭行使权力，每三个月，一个郡的治安法官要聚会 2~3 天，审理民事和刑事案件，这种季度会议充当着一种地方议会的角色，当地居民在此可以表达不满。每个郡的治安法官大约 40 人，个别郡的治安法官数量高达 80 余人。学者对 6 个郡治安委员会（Commission of Peace）成员的统计数据表明，由出庭律师和高级辩护律师担任郡治安法官，在 1562 年占 14%，到 1636 年升至 21%。[144] 通常来说，每个治安委员会须有一名律师兼任的治安法官。鉴于治安法官权势巨大，其职位成为地方家族争夺的重点。于是很多地方士绅子弟都来律师会馆学习，他们在这里不仅仅学习普通法知识，也学习贵族礼仪社交等知识，在律师会馆学习成为士绅在伦敦进入上流社会圈的途径之一。到伊丽莎白一世后期，贵族、绅士都正从在乡村的阴谋和谋叛转到宫廷中的派系之争，以此作为政治决战之地。[145]

另一方面，记录法官数量的增加。记录法官（recorder）是由市政府任命的自治市镇首席法官，这个职位一旦取得便能终身担任。都铎时期和斯图亚特时期英格兰的人口迅速增长，因此新辟了大量的自治市镇，记录法官的人数也因此随之大量增加。在 16 世纪的 100 年中，自治市镇记录法官的数量从 15 人上升到 50 人，1660 年的时候为 100 人。[146] 17 世纪早期，由于城市规模的扩大，自治市又增设了市书记官（clerk），作为记录法官的助理。书记官一般由事务律师担任，后由出庭律师担任。因此可以推知，对记录法官的任职要求至少应是出庭律师。

第三，法律职业者在王国政治地位的增强。

一方面，法律职业者担任下议院议员。在都铎时期和斯图亚特时期，法律职业者不仅积极参与家乡的地方治理，也大量参与到国家政治当中。据英国历史学会的《下院信史》，亨利八世统治时期，950 名下议院议员中

---

〔144〕 See W. R. Prest. *The Rise of the Barristers: a Social History of English Bar 1590 – 1640*, Oxford: Clarendon Press, 1986/2001. p. 237.

〔145〕 参见［美］克莱顿·罗伯茨等:《英国史》，潘兴明等译，商务印书馆 2013 年版，第 356 页。

〔146〕 See W. R. Prest. *The Rise of the Barristers: a Social History of English Bar 1590 – 1640*, Oxford: Clarendon Press, 1986/2001. p. 240.

有 20% 的议员在律师会馆学习过；伊丽莎白统治时期，2603 名下议院议员中有 39% 的议员在律师学院学习过，伊丽莎白统治时期的最后一届议会（1601 年）中，在律师会馆学习过的议员人数比例高达 55%。[147] 由于在律师会馆受过法律教育的乡绅大量闯入下议院，议会的重心逐渐从上议院转移到下议院。这些受过良好教育特别是法律教育的议员们逐渐形成了一种团队精神和议事准则，许多问题在议会委员会中进行辩论。由此，也为斯图亚特王朝时期的宪政冲突埋下了伏笔。[148]

另一方面，法律职业者担任法官与王国显职。除了担任下议院议员之外，有很多法律职业者担任法官和王国显职。格雷会馆 1481—1675 年间有 36 位成员在担任过讲师之后被任命为王国的法官。[149] 中殿会馆 1490—1643 年间有 46 位成员在担任过讲师之后被任命为王国的法官。[150] 内殿会馆 1507—1939 年间有 39 位成员在担任过讲师之后被任命为王国的法官。[151] 上述成为法官的会馆成员中有许多曾担任或兼任过王国其他显职。除了成为法官之外，还有许多人在文学、艺术、科技等方面为王国做出了卓越的贡献，[152] 英国文学之夫杰弗雷·乔叟是典型代表之一。对于律师会馆成员政治地位的多样性，可以通过林肯会馆新大厅的窗户和墙上盾形纹章的代表者的职位窥见一斑，这 100 位林肯会馆的成员仅涵盖 17 世纪和 18 世纪。[153]

---

〔147〕 参见刘新成：《英国都铎王朝议会研究》，首都师范大学出版社 1995 年版，第 65～67 页。

〔148〕 参见 [美] 克莱顿·罗伯茨等：《英国史》，潘兴明等译，商务印书馆 2013 年版，第 358 页。

〔149〕 See Robert R. Pearce, *A History of the Inns of Court and Chancery*, London: R. Bentley, 1848, pp. 343 – 344.

〔150〕 See Robert R. Pearce, *A History of the Inns of Court and Chancery*, London: R. Bentley, 1848, pp. 289 – 290.

〔151〕 See Robert R. Pearce, *A History of the Inns of Court and Chancery*, London: R. Bentley, 1848, pp. 255 – 259.

〔152〕 See Robert R. Pearce, *A History of the Inns of Court and Chancery*, London: R. Bentley, 1848, pp. 290 – 291.

〔153〕 See Robert R. Pearce, *A History of the Inns of Court and Chancery*, London: R. Bentley, 1848, pp. 147 – 151.

表5 林肯会馆新大厅中纹章代表者职位表

职　位	人　数	职　位	人　数
普通民诉法庭法官	11	掌玺大臣	1
普通民诉法庭首席法官	8	兰开斯特公国总管	2
卷档法官	7	伯爵	8
王座法庭法官	14	侯爵	1
王座法庭首席法官	6	公爵	1
财政署男爵	19	亲王	1
财政大臣	8	国王	1
上议院大法官	7	勋爵	2
无法归类[154]	3		
总　　计　　100			

（注：表中职位只对应一个人，如果某人转任多职，则取其最主要的职位。国王是查尔斯二世国王，亲王是鲁伯特亲王，公爵是约克公爵即后来的詹姆士二世。）

2. 律师会馆成为"贵族大学"及其意义

关于早期律师会馆法律学徒的家庭出身的资料已经无从查证，但是可以肯定的是，到了都铎王朝时期，律师会馆已经成为一所"贵族大学"，是英格兰的第三所大学。导致这种变化的首要原因是，军事贵族向有政治才能的贵族的转变，促使上流阶层聚集伦敦学习治国之术。都铎王朝时期，旧的大贵族消失殆尽，涌现出一批新贵。而且拥有强大王权的都铎君主取缔了贵族拥有私人武装的权利，拥有专业知识和技能的平民越来越受到王室的重用。为了保持其政治地位以及与王室的关系，贵族子弟不得不学习文化知识，特别是治国理政之知识。但是牛津、剑桥距离伦敦太远，无疑不是理想的场所，本已位于权力中心威斯敏斯特的四大律师会馆自然

---

[154] 即 Robert Harley，威廉三世时期连任三届下院发言人，安妮女王时期主要的国务大臣之一；Robert Long，从男爵，查尔斯二世流亡期间任其秘书，1673 年任财政部审计师；Fletcher Norton，1763 年任总检察长，1769 年任巡回法庭特伦托河以南首席法官，1770 年任下院发言人。

成为不二之选。

这些贵族和士绅子弟的学习计划具有多样性：其一，有许多人是先在牛津或剑桥大学学习过古典知识之后再进入律师会馆学习法律的。在罗伯特·皮尔斯的统计中，18 世纪中期以前各律师会馆的名人中，林肯会馆的 21 位名人中有 8 位在牛津、2 位在剑桥学习过；内殿会馆的 18 位名人中有 6 人在牛津、1 人在剑桥学习过；中殿会馆的 22 位名人中有 7 人在牛津上过学，其中有 1 位不仅在牛津还在剑桥也学习过。[155] 其二，有人在牛津或剑桥大学本来就是学习的法律，不过是学习教会法和民法，之后才进入律师会馆学习本地法或普通法的。例如，格兰维尔的竞争对手史蒂芬·加德纳就是在剑桥大学圣三一学院学习了民法和教会法之后才进入格雷会馆学习的。这与教会人士和贵族人士先前的做法一样，主要是为了获取英国自己的法律知识。[156] 其三，更多的情况可能是，直接在预备律师会馆学习之后进入四大律师会馆学习。因此，整个学习年限是非常长的，律师会馆的六七年加上前期的学习，整个学习时间长达十年以上，而且这种学习是纯消费性质的，其费用远远超过一般的行会学徒。因此，非社会中上层家庭难以负担得起。

虽然律师会馆的建立，主要是为了法律职业，但是在其发展早期，这种"研究班"只是为了使年轻的贵族和绅士们在比较成熟一点的年纪接受到地方自治法律的原理和准则的指导。福蒂斯丘曾经说过，为了培养美德、摒弃恶行，骑士们男爵们以及王国的其他贵族们让他们的孩子进入会馆，虽然他们并不指望孩子们真的学习法律或以法律训练的技巧为生。同时，许多为了追求在教会和王国中的尊贵地位的神职人员，以及那些在法官、立法者、治安官职务上沉浮的人，通常会加入这些有名的会馆。[157] 律师会馆就这样成为贵族和绅士子弟俱乐部。

---

〔155〕 See Robert R. Pearce, *A History of the Inns of Court and Chancery*, London：R. Bentley, 1848, pp. 169 – 188，237 – 251，291 – 304.

〔156〕 See Robert R. Pearce, *A History of the Inns of Court and Chancery*, London：R. Bentley, 1848, p. 350.

〔157〕 See Robert R. Pearce, *A History of the Inns of Court and Chancery*, London：R. Bentley, 1848, p. 374.

表6　格雷会馆1660年之前贵族成员名单[158]

爵　位	人　数
公　爵	5
侯　爵	3
伯　爵	31
子　爵	5
男　爵	45
骑　士	21
总　计	110

　　虽然律师会馆中贵族子弟的人数不少，但是其所占比例仍然不是很大，从下表中可以看出，绅士阶层和专业人士的子弟是出庭律师的主要来源。

表7　1590—1639年出庭律师和主管委员社会家庭出身统计表[159]

社会家庭出身		出庭律师（抽样约5%）				主管委员			
		数量（人）		百分比（%）		数量（人）		百分比（%）	
贵族	大贵族	0	7	0	6.1	2	17	0.5	4.4
	骑　士	7		6.1		15		3.9	
绅士	缙　绅	16	62	13.9	53.9	39	179	10.2	46.5
	绅　士	46		40		140		36.3	

---

　　[158]　See Robert R. Pearce, *A History of the Inns of Court and Chancery*, London：R. Bentley, 1848. pp. 375 – 376.

　　[159]　See W. R. Prest, *The Rise of the Barristers：a Social History of English Bar 1590 – 1640*, Oxford：Clarendon Press, 1986/2001, p. 89. 需要注意的是，表中出庭律师人数为从1590—1639年取得出庭律师资格的2293人中抽样5%而得到的115人。关于出庭律师人数可以参见"1520—1639年四大律师会馆出庭律师资格批准数量表"。

社会家庭出身		出庭律师（抽样约5%）				主管委员			
		数量（人）		百分比（%）		数量（人）		百分比（%）	
专业人士	法律专业人士	23	27	19.9	23.4	64	70	16.6	18.2
	牧师	4		3.5		6		1.6	
其他	商人	8	19	7	16.6	46	119	11.9	30.9
	约曼农与普通农夫	3		2.6		16		4.2	
	不可考者	8		7		57		14.8	
总计		115		100		385		100	

之所以如此，恐怕是因为贵族家庭占英格兰家庭总数比例太小的缘故。而绅士子弟大量涌入律师会馆，就是为了提升自己的社会阶层，在律师会馆学习成为自耕农发财致富之后进入绅士阶层的必经阶段。[160] 根据前文数据，在1590—1639年间的入学总人数为14 456，如果按照30年一代人的人口更迭速度且每个家庭只有一人在律师会馆学习，那么同一时期内有子弟在律师会馆学习的家庭数目应为8675，这个数量约为伊丽莎白时期和斯图亚特时期绅士阶层户数的一半。由此可见，律师会馆对上流社会具有极大吸引力。故而，获得政治上的权力、提升自己的阶层地位、向贵族阶层看齐，是法律学徒们进入律师会馆学习的重要目的。

（二）律师会馆行会制的贵族化趋向

1. 律师会馆等级制的形成及其贵族化趋向

等级森严是行会的基本特征，但是一般的商业和手工业行会的等级制具有封闭性的特征，而律师会馆的等级制与之不同，它是垄断而开放的：垄断在于，只有进入了律师会馆才并取得出庭律师资格才能从事法律职业；开放性在于，法律职业具有极大的延伸性和发展性，优秀的法律人可以沿着"法律学徒—出庭律师—主管委员—高级律师—法官—上议院大法官"的法律职业晋升路径而跻身贵族之列。在1560—1625年间，有55名

---

[160] 参见［美］克莱顿·罗伯茨等：《英国史》，潘兴明等译，商务印书馆2013年版，第359页。

律师成为大法官庭的大法官、卷档法官或普通法法庭的法官，到1666年，这55个家族中有13个家族位列贵族，有17个家族获得了从男爵爵位。[161]这绝对是其他行会所无法实现的巨大荣耀。这又反过来对法律职业的行会等级制要求极为严格，只有经过严格训练与丰富实践的法律人才能承担重要的职位与巨大的荣耀。

随着律师会馆在中世纪后期进入发展的繁荣期，其内部成员也被分成了"初级学徒、内席律师、外席律师、讲师、主管委员、高级律师、法官、大法官"八个等级。从晋升的时间上看，在17、18世纪，从学生成为出庭律师的年限均为6年，从出庭律师成为主管委员的年限均为17.3年，从主管委员成为讲师年限均为4.5年。[162]从晋升的比例上看，从法律学徒晋升为出庭律师的比例是1/6，从出庭律师晋升为主管委员的比例是16.8%，从法律学徒晋升为主管委员的比例为2.7%。而大法官整个英格兰只有12位，从法律学徒成为大法官的比例为0.08%左右。[163]

第一，初级学徒。法律学徒（Apprenticiiad Legems）是一个流变的短语，没有固定的含义。它可以用来指那些在预备律师会馆真正资历较浅的学徒，是相对于指导他们学习的高年级学生来说的；也可以用来指那些学完了8年大学课程、通过了大学考试并且被允许在法庭充当辩护人的人，他们是相对于高级律师和法官来说的。因此，这个问题更加含混，不仅因为缺乏文献的证据，而且因为这个职业的专业术语没有固定的含义。[164]作为律师会馆培养的对象，本文的法律学徒指的是更宽广意义上的，是相对于主管委员和高级律师而言的，广义的法律学徒也可以包括未从会馆学生名册除名的出庭律师。

许多初级学徒在进入律师会馆之前在牛津或剑桥学习过古典知识。例如，赫赫有名的约翰·福蒂斯丘、托马斯·莫尔、马修·黑尔都是在牛津

---

[161] 参见［英］劳伦斯·斯通：《贵族的危机》（1558—1641年），于民、王俊芳译，上海人民出版社2011年版，第90页。

[162] See Robert R. Pearce, *A History of the Inns of Court and Chancery*, London: R. Bentley, 1848, p. 305.

[163] 结合前文及表3-3、表3-6计算得出。

[164] 参见［英］塞西尔·黑德勒姆：《律师会馆》，张芝梅编译，上海三联书店2006年版，第198页。

大学学习过之后进入林肯会馆的。初级学徒在会馆中着黑色长袍，没有头巾和袖子，吃饭的时候坐在桌子的下方。每一个向会馆执事或副司库申请加入会馆的初级学徒，会获得一个证明其会馆成员身份的证书，这份证书会赋予其在西敏寺大厅、中央刑事法庭和市政厅法庭（the Courts at the Guildhall）的学生区域有一个座位的权利。[165] 初级学徒也被称为"Clerks Commons"，通常而言他们需要在会馆大厅经过两年的学习而成为内席律师。[166]

第二，内席律师。内席律师（Inner Barrister）也算是低年级的学生，他们坐在大厅的围栏里面。律师会馆在进行模拟法庭的时候是模仿法庭审判的形式。律师会馆在大厅中用餐桌和平台来搭建审判台，把长凳当为辩护席，由主管委员和讲师们来担任法官，法律学徒分别担任原告和被告的辩护律师。高年级学徒坐在辩护席围栏的两侧，低年级学徒坐在围栏的里面。在模拟审判过程中，主管和讲师观察低年级学徒的表现，以决定是否招入围栏之外成为外席律师。从内席律师成为外席律师通常需要 7 年时间。[167]

第三，外席律师。外席律师（Utter Barrister 或 Outer Barrister）的地位仅次于主管，他们是优秀的学生，获得一定声望后，不再坐在大厅中央，而是被叫到围栏外面第一排的位置以便参加模拟审判（moots）或者关于法律观点的讨论。[168] 成为外席律师即表明取得了出庭律师资格，是法律学徒职业生涯的转折点。因此外席律师也就是出庭律师，但是他们在获得出庭律师资格之后是不能立马执业的，他们一般都先要当见习生，跟随资深律师在巡回法庭服务 2 ~ 3 年，在此期间还必须听 4 ~ 6 个学期的法律讲座，与此同时还要通过律师会馆定期举行的由主管主持的答辩考试（exerci-

---

〔165〕 See Robert R. Pearce, *A History of the Inns of Court and Chancery*, London：R. Bentley, 1848, pp. 421 - 422.

〔166〕 See Robert R. Pearce, *A History of the Inns of Court and Chancery*, London：R. Bentley, 1848, p. 275.

〔167〕 参见程汉大：《从学徒制到学院制——英国法律教育制度的历史演进》，载《清华法治论衡》（第 4 辑），2004 年卷，第 3 页；

〔168〕 参见 [英] 塞西尔·黑德勒姆：《律师会馆》，张芝梅编译，上海三联书店 2006 年版，第 15 页。

ses)，之后才能出庭辩护。[169]

第四，讲师。讲师（reader）是由主管从外席律师中挑选出最有价值并且学习最好的人，以帮助年轻的学生。主管在做讲座的时候也会被称为讲师。以前讲师是成为主管的前提，17世纪主管由选举产生，不再要求曾经担任讲师。也有先成为主管而后被选为讲师的情况，所以成为讲师也就是成为行会的师父，作为一种知识行会，按照惯例，律师会馆新任命的讲师有义务在大厅里招待主管和出庭律师。后来新任讲师的招待会办得越来越奢侈，成为新任讲师严重的财政负担，也导致他们在此花费的精力过多而学习与研究的时间减少。因此后来不得不对这种招待进行一定的限制。[170]

第五，主管委员。主管委员（bencher）称呼的产生，是因为在律师会馆举行模拟案件辩论会的时候，他们总是坐在审判席（bench）上扮演法官角色。[171]主管委员是从律师会馆中选出的资历较深的人，委托他们对学生进行管理和指导，并从他们中每年选出一个司库。但是会馆成员并不因资历较深而享有成为主管委员的权利。[172]在15—17世纪，主管会在春天（大斋节）和秋天（米迦勒节）法庭休庭期为律师会馆作系列讲座或者报告。其中，春假演讲一般留给那些几年前演讲过或者是主管的高级讲师。[173]授课通常有固定的模式：开始会讲解某一法例或其中某一条法律，其中包含讲师个人的理解与评论；接着会列举案例加以说明，并同时提出疑点；在场的出庭律师、主管委员和法官会对疑点一起进行讨论；学生们会认真记下他们讨论的要点，并作为学习资料而保存起来。[174]

---

〔169〕 参见程汉大：《从学徒制到学院制——英国法律教育制度的历史演进》，载《清华法治论衡》（第4辑），2004年卷，第4页。

〔170〕 参见［英］塞西尔·黑德勒姆：《律师会馆》，张芝梅编译，上海三联书店2006年版，第16、17页。

〔171〕 参见程汉大：《从学徒制到学院制——英国法律教育制度的历史演进》，载《清华法治论衡》（第4辑），2004年卷，第2页。

〔172〕 See Robert R. Pearce, *A History of the Inns of Court and Chancery*, London：R. Bentley, 1848. pp. 425 – 426.

〔173〕 参见［英］塞西尔·黑德勒姆：《律师会馆》，张芝梅编译，上海三联书店2006年版，第14~16页。

〔174〕 参见程汉大：《从学徒制到学院制——英国法律教育制度的历史演进》，载《清华法治论衡》（第4辑），2004年卷，第3页。

第六，高级律师和法官。高级律师是对法律能力证明的最高位阶，也是成为法官必不可少的条件。关于高级律师的社会阶层和法学位阶，福蒂斯丘曾有过说明：因为法律的学士和硕士学位都只在大学授予，没有英格兰法的学士和博士学位，因此创设出一个"高级律师"的法学位阶，不仅仅表示一种学位还表示一种状态，比博士学位还要尊贵和庄严。在维多利亚九年以前，只有高级律师才能在普通民诉法庭和王座法庭起诉和辩护。要成为高级律师必须从一开始就持续学习法律 16 年以上。[175] 从中世纪到 19 世纪末，英格兰民诉法庭、王座法庭以及财税法庭的法官全部是从高级律师中任命，因此某人会被提拔为法官之前会先被任命为高级律师，所以法官与高级律师之间彼此被称为"兄弟"。1877 年，高级律师阶层被解散，但是这种荣誉却从未被正式取消。[176]

2. 律师会馆行会制贵族化趋向的意义

通过严格的等级制，法律职业者有了明确的职业发展路径与预期，沿着"法律学徒—出庭律师—主管委员—高级律师—法官—上议院大法官"的法律职业晋升路径而跻身贵族之列，每一次晋升都是重要的突破。法律职业共同体内部形成的严格等级，与封建社会的等级制形成鲜明的对照：法律职业共同体由此培养了自己的贵族，他们同时也是英格兰社会的贵族，法律职业阶层的晋升成为一个不断增加贵族性的过程；与此同时，共同体内的贵族作为英格兰社会的贵族，把这种贵族性的荣耀带给了整个法律职业共同体。虽然法律职业者作为专业人士在整体上仍属于社会的中间阶层，但是他们保持着贵族性的精神，坚持英格兰古老的法律、习惯与自由传统，在法治社会的发展中保持着无上的荣耀。法律职业成为沟通社会中上层的通道，让社会中上层能够合理地流动，跨越社会阶层的资本是知识、贡献与荣誉。由此，英格兰贵族社会能够保持活力，从普通绅士到大贵族，法治的观念无不渗透。

到了近代，贵族社会逐渐演变成平民社会，等级制在各行各业逐渐消失，社会变得扁平化，但是法律职业者仍固守着等级制与传统的仪式。威

---

〔175〕 See Robert R. Pearce, *A History of the Inns of Court and Chancery*, London：R. Bentley, 1848, pp. 428 – 431.

〔176〕 参见薛波主编：《元照英美法词典》，北京大学出版社 2013 年缩印版，第 1246 页。

斯敏斯特的四大律师会馆并没有成为历史文物，而是继续为英格兰培养着优秀的法律人才。在英格兰这个法治社会，法律人始终是社会准则与精神的导引。在世袭贵族越来越像化石的现代英国社会，只有封建贵族才享有的自由、人权、法治等观念与精神，在法律职业者哪里得以鲜活地传承，法律人成为近代社会新的贵族——法律贵族。

（三）律师会馆中贵族礼仪的培养

1. 贵族礼仪培养的主要内容

第一，对面容与着装的严格要求。律师会馆对法律学徒们的面容与着装有着极其严格的要求。亨利八世二十三年（1531 年），林肯会馆规定每位绅士都不能穿任何式样的紧身裤或紧身衣，否则会被逐出房子。伊丽莎白一世三十年（1587 年），林肯会馆规定不能在大厅和礼拜堂戴帽子，不能穿长袍去伦敦或威斯敏斯特，不能蓄长发，不能穿大环状领衣服，否则会被逐出法律学徒团体或被罚款。对衣服和胡子的要求一直是最多的，而且对违反规定的罚款还会增加。但是学生们追求时尚的热情还是胜过对法律的敬畏，仍有成群结队的学生进入大厅时像豹子一样留着胡子，虽然有禁止蓄胡子超过 14 天，但是也无法检查出来具体蓄了多久，于是主管委员们不得不妥协。[177] 格雷会馆对着装也有严格的要求，其严格程度并不低于林肯会馆，还制定了行为规范的处罚条例，如果违反了将会被处于受到下列处罚：罚款、除名、请辞、失去办公室、被主管委员会起诉、法官授权起诉、遭到违约诉讼、开除。[178] 虽然中殿会馆却对着装没有做特别的规定，但是中殿会馆的每一个成员都会按照清单安排自己的着装，因此没有人会把自己打扮得很鲜亮或是很妖艳，他们通过这种着装让自己在人们中受到尊重。甚至在这些年中，他们每次外出或回到会馆都会在晚上，以至于在这段时间经常发生抢劫或其他不法行为。[179] 与着装严格要求相同，伊丽莎白时代充斥着道德保守，会馆成员保持单身似乎是一种荣誉的美德，

---

〔177〕 See Robert R. Pearce, *A History of the Inns of Court and Chancery*, London：R. Bentley, 1848, pp. 144 – 146.

〔178〕 See Robert R. Pearce, *A History of the Inns of Court and Chancery*, London：R. Bentley, 1848, pp. 332 – 335.

〔179〕 See Robert R. Pearce, *A History of the Inns of Court and Chancery*, London：R. Bentley, 1848, p. 276.

而且神学方面的讲师应该是单身的。对男生之间的接触也有所禁忌，例如妇女禁止参加礼拜堂的布道会、女佣女仆不能进入会馆成员的办公室，除非 40 岁以上的妇女，否则会受到处罚。[180]

第二，晋升高级律师的宴会。律师会馆常常为自己的成员的晋升举办盛大而奢华的宴会。前文"讲读"部分已经对晋升讲师的奢侈与挥霍做了简单的描绘，下面对晋升高级律师的礼仪做简要的介绍。晋升高级律师需要一笔巨大的花费，根据内殿会馆 1552 年 10 月 16 日举办的授予高级律师资格活动的记载，当时四大律师会馆的所有仆人必须身着制服，而晋升为高级律师的人必须给 25 类人赠送金戒指，包括各类法政大臣、王室成员和晋升活动服务人员，花费总计高达 151 英镑以上，人均 21 英镑以上。庆祝宴会上的仆人是从四大律师会馆里面挑选最重要的学生组成的，高级律师也可以从自己所属的会馆中挑选出三人为自己服务。在宴席上，所有新晋高级律师都坐在长凳的一边、整个大厅中最显赫的位置，其次才是枢密院勋爵、伦敦市长和市议员。高级律师还享用最好的晚餐，但是是在专给高级律师的办公室里享用。仅两场晚餐就花费了 16 英镑 11 先令 8 便士。宴会结束以后，新晋高级律师由众人陪同，穿过舰队街去圣保罗大教堂，履行完一些仪式之后回到高级律师会馆。[181] 高级律师的尊荣从晋升活动中可见一斑。法律学徒们正是在会馆为内部成员举办的礼仪活动中习得礼仪知识的，并且通过这种盛大的晋升仪式，可以激发学生们对成功法律人的崇敬之情以及对荣誉的渴望。

第三，节日的狂欢活动。在万圣节和圣诞节以及其他欢乐的季节，律师会馆会举办各种狂欢活动，它们是自古以来普遍流行的娱乐活动的一部分，不管是富人还是穷人，都沉浸在英格兰的欢乐之中。在贵族宅邸和其他的大宅之中，都会任命一位负责狂欢活动的官员，负责从万圣节到圣烛节的圣诞节的消遣。平民百姓在此期间沉浸在各种奇特的表演和各式各样的运动、消遣、锻炼之中。在特定的季节之中，法律学徒们可以在会馆大厅中快乐尽情地跳舞和狂欢，没有人会想着学习。亨利六世九年，林肯会

〔180〕 See Robert R. Pearce, *A History of the Inns of Court and Chancery*, London：R. Bentley, 1848, pp. 335 – 336.

〔181〕 See Robert R. Pearce, *A History of the Inns of Court and Chancery*, London：R. Bentley, 1848, pp. 219 – 226.

馆主管委员会规定，一年之中只能有四场狂欢活动，不能举办更多。第一场是在万圣节（10 月 31 日）的宴会上，第二场是在"St. Erkenwald"节（伦敦主教 693）宴会的时候，第三场是在"Purification of our Lady"，第四场是在仲夏节（施洗约翰节 6 月 24 日）[182]。伊丽莎白一世四年（1592 年），内殿会馆中举办了一次非常重要的圣诞狂欢，会馆中的成员罗伯特·伊丽莎白（Robert Elizabeth）勋爵被选为高级警官和警察局长。内殿会馆还举行过一次授予骑士头衔盛典。[183] 会馆还为 Purpoole 亲王在 1594 年举行过狂欢活动，有非常多的显贵参加，盛况非凡。[184]

第四，创作剧本和表演戏剧。能够明确发现的会馆中的第一次戏剧和化装舞会记载在豪尔（Hall）的编年史中，发生于亨利八世十八年（1526 年），而整个伦敦城也才在 1525 年有了戏剧表演的明确记载。现存最早的可以被称为悲剧的作品是《高布达克》（Gorboduc），于 1561 年在伊丽莎白女王面前上演。它开始由托马斯·萨克维尔（Thomas Sackville），后来由巴克赫斯特（Buckhurst）勋爵和托马斯·诺顿（Thomas Norton）创作完成，他们两人都是内殿会馆的出庭律师。该剧记载了这样一个故事：不列颠国王高布达克（Gorboduc）在世时把王国分给了两个儿子费雷（Ferrex）和波雷克斯（Porrex），但两个儿子有分歧，小儿子杀死了大儿子，母亲偏爱大儿子，她为大儿子报仇杀死了小儿子。人们被残忍的事实所震动而起义反抗，杀死了国王与王后，大部分国土被叛乱破坏。贵族之间争夺王位而混战，王位继承变得不稳定。贵族陷入内乱，国土因而长期分裂而充满着不幸与哀鸣。这类早期作品，都被分为五幕，每一幕之前都有一段哑剧，前四幕以合唱结束，第五幕以收场白结束。[185] 这个悲剧故事以王室作为故事内容，似乎是对亨利六世及兰开斯特家族和约克家族玫瑰战争的隐喻。

[182] See Robert R. Pearce, *A History of the Inns of Court and Chancery*, London：R. Bentley, 1848, pp. 114 – 115.

[183] See Robert R. Pearce, *A History of the Inns of Court and Chancery*, London：R. Bentley, 1848, p. 115.

[184] See Robert R. Pearce, *A History of the Inns of Court and Chancery*, London：R. Bentley, 1848, pp. 119 – 123.

[185] See Robert R. Pearce, *A History of the Inns of Court and Chancery*, London：R. Bentley, 1848, pp. 82 – 85.

总之，以出庭律师的身份写作这类剧本，可以推想出律师会馆中的教育肯定不限于法律知识的传授和法律技巧的训练，法律学徒们对历史、文学知识的掌握必定是非常深厚的，更为重要的是，他们肯定是浸润于戏剧文化之中，否则不能创作出那个时代杰出的戏剧。实际上，在近代早期，出自律师会馆成员之手的剧本非常多。[186] 律师会馆的成员们不仅写剧本，甚至还进行表演，历史上他们多次为王室进行演出。1613 年 2 月 15 日，中殿会馆和林肯会馆为伊丽莎白公主和巴拉丁伯爵（Palsgrave）（在领地内享有部分王权的伯爵）的婚礼进行了演出，演出在詹姆士一世面前于白厅（Whitehall）举行。[187]

第五，举行盛装舞会。四大律师会馆举行过的盛装舞会非常多，最为盛大的舞会是在 1633 年的诸圣日节期（11 月 1 日）前后、约克公爵（后来的詹姆斯二世）出生时（10 月 14 日）举办的。四大律师会馆的几个主要成员认为，可以通过以主办盛大的舞会这种外显而张扬的方式向国王和王后表示拥护。这种想法首先由林肯会馆提出，这也是为了表明四大会馆对普林（Prynne）的反对，因为普林曾激烈地抨击所有的娱乐活动。为举办好这次活动，从每个会馆中选出两人组成了筹备委员会，委员会成立后任命了几个具体的事务委员会。在白厅宫举行化装舞会的时间确定在圣烛节的晚上，以作为圣诞节的结束。通过准备和几场演练之后，化装舞者的队伍在指定日期都准备好了。为了解决那个会馆处于首要位置及各个会馆的次序，还是按照投骰子的方式决定。[188]

在圣烛节下午，化装舞者、骑手、音乐家、舞者等所有这场舞会的演员们都聚集在霍尔本的伊利公馆（Ely House），大委员会在此安排所有的事务。等到夜幕降临，所有事情都准备就绪，他们就沿着文秘署巷向白厅前进。第一队列是 20 个步兵，他们身着带有银色花边的绯红色制服，每人都佩着剑，一只手拿着警棍、另一只手拿着点燃的火炬。他们是司仪的部

〔186〕 See Robert R. Pearce, *A History of the Inns of Court and Chancery*, London：R. Bentley, 1848, pp. 85 – 88.

〔187〕 See Robert R. Pearce, *A History of the Inns of Court and Chancery*, London：R. Bentley, 1848, pp. 97 – 99.

〔188〕 See Robert R. Pearce, *A History of the Inns of Court and Chancery*, London：R. Bentley, 1848, pp. 102 – 103.

下，负责清障开路。他们后面就是司仪达雷尔（Darrel，不久被国王封为骑士），他是林肯会馆的成员，是一位非常英俊正派的绅士。他骑着国王最好的马，马上佩戴着最贵的马鞍之一，他的马术也非常出色，每边各有一位拿着火炬跟着他的人，还有一位穿着制服的男仆跟在他后面为他拿着斗篷。司仪后面是律师会馆的 100 名绅士，他们是从每个会馆中挑出 25 个最正派和英俊的年轻绅士组成的，他们每人都骑着有着最好的装饰的马。这些马都是从国王和城镇中所有贵族可以负担的马厩中挑选出来的，他们为了这次盛会而把马借给会馆。在随后的化装舞者的花车游行中，按照格雷会馆、中殿会馆、内殿会馆和林肯会馆的顺序进行。由于队伍人数较多，所以行进比较缓慢，更为重要的原因是街道上数量众多的观看者，他们站在窗边，似乎都不愿意与这盛大的场景分开。白厅的宴会厅时刻都保持着拥挤的状态，到处都是身着华服和珠宝的贵族、绅士和贵妇，几乎都没有空地让国王和王后进来。顶层楼座是给来观看化装舞会的会馆绅士们预留的，国王跟王后站在窗前，可以从那里看到队伍宏伟的气势。国王和王后以及所有贵族队伍进来之后化装舞会开始表演：跳舞、讲演、音乐和场景剧。舞蹈、人物、道具、声音、乐器、歌曲、曲调、沉着、词汇和行为，都准确无误，场景感觉令人好奇的而代价高昂。王后与化装舞者跳舞，给予了它们莫大的荣幸，她评价他们像她以前看到的优秀舞者，她自由而有礼貌地与所有的化装舞者跳舞。他们几乎消遣到早晨，国王和王后回到他们的房间，化装舞者和会馆的绅士们到宏大的宴席就餐，随后离散开回到自己的地区。王后非常高兴，希望再表演一次。为了满足王后的期望，整个盛会在裁缝商人大厅为国王、王后、市长勋爵和市民又举办了一次。舞会之后，约翰·芬奇爵士、格林先生、海德先生和怀特洛克先生作为会馆的代表等候国王，他们被允许亲吻国王的手，他们与国王互致谢辞。[189]

2. 贵族礼仪培养的作用和意义

"在一个社会里，贵族制度的维系，很大程度上依赖于仪礼、服饰和语言这些精微的文化符号，只有熟稔贵族阶级文化符号的人，才会被视作

---

[189] See Robert R. Pearce, *A History of the Inns of Court and Chancery*, London：R. Bentley, 1848, pp. 103 – 108.

真正意义上的贵人。"[190] 也就是说能够熟知和践行贵族礼仪的人才能真正融入贵族社会。对于大部分是绅士子弟为了提升自己的阶层地位而向贵族看齐的法律学徒而言，熟练掌握贵族的礼仪无疑是融入上流社会所必需掌握的。当律师会馆变成了"贵族大学"，也就毫无疑问地变成了绅士的礼仪学校。

律师会馆的中礼仪教育的五个方面，在当今看来与法律职业教育似乎毫无关系，甚至也与通识教育关系不大，但是却在中世纪后期和近代早期为英格兰法律人所格外看重。他们认为英国戏剧和化装舞会是符合礼仪的放松活动，即使是严肃的法律人和政治家也不会因参加演出而有失庄重，他们不仅作为戴面具的人也作为喜爱的观众而提供娱乐。他们认为这种方式不仅可以提高法律学生的文学品味，还能培养修辞能力，让他们的声音更有力，让他们的姿势更自在舒适。[191] 在这些礼仪活动中，法律学徒们学习贵族社会的礼仪文化和社交规则，并通过这种活动增进法律人之间的关系、培养对所属律师会馆的认同感，而且还可以拉近法律人与国王的关系。对大多数法律学生而言，在律师会馆学习礼仪甚至比学习法律更加重要，因为他们的目标更有可能是成为一位上流阶层的人而非一名法律职业者。

更为重要的是，这些活动在当时并不是普通民众所能参与的活动，常常是贵族们才进行的活动。这些内容丰富而花费高昂的礼仪活动不久随着王权的没落和贵族时代的消退而逐渐衰落。17 世纪以后人们对花费巨大的狂欢感到厌恶，当时一场狂欢的花费高达 2000 英镑。到 18 世纪中期，狂欢活动就结束了，最后一场为塔尔博特（Talbot）先生升为议长而举办的狂欢活动是 1733 年在内殿举办的。[192] 而最后一场有详细记载的在会馆里的演出是在威廉三世即位的时候，内殿会馆举办宴会招待他，并接着举办

---

〔190〕 柯岚：《律师会馆与法律人的贵族精神》，载《博览群书》2007 年第 1 期。

〔191〕 See Robert R. Pearce, *A History of the Inns of Court and Chancery*, London：R. Bentley, 1848, p. 81.

〔192〕 See Robert R. Pearce, *A History of the Inns of Court and Chancery*, London：R. Bentley, 1848, pp. 127 – 128.

了化装舞会。[193] 同样，戏剧演出的花费也很高昂，1613年在白厅的演出花费不少于1086英镑。最让人吃惊的是，1633年举办的那场舞会总共花费了21 000英镑，[194] 这在当时绝对是一笔巨大的资金，相当于中产阶层数百年的收入。[195] 这些花费最终都由举办的律师会馆的成员们承担。然而举办舞会的政治效果似乎并不理想，九年之后英格兰内战就爆发了。国王试图违反宪法惯例使王权超越法律，最后以白厅的流血悲剧而告终。之后，追求沉闷的氛围获得优势，国会立法压制舞台演出并谴责舞台表演是"恶魔的盛会"。[196]

但是并不能因为这些礼仪活动的逐渐消失而否定其历史意义。蕴含在行会制中的日常生活礼仪化，"把法律教育与生活结合在一起，这有利于师徒之间形成心理上的认同感"[197]，从而形成稳固的法律职业共同体。学生们在律师会馆学习到的不仅仅是法律知识，还有礼仪知识，通过礼仪活动来涵养贵族气质。在这些活动中，每个人各司其职、遵守等级秩序、崇尚荣耀；四大律师会馆之间既竞争又联合，遵守着同质的行为准则，促进了对共同体的认同。

另外，通过这些有一定政治目的的礼仪活动，法律职业者与贵族及王室形成紧密的关系。虽然1633年的舞会在短期内并没有到达预期的目的，但是却取得了长期的良好效果。譬如，经历了内战的血雨腥风之后，查尔斯二世与法律人重归于好，1662年和1671年他两次造访林肯会馆。在1671年的造访中，除了查尔斯二世及其王后，还有鲁珀特（Ruport）亲王、蒙默思（Monmouth）公爵、里士满（Richmond）公爵、曼彻斯特伯

---

〔193〕　See Robert R. Pearce, *A History of the Inns of Court and Chancery*, London：R. Bentley, 1848, p. 288.

〔194〕　See Robert R. Pearce, *A History of the Inns of Court and Chancery*, London：R. Bentley, 1848, pp. 102 – 108.

〔195〕　1700年律师阶层的年均收入约为150英镑，陆海军军官的收入为50英镑左右，这是经过了经济发展后的收入，那么1633年的收入应该低于1700年的收入。因此可以推测这次宴会的花费相当于150名律师一年的总收入或400多名军官一年的总收入。［美］克莱顿·罗伯茨等：《英国史》，潘兴明等译，商务印书馆2013年版，第503页。

〔196〕　See Robert R. Pearce, *A History of the Inns of Court and Chancery*, London：R. Bentley, 1848, p. 113.

〔197〕　尹超：《英国学徒制法律教育与普通法传统的存续》，载《环球法律评论》2010年第2期。

爵、巴斯伯爵、安格尔西（Anglesea）伯爵、哈利法克斯（Halifax）子爵、伊利主教、纽波特（Newport）勋爵、亨利·霍华德（Henry Howard）勋爵及其他重要的人物。宴会结束以后，查尔斯二世要求把人员准入登记簿拿给他，他亲自在上面写下了自己的名字，屈尊成为会馆的一员。鲁珀特亲王、公爵及其他勋爵们仿照国王的做法，借了学生们的礼服，把自己的名字登记在名册上。紧接着，国王授予会馆两位主管委员骑士勋位。[198] 1661年8月15日查尔斯二世和约克公爵也参加了内殿会馆的宴会，在同一年他们与诸多显贵都加入了内殿会馆。[199] 从此，不仅有许多法律人变成了贵族，而且贵族们也主动变成法律人，法律人与贵族在内战后还是紧密的同盟。

总之，在中世纪后期和近代早期，英格兰的法律人和贵族之间相互融合相互影响，经过内战的洗礼之后，他们在自由和权利的观念下，逐渐聚拢在宪政与法治的大旗之下，以贵族精神引领着王国的发展，并最终促成了英格兰法律贵族的形成。

五、律师会馆法律人才的基本特质

本文前两部分从律师会馆法律职业教育的主要内容和律师会馆法律人才贵族精神的养成两个方面对律师会馆法律人才培养做了论述。本部分将对律师会馆培养出来的法律人才的基本特征进行研究。正是因为律师会馆培养的法律人才具有这些基本特性，才使得他们对英国的法律发展与法治进步产生了巨大的推动作用。本部分对英格兰法律人群体的特性将从两个方面展开：一方面，针对法律职业，他们兼具法律技艺与政治德性，具有法律素养的全面性；另一方面，针对政治变革，他们作为一个共同体表现出革命和保守两种态度，具有政治倾向上的两面性。

（一）法律职业中兼具技艺理性与政治德性

1. 英格兰法律人的技艺理性

英格兰法律职业者素养最显著的体现就是他们所特有的"技艺理性"。

---

[198] See Robert R. Pearce, *A History of the Inns of Court and Chancery*, London：R. Bentley, 1848, pp. 151 – 156.

[199] See Robert R. Pearce, *A History of the Inns of Court and Chancery*, London：R. Bentley, 1848, p. 236.

"所谓技艺理性就是将自然的推理能力长期运用于一个特定领域而形成的能够更为敏锐地判断、处理该领域的事务的专业性观察、推理、分析、判断能力。"技艺理性最初是由英格兰法律家在16—17世纪——普通法与英格兰宪政发展的重要时期，用来论证"普通法对于治理英格兰的适切性及法律相对于王权的独立性的"。通过这种论证，"司法部门在政体架构中的位置得以确立，司法活动在整个社会治理体系中获得了恰当的位置。"[200]技艺理性虽然由柯克在"禁止国王听审案"中正式提出，但是柯克之前的托马斯·利特尔顿、埃德蒙德·波洛登以及同时代的亨德利、塞尔登都对此概念有重要的贡献，柯克的贡献在于总结和概况了技艺理性并赋予其权威。[201]也就是说，柯克时代确立了技艺理性的概念，也就是在观念上确立了司法独立的原则、确立了通过司法的社会治理原则、确立了司法职业化的原则。英格兰法律人具有不同于常人的"自然理性"的技艺理性，正是这些原则观念得以确立的基础。[202]而法律人的技艺理性正是在律师会馆的培养下养成的。

技艺理性是人人具备的自然推理能力长期运用于某一特定领域而形成的专业性推理能力，它包含"司法的技术性知识"和"司法的实践性知识"两类，是两者的有机融合。[203]这种知识的具备只有通过传统的师徒关系得以传授和习得，律师会馆正是习得这两种知识的最好场所。学生们通过讲读、逻辑的学习和自主阅读来获得抽象的书本知识，掌握法律的技术性知识；通过模拟案件辩论会、职业训练、法庭旁听和实习而获得法律的实践性知识。英格兰法律人正是在律师会馆的行会制学徒式的法律职业教育中，习得法律的全面技艺。

2. 英格兰法律人的政治德性

现代社会是法治社会，法律与道德经过了长期的混合之后逐渐划定了自己的边界。近代以前，西方是宗教、道德、权威（政治、法律）相互为

---

〔200〕　参见姚中秋：《技艺理性视角下的司法职业化》，载《华东政法大学学报》2008年第6期。

〔201〕　参见李栋：《英国普通法的"技艺理性"》，载《环球法律评论》2009年第2期。

〔202〕　参见宋远升：《论法律人的技艺理性》，载《法学论坛》2014年第4期。

〔203〕　参见姚中秋：《技艺理性视角下的司法职业化》，载《华东政法大学学报》2008年第6期，第8页。

治，到了近代，通过法律的社会治理成为主要的治理方式。虽然政治与法律属于不同的领域，但是由于现代社会是法治社会，政策必须要变为法律才能实施。所以，法律的治理效果也影响着国家的政治发展情况。在法治程度高的国家，所有的政治问题都会变成法律问题，而最复杂、重大的法律问题在本质上也是一个政治问题，美国最高法院的运作充分体现了这一点。法律人必须同时具有足够法律技艺和政治才能。因此，法治社会的法律人也离不开政治德性，离开政治德性的法律人只能是法匠，甚至是人民公敌。托克维尔在他的名著《论美国的民主》中就对美国法学家[204]赞赏有加，[205]其实他是对美国法官的政治作用的赞赏。在现代社会法律首先是一种规则，因此法律人从事的是一种纯粹的技术工作，然而法律商业主义模式下的诉讼爆炸给我们的启示，是法律人不能沦为法匠。政治德性的形成需要的是法律人在大量实践的基础上形成的资历（经验）、声誉（能力）、威望（职级），这种德性的形成，只有在英格兰这种尊重传统、倾向保守的社会体制中才能最好地实现。

英格兰法律人的政治德性实际上是其贵族性的体现。17世纪的约翰·霍尔特就树立了一个精神和气节上的典范，他在遭到了压力时，通过辞职来抵抗王权和国会的侵犯。[206]柯克等英格兰法律家是英格兰法律人的杰出代表，他们身上体现了法律人的政治德性，他们始终为政治的正当性做辩护，敢于为了公平和正义与强权做斗争，他们的事迹为法律人的超越精神做注脚，成为英格兰自由与权利捍卫者的典范。

3. 小结：完全的法律职业主义

法律职业的技术性和公共性是其产生以来就一直困扰人们的难题，处理好二者的关系是更好地实现法治的题中之义。如果过分讲求公共性就会对技术性产生冲突，如果过分地讲求技术性就会导致法律职业的商业化、

---

〔204〕 实际上译作"法学家"并不恰当，在当代汉语的语境中，法学家指的是法学学术造诣很高的法律人，其代表就是大学法学教授。而托克维尔所说的法学家应该是指杰出的法律人，其代表是美国的法官。

〔205〕 参见〔法〕托克维尔：《论美国的民主》，高牧译，商务印书馆2008年版，第172～176页。

〔206〕 See Robert R. Pearce, *A History of the Inns of Court and Chancery*, London：R. Bentley, 1848. pp. 372 – 373.

庸俗化。[207] 只有处理好二者关系，能够同时兼容技术性和公共性的法律职业主义才是真正的法律职业主义，是完全的法律职业主义。英格兰法律人兼具法律技艺与政治德性，能够实现从处理法律业务的私人事务解决者向参与政治事务的公共事务影响者的角色转换，是兼具法律职业技术性与公共性的良好体现。这对于今天过分商业化的法律职业主义能够带来诸多的启示。

（二）公共事务中出现革命与保守的两面性

1. 英格兰法律人在资产阶级革命中的不同表现

对于英格兰资产阶级革命中的法律人，我们往往产生这样的误解：以科克为代表的法律人都是反对专制王权的。实际上，这只是我们的片面看法或误解。在英格兰资产阶级革命中，法律人的确起到了巨大的推动作用，但是同时另一部分法律人确是坚定的保皇党人，不惜为保卫王室而命丧黄泉。

第一，英格兰法律人对资产阶级革命的推动作用。17世纪英格兰王国的斗争，不再是简单的国王与封建领主贵族的斗争，而是国王与资产阶级（新贵族与大商人）之间的斗争。斗争争取的已不再是古老的封建自由，而是资产阶级作为统治阶级的诉求，以征税和司法权力为核心的国家权力的诉求。他们的权力诉求都是由法律人来代言的。首先，法律人以对普通法心智的偏执，通过复辟古老的封建自由而力争限制国王的权力来实现资产阶级的新自由。[208] 普通法心智实际上充当了资产阶级革命意识形态的作用。其次，以柯克为首的法律人凝练出技艺理性的概念，为法律人争取到了司法独立与司法职业化。这就为保障资产阶级的权力提供了有利的条件。再次，通过辉格党律师在议会中的斗争，确立了议会立法权高于国王特权的原则，从而促进了英格兰宪政的生成。最后，更为重要的是，法律人在议会中的斗争没有诉诸非法的手段，而是在国家宪政和法律的基础上进行的抗争，是通过演讲、辩论来实现自己的主张，从而结束了中世纪国王与贵族或起义农民的兵戎相见，确立了资产阶级政治斗争的基本方式与

---

[207] 参见李学尧：《法律职业主义》，载《法学研究》2005年第6期。

[208] 泮伟江：《"偏执"的普通法心智与英格兰宪政的奥秘——读波考克〈古老的宪法与封建法〉》，载《政法论坛》2013年第4期。

底线。[209]

第二，英格兰法律人在资产阶级革命中对王权的拥护。在近代以前，"国王的法官从法理和封建理论上讲是国王的臣仆，在实际中他们也是如此，他们跟行政管理官员一样，可以被国王随时免去他们的法官职务"，[210]因此法官拥护国王是天经地义的。实际上，本文的第三部分就一直在说明律师会馆法律人与国王结成了紧密的关系甚至是同盟，因此律师会馆中的法律人有拥护国王的就不足为怪了。詹姆斯国王统治时期，律师会馆和预备律师会馆中就建立了军团，军团的人数限制在 600 人，军官由它们的统帅挑选；每个会馆为他们自己的绅士提供军衔，不同会馆的优先权通过投骰子决定。1642 年，五会员（Five Members）被捕，500 名骁勇的法律人游行到威斯敏斯特，表达了要保卫他们的国王查尔斯一世的决心。查尔斯一世在他统治时期的开始就一直是会馆的会员。内战爆发时，他鼓励主管们和学生们展示他们的武力和马术，他委派掌玺大臣利爱德华·利特尔顿勋爵从律师会馆和预备律师会馆的绅士们中组建一个步兵团。利特尔顿在操练新兵时死于伤寒，他的继任者是首席法官希思（Heath）。一个步兵团保卫牛津城和牛津的大学，一个人员和装备都很精良的骑兵团保卫国王本人。[211]

另外，在英格兰资产阶级革命中，社会上对法律人的评价并不是一边倒称好的。1642 年，一份属于 the yeare of grace and reformation 系列的狂热出版物《来自地狱、罗马、律师会馆的消息》，里面包含了一封魔鬼写给罗马教皇的信，在那些狂妄的言论中，表明大魔鬼撒旦与罗马教皇、法律人之间签署了一份协议。[212] 可见当时激进的革命派对法律人的憎恶态度。因为法律人事实上是与国王特别亲近的，例如著名的霍布斯和弗朗西斯·培根都是斯图亚特王权的积极支持者。实际上柯克就任伊丽莎白的总检察

〔209〕 李栋：《通过司法限制权力：英格兰司法的成长与宪政的生成》，北京大学出版社 2011 年版，第 296～319 页。

〔210〕 陈绪刚：《法律职业与法治——以英格兰为例》，清华大学出版社 2007 年版，第 231 页。

〔211〕 ［英］塞西尔·黑德勒姆：《律师会馆》，张芝梅编译，上海三联书店 2006 年版，第 143～145 页。

〔212〕 See Robert R. Pearce, *A History of the Inns of Court and Chancery*, London：R. Bentley, 1848, p. 286.

长时就积极捍卫王权，代表王室提起了许多诽谤罪和叛国罪的公诉。柯克甚至被认为是第一个赋予王室法律地位的人，是在封建权力的斗争中在法律上将国王重新塑造成国家的代表的人。[213] 另外，法律人与国王的良好关系通过中殿会馆大厅的窗户上查尔斯一世、查尔斯二世、詹姆斯一世、威廉三世、安妮女王、乔治二世等国王或女王的画像也可见一斑。[214]

2. 英格兰法律人在资产阶级革命中具有两面性的原因

对于英格兰法律人在政治变革中的作用，学者们都是做单方面的解释，很少做统一的解释，因为统一性的解释总是出现自相矛盾与纠缠不清的状况。但是这也正是普通法与律师会馆法律人才培养的魅力之所在。概括起来，有以下两个方面的原因：

第一，知识构成与阶级立场的冲突。17 世纪英格兰法律人学习的法律基本知识都还是封建主义的，他们心中的普通法心智观念使得他们坚信英格兰具有一种从未中断的通过普通法来保护公民自由与权利的传统。这种普通法心智对英国法律史的理解虽然是罔顾现实的自欺欺人，但却是英格兰法律人在反对斯图亚特王朝绝对王权的宪政斗争中的勇气和力量的源泉。[215] 他们认为英格兰王国的政府是由国王、上院、下院和法院共同组成的混合政体，它们的关系是由古老的普通法设计的，这是一个非常和谐的有机的整体，他们支持的是有限的王权，而不是打破了王国古老政体结构的绝对王权。因此，支持专制却奉行国王在议会中的伊丽莎白女王的法律人，断然不能支持试图实现绝对王权的斯图亚特君主。于是，有着极强的普通法心智观念、对英格兰法律传统有着强烈赞同的那些法律人为了实现

---

〔213〕 于明：《法律传统、国家形态与法理学谱系——重读柯克法官与詹姆斯国王的故事》，载《法制与社会发展》2007 年第 2 期。

〔214〕 See Robert R. Pearce, *A History of the Inns of Court and Chancery*, London：R. Bentley, 1848, p. 287.

〔215〕 参见泮伟江：《"偏执"的普通法心智与英格兰宪政的奥秘——读波考克〈古老的宪法与封建法〉》，载《政法论坛》2013 年第 4 期。

他们心目中的古老的封建自由坚决地抵制国王。[216]

但是法律职业者作为中世纪的中间阶层是以贵族阶层的侍从阶层出现的，特别是英格兰法律人的兴起，更是受益于都铎君主与斯图亚特君主的中央集权与此时期的社会经济发展。伊丽莎白时期的法律职业者表现了对王权的极大的赞同与依附。另外，法律职业者中很多人跻身贵族行列，也是封建王权体制的一分子，因此与王权具有天然的紧密感。无论是法律贵族还是封建贵族，在此时期支持强大的专制王权是历史趋势，他们古老的封建自由早就结束在玫瑰战争和都铎王朝的专制中了。因此，从阶级立场上看，英格兰法律人是应该效忠国王的。从国王的角度或是从现在的角度客观地看来，大部分英格兰法律人在资产阶级革命中显得有点忘恩负义，从亨利二世的司法改革到都铎专制，没有英格兰王权的强大，就不会塑造出英格兰的司法体制，也便不会有法律人的荣耀了。

第二，法律职业教育与贵族教育的冲突。在律师会馆中一直存在着两者不相同的教育理念，那就是律师会馆本来的法律职业教育理念和后来逐渐形成的贵族教育理念。法律职业教育的目标是培养有知识的自由职业，它本质上仍是职业性的，具有专业性、公共性、自治性三个基本特征。[217]在这三个基本特征之下，他们发展出来了技艺理性、普通法心智和法律职业共同体，而这些正是他们与国王在观念和组织上形成巨大矛盾的根源。因此，法律人与专制国王的对抗，是律师会馆法律职业教育早晚必将发生的结果。

贵族教育虽然不是律师会馆法律人才培养的最初目标，但是却是都铎后期与斯图亚特时期律师会馆教育的主要内容，浮华、奢侈、形式化的贵族教育在很大程度上是法律职业教育在律师会馆没落的原因。贵族教育虽然能够培养法律学生的贵族精神，但是过多的浮华而奢侈的礼仪活动，不

---

〔216〕 有学者认为詹姆斯国王与柯克的冲突，从法律史的角度解读，是罗马法立场与普通法立场的冲突，柯克对詹姆斯国王的反对，反映了17世纪普通法危机时代英格兰法律人对古老普通法传统的捍卫。但是也并不是所有的法律人都持柯克那样的观点，历史上主张用理性改造普通法的法律人也大有人在，著名的弗朗西斯·培根就是其中之一。但是主张捍卫普通法传统的是不可争议的多数。参见于明：《法律传统、国家形态与法理学谱系——重读柯克法官与詹姆斯国王的故事》，载《法制与社会发展》2007年第2期。

〔217〕 参见李学尧：《法律职业主义》，载《法学研究》2005年第6期，第4页。

仅耗费了学生们的大量资金、浪费了学生们的宝贵的学习时间，更为重要的是，正常的法律讲授等变得不受重视，律师会馆愈加像一个社交俱乐部。而法律职业教育是要求法律学生大量阅读法学著作、研究判例、举办模拟法庭、从事法律事务的，要求学生们掌握精细乃至琐碎的普通法法律诉讼技巧，这些是与贵族教育相悖的。礼仪化的贵族教育，培养的更多的是臣民对国王的忠诚，对王国荣誉的崇尚，对高贵生活的追求。因此，贵族教育下的学生应该是倾向拥护国王的，一个没有国王的国王也不会有真正的贵族。

3. 小结：作为社会发展稳定器的英格兰法律人

英格兰民族总是给人以保守的形象，即使轰轰烈烈的内战最后也以光荣革命收场。英格兰民族的保守性格在法律人的身上体现更甚，穿着长袍、带着假发，在堪称文物保护单位的法庭里说着传承了近千年的法律行话，严肃、刻板、年迈，是我们对英格兰法官的最直接的印象。这种给人不甚轻松的感觉正是英格兰法官精神之所在——作为经验丰富声誉良好的长者，守护者社会的稳定与秩序。走出封建等级的中世纪、迈进丛林竞争的资本主义自由时代之后，人类社会就一直在高速发展的道路上狂飙，人类从中世纪对法律稳定性的追求变为对法律变化性的追求。于是自然法学家们设计了各种国家的蓝图，试图按照理性的设计来改造社会。但是这些努力除美国这片处女地之外，都遇到了大大小小的问题甚至是失败。但是英格兰的法律哲学并不是一个设计社会蓝图的哲学，英格兰法官的角色永远是"神谕传达者"而不是制定者。他们利用古老的先例为社会发展提供智慧，在高速发展的社会成为传统的守护者，是高速变化的社会的稳定器。

六、结语

通过对英格兰 19 世纪中期以前律师会馆法律人才培养——传统英格兰法律人才培养的考察，我们对英格兰法律职业共同体的形成有了更深刻的认知，英格兰法律贵族有了新的理解。纵观全文，我们可以对法律职业教育和法律贵族形成以下五个方面的认识：其一，此法律"职业教育"非彼职业教育。英格兰法律职业教育是"自由教育基础上的高级专门职业教育"，而不是培养现代分工体系下的工种人员，它的目标时通过行会学徒制的方式培养出兼具知识性和实践性的法律职业者。其二，此"贵族精神"非彼权贵主义。英格兰法律人的贵族精神体现为具有高超的普通法学识与社会的担当，对王国荣誉的珍视与对古老的普通法自由的捍卫。而不是依靠权势的盛气凌人与飞扬跋扈。其三，法律人，既要技艺，又要德性。只有兼具法律技艺与政治德性才是完全法律职业主义下的全面的法律人，法律人才能从只具备工具价值的技术人员变成对法治社会发展有正向促进的法律贵族。其四，法治国，既要民主，更要自由。过于民主的社会容易走向庸俗化、民粹化。与自由相比，民主更加体现为工具价值，现代社会的民主应该是为了保障社会的自由而存在，只有自由的社会，民主才会有价值。其五，理想国，既有平民，又存贵族。这里的贵族当然不是指血缘贵族，而是指具有贵族精神的人。一个健康的社会既要有下里巴人也应该有阳春白雪，一个自由发展的社会必然产生优劣与强弱的差异，一个国家要想前进，必须让优秀的人才来引领时代的潮流，也就是要让社会精英们能够引领时代的发展，带领广大的人民群众一起创造历史。

总之，英格兰律师会馆中的法律人才培养，体现了一种矛盾的统一。法律职业教育的平民性、技术性取向与贵族精神的贵族性、公共性取向互相矛盾。职业教育本为贵族所不屑，贵族和绅士们却大量涌进律师会馆，给予律师会馆贵族化的倾向，最终导致律师会馆法律职业教育的衰落；律师会馆培养的法律人大量涌进法院、政府、议院，最终挤走了封建贵族，把法律人的普通法心智推及整个英格兰政界。最终兼具普通法技艺和贵族精神的法律人成为完全的法律职业者。法律职业教育与贵族精神就是这样相反相成，成就了英格兰的法律贵族。

上述认识对于当今中国具有非常多的启示。中国秦汉以后无真正的贵族，皇帝之下都是编户齐民，中国传统平民文化的基础是农民文化，它体现为以平民知识分子（士）为主体的儒家文化，这种文化具有功利性、世俗性和平凡性等平民文化特征。近代以来，革命对贵族文化与精神进行了彻底的粉碎。对于当今中国的法律人而言，他们骨子里是民主主义者，希望通过民主实现自由和法治；但是又希望在法治国家中自己是"法律贵族"。但是中国既没有法律贵族的传统，又没有法律贵族的培养模式，最终我们的法律教育只能沦为不伦不类的"职业教育"下的"法匠"，最终只有法治的形式而没有法治的实质。法律人要实现由"法律贵族"治理的法治社会，首先，必须具有高超的专业性法律技术；其次，要形成稳固的法律职业共同体；再次，必须在公共事务中表现出自己的担当；最后，依靠高超的智慧、丰富的经验和良好的声誉，成为社会的标杆，成为具有贵族精神的现代公民。这条路上我们任重而道远。

比较法：诠释学的方法抑或文化视角

杰弗里·塞缪尔 著　苏彦新[*] 译

功能主义与结构主义只是诸多理解图式中的两种图式。这些图式中的另一种图式就是诠释学图式，而且这也是皮埃尔·勒格朗所赞成的研究方法。在这一部分，我们将考察勒格朗的著作及其对比较法与法律文化深描的诠释学的研究方法。我们同样考察他对功能主义方法的批评以及任何仅仅聚焦实证法律规则的批评。特别是勒格朗认为民法法系的法律家，当他们把普通法看成一套规则与（或）规范时，错误理解了普通法的思维方式。因此，他极其严格地对在欧洲通过法典编纂的计划与所谓的法律移植以实现法律的协调的尝试进行了批评。

一、深度诠释的研究方法

勒格朗不只是认为比较法学家应从差异推定开始——差异选择——而且在比较法中使用的方法论是一种诠释学的活动。[1]比较法学家不是在文本的层面上比较各种规则与范畴，比较法学家应把这些规则与范畴仅仅作为需要人们努力揭示并解释这些"他者"文本的文化与思维方式的一种理智理解的所指，也就是说该外国法律体系的法律文本是被情境的。诠释不是一个说明的问题而是理解的问题。[2]实际上，勒格朗参引了伽达默尔

---

* 华东政法大学教授，博士生导师。

〔1〕　Legrand（2009a：50－73）.
〔2〕　Ibid. 62.

的著作，主张这是超越方法的一种活动；诠释方法是一种思想诊断的问题，[3]在一方作用于另一方的比较法学家与文本内之间的一种连续的来来往往的理解。比较法学家就文本所理解的意义同他或她商议，但后者反过来以创造性能力的方式对他或她发生作用。[4]人们要全面地抛弃作为比较法律研究基础的一种客观的结构主义理论。[5]

勒格朗指出，诠释学的理解图式不只是解释。[6]这种图式是可以回溯到它的古代根源的一种特殊的解释类型，它是在圣经研究中所使用的关键方法。诠释学的理解图式一方面是强调该解释者的"被情境的特征"的方法；另一方面强调该文本内容的"被情境的特征"。诠释学的研究方法相应确立了客观解释不可能的理论。[7]所有的解释都是"被情境的"；也就是说，解释通过"前理解"，因此，就像致力于英国法的法国法学家通过对"法律"的前理解来审视英国法，这样的法学家已全神贯注在法国的法学院及其以外的长期训练。[8]这就是勒格朗他所说的解释不可能是客观的：法国法学家是在特定时间（如2012年）、特定地点（如法国）"被情境的"。然而，勒格朗继续谈到，这并不意味着法国法学家的所有外国法的研究是在她是一位自主的自由思想者意义上的主观。她不是主观的，因为她处于法学家无法控制的具有其本身组织世界的方式的法语内。[9]她是投身于（抛入）这种语言中。而且语言恰好是一个人的"牢房"；还有其他的限制，例如宗教与道德。当然法律也是如此。

研究普通法的法国法学家被强行介入（抛入）作为"法学家－在－法国的－法律"的其本身的情境，因此，发现其机动权受到，例如公法与私法之间的二分法的结构限制。[10]因此，法国的法学家将是被迫以一定不同于该"情境"中的外国法的方式"重述"该外国的法律制度，因为她是通

---

[3] Ibid. 63.
[4] Ibid.
[5] Ibid. 63 – 64.
[6] 参见 Legrand（2009b）.
[7] Ibid. 216 – 17.
[8] Ibid. 213.
[9] Ibid. 217 – 18.
[10] Ibid. 219.

过其本身的"法学家－在－法国法的"结构的棱镜下"重述"普通法。[11]正是因为这种困难，勒格朗坚持差异推定而不是类似推定。当比较法学家"干涉"外国法时，那么这种差异比较确实产生较少的"暴力"。[12]

而且，这是为什么比较法学家对功能的方法以及这种功能方法具有鼓励法律实证主义倾向产生极大怀疑的同样的理由。功能方法貌似"法律"与其"功能"是客观的，因为存在法律及其功能，但是鉴于在"法律"与其社会"功能"之间的明显区别，法律之视域倾向实证主义的。而正如勒格朗所言，法国的法学家从实证观分析英国法恰恰无法胜任，因为其目的是解释他者，"重述"该外国法。[13]比较法学家必须要做的是超越实证规则——这些文本（成文的或不成文的）——实证规则仅仅是在该外国法的文化复杂基体下进行操作的一种深层思维方式的所指。这种研究方法是诠释学的，因为比较法学家寻找的不是原因而是意义。一项法律不是由一种文化"原因"引起；一项法律是在该外国文化的法律内已被建制化的男男女女们所"制造"。[14]事实上，人们甚至不能说该法律"反映了"其所属文化，因为文化概念本身过于复杂而无法以某些齐一性的方式进行设想。[15]法律同艺术、建筑、文学等一同是一种文明的显现；事实上，这些其他的所指在这里只是有助于详细阐释该法律的比较法学家。[16]就所指的全部复杂性，在所指的文化基体的语境下，借助于这种文化基体的那些他者的所指，为了说明"重述"这种所指，因此，诠释学的图式所获取的就是为了超越这种所指。就其研究定位而言，这是勒格朗坚持比较法律研究必定是跨学科的原因。

然而，勒格朗并不认为这种比较法学家采用批评研究方法就不合理。他或她完全享有批评的权利。但是，比较法学家不能从事的就是主张一种法律体系相比另一种法律体系"比较好"。勒格朗说，指导原则是"宽容"与尊重。比较法学家必须假设对来自内国法律体系的法学家来说，一种外

---

〔11〕 Ibid. 220.

〔12〕 Ibid. 225

〔13〕 Ibid. 229.

〔14〕 Ibid. 228－29.

〔15〕 Ibid. 229.

〔16〕 Ibid. 230.

国法不管是不熟悉的抑或是令人反感的，但是附属于该外国法律体系的这种法律可能具有内在合理性。[17]

　　勒格朗举了两个经典事例。[18] 即加利福尼亚的死刑适用，以及法国法对待公立学校的世俗主义。恰恰是死刑之适用会使法国法学家感到震惊，而美国的法学家也同样对法国法基本人格尊严感到震惊。但是，勒格朗说，对研究加利福尼亚法的比较法学家的工作是从加利福尼亚人思维方式的视角把加利福尼亚法律"重述"给法国的法学家。类似地，研究法国法作为其对象的比较法学家的工作是从法国人思维方式的视角"重述"法国法律的世俗主义。因此，比较法学家必须向美国法学家解释他或她是从他或她自己的法律视角判断法国法。这样一位比较法学家就是一位船工，也就是把人们从一种思维方式摆渡到另一种思维方式且再返回来的摆渡人。[19] Il va et vient，d'une rive l'autre（parfois aussi，il mouille）。[20]

诠释学研究方法（勒格朗）

---

[17]　Ibid. 236.

[18]　Ibid. 237 – 38.

[19]　Ibid. 238.

[20]　Ibid.

二、深度诠释与结构主义问题

深度诠释学的研究方法好像是直接反对结构方法，但是在两种图式之间的对立远比乍一看要复杂得多。勒格朗已经谈到，民法学家的思维方式的众多特点之一就是民法法系的法学家透过盖尤斯的法律原理体系来看法律世界。[21]换言之，诠释学的研究方法将会揭示这种思想观念，即作为一种理性科学的法律是一种文化思维方式的组成部分。从"历时"的视角看，也就是从人文主义学者到潘德克顿学派，作为一门学科（scientia iuris，法学）的这种法律思想观念导致了在法律分类学中一种更为重要的融贯思索。[22]人们把这种法律的科学确信同"自然秩序"的理论相联系，因此变形进入了几何学方法之数学规律。[23]从认识论上看，这种对融贯与体系的强调在法律上是可以理解的，因为像神学一样，[24]从符合一种外在对象看，法律无法取得其认识论的地位。正如阿蒂亚已指出，法律是其自身学科的对象。[25]一种断言或假设因而无法通过证伪的检验，其结论要么就是"一种断言为真，其真是已坚持其为真且整合进入一个断言的体系之中"，要么就是"真理是……在双方之间达成协议的结果"[26]。

对同诠释学相联系的差异比较研究方法来讲，这种反实在论的认识论是一个严肃的问题，因为反实在论的认识论太容易在法学与比较法之间导致混乱。在已故的彼得·伯克斯教授的著作所引发的有关法律分类学的重新争论中，人们可以看到这种混乱。前者，英国皇室教授是从罗马法的《法学总论》开始，彼得·伯克斯教授客观地谈到《法学总论》提供了一幅民法地图，在这一张地图中，"不管多么的深刻与难懂，在整个法律中，你能够确定任何问题的准确地方。"[27]因此，他继续宣称这幅民法地图"仍然是掌握进入每一个民法法域的钥匙，因为民法法系的法律的每一个

---

〔21〕　例如参见 Legrand（1998）.

〔22〕　Stein（1999：79）；Dubouchet（1990：39－41）.

〔23〕　Renoux－Zagamé（2007：255）.

〔24〕　Puddefoot（2007）.

〔25〕　Atias（1985：33）.

〔26〕　Lenclud（2006：91）.

〔27〕　Birks（1997a：2）.

体系化的观点，进而法律的每一次法典化都是在同查士丁尼的体系对话中建构的，该体系本身源于公元2世纪的只知道其姓盖尤斯的著名法学家"[28]。伯克斯继续说，这位姓盖尤斯的法学家"乃是这种民法法系的法律的达尔文"[29]。

彼得·伯克斯教授继续认定这个法律原理体系（见第6章）同样适用于普通法，他引用德国的莱因哈特·齐默曼教授的《债法》著作作为其始点，[30]已故的英国皇室民法教授主张"从未低估民法与普通法之间极其重要的差异是非常重要的。在债法上，这部著作认为在民法与普通法之间的差别不是太大，当然不是在结构层面上则是明显的"[31]。因此，他说，罗马法的法律原理图式的现代重述可能如下："整个法律要么是公法要么是私法；私法有关人，即谁享有权利，享有哪一种权利，以及这些权利通过哪一种诉讼程序实现。"[32]伯克斯继续把私权划分为债法与财产法；"前者涉及对人权，后者涉及对物权。"[33]伯克斯证明这种"科学的"或者超文化的研究方法是合理的，并认为这些罗马法的范畴是他所称的"诀疑的事件"的事实引发的结果，他说，也就是说"没有理解发生的事件就无法理解权利"[34]。

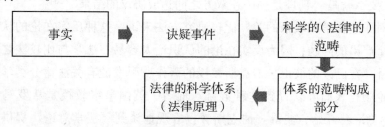

作为科学结构的法律范畴（伯克斯）

---

〔28〕 Ibid.

〔29〕 Ibid.

〔30〕 Zimmermann（1996b）.

〔31〕 Birks（1997a：3）.

〔32〕 Ibid. 9. 关于罗马的法律原理图式本身，参见 Samuel〔1997〕与此前的引用。

〔33〕 Birks（1997a：9）.

〔34〕 Ibid. 17.

当然，普通法并不容易符合这种结构是显然的。[35] 因为普通法就公法与私法没有正式的区分，[36] 同时彼得·伯克斯说在英国法中"一项租赁是一种无体物，像通行权或流水权同样如此"，因此它们是"财产权，对物权而不是对人权"[37] 也许是对的。不过，他很快发现自己处于困境中。正如他所承认的，实际上，英国法并没有对物之诉、所有物返还之诉的区别，即所有人可能针对另一方的占有请求返还其所有物。[38] 在各种救济的层面，对财产权利的大多数侵犯是通过禁止各种侵权，诸如禁止侵犯、妨害行为与非法占有他人财产而给予保护，而且从逻辑上讲，这些行为是侵权，属于债法。结果是作为一种科学结构的英国法中的债务与财产、动产与不动产之间的结构二分实际上并不存在，许多财产主张是在"债"法中发现的。[39] 有人可能补充说普通法法律家并没有把非世袭（人法）的权利范畴进行分割，因此，隐私与人格尊严的权利——法国法的保护是通过在人法之中找到条款而不是在物法中[40]——恰好是侵权法的组成部分。[41] 这种法律原理的图式似乎并不合适。

通过关注普通法与衡平救济的范围，以及发现普通法与衡平救济背后的，打个比喻说，通过反射方法，一种罗马法类型的结构，从而彼得·伯克斯教授试图回避这个问题。[42] 这允许彼得·伯克斯教授把这种法律原理的图式作为某种偏离民法传统的科学结构来对待，并且把它适用于同《民法大全》没有谱系联系的其他法律体系。盖尤斯的《法学阶梯》不是一张罗马法的地图，而是一张法律的地图，正像达尔文的分类不是英国科学的样板而是一般科学的样板一样。因此，彼得·伯克斯教授得出结论是，"我们的分类同齐默曼教授在其著作中所遵循的一样，任何债的讨论应始于这

---

〔35〕 Hackney（1997）.

〔36〕 对此参见 Allison（1996）.

〔37〕 Ibid.

〔38〕 Ibid. 10.

〔39〕 例如见侵权法案（对货物的侵害）1977。

〔40〕 《民法典》第9、16条。

〔41〕 对于混合资格、债与财产的一个有趣的案件参见 *Stevenson v. Beverley Bentinck Ltd* 〔1976〕 1 WLR 483.

〔42〕 例如参见 Birks（1997a：10－12），特别是注释15。

种结构。"[43]

可是必须立即要说的是，尽管有人可能不同意以彼得·伯克斯教授的分类学论证为基础的某些认识论假设，[44]但是从认识论上来讲，作为某种方法的欺骗性或无意义不能不考虑这种分析。事实恐怕相反。这种问题是在强调差异选择的比较法方法论与人们称为以自然科学范式为基础的一门法学之间的冲突之一。正如我们将会看到（第9章）这是一种范式，即社会现象被视为一种自然现象的继续的一种范式，因此，这种现象像在自然科学中运用一样应服从于相同的论证与理解图式的机制。[45]的确，人们发现彼得·伯克斯教授恰恰就是这样做的。正如我们已经提到的，彼得·伯克斯教授的分类学结构是以债法范畴反映了社会实在的"因果事件"为根据的一种可理解性的因果图式。[46]

当然，这样一种方法论的研究进路本身确实提出了各种认识论的问题，因为就此问题，在社会科学中，自从19世纪以来针对方法一直存在严肃的争论。这种争论是在说明一种现象与理解一种现象的二分法中进行；自然科学说明了发生在自然世界的自然现象并且极大程度上通过因果关系的分析进行。在人文学科中，这种因果研究方法遭遇到了各种困难，诸如试图把因果分析适用于并非惰性的而是具有行动与行动自由的对象是十分复杂的。因而在社会科学中，人们总是观察不可能完全同观察者分离的对象，因为观察对象是一个源于人类意识本身的现象问题。结果，人们需要一种不同的方法，而这是诠释学图式产生之时；诠释学图式提供了通过心理的与历史过程理解生活的方法。[47]因此，在自然科学中，人们观察的对象独立于观察者，因此，在社会科学中，人们总是观察无法完全同观察者分离的对象。因为观察对象是产生于人类心智本身的现象问题。[48]

---

[43]　Ibid. 21.

[44]　参见 Sumuel（2000）and（2004b）.

[45]　Berthelot（2001c：498）.

[46]　Birks（1997a：17）；有关批评见 Webb（2009：222 - 32）.

[47]　Makkreel（2006：441）.

[48]　Ibid.

三、结构主义与移植

有关各种方法的这种二分法在法律科学与差异选择之间的冲突在比较法中得以反映。因此，我们看到皮埃尔·勒格朗认为不只是比较法学家应始于一种差异推定——差异选择，而且认为在比较法中运用的方法论是一种诠释学的活动（un travail hermeneutique）。勒格朗的这种立场好过结构主义图式吗？考虑到差异推定的重要性，忍不住想说差异推定确实胜过结构主义的图式。可是，人们必须小心，因为实质上争论的更多的不是一种"方法"——事实上，勒格朗断言当他认为其支持诠释学研究方法时，不是一种方法而是一种哲学[49]——而是当研究定位变化时，导致知识变化的一种范式或轴极定位。

因此，艾伦·沃森已坚持认为从罗马到近代欧洲移植的并不是一种具体的规则一类的体系，而是一种体系结构。他的主张是"这些近代法律体系，像普通法与民法一样，以及它们播及几个大陆的许多地方，如果没有在流逝的时代与遥远的地方常常所书写的坚果外壳的引入，那么是令人难以置信的"[50]。凭借"坚果外壳"，艾伦·沃森教授意指像那部《法学阶梯》一样的为二年级学生撰写的入门教科书。"《法学阶梯》是一个坚果外壳"，艾伦·沃森教授坚持认为"它提供了在古典罗马法中唯一的体系化的结构"[51]，并且没有"这个坚果外壳，罗马法的继受或许既存在大量的极大的困难且又是非常的不同"[52]。假如艾伦·沃森教授是正确的，从历时与谱系的观点看，那么彼得·伯克斯教授所使用的法律原理体系作为一门共同法学基础似乎有着重要的可信度。

〔49〕 Legrand（2009a：59 – 63）.

〔50〕 Watson（1994：2）.

〔51〕 Ibid. 17.

〔52〕 Ibid. 18.

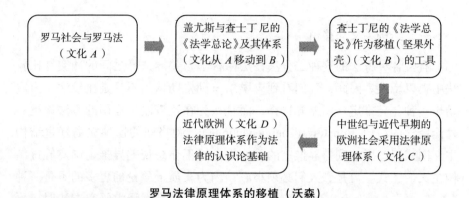

罗马法律原理体系的移植（沃森）

这种可信性从一种共时视角进一步得到了各种系统理论之支持。正如我们已解释的（第 6 章），这是人们所视结构由各种要素组成的结构主义的一个方面，"但是这些要素是服从于说明系统之成为系统特征的某些规律，这些上述组成规律，并不能还原为一些简单相加的联合关系。这些规律把不同于各种要素所有的种种性质的整体性赋予作为全体的全体。"因此，皮亚杰指出，"数学中的整数并不是孤立存在，人们并不是随便什么样的程序里发现了它们，然后再把它们汇合成一个整体的。整数只是按照数的系列本身才表现出来的，而且这个数系列具有'群''体''环'等的结构性质，而这些特性完全不同于每个数的性质。"[53] 把一个惰性的结构转换进入一个系统的就是在系统自身内创造各种新成分的那些成分间之关系内在作用的能力。

如果人们研究盖尤斯的法律原理体系的各种要素，即人、物与诉讼，这些不是惰性的原理概念，而是以一种创新的方式相互作用以便产生新的要素。例如，一旦一个城镇或另一个集团被允许提起一项诉讼，如恢复一项公共财产，那么这种诉讼程序的发展以其本身而言就产生了把该城镇转变成为一个法人的结果。[54] 同样，一旦一个对物之诉授予该项无形资产，这就把该资产转变成为一个物。[55] 因此，新的法人形式与新的财产形式仅仅是作为这种法律原理体系的结果而创设的。而正是这个体系某一方面赋

---

[53]　Piaget（1987：8）.

[54]　比较《学说汇纂》50. 16. 16。

[55]　盖尤斯《法学阶梯》2. 14。

予盖尤斯的方案其认识论上的力量并且言之有理地认为——如果人们赞成艾伦·沃森教授的论点——正是这种认识论的结构，而不是组成《法学阶梯》的一串字词，并借助《民法大全》得以从罗马移植到近代欧洲。

因此，沃森的论点，或者至少这种体系理论的论点，某种意义不只是从一个法律体系中抄袭一项光秃秃的规则并嫁接到另一个法律体系的法律移植。作为一种体系的原理方案的认识论之地位表明人们肯定把它当作比较的轴心运用，但是，当然就差异原则方面而言，人们立刻面临着一个问题。当彼得·伯克斯教授把这种体系当作类似性的轴心运用时，他面对的困难就是英国法的结构，像衡平法就英国法的范畴分类而论，并不符合罗马法学。[56]他说"或迟或早"，"我们的民事过错法必须决定本身将如何编排".[57]

然而，作为一种强调差异的方法，人们为什么不能运用这种体系，这并没有道理。例如，在民法法系的法律原理体系中，金钱是消费物，因此不能成为所有物返还之诉的客体；[58]金钱仅能在债法中作为一种债请求，由此这种债只是一种对人之诉的权利。[59]相比较在英国法中，衡平法院承认另一方当事人所占有的金钱，可以基于一种对物的权利再请求：这种追索诉讼还得到衡平法承认。[60]而且，普通法开始承认一种债能够充当一种对物的权利，这种权利产生一种对人的救济，[61]不过大陆法系的民法学不承认一种法律关系的混淆。民法结构中的这种"违法"被视为是英国法显著的、独特的特点之一。英国法毫无疑问同民法分享一个基本的体系结构，但是英国法是以更加复杂的方式，或许用一种三维模式操作而不是民法的二维世界运用这种结构。同时基于双方当事人（一种维度）之间的一种对人的结构关系以及基于在一方当事人（债权人）与物（债）（另一种维度）之间的一种对物的关系可以设立一种债。换句话说，人们没有必要

---

〔56〕 例如参见伯克斯（1997a：15－16），虽然伯克斯也对查士丁尼所使用的"准"分类进行了批评：见伯克斯（1997a：18－19）。

〔57〕 Ibid. 23. 可是伯克斯在其本章结束确实谈到他的目的"无法实现对民法结构的一种有力的同化作用"。（Ibid. 35.）

〔58〕 参见《查士丁尼法典》2.4.2；盖尤斯《法学阶梯》3.90；《学说汇纂》7.5.5.1，2。

〔59〕 《学说汇纂》12.1.2.1。

〔60〕 *Lawson*（1980：147－60）.

〔61〕 *Lipkin Gorman v Karpnale Ltd* ［1991］2 AC 548.

把一种结构的理解图式视为一种隐含类似推定的方法。

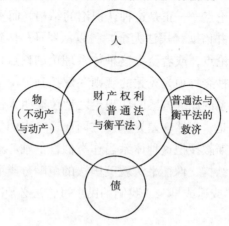

普通法与法律原理（非等级的思维）方式

四、法律的思维方式

然而，一种法律移植、跨国的分类与法学的观点受到了皮埃尔·勒格朗的尖锐批评。正如所指出，勒格朗称这些观点为诸多法学家所追求的"趋同命题"的东西，"至于为了法律体系的趋同得出结论，那么就一种聚焦于被推定的法律的研究方法而言，则存在诸多严重的困难。"按照他的观点，"看来正像人们对一个法律体系的推定一样，无论规则还是概念都无法对一种法律体系揭示更多"，例如，因为规则"很大程度上是短暂的且不可避免地附条件的"，结果"相对讲几乎不存在具有普遍的特性或超越司法边界的法律—作为—规则"。[62] 他说，规则与概念可能提供了在表层上所发生的一些信息，"但是规则与概念就法律体系的深层结构并没有说明什么。"规则与概念只是呈现了"法律文化的这种表层显现"以及这种"规则与概念是一种限制了观察者的'浅描'，并且阻止了分析者应该看成可欲的'深描'的可能性"[63]。相应地，比较法学家应当使用的方法论不是偏重于强调作为规则的法律的功能主义或结构主义，而是深度诠释的研

---

〔62〕 Legrand（1996a：55－56）. 也参见 Legrand（2006b）.

〔63〕 Legrand（1996a：55）.

究方法，其中概念与规则仅仅是一种更为深层的思维方式的信号物，一种深层的认知结构。[64]法律正像一种建筑样式或一首歌曲是从文化领域浮现出来的。因此，比较法学家不能无视实证法之社会的、经济的与历史的方方面面。[65]总之，"法律是在文本的别处，人们必须去寻找文本的解释"。[66]

因此，在勒格朗看来，核心要素是一种法律思维方式的概念。这是深度诠释活动的对象——所指和实证的法律规则是这些深层的"认知结构"[67]的能指。这些结构支持并锚定了实证法，而且揭示它们正是比较法学家的工作。相应地，仅仅两套实证法规则并置，忽视社会的、经济的、历史的及其他方面的并列，不管多么诚实都不能算作比较法律研究。这种文化视角力求达到"其本身成为一种新的全球范式的工具，能够表达同旧范式的认识论断裂"[68]。这种新范式将具有这样的效果，即让比较法学家放弃像通常所理解的那种法律的那种简单性，放弃它们自身作为对象的文本、规则与判例。相反，只是在法律本身被视为一种文化范围（一种文化氛围）的一种法律传统内来理解法律。[69]比较法将是必然针对跨学科确立的一门学科，比较法学家将能够主张他的或她的技巧仅仅"通过在规范命题与法律文化之间详尽阐释"。[70]

---

〔64〕　Legrand（1999b：28）.

〔65〕　Ibid.

〔66〕　Ibid. 21.

〔67〕　Ibid. 28.

〔68〕　Ibid. 29.

〔69〕　Ibid.

〔70〕　Ibid. 32.

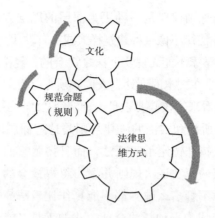

规范命题与文化（诠释学认知）

从实践的观点看，这种替代的范式将表明关于法律移植与跨国民法典的讨论不能仅仅靠一些高妙精深的法律概念与（或）诸系统理论引导。比较不能仅仅靠图书馆引导。[71] 而且比较要求比较法学家永远按照不是走向某种统一的或更高状态的辩证法思考。存在的只是这个与"另一个他者"，因此，比较法学家从来不是统一论者，而是多样性论者，促进法律统一的那些人是比较法律家的敌人，总之，比较法学家必须拒绝科学演绎论的认识论。[72]

当面对诠释学的研究方法时，人们应拒绝一种结构的研究方法吗？鉴于法律与法律思想的一种结构观可能是一种法律思维方式的基础，所以这种回答是模糊不清的。因此，勒格朗并不认为人们就其本身而论不能研究法院的结构或法律原理体系；人们要拒绝的是能够超越一种文化思维方式而成为某种跨文化的科学的理论。总之，勒格朗完全拒绝彼得·伯克斯与艾伦·沃森之流的认识论推定。然而，既然能够从外部证实一种方法以便一种方法成为"真确的"方法，那么人们也必须承认在这里没有"正确的"答案。不同的理解图式生产了不同的知识种类。毫无疑问，粗糙的结构比较导向演绎论方法肯定要加以拒绝。[73] 但是结构比较其本身不该被拒

---

〔71〕 Ibid. 35.

〔72〕 Besnier（1996：102 – 03）.

〔73〕 关于此点参见 Hackney（1997）.

绝，因为，人们可以很好地追求不同思维方式的比较。比较法学家的陷阱是从比较法律结构滑向一种超文化的科学结构的理论，当然系统理论具有鼓励这种东西的倾向。因此，最终这一问题可能是范式定位之一（见第九章）。诠释学方法（或哲学）的理论就是能够让人们想到说明与理解之间保持差异的一种方法。按照勒格朗的观点，比较法学家，就是理解他者的人，而不是试图以演绎论的方式说明不同法律体系的人。

莱布尼茨的中国政治法律观[*]

万擘寒^{**}

一、问题的提出

历史学家斯塔夫里阿诺斯（Leften Stavros Stavrianos）把公元 1500 年作为人类历史的转折点，因为在那以后，世界各地的不同人类文明开始逐渐走向整体。人类脚步所及的范围扩展到了地平线以外：在西边，人类发现了新大陆，一方面来自新大陆的奇异商品涌入西欧市场，另一方面来自外面世界的病菌、宗教和殖民者强行击碎了新大陆上原住民的社会。在东方，印度人在西方人的帮助下建立了完整的现代社会设施和制度，但是整个民族却被足足奴役了几百年。传教士们途径东南亚、澳门，一步步地接近中国，好不容易才缓缓迈入中国的国门。传教士给中国人展示了西方先进的科学技术成果，试图用基督教的福音拯救中国人的灵魂，但送上门的西方文明"仅仅吹皱了一池死水，其影响始终没有越出宫墙之外"[1]。没想到传教士们描写中国的只言片语却激起了西方上层社会最广泛的讨论和效仿。不论是莎士比亚的戏剧《仲夏夜之梦》舞台布景中的中式凉亭、拱门、流水，还是笛福在他的作品中极力诋毁中国，用嘲笑中国的方式赞美

　＊　本文受李栋教授悉心指导，在此致谢！
　＊＊　德国萨尔大学 LL. M. 民法与比较法方向研究生。
　〔1〕　许明龙：《欧洲 18 世纪"中国热"》，山西教育出版社 1999 年版，序言。

英国[2]，在自己的作品中添加来自遥远东方的神秘元素的艺术风格——"中国风"（Chinoiserie）成为一个时期内西方艺术界的时尚潮流。西方的思想家则把中国作为想象中的乌托邦，将中国当作一面镜子来反映自身文化与制度上的不足，用这种方式来阐释自己的思想。16世纪起西方开始流行一种称之为"曼德维尔式"的体裁。在这种体裁中常常会出现来自遥远东方的客人与西方人的谈话，他们的谈话会涵盖东方政治制度、道德、哲学、社会风俗，给读者塑造出一个文明程度远在西方国家之上的中国形象。这种体裁比较著名的作品有约翰·曼德维尔的《曼德维尔游记》和孟德斯鸠的《波斯人信札》。作为中国人，我们在看这些西方人在特定时期描写中国的作品时会产生一种熟悉的陌生感，虽然那些元素确实是中国的，但拼凑起来不免有"老外说中文"的蹩脚。不过值得原谅的是，这些作品从目的上讲就根本不是要作为游记或者外国奇闻异事汇编来介绍中国的情况，而是严肃地运用"借中讽西"的笔法，借中国的优点去批判西方社会制度的弊病。

地球上的每种文明都独具一格，有着独具特色的价值观、信念和与之配套的规范体系，但是这些并不可能一成不变。特别是随着整体世界的形成，瞬息万变的外部环境，不断涌入的多元价值观，促使每个文明在不断流动和改变。同时每个文明为了使自己适应当今世界，也会通过借鉴其他文明先进模式的方法从内部不断改进自己。1949年新中国成立后，中国结束了自近代以来被其他文明以极其不平等的方式裹挟着进入全球化浪潮的历史，终于可以平等地与世界上的其他文明进行对话和交流。特别是改革开放和中国加入世界贸易组织后，中国与其他国家和地区展开了频繁的政治、经济、文化交流活动，人民生活水平、综合国力和国际影响力都有了长足进步。在接下来的进一步全面深化改革中，我们应该如何正确认识我们自己的历史文化、如何定位自己在世界文明中的位置是十分重要的。社会制度和法律制度起到了保障社会经济平稳运行的重要作用，也是一个文

---

〔2〕 史景迁在其著作《大汗之国：西方眼中的中国》第四章提到，英国作家笛福在他的《鲁滨逊漂流记》中鲁滨逊游历中国的部分，通过诋毁中国的方式极力赞美英国。但是在中国市面所售的《鲁滨逊漂流记》中并没有任何鲁滨逊曾经过过中国的情节。有说法认为，此处笛福的作品指的不是《鲁滨逊漂流记》，而是他的另一部作品 *The Farther Adventures of Robinson Crusoe*，中文应该译为"鲁滨逊再次漂流记"。

明的信仰和价值观的集中体现。通过研究其他国家的学者对中国法律制度的评价，正确认识中国传统政治制度和法律制度的历史地位，并借此一窥我们民族的精神内核，这不但有利于我们学习历史，培养民族自信心，更有利于在今日的全面深化改革和司法改革中继承我们民族自己的遗产，也让我们正视历史，思考为何我们曾经拥有令西方思想家羡慕的社会制度，却最后沦落到被西方列强蚕食的地步。

本文将会把注意力聚焦到莱布尼茨对中国法律制度的研究上，以俯瞰的视角审视中国和欧洲两大文明的交流和碰撞，把中国礼仪之争和中国的中央集权制作为切入点，发掘莱布尼茨将中国作为其心目中的"儒教理想国"的主要原因，探究莱布尼茨所认为的理想政治制度需要包含哪些要素。

莱布尼茨作为一个跨学科的全才，在数学、自然科学、哲学、历史学等不同学科都有学者对他进行研究。仅在人文社会科学领域，国内外的历史学家、汉学家如顾彬、史景迁、许明龙等学者把目光集中在东西方文化交流和文明演进的主题上；[3]哲学学者如孙小礼[4]、邓晓芒[5]等则更多地关注莱布尼茨的哲学成就以及中国哲学和莱布尼茨哲学的互相影响。由于中国和欧洲存在着巨大的语言差异，导致中国国内对于莱布尼茨思想的研究和国际上存在一定的差距，大量莱布尼茨的手稿和欧洲学者对他的研究成果都还没有被翻译成中文。另外，莱布尼茨和他那个时代的欧洲都信奉基督宗教，他们的思想或多或少地都受到基督教信仰的浸润和影响。中国学者在研究时，因为对基督教信仰和《圣经》的陌生，使得对莱布尼茨思想的理解上会存在一定偏差，对一些发轫于信仰的民族文化产生误读。故本文在写作时尽量挖掘历史人物思想在文化、哲学和宗教上的依据，并在注释中列出，以供读者参考。此外，全文所有的年份均以中国传统的帝王年号纪年和公元纪年对照，试图加强东西方文化和历史的对比感。

---

〔3〕［德］顾彬：《德国与中国：历史中的相遇》，李雪涛、张欣编，广西师范大学出版社 2015 年版；［美］史景迁：《大汗之国：西方眼中的中国》，阮叔梅译，广西师范大学出版社 2013 年版；许明龙：《欧洲 18 世纪"中国热"》，山西教育出版社 1999 年版。

〔4〕孙小礼：《莱布尼茨与中国文化》，首都师范大学出版社 2006 年版。

〔5〕邓晓芒、赵林：《西方哲学史》，高等教育出版社 2014 年版。

二、莱布尼茨与中国

戈特弗里德·威廉·莱布尼茨（Gottfried Wilhelm Leibniz）生活在1646 年至 1716 年，按照中国的年号纪年法应该是顺治三年至康熙五十五年。莱布尼茨是历史上少见的通才和全才（Universalgelehrter），普鲁士王国国王腓特烈二世（Friedrich II von Preußen, der Große）甚至称莱布尼茨本人就如同是一座科学院。[6]在法学方面，他 20 岁时就在莱比锡大学完成了法学专业的课程，却因为太年轻，没能得到博士学位，直到 3 年后在纽伦堡的阿尔特多夫大学取得了他的法学博士学位。数学方面，他和牛顿分别创立了微积分，并为争夺微积分的创立权引出了一段著名的公案。在哲学上，莱布尼茨提出了单子论，认为世界是由至纯的不可再分的实体，即单子构成。

从文化交流的层面上来看，莱布尼茨是近代第一个把欧洲文明和中华文明放在同等地位进行比较的学者。正如法国学者维吉尔·毕诺所说："莱布尼茨是 17 世纪所有学者中最早、以最大的顽强精神持之以恒地关心中国的人。"[7]早在清康熙五年（1666 年），莱布尼茨还只有 20 岁时，便在他的一本书《组合术》（De Arte Combinatoria）[8]中谈到，他认为中国的汉字是一种先进的符号系统，可以唤起人们内心对理性世界的反映。在康熙三十六年（1697 年），莱布尼茨用拉丁语刊行了《中国近事》[9]一书，系统地介绍了中国的历史、政治、外交和传教情况。甚至在他去世的那一年，康熙五十五年（1716 年），他仍在撰写《论中国人的自然神学》，试图阐释自己对中国人信仰的理解。可以说，对中国的研究贯穿了莱布尼茨的整个学术生涯，他一生都没有中断过和到华耶稣会士的联系和交流，对中国文明可以说是到了求知若渴的地步。

欧洲和中国处于欧亚大陆的最西边和最东边，路途遥远，甚至乘坐现代的喷气式客机单程也需要耗费十几个小时，然而东西方沟通和交流的桥

---

〔6〕 孙小礼：《莱布尼茨与中国文化》，首都师范大学出版社 2006 年版，第 2 页。

〔7〕 ［法］维吉尔·毕诺：《中国对法国哲学思想形成的影响》，耿昇译，商务印书馆 2000年版，第 35 页。

〔8〕 书名又译作《结合论》或《论结合的方法》。

〔9〕 书名又译作《中国新论》。

梁却早已开始搭建。西汉丝绸之路开辟以后，中国的丝绸曾经运送至大秦，即罗马帝国。那时的罗马贵族疯狂地追捧中国丝织品，不亚于今天中国人对意大利奢侈品趋之若鹜。那时虽然到过中国的欧洲人寥寥无几，但是来自中国的商品成了东西方之间交流最初的媒介，那时的欧洲人已经知道在遥远的东方有一个手工业水平远在欧洲之上的"丝国"（Sêres）[10]。

第一位到访中国并留下文献的欧洲人是方济会的修士威廉·鲁布鲁克（William of Rubruck）。他于南宋宝祐元年（1253 年）受路易九世的派遣，前往当时蒙古的首都哈拉和林，试图说服蒙哥汗在东部协助西方基督教世界夹击伊斯兰教。鲁布鲁克把他在哈拉和林与当地中国人来往的点滴记录下来，其中包括了欧洲人对中医和纸币最初的记载，但是他的手稿仅仅成为路易九世的私人读物和收藏家的私人珍藏，并没有让更多欧洲人了解中国。倒是不久之后的意大利旅行家马可·波罗的《马可·波罗行记》（The Description of the World），在明成化二十一年（1485 年）出版后成为欧洲社会风靡一时的畅销书，甚至直接刺激了欧洲商人为了避开陆上的奥斯曼帝国，转而开辟从海上前往东方的新航路。明弘治九年（1496 年）哥伦布返航后购置了这本书，并做了近百个批注，只要出现"黄金"或者"白银"的段落他一定会做上记号。哥伦布甚至在元朝的首都汗八里（今北京）旁写下了"商机无限"来体现他的兴奋。可见第一批对中国感兴趣的群体是商人，在他们眼中，中国意味着无限的商机。

随着商人的脚步而来的还有传教士，他们怀着"使耶稣基督的福音也能拯救中国人"的使命不远万里来到中国。明嘉靖三十一年（1552 年）葡萄牙耶稣会士方济各·沙勿略（St. Francois Xavier）在日本传教后，乘船抵达珠江口的上川岛，却因明朝的海禁未能进入内地，并因疟疾不幸病死在岛上。明万历六年（1578 年）意大利传教士范礼安（Alessandro Valignano）偕同三十八位耶稣会士到达澳门，并训示当地的传教士要学好中国的语言文字和风俗习惯，甚至在万历二十二年（1594 年）允许耶稣会士穿儒士的服装。范礼安终其一生也没能踏上中国内地，但是他开明的传教策略影响了他的后继者。自明万历八年（1580 年）起，罗明坚（Michele

---

[10]　谭渊：《丝绸之国与希望之乡——中世纪德国文学中的中国形象探析》，载《德国研究》2014 年第 2 期。

Ruggieri）、利玛窦（Matteo Ricci）、南怀仁（Ferdinand Verbiest）和汤若望（Johann Adam Schall von Bell）等人不但被准许进入内地开展传教活动，甚至被允许与上层士大夫阶层接触来往。其中最著名的便是利玛窦与徐光启二人的友谊。徐光启在利玛窦的指导下学习西方的几何、天文、历法知识，翻译了《几何原本》，并皈依了天主教，教名保禄[11]。利玛窦为了更进一步了解中国人的信仰和价值观，也开始阅读四书，并把四书翻译成拉丁文介绍到了西方，同时用中文编写了第一部天主教教理问答——《天主实义》。这一阶段的传教士与士大夫甚至皇室关系密切，他们当中的一些人曾被中国朝廷封了官职，享受朝廷俸禄，如汤若望被康熙封一品光禄大夫，南怀仁曾做康熙的老师并掌管钦天监。

如果说第一批进入内地的传教士主要起到的是把西方介绍给中国的作用，那么真正代表西方从国家层面开始研究中国的标志是清康熙二十七年（1688 年）以白晋为代表的法国传教士团到达北京。在过去的革命史观语境中，传教士一直被视作帝国主义侵略的马前卒，所谓的"传教"不过是为各自的母国谋取更多的利益。但是真正的情况是，在这批传教士之前的传教士所执行的命令其实来自各所属的修会，并不能认为这些传教士来华传教是他们母国的国家行为。更何况意大利王国直到清咸丰十一年（1861 年）才统一，德国的统一还要再往后十年才完成，传教士们根本没有所谓的"母国"可以效力。第一批能被称之为国家行为的传教活动是康熙二十三年（1684 年）路易十四派遣法国耶稣会士前往中国，在执行传教任务的同时完成包括天文观测、地理测绘、动植物和医药考察、手工业学习、历史和语言文字学习等在内的科研任务。[12]可以说，这一批传教士开启了西方全方位系统研究中国的时代。

除了传教士之外，随行商人和武官也通过他们发回欧洲的报告记录了他们在中国的所见所闻。如自马可波罗后第一份由非神职人员提交的报告是由葡萄牙商人兼武官加莱奥特·佩雷拉提交的。之所以在这里专门提到

〔11〕"Paulus"原为拉丁文，英文写法是"Paul"，一般翻译为"保罗"，但是天主教采用的思高本圣经依拉丁语发音译作"保禄"。莱布尼茨本人虽出生在新教徒家庭，但主要通过天主教会的传教士与中国发生联系，故本文所引用的圣经经文均采用现今中文天主教会广泛使用的思高本圣经。

〔12〕许明龙：《欧洲18世纪"中国热"》，山西教育出版社1999年版，第33页。

这个人的报告，是因为他曾经因为他的船长激怒了当地官员而被一同关入广东的监牢，经历了刑讯拷打和案件审理，可谓是走完了当时中国的刑事司法程序，并且在其报告中对他的经历有详细的记录。他本人虽然是中国司法中残酷肉刑的受害者，被经水浸泡过的竹棍杖打得皮开肉绽，但仍然在其报告中赞扬中国的司法体系。加莱奥特认为，和罗马法相比，中国的司法更具有弹性。或许在今天看来，古代中国法缺乏确定性以及官员可以影响司法裁判的结果的特点是一种缺陷，但如果没有收受加莱奥特贿赂的中国官员，他本人可能早就死在中国的狱中了，因此他称赞中国法具有弹性更像是一种大难不死后的额手称庆。除此之外，加莱奥特称赞中国会在公开场合质询证人，在听证大堂中会挤满由群众扮演的见证人，因此证人证言的真实客观性可以得到保障。另外他提到中国人对皇帝的十分敬畏，以至于他们不敢有不实之言。他还批评了基督教世界的司法制度无力救济受到诬告的无辜平民，而反观中国，两名只是因为觉得被侮辱就将他投入监牢的中国官员，在他出狱后不仅被撤销了官职，还要被处死。

可见，中国与欧洲的路途虽然遥远，但是两个世界之间的联系却早已通过商品、传教士和其他来往中欧的人们建立起来。那时的通讯工具和媒体原始落后，加上语言、文化和思维方式的局限，中欧对彼此的印象是极为有限而且略有扭曲。当然，就算今天科技已经是如此发达，理解甚至仅仅是了解一个不同于自己的陌生文化都是有一定难度的。这种跨文化的交流更像是航海活动中架起望远镜对遥远星空的观测（sighting），观测者需要尝试用自己能理解的定律或者原理去解释观测对象的活动，更重要的目标是要借着这种观测找到自己的方位[13]。

莱布尼茨从 20 岁起就开始研究中国并终其一生都与在华传教士保持不间断的通讯和交流。我们无法得知作为一个涉猎广泛的全才通才为什么偏偏对中国情有独钟，究竟是什么让他对中国产生了如此浓厚的兴趣，以至于被人称为"亲华派"（Sinophile）[14]。日本学者五来欣造从莱布尼茨的生活环境和时代背景入手，认为他之所以赞美以儒家学说为代表的中国文

〔13〕［美］史景迁：《大汗之国：西方眼中的中国》，阮叔梅译，广西师范大学出版社 2013 年版，第 1 页。

〔14〕［德］顾彬：《德国与中国：历史中的相遇》，李雪涛、张欣编，广西师范大学出版社 2015 年版，第 86 页。

化，是因为他和孔子所生活的历史环境十分相似，他们二人都生活在国家分裂，国民精神崩溃的时代，所以孔子关于重建秩序的思想能够深深吸引莱布尼茨。我国哲学家谢扶雅也曾拿他和孔子进行比较，认为他和孔子具有诸多相似之处。如他和孔子都是年幼丧父但自幼勤奋好学；孔子称自己"十有五而志于学，三十而立"[15]，而莱布尼茨恰好 15 岁进入大学学习，20 岁取得博士学位；孔子曾经"适周，将问礼于老子"[16]，莱布尼茨则前往荷兰向斯宾诺莎求教，而斯宾诺莎的思想与老子的思想又有着千丝万缕的联系。[17]像这样从后人的视角以附会或者硬套的方式去将时间相隔达两千年的东西方两位哲学家联系在一起，虽然并不能解释莱布尼茨痴迷中国的原因，但是这种跨越了时空的对比正如谢扶雅本人所说的那样，是一件很好玩的事。[18]不过公认的一点是，莱布尼茨是一位带有中国儒家气质的西方哲学家。

莱布尼茨一生并没有来过中国，他研究中国的主要途径与来华传教士直接交谈或书信来往，以及大量阅读有关中国的书籍。

虽然我们知道莱布尼茨出生在一个新教徒家庭，但他本人究竟信奉怎样的宗教或者持有什么信仰，实际上是个很难回答的问题。他被人称为"Lövenix"，也就是什么都不信的人，[19]但是实际上，我们发现莱布尼茨有大量有关护教学的著作，如《反对无神论者的自然忏悔录》《为三位一体辩护》等，他也大量结交了天主教的修士作为朋友，因为他觉得天主教传教士代表一种"有信仰的战士"（法文：militante religieuse）。莱布尼茨一生都在和从中国回到欧洲或者仍然在中国的耶稣会传教士进行交流，通过言语和书信了解中国。他与传教士往来一共有 2000 多封用法语或者拉丁语书写的书信。

在莱布尼茨出生前，欧洲已经通过诸多方式认识了中国，以至于在莱

---

〔15〕《论语·为政》。

〔16〕《史记·老子韩非列传》。

〔17〕 忻剑飞：《世界的中国观：近二十年来世界对中国的认识史纲》，学林出版社 1991 年版，第 148 页。

〔18〕 马小红、史彤彪主编：《输出与反应：中国传统法律文化的域外影响》，中国人民大学出版社 2012 年版，第 329 页注释 1。

〔19〕 孙小礼著：《莱布尼茨与中国文化》，首都师范大学出版社 2006 年版，第 3 页注释 6；陈修斋：《人类理智新论》之《译者前言：莱布尼茨及其哲学简介》，商务印书馆 1982 年版。

布尼茨的时代，已经有不少介绍中国思想文化的书籍出版。在莱布尼茨撰写《组合术》前，他阅读了顺治十七年（1660年）出版的路德派神学家斯皮尔策的《中国文献评注》(De Re Litteraria Sinensium Commentarius)。康熙十一年（1672年）莱布尼茨在一封信中提到他曾读过一本主要描述了中国的基督教事业的情况，由耶稣会士聂仲迁（R. P. Greslon）所著的《中国历史和鞑靼人的统治》(Histoire de la Chine sous la domination des Tartares)以及耶稣会士基歇尔神父于1667年编写的介绍中国的历史地理和文字的《中国事绩图说》。莱布尼茨研究中国儒家经典主要是通过阅读法国耶稣会士柏应理（Philippe Couplet）编译的《中国哲学家孔子》(Confucius Sinarium Philosophy)一书，这本书是中国儒家经典的拉丁译本的集合。康熙五十三年（1715年）莱布尼茨阅读了耶稣会士龙华民（N. Longohardi）于康熙四十年（1701年）所著《论中国宗教的若干问题》(Traite sur quelques points de la religion des Chinois)和方济会士利安当（Antone de Sainte Marie）的《中国传教若干要点志》(Traite sur quelques points importans de la missions de la chine)，则这两本书详细地介绍了基督教在中国的发展情况和中国的传统信仰和礼仪。莱布尼茨读完这两本书后作《论中国人的自然神学》一文，在文中提出，他认为宋代儒学的"理"的概念等同于基督教中"神"的概念。

三、莱布尼茨与礼仪之争

莱布尼茨一生几乎没有中断和来华传教士的通信，可是在康熙五十二年（1714年），也就是莱布尼茨逝世的两年前，他与来华传教士的通信戛然而止。莱布尼茨最后死于急性胆结石和痛风引发的腹绞痛，也就是说他不会是因为个人的衰老或疾病放弃通信。有学者认为，通信的中断是因为康熙五十二年（1714年）发生的中华礼仪之争（Chinese Rites Controversy, Ritenstreit），导致罗马教廷和中国皇帝交恶，从这一年起几乎不再有天主教传教士前往中国传教。

中华礼仪之争的根源是天主教会，特别是耶稣会内部对在中国内地传教方式的意见分歧。从范礼安的时代开始，一些耶稣会士意识到中国作为一个文明高度发达的国家，要在中国传教，不仅自己要充分地学习中国的文字和文化，更重要的是必须减少中国人对新信仰的抵触，然后在此基础上还要以中国人可以理解和接受的方式让中国人皈依新信仰。根据这种思想，罗明坚和利玛窦等早期来华传教士使用中国经典中本已存在的"天主""上帝""天"等词语来指代天主教信仰中的"Deus"神，并在一定条件下允许中国信徒继续参加祭祖和祭孔的活动。所谓"礼仪"所包含的就是中国人祭祖的习俗以及中国的士大夫阶层和普通知识分子祭孔的礼仪。利玛窦的继任者龙华民对这种做法十分不满，认为这无异于让天主教向中国原始信仰妥协，并在明天启三年（1623 年）写下《论孔子及其学说》（*De Confucio ejusque doctrina tractatus*）一文，试图向耶稣会乃至教廷说明，中国人信仰中的"天"并不等于基督教[20]信仰中的"Deus"，允许中国人祭祖祭孔实际上纵容了中国人"崇拜假神""崇拜偶像"以及"以人配主"的迷信行为，丝毫无益于真正基督教福音的传播。这篇文章在西班牙被多明我会会士闵明我（Domingo Fernández Navarrete）收入他的《中华帝国纵览》（*Tratados historicos，piliticos，ethicos y religiosos de la monarchia de China*）一书中，并由巴黎外方传教会以《论中国宗教的若干问题》（*Traité sur quelques points de la religion des Chinois*）为题将其译成法语。

崇祯六年（1633 年），多明我会会士黎玉范（Juan – Baptista Morales）到达中国传教，对耶稣会在中国礼仪问题上的态度极为不满，并于崇祯十六年（1643 年）书写了一份列举了中国教会十七项问题的报告呈交马尼拉主教。马尼拉主教随后将这份报告转交罗马教廷。清顺治二年（1645 年），教廷依据这份报告裁定，中国人的祭祖祭孔行为带有宗教性质，因此禁止中国信徒参与此类活动。教廷的通令传回中国后，耶稣会士听闻后认为黎玉范的报告歪曲了事实，基于不实报告的教廷通令将会严重影响在华传教工作的开展。四年后，耶稣会士卫匡国抵达罗马，指责了黎玉范的不实报告，并向教廷陈述，中国人祭祖祭孔的目的并不在于向祖先和孔子的灵魂祭祀以求保护，其目的更接近于借追思已故之人来表达对在世长辈师长的尊敬[21]，这种"君亲师"关系是维系中国社会秩序的根基。亚历山大七世（Alexander XII）教廷随即分别在顺治十三年（1656 年）和顺治十六年（1659 年）发布通令，裁定中国的祭祖祭孔不带有宗教性质，属于一般性

---

〔20〕 此处指广义的基督教。

〔21〕 许明龙著：《欧洲 18 世纪"中国热"》，山西教育出版社 1999 年版，第 45 页。

的社会行为，允许中国信徒参加。多明我会立即做出反击，派员于顺治十八年（1661 年）向教廷抗议后两次的通告与第一次的通告相矛盾。康熙八年（1669 年），教廷做出回复，认为三份通告同时有效，在适用时应该根据具体情况而定。而在中国国内，在等待教廷做出回应时，当时在华的 23 名传教士利用在广州的一次集中的机会，专门就此问题召开了一次长达 40 天的会议，并最终签署一份协议性文件，私下决定执行顺治十三年（1656 年）的教会通告，以避免因为礼仪问题使很多愿意接受福音的中国人不能加入教会。

然而，随着巴黎外方传教会会士颜珰（Maigrot Charles）被教宗任命为福建宗座代牧，礼仪之争风波再起。他本人对耶稣会将天主教福音与儒教相结合，用儒教解释天主教的传教方式深恶痛绝。康熙三十二年（1693 年）他对自己所辖牧区发布训示，禁止一切用"上帝""天"指代"Deus"神的行为，将所有儒教元素清理出教会，并且严格禁止他牧区的信徒参加祭祖祭孔活动或者使用牌位。虽然颜珰的训示只是一个地方性的教牧文件，但由于颜珰具有相当的政治头脑，他随即将他的训示发回欧洲并大作声势，迅速占领了舆论的高地，以至于教廷不得不在康熙三十六年（1697 年）重新开始审理中国礼仪之争。在华的耶稣会士则试图通过中国皇帝康熙的威信和影响力增加他们关于礼仪问题报告的可信度。耶稣会士张诚曾上书一份关于礼仪问题的报告给康熙，其中提到拜孔子不是为了祈福而是尊他为师长，祭祀祖先是出于爱亲之情，康熙读后亲自朱笔加批表示赞同。然而这份报告被送到罗马后并没有得到教廷的重视。教宗克雷芒十一世（Pope Clement XI）最终于康熙四十三年（1704 年）颁布圣谕，谴责了中国信徒和耶稣会士在礼仪问题上的做法，并在康熙五十二年（1714 年）起严厉禁止中国礼仪。

莱布尼茨曾于康熙十一年（1672 年）至康熙十五年（1676 年）间作为外交官居住在巴黎，期间结识了法国科学家惠更斯和哲学家马勒伯朗士。康熙五十三年（1715 年），莱布尼茨的朋友，法国的摄政顾问 M. 德·雷蒙（M. de Remond）爵士将马勒伯朗士的《一个基督教哲学家和一个中国哲学家的对话：关于上帝的存在及其本质》、龙华民的《论中国宗教的若干问题》、西班牙方济各会士利安当的《关于赴华传教的若干重要问题》等三篇文章或著作寄给莱布尼茨，征询莱布尼茨关于中国礼仪之争的意见。利玛窦等人对中国文化持有同情的态度，认为儒学和基督教可以互通，因此制定了用基督教适应中国本土文化的传教策略。而龙华民等耶稣会士和马勒伯朗士则认为以儒学为代表的中国传统思想文化是彻底的无神论或迷信，中国人是拜偶像的人，故以此为由否定利玛窦制定的"合儒补儒"的传教路线。莱布尼茨在阅读这些文献后，于康熙五十三年（1715年）四月一日以《论中国的自然哲学》[22]为题给雷蒙爵士回信，表明了自己支持利玛窦的态度，认为中国人的自然神学可以与基督教信仰相容。

莱布尼茨认为，不能证明中国人的信仰是无神论的。传教士们的报告认为，中国人不认为精神实体可以与物质分开并完全独立于物质以外。用简单一点的话说，即中国人信仰中的神仙是同普通人一样是由肉体的，这也造成了中国人很难接受基督教信仰中的那种无形无相，不可感知的神。但莱布尼茨反驳说，他本人和许多基督教的早期教父一样，倾向于相信天使有肉体。他坚信耶稣也曾暗示说真福之人与天使相似[23]。莱布尼茨观点的来源可能是《天主教教理》第 1581 段至 1589 段对圣秩圣事的规定，即领受圣秩的人被倾注了特别的圣神（即圣灵），这样他就可以"肖似基督"[24]。因此不能以中国人关于精神实体的观点证明中国人都是无神论者。中国人给神加上了一个肉体，并且把他当作是世界的灵魂，和古希腊哲学中的世界灵魂，宇宙精神（weltgeist）类似，因此让中国人理解和接受上帝是超乎物质之上的至高全能的存在，其实是很容易的，并不像有些传教士认为的那么困难。中国人这种世界灵魂和宇宙精神称之为"理"，并且认为"理"是产生其他一切事物的第一推动者和原因。"理"包罗万象，它的外延可以囊括整个自然界，但是它又是不可用感官感知的，只能用人类的理智去认识。由于"理"的概念与基督教信仰的上帝的性质如此相似，莱布尼茨认为"理"和基督教的"神"的概念实际上是一致的，所以中国人实际上是有神论者。

还有，莱布尼茨认为中国人是相信灵魂存在的，这一点和基督教信仰不谋而合。莱布尼茨甚至提到《诗经》中描写了贤明的君王死后升天，在

---

〔22〕 或译《论中国哲学》。

〔23〕 何兆武、柳卸林主编：《中国印象——外国名人论中国文化》，中国人民大学出版社2011 年版，第 109 页。

〔24〕 《天主教教理简编》，河北信德社 2012 年版，第 98 页。

天上继续保佑国家。[25]莱布尼茨以此与《圣经》中大卫王和耶稣死后升天坐在上帝左右继续实行统治进行类比，以此证明在中国人的文化中也有着"灵魂"的概念。

　　基于上述的两个基本观点，莱布尼茨进一步发表了对礼仪之争的根本问题——中国人的祭祀行为发表了自己的看法。他在这个问题上坚定地站在了利玛窦一边，认为中国人祭祀孔子和祖先的活动和欧洲天主教徒崇拜圣人的宗教活动具有相同的性质。只不过那时的中国人和宗徒保禄时代的希腊人一样，尚没有听过耶稣基督的福音，只能根据自己内心的天性来对上帝表达崇敬之情。[26]莱布尼茨认为中国人所信仰的是一种自然宗教，即一种不需要别人的教导，在自己内心天生就存在一个自己敬畏的神，[27]人不一定只有听神父布道才知道自己应该怎么在社会上生活，他的内心自然而然地意识到应该爱父母，应该帮助别人，应该尊敬上帝。就如同宗徒保禄在《罗马书》中的观点，外邦人虽然不是基督徒，没有接受基督教信仰，但他还是会按照自己的内心做善事，因为上帝的律法天然地存在于人的内心。[28]莱布尼茨还说道，中国人把孔子、君王和中国的古哲学家，和他们身上所体现出的杰出的德性以及他们留下的许许多多的箴言警句都归为"理"。中国人祭祀祖先和伟大人物的行为实际上是一种中国维持社会结构稳定的方式，在政治和社会层面具有特殊意义。在世者不仅可以表达对已逝者的尊敬和感恩，更重要的是用这种行为表达对高位者的服从，并借此向自己的下位宣示权威，在内心也会督促自己以祖先为榜样，做出配得上后辈尊敬的行为。在莱布尼茨心目中，中国是一个崇尚道德和秩序，

―――――――――――

[25]　《诗经·大雅·文王之什》："文王在上，于昭于天。周邦虽旧，其命维新。有周不显，帝命不时。文王陟降，在帝左右。"

[26]　《圣经》，思高本，宗17：23，"因为我行经各处，细看你们所敬之物，也见到一座祭坛，上面写着'给未识之神'。现在，我就将你们所敬拜而不认识的这位，传告给你们。"

[27]　[德]顾彬著：《德国与中国：历史中的相遇》，李雪涛、张欣编，广西师范大学出版社2015年版，第105页。

[28]　《圣经》，思高本，罗2：14，15，"几时，没有法律的外邦人，顺着本性去行法律上的事，他们虽然没有法律，但自己对自己就是法律。如此证明了法律的精华已刻在他们的心上，他们的良心也为此作证，因为他们的思想有时在控告，有时在辩护。"[德]顾彬著：《德国与中国：历史中的相遇》，李雪涛、张欣编，广西师范大学出版社2015年版，第91页注释1："这一句的出处不太清楚。可能是……罗马书2：7。"笔者认为此处注释有误，该经文与所要佐证的观点关系不大。

注重礼仪的国家，中国礼仪和基督信仰并行不悖，甚至在一定程度上证明了中国人从上帝那里得到的教化甚至是超过很多欧洲人的。因此莱布尼茨主张欧洲也需要中国传教士到欧洲去教导欧洲人，这样可以使欧洲更加繁荣。[29] 莱布尼茨也始终希望中国能有一天可以接受基督教信仰，而欧洲可以接受中国的道德哲学和历史学，中国和欧洲这两大文明可以在相互学习中共求发展。

礼仪之争在教会史上有着重要的意义。而从法制史学科的角度研究莱布尼茨对中华礼仪之争的看法的主要意义在于，莱布尼茨的这些观点承载了他的宗教宽容思想，是他的哲学思想——和谐论，在宗教观和政治上的延伸。此外，莱布尼茨通过对中国本土信仰的不断研究，使他意识到道德或者源自人内心的自我约束同圣经中的律法一样具有神圣的地位，因此我们可以在莱布尼茨的政治法律观中发现，人的理性以道德的形式出现规范人的行为和社会的运行。

四、莱布尼茨对中国政治法律的看法

在研究中国古代政治制度时，历史唯物主义常常认为我国从公元前221年秦始皇嬴政统一六国建立起统一的中央集权政府开始，到1911年辛亥革命推翻帝制建立共和政体结束为我国的封建社会时期。不同于西方封建制度"分封建国"，封建领主和贵族将土地层层分封的土地私有制，从秦始皇废除分封制而设立郡县制使得中国"封建社会"的主题更在于专制主义中央集权的政权组织形式而不是土地私有制。统一而强有力的中央政府使得中国出现西欧几乎没有出现过的统一王朝，并且使中国在诸多领域实力远在同时代的欧洲之上。

欧洲启蒙运动涌现出了一大批思想家。那个时代各式各样、源自各学科的知识都不断涌现并且互相碰撞，其目的不论是如伏尔泰、洛克一样期待开明君主制，还是如同孟德斯鸠、卢梭等尝试构建起一个共和政府，驱动这些思想产生的动力都是希望改变欧洲国家长期受到君主专制和教会专制压迫的现实。因此这个时代的欧洲人研究中国已经不再是为了寻求更新

〔29〕〔德〕顾彬著：《德国与中国：历史中的相遇》，李雪涛、张欣编，广西师范大学出版社2015年版，第91页。

奇的时尚元素、异域的奇闻异事或者更广泛的商机。欧洲思想家开始通过研究中国的政治制度来思考欧洲人自己社会的走向问题。

莱布尼茨从中国的中央集权制度中找到了他的理想，即在儒家政治下的开明君主制。经过前一阶段传教士们把中国塑造成"大中华帝国"和"孔夫子的中国"[30]，莱布尼茨通过他的研究把中国的形象改变成了"儒教的理想国"。

按照莱布尼茨的观点，中国和欧洲相比，拥有欧洲不具备的诸如人口众多、幅员辽阔、资源丰富等优点；在手工业制造和经验科学方面，中国和欧洲不相上下，各有所长；在思辨科学领域，欧洲较中国优越，利玛窦就曾认为，中国人的哲学不过是一连串的箴言，但缺乏逻辑训练使之形成体系；而在实践方面，尤其是在实践道德领域，中国远远领先欧洲。[31]中国人的思想和行为都源于他们对儒家道德哲学的理解和应用，所有的道德风尚、为人处世的原则甚至君王统治的方法都有其哲学基础。所以儒教哲学不同于欧洲纯粹追求真理的思辨哲学，它是一种以指导人们生活的实践哲学。中国在儒家哲学的道统下，呈现出了一派辽阔、统一、祥和的景象。儒家的道德以公共秩序为目的，秩序是整个社会的理想。儒家主张长幼尊卑有序，社会各个阶级各居其所，都有一套自己身份的行为规范。这种秩序主义的道德为崇尚"和谐"，认为自由应当服从于理性的莱布尼茨所倍加推崇。在他的《中国近事》中他写道，中国人在尽可能的范围内相互团结，以实现社会的整体秩序，这种模式甚至优于其他国家的法律。[32]中国人的道德体系使得中国不像当时的欧洲，因为人自身的邪恶和愚昧而陷入相互伤害的苦难和不幸之中。令莱布尼茨惊奇的是，在中国任何试图僭越尊卑秩序的行为或者言语都会像欧洲处理杀人罪一样受到处罚。除此之外，中国人互相彬彬有礼，恪守礼制对中国人来说已经成为一种经由长期的实践所形成的天性。在莱布尼茨眼里，儒家对中国人教化的成果是欧洲的宗教团体远比不上的。

---

〔30〕 周宁：《天朝遥远：西方的中国形象研究》，北京大学出版社2006年版，第108页。

〔31〕 ［德］莱布尼茨著：《中国近事——为了照亮我们这个时代的历史》，［法］梅谦立、杨保筠译，大象出版社2005年版，第2页。

〔32〕 ［日］五来欣造：《儒教对于德国政治思想的影响》，刘白闵、刘燕谷译，商务印书馆1938年版，第258页。

除了道德哲学外，莱布尼茨对中国的开明君主制格外倾心。他特别欣赏康熙帝。康熙二十八年（1689 年），莱布尼茨在罗马结识传教士闵明我，通过闵明我，莱布尼茨详细地了解了中国康熙帝的情况。闵明我介绍道，康熙言行公正，执政仁慈，生活节俭。年至中年仍然愿意每天 3～4 个小时在一个小房间向闵明我虚心学习来自欧洲的现代科学知识，并掌握了一些几何学、三角函数和天文学的知识。康熙帝希望将这些重要的知识留给后人以造福整个帝国，亲自编写了一本数学教科书《数理精蕴》。莱布尼茨对康熙十分赞赏，认为康熙皇帝是一位空前的君主，认为他是一名拥有神圣的智慧却还好学不倦的君主。

莱布尼茨对开明君主制的推崇是与儒家道德哲学的欣赏密不可分的。虽然莱布尼茨本人并没有对这两者的关系做出阐明，但是我们可以从他的学生和其他学者那里得出这种结论。莱布尼茨的学生克里斯蒂安·沃尔夫（Christian Wolff）被公认为莱布尼茨思想的继承者，是他将莱布尼茨的很多哲学思想加以体系化并广泛传播。学者卢多维西（Ludovici）在他的《评论莱布尼茨哲学之全部发展史》的序言部分指出，要研究柏拉图哲学和中国哲学就必须研究莱布尼茨和沃尔夫的学说。沃尔夫在他的一场题为《中国的实践哲学》的演讲中提到，他认为儒家的圣人孔子实际上就是柏拉图《理想国》中提到的哲学王，用理性使整个国家达到"和谐"和"美德"的境界，所以中国人崇拜孔子就像犹太人崇拜摩西，基督徒崇拜耶稣一般。而孔子的学说又发端于君主，采用儒家思想治理国家的中国皇帝自然成为莱布尼茨心目中"继任的"哲学王。皇帝在最高层统治整个国家，但由于版图巨大，真正施行管理的是通过以考核对儒家学说理解为内容的科举考试所选拔出来的文官系统，而日常事务则由纲常伦理和风俗习惯自行调整。每个人在社会中都有特定的身份，有专门的礼制规范其行为。这种模式就与柏拉图设想的由哲人王运用理性统治，其他国民就如同人体不同器官一样各司其职，这和使国家整体实现平衡和和谐的理想国模式如出一辙。因此可以说那时的中国就是莱布尼茨心目中真实的理想国。

笔者试图从另一个层面上分析莱布尼茨为何如此欣赏中国的君主制。从中世纪开始，德国文学中的中国形象经历了从"丝国"（Sêres）到契丹再到"约翰长老的国度"的变化。前面两个形象很容易理解，是由于商业因素和政治因素产生的。至于"约翰长老的国度"，在德语中"Priesterkönig

Johannes"的意思是"神父王约翰"。在第一次和第二次十字军东征期间，欧洲军队在近东地区节节败退，然后突然在军队中出现了一种说法，即在波斯和亚美尼亚东部的东方，有一个富饶强大的基督教国家，统治者是贤能的约翰长老，他的军队从东边击退了波斯人和米底亚人。[33]正是由于这种传说，使得最初来到中国的传教士还肩负着游说中国统治者，与欧洲基督教世界协同一起抗击伊斯兰世界的使命。因为条件限制，笔者难以查阅到十字军东征期间这种传说是如何开始流传的，但可以肯定的是，这个传说之所以广为流传，一是因为《圣经》中三王来朝的传说，即在耶稣出生时，有三位来自东方的贤明君王带着黄金、乳香和没药前来朝见，[34]二是因为在马可波罗等人的中国游记中也提到不少关于约翰长老的传奇。可以想象，莱布尼茨作为一个出生在基督教家庭的德国人或多或少会存有那个时代的人对中国的印象，即先入为主地认为中国是一个由贤明君主统治的强大基督教国家。这也就不难解释，为何世界上几乎所有文明的典籍中都有关于"神"的记载，而利玛窦和莱布尼茨却从一开始就坚信中国人的"天主""上帝"就是基督教的神，只是中国人忘记了如何崇拜上帝。或许是出于这个原因，莱布尼茨从他了解中国起，就以一种极为认真和谦虚的态度来看待中国的一切事物，特别是以儒家伦理秩序为框架的中国帝制。

德国柏林工业大学哲学系教授汉斯·波塞尔认为，虽然莱布尼茨是以平等大同的思想看待异域文化的第一人，但是莱布尼茨眼中的中国图像是不完整甚至是部分扭曲的，莱布尼茨把中国这样一个自认为是世界中心的国家、这个国家的政治、道德乃至君主都过于理想化了。[35]这一点我们作为中国人其实更能感受到。那么研究莱布尼茨的中国观，特别是他对中国政治制度的看法对中国今天的意义在于，通过他人之眼能够更清晰地看清自己所处的位置和前进方向。

---

〔33〕 谭渊：《丝绸之国与希望之乡——中世纪德国文学中的中国形象探析》，载《德国研究》2014年第2期。

〔34〕《圣经》，思高本，玛2:1，"……看，有贤士从东方来到耶路撒冷"，依60:3，6，"万民要奔赴你的光明，众王要投奔你升起的光辉……成群结队的骆驼，以及米德扬和厄法的独峰驼要遮蔽你，它们都是由舍巴满载黄金和乳香而来，宣扬上帝的荣耀"，咏72:10，"塔尔史士和群岛的众王将献上礼品，舍巴和色巴的君王，也都要前来进贡。"

〔35〕 马小红、史彤彪主编：《输出与反应：中国传统法律文化的域外影响》，中国人民大学出版社2012年版，第333、334页。

我们今天虽然呼吁复兴中国传统文化，也在各种制度上打上中国的烙印，试图使之符合中国的国情，但是究竟哪些价值是人类共有的，哪些又是我们民族的特色，这个问题只能通过跨文化的比较才能回答。在经历了历史浪潮的无情冲刷过后，中国人似乎成了 16 世纪的西方人，我们知道哪些元素是中国的，是传统的，但是追求传统异化成了两股浪潮，一边是生者追求已死信仰的泥古主义，[36]另一边则是类似"节日基督徒"[37]一样的"节日中国人"。我们甚至可以认为伯尔曼在他的《法律与宗教》中提到的"整体性危机"或者"认知危机"在中国已经到来。这种危机关乎一个民族的灵魂或者说精神层面，它使得一个民族在生活的冲击下很容易忘记自己是谁，丧失自己的信仰，进一步导致民众、司法者和立法者都丧失对法律的信任。[38]如何把中国从这样一个困境中解脱出来，我们可以参考莱布尼茨当时心目中理想的中国，一个在统一价值观之下的中国。当今的中国已是日新月异，特别是在互联网浪潮中，不同价值观带给人们不同体验。再如同当年秦始皇焚书坑儒一样用强制手段统一价值观是不现实而且极不人道的做法。我们需要做的是如同莱布尼茨一样，用平等和包容的态度去看待不同的价值观，但是我们也急需在精神上找到新的共同价值观，在一些基本的概念上达成共识，例如法律的价值。如以色列历史学家尤瓦尔·赫拉利在其《人类简史》一书中所谈到的，人类的种种"虚构的故事"，即一种人人都相信的集体信念，才使得数以万计的陌生人能够合力行事，形成现代社会。只有法律甚至说政治制度能够被人民真正信仰，它们才有存在的意义。

五、莱布尼茨中国政治法律观的历史意义

欧洲文明从黑暗走向光明经历了三个重要阶段——文艺复兴、宗教改革和启蒙运动。文艺复兴率先亮出了人文主义精神的旗帜，重新发现和尊

---

〔36〕 〔美〕伯尔曼：《法律与宗教》，梁治平译，中国政法大学出版社 2002 年版，增订版译者前言第 3 页。

〔37〕 指虽然一些基督徒已受洗，但平时不会去教会，不会参加宗教活动，也不会想起自己的信仰，只有在重大基督教节日才想起来自己是基督徒，去教会参加宗教庆祝活动。

〔38〕 〔美〕伯尔曼：《法律与宗教》，梁治平译，中国政法大学出版社 2002 年版，第 8～9 页。

重人的价值，在艺术和思想领域把重心从神转移到人。宗教改革看似是平信徒在封建领主的支持下打着民族主义的旗号反抗天主教会，但实际上是一场由个人内心的自然神学取代被天主教廷垄断着的天启神学的运动。启蒙运动则是人文主义精神逐步进入政治制度的设计之中，试图在政治层面上体现人的理性和宽容。要了解政治制度的变迁，首先要了解政治思想乃至作为其思想基础的哲学思想的变迁。纵观近代以来欧洲思想界的演进几乎无不是通过理性主义和经验主义的交锋。理性主义相信人类可以通过思考和逻辑的推演找到普世性的绝对真理，在政治上的反映就是希望通过纯理论的深思熟虑设计出完美的制度来。而经验主义认为人对世界的全部认知都来源于人自身的经验，因此并不存在什么永恒不变的价值，因此在政治上主张一种缓慢的、渐进的和半意识的演变。诚然，莱布尼茨生活在理性主义最为兴盛的时代，他所活动的欧洲大陆也是那个时代理性主义的大本营，但是他本人的思想的主要动机却是调和理性主义和经验主义的分歧，[39]在理智和情感之间找到平衡。[40]这也便是莱布尼茨哲学所追求的终极的目标——和谐。

作为一个虔信上帝的思想家，莱布尼茨崇尚的是一种理性的新式神学。中国作为一个"异教国家"，凭借来自于人的自然理性的道德哲学建立起了一套不同于欧洲传统且优于欧洲的政治制度，让莱布尼茨意识到，或许缺少基督教点化的中国人无法获得属灵意义上的救赎，但中国的情况足以证明，人自身的理性完全可以在自然法则和道德准则的基础上建立起一套满足政治理想的世俗制度。他的学生沃尔夫在这个问题上的观点较他的老师更为激进。沃尔夫甚至认为人已经不再需要天启神学，依靠理性和道德足以达到幸福。由此看出，莱布尼茨对中国的研究在他那个时代最突出的影响莫过于用来自中国的经验进一步撼动教会（不论是天主教会还是新教会）在世俗层面的权威。莱布尼茨本人虽然不会把人的理性置于神之上，但他的研究却打开了在接下来启蒙运动中更多思想家质疑神权的闸门。

---

〔39〕〔德〕文德尔班：《哲学史教程》（下卷），罗达仁译，商务印书馆2013年版，第113页。原文为"调和机械论世界观和目的论世界观……"，此处的"机械论世界观"和"目的论世界观"分别是经验主义和理性主义所衍生出的世界观。

〔40〕同上，第204页。

在对待王权方面，莱布尼茨毕生都受到王公贵族的礼遇和资助，可能是由于这个原因，他并不是一个希望打倒王权的人。莱布尼茨的目标是能在欧洲建立如中国一样的开明君主制，为此他还在他的《中国近事》一书中收入南怀仁和白晋二位神父所著的描写中国皇帝的文章，并且呈现给当时欧洲各国的君主，却并没有对那些君主造成任何影响。开明君主制下的中国被莱布尼茨当作一个试图树立给欧洲君主们的榜样。康熙的开明和明智给了莱布尼茨对于君主制自我完善的设想，他认为只要让君主本人的道德修养达到足够的高度，就足以实现他的政治理想。当然，在今天看来，将希望寄托给统治者的自身改变是不切实际的幻想，莱布尼茨的政治观点存在其幼稚的一面。而在他之后的启蒙思想家们在利用"中国"这一素材时则显得成熟一些，他们更看重对人自身理性的启迪，把重点放在通过外部制度对人的理性塑造和道德教育上，以期驱散人性中的黑暗，逐步培养人的美德，从而实现开明的君主制。

法学理论下的追问路径

——简评张青波《法学理论：多元与整合》

施 艺*

法学理论是基于对法规范出现以来的相关实践的反思而不断形成的，从最初的法条注释发展到现今多元化的法学理论。在这种多元化下，时常充斥着理解上的隔阂，如先前的社科法学与法教义学之争即是如此。[1]不同的理解方式与叙述方式之间可能会产生各种冲突或竞争，这种可能性总是存在的。张青波教授的《法学理论：多元与整合》致力于将不同的理论归结于不同的问题，在追问与论证相互交替的思辩过程中，对于这些问题加以回答或回应，最终达致对法学理论的整体整合。

以问题的方式来梳理理论关系，是全书得至深刻性的关键。正如重要的哲学理论，或者说在哲学史上留下深浓一笔的哲学理论，都是对重要哲学问题的回应，法学理论也是如此。法学理论本应当关切法的实践上的问题，并对此做出回应。但往往问题意识以及实践视角因各种条件的限制，并不总是清晰的。在理论的形成过程中，到现在我们可以在一定的理论格局上抽象出各种问题，正如本书所展现的，各法学分支学科在回答什么问题，[2]某一个法学理论或流派回答了什么问题。[3]该书虽未指明但总是提醒我们，法学理论应对面向实践的关键问题有所回应。笔者认为，如果宏观的理论视角是法学学者所需具备的，那么没有问题意识的宏观理论也是

---

* 中南财经政法大学大学 2014 级法学硕士研究生，杭州市国立公证处助理公证员。

〔1〕 张青波：《法学理论：多元与整合》，法律出版社 2016 年版，第 32 页。
〔2〕 张青波：《法学理论：多维与整合》，法律出版社 2016 年版，第 31 页。
〔3〕 张青波：《法学理论：多维与整合》，法律出版社 2016 年版，第 132、155 页。

无法想象的。可以说，该书推动着法学理论思维的转变。

进一步看，笔者认为书中所涉及的问题暗含着一股数支追问的路径。正如一部哲学史体现了对问题的追问路径，即如何由一个问题转向另一个问题，或一个理论的末路转向另一个理论，法学理论的思想历程也能体现这种追问路径。不久前，有教授批判之前的法理学缺乏"内在的连贯性"[4]，笔者希望通过下文的论证阐释该书体现的理论联系。当然这只是笔者的个性化的解读和论证方式，不足之处仍请方家指正。

一、回应司法提出的疑难问题是法学理论的核心任务

全书虽然没有明指各个问题的关联，但是纵观全书可以发现，法学理论的重心在于回应司法实践的问题。司法问题是目前串联法学各主要子学科的节点，也是其他学科视角进入法学的关键接点。先前有学者指出，中国法学的理论兴趣也正处于一种司法转向中。[5]从宏观的理论视野看，这是自然而然的：对于形式主义的法治理想的反思首先产生于对司法过程的重新阐释，不管是英美法系背景下的法律现实主义还是大陆法系背景的自由法运动，都是如此。而司法中的疑难问题没有最终解决，必将在今后成为法学研究的焦点。因此笔者认为，该书以"法学理论"为题，内容上没有太多立法、执法、守法的篇幅，但并非疏漏。因为司法转向在国内国外都是理论发展的基本方向。[6]

虽然现在有立法学、执法理论、关切守法的行为法学，其虽属于法学，可以提供一种理论视角或技术方法，但不是法学理论首要考虑的对象。因为这些理论不能在法学领域中提出重要的问题，即使能够提出关乎法学的问题，也需要在司法的环节加以回应。对于立法学而言，可以想到提出这样一个初始问题：如何立法以更有实效或正义？一方面这需要社会学与政治学的回答，另一方面需要后续阶段如执法、守法、司法的回答。立法学主要关切的是成文的法，就此而言并未提出或回答重要的疑难问

---

〔4〕 徐爱国：《论中国法理学的"死亡"》，载《中国法律评论》2016 年第 2 期。

〔5〕 舒国滢：《并非有一种值得期待的宣言——我们时代的法学为什么需要重视方法》，载《现代法学》2006 年第 5 期。

〔6〕 舒国滢：《并非有一种值得期待的宣言——我们时代的法学为什么需要重视方法》，载《现代法学》2006 年第 5 期。

题；一旦立法学关切的是授权下的裁量，或者持对法治体系的非形式主义理解，那么也就意味着问题或者论证方向的转移。曾几何时，如何司法的问题依赖于如何立法的问题，但是随着理论的进展否定了法律形式主义，如何司法成为一个独立且重要的问题，改变了法学理论的重心。因此立法并非目前法学理论的核心。对于执法而言，其与司法存在高度相似性，都可以说是对法的适用过程，但其最终需要司法来认定，因此可以说如何执法的理论疑难问题最终要司法来回答。对于守法而言，于法的实效计，其需伦理学、心理学、社会学、行为科学等来解答。在抽象的规范运行层面，违法则面临法的制裁，在此意义上也并未提出重要的理论问题。综上所述，立法、执法、守法并未提出有别于其他学科或司法阶段的独有问题，其理论依赖于对法的宏观理解。正是对司法的理论探究，才不断更新对法的理解；正是司法理论，使法学有了灵魂，有了支撑。但并非立法、执法、守法的概念及相关理论就不重要，因为在司法的理论中，仍然可能依赖于这些概念或相关理论以展开新的进路。

与之对应的，法教义学也处于法学理论的中心位置，或者说处于问题的起点。"法教义学的主要工作，就是解释、澄清、探求法规范的涵义，为执法机构处理具体案件提供指引，因而法教义学又称法释义学。"[7] 法教义学首先是对法的有效性进行发问：该条文是否有效？其他渊源是否有效？有效的法的标准是什么？等等。法教义学企图把握法的有效性，使之具有可辨识的方法。因为司法过程中面临的疑难问题需要理论加以回应，法教义学则在最初负担起在法体系内对所需适用的法加以解释的重任。正是法教义学赋予了或者说契合了法学的实践特性。其他法学分支学科必须与法教义学相衔接才能继受这种实践特性。虽然书中以不同的提问角度来区分不同法学分支学科的方法，给了笔者不少启发，但是笔者认为书中的提问方式仍有可商榷的地方。法史学的问题是"什么曾经有效？"，法社会的问题是"如何让法律有实效？"，比较法学的问题是"国外有什么用的规定？"，法哲学的问题是"什么应该有效？"，法理论的问题是"法律规范有什么用的结构？"[8] 以法史学为例，单纯的法史学研究不能对法官因实在

---

〔7〕　张青波：《法学理论：多维与整合》，法律出版社 2016 年版，第 36 页。

〔8〕　张青波：《法学理论：多维与整合》，法律出版社 2016 年版，第 31 页。

法产生的疑难加以回应，而必须与法教义学衔接，才有意义。如果法史学没有实践的面向，则完全可以"外包"给历史学，或者被其收入囊中；如果法史学没有实践的面向，仅凭理论兴趣就可以确定研究的方向和视角，无需对现实中的疑难问题加以回应。其实作者看到法史学的实践价值，即对于理解与完善当下的法及吸取过去的经验教训方面具有助益。[9]其他法学分支学科也是如此，在法教义学提出了实践中问题后，其他法学分支学科也须对该实践问题加以回应，而不能以其理论旨趣自我孤立，否则就失去其学科该有的意义了。而该书中对法教义学与社科法学的论述，重在强调法教义学对条文的释义界清法律现象，虽然这也表明法教义学与其他法学分支学科的联系，但是对实践问题仍可有更多关切。

二、法教义学等方法对于法律难以适用问题的回应与不足

当司法提出简单或疑难的问题时，法教义学试图运用一些方法来加以解决。以该书论述的方法为例：

第一，对法与法律的区分，是一个必要的、事关宏旨的思路。当以法律来通称成文法，而法律遇到疑难时，如无可适之法，或理解上模棱两可，则不得不诉诸法律之外的抽象的法理念。[10]法教义学的发展历程展现了对"法律的适用"到"法的发现"的理解变化，其现能接纳一定的利益、目的、价值、原则。[11]对于法律形式主义的理解和超越是法学理论迈出的重要一步。

第二，对于案件的解决需要论证，论证体现了尽可能以理性的方法来解决案件。[12]司法裁判的合理性，要体现在两个方面，一是内部证成，即前提符合逻辑地推导结论；二是外部证成，即前提本身要被证立。[13]如何外部证成？依先例和通说，或者进行类推等方法。[14]但先例和通说本身是

〔9〕 张青波：《法学理论：多维与整合》，法律出版社 2016 年版，第 39、40 页。

〔10〕 张青波：《法学理论：多维与整合》，法律出版社 2016 年版，第 210～212 页。

〔11〕 张青波：《法学理论：多维与整合》，法律出版社 2016 年版，第 34、212 页。

〔12〕 张青波：《法学理论：多元与整合》，法律出版社 2016 年版，第 212 页。

〔13〕 张青波：《法学理论：多维与整合》，法律出版社 2016 年版，第 221 页。

〔14〕 张青波：《法学理论：多维与整合》，法律出版社 2016 年版，第 223、274 页。

可以偏离的，[15] 类推也并非只有一种推理路径，当发生争议时，不同的立场可以划归为不同的解释进路，如文义解释、体系解释、通过立法者意志解释、客观目的解释等。但是不同解释进路会发生冲突，[16] 甚至同一种解释进路也可能有各异的结论。为此，该书作者对于其背后的各项原则予以排序，体现民主、法治、权能分立、法安定性等价值的形式原则具有推定的优先性。[17] 在笔者看来，书中的追问进路和论证方式相当连贯而思辨，体现了作者对法学方法理论的深刻把握。但在作者论证完毕后，笔者认为仍有可商榷之处，原则排序的优先性是考虑的优先性，或者可以说是无论证负担的优越性，而不是经过实质权衡的优先性。而在各种解释进路、价值和原则被衡量后，并没有任何价值具有先验的优越性，即使论证的负担可能影响数量统计意义上的结果。但可能仍有反面的意见阻挡笔者进一步的深思，如桑本谦对于法学理论的理解采取一种实用主义的方式[18]，形式原则、举证责任规则等具有较高的经济学意义上的效率。但如果以该书作者对于哲学的关切的态度，[19] 法学理论就须进一步追问理论上的缝隙，因为法学理论虽然关切司法实践，但不一定总是实用的，也可能是深入揭示现实情况中的困难处境。

外部证成诉诸对经验知识的论证，司法实践者不得不面对法的适用过程中的开放性。正因如此，法学分支学科中法史学、法社会学等能够提供论证的经验支持；也正因如此，司法实践者的理论信心在各种看似合理的论证进路中被消磨。该书作者认为，法官可以拥有选择权，但必须清除个人利益、偏见、宗教、道德观念等。[20] 但是何为偏见？不同的理论旨趣都可能合理而融贯，但又相互竞争，在人与人之间被争论着。该书作者又相信法官可秉持一种惯例"织成"的信念之网，而法官应假定其裁判为唯一正解，得出最好的裁判。[21]

---

〔15〕 张青波：《法学理论：多维与整合》，法律出版社 2016 年版，第 228 页。

〔16〕 张青波：《法学理论：多维与整合》，法律出版社 2016 年版，第 255 页。

〔17〕 张青波：《法学理论：多维与整合》，法律出版社 2016 年版，第 265、270 页。

〔18〕 季卫东等：《中国需要什么样的法理学》，载《中国法律评论》2016 年第 3 期。

〔19〕 张青波：《法学理论：多维与整合》，第 97 页。

〔20〕 张青波：《法学理论：多维与整合》，法律出版社 2016 年版，第 272 页。

〔21〕 张青波：《法学理论：多维与整合》，法律出版社 2016 年版，第 273、274 页。

笔者认为，以上的理解法、适用法的思路或方法在宏观层面可以成立，但在具体的疑难案件中，阻止不了争议的产生。拉伦茨认为，留给法官的判断余地，法学固然一再努力缩小这个活动空间，然而，其完全消失则既不能预期，也不值得期待。[22] 如果法官满足于假定裁判有唯一正解，持对法教义学方法的强烈信念，只不过是自我设限而已。对于疑难案件的进一步追问，笔者有不同于该书作者的观点，限于主题暂且不表。需要强调的是，在疑难问题中，对于法学的追问不能就此终结。

三、哲学及其他学科对法学的提问方式的改变

该书作者认为，法哲学必有一种哲学为其基础。[23] 其以对正义问题的论证终结法哲学的话题，似可以看作该书的哲学立场。该书作者对正义问题采取认知主义的立场，[24] 即存在正义的标准，或正义的标准可以认知。结合上下文来看，这种认知主义并不承诺回答所有的正义问题。[25] 正因为总是有新问题产生，追问不会就此止步。

从"法是什么"到"法应当是什么"是法学发展中追问的重要脉络，而后者往往被认为是法哲学所考虑的。即使把一些理论如实证主义法学、自然法学划归为法哲学，但笔者认为法哲学不应仅限于"法应当是什么"的问题：其一，"法是什么"与"法应当是什么"两个问题现在已难以区分，法哲学也应考虑"法是什么"，法教义学也常常进入到"法应当是什么"的论域中；其二，法哲学应该关注不断更新的哲学理论，而对法学理论以整体反思。认为法哲学只讨论法应该是什么，讨论公平、正义等抽象理念的观点，太片面了。

如果法学理论不自满于其现有理论，则须向哲学领域追问，以进一步回应实践提出的问题以及弥合现有理论的缝隙，乃至对理论与现实的深刻认知作为实践的背景知识。笔者认为，哲学虽然并不直接对法学理论或司法过程提出问题，但是深深影响着我们对法的理解、认识方式：一方面是哲学的追问方法、论证思路值得法学借鉴，另一方面是其追问、论证的成果也改变了法学的看待问题的角度。例如，从休谟问题到普特南的对事实

---

〔22〕 ［德］卡尔·拉伦茨：《法学方法论》，陈爱娥译，商务印书馆 2013 年版，第 176 页。

〔23〕 张青波：《法学理论：多维与整合》，法律出版社 2016 年版，第 97 页。

〔24〕 张青波：《法学理论：多维与整合》，法律出版社 2016 年版，第 207 页。

〔25〕 张青波：《法学理论：多维与整合》，法律出版社 2016 年版，第 207 页。

与价值二分法的崩溃，从维特根斯坦的语言游戏说到认知语义学的发展，法学理论必会面临对自身提问方式和固有概念的反思，从而也会改变追问的进路。

法学理论也会面临其他学科的谏言，加以学习吸收。先不论法史学、法社会学共享其他学科的知识体系和研究方法，其他学科也有可能改变法学的认知。例如，法学中经常提到的实质判断（推理）与形式判断（推理），就可能会面临追问何为"形式"与"实质"的问题，在实践的意义上则涉及未来信息技术与司法审判能否高度融合的问题。对此笔者预计，一种简单的定义、类比或列举将不能得出让人满意的回答，而可能需要诉诸包括认知科学等多种学科，在现代众多学科知识中得以理解，从而改变过去的简单理解。

四、结语

《法学理论：多维与整合》一书在追寻问题的基础上对问题的思辩式论证，超越一般法理学教科书的武断的或只有简单论证的方式，难能可贵。有学者看到，以政治话语为根基的法理学，缺失内在连贯性和思辩论证性——这却会导致法理学的死亡。[26] 笔者寄盼，张青波教授对于内在连贯性和思辩论证性的努力，正如书中所体现的，能成为催生法理学重生的力量。思辩论证性譬如书中对于法效力标准的论证所体现的，[27] 具有不同于一般国内教科书的思维深度。

但是笔者认为书中的内在连贯性主要体现在各部分内部，各部分之间的连贯性仍有改进的空间。因为从思路上来看，该书作者倾向于从各种法律概念、现象、理念中出发而加以整合，而笔者认为更好的思路是以问题的方式加以贯之——从初学者面对各种现象的疑惑，到深入追问的认知过程——这也是一个艰巨的任务，对于提问方式和论证能力都有较高要求。虽然笔者对书中一些具体的乃至进一步追问的问题有不同看法，好在法学理论留下开放的空间，留待广阔而深入的追问和探讨。

---

[26] 徐爱国：《论中国法理学的"死亡"》，载《中国法律评论》2016 年第 2 期。

[27] 张青波：《法学理论：多维与整合》，法律出版社 2016 年版，第 8～11 页。

史料整理与会议综述

"川盐入黔"史料收集、整理与研究[*]

徐　斌[**]

"川盐入黔"是贵州历史上用盐的主要途径和食盐消费的主要方式。川盐的运输多由陆运和水运两部分组成。"川盐入黔"不仅仅带动了乌江及赤水河流域经济、交通、文化及民族关系等方面的全面发展，也形成了与乌江和赤水河流域社会互动的历史，加快了该地区对外开放与经济交流的步伐，带动了沿岸交通运输业、酿酒业、采矿业等的发展，推动了黔北、黔东北以至黔中地区城镇化进程，反映出丰富多元的"贵州盐史文化"。因此，对"川盐入黔"历史资料进行收集、整理与研究具有一定的学术价值与现实意义。

一、"川盐入黔"历史资料收集、整理及研究概况

"川盐入黔"最主要的原因是由于贵州不产盐，历来均由外省输入，且以四川为主。"盐为人人日用所必须，一举箸间，实为财政命脉所系，国家存亡所关。"[1]川盐由四川的五通桥、键为、自流井等盐区分道入黔。清乾隆元年（1736 年），四川巡抚黄廷桂于黔边设仁怀、茶江、涪州、永

---

* 本文得到贵州师范大学副校长徐晓光教授的指导和帮助，在此表示感谢，本文还得到 2016 年贵州民族大学科研创新基金项目："黔东南州投融资体制改革中的法律问题研究"（编号：16yjsxm013）、"法社会学视角下的'明白书'现象问题研究"（编号：xsmzfz05）的资助。

** 贵州大方县人，贵州民族大学"法制与民族地区发展研究中心"研究实习员，民商法学在读硕士，研究方向：民商法学、民族法学。

[1]　曾仰丰：《中国盐政史》，商务印书馆 1937 年版，第 2 页。

宁四大口岸，允许私商纳税后，专利运盐销黔。川盐通过这四大口岸，销往大部黔地。具体来说，有三条主要入黔路线分别是：①路线一："仁岸"盐运路线。仁岸从四川省合江县城入口，经赤水河直抵茅台村，再循陆路运至鸭溪、金沙、贵阳、安顺等地。这条水路大体在当时的仁怀县辖区之内，因而以"仁岸"名之。从自流井解缆，经四川的邓井关、泸州、合江县，贵州的赤水县城、赤水县的猿猴场（今名元厚）、赤水县土城（今属习水县）、仁怀马桑坪、茅台村。到达茅台村之后向外陆运食盐的路线有两条：一条是经过鸭溪、刀靶水、扎佐到贵阳。从茅台出发，途径仁怀、遵义两县中枢、坛厂、长岗、枫香、白蜡坎。鸭溪到刀靶水为第二站，途经遵义县乐里、八里、南白、三合刀靶水到今修文县的扎佐，路经今遵义县的老君关、乌江、养龙站等入修文境；另一条路经金沙、滥泥沟到安顺。从茅台出发，途经仁怀县的盐津河、鲁班场、吴马口（今五马镇）等入金沙县境，到达金沙后转入滥泥沟、安顺。新中国成立后，随着通往赤水河沿岸诸县的公路相继建成通车。这些地域及其邻近地区所需之盐，先后改为用汽车运输。[2] ②路线二："綦岸"盐运路线。从自流井出发，经过四川省的江津县江口、贵州省的桐梓县松坎。水路运输分为三段，从四川江口出发：经綦江县、羊蹄洞、赶水、盖石洞，到达松坎。然后陆运至贵州各地。陆路有两条：一条是松坎到遵义城，另一条是由松坎入正安县。"綦岸"的食盐运输最开始是靠船运、车运和人力畜力并行。到 1935年川黔公路通车后，运输就是靠汽车和马车，新中国成立后都是汽车运输，大大提高了运盐速度，节省了运盐成本，降低了老百姓负担。③路线三："涪岸"盐运路线。从四川省的涪陵县城进口，沿乌江水道经四川的武隆、彭水等县地域入贵州省沿河县辖境。复经龚滩、新滩、潮砥等转运站，直抵思南县城起岸，分别陆运至各销售地区。一方面它是从乌江与长江汇合处的涪陵县城入口，另一方面又先后经过古代涪陵县、涪陵郡、涪州所辖地域之故。到 1941 年底，川盐几乎占据了整个贵州市场。当时川盐绝大部分都是通过位于川黔交界处的永岸、仁岸、綦岸和涪岸四大盐岸，从这里分别运到贵州的其他地方销售，如贵阳、遵义、都匀、大定、安

---

〔2〕 王佳翠等：《论川盐入黔的历史变迁及其对黔北社会的影响》，载《遵义师范学院学报》2015 年第 2 期。

顺、思南、石阡、平越、镇远等地。川盐在行销贵州的途中，带来了巨大的经济效益，同时也产生了一系列的文化影响。

内容涉及"川盐入黔"的古籍资料有：明嘉靖谢东山修，张道纂《贵州通志》；民国任可澄、杨恩元《贵州通志》等；清代丁宝帧篆修的《四川盐法制》（四川大学收藏）；民国八年（1919年）三月赵熙题，宁德、林振瀚编纂的《川盐纪要》；吴晓秋、娄青：《西南地区线性文化遗产保护研究——以"川盐入黔"线路为例》；《喀斯特生态文明研究》等。目前，涉及"川盐入黔"内容的成果除部分古籍（专著）专辑外，多集中于《遵义师范学院学报》《盐业史研究》《盐文化论丛》，其他则散见于《中国经济史研究》《中国社会经济史研究》《四川理工学院学报》等期刊。从一些资料显示目前在"川盐入黔"路线上各县、乡镇档案馆、资料馆、博物馆中还存有大量的档案文书，民间还留存着一些契约文书和碑刻等实物，比如铜仁市沿河县档案馆就存有几千份盐业契约、思南县还遗留盐商的铺面和较多的文物，这些文献和实物都是研究"川盐入黔"的重要资料需要进一步挖掘整理。

据2017年3月知网数据显示：以"川盐入黔"为标题关键词的论文有：裴恒涛《川盐入黔与赤水河流域的社会互动》载于《四川理工学院学报》2012年第3期；彭恩《川盐入黔与赤水河流域特色产业文化的形成》载于《品牌》2015年第3期；母光信《川盐入黔与仁怀的经济和文化》载于《贵州文史丛刊》1996年第6期；另胡大宇《丁宝桢与川盐入黔》载于《全面的总结 科学的评价——丁宝桢诞辰180周年纪念暨学术研讨会论文集》2000年8月；王佳翠等《论川盐入黔的历史变迁及其对黔北社会的影响》载于《遵义师范学院学报》2015年第2期；彭恩、阁廷《清代川盐入黔与赤水河流域交通和城镇开发》《青年与社会》2013年第3期；裴恒涛等《赤水河流域川盐入黔的历史变迁及其开发》载于《西华大学学报》2012年第2期；以及罗进等《仁岸川盐入黔路线及其作用研究》载于《安徽农业科学》2012年第3期；相关的论文还有顾文栋撰写的《贵州近代盐荒论》《抗战初期贵州食盐运销体制的变革》《贵州近代盐荒论》以及《抗战时期贵州盐运纪略》四篇文章；李浩等撰写的《国民政府主黔时期贵州盐价高的问题研究》《抗日战争时期贵州盐商与地方社会发展研究》等；付萍萍的《晚清时期至新中国成立前川盐在贵州的运销》；李良品的

《清代及民国时期乌江水道盐运研究》；赵遒的《试论川盐古道》《川盐古道上的传统民居》《川盐古道的形成与线路分布》《川盐古道，一条盐路的风流》以及《川盐文化线路与传统聚落》；黄健的《试析川盐运道上西秦会馆陕西庙的分布及规模》；杨启刚的《乌江百年盐运史唯一见证——周家盐号获原址保护》；付金平的《乌江盐油古道旅游价值研究》；蔡盛炽的《新中国建立前的乌江盐运考略》；苏林富的《盐运与赤水河中下游地区的发展》和《苏抗战时期的赤水河川盐运输》；陶宏的《长征路上的盐运重镇：贵州土城》；安元奎的《乌江盐油古道传奇》以及《乌江盐油古道及其对贵州土家族经济文化发展的深远影响》；吴练达的《制度、行为与经济发展》；唐载阳的《清代贵州的工商业》；张娅静的《浅析清初盐业规制及其弊端》；王果的《清代川盐销黔与贵州的开发》；李小波的《放逐山水的乌江盐路》；赵斌的《中国盐运体制与构建区域通道经济》；田永红的《乌江盐油古道延伸线在土家族地区经济发展中的作用》；李燕的《盐运古道旅游营销策略分析》；一淘的《行黔川盐引斤几何？》；邓军的《川盐古道文化遗产现状与保护研究》和《古道风韵——川盐古道系列考察掠影》等。从研究的内容上来分析，从不同的学科视角出发，多方位详细地对"川盐入黔"多方面进行介绍。主要从"川盐入黔"的路线、历史、旅游文化以及其给当地社会、经济、环境等所带来的影响和作用为主；从研究的历史时期和成果体现时间来看，且以民国时期贵州赤水河流域为中心，部分涉及乌江流域；研究时间主要集中在2012—2015年期间。从上述论文的内容来分析，涉及晚清至民国"川盐入黔"的交通运输、经济、政治、文化、旅游等领域，但盐业的贸易环节及其对当时社会所产生的影响及经济贸易规则在"川盐入黔"做的作用等问题还研究得不够。

二、"川盐入黔"的学术研究价值

"川盐入黔"不仅仅对贵州的交通运输、经济、政治、文化、旅游等方面产生了重要的影响，也对西南乃至中国的盐业史、盐运史起到了补充和扩展的作用，具有较高的学术研究价值，具体体现在：

（一）"川盐入黔"推动了贵州大部分地区交通发展

在清朝，由于贵州的地形和环境等一些因素，运输食盐一般都是走水路。为了加快运输食盐的速度，清朝初年至新中国成立以后，都先后对赤水河、綦江、乌江、永宁河等几条"黄金水道"进行过不同程度的开凿疏通。如：清乾隆十年（1745 年）冬，贵州总督张广泗根据官民的反映和他实际考察情况上报朝廷，请求开修赤水河航道，以求达到贵州的矿产、木材等运输出去，食盐运进来的目的。清朝光绪年间，四川总督丁宝桢经过实地考察，并与黔北各界人士协商，上报朝廷准备在贵州实行新的食盐法。为了使盐法顺利施行和盐运的畅通，运销两便，丁宝桢又开始着手整治四岸航道，以图克服黔道天险，利商裕民富国的目的。抗日战争时期，民国政府的赤水河道工程部于 1941 年底至 1945 年秋季，对赤水河中、下游河段进行了一次规模较大的整修。据《整理赤水河航道碑》记载："全河整理工程，除险十之八，去浅十之七，缩短全河航行时间三分之一。"于 1953 年再次对赤水河流域进行整修，进一步改善了黔北的交通。

（二）"川盐入黔"促进了对黔北矿产资源开发

贵州矿产丰富，尤以铅为最丰，但是在古代，由于贵州的交通不发达，陆路艰险，崎岖的山路，主要靠人力和牲畜运输，运输量小并且成本高。盐道的开通，大大提高了运输量。而铅是当时制造铜钱的主要金属原料之一，所以贵州的铅，为古代的货币事业做出了贡献。黔北地区煤炭资源非常丰富，在贵州省都名列前茅，然而这些资源留用量比较小，大部分运往全国各地，增加了黔北地区的财政收入。由于运输量的增大，经济效益好，资源得到充分利用，人们的收入大大增加，生活水平得到显著的提高。

（三）"川盐入黔"促进了对黔北赤水河流域酿酒业发展

清代大师郑珍在《吴公岩》诗中写到："蜀盐走贵州，秦商聚茅台"，这两句诗句很好地诠释了"川盐入黔"与茅台酒业发展的密切关系。黔北地区的赤水河流域由于得天独厚的地理环境，优越的人文、气候等条件，酿造了茅台、郎酒、习酒等闻名中外的名酒。因此，赤水河又被人们称为"美酒河"。随着贵州盐运的兴起，吸引了全国各地的商人，自然赤水河沿岸的美酒成为商人盈利的项目和人们必不可少的佳酿。赤水河沿岸的众多纤夫船工、运食盐的马帮、背盐的苦力等都需要酒来解除途中的艰辛和心中的寂寞，借佳酿来抒发心中的思乡情怀。这就成为酒业的发展的又一个原因，也正是人们对酒的需求不断增加才促使酿酒工艺不断改进并继续向前发展。川盐入黔的运输活动，促进了黔北地区酿酒行业的发展和繁荣，使它成为闻名中外的酒乡。

（四）"川盐入黔"推动了对贵州城镇化发展

古语云："满眼盐船争泊岸，收点百货夕阳中。"因为川盐行黔，使得各岸盐路经过之处，行旅畅通，商贾云集，贸易频繁，增码头、建仓库、开店栈、充脚夫。船夫、纤夫、船工皆倚盐而谋生。乃至于外境商民移家就食，相因而至，置办田地，招练开垦，于是沿途以港口、码头、中转栈点为中心逐渐形成众多的小城集镇，繁荣了盐路商埠集市，增进了穷乡僻壤的文明开化程度。这些集镇的出现打破了贵州大部分地区封闭的自然经济，同时促进了沿途居民生活方式的城镇化。

（五）"川盐入黔"推动了对民族之间的发展与融合的研究

位于赤水河流域内的贵州作为传统的多民族地区，民族成分多元，彝族、仡佬族、苗族等少数民族在这一地域存续的时间悠久，历史上曾占据人口的很大比重，志书称明代的贵州"诸夷环列如故"，而赤水卫则是："讼简盗稀，生计萧条，境皆夷。"[3]川盐入黔，特别是川盐产地自贡等地的食盐生产对人力的吸收，盐运古道上人员的流动，重要口岸上盐号的建立，所引起的移民与文化交流，影响了贵州民族关系的格局。一方面，贵州各族底层民众为了生计，加入川盐入黔的运输队伍之中，加强了彼此沟通与融合。民国时期赤水河流域的大方瓢儿井一带的仡佬人，许多为生计充当了川盐入黔的背盐夫，他们与周边各族社会底层的民众一样承担了传统时代盐运的艰辛，志书记载其艰辛情状："幼者十二三，老者五六十，无不以负盐为业也，数步而肩换，三里而息喘，日食玉蜀黍之爆花，昔眠粗白菅之短席，一生无被，终岁衣缕，头匙布巾，足惟草履，夏炙日，冬履霜，徒岭穿林，冲风冒雨，一染寒疬，比户不休。"[4]另一方面，随着川盐入黔刺激下赤水河流域古镇的发展，北方省份及湖广江西等省区的汉族商人，在丰厚利润的刺激下，纷至沓来，他们在赤水河流域各盐运古镇或开设盐庄，或者经营客栈，或者流动贩卖营销商业物资，这些人在当地定居生存，扩大移民成分的同时也影响了当地的文化。于是，内地的儒家文化、商业文化在此广为传播，使得黔北的汉人群体进一步扩大，"夷多汉

---

〔3〕（明）谢东山修，张道等纂：《贵州通志》，嘉靖三十四年刻本，第 195、272 页。
〔4〕（清）任可澄、杨恩元纂：《贵州通志》，贵阳书局 1948 年版，第 109 页。

少"的格局在明清时期被逐渐打破，汉人成为黔北的主流民族群体。正如学者指出："'川盐古道'的亘古与持久，不仅对中国内陆各民族的生存发展起着重要作用，也给我们在研究不同地域之间民居演变、构筑方式、聚落成因以及文化的相互作用与影响等问题时提供了一条明确而清晰的线索。"[5]

（六）"川盐入黔"加快了对"川盐古道"文化遗产保护工作的研究

对"川盐入黔"的研究，离不开对"川盐古道"的探索。川盐古道是一条可与茶马古道、南方丝绸之路媲美的重要战略性物资运输通道，是在历史时期形成的由多条水路运输系统和复杂的陆路运输系统组成的源于四川（含重庆）的产盐区，通过食盐的运销辐射到四川、重庆、贵州等地的水陆混合型运盐古道，在沿线的许多地方，被当地老百姓叫作"盐大路"或"老大路"。[6]川盐运销所经区域的自然生态环境复杂多样及土家族、苗族、彝族、纳西族等多民族聚居的社会文化特性，使得川盐古道沿线及周边地域留下了厚重而多样的文化遗产，形成了一条特色鲜明、内涵丰富具有自身文化特质的文化线路，因而具有较高的保护和研究价值。川盐古道沿线与盐运相关的物质形态的文化遗产在类型和构成上主要有古盐道、栈道遗址、驿站遗址、盐店遗址、盐号遗址、盐局遗址、盐仓遗址、税卡遗址、关隘、会馆、庙宇、祠堂、牌坊、水运码头、堰闸、船槽、古桥、古镇、古街、古村落、碑刻、摩崖石刻及水路和陆路运输系统的各类运盐器具等，及其与盐运相关的饮食、民俗和劳动号子等方面的非物质文化遗产，形成了体系化的盐运文化聚集带，它与"川盐入黔"的研究是血肉相连，密不可分的，在一定程度上对"川盐入黔"推动了"川盐古道"文化遗产保护工作的进程与发展。

（七）"川盐入黔"调动了对贵州盐政和盐业法制的发展

盐政，是历届政权进行社会控制，获取税收的重要手段，特别是民国时代，军阀乱政、地瘠民贫的贵州，川盐运黔中产生了系列纠纷，尤其是围绕盐价问题的川黔纠纷及其背后的利益纠葛，生动反映了民国时期的川

〔5〕 赵逵：《川盐古道——文化线路视野中的聚落与建筑》，东南大学出版社2008年版，第4页。

〔6〕 邓军：《川盐古道文化遗产现状与保护研究》，载《四川理工学院学报》2015年第5期。

黔政治、法制生态。1935 年，国民政府借助红军入黔削弱黔军之际，结束贵州军阀统治，实现对贵州的直接治理，中央财政支持的力度加大，特别是对盐政的改革，某种程度上缓和了川黔之间因盐价波动造成的矛盾纠纷。[7] 但由于战乱频仍，国家财力有限，川黔盐务纠纷并未从根本上得到解决。川黔盐务争执及其所反映的问题，对西部欠发达地区特别是贵州经济法制的发展有诸多启示。在"川盐入黔"过程中由于经济利益的驱使，盐帮之间、食盐销售者和消费者之间会产生很多矛盾和纠纷，有些事件可能会对当地社会产生重要影响，这些都要通过资料的整理与研究，使其从历史的暗淡之中呈现出来。

（八）"川盐入黔"推动当今贵州旅游业发展的

目前，贵州相关政府部门或者古盐业遗产所在地的当地政府与企业，对"川盐入黔"古盐业文化遗产的抢救性保护和旅游加大了力度。2016 年全省旅游大会就在仁怀召开。但对"盐路品牌"的打造还远远不够，时至今日无一盐区推出了盐业旅游产品，对盐业资源保护或开发的力度和脚步落后于其他盐区，和临近的四川比较，也存在较大差距，四川对于盐业的保护和旅游开发已走在前列，特色鲜明。随着"川盐入黔"研究的不断深入，能加大对盐业文化遗产的保护性开发，使之形成良性循环，依靠旅游所创造的经济价值能更好地保护古盐业遗产，古盐业遗产得到保护后会反哺旅游行业，为该行业带来更多的经济效益，最终达到双赢格局，我们都要从历史中挖掘积极的因素为贵州的旅游发展服务。

三、对"川盐入黔"问题研究的思考

（一）档案馆（博物馆、史料馆）应向专家学者开放

陈寅恪先生说："一代之学术，必有其新材料与新问题。取用此材料，以研求此问题，则为此时代学术之新潮流。"由此可见，资料整理是学术研究的基础，资料整理成绩的大小决定着学术研究水平的高低。目前，对于"川盐入黔"历史资料在收集阶段就出现较多的问题，主要是档案馆对专家学者的开放度较低，查阅相关资料需要走比较繁琐的程序：要先向工作单位提出申请，然后征得单位同意后出具证明，在到当地的档案馆登记

---

〔7〕 裴恒涛：《民国川盐运黔纠纷与川黔政治生态》，载《盐业史研究》2014 年第 3 期。

备案后，档案馆进行资格审查后方能查阅，且查阅档案的数量、范围、时间等都有严格的限制，有的档案馆更是以各种理由借口阻碍专家学者进行档案的查阅。这些不明智的举动会大大降低学者对"川盐入黔"的研究速度、效率和积极性，有碍学术研究。根据我国《中华人民共和国档案法实施办法》第 14 条规定："既是文物、图书资料又是档案的，档案馆可以与博物馆、图书馆、纪念馆等单位相互交换重复件、复制件或者目录，联合举办展览，共同编辑出版有关史料或者进行史料研究。"档案馆应该有限度的开放档案，允许专家学者进馆查阅，拍照等，主动和学术机构合作，为学术研究提供便利。同样，专家学者可以由单位提供担保，保证这些资料只用于内部交流和研究引用，而不能单方面出版，侵害档案馆的权益。

（二）拓宽"川盐入黔"的研究视野

目前，"川盐入黔"研究的领域还比较狭窄，几乎所有的研究者都是围绕"川盐入黔"的经济、历史、文化旅游三方面进行研究，很少涉及法学、工学和理学及贸易规则环节方面的具体研究。实际上，"川盐入黔"有关习惯法、规则、秩序等方面的内容也是比较丰富的，如当地的"十八商帮"及"盐帮文化"中所蕴含的经济法学、民间法和民族习惯法、法社会学、法人类学的内容在盐业研究领域，社会科学应与自然科学紧密结合，如盐业生产技术与运输、赤水河河道疏通与工程力学等相关领域的内容是值得相关学者专家所关注和研究的。

综上所述，"川盐入黔"促进了贵州交通发展、经济繁荣、资源开发以及城镇化进程，是贵州盐业历史上的重大事件，对相关各方面资料进行收集、研究，梳理其变迁，拓宽其研究领域，不仅可以尽早地保护贵州盐运传统文化，还原贵州盐运发展史，也为当今贵州经济社会、旅游提供一定的现实启示，也为研究贵州特色地域文化提供了一定的参考和借鉴价值，更好地为保护贵州的传统生态文化提出可行有效的对策和建议。

（三）加大"川盐入黔"线路上的文物保护力度

川盐古道沿线与盐运相关的物质形态的文化遗产在类型和构成上主要有古盐道、栈道遗址、驿站遗址、盐店遗址、盐号遗址、盐局遗址、盐仓遗址、税卡遗址、关隘、会馆、庙宇、祠堂、牌坊、水运码头、堰闸、船槽、古桥、古镇、古街、古村落、碑刻、摩崖石刻及水路和陆路运输系统的各类运盐器具等及其与盐运相关的饮食、民俗和劳动号子等方面的非物质文化遗产，形成了体系化的盐运文化聚集带，"川盐入黔"路线上各县、乡镇档案馆、资料馆、博物馆中还存有大量的档案文书，民间还留存着一些契约文书和碑刻等实物，比如铜仁市沿河县档案馆就存有几千份盐业契约、思南县还遗留盐商的铺面和较多的文物，这些文献和实物都是研究"川盐入黔"的重要资料，需要进一步保护。目前，如在茅台镇和习水土城的古镇上都建立了小型的盐商博物馆，注意对盐业文物的保护与利用，各地文物单位应加大对文物的收集整理，并且及时公布信息，紧密与学者保持联系，学者应关注这方面的动向，进行田野工作，及时发现和利用这方面的资料，并在保护上加以指导，改变文物单位专家与学者"不透气"的状况，同心协力把"川盐入黔"史料收集、整理与研究工作做好。

嘉兴怀氏文书[*]

白井佐知子 解说　郑奉日[**]冯学伟[***]译

一、文书的概要

嘉兴怀氏文书的总件数为159件，其中无法辨别内容的有2件。年代最旧的是乾隆八年（1743年）的，最新的为光绪二十九年（1903年）的，此外还有8件日期不清楚的文献。内容上，涉及很多方面，但数量上比较集中的文书，一是关于田土买卖的契约，二是田土租契，三是关于房屋基地买卖的契约，四是会收票。一和二主要集中于道光年间、光绪年间，三集中在乾隆、嘉庆、道光年间，四集中于道光以后，特别是光绪年间。

此文书中，几乎全部的直接当事人都是怀氏。但包含部分"户部执照"与"借票"的与房屋有关的卖契中怀氏以外的文书有15件。原以为这些别姓的卖契是怀氏购入物件时，附加于卖契的原契，但怀氏购入的物件中并没有与上述别姓卖契相吻合的同一物件。

文书中的物件多数为嘉兴县的土地、房屋。其中房屋主要集中在常丰坊，据光绪《嘉兴县志》卷三的坊巷，常丰坊位于"县东九里，东至白五中北四庄，南至白五中北二庄，西至角里坊，北至白五中十一庄"。其他各坊的位置，根据该县志基本上可以确定。

──────────

　＊　译自《东洋学文献中心丛刊》（第40辑）东洋文化研究所所藏《中国土地文书目录·解说》（上）的《嘉兴怀氏文书》。另，此文后附嘉兴怀氏文书目录及嘉兴县怀氏文书分类表，由于篇幅关系略去嘉兴县怀氏文书分类表。

　＊＊　法学博士，沈阳师范大学讲师。

　＊＊＊　法学博士，沈阳师范大学副教授。

对于怀氏，在地方志中没有发现文书中的人物。不过，在《光绪嘉兴府志》卷四十六《选举》三七五中康熙五十三年（1714 年）举人（翌五十四年进士）中，发现了嘉兴县的人物怀渊中的名字，此外嘉兴秀水县的举人、贡生、掾叙等中也出现了数名怀姓人物。怀姓属于少见的姓氏，应为属于同一族。

据中国社会科学院历史研究所的刘永成、周远廉等所言，目前中国也正在着手进行中国契约文书的收集整理工作。与其他地方的很多文书在新中国成立后人民群众进行的土地改革中遭到破坏相比，特别是江南三角洲地带，由于是新中国成立前由新四军推行的土地改革，得以保留下来的文书的种类比较多，其中嘉兴府的文书的存在已得到核实，对此在此特别说明一下。

二、文书例子及解说

（一）关于水田、桑地、荡滩

1. 绝卖契类（62）

怀氏的相关文书中，有关水田、桑田、荡滩的"杜绝卖契"，或者是"卖杜绝契"共有 36 件。其中包括水田的卖出文书 28 件、桑地的卖出文书 4 件、水田桑地的卖出文书 3 件和水荡滩的卖出文书 1 件。年代最早的乾隆五十四年（1715 年）八月的文书（62）如下：

> 立卖杜绝契金华年、金因正用、情愿央中将自己坐落嘉邑东原圩号内水田壹亩、凭中卖绝与怀处官业，三面议定，浔受绝价足钱拾捌千肆百文正，当日立契，一色现钱交足，并无准折等情，其田不睬亲房上下，倘有人言，卖主自行理直，不涉买主之事，自卖绝之后，不赎不加，永斩葛藤，今恐无凭，立此杜绝卖契，存照。
>
> 今随契内绝价足钱一并收足收票不另立＋ 其钱九九单计开四至
> 东至本田 西至金田 南至车场 北至孙田

立杜绝卖契金华年＋

居间　金伦千＋

金松远＋

马颖思

怀存素

代笔 孙怀玉

其粮在白五中北四金君卿户下，今推与怀处完办，并照。+

五龙怀南图收

上面的文书中，本文是由○一 a、文书名、立契人；b、出卖的理由；c、土地的性质、地名、田土的种类、面积；d、出卖对象；e、价格（含货币表示）；f、与处理出卖后的土地的各条款相关的确认组成，其后，○二确认金钱的授受和关于通货的种类，○三四至，○四年月与立契人，"居间""代笔"人姓名和花押，且末尾有一条与纳税更名相关的条款和花押。另外，其他还写有，"足六百四十"（右上）、"二千七百七十二"（中下）等数字与"五龙怀南图收"（左下）等字句。○一—ⓔ上面印有知县的官印。

包括嘉兴怀氏以外的文书中的卖契，其他的绝卖契，形式上与上述基本相同。不过，道光以后的怀氏文书的大部分，标注了佃户名、额租米以及会租票等租佃关系，光绪以后额租米记载于本文中的田土面积之后。另外，大部分的红契，在其中央部分用大字写有"业户怀执"等，并在上面印有知县的官印。还有，田土价格在道光元年（1821年）以前为钱文支付，道光四年（1824年）以后，除无记载的（49）和卖出的水荡滩（45）用洋银支付外，全部都是以银两支付的。○四的部分，有的文书在"居间"之前，作为"见卖"或者"见绝"记载了亲属名，有的虽散见，但将"居间"变成了"中人"或者"中"。另外，其他的文书中还有"中见"（武进朱氏文书）等不同的记录。还有光绪年间的契，除（32）以外，没有知县的官印。

再者关于右上的加注，有"足"以外的汉字都记载于数字上面的，有加注年号的，有加注前述外的其他数字的，有没有加注的各不相同。

2. 卖契

有回赎条款的与田土有关的，全部为"卖契"并有5件。全都是道光初年的，物件是水田。结构上，除回赎条款安插在确认卖出后的土地处理条款的相关之处外，包括加注在内与绝卖契基本相同，"过户""办粮""收租"等都置于卖主的管理之下。回赎期限，只有（17）为15年，其余的全部为10年。另外，"卖契"的价格全部为钱文支付。

再者，"卖契"（20）与"杜绝卖契"（50）的物件有一部分应该是重合的，前者是四亩一分十万两千三百文、后者是四亩五分八十五两，按当时的银两与钱的比价，即每两兑换一千二百至一千三百[4]计算，八十五两相当于十万二千文至十一万五百文，即使考虑面积之差异，其额度也基本相同。另外，（14）中没有知县的官印。

3. 租契类

作为租田契约文书的租契类，有"租'田'契""租田文契"21件、"租荡'滩'契（据）"5件，共计26件。年代最早的道光三年（1823年）十二月的文书（105）如下。

> 立租契俞沛华，今因缺田佃种，情愿央中租到怀处嘉邑德三中十一庄北结字圩号内水田伍亩额正租米六石五斗正，三面言定，每年到冬，即将乾圆好米一并清交，不致拖缺，倘遇风损虫伤，悉依乡间大例，惰农失业，照契还租，今恐无凭，立此租契，为证。
>
> 道光三年（1823年）十二月　　日　　　　　　立租契俞沛华 +
> 　　　　　　　　　　　　　　　　　　　　　　　见租俞福林 +

上述文书从构成上看，由 a. 文书名、立契人；b. 租田理由；c. 田土所有者；d. 地名、田土的种类、面积；e. 额租米数；f. 还租条件；g. 水旱等时的处理方法组成，后面有年月和立契人、"见租"（或者是"中人""中""见"）的姓名和花押。c 记录在 d 后的也很多，四至记录在后面的也不少。

另外"租荡'滩'契（据）"的额租用钱文表示。而且同样的"租荡'滩'契（据）"（89）中有"自租之后，如有蒂缺，任从业主自行召租，绝不后悔，永无异言"，（108）中有"倘无力种凌，任凭召租失业自惰饬追相警，两面允洽，各无异言"和关于"召租"的记述。

4. 委租据、会租票（95）

委租据、会租票同时出现于填土买卖中，是卖主向买主表示其田土已委托换佃、收租等的文书，各有1件。"杜绝卖契"（49）中的"委租据"

---

〔4〕 王家相：《陈敬八折收漕不可者十事疏》，载盛康等编：《皇朝经世文续编》卷三十六《户政八·赋役三》；魏源：《江苏巡抚陆公论海漕书》，载《古微堂集》外籍、卷七。

如下：

立委租据方慎守，今将租遗分授嘉邑感七下三庄十二亩，感七下十二庄九亩，感七下十八四亩五分，感七下廿四庄二亩，德三中十一庄三十二亩六分，德三中八庄五亩三分，共计田陆十五亩四分正，一并委与处为业，任从叫租，入契、收租、办赋、恐后无凭，立此委租据，为证。

计开各庄佃户

感七下三庄

沈双寿　　田十二亩一石　住唐挑滨

（以下略）

光绪十六年（1836年）九月　　　　　日立委租据方慎守　　　㊞

　　见　　卖方慎勤

　　　　　居　　间俞子久　　　㊞

　　　　　　　　俞子效　　　㊞

　　　　　　　　方健人　　　㊞

　　　　　代　　笔方资生　　　㊞

另外，文书的开头有"副启"。"会租票"（99）的文书中"租遗分授"变为"所售"，"委与"变为"会与"，"为业……办赋"变为"本年唤佃入契输租开列于后"，除表现上多多少少有所差异外，末尾还记录有"本年条银照数收讫"。

再者，"杜绝卖契"（55）中，记录佃户名与租佃面积、额租米之后，有"今会与　怀府换佃入契输租，并照"，同样（5）、（33）、（35）、（46）、（50）、（67）中有"会租票不另立，又照"，（57）中有"所有田佃额租，另立会租票一纸，存照"，（59）中有"佃户另立会租契"。由此看来，似乎多数情况下"委租据""会租票"只是在绝卖契上加注佃户名等而被省略。

5. 佃单（112）

佃单中有"德三中九庄"1件、"德三中十一庄"8件、"德三中十二庄"1件、"胥四下一庄"1件，共计11件，皆为同治三年的，佃户除潘有玉的名出现在"德三中十一庄"的田六亩和同荒田五分的2件中外，其他的都不相同。

6. 退契类

"退'田契'"共计4件。其中同治六年（1867年）十二月的文书（112）如下。

> 立退契张四观，今缺欠租米无还，将坐落嘉邑德三中十一庄号内水田贰亩，在地春花桑叶，一应退到怀府管业，三面议定，自退之后，任从业主另行召佃耕种、收租、办赋、再不阻挡，两厢情愿，再无异言，恐后无凭，立此退据，存照。
>
> 同治六年（1867年）十二月　日　　　　　　　立张四观＋
>
> 保黄双寿＋

另外，同治八年（1869年）三月的文书（111）中除立有中人（译者注：见证人）外，还有"退价足钱拾捌千文正"，"当日立退之日一色现钱交"。（109）中除将"无力耕种"作为退田理由外，还注明了"凭中佃户邓三观得授吉洋四元，自退之后，在无贩瞒，因贰年租米全缺，在地桑叶一并归与业主"。而且（110）中，除同样将"无力耕种"作为退田理由外，还可见到"向缺除八石，以作田面"的表述。

（二）房屋、基地关系

1. 绝卖契类

房屋与下连的基地以及附属物的"杜绝卖契""卖杜绝契"共计16件。其中买主为怀氏的有8件，其余的应该是怀氏购买时，一同交付给怀氏的该物件以前的买卖原契。怀氏与方氏作为买主的契卖价为银两支付，其他的皆为钱文支付。除（8）、（29）、（6）、（44）外，都有关于原契的标注，其中（61）中有"原印契因年远遗失，故不捡交，日后捡出，作为废帋（纸）。计交胡处回赎卖契壹帋，并照。"文书的结构，包括加注等基本上与田土的情形相同，但卖出后的处理条款中，有"任从折卸改（起）造"字样。

2. 卖契

与有回赎条款的房屋、基地等有关的"卖契"共计4件。卖价除（71）为银元支付外，皆为钱文支付。对于回赎的时间，（18）中有"其房议定，十年之后听从原价回赎"，（19）的栏外空白处有"三年之后回赎之时，认还税价"，并印有"回赎"之印，(71) 中有"自卖之后，言定，次年六月终将原洋取赎"，(24) 中有"议定，八年为满，期内取赎偿还中税等费，其外听赎不加"。(18) 和 (24) 中有将"投税""过户""办粮""收租"等托付给买主的条款。文书的构成上，包括加注等基本上与田土的情形相同。

3. 找价类 (56)

卖出后，表示卖方以卖出价格不足为由，重新要求金钱支付并获支付的"杜绝加契""随加契"共计3件。嘉庆十二年 (1807 年) 十月的文书 (56) 如下。

　　立杜绝加契马庚会，今因昔年曾将嘉邑常丰坊厅楼房壹所，计有参进壹披，后连横屋伍间，池壹带，小竹园壹箇，下连基地，帮岸墙壁俱全，凭中卖与 怀处为业，得受正价装修价讫，因思原价不敷，复央中劝着 怀处，三面议定，加出杜绝价足钱肆百柒拾千文正，当日立契，一色现钱交足，并无准折等情，其加不瞒亲房上下，倘有人言，卖主自行理直，不涉买主之事，自加绝之后，任从折卸改造，不赎不加，永斩葛根，恐后无凭，立此杜绝加契，为证。

　　正屋四至，正契开明，今开明池四至 东至徐姓帮岸南至第壹间横屋竹篱椿为界西至本屋北至腰墙北滴水为界

　　今随杜绝加契价一并收足其钱九九串收票不另立㊞

　　计交正加契两纸

嘉庆拾贰年 (1807 年) 拾月　日　　　　　　　立杜绝加契马庚会 ㊞

　　　　　　　　　　　　　　　　　　　　　居间杨恒山 ㊞

　　　　　　　　　　　　　　　　　　　　　（以下九名略）

　　　　　　　　　　　　　　　　　　　　　命笔马曰修 ㊞

除上面记载的事项外，与卖契一样在文书的右上加注了数字。(56) 与 (74) 的找价以钱文支付，(39) 的找价以银两支付。另外与绝卖契、(典) 卖契一样印有知县的官印。

4. 卖基地契类

仅为基地绝卖契的"卖绝契""杜绝卖田契"有 (63) 和 (72) 两

件。其中（72），地目虽为基地，但实际上却作为田而使用。之所以认为地目为基地，是因为文中有"自置基地""得受值杜绝基地价银柒两正"，后面有"光绪拾捌年 月 日立杜绝卖地契沈天禄"，又之所以认为作为田使用，是因为开头有"立杜绝卖田契沈天禄"，还记录了作为"会租佃户"的四名佃户的名以及各自的"租地""租米"。另外，卖价都为银两支付，（72）中没有加注及知县的官印。

5. 卖装修契类

门窗、折槢、装修等建筑物附着物的（点景石等除外）绝卖契"绝卖装修契（据）""杜绝装修'卖'契（据）"共计6件。文书的构成，基本上与房屋的情形相同。卖价只有（7）是钱文支付，其余的皆为银两支付，一部分有加注，但除（64）外，没有知县的官印。

6. 议据（76）

"议据"（或"议单"）只有（76）1件，它记录了房屋等买卖的详细规定，开头的"议单"后，有红色的"副启"二字。

> 议单（副启）
>
> 立议据高芝山、高文曜、许客辉今缘陈维兄所，将嘉邑春波坊号内，坐东朝西门面楼房，后连朝南厅房两进，朝东楼房壹进，厂厅壹堗、披屋、过路、帮岸、河步、下连基地，及在房装修、折槢等物，凭文等议定，时价杜绝售与怀桂溪兄为业，所有公议条款开列于后
>
> 一议　杜绝正契价纹银四伯两正
>
> 一议　杜绝装修价纹银三伯念两正
>
> 一议　起祠、起匾、梯灶纹银陆拾陆两正
>
> 一议　中酒见代纹银五拾四两正
>
> 以上四条（1844年）公议，共计库平兄兑纹银捌佰四拾两作吉洋壹千贰伯元正，其纹银作洋当日一并交清，三面允洽，各无翻悔，今恐无凭，立此议据，存照。
>
> 　　　　　　　　　　　　　　　　　　　　高芝山
>
> 道光二拾四年（1844年）十月　　日　　立议据 高文曜 并书 ㊞
>
> 　　　　　　　　　　　　　　　　　　许客辉 ㊞

> 　　允议　陈维章
>
> 　　　　　怀桂溪　㊞
>
> 　见议　陈学鉴+
>
> 　　　　高雄飞
>
> 　　　　朱君山
>
> 　　　　沈怡亭

7. 租契（77）

关于基地的"租契"有1件（77），如下。

　　立租契蔡瑞芳，今租到怀府基地壹块伍亩零，土名坐落常丰坊杜家祠堂东首○着，四至列后，今凭中立租契，三面议定，得受押租光英洋捌元正，即日交清、面订，三年以内，垦荒并不还租，三年以外，照大例还租，完租十年，倘诺日后自要兴造房屋，亦可交还此地，蔡姓收还原押租洋，两想情愿，各无反悔，今恐无凭，立此租契，存照。

　　计开四至　东至朱姓地　南至官河　西至杜祠　北至埋石　为界

光绪贰拾玖年（1903 年）叁月　　　日　　　中人　陈茂兴㊞

> 　　　　　　　立租契　蔡瑞芳㊞
>
> 　　　依口代笔 叶旭卿㊞

　　这里为了用于田土也借用了地目为基地的土地。另外，与（1）c 所示的租契类不同，交纳了"押租"。

8. 议交契（26）

　　议交契有1件（26）。（26）事实上将共用通道之土地出卖给了利用人。收取相当于一直以来所负担的税额，约定此后由利用者来负担纳税的文书，印有知县的官印。

　　立议交契张仁山，切因东原圩下岸冰衖一条，在圩册天字二十二号，昔年间缘居上岸众姓张徐黄陆等家，用价契卖莫姓之基址，设巷备御，以防烽火之虞，暨各家取薪水之便，轮看启闭，公同出入，相沿有年安业无异。不意于雍正十年间，有衔壁之沈端甫起造楼房，与已故之徐驭书诠议，□其上半截通接过楼，留其下半截仍听众姓出入，因仁向开染坊，年来肖索，业已迁离，此衔其粮壹分，张聚伯户下完办，因仁窘中无力，暂寄沈端甫代办，今仁迁移另居，因思先年曾将铺砌衔内石料河埠及用原价银两，今凭公议偿还，共得受关绳远、李瑞先、黄公振、周云占、徐允展、周敬堂、高友成、陆元勋等处银肆两正，又偿前项之费，是后仁永无异言，其粮收归众姓公办，以防水火之虞，共相出入之便，永远相沿，立此议契，存照。

乾隆八年（1743年）十二月　　日　　　立议交契　张仁山 ㊞

同与议　关绳远 ㊞

（以下九名略）

见　议　吴公来

（以下五名略）

保　长　吴玉山

其粮今推白五中北四庄沈端甫户下，候至推收任从过户，并照 ㊞

中北四公议衔收

（三）合会关系（142）（129）

"会收票""收票"共计20件。它是农村金融组织"合会"的收据。关于"合会"，在《嘉兴县农村调查》第7章中说明如下。

合会为调解农村金融通行的办法，凡遇婚、丧、买田、造屋或其他用途，短缺款额时，常邀请朋友囊助，组织合会；在组织者因济一时眉急，参加者亦可藉此集腋成裘，得巨额资金以为应用；（略）

即由急需用钱的人，召集若干名亲戚、熟人组成合会，最初由会首领取资金（译者注：由合会的会员交），之后每次集（资）由其他会员依次领取资金的组织体系。（另外，按上海师范学院魏建猷的说法，合会——或者是银会、邀会、标会——没有利息，现代的中国仍然存在。）

1. 借据类

会收票中只有（142）在形式上有所不同，可能是首会时的会收票，像是一种借据，构成如下。

立收票胡祥伯·祥贵，今于本月廿七日收到

□大人处吉洋两元，以作田地加找之洋，自后不致再扰，恐后无凭，立此收票，存照。

光绪二十年（1894 年）二月　　　日　　　　　立收票 胡祥伯 ㊞

祥桂

其他的会收票中年代最早的道光十年的"会收票"（129）如下。

立会收票李静仁·李溉之今第三集收到

怀舜翁处洋钱柒员正候

驾临淨会之日当日交清此照。

道光十年（1830 年）四月　　　日　　　　　立会收票 李静仁 ㊞

溉之 ㊞

上述票是，在第三集中领受人李静仁·李溉之向出资者之一的怀舜翁所立，按领取资金的顺序，该由怀舜翁作为领受人时，此票当返还给李静仁·李溉之。

道光十三年（1833 年）以前的，除立会收票人的姓名之后有"司证"的姓名外，与上述的文型相同，也称作"会收票"，收价以银元支付。道光二十二年（1842 年）的"会收票"（125），除收价为钱文支付外，末尾的文变成了"俟得会之期，照会规数日，当日清交，检还原票，不准缺押，立此收票，存照。"还有与立收票人并列记载了"会证"和"首会"的姓名。咸丰年间的 2 件"收票"（131）、（132）是怀氏所立，收价为银元支付，除末尾的文变成了"俟摇得之期，照规发远足钱照泽庄不申正（在印刷的纸张上填写了内容，这里的"正"为印刷的文字夹在其中的，与文的前后无关）钱票两缴，此照。"外，尾部作为"立收票首事"有"临川"之名。还有与此并列有"司证""首事"项，在"司证"之下有"屈驾"。并且（125）、（126）、（127）、（128）、（129）、（131）、（132）以外的收票，收价皆为钱文支付，末尾的文变成了"俟值收之期，照规发'釒'还票两缴，此照"。"金"的右旁的空白是为了以后便于填写"银"或者"钱"，印刷时预留的，应该不是制作文书时忘记填写而形成的。

2. 遗失据类（145）

"遗失据""遗失收清票"各有 1 件。皆为由于遗失"收票"的原件后而立。前者（145）如下。

> 立遗失据，首会王顺龙，今因家会张有福，第贰集之收票未还藏，又有轻会未收，一重一轻发，至第八集不发，首会接项至第十一集还收，倘张姓之原票出来，向首会理直不涉家会之事，立此遗失据，为证。
>
> 光绪贰拾六年（1900 年）　　月　　日　　　　立遗失票　张有福+
>
> 立遗失据首会　王顺龙+

后者（156）是表示因原票丢失立此收票来代替，即使以后原票出现也作废的比较单纯的文书。

（四）其他

1. 借票类

"借票""借约票""情借据"共计 5 件。（150）虽不是找价，但缘自以前将土地绝卖给怀氏之事。后有"其钱八折"，打折的两折部分应该是利息，关于返还没有任何言论。（147）应该是表示以绝卖以前出典的土地来借款的文书。这里也没有论及返还问题。因为出典改为了绝卖，所以尽管是借，但没有必要返还。另外，贷与钱财的人物不是怀氏而是徐怀顺。因此，（147）应该是怀氏从徐氏那里购买此物件时，附于其卖契中交付给怀氏的文书。（151）也是，贷与钱财的人物不是怀氏，也没有提及返还，有"自借之后，永不再来"。（148）是从怀氏处借用坟田的金氏，四月份借了二千文，约定下个月返还的借据。（149）的"借约票"是，本应支付的"会项钱"没有支付，怀南图之妻的兄弟之子给怀南图写的借据。"会项钱"应指 ⊖ 或 ⊜ 中的某一个，但不是很明确。⊖ 即"会顶钱"的误写，指所谓的权利金；⊜ 即"合会项之钱"，即合会的分担金。

2. 渔业关系（79）

关于渔业权的租契有（79）"租簕基水港契"和（90）"租水港契"2件。（79）如下。

立租簖基水港契范三观，今凭中租到怀府水港簖基壹块，坐落嘉邑德二中十二庄平湖塘下水，三面言定，每年租价洋叁元，鲜蟹拾斤，至白露霜降为期，一并清交，不准拖缺，此系板租 不增不改，两相允洽，今欲有凭，立此租契，存证。

光绪贰拾叁年（1897 年）　　　　日　　　　立租簖水港契 范三观 +

　　　　　　　　　　　　　　　　见　　　　租 蒋万生 +

"簖"是指将竹子插在水里用来捕鱼用的渔具，"簖基水港"是指设置渔具的水域之意。另外，"板租"是指即使灾害丰渔等影响收获，也不予增或减租的意思。

（90）是用来"放箩养鱼"的水域的租契。"放箩养鱼"是指将箩放入水港中养鱼（捕来的鱼）之意。此契中，还发现除"每年租价拾三千文""分三节交付""顶首'钱'"为"洋陆元""放箩养鱼"以外，全部都归于港主的规定。另外，开头有"副启"。

3. 户部执照

"户部执照"（1）、（2），形式上各不相同，但皆为表示交纳捐银而获得双亲等的品阶的文书。另外，（1）和（2）的收执人分别为姚文燕、姚宝侃，而非怀氏。

4. 闻湖剩（賸）叟撰例、闻湖剩（賸）叟书例

印刷的"闻湖剩叟选例""闻湖剩叟书例"各有 3 件。

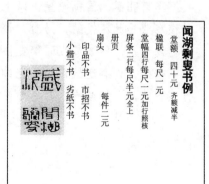

闻湖剩叟撰例

墓碑　每百字四十元
墓志　每百字二十元
寿言　同
集序　同
题诗　每首十元

异趣不作　无徵不作
倚声不作　捉力不作

凡题目年月称
谓字不核余同

闻湖剩叟书例

堂额　四十元 齐额减半
楹联　每尺二元
堂幅四行每尺一元加行照核
屏条二行每尺半元全上
册页
扇头　每件二元

印品不书　市招不书
小楷不书　劣纸不书

这些正如从文中所见，应该是制作"墓碑"碑文或书写"堂额"文职业的宣传单。

5. 呈文等裁判关系（157）、（158）

裁判关系，有怀文煜和族侄义福的呈文2件（154）、（155）和经承的召唤状2件（157）、（158）。前面的2件是围绕祖母怀胡氏的膳产，在怀义福和堂弟怀福基之间产生争议，由此被召唤的文煜和义福作的供述。后面的2件是否与此案有关还不甚明了。（157）如下：

> 此案准完，初八日审讯于堂，明日早刻进城，为是半切勿误，此致。
>
> 怀厚甫老爷〇　　　　　经承条乞巧日
> 　　附上词底贰张

另外，（158）如下：

> 刻下官已挂牌，务须明日审出，不可再迟，免多周折。　　又条

6. 其他（156）

其他的2件是，（159）的许伯英寄给筱棣仁的书简和寄给（156）左边的怀委员的有关税赋的命令书。（159）是关于"蟳口"的内容。"蟳口"是指在上海流行过的规模很大的合会，不使用现金而是以庄票代替。（156）的左边如下。

> 军需孔亟，国税尤重，以上墅乡，离城较近，故不另派专员，以其该乡业户赴城投纳，乃查，该乡缺户，来城完纳者，尚属寥寥，是否有意违抗，仰该员带同警吏协促严催，即于就近南乡派出所，为临时征收处，如有违抗，延不完纳者，准豫锁解来县，听候严办，并转饬该图董保，体遵照，以令怀委员查照。
>
> 九月一号

附录：嘉兴怀氏文书目录

No.	文书名	立契年月	立契者	收件人	地名	备考
1	户部执照	光绪 18·6	姚文燕		秀水	
2	户部执照	光绪 5·3	姚宝侃	王处	=	
3	杜绝卖契	嘉庆 17·10	曹省斋	王处	嘉兴	有契尾 // 66
4			陆门金氏 仝孙茂忠 炳忠 五观	怀处	=	
5	杜绝卖契	道光 9·9	王学苛	=	=	// 35
6	杜绝卖契	嘉庆 7·12	孙響山	凭处	=	24
7	绝卖装修契	嘉庆 16·11	张大椿	胡处	=	
8	卖杜绝契	乾隆 20·6	梅苍严	李处	=	有契尾 // 12
9	杜绝卖契	道光 13·7	率子 宝圻 宝封 宝坛 凭石氏	方处	=	

续表

No.	21	20	19	18	17	16	15	14	13	12	11	10
文书名	卖契	卖契	卖屋契	卖契	卖契	杜绝卖契	杜绝卖契	卖杜绝契	杜绝装修卖契	杜绝装修卖契	杜绝卖契	杜绝卖契
立契年月	道光5·8	道光5·8	嘉庆23·9	嘉庆11·9	道光4闰·7	光绪21·2	光绪21	光绪22·10	道光8·10	道光13·7	道光8·10	道光20·12
立契者	凭翰钦	凭佾钦	刘近禄	马廙曾	方秀林	董慎敬	沈湄山	沈程氏	盛锦川 率子宝坛宝封宝圻	凭石氏陛阶	盛锦川	顾一山
收件人	〃	〃	〃	怀处	〃	〃	怀处	怀处	怀处	方处	〃	怀处
地名	〃	嘉兴	（阳邑）	〃	〃	〃	〃	〃	〃	〃	嘉兴	秀水
备考	// 20 50 68	有契尾 21 50 68	//	有契尾 56	有契尾	//			53 11	9	// 53 13	//

No.	36	35	34	33	32	31	30	29	28	27	26		25	24	23	22
文书名	卖杜绝契	杜绝卖契	绝脉装修据	杜绝卖契	杜绝卖契	卖杜绝契	杜绝卖契	杜绝卖契	杜绝卖契	杜绝卖契	议交契		杜绝卖契	卖契	卖契	卖杜绝契
立契年月	光绪14·12	道光9·10	道光19·9	道光12·9	光绪14·11	道光5·10	道光5·10	乾隆52·12	嘉庆9·10	道光5·4	乾隆8·12		嘉庆20·3	道光12·4	道光6·8	道光4·7
立契者	吴昌润	王学苟	鲍慕仪	李鼎新	胡祥伯	邹备煌	徐少严	孙世昌	胡裕茂	阮士贵	张仁山	树兰	徐斟经	凭德聚	邹永发	吴茂珍
收件人	＝	＝	＝	＝	＝	＝	怀处	周处	钱处	张处			朱处	胡处	＝	＝
地名	（嘉兴）	＝	＝	＝	＝	＝	嘉兴		＝	嘉兴			＝	＝	＝	＝
备考	//	有契尾	//	//	//	//	//	//	有契尾				//	//	//	//
		5	75?						54				43 73	6		

续表

No.	37	38	39	40	41	42	43	44	45	46	47	48	49
文书名	杜绝卖契	杜绝装修卖契	杜绝加契	卖杜绝契		杜绝卖契	杜绝并卖契	杜绝卖契	杜绝卖契	杜绝卖契	杜绝卖契	杜绝卖契	杜绝卖契
立契年月	光绪20	道光24·10	道光12·2	道光5·8	道光5·9	嘉庆9·12	道光19·2	道光12·11	光绪19·12	道光7·8	道光21·5	光绪16·10	光绪16·9
立契者	周雪乡	陈维章（仝子颖源）	刘应贤	俞曹氏	吴汉升（仝子顺元 二观）	金富明	马贻谷	王秀荣	孙馥庄	钟声远	庞茂承	王恒兴	方慎守
收件人		〃	〃	〃	金…处	怀…处	〃	〃	〃	〃处	怀…处	〃	处
地名	嘉兴	〃	〃	嘉兴	〃	〃	〃	〃	〃	〃	〃	〃	〃
备考		有契尾	〃		〃	〃	〃	〃	〃	〃	有契尾	〃	
	71	55		55			25 / 73						95

No.	62	61	60	59	58	57	56	55	54	53	52	51	50
文书名	卖杜绝契	杜绝卖契	杜绝卖契	杜绝卖契	杜绝卖契	杜绝卖契	杜绝加契	杜绝卖契	杜绝卖契	杜绝卖契	杜绝卖契	杜绝卖契	杜绝卖契
立契年月	乾隆54·8	道光15·8	道光20·12	光绪13·7	道光13·8	道光13·8	嘉庆12·10	道光元·8	道光4·12	道光8·10	光绪17	光绪20	道光7·8
立契者	金华年	周倬云	曹振明	张敬业 仝子韫玉	山陆氏	李逊白	马廙曾	俞恒茂	钱玉书 玉阶 玉庭	盛锦川	郭双桂	朱少兰	凭佝钦
收件人	〃	〃	〃	〃	〃	〃	怀处	怀府	〃	〃	怀处	怀府	怀处
地名	〃	〃	〃	〃	〃	〃	〃	〃	〃	〃	〃	〃	〃
备考	〃	〃	有契尾		〃	〃 18	〃	〃 40	〃 有契尾 28	有契尾 13 11	〃	〃	有契尾 21 20 68

No.	74	73	72	71	70	69	68	67	66	65	64	63
文书名	随加契	杜绝卖契	杜绝卖契	卖契	杜绝卖契	杜绝卖契	卖契	卖杜绝契	杜绝卖契	杜绝卖契	杜绝装修据	卖绝契
立契年月	嘉庆19·3	嘉庆20·3	光绪18	道光10·6	道光5·10	道光15·9	道光元·9	道光12·9	光绪11·10	道光25·4	道光25·4	乾隆27·10
立契者	杨亦云	徐树兰	沈斟经	刘天禄	魏应贤	潘顺元	冯君钦	张翰钦	王肇周	王锦瑚	冯顺齐／益齐	屠吴泾
收件人	姚处	马处	朱处	怀处	〃	〃	〃	〃	〃	〃	怀处	王处
地名		〃		〃	〃	〃	〃	〃	〃		〃	〃
备考		有契尾　25　43	// 39	//	//		// 20 21 50	有契尾	4	// 64	// 65	//

	87	86	85	84	83	82	81	80	79	78	77	76	75
文书名	租契	租田契	租田文契	租荡滩契	租荡契	租荡滩契	租荡滩据	租契	租簖基水港契	租契		议单（议据）	杜绝卖契
立契年月	光绪19·12	光绪10	光绪19	光绪19·7	光绪19·7	光绪19·7	光绪19·8	道光6·12	光绪23	同治3·12	光绪29·3	道光24·10	嘉庆23·9
立契者	徐庆寿	李有福	钱长春、金福	许小弟	许小马	许六寿	许三娘娘	马世伦	范二观	吴湧仁	蔡瑞芳、许容辉	高楚山、高文曜	胡德孚
收件人	〃	〃	〃	〃	〃	〃	怀府	怀处	怀府	怀处	怀府	怀桂溪	鲍处
地名	〃	〃	〃	〃	〃	〃	〃	〃	〃	〃	〃	〃	〃
备考											34？		

续表

No.	102	101	100	99	98	97	96	95	94	93	92	91	90	89	88
文书名	租田文契	租田契	租田契	会租票	租契	租田文契	租水港排鱼鱸据	委租据（副启）	租契	租契	租契	租契	租水港契（副启）	租荡滩据	租契
立契年月	光绪19·1	光绪18·12	光绪10·1	道光12闰9	道光22·12	光绪19·12	光绪27·8	光绪16·9	道光15·12	道光19·12	道光19·12	道光4·12	光绪22·1	光绪19·9	道光4·11
立契者	吴三福	俞四观	吴周福	沈佩德	章寿林	于二宝	仲三弟	方慎守	蔡君培	蔡均荣	陆培庆	陈咬观	徐怀顺	许官庆	怀德兴
收件人	〃	〃	怀府	怀处		怀府	怀处	怀处	怀处	怀府	〃		怀处	怀府	怀处
地名	〃	〃	〃	〃	〃	〃	〃	〃	〃	〃	〃	〃	〃	〃	〃
备考															

49　　147

嘉兴怀氏文书

No.	文书名	立契年月	立契者	收件人	地名	备考
116	佃单	同治8		〃	〃	
115	佃单	同治3		〃	〃	
114	佃单	同治3		怀	〃	
113	退契	同治3	张四观	〃	〃	
112	退契	同治6·12	潘宝珍	〃	〃	
111		同治8·3	仝子七观	〃	嘉兴	
110	退田契	光绪21·3	陈俞氏	怀	〃	
109	退契	光绪20·2	邓三观	〃	〃	
108	租荡契	光绪22	田长生	〃	嘉兴	
107	租契	道光25·4	刘茂生	怀府	〃	
106	租契	道光14·12	吴有海	〃	〃	
105	租契	道光3·12	俞沛华	〃	〃	
104	租田契	光绪19·2	陈韩氏	〃	〃	
103	租文契	光绪19·1	万和尚	〃	〃	

续表

130	129	128	127	126	125	124	123	122	121	120	119	118	117	No.
收票	会收票	会收票	会收票	会收票	会收票	佃单	佃单	佃单	佃单	佃单	佃单	佃单	佃单	文书名
道光24·8	道光10·4	道光12·10	道光13·4	道光12·5	道光22·2	同治3	同治3	同治3	同治3	同治3	同治3	同治3	同治3	立契年月
金万顺	李溉之	李静仁	〃	马耿扬	钱汉章									立契者
怀永丰	怀舜翁处	〃	〃	叔祖处	怀恬菴表	怀永丰	〃	怀	〃	〃	〃	〃	怀	收件人
						〃	〃	〃	〃	〃	〃	〃	嘉兴	地名
		126 127	126 128	127 128										备考

No.	文书名	立契年月	立契者	收件人	地名	备考
131	收票	咸丰6·2	(怀)临川	(怀)桂溪胞弟处		
132	收票	咸丰6·2	〃	〃处		
133	收票	光绪25·12	怀厚甫	沈天寿		
134	收票	光绪25·6	〃	韩大弟		
135	收票	光绪25·11	〃	沈根寿		
136	收票	光绪24·5	怀贻燕	王锦堂		
137	收票	光绪24·闰	怀厚甫	徐云帆		
138	收票	光绪25·11	〃	汤桂翔		
139	收票	光绪24·5	怀贻燕	徐寿记		
140	收票	光绪25·11	怀厚甫	陈四寿		
141	收票	光绪25·11	祥伯	韩廷芳		
142	收票	光绪20·2	胡祥桂	□大人		
143	收票	光绪22·5	姚兰亭	怀厚甫处		

151

续表

156	155	154	153	152		151	150	149	148	147	146		145	144	No.
遗失收清票（右）（饰文）（左）	（具文）	（具文）	闻湖胜叟书例	闻湖胜叟撰列		情借据	借票	借约票	借票	借票	借票		遗失据	收票	文书名
光绪27·夏						光绪20·2	乾隆35·6	乾隆53·11	嘉庆15·4	光绪14·11			光绪26	道光23·8	立契年月
石漱泉	怀义福	怀文煜		祥桂		胡祥伯	吴悦藩	沈裕文	金爱大老	孙少山	（张有福）		王顺龙	祝志达	立契者
怀厚甫						吴处	怀处	怀南图处	怀府	徐怀顺				怀永丰处	收件人
															地名
				142					90						备考

No.	文书名	立契年月	立契者	收件人	地名	备考
157	（书状）			筱棣仁兄 大人阁下		
158	（绝书）		许伯英	怀厚甫		
159	（书状）					

2016 年中国法律史研究综述

闫强乐[*]

2016 年中国法律史研究取得了丰硕的研究成果。据笔者不完全统计，全年法律史出版学术著作 147 部，发表论文 683 篇，[1] 召开相关主题学术研讨会十余场。纵观 2016 年中国法律史学研究，在断代法律史、民族法律史、部门法律史等方面均取得了巨大的研究成果，法律史研究逐渐呈现"精细化"的趋势，出现了"行内也隔山"的状况。但中国法律史的若干重大问题，如中国古代法律形式问题，仍有待进一步的研究与探索。

一、法史资料的整理、研究

随着中国法律史研究的深入，学界更加注重对资料的整理与研究。宁全红《出土先秦法律史料集释》（四川大学出版社）集释出土甲骨文、青铜器、包山楚简中的相关法律史料。刘信芳《岳麓书院藏简〈奏谳书〉释读的几个问题》（载于《考古与文物》2016 年第 3 期）、德国学者陶安《岳麓秦简复原研究》（上海古籍出版社）复原了岳麓秦简《奏谳书》《为吏治官及黔首》。张瑛《河西汉简所见〈汉律〉散简辑证》（载于《西北师大学报》2016 年第 4 期）辑证河西汉简中的律文 25 条。

李明晓《两汉魏晋南北朝石刻法律文献整理与研究》（人民出版社）

---

* 兰州大学历史文化学院硕士研究生，主要研究方向：中国法律史、薛允升与陕派律学。

〔1〕 闫强乐：《2016 年中国法律史研究论著目录》，载霍存福主编：《法律文化论丛》（第 7 辑），知识产权出版社 2017 年版，第 148～186 页。

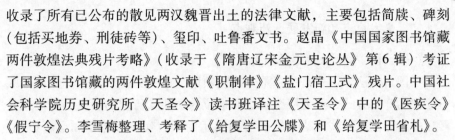

收录了所有已公布的散见两汉魏晋出土的法律文献，主要包括简牍、碑刻（包括买地券、刑徒砖等）、玺印、吐鲁番文书。赵晶《中国国家图书馆藏两件敦煌法典残片考略》（收录于《隋唐辽宋金元史论丛》第 6 辑）考证了国家图书馆藏的两件敦煌文献《职制律》《盐门宿卫式》残片。中国社会科学院历史研究所《天圣令》读书班译注《天圣令》中的《医疾令》《假宁令》。李雪梅整理、考释了《给复学田公牒》和《给复学田省札》。

杨一凡、陈灵海主编的"《清代成案选编》乙编"（社会科学文献出版社）收入乾隆至清末成案集 24 种，其中经济和财政管理类成案集 13 种，司法成案集 9 种，民间事务和对外事务管理成案集 3 种，与 2014 年出版的"《清代成案选编》甲编"终成完璧，实现集清代成案文献之大成。杨一凡、宋北平主编的《大清会典（康熙朝）》（凤凰出版社）是清代五部会典之一，是清代行政法典。《沈家本辑刑案汇览三编》（凤凰出版社）集中收录了清代后期案件，该书与《前编》《续增》一起，组成一套完整反映有清一代刑案的著作。

赵秉志主编《中国近代刑法立法文献汇编》（法律出版社）整理了近代刑法立法资料。闫晓君、苏亦工、栗铭徽点校整理了吉同钧的《大清律讲义》《大清律例讲义》以及《现行刑律讲义》。黄洁主编《晚清民国法政期刊汇编》（九州出版社）辑选晚清民国时期重要法学期刊 27 种。何勤华等整理的《中华民国法规大全：1912—1949（点校本）》第 10 卷（补卷）（商务印书馆）主要收录民国时期根本法、官制官规、行政、司法、考试、监督、党务七方面的法律法规。陈颐点校的《"〈现行律〉民事有效部分"集解四种》（法律出版社）汇辑民国时期"《现行律》民事有效部分"著述四种，同时附录民国政府确认《现行律》民事部分效力相关档、《大清现行刑律》民事部分律例以及相应的大理院判例、解释例要旨等文献，并附载 11 种《现行律》民事有效部分律例，全面呈现《现行律》民事部分之来龙去脉。关保英将 1937—1950 年间以陕甘宁边区政府名义发布的行政组织、行政强制、行政救助等方面的文电以时间为序汇编成集。侯欣一《中国检察制度史研究现状及相关文献》（载于《国家检察官学院学报》2016 年第 4 期）梳理清末以来检察制度自西方引进以来的研究状况，罗列了相关文献史料。

二、学术热点和新发展、新观点

（一）中国古代法律形式问题

中国古代法律形式是一个重要研究领域，这些法律形式具有体现和区分法律的产生方式、效力层级和法律地位的功能。历朝的制度、规矩总是要以一定的法律形式来表现。要全面揭示中国古代法律体系和运行机制，就必须清楚各代法律形式的种类、内涵和作用。[2]杨一凡先生长期关注中国古代法律形式问题，《明代典例法律体系的确立与事例的功能》[载于《中国法律史研究》（2016 年卷）]修订了传统的明代"律例法律体系"说、"无令"说，认为明代新法律体系是"典例法律体系"。李俊强《魏晋令性质、地位及影响考论》（载于《法律科学》2016 年第 1 期）认为魏晋时法律体系完成了"律令分野"。胡兴东《宋朝法律形式及其变迁问题研究》（载于《北方法学》2016 年第 1 期）《宋代判例问题考辨》（载于《云南师范大学学报》2016 年第 1 期）细致地考辨了宋代法律形式中的"例"，认为宋朝中后期"事类"立法的兴起促使中国古代法律形式转向简化。

（二）中国法律通史研究

赵晓耕《传统司法的"以刑统罪"再议》（载于《黑龙江社会科学》2016 年第 5 期）考察中国古代的"以刑统罪"的法理基础，认为古代法典注重量刑的特点，蕴含着立法者对社会和所面临的问题更为客观全面的认识，力图综合运用法律等多种手段解决社会矛盾，并且使法律能够进一步融入整个时代的语言体系中。陈光中《中国古代诉讼证明问题探讨》（载于《现代法学》2016 年第 5 期）勾勒出中国古代诉讼证明制度的基本样态。吕丽《中国传统的慎杀理念与死刑控制》（载于《当代法学》2016 年第 4 期）、《中国古代慎刑观之"用刑之道"解析》（载于《南京社会科学》2016 年第 6 期）研究了中国古代慎刑观及其慎杀理念影响下的死刑制度的运作。沈玮玮《持法深者无善治：中国古代立法繁简之变》（法律出版社）从中国国家法的简约传统出发分别论说了约法与深法、法深与善治、尚简与尚繁之间的关系和不断变化的原因，从立法繁简的往复中探讨中国传统立法"不为"与"不能"的哲学智慧。

---

〔2〕 杨一凡：《打开传统法律宝库之门的一把钥匙》，载《人民日报》2016 年 11 月 7 日。

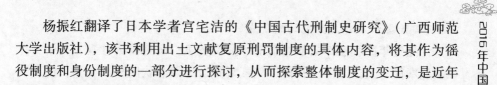

杨振红翻译了日本学者宫宅洁的《中国古代刑制史研究》（广西师范大学出版社），该书利用出土文献复原刑罚制度的具体内容，将其作为徭役制度和身份制度的一部分进行探讨，从而探索整体制度的变迁，是近年研究中国古代刑罚制度的力作。

（三）先秦法律史的新进展

李峰《中国古代国家形态的变迁和成文法律形成的社会基础》（载于《华东政法大学学报》2016 年第 4 期）剖析先秦国家结构之演变，并与中东早期国家加以比较，进而分析中国成文法形成的深层原因。龙大轩《礼刑时代：中国法律传统肇始之基》（载于《华东政法大学学报》2016 年第 5 期）认为上古与夏商西周是礼刑时代，这是中国法律传统礼法体系的原生状态，夏商周礼乐刑政"大统"的确立，既是中国法律传统的肇始，也是后世道统所源与"大经大法"所本。杜文忠《轩辕谱系与中国"四方"治法之雏形》（载于《中国人民大学学报》2016 年第 2 期）认为"轩辕谱系"的治法奠定了中国古代法治的始基，也形成了中国古代边疆治法的雏形。王沛《西周邦国的法秩序构建：以新出金文为中心》（载于《法学研究》2016 年第 6 期）利用新出金文对西周时代王畿之外的邦国法秩序进行研究，认为周王朝恪守法权"收放界限"，因地制宜地放开立法权限，同时又通过司法权力控制众多族属。

王晨光《楚国北扩地缘政制问题与"亲亲相隐"公案新解》（载于《中国历史地理论丛》2016 年第 2 期）还原孔子与叶公论辩的历史语境，从地缘政制问题的角度重新分析"亲亲相隐"论辩，认为二人所论辩的是执法权属于亲族内部（周封建制区域自治）还是属于中央（楚国县制集权制）的政制对峙。这篇文章为我们认识历史上法理学意义上的辩论提供了新的研究视角，中国历史文化，特重政治伦理，所谓思想学说，多有具体的时空人事因素，少有形而上的抽象，[3] 所谓中国古代的任何法理问题的讨论必定是针对社会现实问题，只有我们了解这一时期的社会语境，"理解之同情"，才能更清晰地了解到法理问题讨论的实质，不然的话，流于纯粹的理论探讨，只会离历史真相越来越远。

---

〔3〕 桑兵：《治学的门径与取法——晚清民国研究的史料与史学》，载《中山大学学报》2014 年第 1 期。

（四）秦汉法律史研究的新观点

伴随近年简牍法律文献的出土，秦汉法律史研究蔚为壮观，其中又尤以岳麓秦简为重。朱潇《岳麓书院藏秦简〈为狱等状四种〉与秦代法制研究》（中国政法大学出版社）利用岳麓秦简《为狱等状四种》对秦代法制罪名、刑罚、司法制度、地方官吏的法律推理方式及法律观念进行研究，为我们更进一步的认识秦代法制提供了基础研究。朱德贵《岳麓秦简所见"隶臣妾"问题新证》（载于《社会科学》2016年第1期）否定了"秦隶臣妾为刑徒"之旧说，认为"秦隶臣妾应分为依附于官府名下、依附于私人名下两种"。张娜《从出土〈田律〉看秦汉法制的变革——以睡虎地秦简与〈二年律令〉为中心》（载于《东方法学》2016年第4期）揭示了汉对秦制的具体变革，修订法制"汉承秦制"旧说。文霞《秦汉奴婢的法律地位》（社会科学文献出版社）提出了"隶不是奴隶，而是依附民"的观点。姚远《东汉内郡县法官法吏复原研究——以长沙五一广场东汉简牍为核心》（载于《华东政法大学学报》2016年第4期）利用长沙五一广场东汉简牍复原了东汉基层司法机构的简貌。

在传统的秦汉法律史研究方面，一些文章对学界定论提出了新的见解，颇有新意。吕志兴《〈春秋〉决狱与中国古代法制的真实关系》（载于《政法论坛》2016年第3期）驳斥了"《春秋》决狱对中国古代法制起着破坏作用"的通识，认为《春秋》决狱是中国古代与制定法并列的判例法制度，是法律缺陷的修补机制，对中国古代法制的完备化起着重要的推动作用。黄德启《论"春秋决狱"中的"司法审查"因子》（载于《学术探索》2016年第4期）认为"春秋决狱"是依凭"高级法"理念，通过运用解释技术进行司法造法，进而试图以司法制衡立法、限制行政的"能动司法"图景。

在关于秦汉诉讼司法制度研究方面。林铁军《古代审案官员司法调查权溯源——以秦汉爰书为背景》（载于《政法论丛》2016年第1期）以秦汉爰书为例研究了古代审案官员司法调查权。刘庆《秦汉告、劾制度辨析》（载于《中国史研究》2016年第4期）还原了的秦汉告、劾制度的具体实践过程。欧扬《读鞫与乞鞫新探》（载于《湖南大学学报》2016年第4期）认为读鞫是指官吏在行刑之前宣读罪状，乞鞫是司法官吏向罪囚及其家属宣读罪状以后，罪囚及家属可选择的一种回应。

在秦汉罪名、刑法制度研究方面，党超《两汉"漏泄省中语"考论》（载于《史学月刊》2016年第12期）认为两汉时期"漏泄省中语"这一罪名仍处于草创时期，其涉及的泄密内容和判罚尺度都没有明确的标准，其只是为了神化和强化皇权。连宏《汉代磔刑考辨》（载于《东北师大学报》2016年第2期）认为汉代磔刑的具体行刑方式为割裂、肢解人的身体并悬挂于木进行示众。

（五）唐代法律史研究的新进展

唐代法律史研究方面，唐代立法研究是今年的热点。张生《"唐律五百条"：规范技术、法律体系与治平理念的融贯统一》（载于《中国社会科学院研究生院学报》2016年第2期）认为"唐律五百条"是立法者刻意设计的结果，其通过纯熟的规范技术，实现了具体规范、法律体系和治平理念的融贯统一。刘晓林《唐律立法体例的实证分析——以"不用此律"的表述为中心》（载于《政法论坛》2016年第5期）认为唐律在客观具体、一事一例的立法体例之下，通过立法技术对列举不尽、不清之事的补充完善。陈煜《〈唐律疏议〉中的法律概念及其条款——兼与〈大清律例〉相比较》（载于《中国政法大学学报》2016年第5期）认为唐律对法律概念的处理在界定方式和力度方面整体较清律为优，呈现出科学和完备的特色。

霍存福《从考词、考事看唐代考课程序与内容》（载于《法制与社会发展》2016年第1期）勾勒了唐代考课程序及其实践过程。张中秋《从"文学"到"吏事"——唐宋判文演变的法律文化探析》（载于《法学》2016年第6期）分析唐宋判文在文体、功能和风格上的演变，窥视其背后所蕴含的法律观、秩序观、司法观等法律文化。赵晶《从"违令罪"看唐代律令关系》（载于《政法论坛》2016年第4期）认为律疏的作者对唐令进行了扩大解释，从而反思学界唐令复原研究的问题。

（六）宋代法律史研究的新发展

霍存福《宋代"鞫谳分司"："听""断"合一与分立的体制机制考察》（载于《社会科学辑刊》2016年第6期）考证了宋代司法审判中的"鞫谳分司"制度及其运行。柳立言《"天理"在南宋审判中的作用》（载于《清华法律评论》第9卷第1辑）论证"天理"观念在宋代司法审判中的影响。

（七）明清法律史研究的新发展

由于明清史料的大量保存，尤其是司法文书、诉讼档案的发现，明清法律史研究偏重于司法实践领域。阿风《明清徽州诉讼文书研究》（上海古籍出版社）从"存在形态"与"诉讼过程"两个角度对徽州诉讼文书进行分类，借以研究明代的诉讼程序、徽州人的诉讼书证观念、徽州的诉讼费用与诉讼合同文约、诉讼个案。胡祥雨《清代法律的常规化：族群与等级》（社会科学文献出版社）从法制史研究的角度出发回应了美国"新清史"清代满、汉之间司法上的不平等（欧立德将这种不平等视作清廷保持满洲认同的重要证据）的观点，认为旗人换刑特权是清廷废除满洲刑罚体制以适应汉人法律的产物，清代法律在变化中不断削弱这种特权；清代刑部严格区分刑事与民事案件，在审理民事案件时强调法律体现的民事原则，而非涉案者的等级或族群背景。茆巍《清代命案私和中的法律与权力》（载于《社会科学研究》2016年第4期）认为清代州县地方权力的一部分被胥吏、乡保、宗族、乡绅等分享，从而影响了法律实践与表达的背离。邱唐《旗民不婚？——清代族群通婚的法律规范、实践与意识》（载于《清华法学》2016年第1期）认为"旗民不婚"旧说是不正确的。吴艳红《布政司与明代司法——以明代〈四川地方司法档案〉为中心的研究》（载于《南京大学学报》2016年第4期）从讨论布政司在司法中的作用出发，分析和展示明初的地方司法格局。

王帅一《明清时代的"中人"与契约秩序》（载于《政法论坛》2016年第2期）从契约秩序（甚至是"民法""私法"秩序）认为"中人"对于契约关系或者说中国传统文化观念对中国传统"私法"秩序是有保障作用。陈煜《"殊为具文"？——浅论〈大清律例〉中的"宣示性条款"》（载于《东南大学学报》2016年第6期）认为清代律例中的"具文"是一种"宣示性条款"，它象征着权威，强化着宣教，渗透着立法者的治世之道。

（八）近代法律史研究的新发展

近代法律通史研究主要在于法律近代化过程的实证研究，反思法制近代化过程中的问题。李启成《法律继受中的"制度器物化"批判——以近代中国司法制度设计思路为中心》（载于《法学研究》2016年第2期）认为近代改革者将传统衙署归于行政范畴，忽略"司法官兼理行政"固有治道的制度创设，从而导致近代司法改革的失败。聂鑫《"刚柔相济"：近代中国制宪史上的社会权规定》（载于《政法论坛》2016年第4期）、聂鑫《财产权宪法化与近代中国社会本位立法》（载于《中国社会科学》2016年第6期）、聂鑫《近代中国宪法史上的两院制问题》（载于《环球法律评论》2016年第6期）讨论了近代中国制宪史上的社会权、财产权、两院制问题。郑颖慧《论清末民初县域司法理念的变迁——以〈塔景亭案牍〉为依据》（载于《东南大学学报》2016年第4期）认为"以移植西法为内容的法律近代化道路仅有触及还未延伸到这一民间区域"。

1. 晚清法律史研究

公丕祥《国家与区域：晚清司法改革的路线图》（载于《法制与社会发展》2016年第4期）认为晚清司法变革经历了从修律到行宪的主题变奏转换，呈现出从中央官制改革到直省官制变动的司法场域迁移，体现着从帝国顶层设计方案到区域先行试办的改革路径选择。陈新宇《礼法论争中的冈田朝太郎与赫善心——全球史视野下的晚清修律》（载于《华东政法大学学报》2016年第4期）生动展现出中华法系行将终结之时的别样争论，争论者分别来自日本与德国，他们对中国传统法制的价值认识各异，但争论本身却表明"晚清修律是中国与世界的双向互动而不是单维度的移植继受，对其观察应该站在全球史的高度视野"。

2. 民国法律史研究

赵晓耕《从司法统计看民国法制》（载于《武汉大学学报》2016年第3期）揭示民国时期刑事立法与司法的互动及其背后的社会问题。李在全《民国初年司法官群体的分流与重组——兼论辛亥鼎革后的人事嬗变》（载于《近代史研究》2016年第5期）考察辛亥鼎革后的司法官群体人事分流与重组问题，认为晚清民国之际的法律史研究除关注"承续"与"断裂"面相之外，尚需留意"专业"与"层级"因素。张伟《抗战大后方刑事审判改革与实践——以战时首都重庆为中心的研究》（中国民主法制出版社）对抗战大后方的刑事司法改革与实践进行实证研究，弥补了抗战研究和南京国民政府法制研究的薄弱环节。

3. 革命根据地法律史研究

刘全娥《陕甘宁边区司法改革与"政法传统"的形成》（人民出版社）分析阐述了"政法传统"在边区司法改革中的形成过程与实践面相，指出这一传统在观念层面以服务于政权和司法为民为中心，在制度层面具有司法构造集中化、审级结构柱形化的特点，在运作层面显示出法官选任大众化、诉讼程序简便化、诉讼过程行政化、解纷方式多元化的特征。

（九）法律思想史研究的新观点

马小红《中国古代法思想与先秦儒家的法律理想主义》（载于《人人法律评论》第20辑）以近代"主义"的概念归纳古代各家学说，认为先秦儒家是"法律理想主义"，道家与黄老学派是"法律自然主义"，法家是"法律工具主义"，汉中期后主流学术是"法律现实主义"，强调儒家"法律理想主义"在中国法思想史上的重要作用。马腾《儒法合流与中国传统法思想阐释》（法律出版社）以儒法合流为中心阐释了中国法思想的规范方法论、规范价值论、治理模式论、规范本体论，在法律思想史研究中有所新意。李平《先秦礼法之争新诠——以情景中的儒家学说演化为线索》（载于《清华法学》2016年第4期）认为"礼法之争"儒家与道法学话语主导权之争。喻中《法家的类型学考察》（载于《东方法学》2016年第4期）；喻中《法家三期论》（载于《法学评论》2016年第3期）、钱锦宇《新"法家三期说"的理论阐述——法家思想史断代的几个问题》（载于《东方法学》2016年第4期）从法思想史角度支持了"法家三期论"这一论说。陈新宇《戊戌时期康有为法政思想的嬗变——从〈变法自强宜仿泰西设议院折〉的著作权争议切入》（载于《法学家》2016年第5期）考证《变法自强宜仿泰西设议院折》的起草，从而分析戊戌时期康有主张开设议院变成反对开设议院进而提出设立仿照近代日本特别内阁模式的制度局的法政思想嬗变。

（十）民族法律史研究

苏亦工《清律回民相关条例及其影响》（载于《政法论坛》2016年第3期）考察《大清律例》中回民条例的立法目的问题，认为这不过是一种"应急手段"而已，并非基于种族、宗教立场上的身份歧视问题。马青连《清代非直省民族地区的司法制度研究——以理藩院为中心的考察》（载于《中央民族大学学报》2016年第2期）认为"清帝国从纵向上设置了从中央到地方的司法体系，重视通过理藩院把民族地方重大案件的管辖权收归中央，同时为兼顾到民族地方的特殊性，也有限地允许地方司法机关享有一定的自治权力"。阮兴《清末甘南藏族聚居区的法与社会秩序——基于光绪年间黑错与买吾的冲突为个案》（载于《青海民族研究》2016 年第 1 期）认为日本学者寺田浩明提出的"首唱 – 唱和"这一传统中国社会法与秩序形成的结构模式在边疆民族地区是成立的。

（十一）律学研究

律学是法律史研究中"失踪者"，2016 年涌现出一系列颇有新意的研究成果。王立民《中国传统律学研究方法论纲——以唐律律文的研究方法为例》（载于《法学》2016 年第 4 期）指出唐律律文的研究方法重在解释。李守良《明代私家注律家管见》（《中国古代法律文献研究》第 10 辑）从出身、仕宦、律学知识来源与律学素养、注律的目的等多方面论述了明代私家注律家群体。陈灵海《记忆与遗忘的竞赛：清代律学史中的"箭垛"和"失踪者"》（载于《学术月刊》2016 年第 11 期）勾勒出沈之奇、洪弘绪、万维翰、许槤、潘骏德等被遗忘的清代律学"失踪者"的生平剪影。陈锐《论〈大清律辑注〉的注律特色及创新》（载于《政法论丛》2016 年第 6 期）认为《大清律辑注》的注律特色是运用"类推解释""体系解释""例分八字"等方法，从而形成了金字塔式、内部有着层级结构的法律解释方法系统。

三、法律史研究的新方法

近年流行的文化史研究方法对法律史研究亦有冲击，张晋藩《宋人诗文中的法观念》（载于《政法论坛》2016 年第 1 期）"以诗证史"论证宋代的法观念、法意识、法文化。张晋藩《明末清初的实学与进步的法律观》（载于《法制与社会发展》2016 年第 2 期）考察了明末清初实学主宰下的经世致用的法文化。胡兴东《宋朝对士大夫官僚法律知识改善措施、失败及其影响研究》（载于《思想战线》2016 年第 2 期）认为宋朝士大夫官僚群体对法律知识和司法技能学习的抵制使得宋朝形成士大夫官僚群体与胥吏群体共生的政治结构，对后世影响深远。郑小悠《清代刑部官员的法律素养》（载于《史林》2016 年第 3 期）从知识史角度考察了清代刑部官员法律知识的获得途径，即家学渊源、实践中学习、编纂律学著作等。李在全《"新人"如何练就：清末一位留日法科学生的阅读结构与日常生活》（载于《史林》2016 年第 6 期）研究了清末新式司法官的组成问题和留日法科学生的知识结构。

四、法史研究的现实关怀

随着全国人大常委会正式发布《民法典·总则（草案）》，如何建立中国特色的民法典成为今年的学术热点，专家学者一致认为中国民法典的编撰应该承继传统，体现特色，故民法史成为研究的重点。黄宗智《中国古今的民、刑事正义体系——全球视野下的中华法系》（载于《法学家》2016 年第 1 期）认为非正式民事正义体系是正式刑事正义体系的先决社会条件，从而构成中华法系以刑为主的成文法体系，运用其"实践－理论－实践"的理论对中华法系的特殊性和普适性进行解读，从而肯定中华法系的历史与现实价值。沈玮玮《传统观念与民法结构：再论中国古代民法的价值》（载于《广东社会科学》2016 年第 1 期）认为中国古代民法结构是"不能与不为"的立法信条，凸显出了中国法律的自主性。张洪涛《近代中国的"以礼入法"及其补正——以清末民初民事习惯法典化为例的实证研究》（载于《比较法研究》2016 年第 2 期）认为民事习惯法典化使中国近代民法典走上了去中国化的脱嵌化的道路。娄敏《产权之分化与制约：私人破产案的审理及〈破产律〉的实践——以民国初年江津债务类司法档案为中心》（载于《中国社会经济史研究》2016 年第 3 期）认为民国初年的县知事在"无（民）法可依"的司法环境下创造了遵循传统产权划分习惯的审判逻辑。

随着国家监察体制改革的深入推进，中国古代监察法制研究为此提供历史镜鉴。张晋藩《中国古代监察机关的权力地位与监察法》（载于《国家行政学院学报》2016 年第 6 期）论述中国古代监察机关的沿革与监察法的变迁。杜文玉《试论唐代监察制度的特点及其历史鉴戒》（载于《陕西师范大学学报》2016 年第 4 期）认为唐代监察制度具有垂直监察、贯穿于日常工作中、相互制约、监察官员政治待遇较高、被纠弹官员停职待罪等特点。杨孟哲《唐代地方监察体系的核心：州府录事参军研究》（载于《江西社会科学》2016 年第 2 期）以唐代州府录事参军分析唐代颇具实效的地方内部监察体系，认为录事参军的主要职权即为监察权，不仅涉及对州府内部官员的行政监督，同时又深入到州府财政、户口、粮食等多重领域的监察之中。周磊《新民主主义革命时期行政监察法制的探索与实践》（载于《国家行政学院学报》2016 年第 5 期）认为革命根据地行政监察法制的探索与实践表明了中国共产党逐渐走上了独立自主运用马克思主义基本原理同中国革命实际相结合的法制近代化道路。

关于中国传统法律文化研究，朱勇《"祖制"的法律解读》（载于《法学研究》2016 年第 4 期）阐释"祖制"的法律文化意义与价值，认为中国古代完整的法律体系是"祖制 – 律令"体系。苏力《齐家：父慈子孝与长幼有序》（载于《法制与社会发展》2016 年第 2 期）和《齐家：男女有别》（载于《政法论坛》2016 年第 4 期）分析对于村落的组织、结构和治理至为关键的父子和兄弟关系、男女关系，认为儒家的"齐家"，是宪制问题，是传统农耕中国最基层的村落社区的组织建构和秩序维系问题。武树臣《中国法的原始基因——以古文字为视野》（载于《法律科学》2016 年第 4 期）从古文字角度论证了中国法原始基因中的伦理主义精神以及混合法传统。艾永明《〈黄帝四经〉中"名"的法律意义》（载于《苏州大学学报》2016 年第 2 期）认为"名"具有法的性质，具体内容是各种名分等级制度，是法律体系中属于主体部分的正面性规范。夏扬《中国法律传统的经济理性》（载于《法学研究》2016 年第 5 期）运用经济分析的方法在传统发生和发展所处的社会现实（特别是经济现实）寻找法律传统的经济理性规律，拓展了我们认识传统法律文化的视野。

2016 年部门法史研究方面，杨华权《中国著作权观念的历史解读》（北京大学出版社）梳理了中国著作权制度的历史发展脉络，阐释了影响中国著作权观念形成的各种因素，认为中国的著作权制度作为舶来品，其运行必须考虑社会结构的影响，揭示出著作权制度的未来的发展方向。汪娜《近代中国商标法制的变迁：从寄生到自主的蜕变》（上海人民出版社）对中国近代商标法律制度的建构、实际运行状况及其存在的深层次问题进行考察。张晓飞《中国近代法上妻子的商事能力立法的法文化分析》（载于《法律科学》2016 年第 6 期）认为"后世学者对妻子商事能力制度的否定只能是从简单定性的角度立论，扣上封建糟粕的大帽子而已"。

译 作

法律与文学

——以但丁之名

Claudia Di Fonzo* 著　游雨泽** 译

> 披上天主正义的披肩，
>
> 在你头上戴上永生者的冠冕［……］
>
> 给你起名永远叫《正义的和平》和《虔敬的荣光》。
>
> （《巴路克》5 章，2~3 行）

《神曲》是文学史上最伟大的一场虚拟审判：在这场"现实之外"对现实与历史的著名审判中，基督与圣母玛利亚是唯一的辩护人，而但丁尝试在作为法官的上帝面前，记录下其认识与经历。在这一场对过去、现在和未来历史的审判中，但丁搁置了对神学教义的严格阐释，因卡图对自由，对图拉真的爱（《天堂篇》，第二十二曲，112 行）和对一个寡妇的正义行为（《炼狱篇》，第十曲，75 行）[1]，而将其从地狱的惩罚中拯救出来。这场审判裁决这分裂的城市（佛罗伦萨）中的许多贵族市民和教士，即世俗与神圣权力的掌握者们，并预言"被痛苦奴役的意大利"的道德败坏。至今嘉达（Gadda）还在作品《曼罗拉纳大街的一团混乱》（*Quel pasticciaccio di via Merulana*）中通过语言的堕落痛苦地抱怨这种道德败坏，而语言正是亚里士多德所描述的人与动物的最大区别。

　　而《飨宴》则是一部未完成的作品，其最后一卷的意图在于谈论正义

---

* 意大利特伦托大学。

** 意大利罗马第一大学古典系。

〔1〕 但丁也许采信了由《生命》的一个片段曲解而来的一个中世纪传说。

问题。在这场漫长的示范性公共辩护中，但丁作为一个投身于公共事务的公民，却在缺席的情况下被控告贪污，并被停职流放。他在这本书中展示他的智识，并将"人"定义为以幸福为目的的政治动物。同时，他希望有一次真正公正的审判，并且宣布他将在这本书的最后一卷谈论正义。

最后，《论帝制》是一部在当代的政治辩论中，对权力、君主和人民进行反思的作品。这种反思始于罗马帝国的具体经历及其示范性，而基督，即第二亚当，恰恰诞生于这个时期。奥卡姆（Ockam）同意但丁在《论帝制》中的观点，坚持认为在神圣世界和世俗世界间有明确的区别：教皇是神圣事务的最高领导，皇帝则是世俗事务的最高领导。尽管奥卡姆希望将审判引向良知的层面，而但丁却更关注法律上的公正和公共名誉。这是出于但丁对人作为政治动物的角色、对市民身份及对其城市命运的关心。

并非巧合，在《神曲》中，但丁的老师布鲁内托·拉丁尼（Brunetto Latini）告诫他应与他那些"没有规矩"和不听从"那两个正直的人"——正如洽科（Ciacco）提到的（《地狱篇》第六曲，73 行"有两个正直的人"[2]，但这两个人是谁，并没有说明*，giusti son due）——的同胞们保持距离。"你要当心不要沾染上他们的习气"，布鲁内托对但丁这样说（《地狱篇》第十五曲，69 行）；《炼狱篇》中但丁对朋友浮雷塞·窦那蒂（Forese Donati）表达了对将他的城市从腐坏、从"悲伤的破灭"中解放出来的渴望（《炼狱篇》第十四曲，81 行）；在卡恰圭达的那一曲中，但丁表现出深刻的生存困境（disagio esistenziale），以及对"邪恶又愚蠢"的同伴日积月累的厌恶：这些都是但丁将不可避免遭受孤独的原因，而这份孤独唯一的迷人之处，就只在于伦理道德。于是，在对"伟大的伦巴第"和之后来自斯卡拉的康格朗第的颂扬中，他赞颂了"政治－社会"这一结构，它超越了无政府主义、超越了"平民会议和贵族集团的分裂（mos partium et factionum）"、超越了《地狱篇》和《炼狱篇》诗歌本身，

---

〔2〕《神曲》译文采用田德望译本。[意]但丁：《神曲》，田德望译，人民文学出版社 2002 年版。

* 译者注。

这些都导致了（人们）对"五百一十五"[3]，对维特罗的信心和期待，本质上来说，即人们对一个解放者的信心和期待。对于像但丁这样，希望复兴亚里士多德"人类文明"的人，皇权与教权，法与正义，都是无法回避的主题；而这也是但丁作为诗人与哲学家涉及古老思想传统的原因。这种古老的思想传统，在中世纪政治哲学中曾得到阐释和发展。在中世纪政治哲学的诠释与发展的轨迹中，但丁成为马基雅维利《君主论》的先驱，而在超越国家与"欧洲"[4]的意义上，但丁无论之于意大利俗语，还是之于拉丁语政论文，都是史诗般的奠基人。

在《论帝制》中，但丁反对帝制的间接来源（即通过教皇）。在全书的三卷中，他提出了三个问题：帝王对世界的福祉是否是必要的；罗马人民是否归属于这个法律帝国；帝王的权力是否直接取决于上帝。在第一卷中，他认为人类文明的实现，既是智识上的，也是实践上的。个体只有在和平的条件下才有可能达到这一目的，而和平的条件必须通过一个推行普世性准则的帝王才能实现。在第二卷中，但丁确信，如果上帝希望在世界中实现这一切，那么他就会考虑法律；假设罗马人民的历史上有神介入的痕迹，这就表明了由罗马人所创造的帝国在教权之前就存在，是"正义的帝国"。而神迹对但丁而言，自然而然是可见的。

我们在后文中，再回到但丁所不确定的关于罗马人民统治地位的问题上。现在我们只讨论《论帝制》的卷二中，但丁承认，在开始的时候令他自己都很惊讶的是，罗马人民没有遭到任何抵抗就获得了统治地位。"但当我更深入地思考后"，"我意识到这都是神意的作品"，但丁继续道，"当所有的奇迹消失时"，"正是从这种失望和鄙夷中，看见人们如何咆哮着反对罗马人的统治地位，随着人们徒劳的企图，［……］将自己置于与他们

---

〔3〕 但丁作品中的"五百一十五"，指的是一个时代，或一个象征性的人物。这个人物本可以解放所有人，使人们充满美德地生活在和平中。Trecanni：indica o propriamente un'epoca, o simbolicamente un personaggio che avrebbe dovuto liberare la società di tutto quanto le impediva di vivere virtuosamente e pacificamente. 最后访问时间：2017 年 2 月 11 日。

〔4〕 Rose Coughlin Ebener,《但丁与马基雅维利的政府论：一个比较》(*Dante and Machiavelli's Theories of Government: A Comparison*),《历史学家》(*Historian*), X, 1 (1947), pp. 63 – 77. Cfr.《但丁与欧洲》(*Dante e l'Europa*). 国际研讨学术会议记录（拉文纳，2003 年 11 月 29 日），拉文纳，方济各小兄弟会修道院但丁研究中心，2004, pp. 79 – 91. 也参见 Claudia Di Fonzo,《法律，神学与古代注释中的但丁》(*Dante tra diritto, teologia ed esegesi antica*), 那不勒斯，Edises, 2012.

的主和他们的受膏者，即与罗马君主的对抗中"。[5]

在对罗马人民统治地位的思考中，似乎掩藏了对"皇权法（lex regia）"的影射：至高无上的权力，由上帝赐予罗马人民，而恰恰是这些罗马人民，根据"皇权法"将权力转交与皇帝（Inst. I , t. 2 , 6 e Dig. I , t. 4 , I）[6]。我们还必须说明的是，这种权力的转移在中世纪的价值。同时也必须说明，编入优士丁尼《民法大全》的原则在共同法时代的政治法学争论中所拥有的重要性，因此也必须说明其在但丁论证中的重要性。

罗马《奇迹》（Mirabilia）[7] 的作者格雷格里（Magister Gregorius）提到，展示在拉特朗圣乔治大殿（Basilica di San Giovanni in Laterano）中的法律铜表，人们现在可以在卡皮托里尼博物馆看到。铜表上所印刻的文本使"韦斯巴芗（Vespasiano）皇权法"声名永存。这是一份韦斯巴芗时期所制定的法律文件，在文本中，罗马人民与元老院承认帝王至高无上的权力。而格雷格里并不了解这个铜表中文本的含义。在 1265 年去世的博洛尼亚法学家奥多弗拉多（Odofredo），曾经亲自看过铜表，并相信展示在自己面前的是十二表法的一份复制品。在 13 世纪，这份碑文才重新被认为是一份具有法学价值的文本。

在发现拉特朗圣乔治大殿的这份铜表碑文之前，整个中世纪都没有"王权法（lex regia）"完整的文本。虽然，该"法律（lex）"至少在《民法大全》中被提及了两次：第一次是在 C. I. 17. 1. 7（Const. Deo Auctore）引用了一条古老的法律，其将所有权力转移给皇帝，根据这条法律，人民放弃了他们的权力，并将权力让渡与君主；第二次是在乌尔比安的一则著名片段（D I , 4 I pr.）中，这则片段被视作欧洲法律传统的基石，而欧洲

---

〔5〕《论帝制》II , I , 3 由此向下翻译引自布鲁诺·纳迪（Bruno Nardi），《精选集》（Opere minori），第 2 卷，a c. P. V. Mengaldo, B. Nardi, A. Frugoni, G. Brugnoli, E. Cecchini, F. Mazzoni, 米兰 – 那不勒斯，Ricciardi, 1979, pp. 239 – 503, p. 367. 包含了蒙特利多（Meridiani Mondadori）的《论帝制》新版本正在准备出版，这个版本由 Diego Quaglioni 编辑负责。

〔6〕《民法大全》（Corpus iuris civilis），第 4 版第 1 卷（editio stereotypa quarta volumen primum），《法学阶梯》（Institutiones）Paulus Krueger；《学说汇纂》（Digesto）Theodorus Mommsen, Berolini, 1886.《民法大全》（Corpus iuris civilis），第 3 版第 2 卷（editio stereotypa tertia volumen secundum），《优士丁尼法典》（Codex Iustinianus）Paulus Krueger, Berolini, 1884.

〔7〕 J. 奥斯本（J. Osborne），《格雷格里：罗马城的奇迹》（Magister Gregorius: the Marvels of Rome），多伦多 1987 年版。

法律传统即为优士丁尼专制主义"君主喜好之事即为法律（Quod principi placuit, legis habet vigorem）"的法典编纂。

权力从人民转移到皇帝，其所依据的是何种法律形式，是整个中世纪探讨的主题。《民法大全》于哥特战争后在意大利颁布。然而这些把"皇权法"带到中世纪的的文本在多大程度上流传呢？更近代的学说只提到了一些细微的新发现，而这些新发现仅仅涉及了我们提到的法律的文本而已[8]。所有关于"王权法"及其"相关文献"都是经过教会法学家得到流传。在这些教会法学家中，伊沃·第·沙特尔（Ivo di Chartres）在 Panormia 中提及过"王权法"。然而，在 Panormia 和传统的宗教法学中，都无须将治权的转让扎根于人民（的观念）中。法律来源于上帝。在帝国的内政意识中，通过发挥历史的作用促使了中世纪治权概念的形成。在腓特烈一世（Federico Barbarossa）的时代,（政令）经常诉诸"王权法"[9]。1143 年，通过重新组建元老院，人们迎来了市民自由的春天，罗马也从教权中脱离出来：罗马回到了古老时代。对"王权法"的诉诸是自发的，但却起到了相反的作用："王权法"不仅表明元老院转移了治权，而且表明了它曾经拥有（治权）。约翰·第·索尔兹伯里（Giovanni di Salisbury）在他的 Policraticus 4，2 中公开地提到王权限度的问题：君主"不受法律的约束"，这是因为，他并非因惧怕惩罚而遵循法律，而是出于对正义的爱（而遵循法律）："君主是正义的奴隶"。

此外，还有一种对正义的定义，渗透到一些注释法学家（的思想中）。这定义来自柏拉图，经卡尔其迪奥（Calcidio）的演绎，并成形于阿库留斯（Accursio）中。柏拉图的定义具有启发性，这是因为立法者的角色对那些几乎没有权力的人而言，是非常有益的。若规范有利于弱势群体，那么这

---

〔8〕 在这些文本中，应当有一个加洛林王朝的编本。除此之外，《学说汇纂》从未在中世纪前期流传，并且根据新的研究成果，在十一世纪前，并没有《法学阶梯》的证据。相反，存在《狄奥多西法典》流传的证据，尤其在意大利。

〔9〕 在被称作伪拉文纳文件（有可能在与乔治七世的对抗中，起草于法尔法皇家修道院）中，重新出现了权力由人民向皇帝的转移（在 Privilegium Hadrianum 中）：罗马人民，是立法权力的掌握者，但仍需要在不同的个人需求之间找到一个公共的位置，（罗马人民）已经将其专有的立法权让渡与皇帝。在值得注意的文本间，（有）一个叫作韦策尔（Wezel）的人写的《给腓特烈一世的信》，以及奥托内·第·弗赖辛（Ottone di Frisinga）的公开辩论。奥托内·第·弗赖辛是腓特烈的叔父，也是一个帝国的知识分子。

便是好的规范。

腓特烈二世的《宪法》由皮埃尔·德尔·维涅（Pier delle Vigne）执笔，他曾希望规定立法者与执法者的作用。君主是法律的儿子、父亲和执行者。维护法律时，君主是正义的儿子（Kantorowicz）。

在布拉克顿（Bractona，1210–1268）的《论英格兰法律和习惯》（*Dc legibus et consuetudinibus Angliae*）（这部作品出版于腓特烈二世的另一部《宪法》之后不久）中，将君主视作（法律的）执行者与代理人；而规范则必须满足一系列即使在《大宪章》（*Magna Carta*）之后仍然有效的标准。

市民法律文化在1200年兴起，这对于打算在教会或市政任职的人至关重要。通过制定优士丁尼所认为的"准则"，（市民法律文化）得以编撰和确定：定稿总共五卷，并附上阿库流斯的注释。伊内留斯（Irnerio）总结了《新律》（*Novelle*）的文本，并在《新律》对《民法大全》革新了的部分进行补充。而《民法大全》原典由《封建法》（*Libri feudorum*）补全。在一则著名的注释里（D. I. 3. 32），伊内流斯评注朱利安，确认了法律被废除的可能性。因为在当时，人民拥有制定法律的权力；但是"今天"（优士丁尼时代），权力被转移到皇帝手中，因此人民的习俗不再具有法律效应。皮亚切丁尼（Piacentino）对此进行了评注，并中和了二者的观点（Placentinus, Summa Codicis, in tit. 8. 56《什么是长期的传统》）：成文法可以通过成文法被废除，习惯法可以通过习惯法被废除。因此，习惯法可以被其他的传统废除。在瓦卡里奥（Vacario）[10]之后的注释中，根据"传统是公民之间的契约"这一习俗，习惯法可以在法律有漏洞时产生法律效力。

不受法律制约的治权概念（potestas legibus soluta）既不为但丁，也不

---

[10] 瓦卡里奥（Vacario）在博洛尼亚学习法律，在1149年左右到达英格兰，为他的那些英国穷学生们，对《优士丁尼法典》和《学说汇纂》，做了一个概要。这个概要被命名为《穷人读本》，"穷人"指的是那些通过概要学习法律的人。接下来，以这个概要为中心，产生了一系列的注释。George Mousorakis《罗马法的历史和制度性文本》（*The Historical and Institutional Context of Roman Law*），伯灵顿，Ashgate，2003，p. 246.

为中世纪所采纳[11]。法律与权力之间的关系在中世纪是一个问题。在对
《优士丁尼法典》（Codice，lex digna voxI，14，4）的注释中，阿库流斯[12]
提出问题，并尝试解决两个片段之间存在的显而易见的矛盾：一个是关于
《学说汇纂》（Digesto，DI，3，31），而另一个是关于《优士丁尼法典》
（CI，14，4）。注释所明显表达的，是中世纪法律活动的争议性而非教义
性："逆道而行的人，必须用剑开路。"（qui per contraria passit，ferro viam
aperit.）在"最好的判决（Miliori Judicio）"（隐含在每个"对立的解决方
案"结尾的形式）之外，解决方案并不由权威强加而来，而是在权威的引
导下产生。注释的特征总是辩证的和具有争议性的。"共同法"从来没有
脱离过注释，或更确切地说，注释是共同法最主要的基石。即使在调和乌
尔比安在《学说汇纂》中的片段（DI，3，31），与一个完全相反于《优士
丁尼法典》（CI，14，4）的片段（之间的矛盾）时，也是如此。前者谈论
了的"君主"这一形象，即（君主）"不受法律约束（legibus solutus）"。
而后者谈论了（君主）"必须遵守法律（legibus alligatus）"。如何协调这两
个权威（片段）之间的矛盾？我们只能这样解释这种表面上的矛盾，或者
承认《法典》作为后产生的规范，废除了之前的法律［"旧法（ius ve-
tus）"即《学说汇纂》]。在此种情况下，需要法学家来解释这两个片段。
《Lex digna vox》中写道："统治者表达了服从法律的意愿。因此，我们的
权力来自法律的权威性，并且是将权力置于法律之下的最高权力。通过这
样一个庄严的谕令我们向他人所展现的是，对于我们而言，（为治权所设
的界限）是合法的。"[13]

---

〔11〕 Diego Quaglioni，《在前现代时期的法律－政治思想中，对"不受法律制约的君主（prin-
cipe legibus solutus）"概念的限制》，《绝对正义，前现代时期的权力和社会团体》。《法律－政治的
文学》，A. De Benedictis e I. Mattozzi，博洛尼亚，CLUEB，1994，pp. 55－71.

〔12〕 阿库留斯的注释收集并整理了教学－学术的材料，这些材料的来源自伊内留斯至 Azzone
（Summa Codicis），即阿库留斯的导师。

〔13〕 拉丁文原文：Digna vox est maiestate regnantis legibus alligatus se principem profiteri. Adeo de
autoritate iuris nostra pendet auctoritas：et reverentia maius imperio est submittere legibus principatum. Et
oraculo praesentis edicti quod nobis licere non patimur, aliis indicamus. Cfr. Codicis Dn. Iustiniani sacratis-
simi principis, ex repetita praelectione libri novem priores, ad vetustissimorum exemplarium, et ad ipsius
etiam Noricae editionis（quam Haloandro debemus）fidem recogniti et emendati, Lugduni, Apud Hugonem
à Porta et Antonium Vincentium.《论帝制》，D. LVIII, pp. 106－07. Diego Quaglioni，《治权》（La
sovranità），巴里－罗马，Laterza，2004.

　　另一个在教会法学中受到更多争议的，是关于在教皇和皇帝两个权力之间所存在的关系问题：帝国确实独立于教廷，但皇帝受膏于教皇。14 世纪的法学家们将这个问题搁置一旁，使之失去了其政治现实性。（教皇的）法令制定者们解决了传统的教廷－帝国二元问题，并且指出，所有的权力都归罗马教皇的权威所有，这种（罗马教皇的）地位在教宗博义八世的博拉"一个圣人（Unam Sanctam）"（1301 年）中已经表达得非常清楚了：皇帝仅仅是一个代理人。

　　但丁带着区分两种权力的诉求，进入了这场辩论。一种在"世俗事务"中的权力，另一种则在"神圣事务"中的权力。但丁指出，皇帝是世俗社会的唯一指引，前提是人民将治权让渡与皇帝，从而使其立法权合法化了。

　　在《论帝制》的第三卷中，但丁赞成帝国无需通过教皇，直接来源于上帝的观点，他看到帝国复辟的必要性。由于人有两个目标，并且兼有两种本性，所以需要两个向导以分别达到尘世生活和天国生活的幸福，（这两种幸福）相互独立又互相关联。[14] 教会与帝国引导人走向这两种幸福，这是教会与帝国的使命，而人则是为了（这两种幸福）而被创造出来的。有信仰的（生活）和实践人性美德的生活，是人之为人及其由人间通往天国的两个纬度："因此，人需要鉴于两个目标的双向向导：教宗，根据启示永生的教义引导人类；皇帝，则根据哲学教导将人类引向世俗幸福。[……] 世俗君主的权力直接来源于普世权力的根源：而这个根源，仅仅是一个部分，其仁慈都源丰流沛。"[15]

　　但丁进一步指出，人们在哲学教导的指引下，通过智力与伦理两种美德的帮助，追求尘世的目标；天国的目标，则在圣灵和神学美德的指导下达到。两个目标能在人身上共存，而不互相干扰吗？当但丁解释一个目标

---

〔14〕　Bruno Nardi，《但丁哲学论文集》（*Saggi di filosofia dantesca*），第 2 版，佛罗伦萨，新意大利（La Nuova Italia），1967，pp. 267 – 9，n. 126.

〔15〕《论帝制》，III，XV，10 及 15. 拉丁文原文：Propter quod opus fuit homini duplici directivo secundum duplicem finem: scilicet summo Pontifice, qui secundum revelata humanum genus perduceret ad vitam ecternam, et Imperatore, qui secundum phylosophica documenta genus humanum ad temporalem felicitatem dirigeret. [...] 15 Sic ergo patet quod auctoritas temporalis Monarche sine ullo medio in ipsum de Fonte universalis auctoritatis descendit: qui quidem Fons, in arce sue simplicitatis unitus, in multiplices alveos influit ex habundantia bonitatis.

如何由另一个完善时，他在《论帝制》的结尾给出了绝对肯定的回答：

　　然而，最后一个问题的解决方案并非如此狭隘以致排除这种可能：罗马君主并不服从于罗马教皇，这是因为尘世的幸福在某种程度上，是通往不朽幸福的必经之路。因此，凯撒对彼得所做的表明，畏惧（尊重）是长子（皇帝）应该对父亲（上帝）表现出来的：让父亲（上帝），这世界上最盛大的恩典，安排好一切他（皇帝）的统治，只有他（上帝）才是超越了世俗事务与神圣事务的领导者。[16]

　　在这两个目标的互动中，在涉及尘世与不朽的幸福时，基督教皇帝受制于教皇，但其权力直接来源于上帝。但丁用经院哲学的方法研究这个问题，这种方法当时已经应用于教授法律与哲学的大学。因为，它曾被佛罗伦萨那些卖弄哲学的人所用，并且还至少在博洛尼亚见证了注释法学派的复兴。在这里，他并不愿意像米特可（Miethke）一样，探讨文本是否应该优先进行辩证性的注解，也不认为这是一种可先后被法学家和神学家们用文献证明的方法学。他仅仅关注方法本身及其在时代文明中曾经产生的影响[17]。

　　11—12 世纪间，欧洲的第一个大学：Pepo（Pepone）诞生于博洛尼亚。同时伊内流斯开始对《民法大全》进行完整的解释：他们阅读并将文本之间的"例外"联系起来，解决片段与片段间的矛盾、不确定和自相矛盾，并对其进行扩展和延伸。以伊内流斯为中心，诞生了注释法学派，这对法学的复兴和经院哲学的适用至关重要。法学教授阅读文本（lectio），举例（casus），然后对案例的文本进行批判与分析（glossa）；之后才对类似的片段进行比较（distinctio）[18]，最后，尝试着解决自相矛盾的说法（solutio contrariorum）。然而注释法学家们并未涉及这样一个历史的关键点，他们认为《民法大全》由皇帝颁布，并奠定了（皇帝的权力）是"世

---

　　〔16〕《论帝制》，III，XV，17 - 18. 拉丁文原文：17 Que quidem veritas ultime questionis non sic stricte recipienda est, ut romanus Princeps in aliquo romano Pontifici non subiaceat, cum mortalis ista felicitas quodammodo ad inmortalem felicitatem ordinetur. 18 Illa igitur reverentia Cesar utatur ad Petrum qua primogenitus filius debet uti ad patrem：ut luce paterne gratie illustratus virtuosius orbem terre irradiet, cui ab Illo solo prefectus est, qui est omnium spiritualium et temporalium gubernator.

　　〔17〕 Jürgen Miethke，《权力的边界》（Ai confini del potere），帕多瓦，Editrici Francescane，2005.

　　〔18〕"比较"在于表明，两个相反对立的规范，所涉及的是两个不同的实例。

俗社会"不同等级中最大的权力。对相似片段的注释和论证，通过"solu-tio contrariorum（解决自相矛盾的说法）"，应当能够解决其表面上自相矛盾之处。在阐释了这些片段及解决它们之间的矛盾之后，这位导师提出了"问题（questione）"，即，把案例放到整个规范中进行讨论。在整理不同案例时，应用了更进一步的分类，即希腊思想的"类推法"。类推，正如在司法判例中，是编纂法律制度中的一种核心分类。因此在结论中，（可以得到）对规范的解释，即，这个规范本身的含义，及其与不同片段间比较的关系。此种方法从基督教早期教会著作的方法中得到启发，是现代法律的基础。尽管它始于亚里士多德逻辑学的分类（"种与属"之间的区分），据此，特殊的规范优先于一般规范；但（此种类推法）也许是但丁在其政治论文中所使用的平衡、辩证、可调和的方法的基础。

《论帝制》这部作品并不意在对当代产生具体的影响。它远离公共政治，旨在创立一门新学科的语言，而这一新的学科正孕育着"政治学"的诞生。这部作品堪称一场伟大辩论中的主角，这场伟大的辩论中既有帝国权利的支持者，也有罗马教皇权利的支持者，还有所有尝试在这两种学说中寻找解决方法的人们。

恰恰在教宗博义八世和腓力四世之争的前几年，一些公开发表物对这些著作以及对法国范围内论著的认识，对我们正确地理解但丁，至关重要：有一些人已经尝试使两种权力脱离彼此束缚，以防"坏的权杖与剑达成一致"*：但丁正是他们中的一员。仍有待确认的是：捍卫"逃跑的齐伯林党人（ghibellin fuggiasco）"的帝国法律，在多大程度上取决于巴黎的约翰和维泰博的乔治在那些年所传播的思想，或而非取决于对日益增长的僧侣统治观点的限制。

（我们）似乎必须要更多地谈一谈"调和"的必要性，因为人总在寻求一种适应其"合群动物"本性的得体的生活，由于这种幸福，（人）有能力在上帝面前享受永生的恩典。而这种可能性，人不能因个人美德，但可以在神恩的帮助下上升达到，神恩提前赐予尘世中的人其最终的超然神化。

---

* "poiché la spada col pasturale mal convien che vada"：权杖隐喻教廷的权力，剑隐喻皇帝的权力。——译者注

无法形容的天意已经将两个设定的目标摆在人们面前：此生的幸福存在于每个人能力的实现中；而作为尘世天堂的象征，永生的幸福则存在于天堂中。如果没有上帝的帮助，我们的力量不可能上升达到。这帮助从神的天堂而来。[19]

西塞罗的作品在中世纪广为流传，针对这些作品的反思是形成其后中世纪政治思想发展的桥梁。沃尔特·乌尔曼（Walter Ullmann）将这些思想家和思想运动分为两类，并进行区分："后裔"和神权政治，"祖先"和民主政治（民粹主义）[20]。布莱克（Black）认为，这些大类的区分过于简单化了："1250 年到 1450 年间的欧洲政治思想，本质上既不是封建的、神权的或专制的，也不是友好的和市民化的。它是一个许多不同种类的集合（it is a capse containing many different species）。"[21] 亚里士多德哲学对中世纪政治思想的影响相当可观，在 1250 年到 1281 年间，奥斯纳布吕克的乔丹（Jordan）和罗厄斯的亚历山大（Alessandro）在论著中，都提到了神意：正是在这神意的帮助下，帝国通过查理大帝成为日耳曼人的（帝国）。这是帝国第一次民族化，成为人类美好生活的必要组成部分。[22]

在中世纪思想家们中，布莱克常常通过阿德蒙特的恩格尔贝特（Engelbert of Admont，1250－1331）的作品《论罗马帝国的诞生和衰亡》（De ortu et fine romani imperii），回忆起他。恩格尔贝特的关键性观点在于理解由亚里士多德为"城邦"（城市－国家）制定的规范在"全世界范围的君主制（world－wild monarchy）"中可以得到完美的实现。不同的是，埃吉

---

〔19〕《论帝制》，III，XV，7。P. Dronke 的评论，《但丁中通往地上乐园的旅程，从佛罗伦萨到冥府》（Viaggi al Paradiso terrestre, in Dante. Da Firenze all' Aldilà）. 第三次国际但丁会议记录（佛罗伦萨，2000 年 6 月 9 日至 11 日）M. Picone, Firenze, Cesati, 2001, pp. 93 – 103. 解释其重要性：在但丁的世界中呈现"其生命的幸福（beatitudo huius vitae）"。拉丁文原文：Duos igitur fines providentia illa inenarrabilis homini proposuit intendendos: beatitudinem scilicet huius vite, que in operatione proprie virtutis consistit et per terrestrem paradisum figuratur; et beatitudinem vite ecterne, que consistit in fruitione divini aspectus ad quam propria virtus ascendere non potest, nisi lumine divino adiuta, que per paradisum celestem intelligi datur.

〔20〕 沃尔特·乌尔曼，《中世纪的政治原理与政治》（Principles of Government and Politics in the Middle Ages），伦敦，Melhuen，1978 版。

〔21〕 安东尼·布莱克，《欧洲的政治思想 1250—1450》（Political Thought in Europe. 1250 – 1450）剑桥大学出版社，1992 年版，第 13 页。

〔22〕 安东尼·布莱克，《欧洲的政治思想 1250—1450》同上，第 93 页。

迪奥·科隆纳（Egidio Romano）之前则认为，它们在一个"王国（a king-dom）"的范围内将应该可以完全实现。恩格尔贝特在衡量中制定了有效性的标准。罗马帝国（宏伟）空间和领土的广阔即意味着其王权（美德）的伟大。而"美德（virtus）"可以在权力和正义范围内被衡量。关于自然法，西塞罗写道，在人法与神法统一，并且人民一致认同这个法律［……］的地方，我们能找到团结的人民，一个统一的民族，一种"共同的财富（common wealth）"*。从这一点上看，罗马帝国的角色就在于塑造一个具有世界性和平的传统。

但丁在治权的前现代范式中进行论证，他和恩格尔贝特一样认识到正义与权力相互联系的重要性。然而他也知道，如果个体将权力交付与君主，正义则高于一切。拥有一切（的君主）可以摆脱困扰人的根植内心的贪婪，此类观点西塞罗在《论义务》的第一卷中都已提到。亨利七世（Arrigo VII di Lussemburgo）于但丁而言，是真正的帝国捍卫者[23]，这是因为他将在意大利恢复皇帝权力作为他的主要使命。事实上，更多人认为但丁在表达对一个"五百一十五"**（《炼狱篇》第三十三曲，37－51 行），一个君主（DUX），一个上帝使者的渴望时，恰恰是在影射亨利七世。1310 年到 1312 年间的一些拉丁文献和碑文文献使这种推测更有说服力，在这些碑文中，皇帝被比作摩西（给意大利君主和人民的书信），被称作"世界之王和上帝的大臣（mundi regis et Dei ministri）"（给佛罗伦萨人的书信），被认为是神圣意志的执行者。但丁公开评论到，"腓特烈二世（Federigo di Soave）是罗马人的最后一任皇帝：最后一任，我是在说，对当下而言，尽管后来鲁道夫（Ridolfo）、阿道夫（Adolfo）和阿尔布雷特（Alberto）最终也当选（为皇帝）"（《飨宴》IV，iii，6）。但鲁道夫、阿道夫和阿尔布雷特事实上，并没有掌管意大利的事务（《炼狱篇》第六曲，

---

* 安东尼·布莱克，《欧洲的政治思想 1250—1450》同上，第 94 页。文本：西塞罗《论义务》（De officiis），M. Winterbottom, Oxford, Clarendon Press, 1994. 西塞罗的片段由布莱克引用，我的翻译是由其文本而来。——译者注

[23] 关于西塞罗和但丁给佛罗伦萨人书信的传统，O. E. Schmidt, Die Handschriftliche Ueberlieferung der Briefe Ciceros an Atticus, Q. Cicero, M. Brutus in Italien, in *Abhandlungen der K. Sächsischen Gesellschaft der Wissenschaften*, 10, 1887, pp. 275 - 379.

** "五百一十五"：解放者。详见注释 4。——译者注

97 - 105 行），更从来没有到过那里，因此，他们没有尽到但丁认为一个皇帝所应尽的"做一名向导"的职责。

　　但丁关于帝国的想法，相较于埃吉迪奥·科隆纳所设想的真正的君主制国家的范式而言，更接近于国家（"库里亚"）联邦的范式。[24] 当但丁在《论帝制》中陈述关于两个目标的理论：教皇引导（人们）达到天国的幸福，皇帝引导（人们）达到世俗的幸福时，奥卡姆坚持认为在灵魂的范畴和世俗范畴之间应有着清晰的区分：教皇掌管神圣事务，皇帝掌管世俗事务。奥卡姆依旧坚持认为应该依据意识知觉与良心来审判[25]，而但丁则创作了一个公开伟大的虚拟审判，以此公开表达他对自己所经历的历史的评价[26]。

---

　　[24]　安东尼·布莱克，《欧洲的政治思想 1250—1450》同上，第 99 页："最后，这样普遍的角色并不意味着帝国存在罗马的普遍意识中，但稍微更接近于联邦。分独立的国家保持它们自己的法律；皇帝并不直接处理实例，而是当市法有缺陷，当人类面对共同问题时，才有所作为。"（《论帝制》I. 14）。

　　[25]　安东尼·布莱克，《欧洲的政治思想 1250—1450》同上，第 75 页："审判和政治决策的全部能力必须要回到个人的意识知觉。"

　　[26]　安东尼·布莱克，《欧洲的政治思想 1250—1450》同上，第 75 页。

《中西法律传统》简介及约稿函

夫自鸿蒙开辟，纲纪天地而弥纶六合者，其惟法乎！载笔成籍而彰察往来者，其惟史乎！至于综中西之所长，应变化之无方，以史为鉴，与法偕行，则惟法史而已矣！先贤之道，于斯为美，有二三素心人为之，所以申法而衡平天下，著史而敬策万世也。

天生自然，人物同质；地载诸类，众己一心。明法理根本之源流，无法史则难知其轩辕之祖；知民刑各部之兴衰，非法史则难明其滥觞之源。各部与法史并进，法理与法史同行。铺观列代，则情变之数可监；撮举同异，而纲领之要可明。昔神宗御制《资治通鉴》序曰：鉴于往事，资于治道。通法史者，则可知法理而明史义，淳礼俗而安政序，此非资治而何？

夫明理发蒙，体周符契。既明要义，深宜发挥。周乎万物，故道济天下；旁行不流，能范围四方。惟叹善始者实繁，克终者盖寡。《书》曰："慎厥始终，无安厥位，惟危。"追叙旧事，法史之盛，蔚然成荫；逮及今日，法史式微，渐趋狭守。惟叹天下随众逐流，与俗（相成）推移。抑代际之转移，临法史之际会？《易》曰："穷则变，变则通，通则久。"法史之道，周流六虚，变动不居；俯仰随时，变通适会。道心惟微，人心惟危；惟精惟一，允厥执中。知法史之道者明，行法史之道者久。奈何顾四方之形势，隐却法史之道之将行？

定其法者依乎礼，载其籍者运其笔，明法史者重于据。祖述尧舜，爰及汤武。左支右绌，校址迁于荆楚（中南政法学院）；捉襟见肘，法史起于此处（中南法史教研组）。肇始研组，成于研院（中南法律文化研究院）。期法史之博通，望研究之专精，此学院之所以设立者也。法史之盛行，既待学院之德成，亦有期刊之相攻。文之为德也大矣，故法史弘道以垂文，因文而明道。道不亨通，则近之难从；言之无文，则行而不远。辞行不通者，先迷攸行，多所败绩，后顺得常。

研院载道行文，不自量力，敢效前人之旧章（法律史论集）；妄自菲薄，难续后者之新文。故沿之诗书，定刊《传统》（中西法律传统）。江南道范君（范忠信教授）、河南道陈君（陈景良教授）始创，付梓于辛巳（2001 年），初版于戊戌（9 月）。满身疲惫犹存编刊之心，身兼数职尽己竭诚之志。天之苍苍，其远而邃极矣；地之泱泱，其广而无垠也。鸢飞戾天，安知其终？鲲鹏展翅，岂有所止？渊始而薪尽火传；明德而流芳相连。《诗》曰："经之营之，不日成之。"历时十有七载，出刊十又三卷。历任编辑伏惟经典，承前顺后，率章而行。虽无改其旧道，然亦随时而引新。陋刊纵浅微，出文犹有力。载道行文，中原而能立；竭意致志，港台可有闻。功业始成于域中，焕乎则及于方外。

《诗》有六义，文有五经。遣词发情形于文者，大抵皆有所归也。固宜正义绳理，昭德塞违，割析褒贬。情理以设位，则文采行乎其中。陋刊之旨，辨中外之法理，明东西之同异。近代以降，西学盛行，渊薮蔽日，不见长安；追述远代，中学伏隐，渐调零落，魂留邙山。整理中律之旧故、注释中律之道理，发明中西律法之趣合；引申中律之非常，诠赋中律之通达，贯系古今律法之同旨。驱万途于同归，贞百虑与一致。不欲自闭于中土，故而交流于外域。博见为馈贫之粮，贯一为整乱之药。旧识西法之观，难为今日之用；彰显西法之异，难为交互之通。故言必虑其始终，行必稽其所弊。治其事者，亦必先正名；计其功者，犹欲从顺言。域中与方外，俱为一体；所差略者，殊难谓多。知其理者，必先通其要；明其异者，必先知其同。至精然后知其妙，至变而后通其数。采西法之石，可以攻中律之玉。中律起兴，实待有助；知己知彼，方可明是知非也。

古之设文有道，析理有章。简言难以达旨，繁文失其纲要。盖同趋者相类，异言者区分。乾道终穷，坤道终凶。阴阳变化，始有所成。太极有两仪，两仪成四象；陋刊之文，亦有别类也。设区分类，东西皆有传统；别文具章，中外不失议对。考据则知原道，援古而可证今；征圣以求明理，宗经方可正纬。期刊旬月必明主题，论证阐说必有考据。引世事而成论说，针时弊形于书策；译西学而成外文，论别章则成书评。鸿儒者必有访谈，刻工者亦成手记。知源流必待三坟五典，处政事犹依四书六艺。搜史料于浩如烟海，集论文于汗牛充栋。涉猎至广，理论与实务无不包容其中；探求精微，制度与文化无不扩充其外。

《易》曰："同人于野，必有大吉。利涉大川，贞无咎。"大道之将行，岂无旷世衡达之英才者乎？法史之中兴，岂无出类拔萃之俊秀者乎？天下德士济济，陋刊翘首引颈而望者久矣。孟子有言："观于沧海者难为水，游于圣人之门难为言"。天下治方术者多矣，虽如木之多枝，然皆有所长，时有所用。古之多览以补缺，闻是而知非。陋刊虽无承天景命之重途，亦有筚路蓝缕之跬步。强志足以成务，博见足以穷理。子曰："德不孤，必有邻。"君子尊贤容众，故宜惺惺相惜也。无路请缨，望诸君屈降尊贵；有怀投笔，待各位漫侵陆海。援笔成篇，所非难事。观器必也重形，审用贵乎求质。发文之体有常，达意之术无方。所求体例，参引往刊；来文途径，具列于右，望诸君识之。

[本书长期征稿，来稿请均以电子档附件（word 格式）发送至本书编辑部邮箱 supertimber@ 163. com 或 zxflct@ 163. com。注释体例参考本书已出的各卷。]

《中西法律传统》编辑部